에듀윌과 함께 시작하면,
당신도 합격할 수 있습니다!

자소서와 면접, NCS와 직무적성검사의 차이점이 궁금한
취준을 처음 접하는 취린이

대학 졸업을 앞두고 취업을 위해 바쁜 시간을 쪼개며
채용시험을 준비하는 취준생

내가 하고 싶은 일을 다시 찾기 위해
회사생활과 병행하며 재취업을 준비하는 이직러

누구나 합격할 수 있습니다.
이루겠다는 '목표' 하나면 충분합니다.

마지막 페이지를 덮으면,

에듀윌과 함께
취업 합격이 시작됩니다.

누적 판매량 242만 부 돌파
베스트셀러 1위 3,615회 달성

공기업 NCS | 100% 찐기출 수록!

NCS 통합 기본서/실전모의고사
피듈형 | 행과연형 | 휴노형 봉투모의고사

매1N
매1N Ver.2

한국철도공사 | 부산교통공사
서울교통공사 | 국민건강보험공단
한국수력원자력+5대 발전회사

한국전력공사 | 한국가스공사
한국수자원공사 | 한국수력원자력
한국토지주택공사 | 한국도로공사

NCS 10개 영역 기출 600제
NCS 6대 출제사 찐기출문제집

대기업 인적성 | 온라인 시험도 완벽 대비!

20대기업 인적성 통합 기본서

GSAT 삼성직무적성검사
통합 기본서 | 실전모의고사

LG그룹 온라인 인적성검사

SKCT SK그룹 종합역량검사
포스코 | 현대자동차/기아

농협은행
지역농협

영역별 & 전공

공기업 사무직 통합전공 800제
전기끝장 시리즈 ❶, ❷

이해황 독해력 강화의 기술
PSAT형 NCS 수문끝

취업상식 1위!

공기업기출 일반상식

기출 금융경제 상식

다통하는 일반상식

* 에듀윌 취업 교재 누적 판매량 합산 기준(2012.05.14~2024.10.31)
* 온라인 4대 서점(YES24, 교보문고, 알라딘, 인터파크) 일간/주간/월간 13개 베스트셀러 합산 기준(2016.01.01~2024.11.05 공기업 NCS/직무적성/일반상식/시사상식/ROTC/군간부 교재, e-book 포함)
* YES24 각 카테고리별 일간/주간/월간 베스트셀러 기록

더 많은
에듀윌 취업 교재

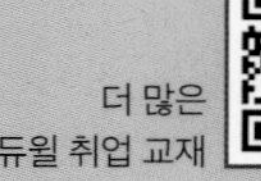

취업 대세 에듀윌!
Why 에듀윌 취업 교재

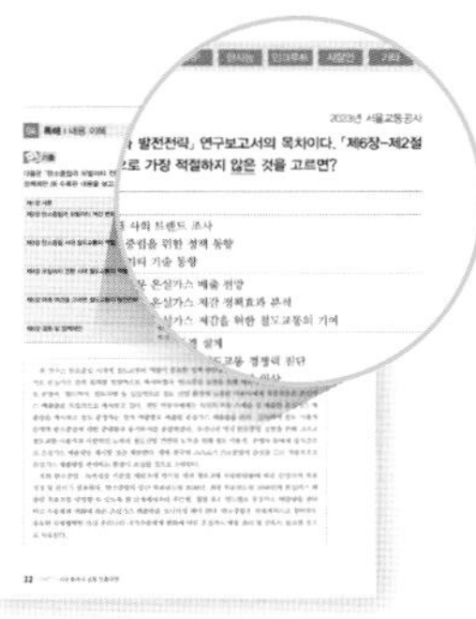

기출맛집 에듀윌!
100% 찐기출복원 수록

주요 공·대기업 기출복원 문제 수록
과목별 최신 기출부터 기출변형 문제 연습으로 단기 취업 성공!

공·대기업 온라인모의고사
+ 성적분석 서비스

실제 온라인 시험과 동일한 환경 구성
대기업 교재 기준 전 회차 온라인 시험 제공으로 실전 완벽 대비

합격을 위한
부가 자료

교재 연계 무료 특강
+ 교재 맞춤형 부가학습자료 특별 제공!

취업 교육 1위
에듀윌 취업 무료 혜택

교재 연계 강의

- NCS 주요 영역 256제 문제풀이 무료특강(19강)

※ 2025년 1월 16일에 오픈될 예정이며, 강의명과 강의 오픈 일자는 변경될 수 있습니다.
※ 무료 특강 이벤트는 예고 없이 변동 또는 종료될 수 있습니다.

교재 연계 강의 바로가기

교재 연계 부가학습자료

다운로드 방법

STEP 1 에듀윌 도서몰(book.eduwill.net) 로그인 ▶ STEP 2 도서자료실 → 부가학습자료 클릭 ▶ STEP 3 [최신판 NCS 통합 실전모의고사] 검색

- NCS 주요 영역 256제(PDF)
- 2021년 한국산업인력공단 NCS 예제 100선(PDF)
- 2021 개정 Ver. 모듈이론 핵심노트(PDF)
- 전공(경영·경제/전기/기계) 모의고사 각 1회분(PDF)

온라인모의고사 & 성적분석 서비스

참여 방법

하기 QR 코드로 응시링크 접속 ▶ 해당 온라인 모의고사 [신청하기] 클릭 후 로그인 ▶ 대상 교재 내 응시코드 입력 후 [응시하기] 클릭

※ '온라인모의고사 & 성적분석' 서비스는 교재마다 제공 여부가 다를 수 있으니, 교재 뒷면 구매자 특별혜택을 확인해 주시기 바랍니다.

온라인 모의고사 신청

모바일 OMR 자동채점 & 성적분석 서비스

실시간 성적분석 방법

STEP 1 QR 코드 스캔 ▶ STEP 2 모바일 OMR 입력 ▶ STEP 3 자동채점 & 성적분석표 확인

※ 혜택 대상 교재는 본문 내 QR 코드를 제공하고 있으며, 교재별 서비스 유무는 다를 수 있습니다.
※ 응시내역 통합조회
에듀윌 문풀훈련소 → 상단 '교재풀이' 클릭 → 메뉴에서 응시확인

• 2023, 2022, 2021 대한민국 브랜드만족도 취업 교육 1위 (한경비즈니스)/2020, 2019 한국브랜드만족지수 취업 교육 1위 (주간동아, G밸리뉴스)

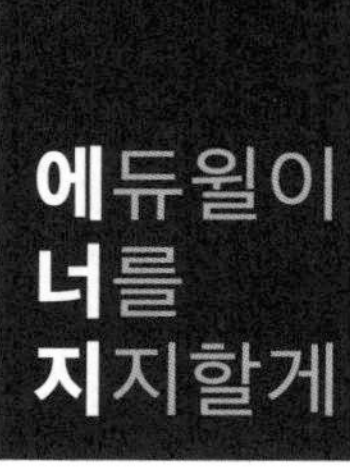

처음에는 당신이 원하는 곳으로
갈 수는 없겠지만,
당신이 지금 있는 곳에서
출발할 수는 있을 것이다.

– 작자 미상

최신판

에듀윌 공기업 NCS 통합 실전모의고사

대표 공기업 채용정보

에너지 공기업

대한민국에서 사용하는 에너지의 생성, 공급, 관리를 통해 고품질의 에너지를 안전하고 안정적으로 공급할 수 있도록 지원하는 공기업이다.

한국전력공사

- 미션: 전력수급 안정으로 국민경제 발전에 이바지
- 비전: KEPCO – A Smart Energy Creator
- 핵심가치: 변화혁신/고객존중/미래성장/기술선도/상생소통
- 전형절차: 서류 → 필기시험 · 인성검사 → 역량면접 · 직무능력검사 → 종합면접 → 신체검사/신원조회/입사
- 필기 유형: PSAT형

한국수력원자력

- 미션: 친환경 에너지로 삶을 풍요롭게
- 비전: 탄소중립 청정에너지 리더
- 핵심가치: 안전 최우선/지속 성장/상호 존중/사회적 책임
- 전형절차: 서류 → 필기시험 → 면접 · 인재상 및 조직적합도검사 · 심리건강진단 → 신체검사/신원조회/입사
- 필기 유형: PSAT형

한국가스공사

- 비전: KOGAS, The Leader of Energy Innovation
- 핵심가치: 안전우선/미래주도/열린사고/소통협력
- 설립 목적: 천연가스의 장기 · 안정적 공급기반 마련을 통한 국민 편익 증진과 공공복리 향상
- 전형절차: 서류 → 필기시험 · 인성검사 → 직무면접 및 직업기초면접 → 신원조회/연수태도 및 기초연수평가/입사
- 필기 유형: 피듈형

한전KPS

- 비전: 세계 No.1 전력설비 정비산업 Grand 플랫폼 기업
- 핵심가치: 안전우선/고객신뢰/기술중시/혁신성장/사회책임
- 설립 목적: 전력설비의 성능과 신뢰도를 제고하여 전력의 안정적 공급 및 전력산업 발전에 이바지
- 전형절차: 서류 → 필기시험 → 면접 · 인성검사 · 신체검사 → 입사
- 필기 유형: 피듈형

한전KDN

- 미션: 에너지ICT 기술 전문화 및 고도화를 통해 에너지산업 발전에 기여
- 비전: 친환경, 디지털 중심의 에너지ICT 플랫폼 전문기업
- 핵심가치: 미래선도/전문기술/국민신뢰/혁신추구
- 전형절차: 서류 → 필기시험 · 인성검사 → 발표면접(PT), 실기평가(코딩테스트, 전산분야에 한함), 종합면접 → 신체검사/입사
- 필기 유형: 피듈형

※ 기관별 상황에 따라 채용정보는 변경될 수 있음

대표 공기업 채용정보

고용·보건·복지 공기업

국민의 생활 안정과 복지 증진에 기여하는 것을 목적으로, 고용 환경 관리, 인적 자원 개발, 보건 정책 평가 등 고용 · 보건 · 복지와 관련된 업무를 수행하는 공기업이다.

국민건강보험공단

- 미션: 국민보건과 사회보장 증진으로 국민의 삶의 질 향상
- 비전: 행복한 국민 건강한 대한민국 든든한 국민건강보험
- 핵심가치: 소통과 배려/건강과 행복/공정과 신뢰/혁신과 전문성/청렴과 윤리
- 전형절차: 서류 → 필기시험 → 인성검사 → 면접 → 입사
- 필기 유형: PSAT형

근로복지공단

- 미션: 산재보험과 근로복지서비스로 일하는 삶의 보호와 행복에 기여한다
- 비전: 일터에 안심, 생활에 안정, 일하는 모든 사람의 행복파트너
- 핵심가치: 책임과 신뢰/전문성과 혁신/공감과 소통
- 전형절차: 서류 → 필기시험 → 직업성격검사 · 증빙서류 사전등록 → 면접 → 입사
- 필기 유형: PSAT형

국민연금공단

- 미션: 지속가능한 연금과 복지서비스로 국민의 생활 안정과 행복한 삶에 기여
- 비전: 연금과 복지로 세대를 이어 행복을 더하는 글로벌 리딩 연금기관
- 핵심가치: 신뢰/혁신/소통
- 전형절차: 서류 → 필기시험 · 인성검사 → 증빙서류 등록 · 심사 → 면접 → 입사
- 필기 유형: 피듈형

한국산업인력공단

- 미션: 우리는 인적자원개발을 통해 함께 잘사는 나라를 만든다
- 비전: K-HRD를 짓는 글로벌 인적자원개발 파트너
- 핵심가치: 미래/상생/청렴/안전
- 전형절차: 서류 → 필기시험 → 인성검사 → 토론면접 및 인성면접 → 입사
- 필기 유형: PSAT형

건강보험심사평가원

- 미션: 안전하고 수준 높은 의료환경을 만들어 국민의 건강한 삶에 기여한다
- 비전: 공정한 심사평가, 탄탄한 보건의료체계, 신뢰받는 국민의료관리 전문기관
- 핵심가치: 신뢰받는 심사/공정한 평가/열린 전문성/함께하는 소통/지속적인 혁신
- 전형절차: 서류 → 필기시험 · 인성검사 → 면접 → 임용(증빙)서류 검토 → 입사
- 필기 유형: 피듈형

※ 기관별 상황에 따라 채용정보는 변경될 수 있음

대표 공기업 채용정보

SOC 공기업

도로, 항만, 철도 등 생산 활동에 직접적으로 사용되지는 않지만 경제 활동을 원활하게 하기 위해 꼭 필요한 사회기반시설을 설립, 유지, 관리하여 경제 성장과 지역 발전에 기여하고자 하는 공기업이다.

한국철도공사

- 미션: 사람 · 세상 · 미래를 잇는 대한민국 철도
- 비전: 새로 여는 미래교통 함께 하는 한국철도
- 핵심가치: 안전/혁신/소통/신뢰
- 전형절차: 서류 → 필기시험 → 체력심사(해당분야에 한함) → 실기시험(해당분야에 한함) → 면접시험 → 입사
- 필기 유형: PSAT형

한국수자원공사

- 미션: 물이 여는 미래, 물로 나누는 행복
- 비전: 기후위기 대응을 선도하는 글로벌 물기업
- 핵심가치: 안전/역동/공정
- 전형절차: 서류 → 필기시험 → 직업성격검사 · 자기기술서 → 직무(PT) · 경험역량면접 → 자격요건 적부심사 → 입사
- 필기 유형: 피듈형

서울교통공사

- 미션: 안전한 도시철도, 편리한 교통 서비스
- 비전: 사람과 도시를 연결하는 종합교통기업 서울교통공사
- 핵심가치: 안전우선/도전혁신/고객지향/지속경영
- 전형절차: 서류 → 필기시험 → 인성검사 → 면접 → 신체검사/신원조회/입사
- 필기 유형: 피듈형

한국공항공사

- 미션: 편안한 공항, 하늘을 여는 사람들
- 비전: 초융합 글로컬 공항그룹
- 핵심가치: 무결점 안전/무단절 서비스/무한 도전/무한 신뢰
- 전형절차: 서류 → 필기시험 → 인성검사 및 자기소개서 입력 → 직무역량면접 → 심층면접 → 신원조회/입사
- 필기 유형: PSAT형

한국토지주택공사

- 미션: 국민주거안정의 실현과 국토의 효율적 이용으로 삶의 질 향상과 국민경제 발전을 선도
- 비전: 살고 싶은 집과 도시로 국민의 희망을 가꾸는 기업
- 핵심가치: 청렴공정/미래혁신/소통화합/안전품질/국민중심
- 전형절차: 서류 → 필기시험 → 자기소개서 · AI면접 · 인성검사 → 직무 · 인성면접 → 신원조회/입사
- 필기 유형: PSAT형

※ 기관별 상황에 따라 채용정보는 변경될 수 있음

대표 공기업 채용정보

금융 공기업

국민과 기업의 경제 활동에 필요한 자본을 지원해 주고, 국가 경제와 관련된 사업을 진행하여 민간 참여가 어려운 경제 영역에서의 위험 감수자 역할을 수행하는 공기업이다.

NH농협은행(6급)

- 전략목표: 고객이 먼저 찾는 매력적인 은행
- 비전: 사랑받는 일등 민족은행
- 전형절차: 서류 → 필기시험 · 인성검사 → 실무자 면접(심층, 토론) → 신체검사 → 문화적합성 면접 → 입사
- 필기 유형: PSAT형

IBK기업은행

- 비전: 최고의 서비스를 혁신적으로 제공하는 글로벌 초일류 금융그룹
- 핵심가치: 신뢰와 책임/열정과 혁신/소통과 팀웍
- 경영방향: 가치금융/튼튼한 은행/반듯한 금융/행복하고 보람있는 조직
- 전형절차: 서류 → 필기시험 → 실기시험 → 면접 → 입사
- 필기 유형: PSAT형

KDB산업은행

- 미션: 대한민국 경제의 1%를 책임지는 정책금융기관
- 비전: 대한민국과 함께 성장하는 글로벌 금융 리더, '더 큰 KDB'
- 역할: 미래성장 기반 마련을 위한 혁신성장 가속화/기업체질 개선 및 산업경쟁력 강화 지원
- 전형절차: 서류 → 필기시험 · 인성검사 → 1차 면접 → 2차 면접 → 신체검사/신원조회/입사
- 필기 유형: 피듈형

신용보증기금

- 미션: 기업의 미래 성장동력 확충과 국민경제 균형발전에 기여
- 비전: 기업의 도전과 성장에 힘이 되는 동반자
- 핵심가치: 고객/성장/혁신/협력
- 전형절차: 서류 → 필기시험 → 증빙서류 등록 · 인성검사 → 면접(과제수행, 실무, 심층) → 신체검사/신원조회/입사
- 필기 유형: 피듈형

기술보증기금

- 미션: 중소 · 벤처기업을 위한 기술금융과 혁신지원 활성화를 통해 지역균형과 국민경제 발전에 기여
- 비전: 기술기업의 Start up부터 Scale up까지 함께하는 혁신성장플랫폼
- 핵심가치: 공정/혁신/연대
- 전형절차: 서류 → 필기시험 → 1차 면접 · AI 역량검사 → 2차 면접 → 신체검사/신원조회/입사
- 필기 유형: 피듈형

※ 기관별 상황에 따라 채용정보는 변경될 수 있음

NCS 출제(대행)사별 특징

㈜휴노

최근 3개년 출제 기업명

2024년	한국수자원공사, 한국전력공사, 강원랜드, 코레일테크, 한국조폐공사, 한국공항공사, 한국농어촌공사, 한국도로공사 등
2023년	한국수력원자력, 한국수자원공사, 한국전력공사, 한국조폐공사, 한국지역난방공사 등
2022년	한국전력공사, 한국철도공사, 한국수자원공사 등

※ 기준 시기에 따라 출제사 정보가 달라질 수 있음

휴노 출제 경향

☑ 주요 3개 영역(의사소통능력, 수리능력, 문제해결능력)을 기본으로 출제한다.
☑ 주로 5지선다형으로 출제된다.
☑ 주어진 자료에 대한 이해와 분석으로 답을 구하는 문항이 출제되며, 사전지식이나 직업기초능력 교수자용의 매뉴얼 내용을 암기해야 풀 수 있는 문항은 거의 출제되지 않는다.
☑ 한국행동과학연구소와 함께 주로 PSAT 유형을 출제하는 곳으로 잘 알려져 있으며, 상대적으로 행과연의 문항 난도가 더 높다.
☑ 기업에 따라 주요 영역 내에서 출제 빈도가 낮은 유형이 있다.(의사소통능력–어법/어휘, 수리능력–응용수리, 문제해결능력–진실과 거짓 등) 따라서 응시하는 기업의 기존 기출문제를 파악하여 해당 기업에서는 어떠한 유형이 주로 출제되는지 등의 출제 패턴을 익혀두는 것이 필요하다.

휴노 출제 패턴(대표 출제 영역 및 유형)

의사소통능력

· 어휘/어법 관련 문항보다는 독해 문항의 비중이 높은 편이다. 어휘/어법 관련 문항 이후에 독해 문항이 출제되는 패턴이 가장 흔하다.
· 독해능력으로만 구성된 문항은 기본적으로 단일 문항으로 출제된다. 다만 1개의 지문에 2개 이상의 문항을 연계하여 출제하기도 한다.

수리능력

· 응용수리 문항은 기본적으로 사칙연산이 필요한 거/속/시, 농도 문항 등이 출제되고 있으며, 그 외에도 방정식과 확률, 통계와 관련한 문항도 출제된다.
· 자료해석의 경우 단일 자료해석 문항도 출제되지만, [표]+[표], [표]+[그래프], [지문]+[표] 등 복합 자료해석 문항도 함께 출제된다. 자료를 이해하고 푸는 기초연산 문항을 일부 포함하나 비중은 낮다.
· 단일문항은 물론, 연계문항도 일부 출제된다. 단순 자료이해 문항과 계산을 포함하는 자료해석 문항이 함께 출제되는 형태를 보인다.

문제해결능력

· 명제 및 진실과 거짓을 묻는 추론 문항, 조건을 바탕으로 배열/배치하는 조건추리 문항 등이 출제되고, 이후에 자료를 해석하여 문제를 해결하고, 추론하여 답을 하는 문항이 출제되는 패턴을 보인다.
· 문제해결능력 안에 일부 의사소통능력과 자원관리능력이 포함된 형태의 문항이 출제된다. 의사소통능력처럼 긴 지문을 읽고 푸는 문제 혹은 일부 계산 문제 등이 출제되는 형태이다.

NCS 출제(대행)사별 특징

㈜사람인

최근 3개년 출제(채용대행) 기업명

2024년	한국동서발전, 한국중부발전, 한국남동발전, 국민연금공단, 부산시 공공기관 통합채용, 한국남부발전, 한국가스공사, 신용보증기금, 한국전력거래소 등
2023년	한전KPS, 한국중부발전, 한국가스기술공사, 한국가스공사, 한국남부발전, 국민연금공단 등
2022년	한국가스공사, 한국남부발전, 한국중부발전, 한전KPS, 부산시 공공기관 통합채용 등

※ 기준 시기에 따라 출제사 정보가 달라질 수 있음

사람인 출제 경향

☑ 사람인은 출제대행사이므로 실제 출제는 담당하지 않는다.
☑ 주로 모듈형이나 피듈형(응용모듈형)으로 구성된 시험이 다수이나 일부 PSAT형으로 구성되기도 한다.
☑ 의사소통능력, 수리능력, 문제해결능력 이외에 10개 직업기초능력 안에서 기업에 따라 출제 영역을 달리하는 경향이 있다.
☑ 모듈형은 기본적으로 직업기초능력 교수자용 매뉴얼에 해당하는 내용을 숙지하고 있어야 답을 찾을 수 있는 문제들이 주로 출제된다.
☑ 기업에 따라 4지선다 혹은 5지선다로 출제되기 때문에 기출문제를 통해 미리 해당 기업의 시험 유형을 파악해 두는 것이 필요하다.
☑ 사람인은 채용대행을 진행하면서 출제사를 따로 밝히고 있지 않다. 따라서 기본적으로 출제되었던 유형 정도만 익혀두고, 직전의 기출유형과 난이도를 파악하는 것이 필요하다.

사람인 출제 패턴(대표 출제 영역 및 유형)

※ 사람인은 기업에 따라 모듈형, 피듈형(응용모듈형) 등 출제 유형이 달라지므로 대표적인 영역의 주요 유형만을 소개한다.

의사소통능력

· 모듈형으로 출제될 경우에는 단어 사이의 관계, 사자성어, 어법(외래어 포기법 포함) 등의 문항이 출제되기도 한다.
· 의사소통능력에서 기본적으로 출제되는 주제 파악, 일치/불일치, 문단 배열 문항은 직업기초능력에서 항상 묻는 유형이므로 출제사와 무관하게 풀이 방법을 익혀둘 필요가 있다.

수리능력

· 간단한 응용수리(방정식, 사칙연산 등) 문항과 자료해석 문항이 출제된다.
· 단일자료가 아닌 다수의 [표]를 분석하거나 [표]와 [그래프] 등 복합자료를 분석하는 자료해석 문항도 출제된다.

문제해결능력

· 모듈형으로 출제될 때에는 배열/배치를 포함한 조건추리 문항이 출제된다.
· 직업기초능력 교수자용 매뉴얼에 해당하는 이론을 묻는 문항도 출제된다.

NCS 출제(대행)사별 특징

인크루트㈜

최근 3개년 출제(채용대행) 기업명

2024년	KDB산업은행, 국민건강보험공단, 근로복지공단, 공항철도, 우체국금융개발원 등
2023년	한국철도공사, 국민건강보험공단, 공항철도, 근로복지공단, 기술보증기금 등
2022년	서울교통공사, 국민건강보험공단, 근로복지공단, 코레일테크, 국가철도공단, 한국장학재단 등

※ 기준 시기에 따라 출제사 정보가 달라질 수 있음

인크루트 출제 경향

☑ 인크루트는 출제대행사이므로 실제 출제는 담당하지 않는다.
☑ 채용대행 기업에 따라 모듈형, PSAT형, 피듈형(응용모듈형) 등 다양한 형태의 문항으로 시험이 구성된다.
☑ 의사소통능력, 수리능력, 문제해결능력 이외에 10개 직업기초능력 안에서 기업에 따라 출제 영역을 달리하는 경향이 있다.
☑ 기업에 따라 4지선다 혹은 5지선다로 출제되기 때문에 기출문제를 통해 미리 해당 기업의 시험 유형을 파악해 두는 것이 필요하다.
☑ 인크루트는 채용대행을 진행하면서 출제사를 따로 밝히고 있지 않다. 따라서 기본적으로 출제되었던 유형 정도만 익혀두고, 직전의 기출유형과 난이도를 파악하는 것이 필요하다.
☑ 기업에 따라 해당 기업과 관련된 지문 및 자료를 활용한 문항이 다수 출제되기도 하므로 기업 홈페이지의 보도자료나 사보 등을 미리 확인하면 도움이 된다.

인크루트 출제 패턴(대표 출제 영역 및 유형)

※ 인크루트는 기업에 따라 모듈형, PSAT형, 피듈형(응용모듈형) 등 출제 유형이 달라지므로 대표적인 영역의 주요 유형만을 소개한다.

의사소통능력

· 주제 파악, 일치/불일치, 핵심내용 파악, 문단배열, 논리전개 방식, 자료 수정 등 기본적인 의사소통능력 유형으로 출제된다.
· 연계문항으로 구성 시 어법, 빈칸삽입 문항이 출제되는 경향이 있고, 단일문항으로는 출제 빈도가 낮은 편이다.

수리능력

· 간단한 응용수리(방정식, 사칙연산 등) 문항이 일부 출제되고, 자료해석 문항이 주를 이룬다.
· 단일자료가 아닌 다수의 [표]를 분석하거나 [표]와 [그래프] 등 복합자료를 분석하는 자료해석 문항도 출제된다.

문제해결능력

자료를 바탕으로 한 사고력, 문제처리능력 문항이 주를 이룬다. 채용 기업에 따라 바뀌는 부분이므로 반드시 기출문제를 통해 출제 패턴을 익혀둘 필요가 있다.

NCS 출제(대행)사별 특징

㈜한국사회능력개발원

최근 3개년 출제 기업명

2024년	한국철도공사, 의정부도시공사, 대구도시개발공사, 국가철도공단, 공무원연금공단 등
2023년	공무원연금공단, 국가철도공단, 대구교통공사, 국립공원공단 등
2022년	서울교통공사 9호선, 한국국토정보공사, 공무원연금공단, 대구도시철도공사 등

※ 기준 시기에 따라 출제사 정보가 달라질 수 있음

한사능 출제 경향

☑ 의사소통능력, 수리능력, 문제해결능력 이외에 10개 직업기초능력 안에서 기업에 따라 출제 영역을 달리하는 경향이 있다.
☑ 기업에 따라 모듈형, PSAT형, 피듈형(응용모듈형)으로 출제된다.
☑ 모듈형은 기본적으로 직업기초능력 교수자용 매뉴얼에 해당하는 내용을 숙지하고 있어야 답을 찾을 수 있는 문제들이 주로 출제된다.
☑ 주어진 지문과 자료 등의 길이가 기업에 따라 달라지는데, 직전의 시험과 거의 유사한 패턴을 따른다. 이러한 경우는 출제사보다는 공기업의 출제 가이드의 영향을 더 받는다.
☑ 기업에 따라 지원 기업과 관련한 내용이 출제되기도 한다.
☑ 기존 기출문제를 살펴보면서 해당 기업의 시험 영역과 유형, 선지의 개수를 확인하는 것이 필요하다.

한사능 출제 패턴(대표 출제 영역 및 유형)

※ 한사능은 기업에 따라 모듈형, PSAT형, 피듈형(응용모듈형) 등 출제 유형이 달라지므로 대표적인 영역의 주요 유형만을 소개한다.

의사소통능력

· 주제 파악, 일치/불일치, 핵심내용 파악, 문단배열, 논리전개 방식 등 기본적인 의사소통능력 유형으로 출제된다.
· 비문학 또는 업무적으로 사용할 수 있는 문서 이외의 문학작품 등이 출제되기도 한다.

수리능력

· 간단한 응용수리(방정식, 사칙연산 등) 문항이 일부 출제되고, 자료해석 문항이 주를 이룬다.
· 모듈형으로 출제될 때에는 수추리(수열) 등의 문항을 포함하기도 한다.

문제해결능력

연역추론, 귀납추론 등 논증 문제, 배열/배치를 포함한 조건추리, 명제 관련 삼단논법(결론 도출, 전체 도출) 문항 등이 출제된다.

NCS 출제(대행)사별 특징

(사)한국행동과학연구소

최근 3개년 출제 기업명

2024년	인천국제공항공사 등
2023년	인천국제공항공사(방재직) 등
2022년	한국수력원자력, 인천국제공항공사, 한국공항공사 등

※ 기준 시기에 따라 출제사 정보가 달라질 수 있음

행과연 출제 경향

☑ 의사소통능력, 수리능력, 문제해결능력, 자원관리능력, 정보능력이 기본으로 출제되며, 조직이해능력, 기술능력 등이 특정 기업 · 직무에 따라 추가로 출제되는 경향을 보인다.
☑ 주로 5지선다형으로 출제된다.
☑ 2020년부터 오답에 대한 감점은 따로 없으며, 출제된 순서에 따라 문항을 많이 풀수록 더욱 유리하다고 안내되었다.
☑ PSAT형 문항이 출제되나 휴노에서 출제되는 문항 대비 지문이나 자료의 양이 방대하여 내용을 파악하는 데 많은 시간을 필요로 한다.
☑ 난도가 높은 편으로 주어진 시간 동안에 많은 문제를 풀기보다는 정확하게 문제를 푸는 것이 중요하다.

행과연 출제 패턴(대표 출제 영역 및 유형)

의사소통능력

· 어휘/어법 관련 문항은 거의 출제되지 않는다.
· 지원 기업과 산업에 관련된 지문이 일부 출제되기도 한다.
· 주제 파악, 내용 이해, 추론 등 전형적으로 독해력을 파악하는 문항들이 주로 출제된다. 다만 의사소통능력이라고 하여 단순히 텍스트 위주의 자료를 보고 문항을 푸는 것이 아닌, [이미지] 또는 [표] 등 복합 자료를 통해 문서이해능력을 파악하는 문항이 주로 출제된다. 또한, 의사소통능력과 자원관리능력, 의사소통능력과 문제해결능력 등을 복합적으로 묻는 문제의 비중도 높다.

수리능력

· 간단한 응용수리 등의 문항은 출제되지 않는 편이다.
· 자료 파악 및 추론 등 자료해석능력을 파악하는 문항이 출제된다. 단순히 자료이해능력을 파악하는 [표]나 [그래프] 등을 활용한 문제는 거의 출제되지 않는다.

문제해결능력

· 명제, 조건추리 문항 등이 출제되는 비중은 낮다.
· 대부분은 [표]와 [그래프] 등의 자료를 파악하여 문제상황에 맞는 답을 도출하는 문항이 주로 출제된다.

자원관리능력

· 인적자원관리, 물적자원관리, 시간관리, 예산관리 등을 묻는 문항이 출제된다.
· 영역 특성상 계산 문제가 다수 출제되기는 하나 지문을 읽고 추론하여 답을 구하는 문항도 일부 출제된다.

정보능력

Excel, 파이썬, 리눅스 외에도 코드 번호 생성, 코드 번호를 바탕으로 정보 읽기 등 전형적인 정보처리능력을 파악하는 문항도 출제된다.

NCS 출제(대행)사별 특징

㈜ORP연구소

최근 3개년 출제 기업명

2024년	강원대학교병원 등
2023년	한국영상자료원, 강원대학교병원 등
2022년	한국국방연구원, 한국승강기안전공단, 코레일유통, 금융감독원 등

※ 기준 시기에 따라 출제사 정보가 달라질 수 있음

ORP 출제 경향

☑ 피듈형(응용모듈형)으로 출제되는 경향을 보인다.
☑ 기초 인지능력 모듈과 응용 업무능력 모듈로 구분되어 출제되는데, 모듈형 이론 및 사전지식이 있는 경우에 답을 찾기 쉽다.
☑ 휴노, 행과연 등에서 보통 1개의 지문에 2개 이상의 문항을 연계문항으로 출제한다면, ORP의 경우 3~5개 문항을 연계문항으로 출제하기도 한다.

ORP 출제 패턴(대표 출제 영역 및 유형)

의사소통능력

일반적인 독해 유형도 출제되나, 업무와 관련이 있는 회의록, 메일 내용, 보도자료 등을 활용한 문항이 일부 출제된다.

수리능력

· 간단한 응용수리(방정식, 사칙연산 등) 문항과 자료해석 문항이 출제된다.
· 자료해석 문항은 주로 단일 자료가 주어지지만 연계문항으로 출제될 때는 다수의 자료 혹은 정보가 많은 자료가 주어진다.

문제해결능력

명제, 조건추리, 진위추론, 논리추론 등의 문항과 주어진 문제상황을 파악하여 해결하는 문항이 출제된다.

자원관리능력

인적자원관리, 물적자원관리, 시간관리, 예산관리와 관련한 문항들이 다수 출제되며, 실제 회사 생활과 밀접한 지문이 등장하기도 한다.

정보능력

컴퓨터활용능력과 인터넷 용어, 단축키, Excel, Windows 관련 문항 등 다양한 범위에서 출제된다. 따라서 출제사의 정보를 확인하는 것도 중요하고 기출문제를 살펴보면서 자주 나오는 개념이나 범위 등을 확인하고 추가 학습을 하는 것이 필요하다.

기술능력

· 업무 시 필요 능력 보유 유무를 파악하기 위한 문항이 출제된다. 즉, 직무(전공) 혹은 해당 산업과 관련 있는 내용이 지문으로 주어진다.
· 직업기초능력 교수자용 매뉴얼과 관련한 내용을 묻는 문항이 출제되기도 한다.

조직이해능력

실제 업무와 관련 있는 자료가 주어지거나 지원하는 회사의 조직도, 부서의 유관 업무를 연결하는 문제가 출제된다.

교재 구성

최신 출제경향을 반영한 실전모의고사

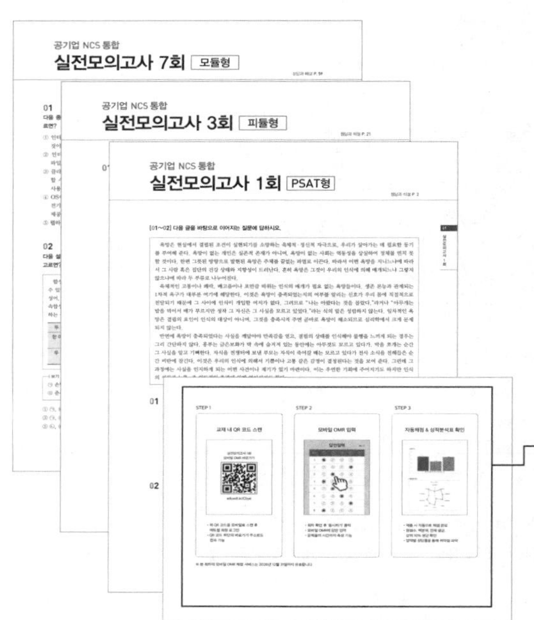

PSAT형/모듈형 출제 주요 기업 맞춤형 3회분

PSAT형/모듈형 출제 주요 기업별 최신 출제경향 및 기출키워드를 반영하여 PSAT형 40문항형 1회분, 50문항형 1회분, 모듈형 80문항형 1회분으로 맞춤 구성하였다. 기업별로 상이한 출제 영역과 풀이시간을 고려하여 준비하는 기업에 맞게 실전 대비를 할 수 있다.

피듈형 출제 주요 기업 맞춤형 4회분

피듈형 출제 주요 기업별 최신 출제경향 및 출제 키워드를 반영하여 30문항형 1회분, 40문항형 1회분, 50문항형 2회분으로 맞춤 구성하였다. 기업별로 상이한 출제 영역과 풀이시간을 고려하여 준비하는 기업에 맞게 실전 대비를 할 수 있다.

■ 모바일 OMR 채점 + 성적분석 서비스 제공

회차당 수록되어 있는 QR 코드에 접속하여 정답을 입력하면 자신과 다른 수험생들과의 비교 데이터를 확인할 수 있다.

전 문항 상세한 해설이 담긴 정답과 해설

QUICK해설

학습하여 정답을 아는 문제는 핵심 해설이 담긴 QUICK해설을 통해 빠르게 확인하며 넘어갈 수 있다.

상세해설 · 오답풀이

풀면서 헷갈렸던 문제나 틀린 문제는 상세해설 및 오답풀이를 통해 정답에 대한 상세한 해설과 오답인 이유까지 완벽하게 파악할 수 있다.

CONTENTS

목차

SPECIAL GUIDE

NCS 통합 실전모의고사

정답과 해설

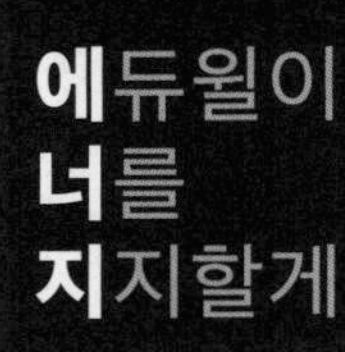

성공은 우리가 생각하는
자신의 모습을 끌어올리는 것에서
시작한다.

– 덱스터 예거(Dexter Yager)

공기업 NCS 통합
실전모의고사

| 1회 |
PSAT형

영역		문항 수	권장 풀이 시간	비고
NCS 직업기초능력평가	의사소통능력	40문항	40분	※ PSAT형 40문항 모의고사는 국민건강보험공단, LH한국토지주택공사, 한국수자원공사 등의 필기시험을 바탕으로 재구성하였습니다. ※ 객관식 오지선다형으로 구성되어 있습니다.
	수리능력			
	문제해결능력			

모바일 OMR
자동채점 & 성적분석 무료

정답만 입력하면 채점에서 성적분석까지 한번에!

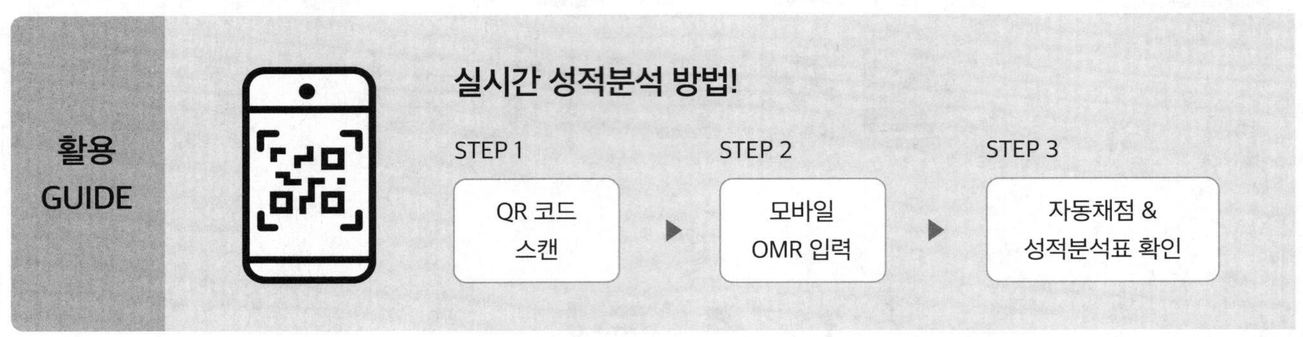

STEP 1

STEP 2

STEP 3

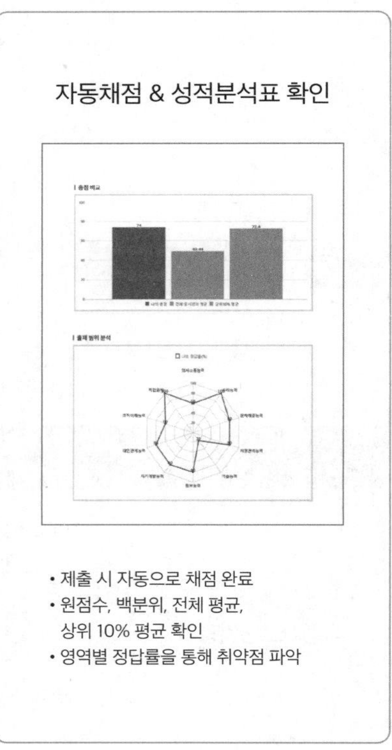

※ 본 회차의 모바일 OMR 채점 서비스는 2026년 12월 31일까지 유효합니다.

실전모의고사 1회 PSAT형

정답과 해설 P. 2

[01~02] 다음 글을 바탕으로 이어지는 질문에 답하시오.

욕망은 현실에서 결핍된 조건이 실현되기를 소망하는 육체적·정신적 자극으로, 우리가 살아가는 데 필요한 동기를 부여해 준다. 욕망이 없는 개인은 실존적 존재가 아니며, 욕망이 없는 사회는 역동성을 상실하여 정체를 면치 못할 것이다. 한편 그릇된 방향으로 발현된 욕망은 주체를 끝없는 파멸로 이끈다. 따라서 어떤 욕망을 지니느냐에 따라서 그 사람 혹은 집단의 건강 상태와 지향성이 드러난다. 흔히 욕망은 그것이 우리의 인식에 의해 매개되느냐 그렇지 않으냐에 따라 두 부류로 나누어진다.

육체적인 고통이나 쾌락, 배고픔이나 포만감 따위는 인식의 매개가 필요 없는 욕망들이다. 생존 본능과 관계되는 1차적 욕구가 대부분 여기에 해당한다. 이것은 욕망이 충족되었는지의 여부를 알리는 신호가 우리 몸에 직접적으로 전달되기 때문에 그 사이에 인식이 개입할 여지가 없다. 그러므로 "나는 아팠다는 것을 몰랐다."라거나 "아무개는 밥을 먹어서 배가 부르지만 정작 그 자신은 그 사실을 모르고 있었다."라는 식의 말은 성립하지 않는다. 일차적인 욕망은 결핍의 요인이 인식의 대상이 아니며, 그것을 충족시켜 주면 곧바로 욕망이 해소되므로 심리학에서 크게 문제되지 않는다.

반면에 욕망이 충족되었다는 사실을 깨달아야 만족감을 얻고, 결핍의 상태를 인식해야 불행을 느끼게 되는 경우는 그리 간단하지 않다. 흥부는 금은보화가 박 속에 숨겨져 있는 동안에는 아무것도 모르고 있다가, 박을 쪼개는 순간 그 사실을 알고 기뻐한다. 자식을 전쟁터에 보낸 부모는 자식이 죽어갈 때는 모르고 있다가 전사 소식을 전해들은 순간 비탄에 잠긴다. 이것은 우리의 인식에 의해서 기쁨이나 고통 같은 감정이 결정된다는 것을 보여 준다. 그런데 그 과정에는 사실을 인지하게 되는 어떤 사건이나 계기가 있기 마련이다. 이는 우연한 기회에 주어지기도 하지만 인식의 성장과 눈뜸, 즉 의도적인 훈련에 의해 얻어지기도 한다.

01 다음 글을 읽고 추론할 수 있는 내용으로 적절하지 않은 것을 고르면?

① 욕망은 개인과 사회에 반드시 필요한 존재이다.
② 현실과 인식 사이의 괴리가 클수록 욕망의 크기는 줄어든다.
③ 인간의 욕망 중에는 본인이 인식할 필요가 없는 욕망도 있다.
④ 인간이 인식을 조작할 수 있다면 감정도 조절할 수 있게 된다.
⑤ 본인이 인식하지 못했다면 불행도 불행으로 여기지 않을 수 있다.

02 다음 중 글의 서술 방식으로 가장 적절한 것을 고르면?

① 구체적인 사례를 들어 추상적 개념을 이해하기 쉽게 설명하고 있다.
② 시사적인 사실을 바탕으로 서술 대상에 대한 설득력을 높이고 있다.
③ 상이한 두 개의 주장을 절충하여 새로운 가설을 제시하고 있다.
④ 하나의 법칙을 적용하여 개념이 어떻게 변화하는지 설명하고 있다.
⑤ 극단적 상황을 제시하여 당면한 문제의 해결방안을 제시하고 있다.

03 다음 글을 읽고 주택청약의 대상자와 기간에 대해 추론할 수 있는 내용으로 가장 적절하지 않은 것을 고르면?

주택청약은 정부가 주택 공급을 관리하고 무주택 서민의 주거 안정을 도모하기 위해 도입한 제도이다. 주택청약을 통해 신청자는 새로 건설되는 주택을 분양받을 수 있는 기회를 얻게 되며, 이 과정에서 다양한 기준과 조건이 적용된다. 주택청약의 대상자와 기간에 대한 이해는 성공적인 청약을 위해 필수적이다.

먼저, 주택청약의 대상자는 크게 무주택자와 유주택자로 구분된다. 무주택자는 본인과 세대원이 모두 주택을 소유하지 않은 상태를 의미하며, 이들이 주택청약에서 우선권을 갖는다. 유주택자의 경우, 일정한 제한 조건 하에서 청약이 가능하나, 무주택자에 비해 우선순위에서 밀리게 된다. 특히, 청약저축과 같은 일정한 금융상품에 가입하고 일정 기간 동안 납입을 지속한 무주택자는 높은 우선순위를 부여받는다.

또한 주택청약의 대상자는 소득 및 자산 기준에 따라 분류된다. 주택은 주로 국민주택과 민영주택으로 나뉘며, 각각의 경우에 따라 소득 및 자산 기준이 다르다. 국민주택의 경우, 주로 중·저소득층을 대상으로 하며, 일정 소득 이하의 가구만이 신청할 수 있다. 민영주택은 국민주택보다 완화된 소득 기준을 적용하여 선별하지만, 여전히 일정한 제한이 존재한다. 또한, 가구 구성원 수와 가구원의 연령 등에 따라 가점이 부여되며, 이러한 가점은 최종 청약 당첨에 큰 영향을 미친다.

청약 기간은 주택청약 과정에서 중요한 요소이다. 주택청약의 기간은 주택의 종류와 분양 지역에 따라 다르며, 대체로 1순위, 2순위, 3순위로 나뉜다. 1순위는 무주택자이면서 일정한 요건을 충족하는 자에게 우선적으로 청약 기회를 제공한다. 2순위는 1순위 대상자가 미달될 경우, 추가로 청약할 수 있는 자에게 기회를 부여한다. 3순위는 1, 2순위에서 미달된 경우에 한하여 모든 대상자에게 청약 기회를 제공하는 방식이다. 이와 같은 순위별 청약 기간은 주택청약의 공정성과 효율성을 높이기 위한 제도로, 신청자는 자신이 해당하는 순위를 정확히 이해하고 청약 기간 내에 신청을 완료해야 한다.

또한, 주택청약에는 청약 철회와 재청약에 대한 규정이 있다. 청약 철회는 청약 신청자가 당첨 이후 계약을 포기하는 경우로, 이는 일정 기간 동안 재청약이 제한될 수 있다. 재청약의 경우, 청약 철회자뿐만 아니라 기존 청약에서 떨어진 신청자도 해당되며, 이들에게는 일정한 불이익이 있을 수 있다. 따라서 주택청약 신청자는 신중하게 청약 여부를 결정하고, 청약 철회 시 발생할 수 있는 불이익을 충분히 고려해야 한다.

마지막으로, 주택청약의 성공을 위해서는 청약 통장 관리가 중요하다. 청약 통장은 일정 기간 동안 꾸준히 납입해야 하며, 납입 기간과 금액에 따라 청약 가점이 달라진다. 무주택자이면서 청약 통장 납입 기간이 길수록 높은 가점을 받을 수 있으며, 이는 청약 당첨 확률을 높이는 중요한 요소이다.

① 무주택자는 유주택자에 비해 주택청약에서 높은 우선순위를 부여받는다.
② 국민주택은 주로 중·저소득층을 대상으로 하며, 민영주택보다 완화된 소득 기준을 적용하여 선별한다.
③ 청약 기간은 주택의 종류와 분양 지역에 따라 다르며, 주로 순위별로 나뉜다.
④ 청약 철회자는 재청약 시 불이익을 받을 수 있으며, 청약 철회가 빈번할 경우 재청약이 제한될 수 있다.
⑤ 청약 통장 납입 기간이 길수록 청약 가점이 높아지며, 이는 청약 당첨 확률을 높이는 중요한 요소이다.

04 다음 글을 바탕으로 할 때, 위워크가 파산 위기에 처한 이유로 가장 적절하지 않은 것을 고르면?

위워크(WeWork)는 2010년 설립된 미국의 공유 오피스 회사로, 창립 이후 빠른 성장을 거듭하며 전 세계적으로 500개 이상의 지점을 운영하기도 하였다. 위워크는 기존의 사무실 공간을 혁신하여, 유연한 업무 환경을 제공하는 데 중점을 두었다. 이러한 혁신적인 모델은 초기에는 많은 관심과 투자를 끌어모았다. 그러나 최근 몇 년간 위워크는 심각한 재정적 어려움에 직면하게 되었고, 결국 파산 위기에 처하게 되었다.

위워크가 파산한 데는 과도한 확장이 주요 원인 중 하나로 지적된다. 위워크는 빠른 성장을 위해 공격적인 확장 정책을 펼쳤다. 이는 초기 투자자들로부터 큰 호응을 얻었지만, 동시에 막대한 비용을 초래하였다. 위워크는 각 지점의 임대 계약을 장기적으로 체결하였고, 이는 고정 비용을 급격히 증가시키는 결과를 낳았다. 그러나 위워크의 수익 모델은 단기 임대 계약에 의존하고 있었기 때문에, 고정 비용과 수익 간의 불균형이 심화되었다.

경영진 문제도 중요한 요인으로 작용했다. 위워크의 창업자인 애덤 노이만은 카리스마 있는 리더로 주목받았으나, 그의 경영 스타일은 많은 논란을 불러일으켰다. 노이만은 회사 자산을 개인적으로 사용하는 등 기업의 투명성과 거리가 먼 행동을 보여주었다. 이러한 문제들은 투자자들의 신뢰를 떨어뜨렸고, 결국 위워크의 상장 계획에도 악영향을 미쳤다. 노이만이 경영에서 물러난 이후에도 회사의 이미지는 크게 회복되지 못했다.

위워크의 비즈니스 모델 자체에 대한 의구심도 위기를 부추겼다. 위워크는 기본적으로 대규모 사무실 공간을 임대하여 이를 소규모로 나누어 재임대하는 방식으로 수익을 창출하였다. 그러나 이러한 모델은 경제 상황에 매우 민감하게 반응한다. 경제가 호황일 때는 높은 수요를 유지할 수 있지만, 경기 침체기에는 수요가 급감할 위험이 크다. 특히, 최근의 코로나19 팬데믹으로 인해 많은 기업들이 재택근무를 도입하면서 오피스 공간에 대한 수요가 급격히 줄어들었다. 이는 위워크의 수익에 큰 타격을 입혔다.

재무 구조도 파산 위기를 초래한 중요한 원인이다. 위워크는 초기부터 막대한 자금을 투자받아 운영되었으나, 이러한 자금 대부분은 부채 형태로 이루어졌다. 이는 위워크가 꾸준히 수익을 창출하지 못하면, 부채 상환에 어려움을 겪을 수밖에 없는 구조였다. 실제로 위워크는 지속적으로 적자를 기록하며 부채 부담이 점점 커졌다. 이러한 상황에서 추가 자금 조달이 어려워지자, 회사는 심각한 유동성 위기에 봉착하게 되었다.

위워크의 사례에서 혁신적인 비즈니스 모델을 만들어 내는 것과 또 그것을 시장에 성공적으로 안착시키는 것이 얼마나 어려운 것인지를 알 수 있다.

① 과도한 확장으로 인해 고정 비용이 급격히 증가한 점
② 비즈니스 모델이 경제 상황에 민감하게 반응하는 점
③ 경영진의 부적절한 행동으로 인한 투자자 신뢰 상실
④ 초기 투자자들의 과도한 기대와 높은 수익 요구
⑤ 재무 구조의 취약성으로 인한 부채 상환 문제

[05~06] 다음 보도자료를 바탕으로 이어지는 질문에 답하시오.

인공지능, 빅데이터 등 첨단기술로 맞춤형 주거복지 시작

국토교통부와 한국토지주택공사는 광주 쌍촌 영구임대주택에서 고령자 맞춤형 스마트돌봄 시범사업을 착수한다고 밝혔다. 입주한 지 30년이 경과하여 노후된 광주 쌍촌 영구임대주택은, 인공지능(AI), 사물인터넷(IoT) 등 첨단기술을 활용하여 고령자, 장애인을 대상으로 24시간 응급관제, 응급벨 대응, 외출 시 위치 확인, 쌍방향 의사소통, 개인맞춤형 건강 관리, 일상생활 패턴 예측·대응과 같은 6가지 스마트 돌봄서비스를 24시간 제공한다. 이를 통해 긴급상황 발생 시 신속 대응이 가능하며, 더 나아가 활동, 건강, 수면 등 개인별 생활패턴 데이터를 분석하여 위기상황에 사전 대응도 가능할 것으로 기대된다. 이번 사업을 위해 국토부는 영구임대주택 시설에 대한 총괄지원, LH는 스마트돌봄 플랫폼 설치 예산을 지원하였고, 광주서구청은 돌봄서비스 운영을 담당하였으며, 사단법인 복지마을은 스마트돌봄 기기를 개발·설치하였다.

이 밖에도 국토부와 LH는 지자체 공모를 통해 고령자 주거복지를 위한 임대주택과 돌봄을 함께 제공하는 '고령자복지주택' 대상지를 선정하여 2025년까지 1만 호를 공급할 계획이며, 2021년에 2,260호 공급을 완료하였다. 고령자복지주택 내 공공임대주택에는 건설비로 3.3m^2당 8,426천 원이 지원되고, 문턱 제거, 안전손잡이 등의 무장애(barrier-free) 설계가 적용되어 어르신들이 안전하고 편안한 생활을 할 수 있게 된다. 공공임대주택과 함께 조성되는 사회복지시설에는 개소당 27.3억 원의 건설비가 지원되고, 건강·여가시설 등을 갖춘 복지관, 보건소 등이 유치되어 지역 내 고령자복지거점으로 자리매김하고 있다.

2019년부터 운영 중인 장성 영천 고령자복지주택은 150호의 고령자를 위한 임대주택과 1,080m^2의 복지시설이 함께 공급되어, 입주자뿐만 아니라 지역 어르신 전체를 대상으로 서비스를 확대하였다. 노인주거·복지·보건 서비스를 제공 중이며, 평균 하루 200명이 경로식당, 인지향상 프로그램, 원예교실 등 복지 프로그램을 이용하고 있다. 임대주택 190호와 1,700m^2의 사회복지시설이 복합 조성된 시흥 은계 고령자복지주택은 단지 내 건강한 노인이 거동불편·경증치매 등 취약한 노인 가정을 방문하여 말벗, 취미생활 공유하는 노노케어(老老CARE) 사업 등을 실시하였다. 이를 통해 가족들의 돌봄 부담을 줄일 뿐만 아니라, 어르신들의 생활편의를 제공하고 사회참여 기회를 높이고 있다. 2016년 개관한 성남 위례 고령자복지주택은 지역 내 유일한 복지관으로 고령자를 위한 급식 지원, 정서 상담 등 복지서비스를 제공하고 있으며, 노인 인지건강 강화를 위한 ICT 기반 스마트 보드게임과 물리치료실, 건강상담실 등도 운영 중이다.

국토교통부 주거복지정책관은 이번 스마트돌봄 시범사업이 임대주택에 인공지능 등 첨단기술을 덧입혀 맞춤형 주거복지서비스를 제공했다는 측면에서 큰 의미가 있다고 평가했다. 더 나아가서 이번 사업을 통해 축적된 일상생활 패턴 등에 대한 빅데이터를 평면 설계, 단지 배치, 복지서비스, 시설 개선 등에 적용하여 임대주택을 질적으로 개선할 예정이라고 밝혔다.

05 다음 중 보도자료의 내용으로 옳은 것을 고르면?

① 성남 위례의 고령자복지주택에서는 취미생활을 공유하는 노노케어 사업을 실시하고 있다.
② 국토부와 LH는 2022년부터 2025년까지 고령자복지주택을 7,740호 공급할 예정이다.
③ 스마트돌봄 시범사업은 일률적 주거복지서비스를 제공했다는 데 큰 의의가 있다.
④ 스마트돌봄 플랫폼 설치 예산을 지원한 곳은 국토부이다.
⑤ 장성 영천의 고령자복지주택은 지역 내에 하나뿐인 복지관이다.

06 다음 [대화]에서 보도자료의 내용을 잘못 이해한 사람을 모두 고르면?

대화

- 나라: "고령자복지주택 내 공공임대주택의 면적이 $49.5m^2$라면 126,390천 원이 지원되겠군."
- 정은: "영구임대주택은 고령자, 장애인을 대상으로 5가지 스마트 돌봄서비스를 24시간 제공하고 있어."
- 민주: "사회복지시설 5개에 지원되는 건설비는 140억 원 이상이야."

① 나라 ② 정은 ③ 나라, 정은
④ 정은, 민주 ⑤ 나라, 정은, 민주

07 다음은 조선시대 상소에 대한 내용이다. 이를 바탕으로 관리가 상소문을 작성한 실질적 의도로 가장 적절한 것을 고르면?

> 조선시대에는 관리가 자신의 의견을 임금에게 전달하기 위해 상소라는 형식을 사용했다. 상소란 관리가 국가의 중요 문제나 자신의 신변에 대한 이야기를 임금에게 고하는 글로, 직언의 형태로 전달되었다. 상소문의 종류는 다양하며, 자신의 신변문제나 개인적 이유, 부당한 처분에 대한 의견, 고발, 국가의 중차대한 일에 대한 의견 개진 등 여러 가지 형태의 내용이 담겨있다. 다음은 한 관리의 상소문 중 일부이다.
>
> "전하, 신은 오랜 세월 동안 나라를 위해 봉사해 왔사옵니다. 신이 처음 관직에 나아간 이래로, 전하의 크나큰 은혜와 배려 속에 많은 직책을 맡아 충성을 다해 왔사옵니다. 그러나 이제 나이 들어 건강이 쇠약해지고, 더 이상 맡은 바 직무를 충실히 수행할 수 없음을 느끼옵니다. 신의 지혜와 능력이 부족하여 나라에 큰 도움이 되지 못하고 오히려 짐이 되는 것 같아 부끄럽사옵니다. 이에 신은 감히 전하께 퇴직을 청하옵니다.
>
> 신의 나이 이제 일흔을 넘기고, 관직에 나아가 백성을 위해 봉사할 힘이 점차 쇠하여지옵니다. 또한, 지난 몇 년간 여러 차례 병환을 앓아왔사오니, 건강이 예전 같지 않음을 절실히 느끼고 있사옵니다. 이러한 상태로는 전하의 뜻을 받들어 나라를 위해 봉사하기 어려워 부디 퇴직을 허락해 주시옵기를 간청드리옵니다. 신의 이러한 청이 전하의 넓으신 은혜에 어긋나지 않기를 바라옵니다.
>
> 신은 젊은 시절부터 전하의 은혜를 입어 많은 직책을 맡아 왔사오나, 이제는 더 나은 후배들에게 길을 열어주어야 할 때라 생각하옵니다. 후배들이 신의 부족함을 메우고, 더 큰 공을 세울 수 있도록 길을 터주고자 하오니, 전하께서 신의 간청을 들어주시길 바라옵니다. 지금 젊고 유능한 인재들이 많이 배출되어, 이들이 전하의 뜻을 더욱 잘 받들어 나라를 번영시킬 수 있으리라 믿사옵니다.
>
> 신은 또한 집에서 여생을 편히 보내며 경서를 읽고, 자손들을 교육하는 데 힘쓰고자 하옵니다. 자손들이 바르게 성장하여 나라의 훌륭한 일꾼이 되도록 가르침을 주고자 하오니, 전하께서 허락해 주시옵소서. 신의 건강이 쇠락하여 관직에 나아가기가 어려운 것도 사실이옵니다. 그러나 무엇보다도 신의 무능함으로 인해 국가에 폐를 끼칠까 염려되옵니다. 전하께서 주신 은혜에 보답하지 못하고 오히려 짐이 되는 것이 아닌가 걱정스럽사옵니다.
>
> 이렇듯 신은 그동안의 은혜를 깊이 감사히 여기며, 이제 물러나 집에서 조용히 지내고자 하옵니다. 전하께서 신의 충심을 헤아려주시고, 퇴직을 허락해 주시옵소서. 신의 충성심은 변함이 없사오니, 전하께서 신의 청을 들어주시옵소서. 신의 이 청이 오직 나라와 전하를 위함이니, 부디 허락해 주시기를 간곡히 바라옵니다."

① 건강 문제를 이유로 삼아 질책을 기피하려는 것이다.
② 후배들에게 기회를 주어야 한다는 겉치레를 내세워 관직을 유지하기 위함이다.
③ 자신의 무능함을 인정하는 것을 표현한 것이다.
④ 은퇴 후 인재 양성에 힘쓰고자 하는 사명을 밝히기 위함이다.
⑤ 더 이상 관직에 남아 있기를 원치 않는다는 것을 알리기 위함이다.

08 다음 중 글의 [가]~[라] 문단을 문맥에 맞게 순서대로 나열한 것을 고르면?

[가] 한편 스피노자는 선악의 개념도 코나투스와 관련지어 이해했다. 그는 사물이 다른 사물과 어떤 관계를 맺는가에 따라 선이 되기도 하고 악이 되기도 한다고 생각했다. 코나투스의 관점에서 보면 선은 자신에게 기쁨을 주는 모든 것이고, 악은 자신에게 슬픔을 주는 모든 것이다. 다시 말해 인간의 선악에 대한 판단은 자신의 감정에 따라 결정된다는 것이다.

[나] 스피노자 윤리학을 이해하려면 '코나투스'의 개념을 알아야 한다. 스피노자는 실존하는 모든 사물이 자신의 존재를 유지하기 위해 노력하는데, 이것이 그 사물의 본질인 코나투스라고 했다. 정신과 신체를 하나로 보았던 스피노자는 정신과 신체에 관계되는 코나투스를 충동이라고 하였다. 인간 역시 다른 사물들과 마찬가지로 충동을 가지고 있다고 본 것이다. 스피노자는 인간이 동물과 달리 자신의 충동을 의식할 수 있다는 점을 들어 인간의 충동을 욕망이라고 하였다. 즉 인간에게 코나투스는 삶을 지속하고자 하는 욕망이라는 것이다.

[다] 스피노자에 따르면 코나투스를 본질로 지닌 인간은 삶을 지속하기 위해 애쓴다. 하지만 인간은 다른 것들과의 관계 속에서만 삶을 유지할 수 있으므로 항상 타자와 관계를 맺는다. 이때 타자로부터 받은 자극에 의해 신체 능력의 증가 또는 감소가 나타난다. 스피노자는 감정을 신체의 변화에 대한 표현으로 보았다. 즉 신체적 능력이 증가하면 기쁨을, 신체적 능력이 감소하면 슬픔을 느낀다고 생각했다. 또한 신체적 활동 능력이 감소하여 슬픔을 느끼는 것은 코나투스의 감소, 즉 삶을 지속하려는 욕망이 줄어드는 것이라고 여겼다. 그래서 인간은 코나투스, 즉 삶을 지속하려는 욕망을 증가하기 위해 신체적 활동 능력을 증가하고 기쁨의 감정을 유지하려고 노력하는 것이다.

[라] 스피노자는 이러한 생각을 바탕으로 코나투스인 욕망을 긍정하고 욕망에 따라 행동하라고 주장했다. 슬픔을 거부하고 기쁨을 지향하는 것, 그것이 바로 선의 추구라는 것이다. 그리고 코나투스는 타자와의 관계에 영향을 받으므로 인간에게는 자신과 타자가 함께 기쁨을 증가할 수 있는 공동체가 필요하다고도 말했다. 공동체 안에서 자신과 타자 모두 코나투스를 증가할 수 있는 기쁨을 느낄 수 있도록 하는 관계를 형성하는 것, 그것이 스피노자가 우리에게 하는 당부이다.

① [가]－[다]－[나]－[라]　② [가]－[다]－[라]－[나]　③ [나]－[다]－[가]－[라]
④ [나]－[다]－[라]－[가]　⑤ [나]－[라]－[다]－[가]

01 실전모의고사 1회

[09~10] 다음 글을 바탕으로 이어지는 질문에 답하시오.

[가] 뇌졸중은 뇌에 혈액을 공급하는 혈관이 막히거나 터져서 뇌 손상이 생기고 그에 따른 신체장애가 발생하는 질환이다. 뇌졸중은 크게 '뇌경색'과 '뇌출혈'로 구분한다. 우선 뇌경색은 뇌에 혈액을 공급하는 혈관이 막혀 뇌조직이 혈액을 공급받지 못해 뇌세포가 괴사하는 경우로 전체 뇌졸중의 87% 정도를 차지한다. 뇌출혈은 뇌로 가는 혈관이 터지면서 출혈이 발생해 뇌 손상이 일어나는 경우다. 뇌출혈이 발생하면 출혈 주위 뇌조직이 파괴되고 출혈 때문에 생기는 혈종으로 인해 뇌가 한쪽으로 밀리게 된다. 이는 뇌의 압력을 상승시켜 이차적인 문제를 일으킨다.

[나] 뇌혈관은 각자 담당하는 기능이 다르기에 손상된 혈관에 따라 다양한 증상이 나타난다. 뇌졸중을 의심해볼 수 있는 대표적 증상은 갑작스러운 편측마비, 언어장애, 시각장애, 어지럼증, 심한 두통 등이다. 이러한 증상이 나타날 때 핵심적 특징은 '갑자기'이다. 뇌졸중이 발병하면 갑자기 한쪽 팔다리에 마비가 오거나, 갑자기 발음이 어눌해지거나, 갑자기 한쪽 시야가 보이지 않는 등 증상이 발생하는 것이다.

[다] 뇌는 온몸에서 전해지는 자극을 인식·해석하고 자극에 적절히 반응하도록 각 기관에 명령을 보낸다. 때문에 뇌는 하루 24시간 동안 쉬지 않고 일하며 지속적으로 산소와 영양을 공급받아야 한다. 뇌의 무게는 몸무게의 2.5% 가량에 불구하지만 심장에서 내뿜는 혈액의 약 20%를 뇌가 소비하는 이유다. 이처럼 뇌는 우리 몸에서 혈류가 가장 많이 전달되는 기관이기에 혈압에 민감할 수밖에 없다.

[라] 뇌졸중이 발생하면 1분에 200만 개가량의 뇌세포가 괴사할 수 있는데, 한번 손상된 뇌조직은 원래대로 회복이나 재생이 불가능하다. 따라서 뇌졸중은 증상 발생 직후 3~4.5시간 이내에 응급치료를 실시해 뇌 손상을 최소화해야 한다. 이 골든 타임을 놓치면 막힌 혈관을 다시 뚫어도 합병증이 발생해 영구적 장애, 의식 소실 등을 초래할 수 있으며 심하면 사망에 이를 수도 있다. 따라서 뇌졸중 증상이 하나라도 발견되면 최대한 빨리 뇌졸중을 치료할 수 있는 시설과 인력을 갖춘 병원을 방문해 혈전용해술, 혈관확장술, 혈전제거술 등의 급성기 치료를 받아야 한다.

[마] 건강보험은 뇌졸중의 검사와 치료에 보험급여 적용을 꾸준히 확대해 왔다. 우선 신경학적 이상 증상이나 신경학적 검사 등에서 이상 소견이 있어 뇌졸중, 뇌종양 등 뇌질환이 의심되는 경우 뇌·뇌혈관 자기공명영상(MRI) 검사의 본인부담률을 병원별로 30~60%로 적용하고 있다. 이는 지난 2018년 10월부터 확대 적용된 혜택으로, 이전까지는 중증 뇌질환으로 진단받은 경우를 제외하고 건강보험이 적용되지 않아 환자가 검사비를 전액 부담했다. 그러나 MRI 검사 건강보험 적용 확대를 통해 환자의 의료비 부담은 1/4 수준으로 크게 낮아졌다. 다만 뇌질환이 의심되는 두통, 어지럼증으로 MRI 검사를 실시할 때는 신경학적 검사 이상 여부 등에 따라 환자의 본인부담률이 80%까지 올라간다.

뇌졸중 치료에도 건강보험이 적용된다. 뇌혈관이 막혀 나타나는 뇌경색인 경우 혈관을 막는 혈전을 제거하는 혈전제거술이 필요할 수 있다. 이에 건강보험에서는 증상 발생 8시간 이내의 환자, 증상 발생 8~24시간 이내 환자라도 영상학적 뇌경색 크기가 1/5 이하 등 세부 조건을 충족하는 경우 보험급여를 지원하고 있다. 또한 뇌졸중 환자가 혈전제거술 이후 혈관이 다시 막힐 가능성이 높은 경우(혈관 협착이 70% 이상 남아 폐색 가능성이 높은 경우) 혈관에 스텐트를 넣어 넓혀주는 스텐트 삽입술을 실시해야 하는데, 이때도 건강보험을 적용해 환자 부담을 크게 줄였다.

09 주어진 글의 [가]~[마] 문단 중 문맥의 흐름상 삭제되어야 할 문단을 고르면?

① [가] 문단　② [나] 문단　③ [다] 문단
④ [라] 문단　⑤ [마] 문단

10 다음 [보기]에서 글의 내용과 일치하지 않는 것을 모두 고르면?

보기

㉠ 뇌경색은 뇌의 혈관이 막히는 것으로 뇌의 압력을 상승시킨다.
㉡ 뇌졸중의 전조 증상은 오랜 기간에 걸쳐 서서히 나타난다.
㉢ 뇌졸중으로 손상된 뇌조직은 골든 타임 내에 급성기 치료를 받고 재활한다면 회복이 가능하다.
㉣ 뇌종양, 뇌졸중이 의심되는 두통이나 어지럼증으로 MRI 검사를 할 경우 본인부담률은 최대 80%이다.

① ㉠, ㉡　② ㉡, ㉢　③ ㉠, ㉡, ㉢
④ ㉡, ㉢, ㉣　⑤ ㉠, ㉡, ㉢, ㉣

[11~12] 다음 글을 바탕으로 이어지는 질문에 답하시오.

지금 인류에게는 지구 온난화의 주범으로 지목되는 화석연료보다 양이 풍부하고, 오염 물질을 최소화하며, 인간의 의지에 따라 조절이 가능한 발전원이 필요하다. 이런 특징을 가진 발전 방식으로 핵융합 발전이 주목받고 있다. 핵융합 발전은 태양이 빛을 내는 원리인 핵융합 반응을 인공적으로 일으켜 에너지를 얻는 방식으로, 흔히 '인공 태양'에 비유된다.

태양처럼 스스로 빛을 발하는 별의 중심은 1억℃가 넘는 초고온의 플라스마로 이루어져 있다. 플라스마는 고체, 액체, 기체와는 성질이 다른 제4의 물질로, 원자핵과 전자가 분리된 자유로운 형태를 띤다. 다소 낯선 물질이지만 사실 플라스마는 우주의 99% 이상을 구성하고 있다. 플라스마 상태에서는 가벼운 수소(H) 원자핵들이 융합해 무거운 헬륨(He) 원자핵으로 변하는 핵융합 반응이 일어나는데, 그 과정에서 엄청난 양의 에너지가 방출된다. 이것이 태양 에너지의 원천인 '핵융합 에너지'이다.

핵융합 에너지를 인공적으로 얻으려면 태양처럼 핵융합 반응이 일어날 수 있는 초고온·초고압 상태의 환경을 만들어야 한다. 이를 가능하게 하는 것이 인공 태양으로 불리는 핵융합 장치이다. 핵융합 장치의 구조는 전자레인지와 같다. 전자레인지 안에 중수소라는 재료를 넣고, 300초 이상 마이크로파를 쏘여서 가열한다. 그러면 전자레인지 안이 3억℃의 온도까지 올라가고, 중수소는 스스로 무게가 줄면서 그 손실된 무게에 상응하는 방대한 빛과 열에너지를 방출하기 시작한다. 그 에너지를 밖으로 뽑아내 물을 끓여 수증기로 발전기 터빈을 돌려 전기를 생산하는 것이다. 중수소와 삼중수소의 혼합 연료 1g만 있으면 시간당 10만 kW의 전기를 생산할 수 있다. 또한 연료인 중수소와 삼중수소 등은 지구상에서 풍부하게 얻을 수 있어 무한 에너지원으로 평가된다.

그러나 이런 압력과 온도를 만들어 내기란 쉬운 일이 아니다. 온도를 1억℃ 이상으로 올리는 방법이 대안으로 제시되었으나, 문제는 높은 온도를 견디는 반응로를 만들기가 어렵다는 것이다. 이 문제를 해결하기 위해 플라스마 상태로 연료를 가둘 수 있는 방법이 연구되었는데, 그중 대표적인 것이 토카막(Tokamak)이다. 토카막은 핵융합 반응이 일어난 환경을 만들기 위해 초고온의 플라스마를 자기장을 이용해 가두는 장치를 말한다. 토카막은 플라스마가 자기장을 따라 움직이는 성질을 이용하여, 플라스마를 붙잡아 구속하는 D자 모양의 자석으로 자기장을 만들어, 플라스마가 도넛 모양의 진공 용기 내에서 안정적 상태를 유지하도록 제어하는 방식이다. 토카막의 자기장은 플라스마가 진공 용기 벽면에 닿지 않게 하여 외부로 열을 빼앗기지 않도록 함으로써 안정적으로 핵융합 반응을 일어나게 한다.

핵융합 방식은 바닷물을 걸러내어 발전하는 방식이라서 에너지 수입 의존도가 높은 우리나라에서는 매우 유용하다. 또한 핵융합은 방사능 문제가 없다. 세계가 핵융합 에너지를 미래의 에너지원으로 주목하는 이유는 이러한 장점들 때문이다. 전문가들은 핵융합 발전에 상용화되는 시점을 향후 50년쯤 뒤로 예상하고 있다. 하지만 최근 지구 온난화 문제의 해결을 위한 각 나라의 노력이 활발해지면서 30년 이내에 상용화가 가능할 것으로 전망하기도 한다. 인류의 미래를 밝혀줄 새로운 태양의 불씨가 바야흐로 자라고 있다.

11 다음 중 글의 내용과 일치하지 않는 것을 고르면?

① 핵융합은 진공 상태에서 수소의 융합으로 일어난다.
② 핵융합 발전은 에너지 문제를 해결하기 위한 대안이다.
③ 토카막은 플라스마가 자기장을 따라 움직이는 성질을 이용한 장치이다.
④ 핵융합 에너지는 다양한 장점으로 머지않은 미래에 상용화될 것으로 전망된다.
⑤ 핵융합 에너지는 전자레인지와 같은 핵융합 장치에 중수소를 가열하여 얻을 수 있다.

12 다음 중 [보기]와 같은 견해를 가진 사람이 주어진 글을 읽고 보일 수 있는 반응으로 가장 적절한 것을 고르면?

보기

핵융합 발전은 최초로 시도되는 기술들이 많은 만큼 기술적 난관에 봉착하게 될 가능성이 크다. 이에 따라 위험하고 오랜 시일이 걸릴 핵융합 발전보다는 재생에너지에 투자하자는 의견이 많다. 실현이 불투명한 토카막 방식의 핵융합 장치보다 새로운 기술을 도입해야 한다는 주장도 제기된다. 그러나 현재까지 토카막 방식보다 더 확실하게 핵융합 발전을 보장할 수 있는 기술은 없다. 또한 다른 재생에너지는 여러 가지 문제점이 있어 과연 미래 사회의 주 에너지원으로 유용할지가 의문이다. 이와 같은 상태에서 가장 현명한 해결책은 지속적으로 핵융합 발전을 연구하면서 다른 재생에너지 연구에도 같이 투자하는 방법이다.

① 기술적 어려움이 있는 핵융합 에너지보다는 친환경적인 재생에너지에 집중하는 것이 현명하다.
② 기술적 어려움이 있더라도 핵융합 에너지를 지속적으로 발전시키면서 개발 가능한 다양한 에너지원을 확보해야 한다.
③ 핵융합 발전에 시도되는 새로운 기술들을 잘 적용시키기 위해 핵융합 발전만을 연구하는 새로운 부서를 설립해야 한다.
④ 다른 재생에너지들은 핵융합 발전이 만들어 내는 에너지의 양보다 현저히 적으므로 핵융합 발전에 온 힘을 기울여야 한다.
⑤ 핵융합 발전에 가장 중요한 토카막 방식은 실현이 불투명하므로 핵융합 방식에 투자할 여력으로 다른 재생에너지에 투자해야 한다.

13 다음 글에서 설명하는 내용의 사례로 가장 적절하지 않은 것을 고르면?

1969년 미국의 심리학 교수인 필립 짐바도는 캘리포니아의 팰로앨토와 뉴욕의 브롱크스 두 도시의 골목길에 자동차 한 대를 길가에 각각 세워 두고 주변 사람들의 행동을 유심히 관찰하였다. 치안이 좋지 않기로 유명한 브롱크스의 차는 하루도 지나지 않아 대부분의 부품을 도난당했지만, 팰로앨토에 세워둔 차는 5일이 지나도록 아무런 일이 일어나지 않았다. 이에 짐바도는 팰로앨토의 자동차 유리창을 깨뜨려 둔 채 차를 방치해 두었는데 이번에는 이전과 전혀 다른 결과를 얻게 된다. 사람들은 차의 배터리와 부품을 훔쳐 가고, 또 거의 폐차 상태가 될 때까지 부수기도 한 것이었다. 짐바도 교수는 자동차가 파손된 상태로 방치된다는 것은 그 누구도 관심을 가지고 차를 관리하지 않는다는 신호를 주게 되고, 결국 이것은 주위 다른 이들로 하여금 이 차와 인접 환경에 대하여 여러 유형의 경범죄를 불러일으킬 수 있게 된다고 지적하였다. 특히 익명성이 보장되는 도시 환경에서는 이러한 행동에 손쉽게 가담하게 하고, 이것이 때로는 지역 주민들 윤리의식을 저하시키는 요인이 된다. 결국 창문이 깨진 차 한 대라는 작은 요소가 그 지역 범죄율을 심각하게 높이는 시발점이 될 수 있다는 것이다.

이러한 실험 결과는 이후 미국 범죄학자인 제임스 윌슨과 조지 켈링에 의해 작은 무질서 상태가 더 크고 심각한 범죄 또는 상황을 야기할 수 있다는 '깨진 유리창 이론(Broken Window Theory)'으로 개념화되었다. 깨진 유리창 이론은 범죄학뿐만 아니라 기업경영과 조직 관리에도 적용된다. 기업의 입장에서는 하찮은 것처럼 보이지만 소비자들은 그러한 세세한 것에서 기업의 전체 이미지를 확대하여 해석해 보게 되는 것이다.

① 범죄가 자주 발생하던 지하철역 내의 낙서를 모두 지우자 범죄율이 80% 이상 줄어들었다.
② 식당의 청결하지 않은 화장실을 보고 주방도 더러울 것이라 생각하여 그 식당에 재방문하지 않았다.
③ 깨끗하던 골목에 누군가가 몰래 쓰레기를 버리자 사람들이 너도나도 골목길에 쓰레기를 버리기 시작했다.
④ 자동차보험의 보상을 받기 위해 보험 가입자들이 일부러 사고를 유발하였다.
⑤ 직원 한 명이 서비스에 불만을 가진 고객의 문의에 미숙하게 응대한 사실이 인터넷을 통해 알려져 기업의 전체적인 이미지가 훼손되었다.

14 다음 글의 빈칸의 ㉠~㉢에 들어갈 접속어가 바르게 짝지어진 것을 고르면?

숙면을 위한 수칙

[침대 위에서 스마트폰 자제하기]

생체리듬에 맞추어 잠들면 뇌의 송과체에서 수면 호르몬인 멜라토닌이 지속해서 분비되어 숙면하게 된다. 스마트폰이나 컴퓨터, LED 디스플레이어에는 380~500nm의 파장인 청색광(블루라이트)이 많이 방출되는데, 이 청색광에 쏘이면 멜라토닌의 생성 및 분비가 현저히 감소하여 깊게 자기 어려우므로 수면에 방해될 수 있다. 청색광 차단 필름이나 스마트폰 야간모드 설정을 통해 청색광을 줄이려는 방법으로는 청색광 방출을 완전히 막지는 못한다. (㉠) 잠자리에 들기 최소한 1시간 이전부터는 스마트폰이나 태블릿 등의 전자기기를 사용하면 안 된다.

[잠자기 1~2시간 전 미지근한 물로 샤워하기]

사람은 잠들 때 체온이 떨어지면서 잠들게 되는데, 밤에도 대기 온도가 25℃ 이하로 내려가지 않는 열대야에는 체온이 떨어지지 않아 잠들기가 어렵고 쉽게 깬다. 따라서 잠자기 1~2시간 전에 미지근한 물로 목욕이나 샤워를 해 몸을 식히고 피로를 풀어준다. (㉡) 잠자기 직전에 목욕하거나 너무 차가운 물로 샤워를 하면 오히려 잠드는 데 방해가 될 수도 있다.

[술, 카페인, 과식 삼가기]

수면을 방해하는 약물도 삼가야 한다. 특히 술을 한잔 마시고 잠을 청하려는 경우가 있는데, 술을 마시면 오히려 수면 중간에 자주 깨게 만들어 좋지 않다. (㉢) 카페인이 들어있는 커피, 홍차, 초콜릿, 콜라, 담배는 각성효과가 있어 수면을 방해하므로 피한다. 과식도 경계해야 한다. 과식하게 되면 다음날 속이 더부룩하고 부종이 생기는 것은 물론, 수면의 질도 크게 낮아지는 만큼 양질의 수면을 위해서는 과식을 하지 말아야 한다.

	㉠	㉡	㉢
①	한편	예컨데	또한
②	따라서	하지만	또한
③	한편	그러나	또한
④	따라서	예컨데	그런데
⑤	한편	또한	그러나

[15~16] 다음 [표]는 연도별·성별 노인인구수 및 노인인구 비율과 2019년 특성별·가구형태별 노인 비중을 나타낸 자료이다. 이를 바탕으로 이어지는 질문에 답하시오.

[표1] 연도별·성별 노인인구수 및 노인인구 비율 (단위: 천 명, %)

구분	노인인구수	노인인구 비율	성별	
			남성 노인인구수	여성 노인인구수
2000년	3,372	7.3	1,287	2,084
2005년	4,365	9.3	1,736	2,629
2010년	5,360	11.0	2,181	3,179
2018년	6,569	13.2	2,763	3,806
2019년	6,775	13.6	2,863	3,912

※ (노인인구 비율)(%)$=\frac{\text{(노인(65세 이상)인구수)}}{\text{(전체 인구수)}}\times 100$

[표2] 2019년 특성별·가구형태별 노인 비중 (단위: %)

구분		독거노인	노인부부	자녀와 동거하는 노인	기타	계
성	남자	10.0	61.4	24.6	4.0	100.0
	여자	32.3	32.5	31.2	4.0	100.0
연령	65~69세	14.5	51.7	28.5	5.3	100.0
	70~74세	20.9	48.0	27.2	3.9	100.0
	75~79세	27.7	44.3	24.8	3.2	100.0
	80~84세	35.5	33.9	27.9	2.7	100.0
	85세 이상	32.2	21.8	42.8	3.2	100.0
지역	동부	21.9	43.5	30.4	4.2	100.0
	읍·면부	26.8	48.0	21.8	3.4	100.0

15 다음 [보기]에서 자료에 대한 설명으로 옳은 것을 모두 고르면?

보기

㉠ 전체 인구수는 2018년을 제외한 매 시기 증가하였다.
㉡ 2000년 대비 2019년 남성 노인인구수 증가율은 여성 노인인구수 증가율보다 더 작다.
㉢ 2019년에 노인 연령대가 높아질수록 노인부부의 비중은 감소한다.
㉣ 2019년에 자녀와 동거하는 여성 노인인구수는 120만 명 이상이다.

① ㉠, ㉡
② ㉡, ㉣
③ ㉢, ㉣
④ ㉠, ㉡, ㉢
⑤ ㉡, ㉢, ㉣

16 다음 중 자료를 통해 알 수 있는 정보가 아닌 것을 고르면?

① 2018년 전체 인구수
② 2019년 연령대별 노인인구수
③ 2019년 성별 노인인구의 전년 대비 증가율
④ 2019년 성별 독거노인수
⑤ 2019년 노인인구 중 자녀와 동거하는 노인의 비중

17 다음 [그래프]는 기업 A, B의 분기별 매출액 신장률에 관한 자료이다. 이에 대한 설명으로 옳은 것을 [보기]에서 모두 고르면?

[그래프] 기업 A, B의 분기별 매출액 신장률 (단위: %)

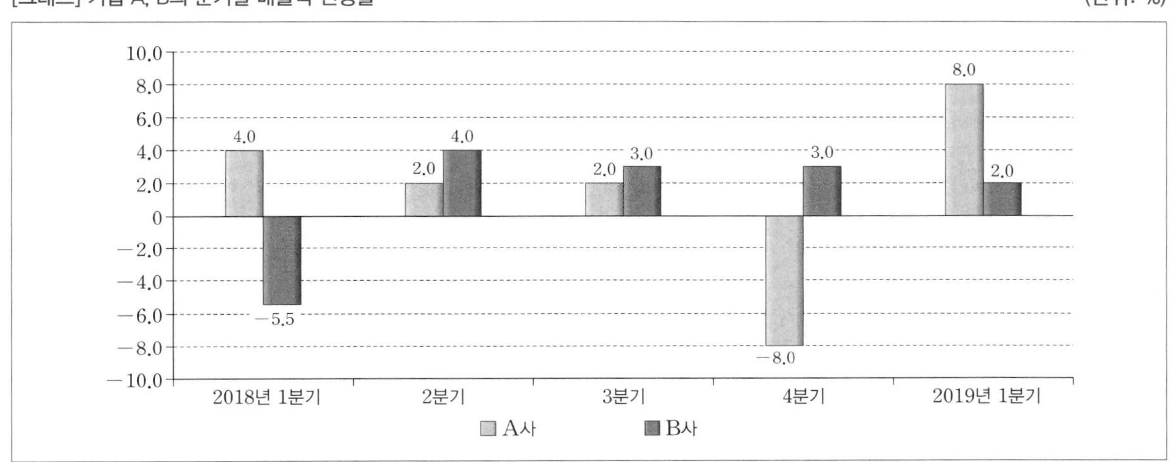

보기

㉠ B사의 이전 분기 대비 매출 신장액은 2018년 4분기가 2018년 3분기보다 더 크다.
㉡ A사의 2019년 1분기의 매출액은 2018년 3분기의 매출액과 동일하다.
㉢ B사는 2018년 4분기부터 2017년 4분기의 매출액을 넘어선다.
㉣ A사의 2018년 3분기 매출액은 2017년 4분기 매출액보다 8% 이상 증가하였다.

① ㉠, ㉢ ② ㉠, ㉣ ③ ㉡, ㉢
④ ㉠, ㉡, ㉢ ⑤ ㉡, ㉢, ㉣

[18~20] 다음 [표]는 2020년 연령별 자전거 교통사고 발생 현황과 법규 위반별 자전거 교통사고 발생 현황을 나타낸 자료이다. 이를 바탕으로 이어지는 질문에 답하시오.

[표1] 2020년 연령별 자전거 교통사고 발생 현황

구분		발생 건수(건)	사망자 수(명)	치사율(%)	부상자 수(명)
가해운전자	합계	5,667	83	1.5	6,150
	12세 이하	473	0	0.0	521
	13~20세	603	3	0.5	671
	21~30세	584	3	0.5	648
	31~40세	451	1	0.2	508
	41~50세	605	3	0.5	679
	51~60세	996	17	1.7	1,073
	61~64세	468	12	2.6	501
	65세 이상	1,435	44	3.1	1,494
	불명	52	0	0.0	55
피해운전자	합계	8,087	116	1.4	8,399
	12세 이하	870	1	0.1	906
	13~20세	665	1	0.2	715
	21~30세	758	6	0.8	813
	31~40세	629	3	0.5	676
	41~50세	892	8	0.9	958
	51~60세	1,457	12	0.8	1,519
	61~64세	619	8	1.3	640
	65세 이상	2,194	77	3.5	2,169
	불명	3	0	0.0	3

[표2] 2020년 법규 위반별 자전거 교통사고 발생 현황

구분	발생 건수(건)	사망자 수(명)	치사율(%)	부상자 수(명)
합계	5,667	83	1.5	6,150
중앙선 침범	381	10	2.6	405
신호위반	348	13	3.7	364
안전거리 미확보	135	5	3.7	160
안전운전 의무 불이행	3,883	45	1.2	4,258
교차로 통행방법 위반	163	1	0.6	172
보행자 보호의무 위반	88	1	1.1	92
기타	669	8	1.2	699

18 다음 [보기]에서 자료에 대한 설명으로 옳은 것을 모두 고르면?

보기

㉠ 가해운전자의 연령대가 높아진다고 자전거 교통사고 사상자 수가 반드시 많아지는 것은 아니다.
㉡ '불명'을 제외하고 전 연령대에서 부상자 수는 가해운전자보다 피해운전자가 더 많다.
㉢ 41세 이상 연령대에서는 가해운전자와 피해운전자 모두 치사율이 고령층으로 갈수록 높아진다.
㉣ 사망자 수가 더 많은 법규 위반 교통사고라고 해서 반드시 부상자 수도 더 많은 것은 아니다.

① ㉠, ㉡ ② ㉡, ㉢ ③ ㉢, ㉣
④ ㉠, ㉡, ㉣ ⑤ ㉠, ㉢, ㉣

19 다음 중 2020년 안전운전 의무 불이행에 의한 65세 미만 부상자 수의 최솟값을 고르면?

① 537명 ② 595명 ③ 602명
④ 605명 ⑤ 610명

20 다음 중 주어진 자료를 바탕으로 작성한 그래프로 옳지 않은 것을 고르면?

① 연령대별 자전거 교통사고 전체 사망자 수

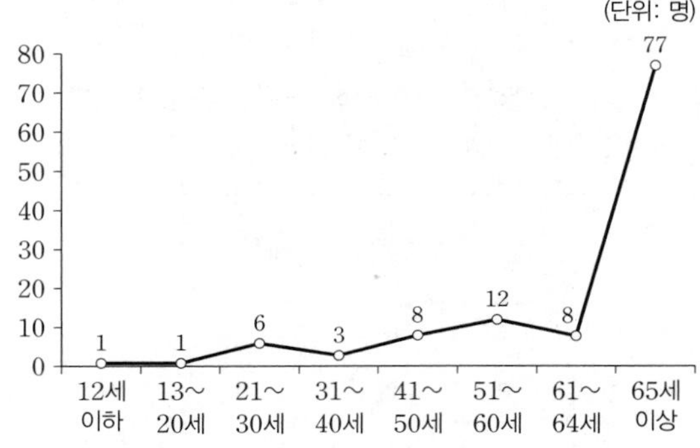

② 가해운전자와 피해운전자의 부상자 수 상위 3개 연령대의 부상자 수

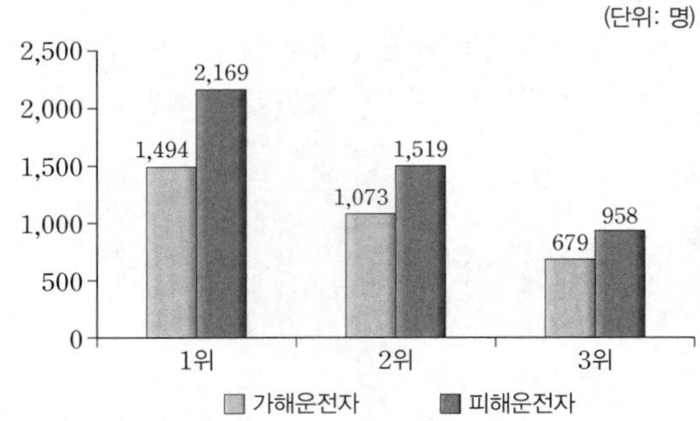

③ 자전거 교통사고 피해운전자 발생 건수의 연령대별 비중

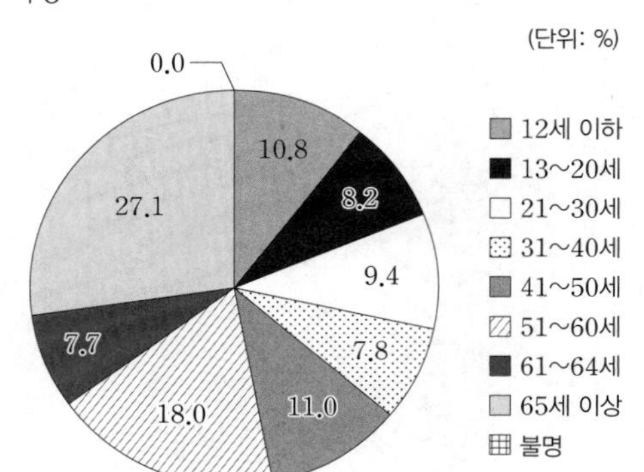

④ 연령대별 자전거 교통사고 발생 건수

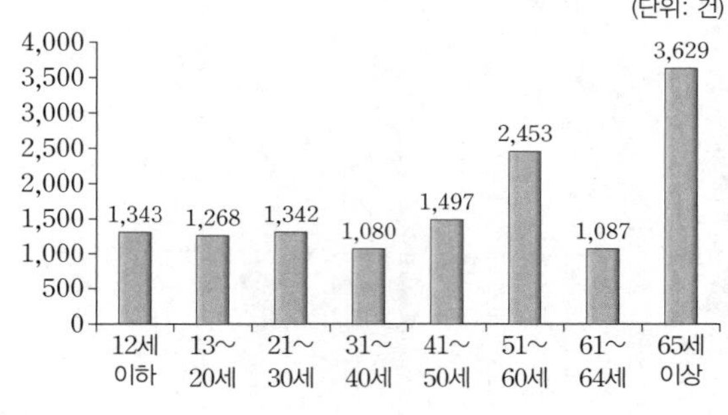

⑤ 법규 위반별 자전거 교통사고 치사율

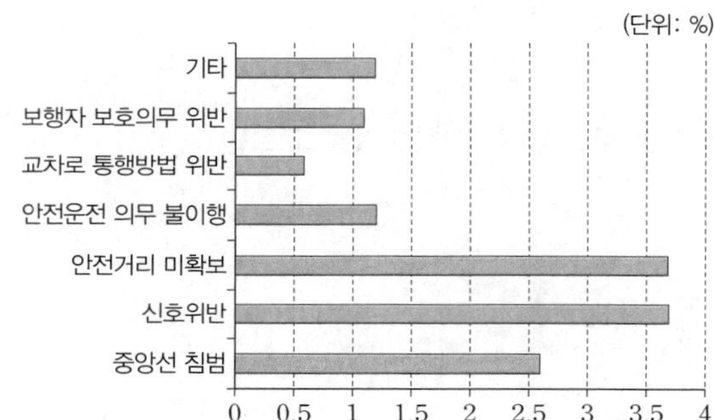

21 다음 [표]는 2019년 10월 둘째 주 유종별 세율 및 전체 정유사 제품별 주간공급가격에 관한 자료이다. 이를 바탕으로 (A)－(B)의 값으로 옳은 것을 고르면?

[표1] 2019년 10월 둘째 주 유종별 세율 (단위: 원/리터)

구분	유류세				판매 부과금	부가세
	교통 에너지 환경세(교통세)	개별 소비세	교육세	주행세		
보통 휘발유	529	－	교통세의 15%	교통세의 26%	－	10%
고급 휘발유	529	－			36	
선박용 경유	375	－			－	
자동차용 경유	375	－			－	
등유	－	63	개별 소비세의 15%	－	－	
일반 프로판(원/kg)	－	14	－	－	－	
일반 부탄(원/kg)	－	275	개별 소비세의 15%	－	62.28	
자동차용 부탄(원/kg)	－	160.6		－	36.37	
중유	－	17		－	－	

[표2] 2019년 10월 둘째 주 전체 정유사 제품별 주간공급가격 (단위: 원/리터)

구분	보통 휘발유	고급 휘발유	자동차용 경유	등유
세전	585.05	720.38	648.57	662.26
교통 에너지 환경세	529.00	(　　)	375.00	－
개별 소비세	－	－	－	(　　)
교육세	(　　)	(　　)	56.25	(　　)
주행세	137.54	(　　)	97.50	－
부가세	(　　)	150.27	117.78	73.52
세금계	879.03	(　　)	646.53	(　　)
판매 부과금	－	(　　)	－	－
기타 수수료	0.47	0.47	0.47	0.47
세후	1,464.55	(A)	1,295.57	(B)

① 802.31　② 808.31　③ 820.31
④ 832.31　⑤ 844.31

[22~23] 다음 [그래프]는 A국의 2022년 의료급여기관 구성비와 의료기관 수를 나타낸 자료이다. 이를 바탕으로 이어지는 질문에 답하시오.

[그래프1] A국의 2022년 의료급여기관 구성비

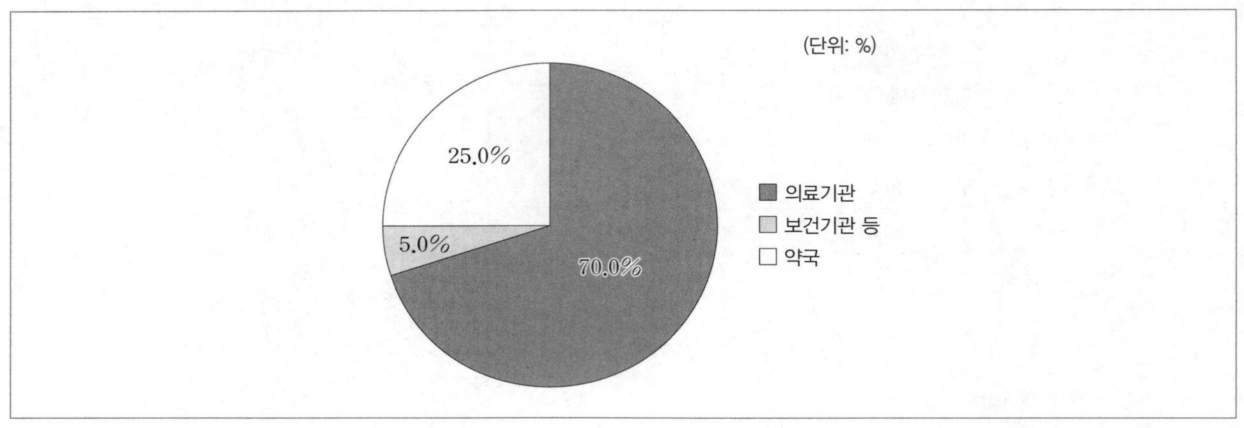

[그래프2] A국의 2022년 의료기관 수

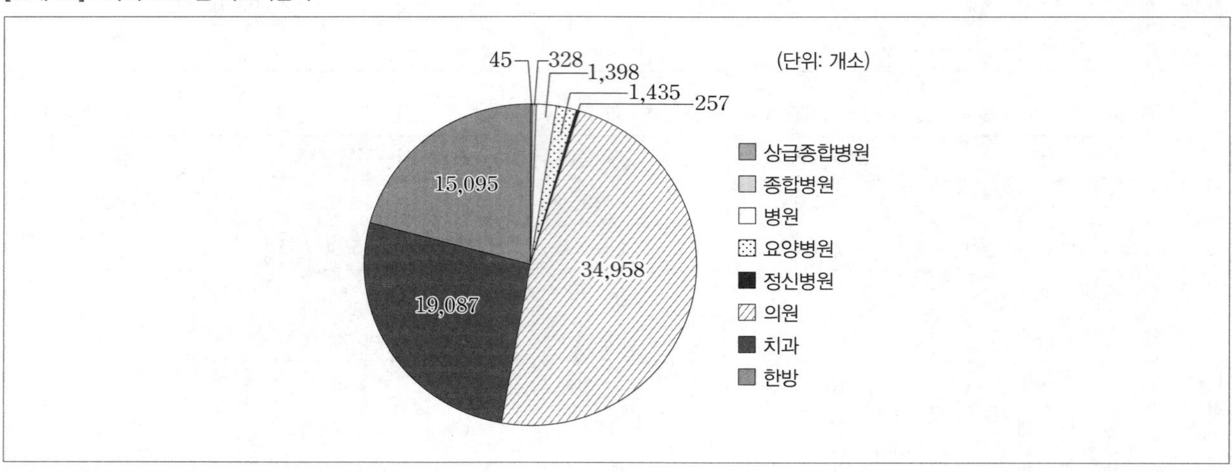

※ 치과: 치과병원, 치과의원

※ 한방: 한방병원, 한의원

22 **다음 [보기]에서 주어진 자료에 대한 설명으로 옳은 것을 모두 고르면?**(단, 계산 시 일 개소 단위에서 반올림한다.)

보기

㉠ 2022년 전체 의료급여기관 수는 10만 개소 이상이다.
㉡ 2022년 약국 수는 치과 수보다 많다.
㉢ 2022년 기준 정신병원 수가 매년 20% 증가한다면, 정신병원 수가 최초로 500개소를 넘는 해는 2025년이다.
㉣ 2022년 상급종합병원과 종합병원 수 합의 4배를 해도 요양병원 수가 더 많다.

① ㉠, ㉡
② ㉠, ㉡, ㉢
③ ㉠, ㉡, ㉣
④ ㉡, ㉢, ㉣
⑤ ㉠, ㉡, ㉢, ㉣

23 **다음 [표]는** 2021년 **대비** 2022년 **의료급여기관 수 증가율에 대한 자료이다.** 2021년 **대비 기관 수에 변동이 없는 의료급여기관 수는** 2021년 **전체 의료급여기관에서 몇 %를 차지하는지 고르면?**(단, 2022년 전체 의료급여기관 수의 전년 대비 증가율은 2%이며, 계산 시 일 개소 단위에서 반올림한다.)

[표] 2021년 대비 2022년 의료급여기관 수 증가율 (단위: %)

상급 종합병원	종합 병원	병원	요양 병원	정신 병원	의원	치과	한방	보건기관 등	약국
0.0	2.8	0.1	−2.0	2.8	3.1	1.4	0.6	0.0	2.2

① 3%
② 5%
③ 7%
④ 9%
⑤ 12%

[24~25] 다음 [표]와 [그래프]는 2012~2021년 학교급 및 가구 소득 수준에 따른 학생 1인당 월평균 사교육비와 학교급별 학생 수를 조사하여 나타낸 자료이다. 이를 바탕으로 이어지는 질문에 답하시오.

[표] 2012~2021년 학교급 및 가구 소득 수준에 따른 학생 1인당 월평균 사교육비 현황 (단위: 만 원)

구분		2012년	2013년	2014년	2015년	2016년	2017년	2018년	2019년	2020년	2021년
전체		23.6	23.9	24.2	24.4	25.6	27.2	29.1	32.1	30.2	36.7
학교급	초등학교	21.9	23.2	23.2	23.1	24.1	25.3	26.3	29.0	23.5	32.8
	중학교	27.6	26.7	27.0	27.5	27.5	29.1	31.2	33.8	34.2	39.2
	고등학교	22.4	22.3	23.0	23.6	26.2	28.5	32.1	36.5	39.6	41.9
가구 소득	100만 원 미만	6.8	6.8	6.6	6.6	5.0	6.0	6.2	6.0	5.8	5.5
	100만 원 이상 200만 원 미만	11.0	11.1	10.2	10.2	9.8	9.3	9.9	10.4	10.3	11.6
	200만 원 이상 300만 원 미만	16.8	16.0	15.9	15.9	15.4	15.3	15.6	17.0	15.8	18.0
	300만 원 이상 400만 원 미만	23.0	22.1	21.2	21.2	21.1	21.2	22.2	23.4	20.4	25.3
	400만 원 이상 500만 원 미만	28.8	(A)	27.2	26.6	26.5	27.4	27.9	30.0	26.9	33.2
	500만 원 이상 600만 원 미만	33.2	(B)	31.9	31.1	31.0	32.2	32.9	35.4	32.5	38.1
	600만 원 이상 700만 원 미만	36.7	35.9	36.7	36.1	36.5	36.5	37.3	40.4	37.2	44.4
	700만 원 이상 800만 원 미만	42.6	41.5	42.8	42.0	44.3	40.7	42.2	46.4	44.1	48.6
	800만 원 이상	43.2	44	44.5	47.2	48	48.3	50.5	53.9	52.6	59.3

[그래프] 2012~2021년 학교급별 학생 수 현황 (단위: 천 명)

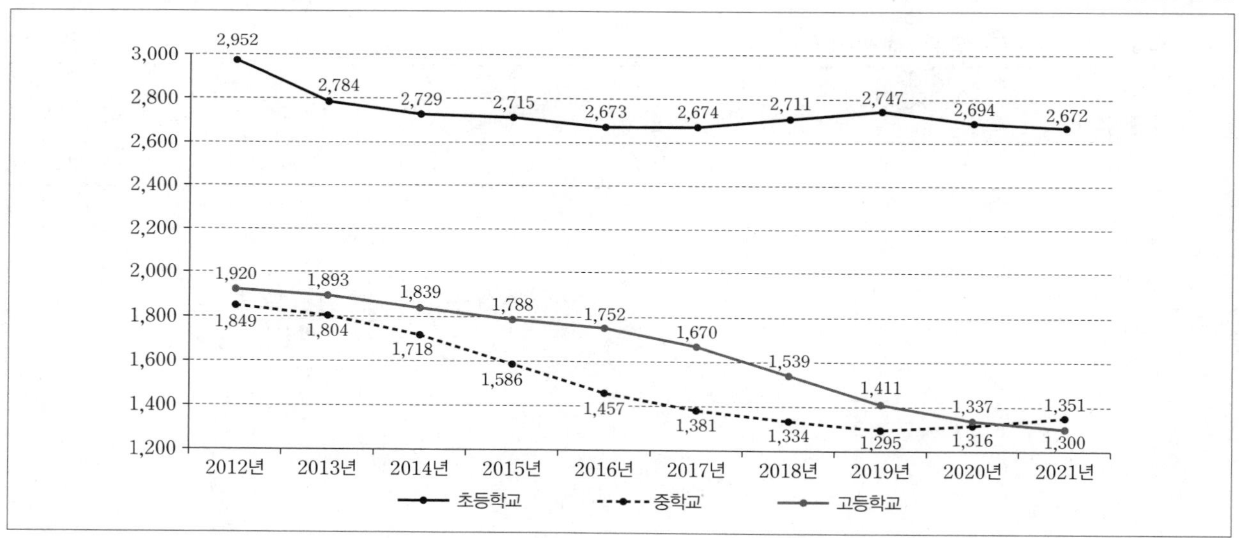

24 **다음 [보기]에서 주어진 자료에 대한 설명으로 옳은 것을 모두 고르면?**(단, 학생 1인당 월평균 사교육비 계산 시 백 원 단위에서 반올림한다.)

보기

㉠ 2021년 고등학생 수는 2012년 대비 30% 이상 감소하였다.
㉡ 모든 연도에 대하여 가구소득이 많을수록 사교육을 받는 학생 수 또한 많다.
㉢ 2020~2021년 동안 학생 1인당 월평균 전체 사교육비와 초등학생 사교육비의 추이는 동일하다.
㉣ 소득 수준이 400만 원 이상 500만 원 미만인 가구와 500만 원 이상 600만 원 미만인 가구에 대하여 2019년 학생 1인당 월평균 사교육비가 2013년 대비 각각 7.2%씩 증가하였다면 (B)−(A)의 값은 4.5 미만이다.

① ㉠, ㉢　② ㉡, ㉣　③ ㉢, ㉣
② ㉠, ㉡, ㉢　⑤ ㉠, ㉢, ㉣

25 **다음은 월평균 사교육비 총액에 관한 뉴스 보도자료의 일부이다. 주어진 자료를 바탕으로 빈칸의 ㉠, ㉡에 들어갈 내용이 순서대로 바르게 짝지어진 것을 고르면?**

월평균 사교육비 총액은 이미 2012년에 1조 5,000억 원을 훌쩍 넘었습니다. 그러나 다행히도 학생 수가 꾸준히 줄어듦으로 인하여 월평균 사교육비 총액은 크게 증가하지 못하였습니다. 2017년에는 오히려 2012년 대비 (㉠)만큼 감소한 것입니다. 그러나 전반적으로는 소득 수준이 증가함에 따라 조금씩 증가하였습니다. 이에 따라 우리나라의 월평균 사교육비 총액은 2021년에 (㉡) 원이 되면서 약 2조 원에 육박하였습니다.

	㉠	㉡
①	1.6%	1조 9,409억
②	1.6%	1조 9,535억
③	1.8%	1조 9,351억
④	1.8%	1조 9,409억
⑤	1.8%	1조 9,535억

26 다음 [표]와 [조건]은 2021년 업종별 환경 관련 필요정책에 관한 자료이다. 이에 대한 설명으로 옳은 것을 [보기]에서 모두 고르면?

[표] 2021년 업종별 환경 관련 필요정책 선택 비율 (단위: %)

구분	사업체 수(개)	노후 선박의 LNG 선박 전환 시 혜택 지원	육상전력공급 설비(AMP) 설치	배출규제지역 지정	연안 선박 저속 운항 프로그램 운영	선박연료의 황함유량 규제	배출저감장치(Scrubber) 설치 지원
창고업	528	61.1	45.8	61.3	26.0	34.3	51.8
하역업	187	58.5	34.1	68.8	25.0	37.2	58.3
항만부대산업	1,563	62.8	48.7	54.3	30.6	38.6	39.2
선용품공급업	1,595	61.7	34.8	65.6	27.6	40.7	65.3
수리업	1,455	54.9	37.5	43.1	52.0	25.1	33.6
항만건설업	496	55.5	40.4	62.8	15.3	42.4	50.0
여객운송업	64	68.2	52.2	33.7	33.8	45.5	36.9
화물운송업	652	64.9	36.4	61.0	15.7	37.4	49.8
대리중개업	5,070	60.2	44.0	59.3	28.9	30.2	42.1
육상운송업	1,504	57.1	50.5	57.1	32.0	33.5	30.6
공공행정	16	33.2	60.9	73.2	26.6	7.5	19.3

조건

- 환경 관련 필요정책은 중복 선택이 가능하다.
- 육상전력공급 설비 및 배출저감장치 설치 지원을 선택한 비율이 각각 40% 이상이면 설비 및 설치 비용 보조금을 지급해 준다.
- 사업체 수가 천 개 이상인 업종에서 배출규제지역 지정이 필요하다고 선택한 비율이 가장 높은 업종 2개를 먼저 배출규제지역으로 지정해 주기로 하였다.

보기

㉠ 사업체 수가 가장 많은 업종이 가장 적게 선택한 필요정책은 '연안 선박 저속운항 프로그램 운영'이다.
㉡ 하역업과 수리업에서 '선박연료의 황함유량 규제'를 선택한 업체가 모두 '배출규제지역 지정'을 선택했을 수도 있다.
㉢ 설비 및 장치 설치 비용 보조금을 받을 수 있는 업종은 2개이다.
㉣ 배출규제지역을 가장 먼저 지정할 수 있는 업종은 '선용품공급업, 육상운송업'이다.

① ㉠, ㉡ ② ㉠, ㉢ ③ ㉡, ㉢
④ ㉡, ㉣ ⑤ ㉢, ㉣

27 다음 [그래프]는 2017~2021년 전국 지자체 도서관 현황에 대한 자료이다. 이에 대한 설명으로 옳은 것을 [보기]에서 모두 고르면?(단, 계산 시 소수점 이하 첫째 자리에서 반올림한다.)

[그래프1] 2017~2021년 전국 지자체 도서관 총 좌석 수 및 1관당 방문자 수

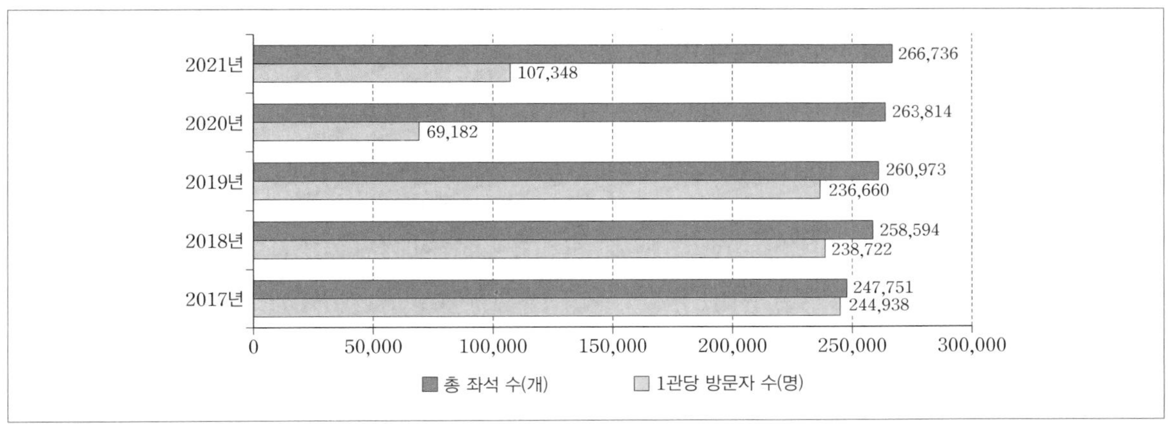

[그래프2] 2017~2021년 전국 지자체 도서관 수 및 1관당 평균 좌석 수

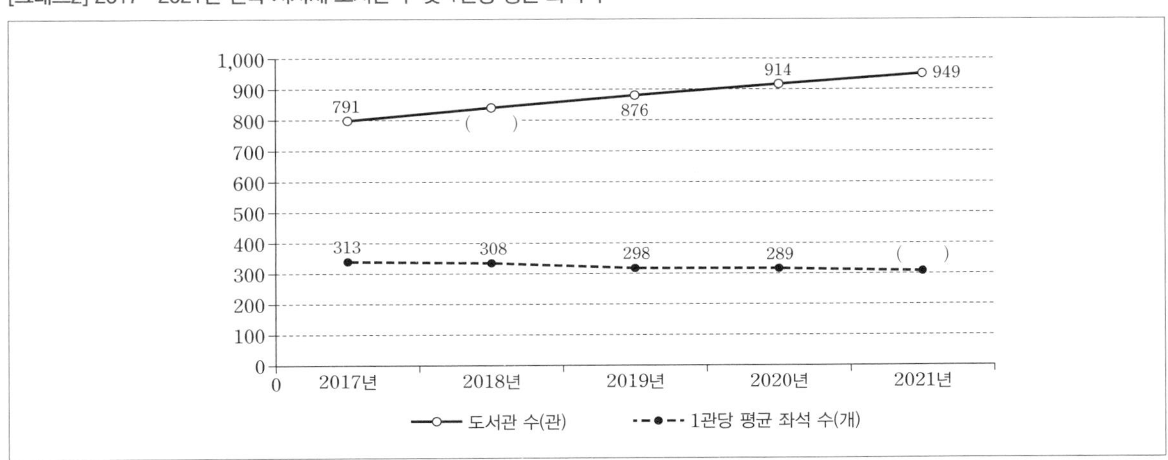

보기

㉠ 2017년 이후 전국 지자체 도서관 수는 증가하는 추세이다.
㉡ 2018년 대비 2019년 도서관 수 증가율은 5% 이상이다.
㉢ 2021년 1관당 평균 좌석 수는 281개다.
㉣ 1관당 방문자 수가 가장 적은 연도의 전체 도서관의 방문자 수는 6천만 명 이상이다.

① ㉠, ㉡ ② ㉠, ㉢ ③ ㉡, ㉢
④ ㉠, ㉡, ㉢ ⑤ ㉠, ㉢, ㉣

[28~29] 다음은 금융소득에 대한 세금체계를 설명한 자료이다. 이를 바탕으로 이어지는 질문에 답하시오.

금융소득이란 예금 등을 통해 얻는 이자소득과 주식 등을 통해 얻는 배당소득의 합이다. 금융소득에 대한 세금은 연간 2,000만 원을 넘지 않는 선에서는 소득세 14%와 지방소득세 1.4%를 합해 15.4%를 원천징수한다. 따라서 예금이 만기되어 이자를 받거나 주식을 보유하여 배당을 받을 경우, 15.4% 원천징수액을 제외한 84.6%만 수령하게 된다. 이 2,000만 원 한도 내에서는 원천징수 대상이므로 5월에 별도로 종합소득세 신고를 할 필요가 없으며, 분리과세로 종결한다.

그러나 연간 금융소득이 2,000만 원을 초과하면 금융소득 종합과세 대상자가 된다. 일단 금융소득이 발생하자마자 15.4%를 원천징수하는 것에는 변함이 없다. 그리고 2,000만 원을 제외한 초과분을 다른 근로소득, 사업소득, 부동산소득 등과 합산하여 종합소득을 산정한 후, 과세표준에 입각하여 내년 5월에 종합소득세를 추가적으로 납부해야 한다. 이때 2,000만 원 초과분에 대한 15.4%는 이미 원천징수로 납부하였으므로, 종합소득세를 납부할 때 해당 금액은 제외하고 납부하면 된다.

종합소득세를 산정하기 위한 과세표준(2021~2022년 귀속)은 다음과 같다.

과세표준	세율
1,200만 원 이하	6%(6.6%)
1,200만 원 초과 4,600만 원 이하	15%(16.5%)
4,600만 원 초과 8,800만 원 이하	24%(26.4%)
8,800만 원 초과 1억 5,000만 원 이하	35%(38.5%)
1억 5,000만 원 초과 3억 원 이하	38%(41.8%)
3억 원 초과 5억 원 이하	40%(44.0%)
5억 원 초과 10억 원 이하	42%(46.2%)
10억 원 초과	45%(49.5%)

※ 괄호 안은 지방소득세를 포함한 세율임

28 다음 중 자료에 대한 설명으로 옳지 않은 것을 고르면?

① 지방소득세는 소득세의 10% 수준이다.
② 종합소득세로 연간 소득의 50% 이상을 납부하는 경우는 없다.
③ 연간 금융소득이 2,000만 원을 초과할 경우, 세금을 2번에 걸쳐 내게 된다.
④ 근로소득 없이 연간 금융소득만 5억 원이라면 세율 40%(44.0%)의 과세표준 구간에 해당한다.
⑤ 연간 근로소득이 5,000만 원, 연간 금융소득도 5,000만 원이라면 세율 35%(38.5%)의 과세표준 구간에 해당한다.

29 **다음 [보기]는 연간 근로소득 2,000만 원, 연간 금융소득 5,000만 원인 A씨의 금융소득 종합과세에 대한 예시이다. 이를 참고하여 연간 근로소득 1억 원, 연간 금융소득 5,000만 원인 B씨가 차년도 5월에 추가로 납부해야 하는 금융소득세를 고르면?**(단, 근로소득세까지 포함한 전체 종합소득세가 아닌, 추가로 납부해야 하는 금융소득세를 묻는 것임에 유의한다.)

보기

A씨의 연간 근로소득은 2,000만 원, 연간 금융소득은 5,000만 원이다. 우선 금융소득 5,000만 원이 발생하였을 때 5,000×0.154=770(만 원)을 자동으로 납부한다. 이 770만 원은 2,000만 원에 대한 308만 원과 초과분 3,000만 원에 대한 462만 원으로 구성되어 있다. 종합소득은 2,000+(5,000−2,000)=5,000(만 원)이다. 따라서 4,600~8,800만 원 과세표준 구간에 속한다. 우선 근로소득 2,000만 원부터 하위 과세표준 구간에 적용한다. 근로소득 1,200만 원은 세율 6.6%가 적용되고, 나머지 800만 원은 세율 16.5%가 적용된다. 과세표준 두 번째 구간에서 남은 금액은 4,600−(1,200+800)=2,600(만 원)이다. 따라서 금융소득 3,000만 원 중 2,600만 원에 세율 16.5%가 적용되고, 나머지 400만 원은 세율 26.4%가 적용된다. 이 구조를 보기 쉽게 표로 나타내면 다음과 같다.

구분	금액	세율	
금융소득	3,000만 원	26.4%	
			4,600만 원
		16.5%	
근로소득	2,000만 원		1,200만 원
		6.6%	

따라서 근로소득을 제외한 금융소득에 대한 세금은 2,600×0.165+400×0.264=534.6(만 원)이다. 그런데 초과분 3,000만 원에 대한 세금 462만 원을 원천징수로 납부한 상태이므로, 534.6−462=72.6(만 원)만 5월에 추가로 납부하면 된다.

① 693만 원 ② 832만 원 ③ 1,155만 원
④ 1,301만 원 ⑤ 1,463만 원

30 다음은 경쟁관계에 있는 두 자동차 회사인 A사와 B사의 판매 차종별 수익체계와 A사의 4~7월의 차종 판매 계획이다. 이를 알게 된 B사의 판매 담당자가 분석한 내용으로 옳은 것을 고르면?

[판매 차종별 수익체계]

(단위: 억 원)

A사 \ B사	소형차	중형차	대형차
소형차	(2, 2)	(4, −2)	(−2, 9)
중형차	(1, −4)	(−3, 7)	(6, −1)
대형차	(3, −3)	(3, −2)	(1, 8)

– 괄호 안의 숫자는 A사와 B사의 차종 판매로 얻는 월 손익을 뜻한다.

예 A사가 소형차를 판매하고 동시에 B사가 대형차를 판매하였을 때 A사의 월 손실은 −2억 원이고, B사의 월 수익은 9억 원이다.

– A사와 B사 모두 특정 월에 각각 한 가지 차종만 판매한다.

[A사의 4~7월 차종 판매 계획]

구분	4월	5월	6월	7월
A사 차종 판매 계획	중형차	소형차	대형차	중형차

① "4~7월 동안 우리 회사가 얻을 수 있는 수익의 최대치는 30억 원에 못 미치는군."
② "A사와 동일한 차종을 판매하기만 하면 우리는 항상 수익을 낼 수 있겠군."
③ "우리 회사가 합리적으로 판매한다면 두 회사의 월 합계 수익이 가장 큰 시기는 5월이군."
④ "우리 회사의 당초 계획처럼 매 시기 대형차만 판매한다면 A사의 수익은 6월에 가장 크겠군."
⑤ "A사와 동일한 차종을 판매하여 우리의 수익이 가장 크게 되는 시기는 4월과 7월이군."

31 **M아트홀에서는 5월 가정의 달을 맞이하여 특별공연행사를 진행한다. 김 대리가 부모님과 함께 조영필 효 콘서트를 보러 간다고 할 때, 예매 가능한 날을 고르면?**

- 특별공연행사는 1일(토)부터 한 달간 진행하고, 5월 이내에 마무리 한다.
- 5월 5일(어린이날)과 5월 19일(석가탄신일)은 공휴일이다.
- 한 주는 월요일에서 일요일까지로 생각한다.
  예) 2일이 월요일이라면 2일(월)부터 8일(일)까지는 같은 주이다.
- 한 달 동안 조영필 효 콘서트(4회), 블루퐁과 고래가족 뮤지컬(5회), 내 친구 뽀뽀로 뮤지컬(4회), 트로트 보이즈 콘서트(4회), 이현아 마술쇼(5회) 공연을 진행한다.
- 공연 일정은 하루에 하나밖에 없고, 매주 일요일에 휴관한다.
- 블루퐁과 고래가족 뮤지컬은 월요일 또는 화요일에 격주로 다른 요일에 진행한다.
- 트로트 보이즈 콘서트는 월요일 또는 화요일에 격주로 다른 요일에 진행한다.
- 이현아 마술쇼는 매주 같은 요일에 진행한다.
- 조영필 효 콘서트는 세 번째 주와 다섯 번째 주에만 진행한다.
- 내 친구 뽀뽀로 뮤지컬은 이현아 마술쇼 전날 진행한다.

① 5월 6일　② 5월 11일　③ 5월 12일
④ 5월 14일　⑤ 5월 20일

[32~34] 다음은 LH 신혼부부 매입임대주택Ⅱ 전세형에 관한 설명이다. 이를 바탕으로 이어지는 질문에 답하시오.

신혼부부 매입임대주택Ⅱ 전세형은 도심 내 신혼부부 등이 원하는 생활권에서 안정적으로 거주할 수 있도록 LH에서 주택을 매입하여 시중시세의 70~80% 수준의 준전세로 임대하는 주택입니다.

■ 임대기간 및 임대조건

<table>
<tr><th>구분</th><th colspan="3">내용</th></tr>
<tr><td>임대기간</td><td colspan="3">2년, 재계약 2년씩 2회 가능
※ 단, 자녀가 있는 경우 재계약 2회 추가 연장 가능</td></tr>
<tr><td rowspan="3">임대조건</td><td colspan="3">입주자의 소득 수준에 따라 시중 시세의 70~80% 수준의 임대조건으로 공급하되, 임대조건의 80%를 임대보증금으로 하는 준전세형으로 공급</td></tr>
<tr><td>구분</td><td>• 수급자, 지원대상 한부모가족, 차상위계층
• 해당 세대의 월평균소득이 전년도 도시근로자 가구당 월평균소득의 80% 이하</td><td>해당 세대의 월평균소득이 전년도 도시근로자 가구당 월평균소득의 80% 초과</td></tr>
<tr><td>임대조건</td><td>시중 시세의 70%</td><td>시중 시세의 80%</td></tr>
<tr><td>임대보증금</td><td colspan="3">월 임대료를 추가 납부하고 임대보증금을 10만 원 단위로 낮출 수 있음
• (임대보증금 최저 한도) 기본 임대보증금의 10% 또는 전환 후 월 임대료의 24개월분 중 큰 금액
• (전환이율) 연 2.5%
• (계산방법) 월 임대료 증가분＝임대보증금 감액분×전환이율÷12개월
※ 전세형의 특성상 임대보증금을 추가 납부하고 월 임대료를 낮추는 증액보증금 제도는 적용 불가
※ 전환 후 임대보증금은 초기 월 임대료×24개월보다 높아야 함
※ 전환 후 월 임대료의 24개월분은 초기 임대보증금에서 10만 원 단위로 낮춘 임대보증금 이하여야 함</td></tr>
</table>

■ 입주 대상

공고일 현재 무주택세대구성원으로서 소득 및 자산기준을 충족하는 신혼부부, 예비신혼부부, 한부모가족, 유자녀 혼인가구, 혼인가구 등

① 신혼부부: 공고일 현재 혼인 7년 이내인 사람
② 예비신혼부부: 공고일 현재 혼인 예정인 사람으로서 입주일 전일까지 혼인신고를 하는 사람
③ 한부모가족: 만 6세 이하 자녀를 둔 모자가족 또는 부자가족
④ 유자녀 혼인가구: 만 6세 이하 자녀가 있는 혼인가구

■ 입주 순위

순위	자격요건
1순위	자녀가 있는 신혼부부 및 예비신혼부부, 만 6세 이하 자녀가 있는 한부모 가족 ※ 자녀는 태아를 포함한 민법상 미성년인 자녀에 한함
2순위	자녀가 없는 신혼부부 및 예비신혼부부
3순위	만 6세 이하 자녀가 있는 혼인가구
4순위	혼인가구

■ 소득/자산 기준

순위	소득기준	자산기준
1·2·3 순위	전년도 도시근로자 가구당 월평균소득의 100% 이하(배우자 소득 있는 경우 120% 이하)	행복주택(신혼부부) 자산기준: 총자산 29,200만 원, 자동차 3,496만 원 이하
4순위	전년도 도시근로자 가구당 월평균소득의 120% 이하(배우자 소득 있는 경우 140% 이하)	신혼희망타운(공공분양) 자산기준: 총자산 30,700만 원 이하

■ 동일 순위내 경합시 우선순위 결정방법

아래의 배점을 합산하여 총점이 높은 순으로 입주대상자를 선정하되, 동일 점수인 경우 다음 각 호의 순서에 따라 점수가 높은 순으로 입주대상자 선정(경합 발생 시 추첨으로 우선순위 결정)

평가항목	평가요소	배점
① 신청자의 수급자 등 여부	가. 생계급여 또는 의료급여 수급자 나. 지원대상 한부모가족(한부모가족 증명서) 다. 차상위계층, 주거급여·교육급여 수급자	3점 3점 2점
② 자녀의 수 (태아를 포함한 민법상 미성년인 자녀에 한하며, 재혼한 경우에는 이전 배우자와의 혼인관계에서 출산한 미성년인 자녀도 포함)	가. 3인 이상 나. 2인 다. 1인	3점 2점 1점
③ 청약저축 및 주택청약종합저축 납입횟수 ※ 신청자 명의 통장의 인정회차 기준	가. 24회 이상 납입 나. 12회 이상 24회 미만 납입 다. 6회 이상 12회 미만 납입	3점 2점 1점
④ 신청자의 당해 시(특별시·광역시 포함)·군지역에서의 연속 거주기간	가. 5년 이상 나. 3년 이상 5년 미만 다. 3년 미만	3점 2점 1점
⑤ 신청자의 장애인 등록 여부 ※ 배우자가 지적장애인·정신장애인 및 장애의 정도가 심한(기존 제3급 이상의) 뇌병변 장애인에 해당하는 경우 배우자 장애인 등록도 인정	「장애인복지법」 제32조에 따른 장애인등록증이 교부된 자	2점
⑥ 신청자의 65세 이상 직계존속 부양 여부 (배우자 직계 존속 부양도 포함)	만 65세 이상 직계존속이 세대별 주민등록표상 세대원으로 등록된 경우	1점

※ 배점 부여 등 나이와 관련한 사항은 모두 '만' 나이로 산정함

32 다음 중 자료에 대한 설명으로 옳은 것을 고르면?

① 신혼부부가 입주자격을 유지하는 경우 최대 6년 거주할 수 있다.
② 한부모가족의 월평균소득이 전년도 도시근로자 가구당 월평균소득의 80%를 초과하는 경우 시중 시세의 80%를 임대보증금으로 한다.
③ 전세 보증금을 480만 원 올리면 월 임대료는 1만 원 낮출 수 있다.
④ 입주일을 기준으로 만 8세인 자녀가 있는 사람은 유자녀 혼인가구에 속한다.
⑤ 자녀가 없는 혼인 10년 차 혼인가구는 입주 대상이 될 수 있다.

33 지원이는 LH 신혼부부 매입임대주택II 전세형을 통해 보증금이 2,000만 원이고, 월 임대료가 30만 원인 곳을 임대하였다. 지원이가 임대보증금을 최대로 낮춘다고 했을 때, 임대보증금을 고르면?

① 200만 원
② 720만 원
③ 790만 원
④ 1,150만 원
⑤ 1,230만 원

34 A~E가구 중 4가구가 입주한다고 할 때, 입주하지 못하는 가구를 고르면?(단, 지원 기준은 모두 충족한다.)

구분	A가구	B가구	C가구	D가구	E가구
① 가족 형태	신혼부부	한부모 가족	예비 신혼부부	예비 신혼부부	신혼부부
② 신청자의 수급자 등 여부	×	×	×	×	차상위
③ 자녀의 수 (태아를 포함한 민법상 미성년인 자녀에 한하며, 재혼한 경우에는 이전 배우자와의 혼인관계에서 출산한 미성년인 자녀도 포함)	0명	2명 (만 6세 이하 자녀 1명)	1명 (만 6세 이하)	0명	1명 (만 7세)
④ 청약저축 및 주택청약종합저축 납입횟수 ※ 신청자 명의 통장의 인정회차 기준	25회	25회	8회	14회	12회
⑤ 신청자의 당해 시(특별시·광역시 포함)·군지역에서의 연속 거주기간	2년	5년	3년	7년	4년
⑥ 신청자의 장애인 등록 여부 ※ 배우자가 지적장애인·정신장애인 및 장애의 정도가 심한(기존 제3급 이상의) 뇌병변 장애인에 해당하는 경우 배우자 장애인 등록도 인정	×	○	×	×	×
⑦ 신청자의 65세 이상 직계존속 부양 여부 (배우자 직계 존속 부양도 포함)	×	○	×	×	×

① A가구 ② B가구 ③ C가구
④ D가구 ⑤ E가구

35 다음은 주택단지 A~M이 관리할 화단의 위치를 정하기 위한 [규칙]이다. 이를 바탕으로 주택단지 B~M가 관리해야 하는 화단 ⓑ~ⓜ의 위치를 정한다고 할 때, 화단 ⓐ를 제외하고 주택단지 구역도에서 바르게 위치가 정해진 화단의 개수를 고르면?

규칙

- 주택단지와 그 주택단지에서 관리해야 하는 화단을 짝지으면 다음과 같다.

  A－ⓐ, B－ⓑ, C－ⓒ, D－ⓓ, E－ⓔ
  F－ⓕ, G－ⓖ, H－ⓗ, I－ⓘ, J－ⓙ
  K－ⓚ, L－ⓛ, M－ⓜ
- 화단은 주택단지에 좌·우·상·하로 인접한 한 구역에만 설치해야 한다.
- 한 주택단지는 한 개의 화단만 관리한다.
- 두 개 이상의 화단은 서로 연달아 위치할 수 없으며, 대각선 구역으로도 서로 이웃할 수 없다.
- 주택단지 구역도 상 가로 축과 세로 축에 표기된 숫자는 가로, 세로 방향으로 설치할 화단 수이다.
- 주택단지 A가 관리하는 화단 ⓐ의 위치는 이미 확정되어 있다.

[그림] 주택단지 구역도

3	A				B			ⓓ
1	ⓐ		C	ⓒ	ⓑ			D
2	ⓔ	E			F			G
1					ⓕ			ⓖ
1	H	ⓗ				I	ⓘ	
2			J	ⓙ				ⓛ
2		K	ⓚ					L
1						M	ⓜ	
	2	1	3	0	2	2	1	2

① 2개　② 3개　③ 4개
④ 5개　⑤ 6개

36 다음 글을 근거로 판단할 때, 주택도시보증공사의 전세보증금반환보증에 가입한 갑~정 네 사람의 [상황]에 따라 주택도시보증공사가 보증 책임을 부담하는 경우에 해당하는 사람을 고르면?

제○조(보증채무의 내용) 공사는 보증서에 적힌 보증기간 이내에 되돌려 받지 못한 전세보증금에 한하여 보증금액 한도 내에서 보증책임을 부담한다.

제◇조(보증이행 대상이 아닌 채무) 공사는 다음 각 호의 어느 하나에 해당하는 채무에 대해서는 보증책임을 부담하지 않는다.

1. 천재지변, 전쟁, 내란, 그 밖에 이와 비슷한 사정으로 주채무자가 전세계약을 이행하지 못하여 발생한 채무
2. 주채무자가 전세보증금 반환의무를 지체하여 발생한 이자 및 지연손해금
3. 주채무자가 실제 거주하지 않는 명목상 임차인 등 정상계약자가 아닌 자에게 부담하는 채무
4. 보증채권자가 보증채무 이행을 위한 청구서류를 제출하지 않거나 협력의무를 이행하지 않는 등 보증채권자에게 책임이 있는 사유로 발생하거나 증가된 채무
5. 보증서 발급 당시의 보증조건과 다르거나 보증조건을 공사의 동의 없이 임의 변경하여 발생하거나 증가된 채무
6. 주채무자가 부담하는 필요비·유익비 상환 등의 채무
7. 우선변제권을 취득한 보증채권자가 우선변제권을 상실(타 주소지 전입신고등)하여 공사의 주채무자에 대한 구상권 행사에 제한이 있는 경우
8. 보증채권자가 전세계약기간이 만료된 후 주채무자와 체결한 새로운 전세계약에 따른 채무

제□조(보증채권자의 알릴 의무) ① 주채무자 또는 보증채권자는 다음 각 호의 어느 하나에 해당하는 사유가 발생한 경우에는 1개월 이내에 서면으로 그 내용을 공사에 알려야 한다.

1. 주채무자 또는 보증채권자가 변경된 경우
2. 주채무자, 보증채권자, 연대보증인의 주소가 변경된 경우
3. 경·공매의 개시결정, 채권신고, 배당요구 등 경·공매 관련사항을 통보받은 경우
4. 보증사고가 발생한 경우
5. 보증사고 사유가 없어진 경우
6. 전세계약이 해지 또는 종료된 경우
7. 그 밖에 공사의 보증채무에 영향을 미치는 사항이 발생한 경우

② 공사는 주채무자 또는 보증채권자가 정당한 사유 없이 제1항의 통지를 지연하거나 하지 않음으로써 증가된 채무에 대해서는 보증책임을 부담하지 않는다.

제△조(보증사고 및 보증책임의 부담) 보증사고는 아래에 열거된 보증사고사유 중 하나가 발생한 경우에는 공사가 보증책임을 부담한다.

1. 보증채권자가 전세계약의 해지 또는 종료 후 1개월 내에 정당한 사유 없이 전세보증금을 되돌려 받지 못한 경우
2. 전세계약 기간 중 전세목적물에 대해 경매 또는 공매가 실시되어 배당 후 보증채권자가 전세보증금을 되돌려 받지 못한 경우

용어

【공사】 주택도시보증공사를 의미한다.
【전세계약】 임대인이 임차인에게 임차목적물을 사용·수익할 수 있게 하고, 임차인이 그 대가로서 임대인에게 전세보증금을 지급하기로 하는 계약(전세보증금이 있는 월세계약을 포함)을 말한다.
【전세보증금】 임차인이 임대인에게 지급하고 전세계약 해지 또는 종료시 되돌려 받을 금전으로서 전세계약서에 적힌 금액을 말한다.
【주채무자】 임차인과 전세계약을 체결하고 계약해지 또는 종료시 전세보증금을 되돌려주기로 약정한 임대인으로서 보증서에 적힌 주채무자를 말한다.
【보증채권자】 주채무자와 전세계약을 체결하고 전세보증금을 지급한 임차인을 말한다.
【정당한 사유】 원상복구비용, 미납임대료 및 관리비 등의 정산 합의가 이루어지지 않아 주채무자가 전세보증금을 되돌려 주지 않는 경우를 말한다.
【해지】 민법상 약정 및 법정해지를 모두 포함한다. 다만, 경공매시 배당요구에 따른 해지는 포함되지 않는다.

상황

- 갑: 전세계약기간 중 지진으로 집이 파손됐고, 전세계약기간이 만료된 1주일 후에도 주채무자에게서 전세보증금을 돌려받지 못하고 있다.
- 을: 전세계약기간 만료 2개월 전 주채무자에게 계약 만료를 서면으로 통지 후 타 주소지로 전입신고를 했는데 전세계약기간 만료 1주일 후에도 전세보증금을 돌려받지 못하고 있다.
- 병: 전세계약기간 10개월 전 전세계약이 해지되었고 이전 전세계약기간 만료 1주일 후까지 기다렸으나 전세보증금을 돌려받지 못하고 있다.
- 정: 전세계약 기간 중 전세목적물에 대해 경매가 실시되어 배당 후 전세보증금을 되돌려 받지 못하고 있다.

① 갑 ② 을 ③ 병
④ 정 ⑤ 없음

[37~38] 다음은 과도한 의료비 지출로 경제적 어려움을 겪는 국민들에게 건강보험이 보장하지 않은 부분에 대해 의료비 일부를 지원하는 재난적의료비 지원사업에 관한 내용이다. 이를 바탕으로 이어지는 질문에 답하시오.

재난적의료비 지원사업

■ 지원대상

• 선정기준(질환, 소득, 재산, 의료비부담수준 기준)을 모두 충족하는 자

① 질환 기준 : 입원, 외래 구분 없이 모든 질환 합산 지원

※ 다만, 질환특성과 의료적 필요성을 고려해야 하는 경우(치과, 한방병원, 정신병원 진료 등) 개별심사를 통해 선별 지원

② 소득 기준: 가구 소득이 기준중위소득 100%(소득하위 50%) 이하 중심

소득구간 (기준중위소득)	인원수	보험료		
		직장	지역	혼합
기초생활수급자, 차상위계층		–	–	–
50% 초과 70% 이하	1인	41,890	10,460	43,340
	2인	66,420	14,930	67,340
	3인	83,790	21,520	84,670
	4인	101,580	34,150	102,550
	5인	119,660	63,160	120,660
70% 초과 85% 이하	1인	55,640	14,360	57,100
	2인	91,600	22,790	92,160
	3인	117,390	60,090	118,470
	4인	142,350	93,620	144,020
	5인	167,880	125,950	169,860
85% 초과 100% 이하	1인	67,340	15,730	67,790
	2인	111,690	50,950	112,770
	3인	142,350	93,620	144,020
	4인	173,770	129,920	175,970
	5인	205,290	155,840	202,380

※ 가구원은 환자기준 주민등록표(등본)를 기준으로 생계·주거를 같이 하는 자임

③ 재산 기준: 지원대상자가 속한 가구의 재산 과세표준액이 7억 원 이하

④ 소득구간별 의료비 부담 수준: 가구의 소득 구간별로 본인이 부담한 의료비 총액이 기준금액 초과 시 지원

소득 수준	의료비 부담 수준	
기초생활수급자, 차상위계층	800,000원	
50% 이하	1인 가구	1,200,000원
	2인 가구 이상	1,600,000원
50% 초과 70% 이하	1인 가구	1,800,000원
	2인 가구 이상	3,100,000원
70% 초과 85% 이하	1인 가구	2,200,000원
	2인 가구 이상	3,700,000원
85% 초과 100% 이하	1인 가구	2,600,000원
	2인 가구 이상	4,400,000원

- 본인부담의료비총액=급여일부본인부담금+전액본인부담금+비급여−지원 제외 항목
  ※ 다만 1만 원 미만 소액 진료비 및 단순 약제비는 지원하지 않음
- 본인부담의료비총액 10% 초과 기준 금액

■ **지원 범위**

- 지원금액: 연간 5천만 원 한도 내 지원
  ※ 다만 지원기준에 따라 산정한 금액이 10만 원 미만인 경우 지원하지 않음
- 지원수준: 소득기준에 따라 지원 제외 항목을 차감한 본인부담 의료비(건강보험 적용된 본인부담금 제외)의 50~80% 차등 적용

기초생활수급자, 차상위계층	기준 중위소득 50% 이하	기준 중위소득 50% 초과 100% 이하	기준 중위소득 100% 초과 200% 이하
80%	70%	60%	50%

- 지원금계산법: (본인부담상한제 적용을 받지 않는 본인부담금+전액본인부담금+비급여−지원 제외 항목−국가·지방자치단체 지원금, 민간실손보험 수령금 등)×지원 비율(50~80%)
  ※ 본인부담상한제 적용을 받지 않는 본인부담금: ① 예비급여, 선별급여, ② 노인틀니(의료급여 수급권자에 한함), 65세 이상 임플란트, ③ 추나요법(급여적용 건에 한함), ④ 병원 2·3인실 입원료
  ※ 기초생활수급자의 경우 「의료급여법」 제3조 제1항 제1조에 따른 사람만 해당함

37 **다음 중 재난적의료비 지원사업 신청자 A~E 중 지원 대상에 해당하지 <u>않는</u> 사람을 고르면?**(단, 본인부담의료비는 지원 제외 항목이 빠진 금액이다.)

	신청자	소득 구간	월 납입 건강보험료	본인부담의료비	가구 수
①	A	60%	84,670원	3,300,000원	3인 가구
②	B	75%	57,100원	2,500,000원	1인 가구
③	C	90%	112,770원	4,500,000원	2인 가구
④	D	85%	144,020원	4,400,000원	4인 가구
⑤	E	40%	41,890원	700,000원	2인 가구

38 **다음 P씨의 [상황]을 참고할 때, 재난적의료비 지원을 신청하여 P씨가 받을 수 있는 재난적의료비의 총액을 고르면?**

상황

- 소득: 기준 중위소득 40%로 1인 가구에 해당
- 급여일부본인부담금(전액 예비급여): 30만 원
- 전액본인부담금: 100만 원
- 비급여: 150만 원
- 지원 제외 항목: 20만 원
- 국가·지방자치단체 지원금, 민간실손보험 수령금 없음

① 182만 원　② 184만 원　③ 186만 원
④ 188만 원　⑤ 190만 원

39 다음은 서울시 버스의 노선체계에 대한 설명이다. 이를 바탕으로 A~E가 대화를 나누었을 때, 적절하지 않은 의견을 말한 사람을 고르면?

• 서울시 버스노선별 특징

구분	특성	색
간선버스	시외곽·도심·부도심 등 지역간 연계 및 신속성·정시성 확보	파랑
지선버스	간선버스·지하철과의 연계 환승 및 지역 내 통행수요 처리, 접근성 확보	초록
순환버스	도심·부도심내 지선노선 기능 및 도심·부도심 내, 업무·쇼핑통행 담당	노랑
광역버스	수도권과 도심 연계 및 시와 시 경계 유출입 승용차 이용수요 흡수	빨강
심야버스	심야·새벽시간대* 시민의 서울시 내 이동 편의 제공	파랑

※ 기점 및 종점 기준, 통상 23시 이후 운행

• 서울시 버스의 노선별 번호체계

<table>
<tr><th>구분</th><th>간선버스</th><th>지선버스</th><th>순환버스</th><th>광역버스</th><th>심야버스</th></tr>
<tr><td>첫째 자리</td><td>출발 권역 번호</td><td>출발 권역 번호</td><td>순환 권역 번호</td><td>9</td><td>N</td></tr>
<tr><td>둘째 자리</td><td>도착 권역 번호</td><td>도착 권역 번호</td><td>일련 번호(1~)</td><td>출발 권역 번호</td><td>출발 권역 번호</td></tr>
<tr><td>셋째 자리</td><td>일련 번호(0~)</td><td rowspan="2">일련 번호(11~)</td><td rowspan="2">(없음)</td><td rowspan="2">일련 번호(00~)</td><td>도착 권역 번호</td></tr>
<tr><td>넷째 자리</td><td>(없음)</td><td>(없음)</td></tr>
</table>

• 서울시 버스노선 권역 구분도

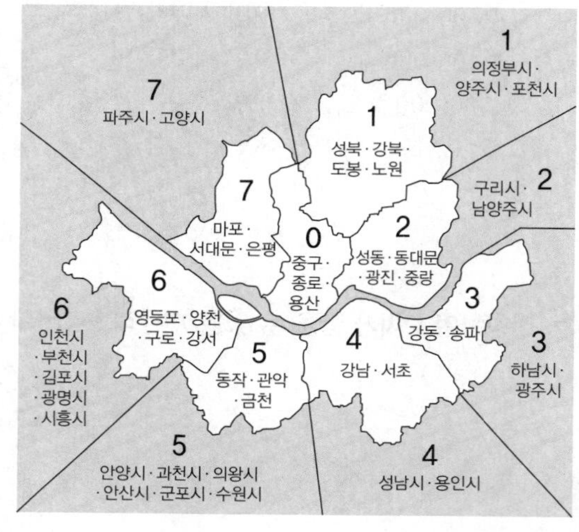

① A: "'노원'에서 출발해서 '종로'로 도착하는 간선버스의 번호는 최대 10개까지 만들 수 있겠구나."
② B: "서울시 버스이지만 버스의 출발지나 도착지가 서울시에 위치하지 않은 경우도 있겠어."
③ C: "지선버스 번호의 첫째와 둘째 자리에 들어갈 수 있는 숫자의 조합은 총 64가지겠네."
④ D: "새벽에 서울시에서 버스를 타고 김포시로 이동하려면 숫자 6이 들어간 심야버스를 타면 돼."
⑤ E: "하루종일 강남·서초 지역에서 관광을 한다면 버스번호 첫째 자리가 4인 노란색 버스를 이용하는 게 좋겠어."

40 다음은 어느 회사의 출장 및 여비 규정에 관한 내용이다. 이에 대한 설명으로 옳은 것을 [보기]에서 모두 고르면?

> **출장 및 여비 규정**
>
> **제1조(목적)**
> 본 규정은 (주)ㅇㅇㅇ의 취업규칙에 의거 (주)ㅇㅇㅇ(이하 "회사"라 한다)의 임직원이 업무수행을 위하여 출장을 행할 경우의 절차 및 여비에 관한 사항을 규정함을 목적으로 한다.
>
> **제4조(출장신청)**
> 1. 국내출장은 출발 ㅇ일 전까지 (별지서식 제1호)에 의한 출장신청서에 의하여 결재권자의 승인을 득한 후 출장담당부서에 출장신청을 하여야 한다.
> 2. 국외출장은 (별지서식 제1호)에 의한 출장신청서와 출장계획서 및 관계 서류를 첨부하여 결재권자의 승인을 득한 후 출발 3일 전까지 출장담당부서에 출장신청 하여야 한다. (단, 예외사항이 있을 수 있다.)
>
> **제8조(여비의 선지급)**
> 1. 여비는 실제 지급할 수 있는 예정액 범위 내에서 계산하여 선지급할 수 있다.
> 2. 제1항의 규정에 의하여 여비를 선지급 받은 자는 귀임 후 5일 이내에 정산하여야 한다.
>
> **제9조(여비지급의 제한)**
> 1. 출장자의 여비 전부 또는 일부를 회사 이외의 기관이 부담하는 경우에는 해당 여비를 지급하지 아니한다. 다만, 국외출장 여비의 일부 또는 전부를 출장지의 통화로 지급받는 경우에는 회사로 귀속시킨 후 본 규정에 따라 출장여비를 원화로 지급한다.
> 2. 출장 시에 회사소유의 차량을 이용하거나 회사에서 승차권을 지급한 때에는 그 구간에 대한 교통비를 지급하지 아니하며, 회사의 사택, 합숙소 또는 회사가 비용을 부담하는 숙소에서 숙박하는 경우에는 따로 숙박비를 지급하지 아니한다.
>
> **제11조(국내여비 지급기준)**
> 1. 임직원이 회사의 업무로 국내에 출장할 때에는 (별지서식 제3호)에 의한 교통비(항공운임, 철도운임, 자동차운임)와 일비, 식비 및 숙박비를 지급한다. 다만, 회사 소유의 교통수단 또는 요금지불을 필요로 하지 아니하는 교통수단을 이용할 때에는 해당 교통비를 지급하지 아니하고 자기 차량으로 출장하는 경우에는 유류비 및 소요되는 부대비용을 합하여 정산토록 한다.
> 2. 제1항 중 교통비는 (별지서식 제4호)에 의해 각 권역별로 산정 적용하되, 2개 지역 이상을 경유할 경우에는 최장 목적지를 기준으로 한다.
>
> **제24조(수행)**
> 1. 임원을 수행하여 국내외 출장하는 직원의 여비는 임원과 동일금액으로 지급할 수 있다. 숙박비의 경우, 차등 지급된다.
> 2. 제1항의 임원에 준한다고 인정되는 자에 대한 기준은 최종 결재권자가 별도로 정한다.

보기

> ㉠ 국외 출장계획서를 출장 3일 전에 제출하면 출장 여비를 받을 수 있다.
> ㉡ 현금을 많이 쓰게 될 경우, 미리 비용을 받아 갈 수 있다.
> ㉢ 회사 차량으로 출장을 갈 경우, 교통비를 지급받을 수 있다.
> ㉣ 직원이 국내 출장을 자기 차량으로 갈 경우 고속도로 이용료는 받을 수 없다.
> ㉤ 신입사원 A가 임원 B와 함께 출장을 가면, A의 여비와 숙박비는 임원 B와 동일금액이다.

① ㉠, ㉡　　② ㉡, ㉣　　③ ㉠, ㉢, ㉤
④ ㉡, ㉢, ㉣　　⑤ ㉢, ㉣, ㉤

공기업 NCS 통합
실전모의고사

| 2회 |
PSAT형

<table>
<tr><th colspan="2">영역</th><th>문항 수</th><th>권장 풀이 시간</th><th>비고</th></tr>
<tr><td rowspan="5">NCS
직업기초능력평가</td><td>의사소통능력</td><td rowspan="5">50문항</td><td rowspan="5">60분</td><td rowspan="5">※ PSAT형 50문항 모의고사는 한국전력공사, 한국수력원자력, 근로복지공단 등의 필기시험을 바탕으로 재구성하였습니다.
※ 객관식 오지선다형으로 구성되어 있습니다.</td></tr>
<tr><td>수리능력</td></tr>
<tr><td>문제해결능력</td></tr>
<tr><td>자원관리능력</td></tr>
<tr><td>정보능력</td></tr>
</table>

모바일 OMR
자동채점 & 성적분석 무료

정답만 입력하면 채점에서 성적분석까지 한번에!

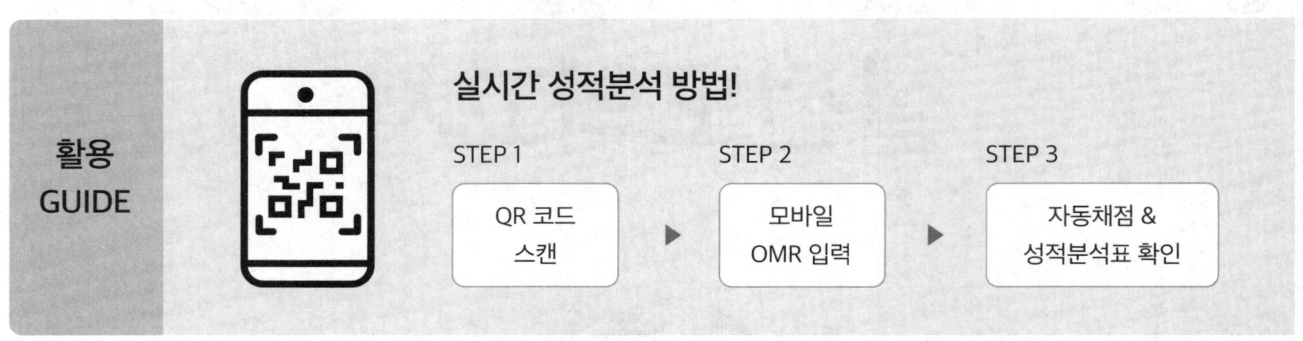

STEP 1

STEP 2

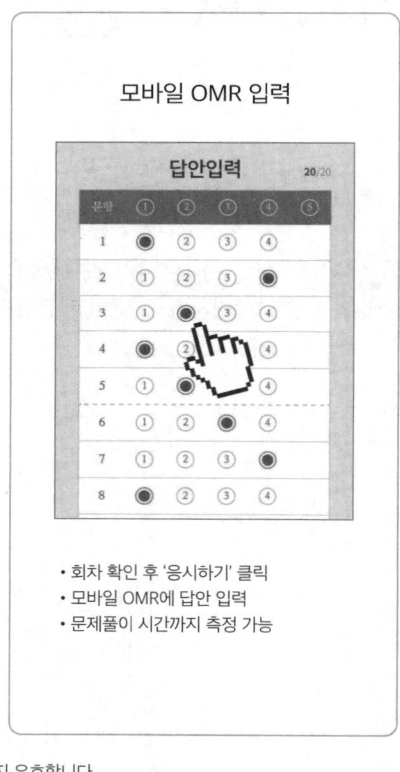

STEP 3

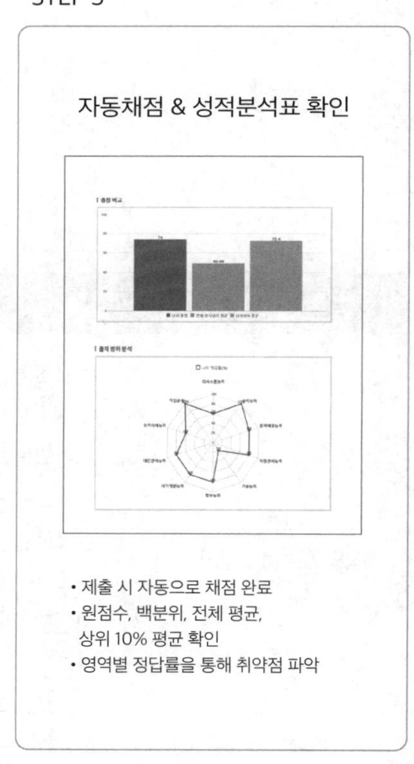

※ 본 회차의 모바일 OMR 채점 서비스는 2026년 12월 31일까지 유효합니다.

공기업 NCS 통합

실전모의고사 2회 PSAT형

정답과 해설 P. 10

01 다음 중 글을 통해 알 수 있는 내용으로 적절하지 않은 것을 고르면?

사용 후 핵연료 처리 문제는 현대 사회가 직면한 중요한 환경 문제 중 하나이다. 사용 후 핵연료는 원자력 발전소에서 전기를 생산한 후 남은 방사성 물질로, 방사성 폐기물의 일종이다. 이 폐기물은 매우 높은 방사능을 가지고 있어 안전하게 처리하는 것은 매우 복잡한 과제이다. 현재 사용 후 핵연료 처리는 크게 세 가지 방법으로 나뉜다.

첫 번째는 중간저장 방식으로, 사용 후 핵연료를 일정 기간 동안 임시 저장하는 방법이다. 이 방법은 방사능의 감소를 기다리는 동안 필요한 공간을 최소화할 수 있다. 중간저장은 비교적 단기적인 해결책으로, 이후 더 영구적인 처리 방법을 찾기 위한 시간적 여유를 제공한다. 중간저장 시설은 안전한 관리가 필수적이며, 지속적인 모니터링이 필요하다. 특히, 중간저장 기간 동안에는 방사능 누출을 막기 위한 철저한 안전 대책이 요구된다.

두 번째는 영구처분 방식으로, 사용 후 핵연료를 지하 깊은 곳에 영구적으로 보관하는 방법이다. 이는 장기적으로 안전한 방법으로 평가되지만, 지하수 오염 등의 위험이 있다. 영구처분은 지질학적으로 안정된 지역을 선정하여 진행되며, 여러 단계의 안전 조치를 통해 방사성 물질이 외부 환경으로 유출되지 않도록 한다. 그러나 영구처분 시설을 건설하고 운영하는 데에는 상당한 비용이 소요된다. 또한, 지역 주민들의 반대와 같은 사회적 문제도 발생할 수 있다.

세 번째는 재처리로, 사용 후 핵연료를 화학적으로 처리하여 재사용 가능한 물질로 분리하는 방법이다. 재처리는 자원을 효율적으로 사용할 수 있다는 장점이 있다. 그러나 재처리 방식은 기술적 난도가 높고 비용이 많이 든다. 또한, 재처리 과정에서 발생하는 방사성 폐기물 처리 문제도 여전히 남아 있다. 재처리는 원자력 자원의 활용도를 높일 수 있지만, 안전성과 경제성 측면에서 많은 도전 과제를 안고 있다. 재처리 기술의 발전은 이러한 문제 해결을 위해 중요하다.

사용 후 핵연료 처리 문제는 각국 정부와 국제기구가 협력하여 해결해야 할 글로벌 과제이다. 다양한 방법의 장단점을 고려하여 최적의 해결책을 찾는 것이 중요하다. 이를 통해 방사성 폐기물의 안전한 처리를 보장하고, 미래 세대에게 깨끗한 환경을 물려줄 수 있을 것이다. 국제적인 기술 교류와 연구 개발 또한 중요한 요소로 작용할 수 있다.

① 중간저장은 방사능의 감소를 기다리는 동안 임시로 저장하는 방법이다.
② 영구처분은 안전한 방법이지만, 지하수 오염 등의 위험을 완전히 제거할 수 없다.
③ 재처리 방식은 자원의 재활용성이 높아 각국 정부에서 선호하는 핵연료 처리 방식이다.
④ 영구처분 방식에서는 지질학적으로 안정된 지역을 선정하는 것이 중요하다.
⑤ 재처리는 효율적인 대신에 높은 비용과 기술 구현이 장벽이다.

02 다음 중 글의 빈칸 ㉠에 들어갈 내용으로 가장 적절한 것을 고르면?

봉준호 감독의 영화 '기생충'은 2019년 개봉 이후 전 세계적인 관심을 받으며 많은 상을 수상했다. 이 영화는 한국 영화 역사상 큰 성공을 거둔 작품 중 하나로, 여러 면에서 중요한 의미를 갖고 있다. '기생충'은 사회적 계층과 빈부 격차를 날카롭게 묘사하며, 관객들에게 강한 인상을 남겼다. 이러한 주제는 한국 사회뿐만 아니라 전 세계적으로 공감대를 형성하며 큰 반향을 일으켰다.

영화는 반지하에 사는 기택 가족과 부유한 박 사장의 가족을 중심으로 전개된다. 기택 가족은 생계가 어려운 상황에서 각종 아르바이트로 겨우 생활을 이어가고 있다. 반면, 박 사장 가족은 현대적인 저택에서 여유롭게 생활하며, 경제적 어려움과는 거리가 먼 삶을 살고 있다. 두 가족이 우연히 얽히게 되면서, 그들의 삶은 예상치 못한 방향으로 급변하게 된다.

'기생충'은 다양한 영화적 기법을 통해 사회적 메시지를 전달한다. 봉준호 감독은 이 영화에서 장르의 경계를 넘나드는 연출을 선보였다. 코미디, 스릴러, 드라마 등 여러 장르를 혼합하여 관객들에게 독특한 영화적 경험을 제공한다. 특히, 영화의 배경이 되는 집은 중요한 상징적 역할을 한다. 반지하 공간과 저택은 각기 다른 계층을 상징하며, 두 공간의 대비는 사회적 불평등을 극명하게 드러낸다.

이 영화는 배우들의 뛰어난 연기력으로도 주목받았다. 주연·조연 배우들은 각기 다른 개성과 깊이 있는 연기를 선보이며, 영화의 몰입도를 높였다. 그들의 연기는 캐릭터의 복잡한 감정과 상황을 사실적으로 표현하여, 관객들은 영화에 더욱 몰입할 수 있었다.

'기생충'의 성공은 국제 영화제에서도 두드러졌다. 이 영화는 제72회 칸 영화제에서 황금종려상을 수상하며 한국 영화 최초의 쾌거를 이뤘다. 이어서 제92회 아카데미 시상식에서도 작품상, 감독상, 국제영화상, 각본상을 수상하며 4관왕에 올랐다. 이는 한국 영화의 위상을 국제적으로 높이는 계기가 되었으며, 봉준호 감독의 뛰어난 역량을 전 세계에 알리는 중요한 순간이었다.

'기생충'은 단순한 영화 이상의 의미를 지닌다. 이 영화는 사회적 메시지를 강력하게 전달하며, 관객들에게 깊은 인상을 남겼다. 또한, 한국 영화의 글로벌화에 크게 기여하며, 한국 영화 산업의 가능성을 재확인시키는 역할을 했다. '기생충'의 성공은 한국 영화가 다양한 주제와 창의적인 접근을 통해 국제적으로 인정받을 수 있음을 보여준 사례이다. '기생충'은 (㉠   )

① 전 세계 관객들에게 한국 문화에 대한 깊은 이해를 제공하였다.
② 사회적 문제를 해결할 수 있는 방안을 제시하였다.
③ 한국 사회의 다양한 문제를 비판적으로 조명하였다.
④ 영화 예술의 다양하고 새로운 가능성을 열었다.
⑤ 봉준호 감독이 새로운 작품 활동을 이어가게 만들었다.

03 다음 중 글의 주제로 가장 적절한 것을 고르면?

최근 몇 년간 중국의 전자상거래 시장은 급격한 성장을 이루었다. 그중에서도 테무(Temu)와 같은 신흥 전자상거래 플랫폼은 주목할 만한 성과를 거두고 있다. 테무는 다양한 제품을 저렴한 가격에 제공하며, 사용자들에게 편리한 쇼핑 경험을 제공하는 것으로 인기를 얻고 있다.

테무는 설립 초기부터 다양한 전략을 통해 빠르게 성장했다. 테무는 저렴한 가격 정책을 채택했다. 염가 정책은 대량 구매와 직거래를 통해 유통 단계를 줄이고, 원가를 절감하여 가능한 것이었다. 이러한 전략은 가격에 민감한 소비자들을 대거 끌어들이는 데 성공했다. 또한, 테무는 다양한 프로모션과 할인 이벤트를 자주 개최하여 소비자들의 관심을 지속적으로 끌었다.

테무의 광범위한 제품 카테고리는 소비자들이 필요한 모든 제품을 한곳에서 구매할 수 있도록 하는 데 도움을 줬다. 의류, 전자제품, 생활용품 등 다양한 제품군을 취급하며, 최신 트렌드를 반영한 상품들을 빠르게 업데이트했다. 이를 통해 테무는 다양한 소비자층을 확보할 수 있었다. 특히, 테무는 소비자들의 니즈를 빠르게 파악하고, 이를 반영한 제품을 제공함으로써 높은 만족도를 이끌어냈다.

기술 혁신을 적극적으로 도입하기도 했다. 인공지능(AI)과 빅데이터 분석을 활용하여 소비자들의 구매 패턴을 분석하고, 개인화된 추천 서비스를 제공했다. 이를 통해 소비자들은 자신에게 맞는 제품을 쉽게 찾을 수 있었으며, 쇼핑 경험의 만족도가 크게 향상되었다. 또한, 테무는 모바일 앱을 통해 언제 어디서나 쉽게 쇼핑할 수 있도록 편리성을 극대화했다. 이러한 기술적 혁신은 소비자들의 충성도를 높이는 데 큰 역할을 했다.

또한, 글로벌 시장 진출에도 박차를 가했다. 중국 내수 시장에 머무르지 않고, 해외 시장으로의 확장을 통해 매출을 증대시켰다. 이를 위해 각 지역에 맞춘 현지화 전략을 채택하여, 현지 소비자들의 니즈에 맞춘 서비스를 제공했다. 언어 지원, 현지 결제 수단, 빠른 배송 서비스 등을 통해 해외 소비자들의 신뢰를 얻었다. 이와 같은 글로벌 전략은 테무의 성장에 중요한 요소로 작용했다.

그러나 테무의 빠른 성장에도 불구하고 몇 가지 도전 과제도 존재한다. 첫째, 저렴한 가격 정책으로 인한 수익성 문제이다. 지나치게 낮은 가격 설정은 장기적으로 수익성에 부정적인 영향을 미칠 수 있다. 둘째, 품질 관리의 어려움이다. 다양한 제품을 대량으로 취급하다 보니, 일부 제품의 품질 문제가 발생할 수 있다. 셋째, 경쟁 심화로 인한 시장 점유율 유지의 어려움이다. 중국 전자상거래 시장은 매우 경쟁이 치열하기 때문에, 지속적인 혁신과 차별화된 서비스가 필요하다.

이 플랫폼이 앞으로도 지속적으로 성장하기 위해서는 몇 가지 전략적 방향이 필요하다. 우선, 수익성을 개선하기 위한 가격 정책의 재검토가 필요하다. 또한, 품질 관리를 강화하여 소비자들의 신뢰를 유지해야 한다. 마지막으로, 기술 혁신과 글로벌 전략을 지속적으로 발전시켜 경쟁력을 확보하는 것이 중요하다.

① 테무의 저렴한 가격 정책과 소비자 유치 전략
② 테무의 다양한 제품 카테고리와 최신 트렌드 반영
③ 테무의 성공 요인과 도전 과제
④ 테무의 기술 혁신과 글로벌 시장 진출 전략
⑤ 테무의 경쟁사와의 비교 분석

04 다음 글을 읽고 우라늄의 채굴, 성형, 재처리 과정에 대해 추론한 내용으로 적절한 것을 고르면?

우라늄은 원자력 발전에 필수적인 핵연료의 원료로 사용된다. 우라늄 채굴, 성형, 재처리 과정은 우라늄을 사용 가능한 연료로 만드는 중요한 절차이다. 이러한 과정은 환경적, 경제적, 기술적 측면에서 여러 가지 문제와 도전을 포함한다.

우라늄 채굴은 지하 또는 지표에서 우라늄 광석을 추출하는 과정이다. 지하 채굴은 깊은 곳에 위치한 우라늄 광석을 채굴하는 방법으로, 작업이 어렵고 비용이 많이 든다. 반면에, 지표 채굴은 상대적으로 얕은 곳에 있는 광석을 채굴하는 방법으로, 비용이 적게 들지만 환경 파괴가 심각할 수 있다. 우라늄 채굴 과정에서는 방사성 물질과 중금속이 포함된 폐기물이 발생할 수 있으며, 이는 주변 환경과 인근 주민의 건강에 영향을 미칠 수 있다. 최근에는 이와 같은 환경 문제를 최소화하기 위해 새로운 채굴 기술과 복원 방법이 연구되고 있다.

우라늄 성형은 추출된 우라늄 광석을 정제하고 농축하는 과정이다. 정제 과정에서 우라늄은 화학적으로 처리되어 농축 우라늄으로 변환된다. 이 과정에서 발생하는 화학적 폐기물과 방사성 물질은 환경오염의 원인이 될 수 있다. 우라늄 농축 과정에서는 원심분리기 등의 고도의 기술이 필요하며, 농축된 우라늄은 핵연료로 사용되거나, 무기용으로 전환될 가능성이 있어 안전 관리가 매우 중요하다. 농축된 우라늄은 에너지를 효율적으로 제공할 수 있지만, 그 위험성 때문에 철저한 감시와 관리가 필요하다. 특히, 이 과정에서 발생하는 고준위 방사성 폐기물은 장기간 안전하게 보관되어야 한다.

우라늄 재처리는 사용 후 핵연료를 재활용하는 과정이다. 사용 후 핵연료는 원자력 발전소에서 사용된 후 남은 방사성 물질로, 이를 재처리하여 새로운 연료로 사용할 수 있다. 재처리 과정은 복잡하고 비용이 많이 들지만, 자원의 효율적 사용과 방사성 폐기물의 양을 줄이는 데 기여할 수 있다. 그러나 재처리 과정에서 방사성 물질이 누출될 위험이 있으며, 이는 환경과 인류 건강에 심각한 영향을 미칠 수 있다. 재처리 과정의 또 다른 문제는 국제적인 핵확산 위험이다. 재처리된 플루토늄은 핵무기의 원료로 사용될 수 있기 때문이다.

우라늄의 채굴, 성형, 재처리 과정은 원자력 발전의 필수적인 부분이지만, 이들 과정에서 발생하는 환경적, 경제적 문제를 해결하는 것이 중요하다. 각 단계에서 발생하는 문제를 최소화하고, 안전하고 효율적인 방식으로 우라늄을 사용하기 위한 노력이 필요하다. 이를 위해 기술 발전과 함께 규제의 강화, 그리고 무기화 방지를 위한 국제적인 협력이 필수적이다. 특히, 방사성 물질의 안전한 관리와 지속 가능한 에너지 개발을 위해 관련 법규와 정책의 정비가 필요하다. 미래의 에너지 수요를 충족시키면서도 환경을 보호하는 방향으로 우라늄 활용 방안을 모색하는 것이 시급하다.

① 지하 채굴이 지표 채굴보다 비용이 많이 드는 이유는 환경 복원 비용 때문이다.
② 우라늄 농축 과정에서 발생하는 고준위 방사성 폐기물은 단기간 보관이 필요하다.
③ 재처리된 플루토늄이 핵무기의 원료로 사용될 가능성 때문에 국제적 협력이 중요하다.
④ 우라늄 채굴 과정에서는 방사성 물질과 중금속이 포함된 폐기물이 발생하지 않는다.
⑤ 우라늄 성형 과정에서 농축된 우라늄은 무기용으로만 전환될 수 있다.

05 다음 글의 [가]~[라] 문단을 문맥에 맞게 순서대로 배열한 것을 고르면?

[가] 광전효과에 따르면 광자가 금속원자에 자신의 에너지를 전달하면 금속원자 속의 전자가 에너지를 흡수한다. 원자핵이 잡아당기는 힘에서 벗어날 수 있을 만큼 전자의 에너지가 높아지면 전자가 금속 안을 자유롭게 돌아다니면서 전류를 발생시킨다. 자유전자는 기운이 넘친 나머지 아예 떨어져 나온 전자로, '자유' 전자라는 이름 그대로 여기저기 자유롭게 돌아다닌다. 자유전자가 충분히 많아지고 한 방향으로 흐르기 시작하면 전자의 흐름인 전류가 생긴다. 아인슈타인이 이러한 이론적 배경을 제공하면서 빛을 이용해 전기를 얻을 수 있는 길이 열렸다. 그렇게 탄생한 것이 바로 태양광발전이다.

[나] 하지만 태양광발전이 제 역할을 하기까지는 많은 시간이 필요했다. 1954년 벨연구소에서 세계 최초의 태양전지를 발표했지만, 당시 태양전지의 효율은 고작 4%에 불과했다. 태양광패널을 여러 장 이어 붙여야 미국 최초의 인공위성 익스플로러 한 대를 간신히 작동시킬 정도였다. 다만 우주에서는 사정이 달랐다. 미국의 인공위성 뱅가드 1호에 태양전지가 적용되면서 연료를 공급받을 수 없는 우주 환경에서는 태양전지가 가장 이상적일 수 있음을 증명했다. 이후 태양전지는 거의 모든 우주 계획에서 전력 공급원으로서 중요한 역할을 수행했다. 비록 지상에서 쓰기에 성능이 만족스러운 수준은 아니었지만 우주에서 보여준 가능성이 컸기에 많은 과학자들이 태양광패널의 효율을 개선하기 위한 연구를 거듭했다.

[다] 빛을 이용하여 전기를 얻는 방법은 비교적 최근인 19세기에야 발견됐다. 1839년, 프랑스의 과학자 에드몽 베크렐은 화학전지를 연구하다가 전지에 햇볕을 쪼이면 평소보다 많은 전자가 생기는 현상을 관찰했다. 베크렐의 발견은 당시 지식으로는 마치 별다른 이유 없이 전자가 햇빛만으로 스스로 생겨난 것처럼 보였기에 이상하게 여겨졌다. 이 현상은 알베르트 아인슈타인에 이르러 비로소 그 의미가 밝혀졌다. 아인슈타인은 금속판에 빛을 쪼이면 자유전자가 나온다는 사실을 재발견하고 이를 빛의 입자인 광자에 부딪혀서 에너지를 전달받고 금속의 전자가 자유전자로 튀어나온 것으로 해석했다. 아인슈타인은 이를 '광전효과'로 명명하고 자세한 메커니즘을 규명해서 발표했으며, 이 업적으로 1905년 노벨 물리학상을 받았다.

[라] 그 결과 탄생한 것이 현재의 태양전지다. 태양전지는 일반적인 1차 전지나 2차 전지와 달리 전력을 보관해 두는 기능은 없고 빛을 즉시 전력으로 변환해 출력하는 발전기에 가깝다. 태양광발전의 기본 단위인 태양전지를 타일처럼 배열해서 커다란 판으로 만든 것을 태양광패널 또는 태양광모듈이라고 한다. 하나의 태양광패널이 생산하는 전력은 그리 크지 않아 실제로 사용할 때는 여러 장의 태양광패널을 직렬로 연결한다. 이를 태양광어레이라고 하며 태양광어레이부터는 실질적인 상업적 발전 단위 역할을 할 수 있다. 최근에는 점진적으로 발전 효율을 높여 가정용 전력을 조달할 수 있는 수준의 상품까지도 개발되고 있다.

① [가]－[나]－[다]－[라]　② [가]－[라]－[나]－[다]　③ [나]－[다]－[라]－[가]
④ [다]－[가]－[나]－[라]　⑤ [다]－[라]－[가]－[나]

[06~07] 다음 글을 읽고 이어지는 질문에 답하시오.

20세기가 되면서 실험적이고 독창적인 미술 형식과 예술 철학들이 다채롭게 발생했다. 고흐와 고갱의 원색적인 색채와 화가 내면의 강렬한 정신은 각각 야수파와 독일의 표현주의로 발전하고, 세잔의 사물을 분석하고 하나의 화폭에 두 개 이상의 시점을 한 번에 담아내는 표현 방법은 입체파로 계승되었다. 이밖에도 이탈리아의 미래주의, 영미의 다다이즘과 초현실주의까지 현대 미술은 규정하기 어려운 다양하고 독창적인 방법으로 발전해 나갔다. 이들의 공통점을 찾는다면, 과거의 전통에 대한 거부와 창조적 실험 정신을 근간으로 한다는 점이다. 현대 미술을 단순화해서 한 마디로 정리하면 '새로움에 대한 강박' 정도가 될 것이다. 그럴 수밖에 없는 것이, 서구 철학이든 미술이든 새로운 분야에 대한 선구적 개척자만이 역사적으로 기억되고 가치를 인정받기 때문이다. 대중들이 불편함을 느낄 정도로 예술가들이 새로움에 대한 탐색을 계속 하는 이유가 바로 여기에 있다. 현대 미술에서 입체주의와 추상미술은 매우 중요하다. 이들은 새로움에 대한 시도로서 예술의 '대상'을 새롭게 분석해서 제시하거나 혹은 아예 제거했다.

큐비즘이라고도 불리는 입체파는 파리에서 일어났던 미술 혁신 운동이었다. 후기 인상주의 화가인 세잔이 사물의 기하학적 분석과 다양한 시점의 적용을 도입한 이래로, 이를 계승하고 발전시킨 것이 큐비즘이다. 대표적인 작가로는 피카소가 있다. 그는 어릴 때부터 그림에 대한 소질이 남달랐는데, 10대 후반기에 이미 고전주의 미술 양식에 익숙해 있었다고 한다. 그런 이유로 그가 처음 입체주의적 그림을 그렸을 때 주변 사람들은 크게 걱정했다. 다양한 관점의 대상을 하나의 화폭에 담은 결과물은 너무나 기괴했고, 기존의 예술에 대한 관념으로는 이해하기 어려웠기 때문이다. 하지만 결과적으로 피카소는 사람들의 우려와는 달리 새로운 미술 양식을 연 세계적인 예술가로 인정받는다. 그의 대표작으로는 입체파의 시작을 선언하는 작품인 〈아비뇽의 처녀들〉과 〈게르니카〉가 있다. 특히 〈게르니카〉는 자신의 고국 스페인이 내전을 치르고 있던 당시 나치가 게르니카 지역을 폭격한 사건을 담고 있는데, 흑백으로 그려진 그림은 사람들이 절규하는 모습과 분절된 시체들이 커다란 화폭에 분산되어 구성됨으로써 전쟁의 참상을 강렬하게 보여준다.

입체주의는 그림의 대상을 분석하고 새롭게 재구성한다는 점에서 획기적이었으나, 어쨌든 특정 대상을 그린다는 점에서는 구상미술의 오랜 전통을 따르고 있다. 그런데 20세기 무렵 아예 그림의 대상을 그림에서 제거하는 추상미술의 화풍이 탄생했다. 추상미술의 탄생으로, 미술은 이제 구상미술과 추상미술로 구분되었다. 현대 미술에서 처음으로 순수추상미술의 시작으로 평가되는 화가는 러시아 출생의 칸딘스키다. 그는 실재하는 대상을 화폭에서 완벽하게 제거하고, 색의 덩어리와 단순한 선과 면으로 시각적 효과를 강조했다. 그는 색이 영혼의 떨림을 준다고 말할 정도로 대상을 제외한 순수한 추상이 인간의 감정에 강렬한 영향을 미칠 수 있다고 생각했다. 추상미술은 세계대전 동안은 주춤하다가 1940년대 이후가 되면 미국에서 추상표현주의로 발전하여 현대 미술을 주도한다.

추상미술로 그림의 대상을 없앴지만 현대 미술의 본질인 새로움에 대한 욕망이 남는다. 그림의 대상은 사라졌지만, 아직 그림을 그리는 주체는 남아 있으므로 그동안 미술작품에서 제외되어 있었던 화가를 작품의 일부로 끌어들인다. 오늘날의 미술은 미술의 주체를 흔드는 방향으로 나아가는 것이다. 주체를 흔드는 방법은 다양하다. 먼저 '화가의 행위 자체'를 예술로 규정함으로써 새로움을 추구할 수 있다. 실제로 미국의 추상표현주의를 대표하는 잭슨 폴락은 커다란 천을 바닥에 깔고 자신의 주관이 이끄는 대로 공업용 페인트를 흩뿌렸는데, 이후 이러한 작업 방식은 '액션페인팅'이라 불렸고, 행위 자체가 하나의 예술의 범위로 평가되었다. 주체를 흔드는 두 번째 방법은 주체를 아예 없애는 것이다. 이를 '자동기술법', '자동묘법'이라고 부르는데, 주체를 아예 없앨 수는 없고, 이성에 의한 통제를 벗어나 무의식적인 무념무상의 상태에서 손이 움직이는 대로 그림을 그리는 것을 말한다. 독일 출신 초현실주의자였던 막스 에른스트는 작품 활동 초기에 종이 위에 물감을 짜서 반을 접었다가 펴는 데칼코마니의 방법을 사용했는데, 이는 작가의 이성적 의식이 작품에 반영되지 않는 자동기술법적 활동의 하나라고 할 수 있다. 주체를 흔드는 마지막 방법은 주체를 집단화하는 것이다. 미술작품이 하나의 종교적 성물처럼 모셔지던 과거의 전시회와는 달리 요즘 미술 전시회에서는 작품을 만져보면서 작품을 경험하고 작품의 일부가 되도록 한다. 이것은 다수가 작품에 참여하고 그로써 작품을 완성해나가는 과정이다.

현대 미술은 '미의 추구'라기 보다는 '새로움의 추구'이다. 그리고 새로움을 추구하기 위한 방법으로서 우선 예술의 대상을 변화시켰고, 다음으로 예술이 주체를 변화시켰다. 만약 현대 미술의 낯선 모습과 마주친다면 당황하지 말고 다음 두 가지만 생각해보면 되겠다. '아! 새로운 무엇인가를 시도하려고 노력하고 있구나.', '예술이 대상, 주체, 의미 중에 무엇을 흔들고 있는 것인가?' 그러면 현대 미술을 쉽게 이해할 수 있을 것이다.

06 주어진 글의 내용과 일치하지 않는 것을 고르면?

① 현대 미술은 전통에 대한 거부와 창조적인 실험 정신을 근간으로 한다.
② 잭슨 폴락의 '액션페인팅' 작업 방법은 행위 자체가 하나의 예술의 범위로 평가되었다.
③ 서구 철학이든 미술이든 새로운 분야에 대한 선구적인 개척자만이 역사적 가치를 인정받는다.
④ 입체파의 대표적인 작가는 칸딘스키로 그림의 대상을 그림에서 제거하고 시각적 효과를 강조했다.
⑤ 요즘의 미술 전시회는 작품을 경험하고 작품의 일부가 되는 주체의 집단화를 통해 새로움을 시도한다.

07 다음 중 글을 이해한 내용으로 가장 적절하지 않은 것을 고르면?

① 현대 미술은 규정하기 어려운 다양하고 독창적인 방법으로 발전하였다.
② 자동기술법은 무념무상의 상태인 화가의 행위 자체를 예술로 규정하며 새로움을 추구하는 현대 미술이다.
③ 입체주의는 사물을 분석하고 하나의 화폭에 두 개 이상의 시점을 담아내는 세잔의 표현방법을 계승하였다.
④ 피카소가 세계적인 예술가로 인정받는 것은 기존 예술의 관념으로 이해하기 어려운 새로운 미술 양식을 보여주었기 때문이다.
⑤ 현대 미술을 감상할 때 새로운 무언가를 시도하는지와 대상, 주체, 의미 중 무엇을 흔들고 있는지를 대해 생각하는 것은 현대 미술을 이해하는 데 도움이 된다.

[08~09] 다음 글을 바탕으로 이어지는 질문에 답하시오.

우주의 모든 입자들은 처음 만들어질 때는 개별적으로 존재하는 알갱이들이다. 그리고 각 알갱이들은 내부에서 일어나는 전기적 힘에 따라 원자의 구조를 유지한다. 이때 두 원자가 서로 접근하면 대부분은 전자의 반발력에 의해 밀려나지만, 서로 결합해서 더 큰 입자들을 만들어 내기도 한다. 이를 화학 결합이라 부르고, 이때 원자의 크기가 작으면 작을수록 결합의 세기는 강해진다.

화학적으로 안정적인 상태는 옥텟 규칙을 통해 살펴볼 수 있다. 옥텟 규칙은 화학적 활성이 전혀 없어 화학 반응을 하지 않는 비활성 기체를 통해 살펴볼 수 있다. 비활성 기체는 가장 바깥 전자껍질에 8개의 전자를 갖고 있기 때문에 안정적인 상태를 유지하여 다른 원자들의 결합이 일어나지 않는다. 따라서 많은 원자들은 전자를 잃거나 얻어서 비활성 기체와 같이 가장 바깥 전자껍질에 8개의 전자를 가져서 안정화하려고 하고, 이 원리가 옥텟 규칙이다.

옥텟 규칙을 바탕으로 원자들이 화학적으로 안정적인 상태를 유지하기 위해 화학 결합이 이루어지는데, 각 원자들이 갖고 있는 전기 음성도에 따라 결합의 양상이 달라진다. 다른 원자로부터 전자를 끌어당기는 힘을 의미하는 전기 음성도의 차이가 큰 경우에는 이온 결합이, 전기 음성도가 같거나 차이가 크지 않은 경우에는 공유 결합이 일어난다.

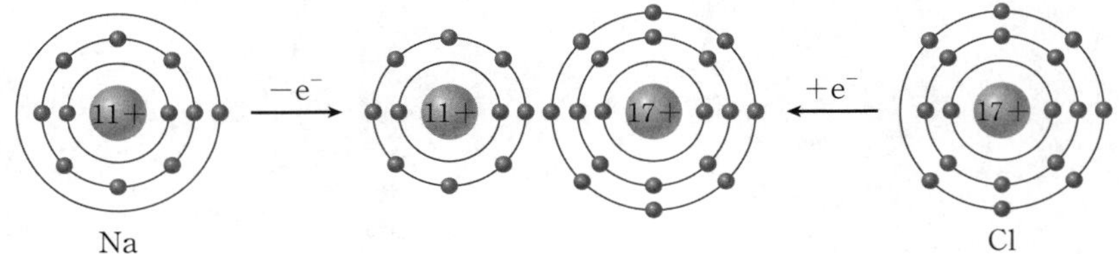

[그림 1]

이온 결합은 전기 음성도가 낮은 원자는 전자를 잃고 양이온이 되고, 전기 음성도가 큰 원자는 전자를 얻어 음이온이 되면서 이루어진다. 소금이라고 불리는 염화나트륨(NaCl)은 나트륨(Na)과 염소(Cl)가 이온 결합한 대표적인 화합물이다. [그림 1]에서 보는 것처럼, 나트륨(Na)과 염소(Cl)는 가장 바깥 전자껍질에 8개의 전자를 갖고 있지 않다. 그리고 나트륨(Na)과 염소(Cl)의 전기 음성도 차이는 큰 편에 속한다. 이때 나트륨(Na)은 가장 바깥 전자껍질에 있는 1개의 전자를 염소(Cl)에게 주어 잃어버리고, 염소(Cl)는 나트륨(Na)이 잃어버린 전자를 얻어서 가장 바깥 전자껍질에 채워 넣음으로써 두 원자가 이온화되어 화학적으로 안정적인 상태를 유지할 수 있다. 하지만 나트륨 이온과 염소 이온의 사이가 가까워질수록 전기적 인력이 증가하지만, 너무 가까워지면 반발력이 커져 불안정한 상태가 된다. 따라서 두 이온은 인력과 반발력에 의해 에너지를 가장 적게 갖는 거리에서 이온 결합을 형성하게 된다.

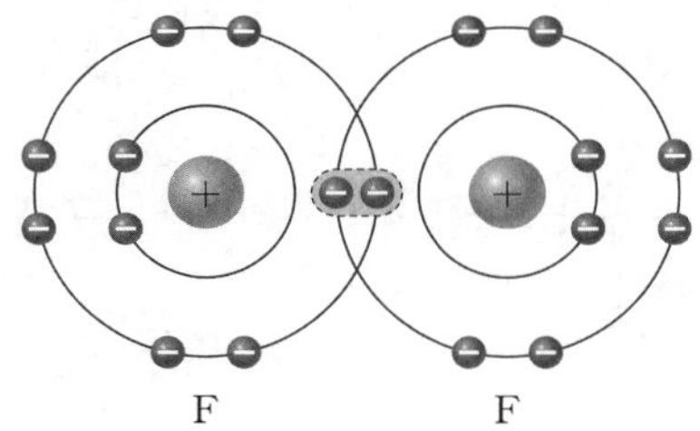

[그림 2]

공유 결합은 두 원자가 1쌍 이상의 전자를 공유하는 형태로 이루어진다. 주로 같은 종류의 원자들끼리 결합하는 경우에 나타난다. [그림 2]에서 보는 것처럼, 플루오린(F) 원자는 가장 바깥 껍질에 7개의 전자를 갖고 있다. 이때 두 플루오린(F) 원자가 각각 하나씩 전자를 공유하면 각각의 플루오린(F) 원자는 가장 바깥껍질에 8개의 전자를 갖게 되므로 안정된 상태를 유지할 수 있게 된다. 이렇게 원자들이 공유하는 전자의 쌍은 원자마다 그 개수가 다르고, 이 개수에 따라 원자가 만들 수 있는 결합의 수가 결정된다. 이를 그 원자의 원자가라고 하고, 원자가가 클수록 결합을 많이 만들어낼 수 있기 때문에 그만큼 다양한 화합물을 생성할 수 있게 된다.

전기 음성도와는 관계없이 일어나는 결합도 있다. 이는 금속 원자 간의 결합에서 나타나므로 금속 결합이라고 한다. 금속 결합은 금속 원자의 가장 바깥 전자껍질에 있던 전자들 중에서 일부가 주변 원자들과 결합을 하지 않고 비교적 자유롭게 돌아다니는 자유 전자에 의해 일어난다. 금속 원자가 자유 전자를 잃어 금속 이온이 되면, 자유 전자가 금속 이온들 사이를 돌아다니며 결합함으로써 금속 결정을 만들게 된다. 이렇게 결합된 금속 결정은 자유 전자의 이동으로 인해 전기와 열이 잘 통한다는 특징을 지닌다.

08 다음 중 글에 대한 설명으로 적절하지 않은 것을 고르면?

① 옥텟 규칙은 화학 반응을 하지 않는 비활성 기체를 통해 살펴볼 수 있다.
② 가장 바깥 전자껍질에 8개의 전자를 갖게 되면 화학적으로 안정적인 상태이다.
③ 화학 결합은 둘 이상의 원자들이 모여 더 큰 입자들을 만들어내는 것을 의미한다.
④ 금속 결정은 화학적 활성화가 일어나지 않아 전기와 열이 자유롭게 이동할 수 있다.
⑤ 원자의 구조는 각 원자들의 내부에서 일어나는 전기적 힘에 의해서 유지될 수 있다.

09 다음 중 글을 읽고 [보기]의 두 가지 화합물을 이해한 내용으로 적절하지 않은 것을 고르면?

보기

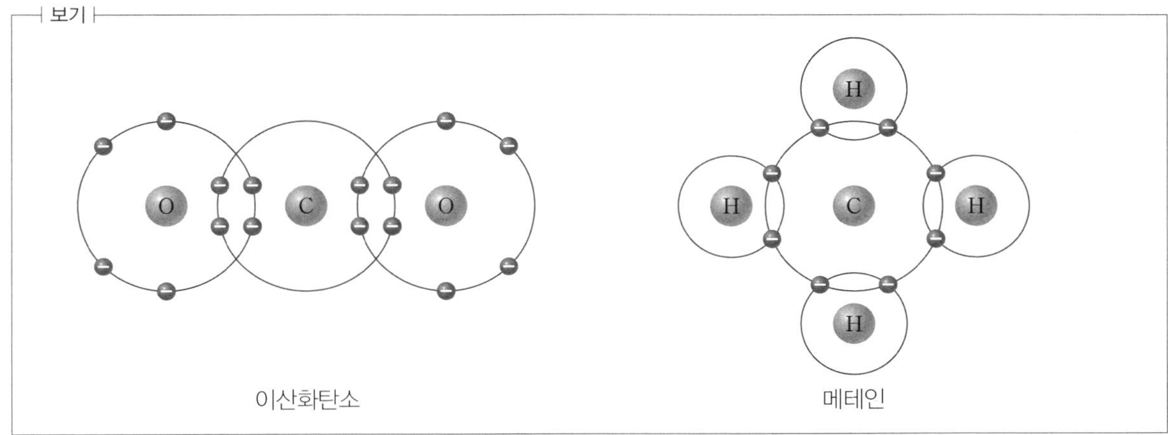

① 이산화탄소는 메테인과 달리, 공유 결합이 이중으로 형성된 화합물이다.
② 탄소(C)는 산소(O)나 수소(H)와의 공유 결합을 통해서 화학적으로 안정적인 상태를 유지한다.
③ 탄소(C), 수소(H), 산소(O)의 전기 음성도는 어느 한쪽이 크거나 작지 않고 비슷한 수준이다.
④ 산소(O)와 산소(O)만 서로 결합한다면, 필요한 전자의 쌍의 개수는 메테인의 결합과는 다르다.
⑤ 탄소(C)는 산소(O)나 수소(H)에 비해서 결합의 수가 많고 다양한 화합물을 생성해낼 수 있는 원자이다.

10 다음 글의 내용과 일치하지 않는 것을 고르면?

지구 궤도를 도는 인공위성은 지구 중력의 변화, 태양으로부터 오는 작은 미립자와의 충돌 등으로 궤도가 변하고 자세도 변한다. 힘이 작용하여 운동 방향과 상태가 변하는 것이다. 이는 뉴턴의 작용 반작용 법칙으로 설명할 수 있다.

한 물체가 다른 물체에 힘을 작용하면 그 힘을 작용한 물체에도 크기가 같고 방향은 반대인 힘이 동시에 작용한다는 것이 작용 반작용 법칙이다. 예를 들어 바퀴가 달린 의자에 앉아 벽을 손으로 밀면 의자가 뒤로 밀리는데, 사람이 벽을 미는 작용과 동시에 벽도 사람을 미는 반작용이 있기 때문이다. 이 법칙은 물체가 정지하고 있을 때나 운동하고 있을 때 모두 성립하며, 두 물체가 접촉하여 힘을 줄 때뿐만 아니라 서로 떨어져 힘이 작용할 때에도 항상 성립한다.

인공위성의 상태가 변하면 본연의 임무를 달성하기 위해 궤도와 자세를 바로잡아야 한다. 지구 표면을 관측하는 위성은 탐사 장비를 지구 쪽을 향하도록 자세를 고쳐야 하고, 인공위성에 전력을 제공하는 태양 전지를 태양 방향으로 끊임없이 조절해야 한다. 이때, 위성의 궤도와 자세를 조절하는 방법도 모두 작용 반작용 법칙을 이용한다.

먼저 가장 간단한 방법은 로켓 엔진과 같은 추력기를 외부에 달아 이용하는 것이다. 추력기는 질량이 있는 물질인 연료를 뿜어내며 발생하는 작용과 반작용을 이용하여 위성을 움직인다. 위성에는 궤도를 수정하기 위한 주 추력기 이외에 소형의 추력기가 각기 다른 세 방향(x, y, z축)으로 여러 개가 설치되어 있는데, 이를 이용해 자세를 수정하는 것이다. 문제는 10년이 넘게 사용할 위성에 자세 제어용 추력기가 사용할 연료를 충분히 실을 수 없다는 것이다.

최근에는 반작용 휠을 이용한 방법도 사용되고 있다. 위성에는 추력기처럼 세 방향으로 설치된 3개의 반작용 휠이 있어 회전수를 조절하면 위성의 자세를 원하는 방향으로 맞출 수 있다. 위성 내부에 부착된 반작용 휠은 전기 모터에 휠을 달고, 돌리는 속도를 높여주거나 낮추어서 위성을 회전시켜 자세를 바꾼다. 일반적으로 물체가 한 방향으로 돌 때 그 반대 방향으로 똑같은 힘이 발생한다. 반작용 휠이 돌면 위성에는 반대 방향으로 도는 힘이 발생하는데, 이 힘을 이용하는 것이다. 다만 궤도 수정과 같은 위성의 위치 변경은 할 수 없다.

하지만 반작용 휠은 자세 제어용 추력기를 이용하는 것보다 훨씬 유리하다. 추력기를 이용하면 연료가 있어야 하고, 그만큼 쏘아 올려야 할 위성의 무게도 증가한다. 반작용 휠을 이용하면 필요한 것은 전기이며, 이는 태양 전지를 이용해 얼마든지 얻을 수 있다. 원리는 유사하지만 보다 경제적인 방식이 인공위성에서 사용되고 있다.

① 인공위성의 궤도가 변하는 것은 작용 반작용 법칙으로 설명할 수 있다.
② 인공위성에는 위성 자세 제어용 추력기의 연료를 충분히 실을 수 없다.
③ 추력기와 반작용 휠 중 반작용 휠이 사용되는 이유는 더 경제적이기 때문이다.
④ 반작용 휠은 휠을 돌리는 속도를 조절하여 위성을 회전시켜 위성의 자세를 바꾼다.
⑤ 인공위성의 탐사 장비는 지구 쪽을 향해야 하지만, 태양 전지는 어느 쪽을 향해 있어도 상관없다.

11 다음 [표]는 학교급별 급식 학교 수와 직종별 급식 인력의 현황을 나타낸 자료이다. 이에 대한 [보기]의 설명 중 옳은 것을 모두 고르면?

[표] 학교급별 급식 학교 수와 직종별 급식 인력 현황 (단위: 개, 명)

구분	급식 학교 수	영양사			조리사	조리 보조원	총계
		정규직	비정규직	소계			
초등학교	5,417	3,377	579	3,956	4,955	25,273	34,184
중학교	2,492	626	801	1,427	1,299	10,147	12,873
고등학교	1,951	1,097	603	1,700	1,544	12,485	15,729
특수학교	129	107	6	113	135	211	459
전체	9,989	5,207	1,989	7,196	7,933	48,116	63,245

※ (직종별 충원율)(%)$=\frac{\text{(직종별 급식 인력 수)}}{\text{(학교급별 급식 학교 수)}}\times 100$

보기

㉠ 전체 급식 학교의 영양사 충원율은 70% 이상이다.
㉡ 중학교의 경우 영양사 충원율은 조리사 충원율보다 높다.
㉢ 전체 영양사 중 정규직은 70% 미만이고, 비정규직은 30% 이상이다.
㉣ 전체 급식 학교에서 급식 학교당 조리 보조원은 평균 6명 이상이다.
㉤ 고등학교가 초등학교에 비해 영양사 충원율은 높지만, 조리사 충원율은 낮다.

① ㉠, ㉡, ㉣ ② ㉠, ㉡, ㉤ ③ ㉠, ㉢, ㉤
④ ㉡, ㉢, ㉣ ⑤ ㉢, ㉣, ㉤

12 다음 [표]는 5개 지역의 체육시설 현황을 나타낸 자료이다. 이 자료와 [조건]을 바탕으로 A~E에 해당하는 지역을 (가)~(마)와 각각 바르게 짝지은 것을 고르면?

[표] A~E지역의 체육시설 현황 (단위: 개소)

구분	총계	실외 시설	실내체육관	다목적 체육관	수영장	테니스장	아이스링크	사격 경기장
A지역	22,027	10,719	4,765	138	1,514	2,609	60	2,220
B지역	741	317	289	7	33	69	3	23
C지역	14,723	6,289	3,587	9	901	1,800	11	2,126
D지역	1,667	614	519	20	114	288	2	110
E지역	4,036	2,186	1,156	32	251	140	2	269
전국 합계	126,962	60,161	35,409	408	7,792	14,192	186	8,814
전국 평균	7,936	3,760	2,213	26	487	887	12	551

조건

- (다)의 체육시설 총계는 실내체육관 수의 전국 평균보다 작다.
- (나)의 테니스장의 수는 (가)의 테니스장의 수보다 많다.
- 체육시설 총계의 상위 2개 지역은 (가)와 (나)이다.
- (라)와 (마)의 사격경기장 수의 합은 전국 사격경기장 수의 약 4.3%이다.
- (라)의 다목적체육관의 수는 아이스링크 수의 10배이다.

	A지역	B지역	C지역	D지역	E지역
①	(가)	(다)	(나)	(라)	(마)
②	(가)	(마)	(나)	(라)	(다)
③	(나)	(다)	(가)	(라)	(마)
④	(나)	(다)	(가)	(마)	(라)
⑤	(나)	(마)	(가)	(라)	(다)

[13~14] 다음 [그래프]와 [표]는 연령 계층별 인구구성비의 현황 및 전망과 2020년 인구구조를 나타낸 자료이다. 이를 바탕으로 이어지는 질문에 답하시오.

[그래프] 연령 계층별 인구구성비 현황 및 전망 (단위: %)

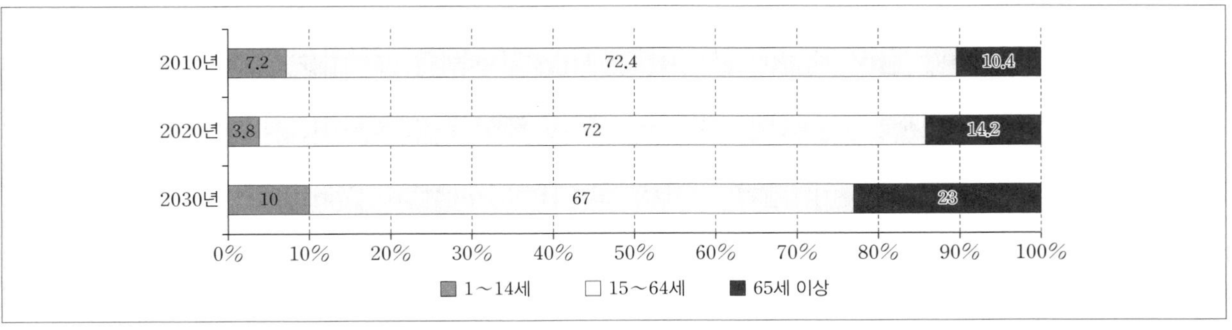

[표] 2020년 인구구조 (단위: 천 명, %)

구분	생산가능인구	실업자 수	경제활동참가율	실업률	고용률
계	44,785	1,108	(　　)	4.0	(　　)
남자	22,035	624	72.6	(　　)	69.8
여자	22,750	484	52.8	(　　)	50.7

※ (경제활동인구)(천 명)=(실업자 수)+(취업자 수)

※ (경제활동참가율)(%)$=\frac{(\text{경제활동인구})}{(\text{생산가능인구})}\times 100$

※ (실업률)(%)$=\frac{(\text{실업자 수})}{(\text{경제활동인구})}\times 100$

※ (고용률)(%)$=\frac{(\text{취업자 수})}{(\text{생산가능인구})}\times 100$

※ 생산가능인구는 15세 이상 인구를 의미함

13 다음 중 자료에 대한 설명으로 옳은 것을 고르면?(단, 인구 계산 시 백 명 단위에서 반올림한다.)

① 2030년 생산가능인구는 2020년 경제활동인구의 약 1.7배이다.
② 2020년 남자의 실업률은 여자의 실업률보다 낮다.
③ 2020년 15~64세 취업자 수가 2,000만 명이라면 15~64세 인구에 대한 고용률은 56.2% 이상이다.
④ 2020년 경제활동인구는 남자가 여자보다 400만 명 이상 많다.
⑤ 2010년 전체 인구 중 65세 이상 인구가 차지하는 비율과 15세 미만 인구가 차지하는 비율의 차는 3%p 이하이다.

14 다음 중 자료를 바탕으로 2020년 취업자 수를 구한 값으로 옳은 것을 고르면?(단, 십만 명 이하 단위는 절사한다.)

① 2,600만 명　② 2,700만 명　③ 2,800만 명
④ 2,900만 명　⑤ 3,000만 명

[15~17] 다음 [표]는 2015년과 2020년의 국토면적 현황에 관한 자료이다. 이를 바탕으로 이어지는 질문에 답하시오.

[표1] 행정구역별 국토면적 (단위: km^2)

구분	2015년	2020년	구분	2015년	2020년
합계	100,295	100,412	경기	10,175.3	10,195.3
서울	605	605	강원	16,826.4	16,829.7
부산	769.8	770.1	충북	7,407.2	7,407
대구	883.6	883	충남	8,214	8,246.2
인천	1,049	1,065.2	전북	8,066.8	8,069.8
광주	501.2	501.1	전남	12,312.9	12,348.1
대전	539.3	539.7	경북	19,030.7	19,034
울산	1,061	1,062.1	경남	10,538.8	10,540.6
세종	464.9	464.9	제주	1,849.1	1,850.2

[표2] 소유자별 국토면적 (단위: km^2)

구분	2015년	2020년
합계	100,295	100,412
개인	51,992	50,752
국유지	24,936	25,430
도유지	2,756	2,855
군유지	5,271	5,433
법인	6,748	7,245
종중	6,549	6,568
종교단체	1,071	1,079
기타단체	755	741
기타	217	309

[표3] 지목별 국토면적 (단위: km^2)

구분	2015년	2020년
합계	100,295	100,412
전	7,678	7,555
답	11,429	11,100
임야	64,003	63,558
대지	2,983	3,243
도로	3,144	3,386
하천	2,850	2,862
기타	8,208	8,708

15 다음 [보기]에서 자료에 대한 설명으로 옳은 것의 개수를 고르면?

보기

㉠ 2020년에 국토면적이 가장 큰 행정구역과 두 번째로 큰 행정구역의 국토면적 차는 2,300km^2 이상이다.
㉡ 2015년 대비 2020년에 국토면적이 감소한 행정구역은 총 4곳이다.
㉢ 2015년 대비 2020년에는 개인이 소유한 국토면적은 감소한 반면, 국유지, 도유지, 군유지는 모두 증가했다.
㉣ 2020년에 인천보다 국토면적이 작은 행정구역은 총 7곳이다.
㉤ 2015년 대비 2020년에 국토면적이 가장 많이 증가한 행정구역은 충남이다.

① 1개 ② 2개 ③ 3개
④ 4개 ⑤ 5개

16 **다음 중 전체 국토면적 중 법인이 소유하고 있는 국토면적이 차지하는 비중이 2015년 대비 2020년에 몇 %p 증가했는지 고르면?**(단, 계산 시 소수점 둘째 자리에서 반올림한다.)

① 0.3%p ② 0.5%p ③ 0.7%p
④ 0.9%p ⑤ 1.1%p

17 **다음 중 2015년 대비 2020년의 지목별 국토면적 증감을 바르게 나타낸 그래프를 고르면?**(단, 그래프의 단위는 km²이다.)

①
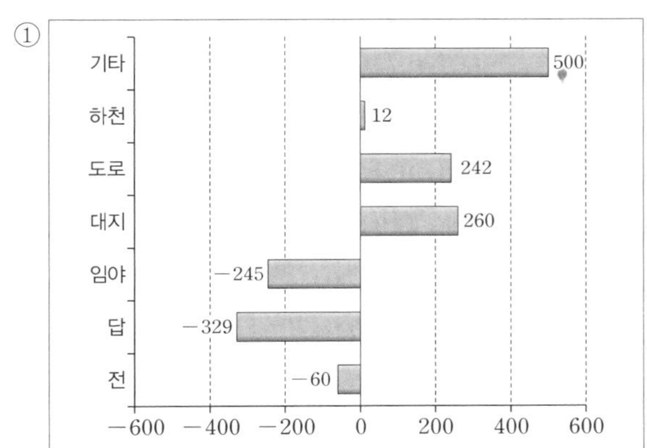

②
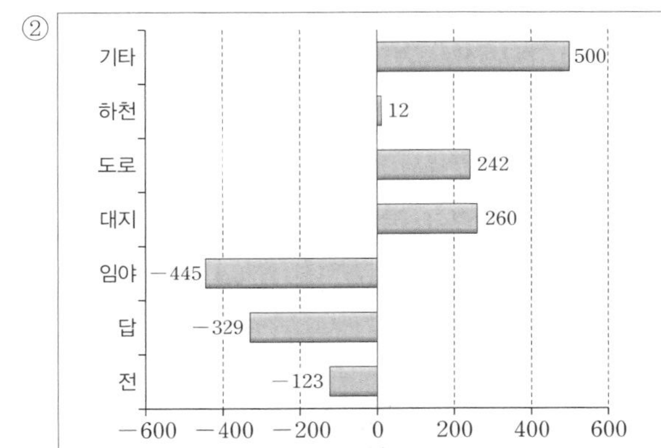

③
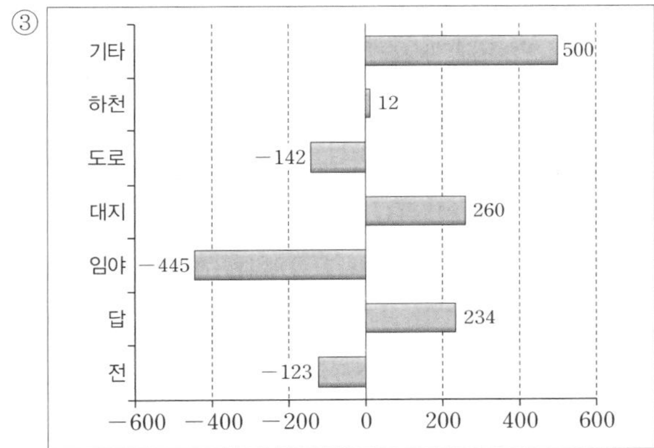

④
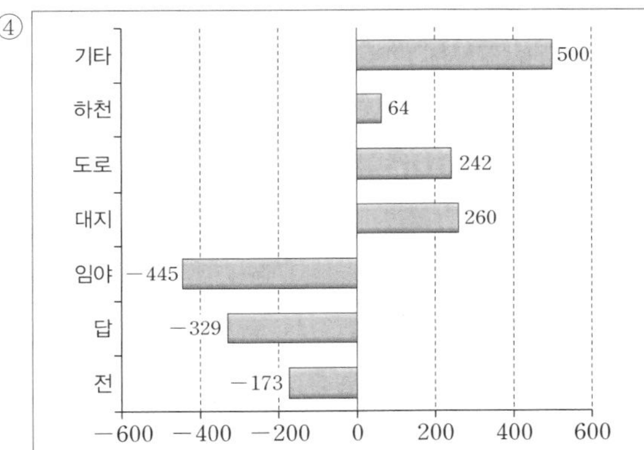

⑤
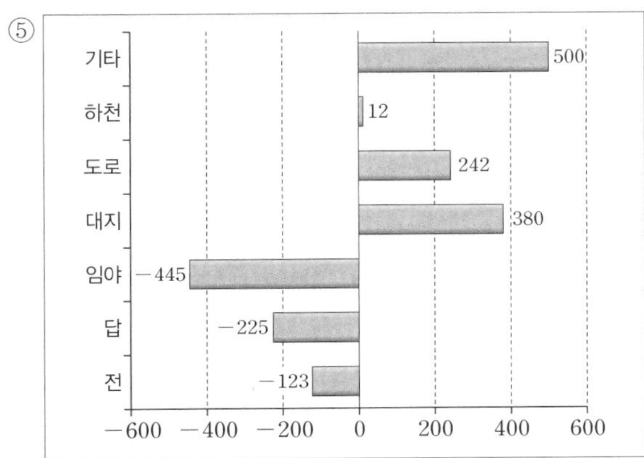

18 다음 [표]는 주택유형별 및 난방연료별 가구소득과 연료비 지출액 현황을 나타낸 자료이다. 이에 대한 설명으로 옳은 것을 고르면?

[표1] 주택유형별 가구소득과 연료비 지출액 현황 (단위: 원)

구분	비율	평균 가구소득	연료비
단독주택	33.6%	2,477,322(100.0)	100,062(100.0)
아파트	48.1%	4,072,622(164.4)	111,942(111.9)
연립/다세대	17.1%	3,050,560(123.1)	109,039(109.0)
기타	1.2%	2,971,668(120.0)	107,394(107.3)

※ 괄호 안의 수치는 단독주택을 기준으로 하여 나타낸 지수임

[표2] 난방연료별 가구소득과 연료비 지출액 현황 (단위: 원)

구분	비율	평균 가구소득	연료비
LNG	59.3%	3,545,393(100.0)	112,808(100.0)
LPG	10.5%	2,735,420(77.2)	90,002(79.8)
등유	11.6%	2,645,180(74.6)	121,106(107.4)
공동난방	11.2%	4,430,743(125.0)	111,287(98.7)
전기	3.9%	2,133,288(60.2)	52,926(46.9)
연탄	1.3%	1,875,336(52.9)	101,634(90.1)
기타	2.3%	2,406,479(67.9)	73,885(65.5)

※ 괄호 안의 수치는 LNG를 기준으로 하여 나타낸 지수임

① 평균 가구소득은 아파트, 단독주택, 연립/다세대, 기타 순으로 높다.
② 단독주택 대비 아파트의 연료비 비율은 단독주택 대비 아파트의 평균 가구소득 비율보다 더 크다.
③ 가장 큰 비율을 차지하는 주택유형과 난방연료는 단독주택과 LNG이다.
④ 평균 가구소득이 높은 주택유형은 평균 가구소득에서 연료비가 차지하는 비중이 낮다.
⑤ 평균 가구소득이 더 높은 가구에서 사용하는 난방연료에 지출하는 연료비는 더 많다.

[19~20] 다음 [표]와 [그래프]는 인력수요 현황과 직업별 및 학력별 전망에 관한 자료이다. 이를 바탕으로 이어지는 질문에 답하시오.

[표] 직업별 인력수요 현황 및 전망 (단위: 천 명)

구분	2019년	2024년	2029년
전체 직업	27,124	27,709	27,948
관리자	408	409	409
전문가	5,557	5,953	6,124
사무직	4,749	4,865	4,909
서비스직	3,116	3,304	3,443
판매직	3,030	2,918	(㉠)
농·림·어업 숙련직	1,332	1,306	1,258
기능원	2,372	2,368	2,345
장치·기계조작	3,026	2,967	2,929
단순노무직	3,534	3,619	( )

[그래프] 2029년 학력별 인력수급 전망 (단위: 천 명)

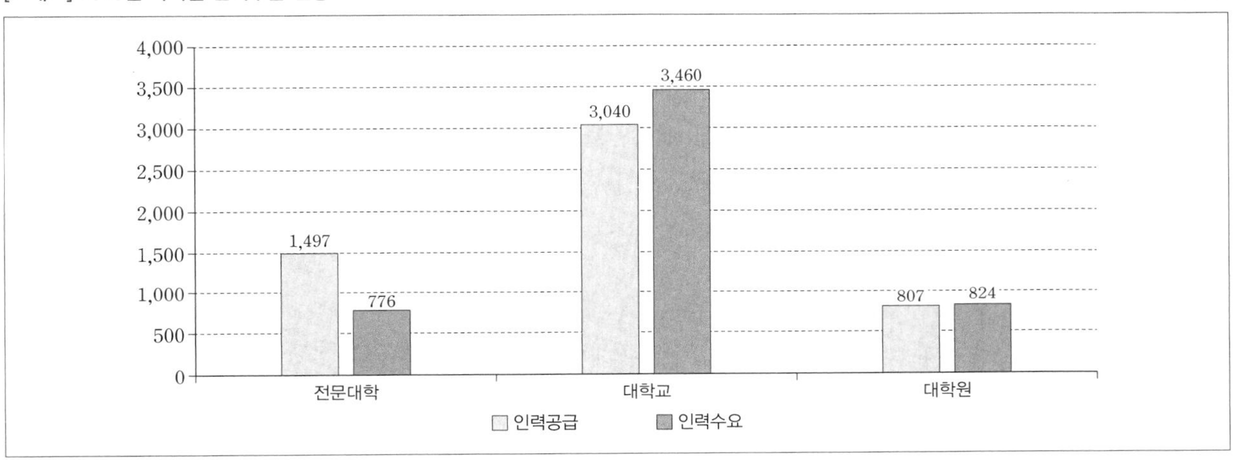

※ (인력 초과공급)(천 명)=(인력공급)−(인력수요)

19 다음 중 자료에 대한 설명으로 옳지 않은 것을 고르면?(단, 소수점 둘째 자리에서 반올림하여 계산한다.)

① 2029년 대학교 인력수요는 전문대학과 대학원 신규수요를 합한 것의 2배 이상이다.
② 전체 직업의 인력수요는 2019~2029년 동안 연평균 80천 명 이상 증가했다고 볼 수 있다.
③ 2029년에 전문대학의 인력 초과 공급은 대학원의 인력 초과 공급보다 738천 명 더 많다.
④ 2019년 대비 2029년 전체 직업 중 사무직이 차지하는 비중은 감소했다.
⑤ 2019년 대비 2024년 인력수요가 감소한 직업 중 두 번째로 많이 감소한 직업은 장치·기계조작이다.

20 2019년 대비 2029년 단순노무직 수요 증가율이 3.7%라고 할 때, 빈칸의 ㉠에 들어갈 값을 고르면?(단, 백 명 단위에서 반올림하여 계산한다.)

① 2,866
② 2,871
③ 2,876
④ 2,881
⑤ 2,886

02 실전모의고사 2회

[21~22] 다음 [상황]과 [그래프]는 ○○화학의 경영 환경과 배터리 생산 비용에 관한 자료이다. 이를 바탕으로 이어지는 질문에 답하시오.

상황

매월 전기자동차용 배터리를 최대 4,000대를 생산할 수 있는 ○○화학은 현재 매월 2,000대의 배터리를 생산하여 국내 시장에서 대당 100만 원에 판매하고 있다. 그런데 일본의 XX상사가 수출용으로 매월 1,000대의 배터리를 대당 150만 원에 팔 것을 제안하였다. ○○화학이 배터리를 매달 2,000대 생산할 때의 대당 생산 비용은 80만 원이다. 배터리 증산 및 감산은 1,000대 단위로 할 수 있으며, 이에 따른 1대당 생산 비용의 변화는 다음의 [그래프]와 같다.

[그래프] 생산량당 배터리 1대의 생산 비용 (단위: 만 원)

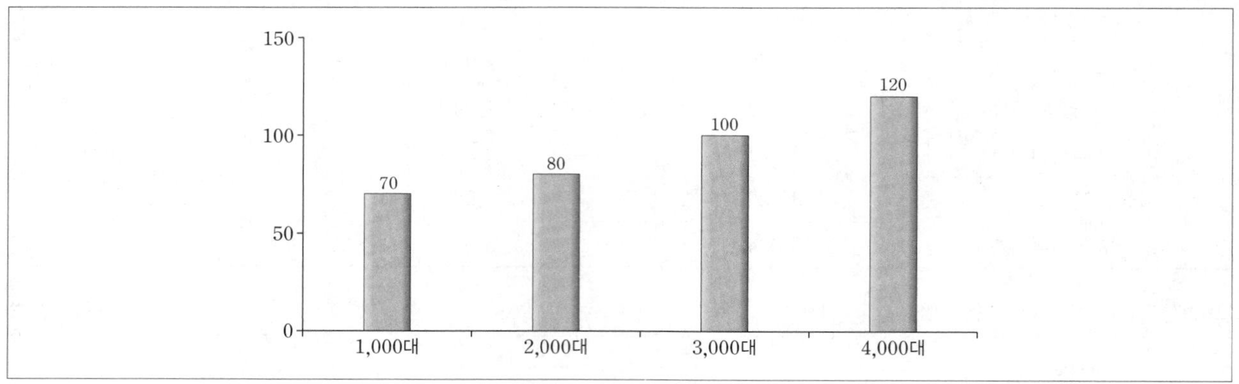

21 다음 중 ○○화학이 선택할 수 있는 최적의 판매 방안을 고르면?

① 수출 제안을 거절하고 1,000대를 생산하여 국내에만 판매한다.
② 수출 제안을 거절하고 2,000대를 생산하여 국내에만 판매한다.
③ 현행보다 1,000대 감산하여 모두 일본에 수출한다.
④ 현행의 생산규모를 유지하여 1,000대는 국내에 판매하고, 1,000대는 일본에 수출한다.
⑤ 현행보다 1,000대 증산하여 2,000대는 국내에 판매하고, 1,000대는 일본에 수출한다.

22 ○○화학은 시장 변동에 따른 5가지 방안을 준비하고, 다음의 방식으로 이사진의 선택에 따라 결정하기로 하였다. 다음 중 김 이사가 자신의 1순위를 지키기 위해 거부해야 하는 2가지 방안을 고르면?(단, 이사진은 다른 사람의 선호도를 모두 알고 있으며, 이를 고려하여 자신의 순위가 높은 방안이 선정되도록 행동한다.)

먼저 김 이사가 2가지 방안에 대해서 거부권을 행사하고, 다음으로 박 이사가 남은 3가지 방안 중 한 방안에 거부권을 행사한다. 마지막으로 최 이사가 남은 두 방안 중 한 방안에 거부권을 행사한다. 결과적으로 아무도 거부권을 행사하지 않은 방안이 최종안으로 선정된다. 이사진의 5가지 방안에 대한 선호도는 다음과 같다.

구분	1순위	2순위	3순위	4순위	5순위
김 이사	D방안	B방안	E방안	C방안	A방안
박 이사	C방안	D방안	B방안	A방안	E방안
최 이사	B방안	C방안	A방안	D방안	E방안

① A방안, B방안
② A방안, E방안
③ B방안, C방안
④ B방안, E방안
⑤ D방안, E방안

23 A, B 두 사람이 주사위 던지기 놀이를 하고 있다. 다음의 [상황]과 주사위 던지기 놀이의 [규칙]을 바탕으로 항상 옳은 것을 [보기]에서 모두 고르면?

상황

주사위에는 1~6이 한 면에 하나씩 적혀 있다. A가 먼저 던지고 그다음부터는 계속 번갈아 가며 차례대로 주사위를 던져 나온 숫자에 따라 승자와 패자를 가려낸다. 주사위 던지기는 총 세 번 하였고, A는 주사위를 던질 때마다 3 이하의 수가 나왔고, B는 4 이상의 수가 나왔다.

규칙

- 가 규칙은 짝수가 나온 쪽이 이긴다.
- 나 규칙은 홀수가 나온 쪽이 이긴다.
- 다 규칙은 3 이하의 수가 나온 쪽이 이긴다.
- 각 규칙에 따라 게임을 진행하였을 때 가 규칙, 나 규칙에서 모두 짝수가 나오거나 모두 홀수가 나오면 비긴 것으로 하고, 다 규칙에서 모두 1~3이 나오거나 4~6이 나온 경우에도 비긴 것으로 한다. 비긴 경우에는 해당 회차가 없던 것으로 하고, 승부가 결정될 때까지 게임을 진행한다.
- 가 규칙에서 이기면 1점, 나 규칙에서 이기면 2점, 다 규칙에서 이기면 3점을 얻는다.
- 규칙은 가 규칙, 나 규칙, 다 규칙 순으로 적용한다.

보기

㉠ 게임 결과 A와 B가 동점이라면 A는 2가 한 번 나왔다.
㉡ 게임 결과 A가 6점, B가 0점이라면 B는 5가 적어도 한 번 나왔다.
㉢ B에게 매번 다른 수가 나왔다면 B는 적어도 1점을 얻는다.

① ㉠ ② ㉡ ③ ㉠, ㉡
④ ㉡, ㉢ ⑤ ㉠, ㉡, ㉢

[24~25] 다음은 신재생에너지 공급의무화(RPS)에 관한 내용이다. 이를 바탕으로 이어지는 질문에 답하시오.

> 공급의무화(RPS)의 추진목적은 신재생에너지 설비를 제외한 500MW 이상의 발전설비를 보유한 발전사업자(공급의무자)에게 총발전량의 일정비율 이상을 신재생에너지를 이용하여 공급하도록 의무화한 제도이다.
>
> 당해 연도 1월에 공급의무자를 지정하고, 당해 연도 1월, 9월에 공급의무자의 총발전량과 의무비율을 곱한 공급의무량(의무발전량)을 부과한다. 공급의무자는 신재생에너지 의무발전량에 대해 당해 연도에 자체건설 또는 외부구매하여 의무를 이행하고, 차년도 3월에 공급의무량 대비 이행실적을 확인한다. 미이행 시에는 차년도 7월에 공급인정서의 평균거래가격의 150% 이내의 과징금을 부과한다. 당해 연도 공급의무량의 20% 이내에서 3년의 범위 내 이행연기가 허용된다.
>
> 공급의무자는 다음 절차를 통해 RPS제도에 참여할 수 있다. 발전설비가 3MW 이하 시 지자체, 3MW 초과 시 전기위원회에 발전사업허가를 받는다. 발전소 준공 후 사용 전 전기안전공사를 하고, 전력거래소와 전력수급계약을 체결한다(1MW 이하는 한전과 체결 가능). 해당 지방자치단체에 발전사업 개시 신고 후 신고를 하고, 사용 전 검사일로부터 1개월 이내에 신재생에너지센터에 신고하여 설비확인을 신청받을 수 있다. 이후 설비확인 신청일로부터 30일 이내에 신재생에너지센터에서 공급인증서를 발급받을 수 있다.
>
> 설비확인 신청은 2012년 1월 1일 이후 상업운전을 개시한 신재생에너지 발전설비가 대상이다. 사용 전 검사 완료 후 1개월 이내에 신청해야 하고, 설비확인 검토는 설비확인 신청서 접수일 이후 1개월 이내이다.
>
> 신재생에너지 공급인증서(REC)는 공급인증서 발급대상에서 공급되는 전력량에 가중치를 곱하여 MWh 단위를 기준으로 발급하는 것으로, 발전사업자가 신재생에너지 설비를 이용하여 전기를 생산 및 공급하였음을 증명하는 인증서이다. 공급의무자는 공급의무량에 대해 신재생에너지 공급인증서를 구매하여 충당할 수 있다. REC 발급신청은 전력공급일이 속한 달의 말일로부터 90일간 가능하다. 기한 내에 발급신청을 완료하지 않는 경우 기한일 익일에 자동 말소된다. 공급인증서는 전력거래량에 가중치를 곱한 값을 1,000kWh로 나누어 REC로 발급한다.

24 주어진 자료에 대한 설명으로 옳은 것을 고르면?

① 공급의무화(RPS)는 발전설비를 보유한 발전사업자에게 500MW 신재생에너지를 공급하도록 의무화한 제도이다.

② 발전사업자는 발전설비가 3MW를 초과하는 경우 전기위원회에 발전사업허가를 받은 후 전기안전공사를 하고, 한전과 전력수급계약을 체결한다.

③ 공급의무자는 신재생에너지 의무발전량을 구매해서 의무를 이행할 수 있다.

④ 당해에 공급의무량 대비 이행실적을 충족시키지 않으면 공급인정서의 평균거래가격의 20% 이내의 과징금을 부과한다.

⑤ REC 발급신청은 전력공급일로부터 90일간 가능하다.

25 **다음 [표]는 태양광에너지의 설치유형에 따른 공급인증서 가중치에 관한 자료이다. 이를 바탕으로 A업체에 공급되는 전력량이 2,700kWh이고 건축물을 이용하는 형태일 때 A업체에 발급되는 신재생에너지 공급인증서인 REC를 고르면?**(단, 전월 이월량은 없다.)

[표] 태양광에너지의 설치유형에 따른 공급인증서 가중치

구분	대상에너지 및 기준		공급인증서 가중치
	설치유형	세부기준	
태양광에너지	일반부지에 설치하는 경우	100kWh 미만	1.2
		100kWh 이상 3,000kWh 이하	1.0
		3,000kWh 초과	0.7
	임야에 설치하는 경우	–	0.7
	건축물 등 기존 시설물을 이용하는 경우	3,000kWh 이하	1.5
		3,000kWh 초과	1.0
	유지 등의 수면에 부유하여 설치하는 경우	–	1.5
	자가용 발전설비를 통해 전력을 거래하는 경우	–	1.0
	ESS설비(태양광설비 연계)	2018. 01.~2020. 06.	5.0
		2020. 07.~2020. 12.	4.0

※ (공급인증서 발급량)(REC) = (공급 전력량)(kWh)×(공급인증서 가중치)÷1,000
※ 소수점 이하는 자동이월하여 차기 공급인증서 발급시 합산함

① 1REC ② 2REC ③ 3REC
④ 4REC ⑤ 5REC

[26~27] 다음은 C사의 수당 지급 규정이다. 이를 바탕으로 이어지는 질문에 답하시오.

◆ 자녀학비보조수당

- 지급 대상: 초등학교·중학교 또는 고등학교에 취학하는 자녀가 있는 직원(부부가 함께 근무하는 경우 한 쪽에만 지급)
- 지급범위 및 지급액
  - (지급 범위) 수업료와 학교운영지원비(입학금은 제외)
  - (지급액) 상한액 범위 내에서 공납금 납입영수증 또는 공납금 납입고지서에 기재된 학비를 전액 지급하며, 상한액은 자녀 1명당 월 60만 원

◆ 육아휴직수당

- 지급 대상: 만 8세 이하의 자녀를 양육하기 위하여 필요하거나 여직원이 임신 또는 출산하게 된 때로, 30일 이상 휴직한 남녀 직원
- 지급액: 휴직 개시일 현재 호봉 기준 월 봉급액의 40%
  - (휴직 중) 총 지급액에서 15%에 해당하는 금액을 뺀 나머지 금액
    ※ 월 봉급액의 40%에 해당하는 금액이 100만 원을 초과하는 경우에는 100만 원을, 50만 원 미만일 경우에는 50만 원을 지급
  - (복직 후) 총 지급액의 15%에 해당하는 금액
    ※ 복직하여 6개월 이상 계속하여 근무한 경우 7개월째 보수지급일에 지급함. 다만, 복직 후 6개월 경과 이전에 퇴직하는 경우에는 지급하지 않음
- 지급 기간: 휴직일로부터 최초 1년 이내

◆ 위험근무수당

- 지급 대상: 위험한 직무에 상시 종사하는 직원
- 지급 기준
  1) 직무의 위험성은 각 부문과 등급별에서 정한 내용에 따름
  2) 상시 종사란 공무원이 위험한 직무를 일정기간 또는 계속 수행하는 것을 의미함. 따라서 일시적·간헐적으로 위험한 직무에 종사하는 경우는 지급대상에 포함될 수 없음
  3) 직접 종사란 해당 부서 내에서도 업무 분장상에 있는 위험한 작업 환경과 장소에 직접 노출되어 위험한 업무를 직접 수행하는 것을 의미함
- 지급 방법: 실제 위험한 직무에 종사한 기간에 대하여 일할 계산하여 지급함.

26 **다음 중 자료에 대한 설명으로 가장 적절하지 않은 것을 고르면?**

① 위험한 직무에 3일간 근무한 것은 위험근무수당 지급 대상이 되지 않는다.
② 자녀학비보조수당은 수업료와 입학금 등 정상적인 학업에 관한 일체의 비용이 포함된다.
③ 육아휴직수당은 휴직일로부터 최초 1년이 경과하면 지급받을 수 없다.
④ 부부가 함께 근무해도 자녀학비보조수당은 부부 중 한 쪽에게만 지급된다.
⑤ 초등학교 고학년에 재학 중인 자녀가 있는 부모에게는 육아휴직수당이 지급되지 않는다.

27 **월 급여액이 200만 원인 N대리가 육아휴직을 신청하여 추후 육아휴직수당을 받고자 할 때 이에 대한 설명으로 옳은 것을 고르면?**

① 3월 1일부로 복직을 하였다면, 8월에 육아휴직수당 잔여분을 지급받게 된다.
② N대리가 받을 수 있는 육아휴직수당 총 지급액은 100만 원이다.
③ 복직 후 3개월째에 퇴직을 할 경우, 휴가 중 받은 육아휴직수당을 회사에 반환해야 한다.
④ 복직 후에 7개월 이상 근무한다면 육아휴직수당 중 12만 원을 지급받을 수 있다.
⑤ N대리가 육아휴직으로 20일을 사용했다면, 휴직 중에 받은 금액은 65만 원이다.

[28~29] 다음은 조달청의 조달수수료에 대한 자료이다. 이를 바탕으로 이어지는 질문에 답하시오.

조달수수료 안내

- 조달청 고시 제2022－17호 조달수수료 요율에 따라 적용됩니다.
- 수요기관에서 대금을 계약업체에 직접 지불하는 경우에도 동일요율이 적용됩니다.
- 적용기준: 내자(계약금액/납품금액), 외자 · 공사 · 기술용역(계약금액), 총사업비 · 공사원가사전검토(검토요청금액), 설계변경사전타당성 검토 · 설계변경 단가적정성 검토(변경대상금액), 맞춤형서비스(사업예산액)

[표1] 사업별 조달수수료 요율표

구분	금액구분	요율(%)				비고
		총액계약(일반용역 포함)	단가계약(일반, 3자, MAS)	유류		
				저장용	구매카드	
내자구매	2천만 원까지	210,000원(정액)	0.54(정률)	0.27	0.135	• 총액계약 1억 원을 초과한 총액계약 수수료는 초과분 체감 적용 • 단가계약 10억 원을 초과한 단가 수수료는 초과분 체감 적용
	2천만 원 초과~5천만 원	530,000원(정액)				
	5천만 원 초과~1억 원	1.07(정률)				
	1억 원 초과~10억 원	0.76				
	10억 원 초과~100억 원	0.48	0.47			
	100억 원 초과	0.38	0.37			
	장기분할 대지급 신청 시 추가 수수료	2.82 (0.94%×3년)				• 장기분할 대지급 대상 국가 또는 지자체의 5억 원 이하의 총액

구분	금액구분	요율(%)								비고
		설계 등 용역			감리 CM용역			설계공모		
		제안	PQ	비PQ	제안	PQ	비PQ	심사포함	심사제외	
기술용역	1억 원까지	1.3	1.0	0.8	1.2	0.9	0.8	1.9	0.8	*초과금액 체감 적용 *종합심사낙찰제 수수료는 제안 요율 적용
	1억 원 초과~10억 원	1.1	0.8	0.6	1.0	0.7	0.6	1.6	0.6	
	10억 원 초과~30억 원	0.9	0.6	0.4	0.8	0.5	0.4	1.3	0.4	
	30억 원 초과	0.7	0.4	0.2	0.6	0.3	0.2	1.0	0.2	

- 총액계약: 당해 계약목적물 전체에 대해 총액으로 체결하는 계약
- 단가계약: 여러기관이 사용하고 수요빈도가 높은 물품에 대해 미리 단가를 정하여 놓은 계약
- 제3자 단가계약: 계약방법의 특례로서 각 수요기관에서 공통적으로 사용하는 물자로 수요기관에서 직접 계약자에게 납품을 요구하는 계약
- MAS(Multiple Award Schedule): 다수 공급자 계약. 제3자 단가계약과 동일한 형태의 계약이나 품질 · 성능 · 효율 등이 동등하거나 유사한 제품을 공급하는 다수의 공급자와 체결하는 계약

※ 나라장터 등록 물품 구매는 단가(일반)구매에 해당함

※ 기술용역의 용역은 제안공모, PQ(Pre－Qualification, 입찰자격사전심사), 비PQ로 구분함

[표2] 조달수수료 면제 사항

근거법령	내용	세부내용
[조달사업법] 제16조 제3항 제2호	계약체결 지연	표준행정소요일수를 초과하여 계약체결 하는 경우 (장기계속계약일 경우에는 1차 계약, 단가계약 제외)
[조달사업법 시행령] 제20조 제2항	중소기업제품 구매촉진	① 전통공예품(문화상품), 전통주, 전통식품 ② 수요기관 직불 시 조달수수료가 1,000원 미만인 경우 (납품요구 1건, 유류 공동구매 수수료는 고지서 발행기준) ③ 조달청에서 계약한 공사로서 총사업비 물가변동 검토요청을 하는 경우 ④ 민간투자사업 중 조달청과 사전에 수수료 면제하기로 합의한 후 검토 요청을 하는 경우
	기술개발 · 향상	
	조달사업 확대 등	

[표3] 조달수수료 감경 사항

근거법령	내용	세부내용
[조달사업법] 제16조 제3항 제1호	미리 대금을 지급받는 경우	선급선납 동의 시 선납한 금액에 대하여 비율에 따라 조달수수료 감경 *선납비율(할인율): 30% 이상 50% 미만(8%), 50% 이상 70% 미만(14%), 70% 이상 80% 이하(20%)
[조달사업법 시행령] 제20조 제2항	중소기업제품 구매촉진	수요기관의 예산사정 등 감경이 불가피하다고 인정되는 것으로서 수수료율을 협의하는 경우 *조달수수료 한시적 감경 특례 고시에 따라 2023년 1분기와 2분기에 조달요청 시 차등하여 조달수수료 감경 – 2023년 1분기(1월 20일~3월) 조달요청 시 수수료의 10% 감경 –2023년 2분기(4월~6월) 조달요청 시 수수료의 5% 감경
	기술개발 · 향상	
	조달사업 확대 등	

28 주어진 자료에 대한 설명으로 옳지 않은 것을 고르면?(단, 조달수수료의 십원 미만은 절사한다.)

① 2023년 상반기에 확보된 예산으로 필요 물품을 미리 구매하면 조달수수료를 줄일 수 있다.
② 조달요청 시 물품 대금을 선납하면 선납 비율에 따라 조달수수료를 할인받을 수 있다.
③ 내자구매 조달요청 시 총액계약 3천만 원에 대한 조달수수료는 530,000원이다.
④ 나라장터에서 개당 110원인 마스크를 3,000개 주문할 경우 조달수수료는 1,780원이다.
⑤ 나라장터에서 병당 12,000원인 전통주를 1,000개 주문할 경우 조달수수료는 64,800원이다.

29 다음은 A학교에서 조달청에 공모한 설계공모이다. A학교에서 조달청에 지급해야 하는 조달수수료를 고르면?(단, 조달수수료의 십원 미만은 절사한다.)

> **설계공모 공고**
>
> A학교 다목적교실 증축공사 설계공모를 다음과 같이 공고합니다.
>
> 2023년 10월 ○○일
>
> 1. 공모명: A학교 다목적교실 증축공사 설계공모
> 2. 설계공모 목적
>   다목적교실 증축을 통해 학생들의 공간을 확보하고 여러 설계자의 작품을 설계공모를 통하여 상징성, 예술성, 공간적 우수성 등 창의적인 아이디어가 담긴 설계(안)를 선정하고자 함.
> 3. 설계공모 개요
>   가. 공모명: A학교 다목적교실 증축공사 설계공모
>   나. 위치: ○○시 ○○구 ○○로
>   다. 발주기관: ○○○교육지원청
>   라. 대지면적: 17,681.00㎡
>   마. 규모 및 공사비
>   - 공사규모: 다목적교실 증축(1층, 연면적 967.0㎡)
>   - 사업범위: 다목적교실 증축(1층, 연면적 967.0㎡)
>   - 용도: 교육연구시설(학교)
>   - 구조: 철근콘크리트구조
>   - 추정공사비: 금 2,600,000천 원(부가세 포함)
>   - 예정설계비: 금 140,000천 원(부가세 포함)
>   • 기본 및 실시설계비, 지질조사비, 설계안정성검토 업무 등 포함
>   • 건축, 기계, 토목, 조경 포함(전기, 통신, 소방 별도 시행)
> 4. 공통사항
>   가. 설계 용역기간
>   - 설계공모기간: 30일
>   - 설계용역기간: 150일(공휴일 포함)
> 5. 공모방식: 간이설계공모
> 6. 심사위원회의 구성 및 심사
>   가. 심사위원회는 5인 이내로 구성하되, 심사위원은 건축사, 전문가로 한다.
>   나. 분야별 배점기준 〈설계공모 지침〉 참조
>   다. 작품심사: 작품접수 이후
> 7. 심사결과 발표 및 시상
>   가. 심사결과 발표
>   1) 심사결과는 ○○○교육지원청 홈페이지에 게재하며, 입상업체에 한하여 개별 통지한다.
>   2) 작품 수준이 현저히 떨어질 경우 입상작 일부를 선정하지 않을 수 있다.
>   3) 응모자는 심사결과에 대하여 어떠한 이의도 제기할 수 없다.

① 840,000원 ② 2,240,000원 ③ 2,540,000원
④ 15,600,000원 ⑤ 35,620,000원

30 기획팀의 김 대리는 세미나 장소를 대관하고, 필요한 물품을 확인하여 주문하는 업무를 담당한다. 다음 자료를 바탕으로 김 대리가 주문해야 할 물품의 목록을 고르면?

- 세미나에는 총 15명이 참석하고, 빔프로젝터 1대, 마이크 2개, 화이트보드 1개, 레이저 포인터 1개, 마카펜 4개가 준비되어 있어야 한다. 4인용 테이블과 의자는 모든 참석자들이 앉을 수 있을 만큼 준비되어 있어야 한다.
- 김 대리는 대관료와 물품 구입비를 합해 가장 저렴한 곳을 대관하고, 회의실에 구비되어 있지 않은 물품은 비품에서 충당하되, 모자란 경우 최소 수량을 주문한다.

[회의실 정보]

회의실	제1회의실	제2회의실	제3회의실	제4회의실
기본 인원	10명	20명	15명	10명
최대 인원	20명	30명	25명	10명
시설	화이트보드 1개 마이크 1개 4인용 테이블 3개 의자 10개	빔프로젝터 1대 마이크 2개 4인용 테이블 5개 의자 20개	빔프로젝터 1대 마이크 1개 4인용 테이블 4개 의자 15개	화이트보드 1개 4인용 테이블 3개 의자 10개
대관료	15만 원	30만 원	20만 원	10만 원

[비품목록]

빔프로젝터	마이크	화이트보드	레이저 포인터	마카펜	4인용 테이블	의자
1대	1개	1개	0개	2개	0개	4개

[물품별 개당(대당) 구입비용]

빔프로젝터	마이크	화이트보드	레이저 포인터	마카펜	4인용 테이블	의자
30만 원	1만 원	8만 원	2만 원	2,500원	5만 원	2만 원

① 레이저 포인터 1개, 마카펜 2개
② 레이저 포인터 1개, 마카펜 4개
③ 마이크 1개, 레이저 포인터 1개, 마카펜 2개
④ 화이트보드 1개, 마이크 1개, 레이저 포인터 1개, 마카펜 4개
⑤ 레이저 포인터 1개, 마카펜 4개, 4인용 테이블 1개, 의자 1개

02 실전모의고사 2회

[31~32] D사는 업무 특성상 24시간 근무를 해야 하고, 전문 기술직 근무 인원이 시간대별로 다음과 같이 필요하다. 이를 바탕으로 이어지는 질문에 답하시오.

[시간대별 전문 기술직 근무 인원수]

시간대	2~6시	6~10시	10~14시	14~18시	18~22시	22~2시
필요인원	5명	20명	30명	15명	50명	10명

[근무 수칙]

- 전문 기술직은 휴게 시간을 포함하여 8시간 동안 연속 근무를 하되 필요인원 감소로 인한 4시간 근무는 허용한다.
- 전문 기술직은 8시간씩 근무 후 교대한다.
- 교대 시 별도의 인수인계 시간은 고려하지 않는다.

31 D사에 필요한 전문 기술직이 최소 몇 명인지 고르면?

① 65명　② 75명　③ 85명
④ 95명　⑤ 105명

32 2~6시 사이에 중요한 업무가 발생하여 해당 시간대에 필요 인원을 20명으로 확충하고자 한다. 변경된 인원 계획에 따라 인원 구성을 할 경우 필요한 전문 기술직이 최소 몇 명인지 고르면?

① 85명　② 95명　③ 100명
④ 110명　⑤ 125명

[33~34] 다음 [표]는 U공단의 상반기 공채 지원자별 입사 시험 점수이다. 이를 바탕으로 이어지는 질문에 답하시오.

[표] U공단 상반기 공채 전체 지원자별 입사 시험 점수 (단위: 점)

지원자	의사소통	수리	문제해결	자원관리	기술	전공
A	85	86	78	91	83	—
B	78	91	81	86	—	87
C	91	88	77	82	—	91
D	87	79	92	86	84	—
E	79	69	93	76	86	—
F	86	87	71	88	—	85
G	81	82	85	81	—	79
H	98	78	80	90	81	—
I	76	91	80	70	94	94
J	87	97	79	69	91	—

※ 1) 의사소통, 수리, 문제해결, 자원관리 과목은 전체 지원자가 응시하는 공통과목임
2) 사무 직렬 지원자는 선택과목으로 기술 과목을 응시하고, 전기 직렬 지원자는 선택과목으로 전공과목을 응시함

33 전체 지원자의 공통과목 입사 시험 점수의 평균으로 1차 면접 대상자를 선발하였다. 공통과목 입사 시험 점수의 평균이 높은 순서대로 상위 5명을 선발하였다고 할 때, 상위 5명 중 사무 직렬 지원자의 수를 고르면?

① 1명 ② 2명 ③ 3명
④ 4명 ⑤ 5명

34 33번에서 선발된 1차 면접 대상자 중 전기 직렬 지원자에게 선택과목 가산점을 부여하여 점수를 재산출하기로 하였다. 점수 재산출 방식이 다음과 같을 때, 1차 면접 대상자의 재산출 점수 중 가장 높은 점수를 고르면?

- 사무 직렬 지원자 재산출 점수=(공통과목 입사 시험 점수의 평균×0.5)+(선택과목 점수×0.5)
- 전기 직렬 지원자 재산출 점수=(공통과목 입사 시험 점수의 평균×0.5)+(선택과목 점수×0.6)

① 92.50점 ② 93.81점 ③ 94.20점
④ 96.03점 ⑤ 96.85점

35 **김 대리는 3월에 진행하는 신입사원 교육을 위해 강당을 대관해야 한다. 김 대리가 A문화관과 B문화관의 대관료 및 대관 일정을 조사하여 가장 적절한 곳을 예약하였다고 할 때, 예약한 날짜를 고르면?**

- 김 대리는 예약 가능한 강당 중 가장 저렴한 강당을 우선적으로 고려하며, 가장 빠른 일정으로 대관한다.
- 신입사원 교육에는 총 50명이 참석하고, 10명 이상 더 수용할 수 있는 강당을 대관한다.
- 교육은 3월 2~19일 중 평일 2일 동안 연속해서 진행되며 같은 장소에서 진행한다.
- 교육은 하루에 5시간 진행하고, 강당은 하루에 7시간을 대관한다.
- A문화관과 B문화관의 대관료는 다음과 같다. A문화관은 기본 3시간을 대관하고, B문화관은 기본 2시간을 대관한다.

구분	강당	최대 수용 인원(명)	요금(만 원)	
			기본 요금	추가(1시간당)
A문화관	1관	40	20	10
	2관	50	30	15
	3관	60	40	20
	4관	80	50	30
B문화관	1관	50	25	10
	2관	60	35	15
	3관	80	40	20
	4관	100	50	30

- A문화관과 B문화관의 3월 1~19일 대관 일정은 다음과 같다.(단, 3월 1일은 공휴일이고, 월요일이다.)

		1	2	3	4	5	6	7	8	9	10	11	12	13	14	15	16	17	18	19
A문화관	1관	■	■		■	■	■			■			■		■	■		■	■	
	2관			■	■		■			■	■	■			■		■			
	3관			■		■	■			■	■		■				■	■		
	4관	■			■		■	■			■			■	■	■			■	■
B문화관	1관		■	■			■		■	■		■			■	■		■	■	■
	2관		■		■	■				■	■	■		■			■	■		■
	3관			■	■	■			■	■			■		■	■	■			
	4관					■	■			■			■	■	■		■	■	■	

※ 색칠된 칸은 예약이 가능한 날임

① 3월 3~4일 ② 3월 4~5일 ③ 3월 9~10일
④ 3월 12~13일 ⑤ 3월 13~14일

[36~37] 엄 과장은 하루 동안 거래처 A~E를 모두 방문해야 한다. 거래처의 위치가 다음 [그림]과 같을 때, 이를 바탕으로 이어지는 질문에 답하시오.

[그림] 거래처 A~E 위치

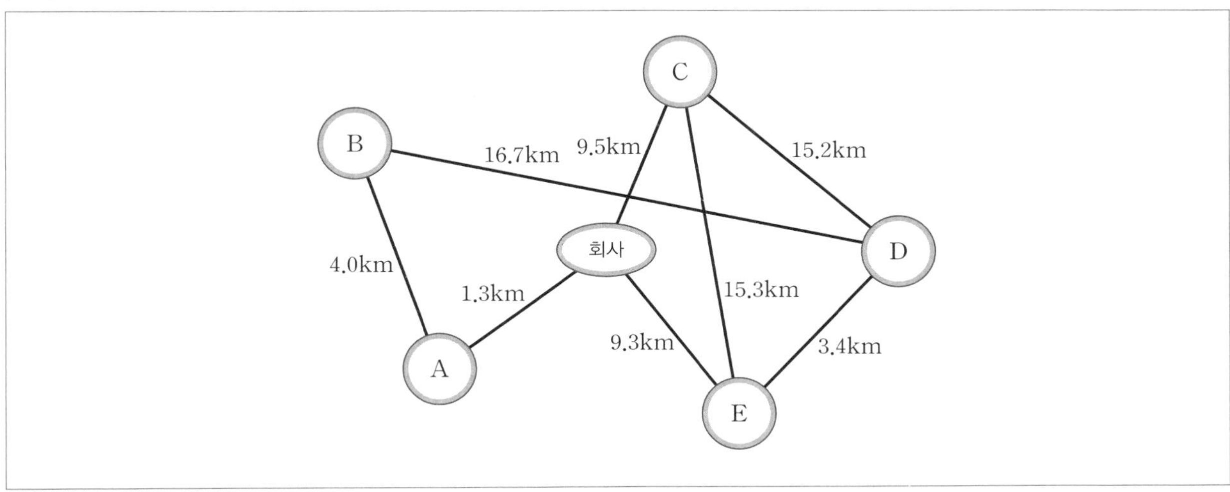

※ 직선으로 표시된 경로로만 이동함

36 엄 과장은 회사에서 출발하여 각 거래처를 모두 방문한 후 다시 회사로 돌아와야 한다. 최단거리를 통해 이동할 경우, 엄 과장이 이동하게 될 총거리를 고르면?

① 49.2km ② 49.5km ③ 49.8km
④ 50.2km ⑤ 50.5km

37 엄 과장은 10시에 회사를 출발하여 A거래처를 시작으로 최단거리로 이동하여 각 거래처를 모두 방문한 후 C거래처를 마지막으로 회사로 돌아올 예정이다. 각 거래처 방문시간은 30분이고 이동 중의 평균 운행속도가 60km/h라고 가정하면, 오후 1시 이전에 방문이 완료되는 거래처 중 가장 마지막으로 방문한 거래처의 방문 완료 시각이 속하는 구간으로 옳은 것을 고르면?(단, 운행속도에 따른 이동시간과 방문시간 외의 다른 시간은 고려하지 않으며, 방문 완료 시각은 방문시간 30분이 모두 지난 시각을 의미한다.)

① 12시 10분~12시 19분
② 12시 20분~12시 29분
③ 12시 30분~12시 39분
④ 12시 40분~12시 49분
⑤ 12시 50분~12시 59분

02 실전모의고사 2회

38 다음 자료를 근거로 판단할 때, 항상 옳은 것을 [보기]에서 모두 고르면?

• L공기업에서는 부서 평가 등급과 개인 평정 등급에 따라 성과급을 차등 지급한다.
• 부서 평가 등급과 개인 평정 등급에 따른 성과급 지급 비율은 다음과 같다. 성과급은 (기본급)×(성과급 지급 비율)로 계산한다.

부서 등급 / 개인 등급	1등급	2등급	3등급	4등급
S	기본급의 500%	기본급의 400%	기본급의 300%	기본급의 250%
A	기본급의 400%	기본급의 350%	기본급의 250%	기본급의 200%
B	기본급의 300%	기본급의 250%	기본급의 200%	기본급의 150%
C	기본급의 250%	기본급의 200%	기본급의 150%	기본급의 120%
D	기본급의 200%	기본급의 150%	기본급의 120%	기본급의 100%

• L공기업의 직급별 기본급은 다음과 같다.

직급	과장	대리	주임
기본급	400만 원	300만 원	200만 원

• L공기업의 직원 10명의 성과급이 다음과 같다.

A	B	C	D	E	F	G	H	I	J
360만 원	500만 원	750만 원	1,600만 원	1,000만 원	1,200만 원	1,050만 원	240만 원	900만 원	480만 원

• 영업1팀은 1등급, 영업2팀은 2등급, 영업3팀은 3등급, 영업4팀은 4등급을 받았다.

보기

㉠ 영업4팀의 주임은 C등급을 받았다.
㉡ 대리는 적어도 4명이다.
㉢ 10명 중 과장이 2명이라면 F는 영업2팀이다.
㉣ S등급이 모두 주임이라면 I는 영업1팀이다.

① ㉠, ㉡ ② ㉠, ㉢ ③ ㉠, ㉣
④ ㉡, ㉢ ⑤ ㉡, ㉣

39 **다음은 H공기업의 해외 출장 여비 규정과 직원 갑~정의 국외 출장 현황을 나타낸 자료이다. 이를 바탕으로 갑~정이 지급받을 총 해외 출장 여비의 합을 고르면?**(단, H공기업의 직급은 부장, 팀장, 과장, 대리, 주임, 사원 순으로 높다.)

○ 출장 여비는 숙박비, 식비, 일비, 교통비를 모두 합하여 계산한다.
○ 숙박비는 실비지급이 원칙이다.

실비지급 숙박비(달러)=(1박 실지출 비용)×(박 수)

※ 1박 실지출 비용이 1일 숙박비 상한선을 초과할 경우 1일 숙박비 상한액을 기준으로 계산하여 지급한다.
※ 단, 2명 이상이 같은 숙소에서 숙박한 경우 1인에게만 정액지급하며, 직급이 더 높은 사람의 1일 숙박비 상한액의 1.8배를 지급한다.

○ 식비는 정액지급이며, 국가마다 상이하다.

식비(달러)=(출장국가 1일 식비)×(일 수)

○ 일비는 정액지급이며, 직급이 과장 이상인 사람은 1일 일비의 1.4배를 지급한다.
○ 교통비는 실비지급이며, 개인 마일리지를 사용한 경우 교통비의 20%를 추가 지급한다.
○ 국가별 1인당 여비 지급 기준액은 다음과 같다.

출장 국가	1박 숙박비 상한액(달러/박)		1일 식비(달러/일)	1일 일비(달러/일)
	과장 이상	대리 이하		
A국	800	600	250	50
B국	1,000	800	300	55
C국	600	500	200	40
D국	1,200	900	320	60

[표] 직원 갑~정의 국외 출장 현황

구분	직급	출장 국가	출장 기간	1박 실지출 비용(달러/박)	총교통비(달러)	개인 마일리지 사용 여부
갑	주임	A국	4박 5일	500	4,800	사용
을	사원	C국	3박 5일	700	10,500	미사용
병	과장	C국	3박 5일		12,400	사용
정	대리	D국	3박 4일	1,000	8,500	미사용

※ 1) 각 출장자의 출장 기간 중 매박 실지출 비용은 변동 없음
2) 을과 병은 출장 기간 중 같은 숙소에서 숙박함

① 53,080달러　② 53,620달러　③ 54,160달러
④ 54,340달러　⑤ 54,680달러

40 다음은 T사의 창립 10주년 기념행사 업무 분장 보고서이다. 이 보고서를 바탕으로 행사 준비 업무 일정에 대해 파악한 내용으로 옳지 않은 것을 고르면?

창립 10주년 기념행사 업무 분장 보고서

1. 팀별 업무 분장

업무 내용	담당팀	업무 소요 기간
현수막 도안 제작	디자인팀	도안 1개당 1일 소요
홍보 책자 제작	디자인팀	2일
행사 홍보 문구 SNS 업로드	홍보팀	1일
행사 일정 기획	기획팀	5일
필요 물품 구매	경영지원팀	2일
행사 장소 답사	홍보팀	1일

※ 홍보 책자 내에 행사 프로그램 일정이 포함되어 행사 일정 기획 업무 완료 후 홍보 책자 업무를 진행함

2. 5월 업무 일정표

월	화	수	목	금
	1	2	3	4
7	8	9	10	11
	경영지원팀 ◇◇프로젝트업무 완료		디자인팀 ◇◇프로젝트업무 완료	기획팀 ◇◇프로젝트업무 완료
14	15	16	17	18
홍보팀 ◇◇프로젝트업무 완료				
21	22	23	24	25
	행사 장소 답사			창립 10주년 행사
28	29	30	31	

※ 창립 10주년 행사 준비 업무는 팀별로 진행하며, ◇◇프로젝트 완료일의 다음 근무일부터 최우선 순위로 진행함

① 현수막 도안이 3개 필요하다면 5월 15일에 행사 준비 업무를 하는 팀은 세 팀이다.
② 현수막 도안 제작을 하지 않는다면 디자인팀의 행사 준비 업무는 5월 14일에 완료된다.
③ 홍보팀은 월요일에 행사 준비 업무를 진행하지 않는다.
④ 현수막 도안이 2개 필요하다면 디자인팀이 행사 준비 업무에 소요하는 기간은 총 4일이다.
⑤ 창립 10주년 행사가 있는 주에 기획팀은 행사 준비 업무를 하지 않는다.

41 **다음은 에어컨의 모델명 부여 규칙이다. 이를 바탕으로 [보기]의 ㉠~㉢ 모델명에 대한 설명으로 옳은 것을 고르면?**(단, 1~12까지의 숫자는 각 항목이 기입되는 자리 순서를 의미한다.)

1	2	3, 4	5	6	7
구분	냉매종류	냉방능력	개발순서	품질(등급)	출시
F: 스탠드	W: 인버터/냉난방용	15: 49.58m^2	1: 2016년형	L: 럭셔리(상)	A: 정규
S: 벽걸이	Q: 인버터/냉방전용	16: 52.89m^2	2: 2017년형	P: 프리미엄	B: 파생
	C: 정속/냉방전용	18: 59.50m^2	3: 2018년형	S: 스페셜	
		20: 66.11m^2	4: 2019년형	D, K: 디럭스	
		23: 76.03m^2	5: 2020년형	M: 싱글모던	
			6: 2021년형	G: 싱글(기본)	

8	9	10	11	12	비고
패턴	색상	냉방범위	에너지 소비등급	옵션	
A: 없음	W: 화이트	2: 3 in 1	A: 1등급	1: 제균 청정 일반형	※ 12번째 자리에는 해당 옵션이 장착된 경우에 코드가 부여됨
J: 쥬얼리	B: 브라운	1: 2 in 1	B: 2등급	2: 제습 청정 고급형	
N: 노블	P: 파스텔	0: 1 in 1	C: 3등급		
W: 웨이브			D: 4등급		
C: 아이스콜드			E: 5등급		

보기

㉠ FW166KBWW1B
㉡ FQ165KAWW1B
㉢ FC186GAWB2B1

① 옵션을 장착한 모델은 2개이다.
② 스탠드형 모델이 2개, 벽걸이형 모델이 1개이다.
③ 냉방전용 모델 2개의 색상은 동일하다.
④ 세 모델 모두 냉방능력이 60m^2 이하이며, 2019년 이후에 개발되었다.
⑤ 세 모델 중 두 개의 모델만 웨이브 패턴이다.

02 실전모의고사 2회

[42~43] 다음은 복합기 업체의 시리얼 넘버 생성 규칙에 관한 내용이다. 이를 바탕으로 이어지는 질문에 답하시오.

시리얼 넘버 부여 방식

[생산연월]－[생산지역]－[제품종류]－[생산순서]

㉮ 2019년 4월 한국 1공장에서 1,111번째로 생산된 Africo 복합기의 시리얼 넘버
→ 190401ANA00101111

생산연월	생산순서
• 2019년 4월 → 1904 • 2019년 7월 → 1907 • 2019년 10월 → 1910 • 2020년 1월 → 2001 • 2020년 4월 → 2004	• 0001부터 시작하여 각 생산지역의 제품종류별 생산순서대로 4자리의 번호가 매겨짐 • 생산연월이 바뀌면 0001부터 새로 시작함

생산지역: 국가코드		생산라인코드	
01	한국	AN	1공장
		BO	2공장
02	미국	CP	1공장
03	중국	DQ	1공장
		ER	2공장
		FS	3공장
		GT	4공장
04	일본	HU	1공장
05	멕시코	IV	1공장
		JW	2공장
06	필리핀	KX	1공장
		LY	2공장
		MZ	3공장

제품종류: 상품코드		상세 분류코드	
A	Africo	0010	복합기
		0020	프린터
		0030	3D프린터
B	DMwox	0040	복합기
		0050	프린터
		0060	3D프린터
C	STcopy	0070	복합기
		0080	프린터
		0090	3D프린터
D	ECOcopy	0100	복합기
		0110	프린터
E	Hybrid	0120	3D프린터
		0130	복합기

42 주어진 자료를 참고할 때, 시리얼 넘버 '200904HUC00900894'에 대한 설명으로 옳은 것을 고르면?

① 해당 제품은 STcopy 일반 프린터이다.
② 해당 제품은 2009년 4월에 생산되었다.
③ 해당 제품은 일본 1공장에서 생산되었다.
④ 해당 제품은 지금까지 1,000대 이상 생산되었다.
⑤ 해당 제품까지만 생산하고, 그 후로는 생산을 중단하였다.

43 주어진 자료에 대한 설명으로 옳지 않은 것을 [보기]에서 모두 고르면?

보기

㉠ 생산지역의 국가코드가 다르면 생산라인코드도 다르다.
㉡ 제품종류의 상세 분류코드가 다르면 상품코드도 다르다.
㉢ 시리얼 넘버를 통해 제품의 생산연월일, 생산국가를 모두 알 수 있다.
㉣ '220501BOE01301294'가 '220501BOE0130'로 시작하는 시리얼 넘버 중 마지막 네 자리 숫자가 가장 큰 시리얼 넘버라면, 2022년 5월에 이 복합기 업체에서 생산된 Hybrid 복합기는 총 1,294대이다.

① ㉠, ㉡　② ㉡, ㉢　③ ㉢, ㉣
④ ㉠, ㉡, ㉣　⑤ ㉡, ㉢, ㉣

[44~45] 다음은 순서도에 관한 설명과 이를 통해 구성한 프로그램이다. 이를 바탕으로 이어지는 질문에 답하시오.

[표] 순서도 기호와 기능

기호	기능
	순서도의 시작과 끝을 표시
	연산, 데이터 이동 등을 처리
	기억 장소, 초깃값 등 작업의 준비 과정을 표시
	여러 가지 경로 중 하나의 경로 선택을 표시
	데이터 출력 표시

[그림] 프로그램

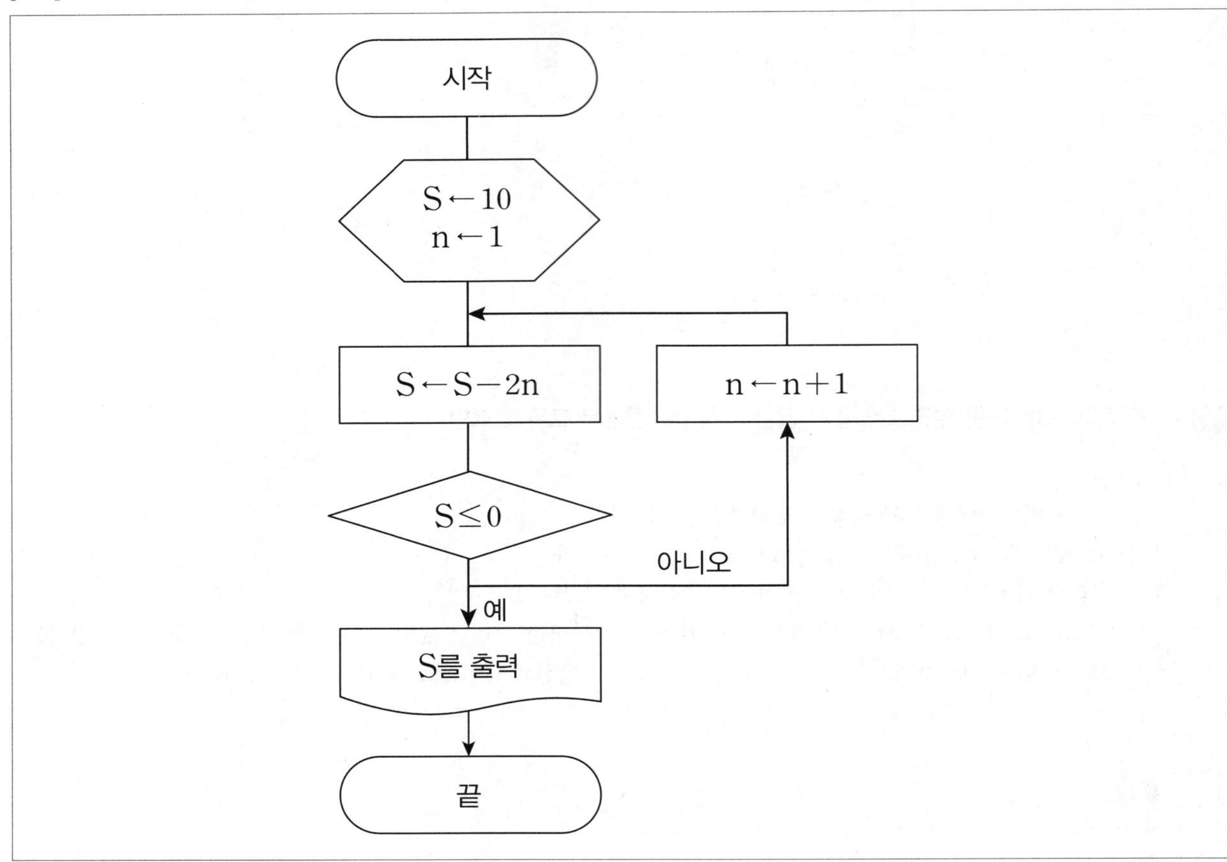

44 **다음 중 프로그램에 대한 설명으로 옳지 않은 것을 고르면?**

① S의 초깃값은 10이다.
② 프로그램이 끝나면 아무 것도 나오지 않는다.
③ 'n←n+1'은 두 번 반복된다.
④ 프로그램이 끝났을 때 n의 값은 3이다.
⑤ S가 0보다 크면 n의 값은 증가한다.

45 **다음 중 프로그램을 통해 출력되는 결괏값으로 옳은 것을 고르면?**

① −2 ② −1 ③ 0
④ 1 ⑤ 2

46 다음 글을 읽고 알 수 있는 내용으로 적절하지 않은 것을 고르면?

메타버스(Metaverse)는 가공·초월을 의미하는 메타(Meta)와 세계를 의미하는 유니버스(Universe)의 합성어로, 가상과 현실이 융복합된 디지털 세계, 초월 세계를 의미한다. 최근 5G와 가상기술(AR·VR)을 토대로 여가생활과 경제활동을 하는 가상융합공간으로 부상되면서 게임, SNS 등 기존 가상세계 활동을 넘어 온라인 경험이 현실세계의 경제·사회·문화 활동과 연결되는 개념으로 확장되었다.

메타버스는 반도체, 사물인터넷, 5G, 클라우드, 콘텐츠, 모빌리티 등 4차 산업혁명 요소기술과 융합해 새로운 경제생태계를 만들었다. 메타버스의 현실화로 빅테크 기업을 비롯한 국내·외 기술기업들은 주도권 확보를 위해 메타버스 시장에 진출하고 있다.

미국의 기술연구단체(Acceleration Studies Foundation)는 메타버스를 증강현실, 라이프로깅, 거울세계, 가상세계 등 4가지 유형으로 구분했다. 최근 메타버스는 여러 유형이 상호 융·복합, 경계를 허물며 새로운 형태의 서비스로 진화 중이다.

[표] 메타버스의 네 가지 유형

구분	증강현실 (Augmented Reality)	라이프로깅 (Life logging)	거울세계 (Mirror World)	가상세계 (Virtual World)
정의	현실공간에 가상의 물체(2D, 3D)를 겹쳐 상호작용하는 환경	사물과 사람에 대한 경험·정보를 저장, 가공, 공유, 생산, 거래하는 기술	실제 세계를 그대로 반영하되, 정보적으로 확장된 가상세계	디지털 데이터로 구축한 가상세계
특징	위치기반 기술과 N/W를 활용해 스마트 환경 구축	센서·카메라·SW 기술을 활용해서 사물과 사람의 정보 기록·가공·재생산·공유	3차원 가상지도, 위치 식별, 모델링, 라이프로깅 기술 활용	이용자의 자아가 투영된 아바타 간의 상호작용
활용 분야	AR글래스, 차량용 HUD, AR원격협업	웨어러블 디바이스, 지능형 CCTV	지도기반 서비스	온라인 멀티플레이어게임, 소셜 가상세계
사례	포켓몬고	애플워치	구글어스, 에어비엔비	리니지, 제페토, 로블록스

① 메타버스는 가상융합공간으로 온라인 경험이 현실세계의 경험과 연결되는 개념이다.
② 증강현실은 차량용 HUD에 활용될 수 있는 위치기반 기술과 스마트 환경이 구축된 것이다.
③ 라이프로깅은 사물과 사람에 대한 경험이나 정보를 저장하고 거래하는 기술을 의미한다.
④ 거울세계는 실제 세계를 그대로 반영하되, 이용자의 자아가 투영된 아바타 간의 상호작용이 이루어진다.
⑤ 가상세계는 소셜 가상세계에서 활용이 가능하고, 디지털 데이터로 구축한 세계를 의미한다.

[47~48] 다음 자료를 바탕으로 이어지는 질문에 답하시오.

```
1   #include <stdio.h>
2
3   int P (int c)
4   {
5       if (c == 0)
6           return 1;
7       else
8           return c * P(c-1);
9   }
10  int main ()
11  {
12      int result = P(5);
13      printf("%d", result);
14      return 0;
15  }
```

[표] if문 형식 및 설명

형식	설명

if (①조건식) {
  ②실행문1
} else {
  ③실행문2
}
	① 조건식이 일치하는지 확인한다.
	② 일치하면 실행문1을 실행한다.
	③ 일치하지 않으면 실행문2를 실행한다.

- 사원 A는 P가 사용자 정의 함수인 것을 알았다.
- 함수 P는 매개변수 c를 받아서 main 함수 내에 int형으로 결과를 반환할 것이다.

47 다음 중 자료에 대한 설명으로 옳지 않은 것을 고르면?

① 함수 P는 main 함수 안에서 매개변수로 정수형 5를 받았다.
② 함수 P의 결괏값은 정수형이다.
③ 12행이 'int result = P(0)'이면 프로그램 실행 결과는 1이 된다.
④ 프로그램은 팩토리얼을 구하고 있다.
⑤ 사용자 정의 함수는 매개변수가 1이 될 때까지 호출된다.

48 다음 중 프로그램 실행 결과 출력되는 값을 고르면?

① 0　② 1　③ 5
④ 60　⑤ 120

49 다음 글을 읽고 난 후의 반응으로 적절하지 않은 것을 고르면?

2023년부터 도로교통량조사에 인공지능(AI)이 CCTV영상데이터를 분석하여 차종과 통행량을 자동으로 집계하는 새로운 조사 방식이 도입된다. 행정안전부는 2023년 10월에 전국적으로 진행되는 교통량조사부터 통합데이터분석센터가 개발한 '인공지능(AI) 기반 CCTV 교통량 조사모델'을 활용한다고 밝혔다.

전국 교통량조사는 도로정책 등의 기초자료로 활용하기 위해 국토교통부 주관으로 매년 10월 셋째 주 목요일을 기해 전국 고속도, 지방도 등 3,900여 지점에서 24시간 동안 일제히 진행된다. 그동안 고속도로와 국도는 2,300여개 지점에서 촬영된 영상에 대한 육안검사와 검지기를 활용하여 조사가 이루어졌으며, 지방도와 국가지원지방도 1,600여 개소는 지자체를 통해 육안조사가 이루어졌다. 그러나 육안과 검지기를 활용하면 비용문제와 함께 기상 상황 등에 따라 정확한 조사가 어려운 점 등이 문제로 제기되었다. 이에 행정안전부는 2023년 4월부터 통합데이터분석센터가 중심이 되어 지방도에 설치된 CCTV 영상 20TB(DVD 4,200장 분량)로부터 17만 대의 차량 이미지를 추출하고 인공지능(AI) 영상분석 학습에 활용하여 교통량 조사 기준인 12종까지 자동으로 파악할 수 있는 기반을 마련했다. 이후 2023년 9월까지 고속도로 등에 설치된 CCTV를 통해 확보된 영상이미지를 활용하여 추가 학습 및 개선과정을 거쳐 최종개발을 완료했다. 행정안전부는 최근 정보통신분야 제품 시험인증 기관인 한국정보통신기술협회(TTA)의 성능 인증절차를 거쳤으며, 모델의 정확도는 98.7% 수준으로 나타났다.

행정안전부는 이번 모델을 지자체를 비롯한 전국 교통량조사 기관이 손쉽게 활용할 수 있도록 표준화 과정을 마쳤다. 교통량조사 기관은 조사대상 지점의 CCTV 영상 등을 행정안전부가 운영하는 '범정부데이터분석시스템'에 탑재된 표준모델을 활용해 분석할 수 있다. 녹화된 영상을 시스템에 업로드하고 분석버튼을 클릭하는 방식으로 분석 결과를 확인할 수 있으며, 분석모델을 별도로 다운받아 개별기관별로 자체분석도 가능하다.

행정안전부는 새로운 교통량조사 방식의 도입이 업무효율성 향상은 물론 예산 절감과 관련 정책의 타당성을 높이는 데에도 기여할 것으로 내다봤다. 현재 교통량조사는 조사지점에 따라 40~80만 원의 비용이 소요되지만, 새로운 조사 방식은 인력투입 없이 CCTV 영상을 그대로 활용하므로 별도 비용이 발생하지 않는다. 또한 조사자의 주관이 개입될 여지가 없어 정확성이 더욱 높고 야간과 우천 시에도 안전한 조사수행이 가능하다. 이 밖에 전국단위의 교통량조사 외에도 지자체 특성에 맞는 교통정책 개발과 도로관리, 미세먼지 저감 정책 마련에도 활용할 수 있을 것으로 기대된다. 인공지능(AI) 기반의 새로운 교통량조사 방식은 교통 관련 분야에서 데이터 기반의 행정을 앞당기는 중요한 계기가 될 것이며, 환경·안전 등 교통과 연계된 다양한 분야로 활용범위를 넓혀 나갈 수 있을 것이다.

① 인공지능을 활용한 조사 방식으로 분석의 정확성을 제고할 수 있다.
② 그동안 교통량조사에 지점별로 평균 50만 원의 비용이 소요되었다면, 앞으로는 약 19억 원 이상의 예산을 절감할 수 있다.
③ 교통량조사 인원을 많이 충원하지 않아도 새로운 조사 방식을 도입할 수 있다.
④ 인공지능 기반 CCTV 교통량 조사모델의 표준화가 진행 중이므로, 이듬해부터 각 지자체는 분석모델을 활용할 수 있다.
⑤ 인공지능(AI)이 CCTV영상데이터 분석을 추가로 학습하여 기능을 개선하면, 지역 특성에 따른 환경 정책 개발에도 용이하다.

50 다음 글을 바탕으로 추론한 내용으로 옳지 않은 것을 고르면?

RAID는 Redundant Array of Inexpensive Disk의 약자로, 일부 중복된 데이터를 여러 대의 디스크에 나눠 저장하는 기술을 지칭한다. RAID는 저용량 디스크 여러 대를 중복으로 연결하여 고용량 디스크처럼 활용하는데, 용량이 2배인 디스크의 가격이 그 절반 용량의 디스크 두 대를 구매하는 것보다 비싸다는 점과 장애가 발생해도 상대적으로 복구가 쉬워 데이터를 안전하게 보호할 수 있다는 점에서 사용되기 시작한 기술이다. 고용량 디스크의 가격이 과거보다 낮아진 최근에는 데이터 전송 속도 향상 및 안정성 강화의 수단으로 이용된다.

RAID의 디스크 구성 방식을 레벨(level)이라 하는데, 데이터 접근 속도와 데이터 보존 신뢰도에 따라 RAID 0~6의 7개 레벨로 구분된다. 가장 잘 알려진 성능 향상용 RAID 방식은 RAID 0으로, 모든 데이터를 여러 대의 디스크에 나누어 저장하는 방식을 취하는 레벨이다. 이 방법은 디스크를 필요한 만큼 사용할 수 있으므로 디스크의 성능을 최대로 활용하면서도 용량을 낭비하지 않는다는 장점이 있다. 그러나 모든 자료가 분산되기 때문에 디스크에 문제가 생기면 데이터가 삭제될 수도 있다는 단점이 있다.

이와 달리 미러링이라고도 불리는 RAID 1은 거울이라는 명칭에서 알 수 있듯이 동일한 데이터를 각각의 디스크에 저장하는 방법을 사용한다. 따라서 RAID 1은 짝수의 디스크가 있어야만 구성할 수 있으며, 사용하는 디스크의 절반을 통째로 백업에 활용하기 때문에 데이터 보존 신뢰도가 매우 높은 것이 특징이다. 하지만 백업으로 묶어두는 디스크를 고려하면 실질적으로 사용 가능한 용량은 50%뿐이라는 한계가 있다.

RAID 0과 RAID 1이 상호 극단적인 장단점을 갖기 때문에 각각의 부족한 부분을 개선하기 위해 RAID 2~6이 개발되었다. 그 중 먼저 개발된 RAID 2~4는 성능 향상을 위해 실제 데이터가 보관되는 디스크는 RAID 0으로 구성하고, 여기에 데이터를 복구하기 위한 별도의 디스크를 추가하는 형태를 일컫는다. RAID 2~4는 각각 bit, byte, block 단위로 데이터를 분산하여 저장하며, 데이터 복구를 위해 RAID 2는 해밍 코드를, RAID 3~4는 패리티 코드를 활용한다. 이를 통해 RAID 0과 RAID 1의 결함이 보완되었으나, RAID 5~6이 개발되면서 현재는 사용되지 않는다.

한편, RAID 5~6은 각각의 디스크에 데이터를 분산 저장하여 성능은 높이면서, 데이터를 복구할 수 있도록 개별 디스크에 패리티 정보를 함께 저장하여 안정성을 높인 형태를 이른다. 데이터와 패리티 정보가 함께 저장되어 있기 때문에 RAID 2~4와 달리 특정 디스크에 장애가 발생하면 바로 대처 가능하다는 점이 특징이다. RAID 6의 경우 구현하는 데에 복잡한 연산이 필요하기 때문에 일반적으로 잘 이용되지 않지만, RAID 5는 실제 구성을 위해 디스크가 최소 3개 이상 필요하다는 단점이 있음에도 데이터 입출력 속도가 뛰어나고 데이터 보호 기능도 우수하여 RAID 레벨 중 가장 인기가 높다.

① 데이터에 접근하는 속도와 데이터를 얼마나 안전하게 보호할 수 있는지에 따라 RAID의 레벨이 결정된다.
② RAID 6은 성능과 데이터 안정성 면에서 뛰어나고 입출력 속도가 빠르지만, 널리 이용되지 않고 있다.
③ RAID 2와 RAID 3~4는 디스크를 안전하게 보호하기 위해 각각 해밍 코드와 패리티 코드를 사용한다.
④ RAID 1은 데이터를 안전하게 보호할 수 있지만, 활용 가능한 디스크의 용량이 전체 디스크의 절반으로 한정된다.
⑤ RAID 5~6은 특정 디스크에 장애가 생겨도 데이터를 복구할 수 있도록 디스크에 패리티 정보와 데이터를 함께 저장한다.

공기업 NCS 통합

실전모의고사

| 3회 |

피듈형

영역		문항 수	권장 풀이 시간	비고
NCS 직업기초능력평가	의사소통능력	30문항	30분	※ 피듈형 30문항 모의고사는 한국철도공사 등의 필기시험을 바탕으로 재구성하였습니다. ※ 객관식 오지선다형으로 구성되어 있습니다.
	수리능력			
	문제해결능력			

모바일 OMR
자동채점 & 성적분석 무료

정답만 입력하면 채점에서 성적분석까지 한번에!

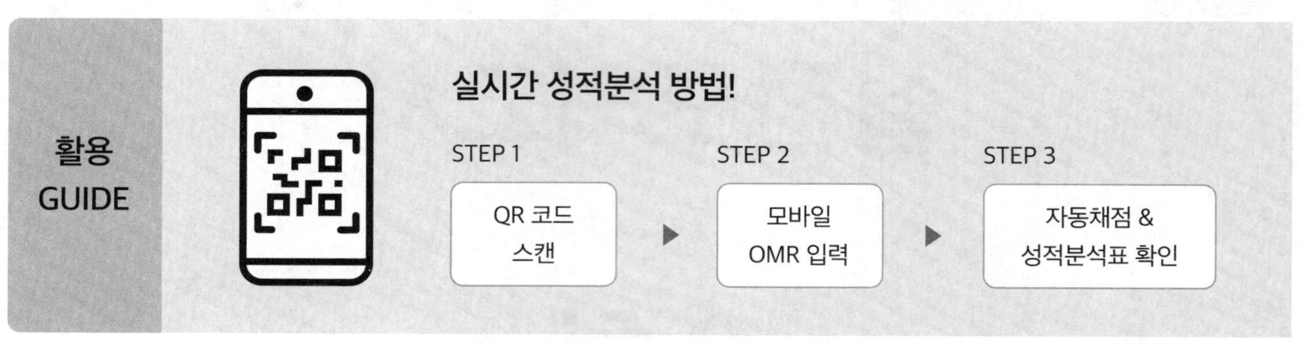

STEP 1

- 위 QR 코드를 모바일로 스캔 후 에듀윌 회원 로그인
- QR 코드 하단의 바로가기 주소로도 접속 가능

STEP 2

- 회차 확인 후 '응시하기' 클릭
- 모바일 OMR에 답안 입력
- 문제풀이 시간까지 측정 가능

STEP 3

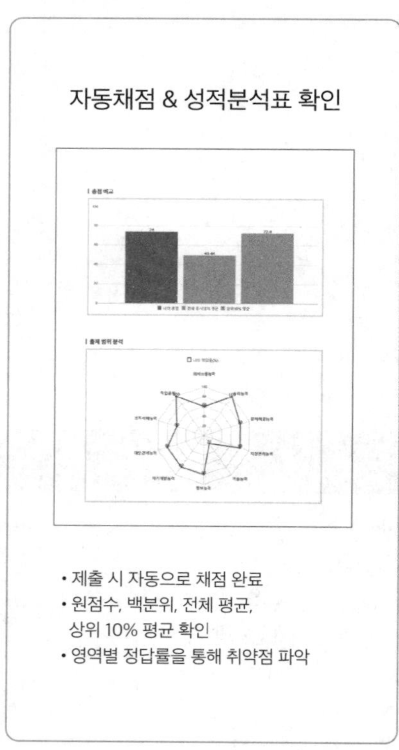

- 제출 시 자동으로 채점 완료
- 원점수, 백분위, 전체 평균, 상위 10% 평균 확인
- 영역별 정답률을 통해 취약점 파악

※ 본 회차의 모바일 OMR 채점 서비스는 2026년 12월 31일까지 유효합니다.

공기업 NCS 통합

실전모의고사 3회 피듈형

정답과 해설 P. 21

01 다음은 어느 강의 내용을 요약한 글이다. 강의의 제목으로 가장 적절한 것을 고르면?

> 우리는 흔히 권력을 양도하거나 교환할 수 있는 재화나 소유물로 생각한다. 마치 권력이 손에서 손으로 건네줄 수 있는 물건이라도 되는 것처럼 여기면서 일단 어떤 사람의 손에 들어가면 강제로 그것을 빼앗지 않는 한, 영원히 그 사람의 소유라고 여기는 것이다.
>
> 그러나 20세기 후반 푸코는, 권력은 소유물이 아니라 전략이며 사람과 사람의 관계라고 주장하였다. 다시 말해서 사람과 사람 사이의 관계는 대부분 권력과 연관되어 있다는 것이다. 따라서 사람이 모인 사회는 지배·피지배의 이분법적 관계로 나뉘는 것이 아니라 마치 그물코처럼 무수한 복수의 권력으로 뒤덮여 있다.
>
> 그런데 사람들 사이의 관계 속에서 서로 간에 미치는 힘은 균형을 이루는 것이 아니라, 언제나 불균형을 이룬다. 그 비대칭의 불균형한 힘의 관계가 곧 '권력관계'이다. 힘의 불균형이 있다면 친구 사이나 직장 동료 사이의 관계도 역시 '권력관계'이다. 권력은 소유라기보다는 행사되는 것이고, 점유가 아니라 사람들을 배치하고 조작하는 기술과 기능에 의해 효과가 발생되는 것이다. 이러한 '권력'은 '지식'과 불가분의 관계를 맺고 있다. 과거 왕조 시대의 권력은 물리적 폭력에 가까웠다. 힘은 있을지언정 지적인 것과 거리가 멀었다. 그러나 근대 이후의 권력은 이와 다르다. 논리적으로 설득하지 못하는 물리적 폭력은 상대방의 진정한 복종을 얻기는 어렵기 때문이다.
>
> 권력과 관계있는 지식의 가치 판단 기준은 '진실'이다. 그런데 '진실'은 과연 진실일까? 한 사회의 지적 지배권을 장악한 사람들이 '진실'이라고 결정하는 것이 바로 진실이 되는 게 아닐까? 개발 정보를 이용해 부동산 투기를 하고 개인적인 축재를 한 것에 대해 자본주의 사회에서 돈을 추구하는 것이 뭐가 나쁘냐고 하는 사람들의 수가 압도적으로 많으면, 그 사회는 그것을 범법이 아니라 능력으로 인정할 것이다. 이렇듯 지식은 자율적인 지적 구조라기보다는 사회 통제 체계와 연결되어 있다. 한 사회에서 '진실', '학문', '지식'이란 결코 순수한 것만은 아니다. 그것은 언제나 권력과 욕망에 물들어 있다. 그러므로 우리는 이러한 상관관계를 제대로 이해할 수 있는 안목을 길러야 할 것이다.

① 권력의 실체를 어떻게 바라봐야 하는가?
② 권력은 기득권층에게 어떻게 상속되는가?
③ 권력과 권위의 공통점과 차이점은 무엇인가?
④ 권력을 소유물로 바라보는 것의 한계는 무엇인가?
⑤ 근대 이전과 이후의 권력 관계는 어떻게 변화하였는가?

02 **다음 중 글의 서술 방식으로 적절하지 않은 것을 고르면?**

내가 상해에서 본 일이다. 늙은 거지 하나가 전장(戰莊)에 가서 떨리는 손으로 일 원짜리 은전 한 닢을 내 놓으면서,

"황송하지만 이 돈이 못 쓰는 것이나 아닌지 좀 보아주십시오."

하고 그는 마치 선고를 기다리는 죄인과 같이 전장 사람의 입을 쳐다본다. 전장 주인은 거지를 물끄러미 내려다보다가 돈을 두들겨 보고 '좋소'하고 내어 준다. 그는 '좋소'라는 말에 기쁜 얼굴로 돈을 받아서 가슴 깊이 집어넣고 절을 몇 번이나 하며 간다. 그는 뒤를 자꾸 돌아다보며 얼마를 가더니, 또 다른 전장을 찾아 들어갔다. 품속에 손을 넣고 한참을 꾸물거리다가 그 은전을 내어놓으며,

"이것이 정말 은으로 만든 돈이오니까?"

하고 묻는다. 전장 주인도 호기심 있는 눈으로 바라다보더니,

"이 돈을 어디서 훔쳤어?"

거지는 떨리는 목소리로,

"아닙니다. 아니에요."

"그러면 길바닥에서 주웠다는 말이냐?"

"누가 그렇게 큰돈을 빠뜨립니까? 떨어지면 소리는 안 나나요? 어서 도로 주십시오."

거지는 손을 내밀었다. 전장 사람은 웃으면서 '좋소'하고 던져 주었다.

그는 얼른 집어서 가슴에 품고 황망히 달아난다. 뒤를 흘끔 흘끔 돌아다보며 얼마를 허덕이며 달아나더니 별안간 우뚝 선다. 서서 그 은전이 빠지지나 않았나 만져보는 것이다. 거치른 손바닥이 누더기 위로 그 돈을 쥘 때 그는 다시 웃는다. 그리고 또 얼마를 걸어가다가 어떤 골목 으슥한 곳으로 찾아 들어가더니, 벽돌담 밑에 쭈그리고 앉아서 돈을 손바닥에 들고 들여다보고 있었다. 그는 얼마나 열중해 있었는지 내가 가까이 간 줄도 모르는 모양이었다.

"누가 그렇게 많이 도와줍니까?"

하고 나는 물었다. 그는 내 말소리에 움칠하면서 손을 가슴에 숨겼다. 그리고는 떨리는 다리로 일어서서 달아나려고 했다.

"염려 마십시오. 뺏아가지 않소."

하고 나는 그를 안심시키려고 하였다. 한참 머뭇거리다가 그는 나를 쳐다보고 이야기를 하였다.

"이것은 훔친 것이 아닙니다. 길에서 얻은 것도 아닙니다. 누가 저같은 놈에게 일 원짜리를 줍니까? 각전(角錢) 한 닢을 받아 본 적이 없습니다. 동전 한 닢 주시는 분도 백에 한 분이 쉽지 않습니다. 나는 한 푼 한 푼 얻은 돈으로 몇 닢씩을 모았습니다. 이렇게 모은 돈 마흔 여덟 닢을 각전 닢과 바꾸었습니다. 이러기를 여섯 번을 하여 겨우 이 귀한 대양(大洋) 한 푼을 가지게 되었습니다. 이 돈을 얻느라고 여섯 달이 더 걸렸습니다."

그의 뺨에는 눈물이 흘렀다. 나는,

"왜 그렇게까지 애를 써서 그 돈을 만들었단 말이오? 그 돈으로 무엇을 하려오?"

하고 물었다. 그는 다시 머뭇거리다가 대답했다.

"이 돈, 한 개가 가지고 싶었습니다."

*전장(錢莊): 청나라 중기에 번성했던 금융 기관의 일종

① 작가는 관찰자적 입장에서 거지의 행동을 서술한다.
② 관념적 묘사를 통하여 글의 높은 격조를 느낄 수 있다.
③ 직접 화법을 사용하여 생동감과 속도감을 느끼게 한다.
④ 일상적 공간에서의 체험을 통해 독자에게 깨달음을 준다.
⑤ 소유에 대한 맹목적인 집착을 바라보는 작가의 연민을 느낄 수 있다.

03 다음 글의 밑줄 친 ㉠~㉤을 고쳐 쓰기 위한 방안으로 적절하지 않은 것을 고르면?

> 인간의 눈에 지각되는 것은 사실 윤곽이 아니라 빛과 ㉠색일뿐이므로, 대기에 의해 빛이 퍼지면서 대상에 스며드는 양상을 그려야 상황을 보다 생생하게 전달할 수 있다. 이를 위해 빛 자체를 효과적으로 묘사하기 위해서는 과학에 근거하기보다 인간의 지각에 의거하여 색채를 사용해야 한다. 빛은 기본적으로 우리의 지각에 의해 밝음과 어둠의 양극성을 ㉡띄는데, 빛에 의해 밝음이 지배적인 곳에서 실제로 우리 눈에 많이 ㉢지각되어지는 노란색은 흰색과 뒤섞일 때 역동적인 움직임을 ㉣느낀다. ㉤그래서 어둠이 지배적일 때에는 어둠에 정적인 느낌의 파란빛이 감도는 것처럼 느껴진다.

① ㉠은 띄어쓰기가 잘못되었으므로 '색일 뿐이므로'로 수정한다.
② ㉡은 맞춤법에 어긋나므로 '띄는데'로 수정한다.
③ ㉢은 지나친 피동 표현이므로 '지각되는'으로 수정한다.
④ ㉣은 호응 관계를 고려하여 '느끼게 한다'로 수정한다.
⑤ ㉤은 앞뒤 문장의 연결 관계를 고려하여 '이와 달리'로 수정한다.

03 실전모의고사 3회

[04~05] 다음 글을 바탕으로 이어지는 질문에 답하시오.

의사소통은 인간의 사회적 상호작용에서 중요한 역할을 한다. 의사소통은 언어적 표현, 비언어적 표현, 준언어적 표현이라는 세 가지 주요 방식으로 이루어진다. 각 표현 방식은 고유한 특성을 가지고 있으며, 효과적인 의사소통을 위해서는 이들을 적절히 활용하는 것이 중요하다.

먼저, 언어적 표현은 말이나 글과 같은 언어를 통해 정보를 전달하는 방식이다. 언어적 표현은 명확하고 구체적인 정보를 전달하는 데 유리하며, 일상 대화, 문서 작성, 강의 등에서 주로 사용된다. 예를 들어, "오늘 회의는 3시에 시작됩니다."라는 문장은 명확한 정보를 전달하는 언어적 표현의 좋은 예이다. 언어적 표현은 논리적이고 체계적인 사고를 바탕으로 하며, 구체적인 사실이나 아이디어를 전달하는 데 효과적이다.

비언어적 표현은 몸짓, 표정, 자세, 시선 등 언어 외의 수단을 통해 의미를 전달하는 방식이다. 비언어적 표현은 종종 언어적 표현을 보완하거나 대체하며, 감정이나 태도와 같은 미묘한 의미를 전달하는 데 효과적이다. 예를 들어, 손을 흔들어 인사하거나, 얼굴을 찡그려 불만을 표현하는 것은 비언어적 표현의 예이다. 비언어적 표현은 직관적이고 감성적인 요소를 포함하며, 상황에 따라 다르게 해석될 수 있다. 따라서 다양한 문화적 맥락을 이해하는 것이 중요하다.

준언어적 표현은 언어적 표현과 비언어적 표현의 중간 형태로, 말의 억양, 속도, 음량, 말의 어조 같은 음성적 요소를 포함한다. 준언어적 표현은 말의 내용뿐만 아니라 화자의 감정 상태나 의도를 전달하는 데 중요한 역할을 한다. 예를 들어, "오늘 회의는 3시에 시작됩니다."라는 문장을 빠르고 단호하게 말하면 긴박감을 전달할 수 있지만, 느리고 차분하게 말하면 여유를 나타낼 수 있다. 준언어적 표현은 언어적 메시지의 의미를 강화하거나 변형할 수 있는 중요한 도구이다.

의사소통에서 언어적 표현, 비언어적 표현, 준언어적 표현은 상호보완적으로 작용하여 보다 풍부하고 정확한 의미 전달을 가능하게 한다. 효과적인 의사소통을 위해서는 이 세 가지 표현 방식을 균형 있게 활용하는 것이 중요하다. 예를 들어, 발표를 할 때는 명확한 언어적 표현과 함께 적절한 비언어적 표현(제스처, 시선)과 준언어적 표현(억양, 속도)을 조절하여 청중의 이해와 관심을 끌 수 있다.

이처럼 다양한 의사소통 방식을 이해하고 활용하는 것은 개인의 사회적 상호작용을 풍부하게 하고, 보다 효과적인 소통을 가능하게 한다. 각 표현 방식의 특성과 역할을 잘 이해하고 적절히 사용하는 것이 중요하다.

04 다음 중 준언어적 표현의 예로 가장 적절한 것을 고르면?

① 회의실 문에 시간표를 부착하기
② 회의 시간 알림을 포스터로 붙이기
③ 회의실로 향하는 동안 미소 짓기
④ "회의는 3시에 시작됩니다."라는 문장을 차분하게 말하기
⑤ "회의는 3시에 시작됩니다."라는 문장을 전자 메일로 보내기

05 다음 중 비언어적 표현을 통해 의사소통의 효과를 높인 예로 가장 적절한 것을 고르면?

① 전자 메일을 통해 프로젝트의 진행 상황을 공유하여 투명성을 강화한다.
② 고객에게 중요한 정보를 문서로 전달하여 내용의 신뢰성을 높인다.
③ 팀 회의에서 자신의 의견을 표현할 때, 또박또박 명확한 목소리로 말하여 신뢰감을 준다.
④ 중요한 발표에서 차분한 목소리로 설명하여 자신감을 높인다.
⑤ 발표 중 중요한 내용을 강조하기 위해 손짓을 사용하여 청중의 주목을 끌고 이해를 돕는다.

06 다음 글의 제목으로 가장 적절한 것을 고르면?

소설가는 자신이 인생에서 발견한 것을 이야기로 풀어 쓰는 사람이다. 그가 발견하는 것은 사회의 모순일 수도 있고 본능의 진실이거나 영혼의 전율일 수도 있다. 소설가는 그것을 써서 발견자로서의 책임을 짊어진다.

인터넷 시대의 디지털 환경은 이러한 발견자의 자신감을 뒤흔들어 놓았다. 심란한 얼굴로 소설의 위기를 말하는 작가들이 늘어났다. 멀티미디어의 등장으로 문학에 대한 독자들의 관심이 줄어드는 현상은 차라리 표면적인 위기라고 한다. 정보 혁명이 초래한 현실의 복잡성 때문에 인생을 관찰하고 뭔가를 발견하기 힘들다는 무력감이야말로 한층 더 심층적인 위기라는 것이다.

누구나 자유롭게 자기를 표현할 수 있는 인터넷의 쌍방향성은 독자와 작가의 구별을 없애 버렸다. 또 독자 스스로 이야기의 중요 지점에 개입하여 뒷이야기를 선택할 수 있는 하이퍼텍스트(Hypertext) 소설이 등장했다. 미국에서 CD로 출판된 셸리 잭슨의 하이퍼텍스트 소설 '패치워크 걸(Patchwork Girl)'은 상업적으로 성공했을 뿐만 아니라 다중 인격의 역동성과 여성적인 몸의 상징성을 잘 표현한 걸작이라는 찬사를 받고 있다. 소설은 빠른 속도로 시뮬레이션 게임에 가까워지고 있는 것이다.

언어에 대한 날카로운 감수성으로 삶의 궁극적인 의문들을 다뤄 온 소설가들에게, 작품이 네트워크 위에 떠서 음악 사진 동영상과 결합돼 가는 이런 변화는 확실히 당혹스럽다. 그러나 이것이 과연 소설가의 존재 이유를 뒤흔들 만큼 본질적인 변화일까? 단연코 아니라고 말하고 싶다.

*하이퍼텍스트 소설: 전통적인 텍스트와 달리 텍스트가 하이퍼링크로 이어져 비선형적이고 독자와 상호작용하며 내용이 다중적으로 전개되는 소설

① 하이퍼텍스트 소설의 등장
② 디지털 시대와 소설가의 변화
③ 소설가들의 흔들리는 존재 가치
④ 인터넷의 쌍방향성으로 인한 출판 시장의 변화
⑤ 멀티미디어 등장으로 인한 소설 독자층의 감소

07 다음 중 글을 이해한 내용으로 적절하지 않은 것을 고르면?

모든 입자 간에는 서로 끌어당기는 중력이 작용한다. 두 입자 간에 작용하는 중력의 크기는 입자들의 질량과 중력 상수를 모두 곱한 값을 거리의 제곱으로 나눈 값에 해당하고, 그 단위는 N(뉴턴)이다. 중력은 두 입자 사이에 다른 물체가 있다 하더라도 변하지 않는다. 이러한 중력 법칙이 엄격하게는 입자 간에만 적용되지만 물체의 크기가 물체 간의 거리에 비해 매우 작으면 물체에도 적용할 수 있다. 달과 지구는 충분히 멀리 떨어져 있으므로 어림잡아서 달과 지구를 각각의 하나의 입자로 다룰 수 있는 것이다. 그러나 거대한 지구와 지표면 상의 사과를 입자로 취급하여 그들 간의 중력을 분석할 수는 없다. 뉴턴은 껍질 정리를 제시함으로써 이 문제를 해결하였다.

껍질 정리에 따르면, 입자가 균일하고 속이 텅 빈 구(球)형의 껍질은 껍질 외부에 다른 입자가 있을 때는 마치 껍질을 이루는 모든 질량이 구의 중심에 뭉쳐 있는 것처럼 끌어당긴다. 뉴턴에 의하면 지구는 껍질이 여러 겹으로 싸여 있는 것으로 볼 수 있고, 각 껍질은 지면 바깥의 입자를 지구 중심 방향으로 끌어당긴다. 지구가 사과를 0.8N의 힘으로 아래로 끌어당길 때 사과도 0.8N의 힘으로 지구를 위로 당겨야 하는데, 그 힘은 지구 중심에 작용하는 것으로 볼 수 있다. 두 힘의 크기는 같지만 질량의 차이가 크기 때문에 그 힘의 작용으로 인해 나타나는 속도의 변화량인 물체의 가속도는 다르다. 지구에서 사과를 떨어뜨릴 때 사과가 얻는 가속도는 약 $9.8m/s^2$, 즉 지면 근처에서 낙하하는 물체에 작용하는 중력 가속도와 같다. 그러나 사과를 기준으로 할 때 지구가 얻는 가속도는 $1\times10^{-25}m/s^2$ 정도에 불과하다.

지구 외부의 어떤 입자에 작용하는 지구의 중력은 지면에서 최대가 되고 바깥으로 떨어질수록 감소한다. 그렇다면 지구 내부에 있는 어떤 입자나 물체에 작용하는 지구의 중력은 어떻게 될까? 껍질 정리에 따르면 구형의 균일한 껍질 하나가 그 내부에 있는 입자에 미치는 중력은 0이다. 구형의 껍질을 이루는 입자들이 껍질 내부 입자에 작용하는 중력이 사라진다는 뜻이 아니라, 서로 다른 방향에서 내부 입자에 작용하는 중력들이 상쇄되어 입자에 가해지는 모든 중력의 합인 알짜 중력이 0이 된다는 뜻이다.

① 두 입자 사이에 다른 물체가 있어도 두 입자의 중력은 변하지 않는다.
② 달과 지구는 크지만, 떨어져 있는 거리가 멀어 각각 하나의 입자로 다룰 수 있다.
③ 지구가 사과를 0.8N의 힘으로 아래로 끌어당기면 사과는 $1\times10^{-25}m/s^2$의 힘으로 지구를 위로 당긴다.
④ 껍질 정리에 따르면 지구는 껍질이 여러 겹으로 싸여 있고, 이 껍질들이 지면 바깥의 입자를 지구의 중심으로 끌어당긴다.
⑤ 껍질 정리에 따르면 구형의 균일한 껍질은 서로 다른 방향에서 내부 입자에 중력들이 작용하여 정작 입자에 가해지는 알짜 중력은 0이다.

[08~09] 다음 글을 바탕으로 이어지는 질문에 답하시오.

우리는 무엇을 알 수 있으며, 어떻게 알 수 있을까? 17~18세기의 경험주의 철학자들은 이에 대한 답을 경험에서 ㉠도출하려 하였다. 하지만 그들은 경험을 통해 알 수 있는 지식의 범주에 대해서는 의견을 달리했다.

로크는 경험하기 전에 정신에 내재하는 타고난 관념을 인정하지 않았는데, 우리는 경험을 통해서만 지식을 획득한다고 보았기 때문이다. 로크에 따르면 우리가 태어났을 때의 정신은 그 어떤 관념도 없는 백지와 같은 상태인데, 경험을 통해 물질에 대한 감각을 지각함으로써 관념이 생기는 것이다. 그리고 이 관념이 지식을 형성한다. 이러한 사고 과정을 통해 로크는 물질을 지식의 근원으로 여겨야 한다는 결론을 이끌어 냈다. 로크는 물질의 실재(實在)를 인정하고 여기에서 비롯되는 감각, 관념 등의 사고 과정과 그 과정을 주관하는 정신의 실재도 인정하였다.

버클리는 로크의 인식 분석이 오히려 물질의 실재를 부정하게 된다고 주장했다. 버클리는 우리가 경험적으로 지각하는 것은 물질 그 자체가 아니라 '감각의 다발'일 뿐이라고 보았다. 예컨대 우리가 먹는 밥은 우선 시각, 후각, 촉각, 다음에는 미각, 다음에는 체내의 포만감일 뿐이다. 만일 우리에게 감각이 없다면 우리에게 밥이라는 물질이 존재하지 않는다는 것이다. 결국 우리가 인식하는 밥은 감각의 다발 또는 기억의 다발이므로 정신의 상태라는 것이다. 이렇게 되면 우리가 알 수 있는 유일한 실재는 정신만이 남게 된다.

흄은 버클리가 외부의 물질을 부정한 방식을 그대로 우리 내부의 정신에 적용하여 사고 과정을 주관하는 정신도 부정하였다. 우리는 물질에 대한 경험으로부터 비롯된 감각, 기억, 개별적 관념만 ㉡지각할 수 있을 뿐이고 사고 과정을 주관하는 정신을 지각할 수 없기 때문이다. 사고 과정을 주관하는 정신은 실체가 없기 때문에 지각의 대상이 될 수 없다고 하였다. 결국 흄은 우리가 인식할 수 있는 대상을 감각, 기억, 개별적인 관념 등의 영역으로 ㉢한정하였다.

흄은 여기에서 더 나아가 과학적 지식마저도 알 수 없다고 하였다. 과학적 지식은 관찰과 실험을 통해 얻은 개별적 사실로부터 인과 관계나 법칙을 찾아내어 체계화한 결과이다. 우리는 과학적 추리를 할 때마다 자연이 한결같다는 점을 ㉣가정하고 있는데, 그 가정은 경험하지 않은 미래의 일이기 때문에 알 수가 없다는 것이다. 우리는 인과 관계나 법칙을 지각할 수 없고 다만 경험의 직접적인 대상인 특정 사건과 그런 사건의 연속만을 지각할 수 있을 뿐이다.

결국 흄에게 필연성을 갖고 있는 지식은 수학 공식뿐이다. 수학 공식이 항상 참된 이유는 동어 반복—술어가 이미 주어에 ㉤포함되어 있는 것—이기 때문이다. 3×3=9는 3×3과 9가 동일한 것을 다르게 표현한 것이기 때문에 필연적 지식이다. 따라서 지식은 수학적 지식과 직접적 경험에 엄격히 한정되어야 한다고 보았다.

08 다음 중 밑줄 친 ㉠~㉤ 중 바꾸어 쓸 수 없는 말을 고르면?

① ㉠ → 검출 ② ㉡ → 인식 ③ ㉢ → 국한
④ ㉣ → 전제 ⑤ ㉤ → 내포

09 다음 중 글을 이해한 내용으로 적절하지 않은 것을 고르면?

① 로크는 관념이 형성되기 전에는 지식 역시 형성하지 못한다고 생각했다.
② 버클리는 우리가 경험적으로 지각하는 것은 물질 그 자체가 아니라고 생각했다.
③ 흄은 우리가 정신을 지각할 수 없다는 것을 이유로 정신 역시 부정하였다.
④ 흄은 자연이 한결같지 않다는 것을 이유로 과학적 추리 역시 부정하였다.
⑤ 흄은 필연성이 있는 지식은 수학 공식뿐이며 지식을 수학적 지식과 직접 경험으로 엄격히 한정하였다.

10 다음 중 밑줄 친 ㉠~㉤의 문장을 문맥에 맞게 수정한 것으로 적절하지 <u>않은</u> 것을 고르면?

웹툰의 가장 큰 특징인 '소통'은 기존의 미디어가 가지고 있는 일방향 소통이 아닌 뉴미디어 시대의 특징인 '쌍방향 소통'의 형태를 띠고 있다. 쌍방향 소통을 의미하는 상호 작용성은 기존의 미디어가 콘텐츠를 일방적으로 제공하고 이용자들은 그것을 소비하기만 했던 것을 넘어, ㉠<u>미디어를 통해 이용자들이 웹툰을 공급하는 것까지 가능해졌다는 것을 의미한다</u>.

웹툰의 쌍방향 소통은 '댓글' 참여를 통해서 이루어진다. 그러나 웹툰의 '댓글'은 기존의 인터넷상에서 하는 소통과는 다르다. 웹툰의 댓글에서는 단순한 소통을 넘어 작품에 대한 다양한 해석과 평가가 이루어지고, 댓글을 보기 위해서 웹툰을 보는 일이 생기기도 한다. ㉡<u>그럼에도 불구하고 별점이나 평점, 추천 등의 기능은 웹툰이 가지고 있는 소통의 큰 특징이기도 하다</u>.

웹툰은 하나의 소스를 여러 미디어 형태로 확장하는 'OSMU(One Source Multi Use)'로 다양하게 전환되고 있다. 한국영상진흥위원회에 따르면 웹툰이 원작인 영화 '이끼'의 총관객 수는 340만 명을 넘었고, '은밀하게 위대하게'는 695만 명을 넘었다. ㉢<u>이를 통해 웹툰이 원작이 아닌 영화들은 한국의 영화 시장에서 지속적으로 경쟁력을 잃어가고 있음을 알 수 있다</u>. 더 나아가 웹툰은 영화 콘텐츠뿐만 아니라 드라마, 예능, 시트콤에까지 그 영역을 확장하고 있다. tvN에서 방영했던 윤태호 원작의 '미생'은 10.3%라는 케이블 드라마 역사상 최고의 시청률을 기록했다. 또 그후에 방영한 MBC everyone의 '툰드라 쇼'는 웹툰을 드라마화한 내용으로 화제가 되었으며, 종합편성을 포함해서 동 시간대 시청률 1위를 기록했다. 네이버 웹툰 '마음의 소리'는 시트콤으로 제작된다는 소식은 이슈가 되기도 하였다.

㉣<u>다매체 시대에 웹툰을 볼 수 있는 기기가 증가하면서 그에 따라 웹툰을 보는 방법도 빠르게 진화하였다</u>. 특히 '모바일' 기기의 출현은 이용자로 하여금 웹툰에 접근의 용이성을 증가시켰다. 각 포털 사이트는 '모바일' 기기에 맞는 '스마트툰'이나 '컷툰'과 같은 새로운 방식의 웹툰을 제공하기 시작했는데, 이는 웹툰의 몰입과 재미를 더 높이고 있다.

웹툰의 유료화로 그동안 무료로 제공되던 웹툰이 점점 유료로 전환됨에 따라 사업 수익 또한 크게 성장할 것으로 전망하고 있다. 이용자들은 지금까지 웹툰을 무료 콘텐츠로 인식하였다. 하지만 이제는 각 사이트에서 연재를 종료한 웹툰에 한해서 유료화를 시작하는 등, 웹툰은 무료 콘텐츠라는 기존의 틀이 점점 깨지고 있다. 일부 이용자들은 적절한 가격을 지불하고 웹툰을 구독하기 시작하였으며, 그 결과 유료 웹툰 전문 사이트가 출현하였다. ㉤<u>그러나 웹툰이 하나의 문화적 요소로 자리 잡으면서 창작물로서 창작자에게 정당한 권리가 있어야 한다는 인식이 확산되고 있다</u>. 이러한 '웹툰의 유료화'는 웹툰에 대한 논의 중에서 가장 핵심이 되는 것 중 하나이다.

① ㉠: 미디어를 통해 이용자들이 웹툰을 함께 즐기고 감상을 다른 이용자에게 공유하는 것이 가능해졌다는 것을 의미한다.

② ㉡: 또한 별점이나 평점, 추천 등의 기능은 웹툰이 가지고 있는 소통의 큰 특징이기도 하다.

③ ㉢: 이를 통해 웹툰이 원작인 영화들이 한국의 영화 시장에서 어느 정도 경쟁력을 갖추었음을 알 수 있다.

④ ㉣: 다매체 시대에 웹툰을 접할 수 있는 채널이 증가했으나 오히려 웹툰을 보는 방식은 한 가지에 집중되는 경향을 보인다.

⑤ ㉤: 이처럼 웹툰이 하나의 문화적 요소로 자리 잡으면서 창작물로서 창작자에게 정당한 권리가 있어야 한다는 인식이 확산되고 있다.

11 다음은 일정한 규칙을 바탕으로 자연수끼리 연산한 값을 나열한 것이다. 빈칸에 들어갈 자연수로 가장 적절한 것을 고르면?

12 8 2 ( ) 16 28 42

① 1 ② 2 ③ 4
④ 6 ⑤ 8

12 다음과 같이 높이가 12π, 밑면의 반지름이 8인 원기둥이 있다. 이 원기둥의 점 A로부터 옆면을 따라 점 B까지 가는 선을 그릴 때, 이 선의 가장 짧은 길이를 고르면?

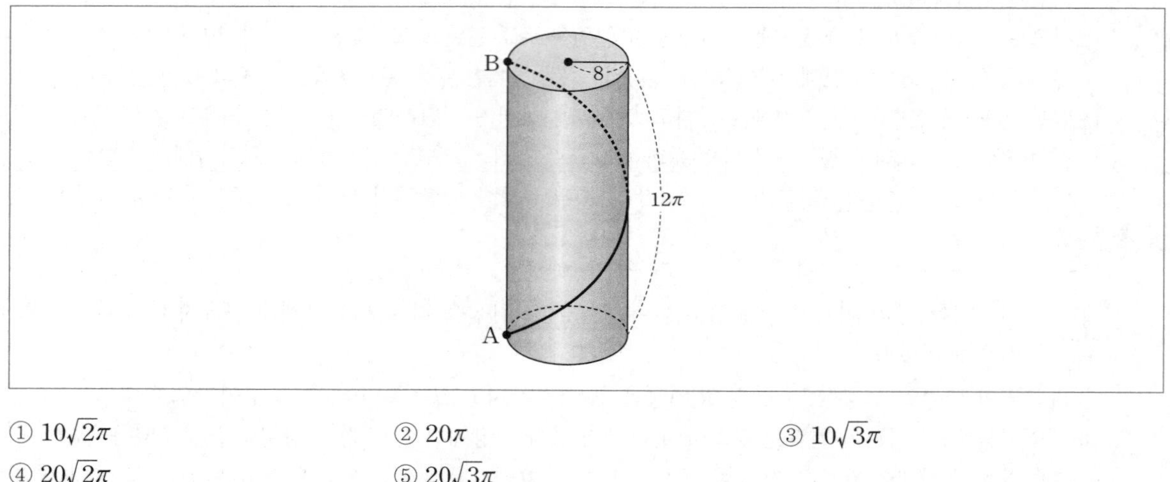

① $10\sqrt{2}\pi$ ② 20π ③ $10\sqrt{3}\pi$
④ $20\sqrt{2}\pi$ ⑤ $20\sqrt{3}\pi$

13 시속 5km로 운행되는 어떤 무빙워크를 제자리에 서서 지나는 데 36초가 걸렸다. A가 이 무빙워크를 시속 4km로 걸어서 지나는 데 걸리는 시간을 고르면?

① 10초 ② 12.5초 ③ 20초
④ 22초 ⑤ 22.5초

14 K기업의 직원들은 보안매체 A~E 중 한 가지를 사용한다. 각 부서별로 사용하는 보안매체 비율이 다음 [표]와 같을 때, 이에 대한 설명으로 옳은 것을 [보기]에서 모두 고르면?(단, K기업에는 경영부, 재무부, 인사부, 물류부, 홍보부만 있다.)

[표] 부서별 현재 사용 중인 보안매체 비율 (단위: %)

구분	경영부	재무부	인사부	물류부	홍보부
A매체	15.4	19.5	( )	21.5	22.1
B매체	20.1	( )	16.5	16.9	18.4
C매체	26.5	25.0	24.3	( )	23.9
D매체	18.2	14.7	22.5	20.3	( )
E매체	( )	18.5	21.4	14.7	19.3
합계	100	100	100	100	100

보기

㉠ A매체를 사용하는 인사부 직원 수는 A매체를 사용하는 경영부 직원 수보다 적다.
㉡ 각 부서에서 가장 많이 사용하는 보안매체는 C매체이다.
㉢ 경영부 직원 중 E매체를 사용하는 비율은 홍보부 직원 중 D매체를 사용하는 비율보다 높다.
㉣ B매체를 사용하는 직원 중 재무부 직원의 비중은 30% 이상이다.
㉤ 재무부의 응답비율이 가장 높은 매체와 가장 낮은 매체의 응답비율 차이는 물류부의 응답비율이 가장 높은 매체와 가장 낮은 매체의 응답비율 차이보다 크다.

① ㉠, ㉣ ② ㉡, ㉢ ③ ㉠, ㉡, ㉤
④ ㉡, ㉢, ㉣ ⑤ ㉡, ㉢, ㉤

03 실전모의고사 3회

15 다음 [표]와 [그래프]는 2020년 배송대행 서비스와 관련하여 접수된 소비자상담 현황 및 피해 유형, 검수 희망 범위에 관한 자료이다. 이에 대한 설명으로 옳은 것을 [보기]에서 모두 고르면?

[표1] 2020년 배송대행 서비스 소비자상담 사유별 접수 현황 (단위: 건, %)

구분		건수	비율
배송 관련	미배송, 배송지연	526	27.3
	파손	241	12.5
	오배송	125	6.5
위약금·수수료 부당청구 및 가격불만		331	17.2
계약불이행(불완전이행)		209	10.8
취소·환급·교환 지연 및 거부		194	10.0
제품하자·품질 및 AS		114	5.9
사업자 연락두절·사이트 폐쇄		63	3.3
표시·광고		23	1.2
결제 관련		10	0.5
기타, 단순문의		92	4.8

※ 상담 이유를 확인하기 어려운 11건의 접수건은 제외함

[표2] 2020년 배송대행 서비스 피해 유형(복수응답) (단위: 명, %)

구분	응답자 수(비율)
배송 지연	47(63.5)
검수 미흡(사이즈, 수량, 하자 여부 등 확인)	47(63.5)
신청하지 않은 검수, 포장비 등 비용 부과	45(60.8)
예상보다 비싼 배송료 부과	38(51.4)
문의에 대한 답변 지연 등 신속하지 않은 고객 응대	30(40.5)
물품 분실	24(32.4)
결제 오류(중복 결제 포함)	19(25.7)
사이트 폐쇄 및 연락 두절	9(12.2)
배송대행지 주소지 이전	4(5.4)
기타	3(4.1)

※ 피해 유형 응답자 수는 총 74명임

[그래프] 피해 유형 중 '검수 미흡'이라고 응답한 소비자의 검수 희망 범위(복수응답) (단위: %)

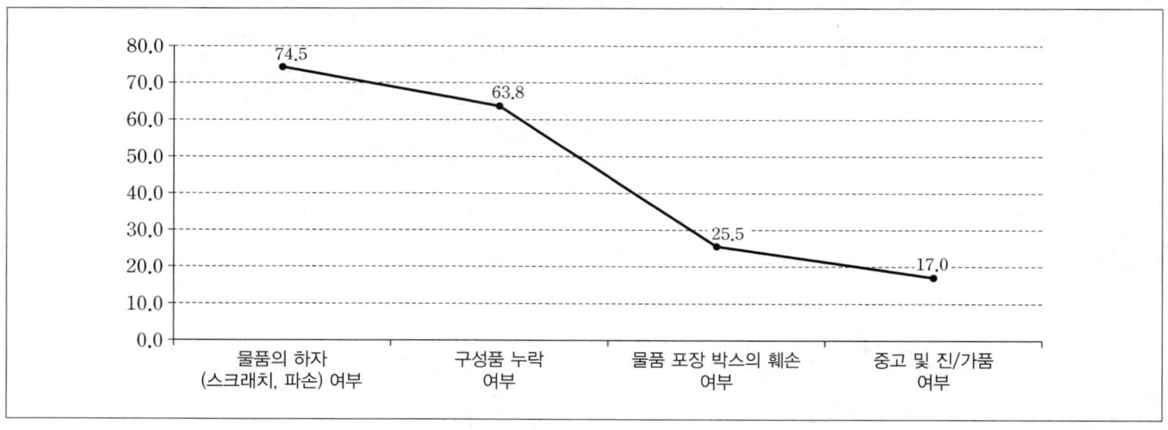

보기

㉠ 2020년에 접수된 배송대행 서비스 관련 소비자상담은 1,930건 이상이었다.
㉡ 소비자상담 접수 사유로는 '배송 관련'이 892건(45.3%)으로 가장 많고, '결제 관련'은 10건(0.5%)으로 가장 적다.
㉢ 피해 유형으로는 '배송 지연'과 '검수 미흡(사이즈, 수량, 하자 여부 등 확인)'이 각각 47명(63.5%)으로 가장 많고, '물품 분실' 응답자는 '배송 지연'에 복수 응답하였다.
㉣ 검수 희망 범위로 '물품의 하자(스크래치, 파손) 여부'라고 응답한 소비자 수는 '중고 및 진/가품 여부'라고 응답한 소비자의 수보다 25명 이상 더 많다.

① ㉠, ㉢
② ㉠, ㉣
③ ㉡, ㉢
④ ㉡, ㉣
⑤ ㉢, ㉣

16 다음 자료는 2017~2021년 OECD 주요 회원국 온실가스 배출량에 대한 자료이다. 이에 대한 설명으로 옳지 않은 것을 고르면?

[표] 2017~2021년 OECD 주요 회원국 온실가스 배출량 (단위: 천 톤 CO_2 eq.)

구분	2017년	2018년	2019년	2020년	2021년
미국	6,561,824	6,754,832	6,617,917	6,025,974	6,340,228
일본	1,286,736	1,242,716	1,207,742	1,144,933	1,168,095
독일	881,583	846,171	794,634	730,923	760,358
캐나다	712,234	724,616	723,679	658,788	670,428
튀르키예	528,566	523,108	508,726	523,991	564,390
오스트레일리아	559,581	560,827	555,245	536,740	528,632
영국	476,874	467,870	453,234	408,965	429,490
프랑스	465,262	447,070	437,647	398,297	420,061
이탈리아	437,341	433,631	422,276	384,970	417,591
폴란드	409,003	409,004	386,386	371,312	399,439

① 2019년에 캐나다의 온실가스 배출량은 이탈리아의 1.5배 이상이다.
② 2018~2021년 동안 전년 대비 증감 추이가 독일과 같은 국가는 4개이다.
③ 2018년에 전년 대비 튀르키예의 온실가스 배출량의 감소율은 5% 이상이다.
④ 2017년에 미국의 온실가스 배출량은 나머지 국가들의 온실가스 배출량의 합보다 많다.
⑤ 2020년에 2017년 대비 오스트레일리아의 온실가스 배출량의 감소량은 22,000천 톤 CO_2 eq. 이상이다.

17 다음 [그래프]는 2013~2018년 매체별 이용 빈도와 응답자 수를 나타낸 자료이다. 이 자료에 대한 설명으로 옳은 것을 [보기]에서 모두 고르면?(단, 응답자는 중복 선택이 가능하며, 계산 시 소수점 둘째 자리에서 반올림한다.)

[그래프1] 2013~2018년 매체별 이용 빈도 (단위: %)

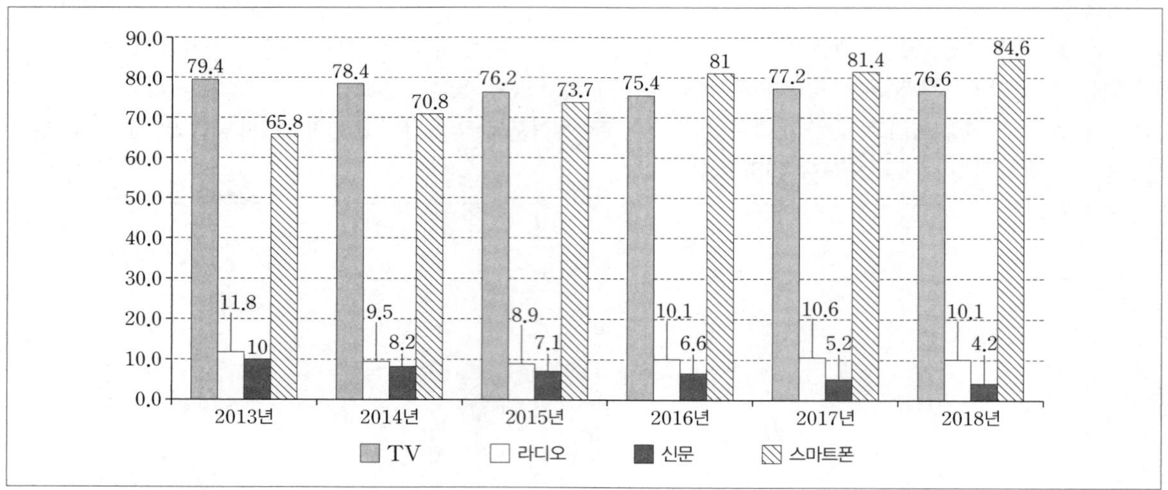

[그래프2] 2013~2018년 매체별 이용 빈도 조사 응답자 수 (단위: 명)

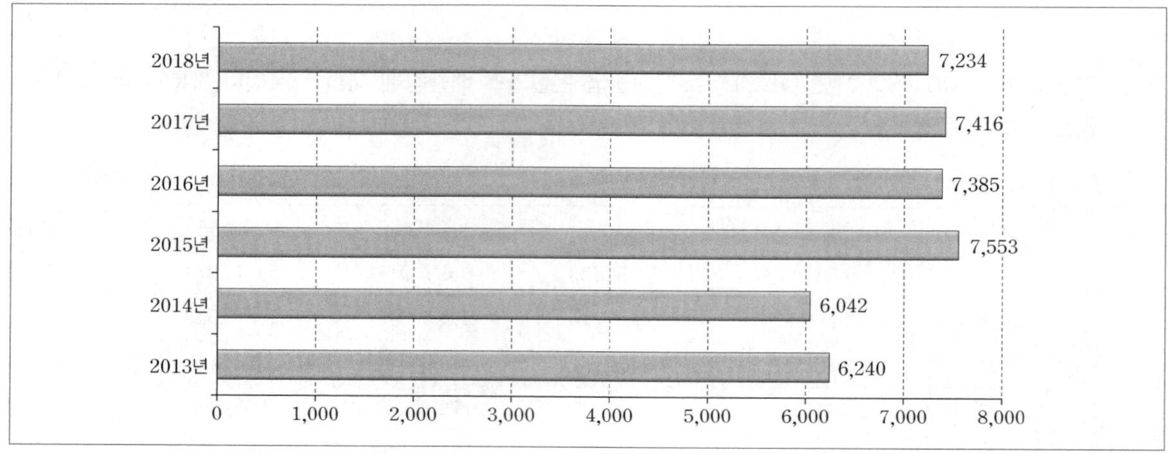

보기

㉠ 2016년에 라디오를 이용한 인원은 2015년 라디오를 이용한 인원보다 적다.

㉡ 2014~2016년 전년 대비 TV 이용 빈도 증감추이는 스마트폰 이용 빈도 증감추이와 반대이다.

㉢ 2018년에 신문을 본다고 한 응답자 모두 라디오도 이용할 때, 라디오를 선택한 응답자 중 신문을 선택하지 않은 응답자 수는 420명을 넘는다.

㉣ 매체별 이용 빈도 순위는 2017년부터 다르다.

① ㉠, ㉡ ② ㉠, ㉢ ③ ㉡, ㉢
④ ㉡, ㉣ ⑤ ㉢, ㉣

[18~19] 다음은 2022~2023년 국내 유종별 신규 등록 차량 및 차종별 판매량을 나타낸 자료이다. 이를 바탕으로 이어지는 질문에 답하시오.

[표1] 국내 유종별 신규 등록 차량 (단위: 대)

구분	2022년		2023년	
	등록 대수	비중(%)	등록 대수	비중(%)
휘발유차	802,410	44.7	824,570	47.1
경유차	333,522	19.8	292,030	16.7
LPG차	86,345	5.1	67,453	3.9
친환경차	448,934	26.7	558,112	31.9
하이브리드	274,282	16.3	390,898	22.3
전기	164,324	9.8	162,507	9.3
수소	10,328	0.6	4,707	0.3
CNG차	1,692	0.1	1,204	0.1
기타	10,754	0.6	6,360	0.4
계	1,683,657	100.0	1,749,729	100.0

[표2] 국내 차종별 판매량 (단위: 대)

구분	2022년			2023년		
	소형차	중대형차	특수차	소형차	중대형차	특수차
H사	262,023	272,285	154,576	287,386	312,084	162,607
K사	253,270	219,839	67,959	243,722	255,716	66,388
G사	62,037	51,623	—	71,893	44,026	—

18 다음 중 자료에 대한 설명으로 옳지 않은 것을 고르면?

① 2022년 K사의 전체 판매량 중 친환경차 판매비율이 32%라면 약 17만 대 이상에 해당한다.
② 2022년에 비해 2023년 경유차의 신규 등록 대수는 12% 이상 감소하였다.
③ 2023년 H사 소형차 중 23%가 경유차인 경우 신규 등록 경유 차량 중 H사의 소형차는 22.6%를 차지한다.
④ G사의 경우 신규 소형 전기차의 출시로 2022년에 비해 2023년 소형차의 판매량이 15% 이상 증가하였다.
⑤ 2023년 친환경차 중 하이브리드차가 가장 높은 비율을 차지한다.

19 주어진 자료를 바탕으로 2022년 대비 2023년에 어떤 차종의 판매량 증가율이 가장 높은지 고르면?

① 휘발유차 ② 하이브리드차 ③ 소형차
④ 중대형차 ⑤ 특수차

20 **다음은 대기전력에 관한 보도자료의 일부이다. 이 자료와 주어진 [상황]을 바탕으로 할 때, 김 부장이 8월 한 달간 절감한 전력량을 고르면?**(단, 기존에는 24시간 내내 대기전력이 사용되었다고 가정하고, 계산 시 kWh 단위의 소수점 둘째 자리에서 반올림한다.)

한국전기연구원에서 발표한 대기전력 많이 쓰는 10대 가전에서 셋톱박스가 압도적인 차이로 1위에 올라섰다. 셋톱박스 외에 대기전력을 많이 쓰는 10대 가전의 목록과 시간당 대기전력 사용량은 다음과 같다.

[그래프] 10대 가전의 시간당 대기전력 사용량 (단위: Wh)

가전	셋톱박스	인터넷 모뎀	스탠드형 에어컨	보일러	오디오 스피커	홈시어터	비디오	오디오 컴포넌트	유무선 공유기	DVD
대기전력(Wh)	12.3	6	5.8	5.8	5.6	5.1	4.9	4.4	4	3.7

※ 1kWh=1,000Wh

상황

김 부장은 대기전력에 대한 기사를 읽고 8월 한 달간 대기전력을 줄이기 위해 셋톱박스와 스탠드형 에어컨을 하루 2시간씩만 사용하고, 사용 시간 외에는 플러그를 모두 뽑아놓아 대기전력 사용을 제한하였다.

① 12.3kWh ② 12.5kWh ③ 12.7kWh

④ 12.9kWh ⑤ 13.1kWh

21 **어떤 범죄와 관련하여 A~E가 용의자로 지목되었다. 다음은 각 용의자의 진술을 요약하여 나타낸 것이다. 이들 중 한 명은 거짓을 말하고 있을 때, 범인이 어제저녁에 만난 사람을 고르면?**(단, A와 B는 남자이고 C~E는 여자이며, 거짓을 말하는 사람의 모든 진술은 거짓이다.)

- A: "어제저녁 나와 함께 있었던 사람은 한 명이고, 이 사람은 범인이 아니다."
- B: "나는 어제저녁 누군가와 단둘이 만났고, 우리 둘 중 하나가 범인이다."
- C: "나는 어제저녁 D와 함께 있지 않았고, A는 범인이 아니다."
- D: "어제저녁 나와 만난 사람은 남자이고, C가 범인이다."
- E: "나는 어제저녁 C와 단둘이 있었고, B가 범인이다."

① A ② B ③ C
④ D ⑤ E

22 **다음 중 창의적 사고력 개발법의 하나인 '체크리스트 활용법'에 대한 설명으로 옳은 것을 고르면?**

① 집단의 효과를 살려서 아이디어의 연쇄반응을 일으켜 자유분방한 아이디어를 창출한다.
② 피라미드 구조법을 이용하여 하위의 사실이나 현상부터 사고함으로써 상위의 주장을 만들어간다.
③ 주제와 본질적으로 닮은 것을 힌트로 하여 새로운 아이디어를 얻어 낸다.
④ 각종 힌트에서 강제적으로 연결 지어서 다음 사고를 떠올려보도록 유도한다.
⑤ 어떤 생각에서 다른 생각을 계속해서 떠올리는 작용을 통해 어떤 주제에서 생각나는 것을 계속해서 열거해 본다.

[23~25] 다음은 S공사의 철도기술자 모집 공고 중 분야별 필요 인원과 인원구성 기준이다. 이를 바탕으로 이어지는 질문에 답하시오.

[철도기술자 모집분야별 필요 인원]

구분	신호	제어	선로	차량
기술직 A	○○명	○○명	○명	○명
기술직 B	○명	○명	○명	○명

※ '○명'은 1자릿수 인원, '○○명'은 2자릿수 인원을 의미함

[철도기술자 모집분야별 인원구성 기준]

- 기술직 A, B의 합계 모집 인원은 신호 20명, 제어 20명, 선로 10명, 차량 10명임
- 모집분야별 비수도권 지역 근무 가능 인원은 모집 인원의 40%임
- 분야별 20대와 30대 연령의 비율은 50%씩 동일해야 함
- 기술직 A의 모집인원은 기술직 B의 1.5배가 되어야 함

23 S공사의 4개 분야 철도기술자 모집 인원 중 비수도권 지역 근무가 가능하지 않은 최소 30대 인원의 수를 고르면?

① 0명 ② 2명 ③ 3명
④ 4명 ⑤ 6명

24 주어진 모집 공고에 따라 분야별 응모 인원이 다음과 같다. 분야별 응모 인원 중 선발되지 않는 인원의 비율이 가장 높은 분야와 가장 낮은 분야가 순서대로 짝지어진 것을 고르면?

구분	신호	제어	선로	차량
기술직 A	20명	16명	10명	12명
기술직 B	10명	16명	8명	5명

① 신호 분야, 선로 분야 ② 제어 분야, 선로 분야 ③ 제어 분야, 차량 분야
④ 차량 분야, 제어 분야 ⑤ 선로 분야, 신호 분야

25 S공사는 모집 공고에 따라 다음과 같이 1차 모집 인원을 선발하였다. 2차 모집에서 필요 인원을 모두 선발해야 할 경우, 2차 모집 인원이 가장 많은 분야와 2차 모집 인원 중 수도권 지역에서만 근무가 가능한 인원 비율이 가장 높은 분야가 순서대로 짝지어진 것을 고르면?

구분	신호	제어	선로	차량
기술직 A	10명(6명)	8명(3명)	4명(1명)	2명(2명)
기술직 B	6명(4명)	7명(5명)	2명(2명)	2명(0명)

※ 괄호 안의 수치는 수도권 지역에서만 근무가 가능한 인원수임

※ 2차 모집에서는 4개 분야 기술직 A, B 모두 20대와 30대 인원을 절반씩 선발하였음

① 신호 분야, 제어 분야
② 제어 분야, 차량 분야
③ 선로 분야, 차량 분야
④ 차량 분야, 제어 분야
⑤ 차량 분야, 선로 분야

26 '비판적 사고력'을 배양하는 방법으로 옳은 것을 [보기]에서 모두 고르면?

보기

㉠ 결단성
㉡ 비교 발상법
㉢ 지적 호기심
㉣ 생각하는 습관
㉤ 타인에 대한 이해
㉥ 다른 관점에 대한 존중

① ㉠, ㉢, ㉥
② ㉠, ㉣, ㉤
③ ㉡, ㉢, ㉥
④ ㉡, ㉣, ㉤
⑤ ㉢, ㉣, ㉤, ㉥

27 **다음의 내용을 근거로 판단할 때, 이에 대한 설명으로 옳지 않은 것을 [보기]에서 모두 고르면?**

아이돌 서바이벌 오디션 프로그램에 최종 우승 후보 A~F가 마지막 무대를 선보였다. 최종 우승자는 심사위원 투표와 방청객 투표로 결정된다.

○ 심사위원과 방청객은 여섯 명의 후보 중 한 명에게만 투표할 수 있다. 심사위원은 총 50명이고, 방청객은 총 300명이다.
○ 심사위원은 1표당 10점이고, 방청객은 1표당 2점이다. 기권표 또는 무효표는 없다.
○ 현재 심사위원 투표는 개표가 완료되었고, 방청객 투표를 집계 중이다.
○ 현재까지의 중간집계 점수는 다음과 같다.

후보	A	B	C	D	E	F
중간집계 점수	230점	176점	94점	208점	144점	128점

○ 투표결과 총점이 가장 높은 사람이 우승하며, 총점이 동일한 경우 방청객 투표 점수가 더 높은 후보가 우승한다.

보기

㉠ 앞으로 120표를 더 개표해야 한다.
㉡ A와 D가 앞으로 받을 방청객 투표수 비율이 2:3이라면 D가 최종 우승을 한다.
㉢ 남은 방청객 투표를 C가 모두 받는다면 C가 최종 우승을 할 수 있다.

① ㉠ ② ㉡ ③ ㉢
④ ㉠, ㉢ ⑤ ㉠, ㉡, ㉢

28 다음 글을 근거로 판단할 때, 반드시 옳은 것을 고르면?

혜진, 주리, 화정이가 퀴즈쇼에 출연하여 역사, 지리, 예술에 관하여 문제를 풀고 있다. 각 문제들은 삼지선다이고, 분야별 문제 수와 문제당 배점은 다음과 같다.

분야	문제 수	문제당 배점
역사	2문제	20점
	1문제	10점
지리	1문제	20점
	1문제	5점
예술	2문제	10점
	1문제	5점

혜진, 주리, 화정이 1번 문제부터 8번 문제까지 다음과 같이 답을 골랐다.

구분	혜진	주리	화정
1번	①	①	②
2번	②	①	③
3번	③	③	②
4번	①	②	③
5번	①	①	①
6번	②	③	②
7번	②	②	③
8번	①	②	①

1번부터 8번까지의 정답은 ①, ②, ②, ②, ①, ③, ①, ① 이고, 채점 결과 주리가 60점, 혜진이와 화정이가 각각 45점을 얻었다.

① 5번이 역사 문제일 때 모두 지리 문제를 1개 이상 맞혔다.
② 주리는 예술 분야의 문제를 적어도 1개 맞혔다.
③ 혜진이는 역사 분야의 문제를 적어도 1개 맞혔다.
④ 4번 문제는 지리 또는 예술 문제이다.
⑤ 7번 문제는 역사 또는 지리 문제이다.

03 실전모의고사 3회

29 **다음 내용을 바탕으로 할 때, 소영이가 예약할 숙소를 고르면?**

소영이는 여름 휴가를 맞아 제주도로 여행을 가려고 한다. 여행에 앞서 숙박 어플을 통해 휴가지에서 숙박할 곳을 검색하고 있다. 여행을 가는 시기에 예약 가능한 숙소는 다섯 군데가 남아 있고, 아래 항목에 따라 다섯 곳의 숙소를 정리하였다.

숙소	숙소 형태	1박 비용	최대 인원	수영장	조식	공항과의 거리	관광지와의 거리
A	펜션	160,000원	2명			5km	8km
B	펜션	400,000원	8명	○		8km	9km
C	호텔	620,000원	3명	○	○	20km	3.2km
D	펜션	280,000원	4명		○	12km	4.8km
E	호텔	500,000원	4명	○		15km	5km

그리고 소영이는 다음과 같은 기준에 따라 숙소를 평가하였다.

○ 평가 기준

- 평가 항목 중 1박 비용, 공항과의 거리, 관광지와의 거리에 대하여 항목별로 5, 4, 3, 2, 1점을 부여한다. 1박 비용은 저렴할수록, 공항과의 거리 및 관광지와의 거리는 가까울수록 높은 점수를 준다.
- 4명이 함께 여행을 하므로 최대 인원이 4명 미만인 곳은 0점, 최대 인원이 4명 이상인 곳은 3점을 부여한다.
- 펜션의 경우 0점, 호텔의 경우 1점을 부여한다.
- 수영장이 있는 경우 5점, 조식을 제공하는 경우 2점을 부여한다.
- 위 항목의 점수를 모두 합산하여 총점을 계산하고, 평가 결과 점수가 가장 높은 곳을 예약한다.
- 총점이 동일한 경우 관광지와의 거리가 가장 가까운 곳을 예약한다.

① A숙소 ② B숙소 ③ C숙소
④ D숙소 ⑤ E숙소

30 택배기사 김 씨는 매일 A~E 다섯 집 중 두 곳을 다음의 [조건]에 따라 방문할 때, 다음 중 김 씨가 토요일에 배송해야 하는 물품을 고르면?

조건

A~E는 매 주문 시 같은 물품을 주문하며 분유, 우유, 생수, 두부, 콩나물 중 서로 다른 두 가지를 주문한다. A~E가 주문하는 물품의 구성은 모두 다르고, 어느 한 요일의 배송 물품은 서로 다른 두 가정에서 주문하였다. 김 씨는 이번 주 토요일에 A와 D에 배송할 예정이고, 김 씨가 이번 주에 배송한 집과 물품은 다음과 같다.

[표1] 김 씨가 이번 주에 배송한 집

요일	월	화	수	목	금
배송지	A, C	B, D	A, E	B, E	C, D

[표2] 김 씨가 이번 주에 배송한 물품

요일	배송 물품
월	분유, 우유, 콩나물
화	생수, 두부, 콩나물
수	분유, 우유, 생수, 콩나물
목	우유, 생수, 두부
금	분유, 우유, 두부, 콩나물

① 분유, 우유, 두부
② 분유, 우유, 생수
③ 분유, 두부, 콩나물
④ 콩나물, 생수, 두부
⑤ 우유, 생수, 콩나물

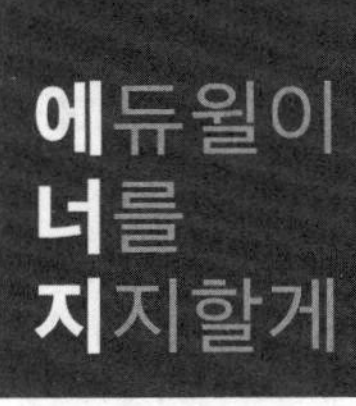

늘 하던 것만 하면,

늘 얻던 것만 얻는다.

– 프란시스 베이컨(Francis Bacon)

공기업 NCS 통합
실전모의고사

| 4회 |
피듈형

영역		문항 수	권장 풀이 시간	비고
NCS 직업기초능력평가	의사소통능력	40문항	50분	※ 피듈형 40문항 모의고사는 서울교통공사 필기시험을 바탕으로 재구성하였습니다. ※ 객관식 오지선다형으로 구성되어 있습니다.
	수리능력			
	문제해결능력			
	자기개발능력			
	자원관리능력			
	대인관계능력			
	정보능력			
	기술능력			
	조직이해능력			
	직업윤리			

모바일 OMR
자동채점 & 성적분석 무료

정답만 입력하면 채점에서 성적분석까지 한번에!

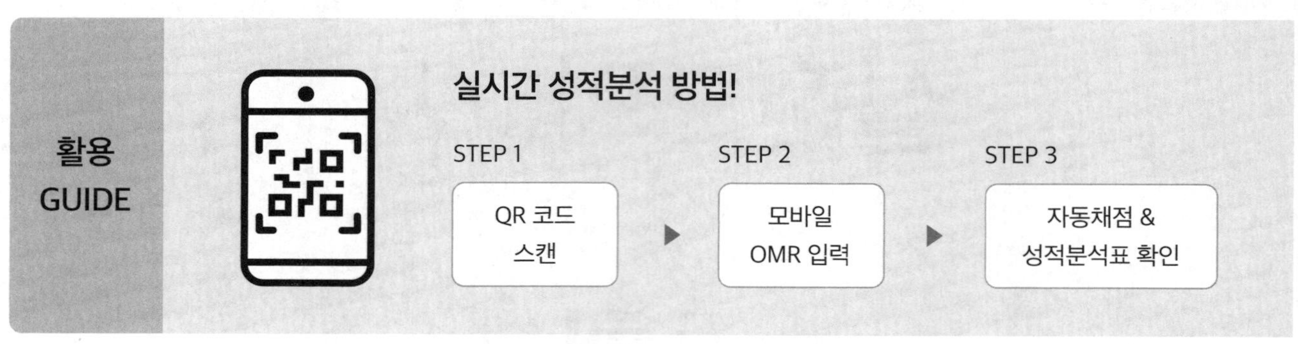

STEP 1

교재 내 QR 코드 스캔

- 위 QR 코드를 모바일로 스캔 후 에듀윌 회원 로그인
- QR 코드 하단의 바로가기 주소로도 접속 가능

STEP 2

모바일 OMR 입력

- 회차 확인 후 '응시하기' 클릭
- 모바일 OMR에 답안 입력
- 문제풀이 시간까지 측정 가능

STEP 3

자동채점 & 성적분석표 확인

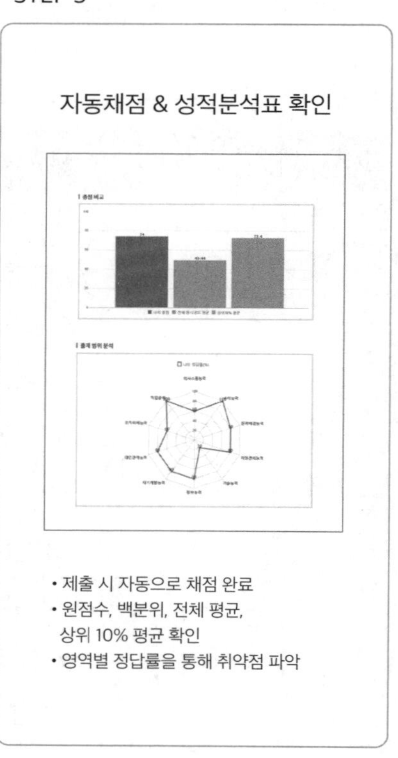

- 제출 시 자동으로 채점 완료
- 원점수, 백분위, 전체 평균, 상위 10% 평균 확인
- 영역별 정답률을 통해 취약점 파악

※ 본 회차의 모바일 OMR 채점 서비스는 2026년 12월 31일까지 유효합니다.

공기업 NCS 통합

실전모의고사 4회 피듈형

정답과 해설 P. 29

01 다음 보도자료의 제목으로 가장 적절한 것을 고르면?

> 이번 발표에 포함된 내용은 지방공기업의 재무성과, 부채 관리, 안전관리 강화를 주요 내용으로 하고 있다. 지방공기업의 경영평가 결과는 각 공기업의 경영 효율성, 재정 건전성, 공공서비스의 질 등을 평가하여 개선 방안을 마련하는 데 중요한 역할을 한다.
>
> 이번 개편안에서 주요 변화는 다음과 같다. 첫째, 재무성과 지표의 강화다. 이는 지방공기업의 재정 상태를 명확히 파악하고, 부채 비율을 줄이는 노력을 평가하기 위한 것이다. 둘째, 부채 관리 강화다. 부채 비율이 높은 공기업은 분양, 매각 등을 통해 부채를 줄이는 계획을 제출해야 하며, 이를 평가에 반영한다. 셋째, 안전관리 지표의 강화다. 이는 공공서비스를 제공하는 과정에서 안전사고를 줄이고, 안전한 환경을 조성하기 위한 노력의 일환이다.
>
> 이번 경영평가편람 개편안을 통해 지방공기업의 경영 효율성을 높이고, 투명성과 책임성을 강화하며, 지속 가능한 발전을 도모하고자 한다. 이를 위해 각 공기업은 경영평가 결과를 바탕으로 한 개선 계획을 수립하고, 이를 체계적으로 실행해 나가야 한다. 특히, 이번 개편안에서는 ESG(환경, 사회, 지배구조) 지표를 새롭게 도입하여 공기업이 환경 보호와 사회적 책임을 더욱 충실히 이행할 수 있도록 유도하고 있다.
>
> 경영평가는 서면 심사와 현장 평가를 통해 이루어지며, 평가 결과는 각 공기업의 경영 전략 수립과 운영 개선에 중요한 지표로 활용된다. 행정안전부는 이번 개편안을 통해 지방공기업이 보다 효율적으로 운영될 수 있도록 지원하고, 국민에게 더 나은 공공서비스를 제공할 수 있도록 할 계획이다. 또한, 평가 결과는 공공기관의 투명성과 신뢰성을 높이는 데 기여할 것이며, 공공의 신뢰를 기반으로 한 지속 가능한 경영을 촉진할 것이다.
>
> 이번 개편안이 시행되면 지방공기업의 경영평가는 더 이상 형식적인 절차에 머무르지 않고, 실제적인 경영 개선과 성과 향상으로 이어질 것으로 기대된다. 행정안전부는 지속적으로 평가 체계를 개선하여 지방공기업이 직면한 다양한 문제들을 해결하고, 국민의 삶의 질 향상에 기여할 수 있도록 노력할 것이다.

① 공기업 경영 평가, 부채 관리 및 재무성과 중점
② 행정안전부, 지방공기업 재정 건전성 평가 강화
③ 행정안전부, 지방공기업 경영평가편람 개편안 발표
④ 지방공기업, 안전관리 지표 도입으로 경영 평가 개선
⑤ 지방공기업, 경영 효율성 제고 위한 새로운 지표 도입

[02~03] 다음 글을 바탕으로 이어지는 질문에 답하시오.

1990년대 이후 세계 각국은 기후변화협약을 통해 온실가스 배출량을 점진적으로 감축하기로 합의하였다. 우리나라 또한 이 협약의 가입국이며 지구온난화 및 기후변화에 적극적으로 대응해야 한다는 내용의 교토의정서를 준수해야 하는 ㉠(국가로서/국가로써) 온실가스 배출량 저감을 위해 다각도로 노력하고 있다. 이와 같은 노력의 일환으로 정부에서는 전기자동차 보급의 활성화를 도모하고 있다. 현재 정부에서는 전기자동차 구입 시 세제 혜택, 보조금 지원, 고속도로 통행료 및 공영주차장 이용료 할인 등 다양한 정책적 지원을 통해 전기자동차 산업을 육성하고 있다.

역사적으로 전기자동차는 내연기관 자동차보다 먼저 개발되었다. 1830년대에 최초의 전기차가 개발되었는데 심지어 100km/h를 처음 돌파한 것도 내연기관 자동차가 아닌 전기자동차였다. 그러나 당시의 전기자동차는 기술적인 한계로 인해 성능 향상이 지지부진했고 현재와 비슷한 문제인 비싼 가격, 심하게 무거운 배터리, 너무 긴 충전 시간, 짧은 주행거리 등의 심각한 문제가 많았던 반면에 내연기관 자동차는 대량생산체제를 통해 가격 경쟁력이 높아졌고 지속적인 개량을 통해 우수한 성능과 항속거리를 갖추게 되었다. 19세기 초에 가까운 거리는 전기자동차, 먼 거리는 열차로 이동했으나 점점 더 차를 타고 먼 거리로 이동하려는 사람들의 욕구가 늘어나고, 석유라는 압도적인 성능의 연료를 등에 업고 빠르게 발전하는 내연기관 자동차를 전기자동차가 쫓아가기에는 아직 이를 뒷받침할 전기전자공학이 당시에 충분히 성숙하지 못했다. 결국 전기자동차는 경쟁력을 잃고 시장에서 사라졌다가 1990년 이후 내연기관 차량의 환경 문제가 대두될 때쯤 다시 주목 받게 되었다. 전기자동차는 2005년 이후부터 본격적으로 개발이 이루어지기 시작했는데 21세기의 눈부시게 향상된 전력전자 기술과 우수한 반도체 등의 첨단 기술에 힘입어 내연기관 차량이 100년에 걸쳐 쌓아올린 내연기관의 성능을 고작 10년도 안 돼서 쫓아오는 데 성공했다.

전기자동차는 화석연료를 연소하여 엔진을 구동시키는 기존 내연기관 자동차와는 다르게 차량구조가 단순하며 배터리와 전기모터를 이용하는 상대적으로 고효율의 차량이다. 전기자동차는 주행 중 소음, 진동이 거의 없으며, 전기에너지만으로 구동되기 때문에 이산화탄소 및 대기오염물질 배출의 문제에서 자유롭다고 할 수 있다.

다만 전기자동차는 친환경적이며 미래지향적인 특성을 갖추고 있음에도 1회 충전 시 주행가능거리 부분에서 기술적인 한계점을 보이고 있다. 전기자동차의 1회 충전 주행거리는 일반적으로 제조사에서 제시한 수치만큼 운행하기가 쉽지 않은데, 이는 날씨나 주행환경에 따라 배터리가 기대치보다 빠른 속도로 방전될 수 있기 때문이다. 고용량 배터리의 경우 매우 높은 가격에 비해 성능이 그에 미치지 못해서 전기자동차의 활성화가 어렵다는 지적도 있다.

이러한 상황을 고려했을 때 전기자동차 보급을 활성화하려는 정부의 정책을 뒷받침하기 위해서는 충분한 수의 전기자동차 충전인프라 설치가 전제조건이라고 할 수 있다. 그러나 현재 국내 전기자동차 충전인프라 숫자는 전반적으로 부족한 실정이다. 특히 서울, 경기 지역과 제주 그리고 경북 지역에 편중되어 있어 지역별 편차가 심하다. 정부는 전기자동차 급속 충전기 설치 확충을 위해 2020년까지 주요 도시의 승용차 10%에 해당되는 전기자동차 충전 인프라를 구축하고 2030년까지는 전국 도시 승용차의 20%에 해당하는 충전망을 구축할 계획을 세우고 있다. 우리나라 주거환경 특성을 반영한 전기자동차 충전소 설치를 확대하고 있다. 아파트가 우리나라 주거의 보편적인 형태인 점을 고려하여 아파트 등 공동주택의 주차장에도 전기자동차 충전기를 설치하여 공공기관 이외에도 일반 개인들이 전기자동차를 사용하는 데 불편함이 없도록 지원을 확대하고 있다. 또한 전기자동차의 충전서비스인 정보시스템을 통해 전기자동차 이용자가 안정적인 운행을 할 수 있도록 차량상태와 충전소의 위치에 대한 정보를 제공하고, 예약충전, 차량의 안전 및 보완관리 등 다양한 서비스를 접목하여 제공하는 것을 목표로 하고 있다.

02 다음 중 밑줄 친 ㉠에서 어법상 옳은 표기와 이와 관련된 예시가 바르게 짝지어진 것을 고르면?

①	국가로써	대한민국 국민으로써 세금을 내야한다.
②	국가로써	이 문제는 현재로써는 해결이 불가능합니다.
③	국가로서	옛말에도 말로서 천 냥 빚을 갚는다고 했다.
④	국가로서	군인으로서 나라를 지키는 일에 충실해야 한다.
⑤	국가로서	시험을 치르는 것이 이로서 일곱 번째가 됩니다.

04 실전모의고사 4회

03 다음 중 글의 내용을 바탕으로 알 수 있는 것을 고르면?

① 현재 전기자동차는 비싸다는 단점이 있지만 환경오염 문제에 상대적으로 자유롭다.
② 전기자동차는 배터리의 충전량에 비례한 주행가능거리를 갖는다.
③ 19세기 초에는 전기자동차는 내연기관 자동차보다 빨리 개발되었지만, 속도가 느려 시장에서 사장되었다.
④ 전기자동차에 사용되는 고용량 배터리는 비싼 만큼 성능이 좋다.
⑤ 정부는 2030년까지 전국 도시 전기자동차의 20%에 해당하는 충전망을 구축할 계획을 세웠다.

04 다음 중 글의 [가]~[라] 문단을 문맥에 맞게 순서대로 배열한 것을 고르면?

법률은 사회에서 발생하는 모든 법적 문제에 대한 해결 기준을 정하려고 한다. 하지만 다양한 사례를 모두 법률에 망라할 수는 없기에, 법조문은 그것들을 포괄할 수 있는 추상적인 용어로 구성될 수밖에 없다. 따라서 이러한 법률의 조항들이 실제 사안에 적용되려면 해석이라는 과정을 거쳐야 한다.

[가] 그런데 푯말에는 운동화나 슬리퍼에 대하여도 쓰여 있지 않다. 하지만 누군가 운동화를 신고 마루로 올라가려 하면, 집주인은 푯말을 가리키며 말릴 것이다. 이 경우에 '구두'라는 낱말은 본래 가진 뜻을 넘어 일반적인 신발이라는 의미로 확대된다. 이런 식으로 어떤 표현을 본래의 의미보다 넓혀 이해하는 것을 확장 해석이라 한다.

[나] 하지만 푯말을 비웃으며 진흙이 잔뜩 묻은 맨발로 들어가는 사람을 말리려면, '구두'라는 낱말을 확장 해석하는 것으로는 어렵다. 위의 푯말이 주로 실내를 깨끗이 유지하기 위하여 마련된 규정이라면, 마루를 더럽히며 올라가는 행위도 마찬가지로 금지된다고 보아야 할 것이다. 이렇게 해석하는 방식이 유추 해석이다. 규정된 행위와 동등하다고 평가될 수 있는 일에는 규정이 없어도 같은 효력이 주어져야 한다는 논리이다.

[다] 그런데 구두를 신고 마당을 걷는 것은 괜찮다고 반대 해석하면서도, 흙 묻은 맨발로 방에 들어가도 된다는 반대 해석은 왜 받아들이기 어려운가? 이것은 보편적인 상식이나 푯말을 걸게 된 동기 등을 고려하며 판단하기 때문일 것이다. 법률의 해석에서도 마찬가지로 그 법률의 목적, 기능, 입법 배경 등을 고려한다. 한 예로 형벌권의 남용으로부터 국민의 자유와 권리를 보호하려는 죄형법정주의라는 헌법상의 요청 때문에, 형법의 조문들에서는 유추 해석이 엄격히 배제된다.

[라] 법조문도 언어로 이루어진 것이기에, 원칙적으로 문구가 지닌 보편적인 의미에 맞춰 해석된다. 일상의 사례로 생각해 보자. "실내에 구두를 신고 들어가지 마시오."라는 푯말이 있는 집에서는 손님들이 당연히 글자 그대로 구두를 신고 실내에 들어가지 않는다. 그런데 푯말에 명시되지 않은 '실외'에서 구두를 신고 돌아다니는 것은 어떨까? 이에 대해서는 금지의 문구로 제한하지 않았기 때문에, 금지의 효력을 부여하지 않겠다는 의미로 당연하게 받아들인다. 이처럼 문구에서 명시하지 않은 상황에 대해서는 그 효력을 부여하지 않는다고 해석하는 방식을 반대 해석이라 한다.

① [가]-[라]-[다]-[나]
② [나]-[가]-[다]-[라]
③ [다]-[라]-[가]-[나]
④ [라]-[가]-[나]-[다]
⑤ [라]-[나]-[다]-[가]

05 다음 [조건]에 따라 A와 B가 가위바위보를 한 결과, 두 사람 모두 샌드위치를 먹었다고 할 때, B가 이겨서 샌드위치를 골랐을 확률을 고르면?

조건

- 가위바위보를 하여 반드시 승패가 한 번에 결정된다고 가정한다.
- A가 이길 확률은 40%이고, B가 이길 확률은 60%이다.
- A가 샌드위치를 선택할 확률은 60%이고, B가 비빔밥을 선택할 확률은 50%이다.
- 이긴 사람은 샌드위치와 비빔밥 중 하나를 고른다.

① $\frac{1}{18}$　② $\frac{1}{16}$　③ $\frac{3}{18}$

④ $\frac{4}{9}$　⑤ $\frac{5}{9}$

06 다음과 같이 일정한 규칙으로 수가 나열되어 있을 때, 빈칸에 들어갈 숫자를 고르면?

2　6　9　27　30　(　　)　93　279　282

① 33　② 60　③ 90

④ 100　⑤ 120

[07~08] 다음 [표]는 남녀 연령별 기대여명 변화 추이와 한국 및 OECD 평균 기대여명 변화 추이를 나타낸 자료이다. 이를 바탕으로 이어지는 질문에 답하시오.

[표1] 남녀 연령별 기대여명 변화 추이 (단위: 년)

구분	남자					여자				
	1970년	1997년	2007년	2016년	2017년	1970년	1997년	2007년	2016년	2017년
0세	58.7	70.7	75.9	79.3	79.7	65.8	78.7	82.5	85.4	85.7
10세	52.8	61.5	66.3	69.6	70.0	60.2	69.5	72.8	75.7	76.0
20세	43.9	51.9	56.5	59.8	60.1	51.3	59.7	63.0	65.8	66.1
30세	35.4	42.5	46.8	50.0	50.4	43.0	50.0	53.2	55.9	56.2
40세	26.7	33.3	37.2	40.4	40.7	34.3	40.4	43.5	46.2	46.5
50세	19.0	24.8	28.2	31.1	31.4	26.0	31.0	34.0	36.6	36.8
60세	12.7	17.2	19.9	22.5	22.8	18.4	22.0	24.7	27.2	27.4
70세	8.2	10.8	12.6	14.5	14.7	11.7	14.0	16.0	18.1	18.3
80세	4.7	6.2	7.0	8.1	8.1	6.4	7.9	8.8	10.2	10.2
90세	2.8	3.5	3.7	4.1	4.0	3.4	4.2	4.3	4.9	4.8
100세 이상	1.7	1.8	2.0	2.1	2.0	1.9	2.2	2.2	2.3	2.3

[표2] 한국 및 OECD 평균 기대여명 변화 추이 (단위: 년)

구분	국가	남자				여자			
		1970년	1997년	2007년	2017년	1970년	1997년	2007년	2017년
65세	한국	10.2	13.8	16.0	18.6	14.9	17.9	20.2	22.7
	OECD 평균	12.8	15.0	16.6	18.0	15.6	18.7	20.1	21.3
80세	한국	4.7	6.2	7.0	8.1	6.4	7.9	8.8	10.2
	OECD 평균	5.8	6.8	7.5	8.3	6.6	8.4	9.1	9.9

07 다음 중 자료에 대한 설명으로 옳은 것을 [보기]에서 모두 고르면?

보기

㉠ 1970년 대비 2017년 기대여명의 증가분은 모든 연령에서 남자가 여자보다 많다.

㉡ 65세와 80세 남자의 경우, '1970년 → 1997년 → 2007년'으로 시기가 변할수록 한국과 OECD 평균 간 기대여명 차이가 감소한다.

㉢ 한국의 2017년 남녀 기대여명은 모든 연령에서 1년 전보다 증가한 것은 아니다.

㉣ 80세 남자의 경우 어느 시기에도 90세 이상의 수명을 기대하지 않으나, 80세 여자의 경우 2016년과 2017년에는 90세 이상의 수명을 기대한다.

① ㉠, ㉢
② ㉢, ㉣
③ ㉠, ㉡, ㉢
④ ㉠, ㉡, ㉣
⑤ ㉡, ㉢, ㉣

08 주어진 자료를 참고하여 작성한 다음의 [표]가 의미하는 수치로 옳은 것을 고르면?

(단위: 세)

남자					여자				
1970년	1997년	2007년	2016년	2017년	1970년	1997년	2007년	2016년	2017년
69.0	74.8	78.2	81.1	81.4	76.0	81.0	84.0	86.6	86.8

① 30세 남녀의 기대여명에 의한 수명
② 40세 남녀의 기대여명에 의한 수명
③ 50세 남녀의 기대여명에 의한 수명
④ 60세 남녀의 기대여명에 의한 수명
⑤ 70세 남녀의 기대여명에 의한 수명

09 6명의 직원 A~F는 각각 제품기획부 또는 마케팅부에 근무한다. 다음 [조건]은 A~E가 증언한 내용인데, 각각의 증언에서 하나는 참이고, 다른 하나는 거짓이다. 이를 바탕으로 같은 부서인 직원끼리 바르게 짝지은 것을 고르면?

조건

- A: "나는 제품기획부이고, B는 제품기획부가 아니다."
- B: "나는 마케팅부이고, C도 마케팅부이다."
- C: "나는 마케팅부이고, D도 마케팅부이다."
- D: "나는 마케팅부이고, E도 마케팅부이다."
- E: "나는 제품기획부이고, F는 마케팅부이다."

① A, B, C
② A, B, D
③ B, D, E
④ C, D, E
⑤ C, D, F

10 **홍보부에서는 월요일에 신제품 홍보 기획 회의를 하려고 한다. 다음 [조건]과 [표]를 바탕으로 회의실을 예약하고자 할 때, 예약 시간으로 가장 적절한 것을 고르면?**

조건

- 회의는 근무시간 중에 진행한다. 근무시간은 월요일부터 금요일까지 09:00~17:00이고, 12:00~13:00은 점심시간으로 근무시간에서 제외된다.
- 회의는 가능한 한 빨리 진행하고, 2시간 동안 진행한다.
- 소회의실 중 홍보부와 가능한 한 가까운 곳에서 진행한다.
- 만약 소회의실에서 회의가 불가능한 경우 중회의실에서 회의를 한다.
- 회의에는 최소한 3명 이상이 참석해야 하고, 부장은 반드시 참석해야 한다.
- 홍보부 직원은 A~F 6명이다.
- 홍보부는 6층에 위치한다.

[표1] 회의실별 일정

구분	위치	수용 인원	일정								
			9시~10시	10시~11시	11시~12시	12시~13시	13시~14시	14시~15시	15시~16시	16시~17시	17시~18시
대회의실	8층	200명	■	■	■						
중회의실1	6층	80명					■	■	■	■	
중회의실2	2층	60명		■	■						
소회의실1	2층	10명	■					■			■
소회의실2	4층	15명	■					■	■		
소회의실3	6층	20명		■	■					■	■

※ 회의실별로 이미 예약된 시간대에는 블록 처리함

[표2] 직원별 일정

직원	일정
A부장	월요일 13:00~15:00 외근
C과장	월요일 09:00~12:00 외근
D과장	월요일 단축 근무(16:00 퇴근)
F대리	월요일 13:00 출근

※ B과장과 E대리는 월요일에 특별한 일정이 없음

① 09:00~11:00　② 10:00~12:00　③ 13:00~15:00
④ 15:00~17:00　⑤ 16:00~18:00

11 **L기업에는 상반기에 300명의 신입사원이 입사하여, 60명을 하나의 반으로 A~E 총 다섯 개의 반을 편성한 후에 월요일부터 금요일까지 OJT 수업을 진행하려고 한다. 주어진 [조건]에 따라 OJT 수업을 편성하고자 할 때, 다음 중 옳지 않은 것을 고르면?**

조건

- 각 반은 월요일부터 금요일까지 하루에 한 과목의 수업을 받는다.
- 요일마다 각 반은 다른 수업을 수강하여 5일 동안 5개 과목의 수업을 받는다.
- 5개의 수업은 프로그래밍, 문서작성법, 기초 회계, 비즈니스 영어, 사내 예절이다.
- A반은 수요일, D반은 금요일에 프로그래밍 수업을 받는다.
- B반은 월요일, C반은 금요일에 비즈니스 영어 수업을 받는다.
- C반은 화요일, E반은 금요일에 문서작성법 수업을 받는다.
- C반과 E반은 목요일에 프로그래밍 수업을 받지 않는다.
- 화요일에 프로그래밍 수업을 받는 반은 월요일에 기초 회계 수업을 받는다.
- 월요일에 프로그래밍 수업을 받는 반은 수요일에 사내 예절 수업을 받는다.

① 월요일에 비즈니스 영어 수업을 받는 반이 금요일에 사내 예절 수업을 받는다면, 금요일에 기초 회계 수업을 받는 반은 A반이다.
② 금요일에 프로그래밍 수업을 받는 반이 월요일에 사내 예절 수업을 받는다면, A반은 월요일에 문서작성법 수업을 받는다.
③ 수요일에 B반이 기초 회계 수업을 받는다면, 화요일에 기초 회계 수업을 받는 반은 A반이다.
④ 목요일에 A반이 문서작성법 수업을 받는다면, 수요일에 기초 회계 수업을 받는 반은 D반이다.
⑤ 화요일에 B반이 기초 회계 수업을 받는다면, 금요일에 사내 예절 수업을 받는 반은 B반이다.

12 **문제해결을 위한 방법은 크게 소프트 어프로치, 하드 어프로치, 퍼실리테이션 세 가지로 구분된다. 다음 (가)와 (나)의 사례를 세 가지 문제해결 방법에 따라 바르게 설명한 것을 고르면?**

> (가) 천안시 신부동 상가 지역이 특색 있는 거리로 변하고 있다. 허물어져 가는 주택가 골목 담장, 깨진 화장실 창문, 길모퉁이 기둥이 개성 넘치는 예술작품으로 다시 태어났다. 녹슬어 버린 상가와 상가 사이 쪽문은 화사한 색상을 입힌 그림으로 새 옷을 갈아입었다. 작품들은 모두 천안 지역 대학생들이 만들었다. 신부동상점가상인회가 벽화사업을 제안했고 단국대, 상명대, 남서울대, 호서대 학생 40여 명이 흔쾌히 동참했다. 상인들도 팔을 걷어붙였다. 평일과 주말 할 것 없이 시간만 나면 벽화 그리기에 모든 열정을 쏟았다. 상인과 학생들은 벽화사업에 앞서(9월) 한 자리에 모여 구체적인 추진방안을 협의했다. 2차례에 걸친 워크숍을 갖고 '첫눈에 반한 거리'라는 주제도 선정했다. 모두 80여 곳을 선정하고 각자 구역(4~5곳)을 나눠 작업에 들어갔다. 전○○ 상인회장은 "대학생들이 많이 찾는 곳인데 그들이 즐기고 문화를 향유할 수 있는 공간을 만들면 좋겠다고 생각했다."며 "특히 지역 대학에 예술과 관련된 학과가 많고 학생들이 함께 동참해 거리를 조성하자는 회원들의 의견을 모아 추진하게 됐다."고 말했다.
>
> (나) 해외영업 1팀에서는 본부장의 지시에 따라 신규 사업으로 미주와 유럽의 명품 가구를 수입하여 내수 판매를 할 계획을 세웠다. 하지만 해외영업 2팀장은 그간 생각해 온 미국의 H오토바이를 독점 계약하여 국내에 들여와야 한다고 주장하였다. 해외영업 1팀장은 최근 국내 가구 시장이 침체된 것은 코로나19의 영향뿐만 아니라 다양한 품종이 출시되지 않았기 때문이라는 점을 내세우며 자신의 입장을 고수하였지만, 해외영업 2팀장은 미국 거주 경험을 바탕으로 국내에도 아웃도어 레저 문화가 활성화될 때를 대비해 미리 준비해야 한다는 점을 주장의 근거로 내세웠다. 본부장은 두 팀장의 의견을 경청한 뒤 시장 보고를 위한 기획서를 작성해볼 것을 두 팀장에게 지시하였다. 본부장은 어느 의견이 채택될지 장담할 수는 없으나, 경영진의 최종 방침을 따를 수밖에 없다는 점을 설명하며 신규 사업 결정에 대한 최종 회의를 시장 보고 후 다시 열자고 제안하였다.

① (가)와 같은 방법으로는 창조적인 아이디어나 높은 만족감을 이끌어 내기 어렵다.
② (가)는 퍼실리테이션, (나)는 하드 어프로치에 의한 문제해결 방법이다.
③ (나)와 같은 방법은 문제의 해결 방법을 도출함과 동시에 구성원의 동기가 강화되고 팀워크도 한층 강화된다는 특징을 갖는다.
④ (가)와 같은 방법에서는 서로의 생각을 직설적으로 주장하고 논쟁이나 협상을 통해 의견을 조정해 가는 방식이 활용된다.
⑤ (가)와 같은 방법은 제3자가 합의점이나 줄거리를 준비해 놓고 예정대로 결론이 도출되도록 해야 한다.

13 조직문화는 지향점과 협력방식에 따라 다음 그림과 같이 집단주의 문화, 발전주의 문화, 위계주의 문화, 합리주의 문화로 구분할 수 있다. 이를 바탕으로 할 때, 조직문화에 대한 설명으로 적절한 것을 고르면?

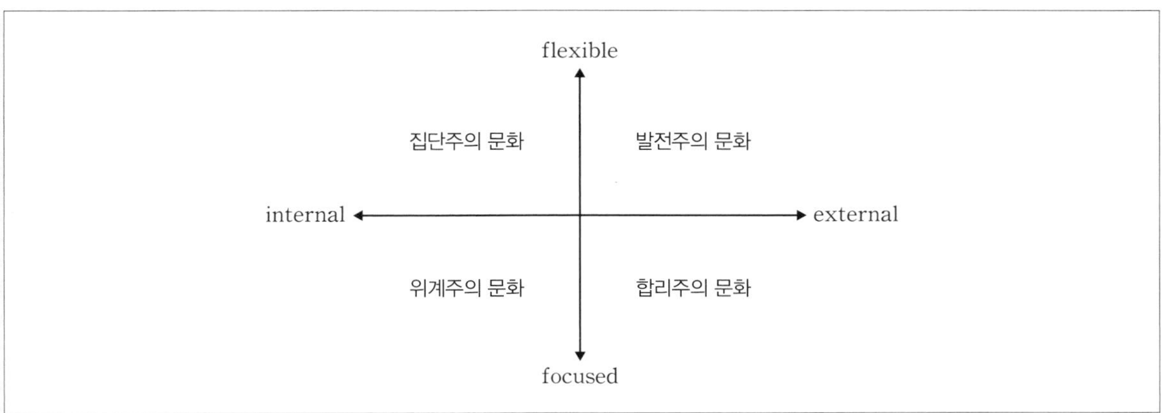

① 조직의 내부보다 외적인 발전을 지향하는 조직문화는 발전주의, 위계주의 문화이다.
② 위계주의 문화는 개인의 진취성과 변혁성, 자유를 중요시하는 문화이다.
③ 발전주의 문화는 근시안적인 목표와 지나친 목표지향성 완화, 최고에 대한 집착 줄이기 등을 관리의 중점 요소로 삼아야 한다.
④ 합리주의 문화는 구성원들은 직장을 역동적이고 창의적인 곳으로 인식하며, 구성원은 새로운 위험을 추구하고 이를 통해 신기술 획득을 목표로 한다.
⑤ 집단주의 문화는 협력과 협동을 강조하는 조직문화로 전통과 충성에 의해 운영되는 특징을 보인다.

14 다음은 업무별 수행 기간을 표기하여 주어진 시간 내에 맡은 바 업무를 효율적으로 수행할 수 있도록 해 주는 표이다. 이 표의 특징으로 가장 적절한 것을 고르면?

항목	과업	9월				10월				
		1주	2주	3주	4주	1주	2주	3주	4주	5주
Category 1	Sub Task (마감: ~0/00)	→ 과업내용(0/00~0/00)	→							
	Sub Task (마감: ~0/00)		→ 과업내용(0/00~0/00)	→	→					
Category 2	Sub Task (마감: ~0/00)	→ 과업내용(0/00~0/00)								
	Sub Task (마감: ~0/00)					→ 과업내용(0/00~0/00)				
Category 3	Sub Task (마감: ~0/00)				→ 과업내용(0/00~0/00)	→	→	→	→	
	Sub Task (마감: ~0/00)							과업내용(0/00~0/00)		→

① 사용하는 도형을 다르게 표현함으로써 주된 작업과 부차적인 작업을 표시할 수 있다.
② 업무의 각 단계를 효과적으로 수행했는지를 스스로 점검해 볼 수 있다.
③ 업무를 세부적인 활동들로 나누고 활동별로 기대되는 수행수준을 달성했는지를 확인하기에 효과적이다.
④ 전체 일정을 한눈에 볼 수 있고, 단계별로 소요되는 시간과 각 업무 활동 사이의 관계를 알 수 있다.
⑤ 일의 흐름을 동적으로 보여 주는 데 효과적이다.

[15~16] 다음은 ○○교통공사의 경영목표를 나타낸 자료이다. 이를 바탕으로 이어지는 질문에 답하시오.

Mission	안전한 도시철도, 편리한 교통 서비스			
Vision	사람과 도시를 연결하는 종합교통기업 ○○교통공사			
핵심가치	안전우선	도전혁신	고객지향	지속경영
경영목표	㉠	㉡	㉢	지속 가능한 경영관리 체계 구축
전략과제	선제적인 차량 및 시설 현대화	사업영역 확장을 통한 신규 수익 창출	고객 맞춤형 고품질 서비스 제공	친환경·상생·투명의 ESG 경영실천
	공사 고유의 안전관리 시스템고도화	경영합리화를 통한 비용 절감 및 효율성 제고	도시철도 이용 환경 개선 및 편리성 강화	소통·협업 기반 창의적 조직역량 확보

15 다음 중 ㉠~㉢에 들어갈 경영목표를 바르게 짝지은 것을 고르면?

	㉠	㉡	㉢
①	미래 성장동력 발굴 및 조직 경쟁력 강화	시스템 기반 최고 수준의 안전운행	더 나은 서비스를 통한 고객만족도 제고
②	시스템 기반 최고 수준의 안전운행	미래 성장동력 발굴 및 조직 경쟁력 강화	더 나은 서비스를 통한 고객만족도 제고
③	더 나은 서비스를 통한 고객만족도 제고	미래 성장동력 발굴 및 조직 경쟁력 강화	시스템 기반 최고 수준의 안전운행
④	시스템 기반 최고 수준의 안전운행	더 나은 서비스를 통한 고객만족도 제고	미래 성장동력 발굴 및 조직 경쟁력 강화
⑤	미래 성장동력 발굴 및 조직 경쟁력 강화	시스템 기반 최고 수준의 안전운행	더 나은 서비스를 통한 고객만족도 제고

16 다음은 지속 가능한 성장 및 발전을 위한 경영 관련 기사의 일부 내용을 발췌한 것이다. 기사문에서 언급되는 ESG는 세 가지 핵심 요소의 영문 첫 글자를 조합한 단어로, 해당되는 필수 세 가지 요소를 바르게 나타낸 것을 고르면?

> • ○○교통공사는 투명한 ESG 경영을 위해 도시철도기관 최초로 글로벌 표준기준에 따른 지속가능경영보고서를 발간, 강화된 ESG 공시기준에 경쟁우위를 확보, 도시철도 분야 ESG 경영을 선도해 나간다는 방침이다. "지하철은 탄소중립에 부합하는 녹색 교통수단으로서 기후 위기 시대에 공사의 역할과 책임이 매우 크다"며 "공사는 지속가능경영을 위해 앞으로도 도시철도의 특성을 반영한 경영전략을 마련하는 등 ESG 경영 선도기업이 되겠다."고 말했다.
> • △△교통공사는 사장은 "본 사업을 통해 민간기업뿐 아니라 사회적 가치 실현 및 공적인 이익 추구를 목적으로 하는 공공기관에도 ESG경영이 얼마나 중요한지 △△교통공사 전체 임직원들의 이해도를 높이는 데 의미가 있었다."며 "△△교통공사가 공공기관의 ESG경영 우수사례가 될 수 있도록 노력하겠다."고 밝혔다.

① 에너지, 과학, 지배구조
② 에너지, 사회, 지배구조
③ 환경, 과학, 지배구조
④ 환경, 사회, 성장
⑤ 환경, 사회, 지배구조

[17~18] 다음은 순서도 기호에 대한 설명과 순서도 구조를 나타낸 것이다. 이를 바탕으로 이어지는 질문에 답하시오.

기호	설명
(모서리가 둥근 사각형)	순서도의 시작과 끝을 표시한다.
(사각형)	모든 종류의 입/출력 기능을 표시한다.
(마름모)	조건에 따라 분기함을 표시한다.
↓	화살표의 시작에서 끝 방향으로 진행되는 흐름을 표시한다.
(육각형)	도형 안에 있는 task 수행을 위해 선택해야 하는 사항을 나타낸다.

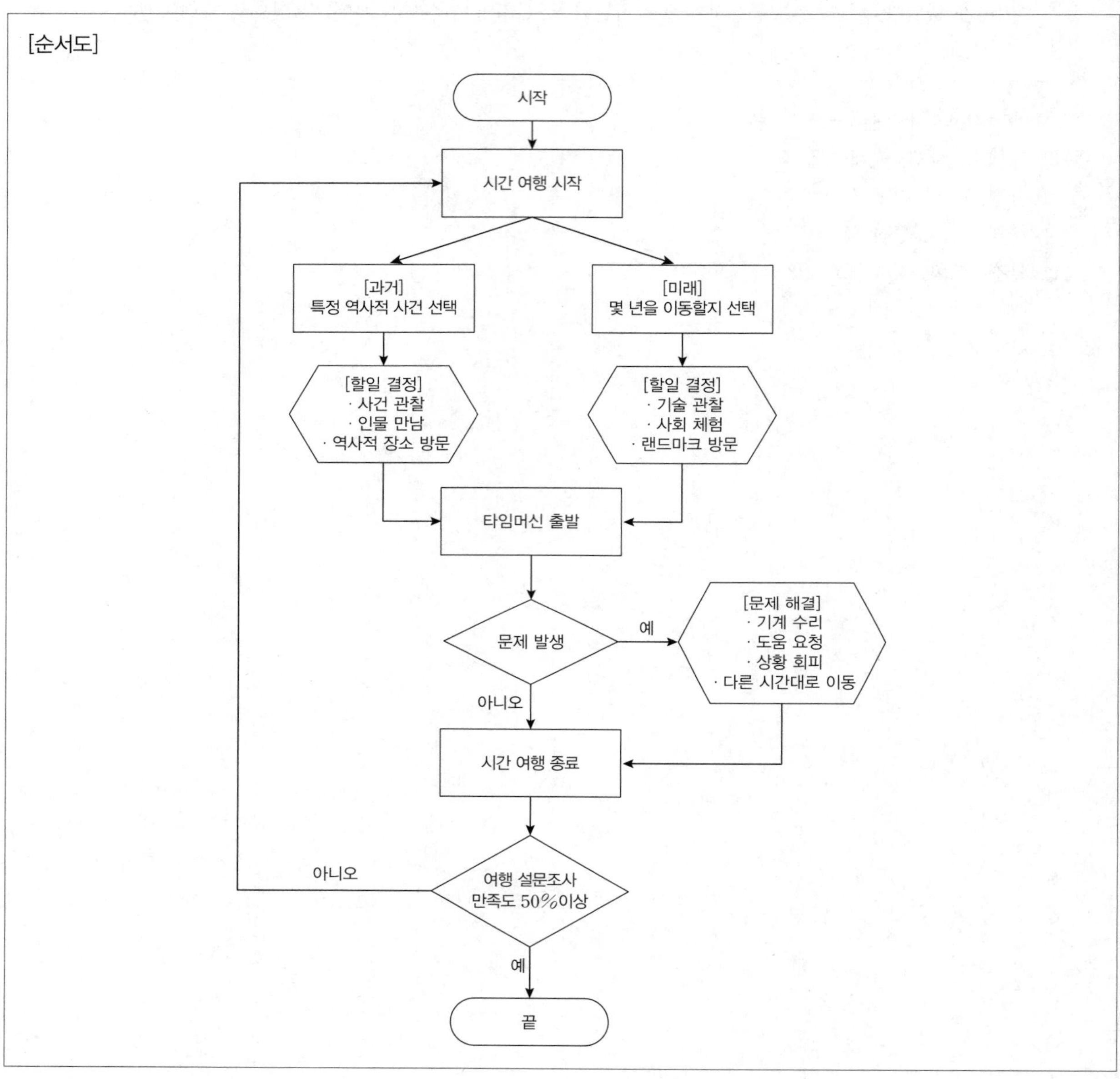

17 다음 중 자료를 바탕으로 시간여행 순서도에서 '과거' 여행에 대한 선택 사항이 아닌 것을 고르면?

① 인물 만남　② 사건 관찰　③ 몇 년을 이동할지 선택
④ 역사적 장소 방문　⑤ 특정 역사적 사건 선택

18 다음 중 자료를 바탕으로 타임머신이 출발한 후 시간여행이 종료될 때까지 선택할 수 있는 사항인 것을 고르면?

① 여행 설문조사 진행　② 기계 수리　③ 기술 관찰
④ 역사적 장소 방문　⑤ 사회 체험

[19~20] 다음은 A와 B가 비밀번호 키를 설정하는 방식이다. 이를 바탕으로 이어지는 질문에 답하시오.

[비밀번호 키 설정 방식]

① A, B 두 사람은 비밀번호 키를 설정하기 위해 사전에 정수 P와 자연수 G를 하나씩 정하여 서로 공유한다.

② 향후에 A가 B에게 그리고 B가 A에게 각각 C와 D라는 수를 은밀히 전달하고자 할 때, 다음을 만족하는 비밀번호 키 a, b를 설정하여 a, b를 서로에게 전달한다.

- $C=G^{a}$ (mod P)
- $D=G^{b}$ (mod P)

※ 'x (mod y)'는 x를 y로 나누었을 때의 나머지를 뜻함

[예시]

A, B가 사전에 P=3, G=2로 정하여 서로 공유하고, 향후에 a=3, b=2라는 숫자를 서로에게 전달하였다면, 실제로 전달하고자 하는 숫자 C, D는 다음과 같다.

- $2=2^{3}$ (mod 3)
- $1=2^{2}$ (mod 3)

즉, C=2, D=1이다.

19 다음 [보기]의 (가)와 (나)에 들어갈 숫자로 가능한 조합을 고르면?

보기

- P=7, G=4
- $2=4^{(가)}$ (mod 7)
- $(나)=4^{3}$ (mod 7)

	(가)	(나)
①	1	1
②	1	2
③	2	1
④	2	2
⑤	3	1

20 다음 [보기]의 (가)와 (나)에 들어갈 숫자로 가능한 조합을 고르면?

보기

- P=(가), G=(나)
- 2=(나) (mod (가))
- $3=(나)^{3}$ (mod (가))

	(가)	(나)
①	2	1
②	2	3
③	3	2
④	5	1
⑤	5	2

21 다음은 K기업의 채용 공고문이다. A씨는 각 채용 절차를 거쳐 이 기업에 최종 합격하였다. 최종 합격 통보를 받은 날로부터 다음 날에 입사한다고 할 때, A씨의 입사 날짜로 옳은 것을 고르면?

> **K기업 채용 공고문**
>
> 1. 지원서 접수
>   1) 접수 기간: 2024년 3월 18일(월)~3월 27일(수) 17:00
>   2) 접수 방법: 채용 홈페이지에서 온라인 접수
>   3) 참고 사항
>   - 지원서 접수 마감 시간까지 최종 제출이 완료되어야 수험 번호가 부여되며, 온라인 접수 외 방문, 우편, 이메일 등의 다른 접수 방법은 인정하지 않습니다.
>   - 본 채용 공고 내 모집 단위에 중복지원 시 지원 분야 전체 '불합격' 처리되며, 지원서는 1인 1회만 제출할 수 있습니다.
>   - 입사지원서의 성명과 출생월일이 실제와 상이한 경우에는 다음 전형에 응시할 수 없으며, 지원서 불성실 작성 또는 착오로 생기는 불이익은 지원자 본인의 책임입니다.
>
> 2. 채용 절차 및 일정
>
> 
>
>
> ※ 각 절차가 끝난 날로부터 다음 날에 다음 절차가 진행됩니다.
> ※ 모든 전형은 3일 동안 진행됩니다(주말·공휴일은 제외).
> ※ 서류 심사, 필기시험 심사, 면접시험 심사는 3일 동안 진행됩니다(주말·공휴일은 제외).

① 4월 17일(수) ② 4월 18일(목) ③ 4월 19일(금)
④ 4월 23일(화) ⑤ 4월 24일(수)

22 다음은 B사의 출장비 지급 기준에 관한 자료이다. 이를 바탕으로 다음 [상황]의 출장 건에 대한 출장비 총지급액을 고르면?

[출장비 지급 기준]

구분	교통비			일비 (1일)	숙박비 (1박)	식비 (1일 한도)
	철도임	선임	자동차임 (자가용)			
임원 및 본부장	1등급	1등급	실비	30,000원	실비	45,000원
1급, 2급 부서장	1등급	2등급	실비	25,000원	실비	35,000원
3급, 4급 팀장	1등급	2등급	실비	20,000원	실비	30,000원
5급 이하 팀원	2등급	2등급	실비	20,000원	실비	30,000원

1. 교통비는 실비를 기준으로 하되, 실비정산은 국토해양부장관 또는 특별시장, 광역시장, 도지사, 특별자치도지사 등이 인허한 요금을 기준으로 한다.
2. 철도임 구분표 중 1등급은 고속철도 특실, 2등급은 고속철도 일반실을 적용한다.
3. 식비는 실비로 정산하며, 한도를 초과하였을 경우 초과분은 지급하지 아니한다.
4. 일비, 식비는 출발일과 도착일을 포함하여 지급한다.
5. 자동차임(자가용) 실비 지급은 연료비와 실제 통행료(유료도로 이용료)를 지급한다.
   ※ 연료비: 여행거리(km)×유가(원/L)÷연비(km/L)
6. 숙박비는 7만 원을 한도로 실비정산하며, 초과분의 20%까지 지급한다.

상황

- 출장자: 조 상무(임원), 오 팀장(3급), 박 대리(5급)
- 출장 기간: 2박 3일
- 이동 방법
  - 조 상무: 자가용 이동(왕복 820km, 연비 12km/L, 유가 1,500원/L, 왕복통행료 20,000원)
  - 오 팀장, 박 대리: 왕복 고속철도
- 숙박비 및 식비 발생 내역

구분	조 상무	오 팀장	박 대리
숙박비	75,000원/박	72,000원/박	65,000원/박
식비	52,000원/일	40,000원/일	40,000원/일

- 고속철도 1등급과 2등급의 편도 요금은 각각 58,000원과 52,000원임

① 1,277,800원 ② 1,278,200원 ③ 1,278,600원
④ 1,280,000원 ⑤ 1,280,300원

23 A제약사에서 주니어 경력자를 채용하려고 한다. 채용 기준 점수와 가중치, 지원자 정보를 바탕으로 할 때, 가장 높은 총점으로 채용될 지원자를 고르면?

[표1] 채용 기준 점수

구분	경력 기간	어학 성적	회사와 거주지 거리	이전 회사 규모	업무 유사성
10점	1년 이상 ~2년 이하	IH 이상	10km 이하	근로자 500명 이상 사업체	상
7점	1년 미만	IM	10km 초과 ~30km 이하	근로자 300~499명 사업체	중
5점	2년 초과	IL 이하	30km 초과	근로자 300명 미만 사업체	하

[표2] 채용 기준별 가중치

구분	경력 기간	어학 성적	회사와 거주지 거리	이전 회사 규모	업무 유사성
가중치	0.5	0.5	0.7	0.6	0.8

※ 총점은 채용 기준 점수에 각각의 가중치를 곱한 값을 모두 더하여 계산함

[표3] 지원자 A~E 정보

구분	경력 기간	어학 성적	회사와 거주지 거리	이전 회사 규모	업무 유사성
A	2년 2개월	IM	25km	근로자 150명 사업체	상
B	6개월	IH	4km	근로자 200명 사업체	중
C	1년 2개월	IM	33km	근로자 520명 사업체	상
D	1년 6개월	IL	15km	근로자 330명 사업체	중
E	1년	IH	22km	근로자 1,400명 사업체	하

① A ② B ③ C
④ D ⑤ E

24 서울에 본사가 있는 K푸드사는 세계 각지에 지사를 두고 있다. K푸드사 본사는 최근 신제품 라면 출시를 위해 5개 지사의 경영진과 화상 회의를 하고자 한다. 다음 [표]에 제시된 시차와 [조건]을 고려하여 회의 시간을 정하였을 때, 회의의 시작 시간이 하노이 시각으로 몇 시인지 고르면?

[표] 서울 10월 8일(화) 정오 기준 지사별 현지 시간

지역	뉴욕	하노이	런던	이스탄불	상파울루
현지 시간	10월 7일(월) 23시	10시 8일(화) 10시	10시 8일(화) 4시	10시 8일(화) 6시	10시 7일(월) 24시

조건

- 본사 및 각 지사의 업무시간은 현지시간 기준 오전 8시~오후 17시다.(단, 12~13시는 점심시간이므로 업무시간에 포함하지 않는다.)
- 회의가 열린 시간에 업무시간이 아닌 두 개 지사는 참여하지 못하며, 서울 본사는 반드시 회의에 참여한다.
- 회의는 정확히 1시간 동안 진행된다.

① 9시 ② 11시 ③ 13시
④ 14시 ⑤ 15시

[25~26] 다음 글을 바탕으로 이어지는 질문에 답하시오.

서울교통공사의 '스마트 스테이션' 사업이 지난 2018년 군자역 시범 설치를 시작으로 2022년까지 1~4호선, 8호선 등 총 5개 노선에 도입되었다. 스마트 스테이션이란 분야별 역사 관리 정보를 정보통신기술(ICT)을 기반으로 통합 관리할 수 있는 시스템이다.

서울교통공사 측은 "역사 순회 시간이 평균 28분에서 10분으로 줄고 돌발 상황 시 대응 시간이 평균 11분에서 3분으로 단축되는 등 안전과 보안, 운영 효율 향상이 높은 것으로 나타나 확대를 결정했다."라고 밝혔다.

스마트 스테이션에서는 3D 맵과 IoT 센서, 지능형 CCTV 등이 유기적으로 기능한다. 하나의 시스템을 통해 보안, 재난, 시설물, 고객서비스 분야 등에서 통합적인 역사 관리를 할 수 있는 셈이다. 특히 3D 맵은 역 직원이 역사 내부를 3D 지도로 한 눈에 볼 수 있어 화재 등 긴급 상황이 발생했을 때 위치와 상황을 기존 평면형 지도보다 좀 더 정확하고 입체적으로 파악하고 신속하게 대응할 수 있도록 해준다.

지능형 CCTV 역시 마찬가지다. 화질이 200만 화소 이상이며, 객체 인식 기능이 탑재되어 있어 제한구역에 무단침입이나 역사 화재 등이 발생했을 때 실시간으로 알려준다. 지하철 역사 내부를 3차원으로 표현함으로써 위치별 CCTV 화면을 통한 가상순찰도 가능하다. 서울교통공사 관계자는 "기존 CCTV는 2008년 설치된 것이다. 이들은 화질이 40만 화소에 불과해 대상물 식별에 한계가 있었다."라고 설명했다.

따라서 스마트 스테이션이 도입되면 첫째, 원격 순찰이 가능해져 역무실 공백 상태가 줄어든다. 원격 순찰이란 역사에 설치된 CCTV 영상을 순찰 경로에 따라 차례로 보여 주는 것으로 역무실에 앉아서도 실제로 순찰하는 것과 유사하게 역사의 안전을 점검할 수 있게 된다. 둘째, 상황대응이 정확하고 빨라진다. 예를 들어 화재 경보가 발생했을 경우 실제 상황인지 아닌지를 판별하기 위해 현장까지 달려가야 했는데, 스마트 스테이션이 도입되면 사고현장에 설치된 CCTV로 상황을 즉시 확인하고 대처할 수 있게 된다. 셋째, 출입관리가 강화된다. 지하철 역사에는 안전을 위해 출입이 철저히 관리되어야 하는 곳이 많은데, 지능형 CCTV는 비 인가자가 통제구역에 들어가면 즉시 알려주기 때문에 이에 빠르게 대응할 수 있다. 또한, 역사에 화재 등이 발생하여 역 출입구를 통해 정상적으로 대피가 불가능할 경우 터널을 통해 안전하게 대피하도록 유도할 수 있다.

전 역사에 스마트 스테이션 시스템이 안정적으로 도입되고 난 이후에는 시설물 장애 등에 빠르게 대응할 수 있도록 각 부서에서 운용 중인 IoT 단말 수집 정보를 표준화하고 LTE-R 기반의 IoT 플랫폼이 구축될 예정이다. 또한 스마트 스테이션 시스템이 선 도입된 역에 적용된 스마트 스테이션 기능을 보완하는 작업도 계획 중인데, 특히 휠체어를 자동으로 감지해 역 직원에게 통보해 주는 기능을 추가하는 등 교통약자 서비스를 강화하고 역 직원이 역무실 밖에서도 역사를 모니터링할 수 있도록 모바일 버전을 구축하는 것이 주요 개선사항이다.

25 다음 중 스마트 스테이션 시스템이 도입된 역사에 대한 설명으로 옳은 것을 고르면?

① 돌발 상황이 발생해도 대응 시간이 평균 10분을 넘지 않게 된다.
② 긴급 상황 발생에 직접 대응할 필요가 없어진다.
③ 각 부서에서 운용 중인 IoT 단말 수집 정보가 단순화된다.
④ 비 인가자가 통제구역에 들어가면 대피하도록 유도할 수 있다.
⑤ 휠체어 이용자를 위한 음성 유도 서비스가 강화된다.

26 주어진 자료를 다음과 같이 정리하여 작성하였을 때, ㉠~㉤ 중 옳지 않은 것을 고르면?

지능형 역사 운영 시스템 구축

㉠ 3D 모델링과 지능형 정보통신 시스템을 통한 미래형 Smart Station 관리시스템 구현

고객안전실	역사	터널	대고객서비스
• 3D 모델링 관제 시스템 • 원격 관제 (재난/보안/시설물)	• 지능형 CCTV • 기존 시설물 연동 관제	• 영상 감시/터널 방송 • 터널 출입 감시	• 교통약자 서비스 고도화 • IoT 기반 고객참여 서비스
㉡	㉢	㉣	㉤
• 3D 모델링 시스템 구축 • 원격제어 표준방안 수립 • 보안감시 강화(객체인식) • 화재 진압 및 장비 투입 용이	영상 관제 영역 확대 (역사 전 영역 CCTV 설치)	• 지능형 터널 감시 (CCTV 구축) • 터널 방송 시스템 구축 • 터널 출입구 감시 카메라 운영	휠체어 사용자 감지·통보 서비스 개선 예정

① ㉠ ② ㉡ ③ ㉢
④ ㉣ ⑤ ㉤

04 실전모의고사 4회

27 다음은 에어컨 에러 코드 정보이다. 이에 대한 설명으로 옳지 않은 것을 [보기]에서 모두 고르면?

[표1] 실외기 에러 코드

에러 코드	점검 내용	확인 방법
E18	저압스위치 점검	• 저압스위치가 pcb에 연결되어 있는지 확인 • 제품의 압력이 너무 낮은지 확인
E19	고압스위치 점검	• 고압스위치가 pcb에 연결되어 있는지 확인 • 제품의 압력이 너무 높은지 확인
E20	실외기 코일 점검	실외기 코일 중앙 센서가 68℃를 넘어설 때 발생, 압축기 과열 여부 및 센서 확인
E21	통신시간 오버	• 실내기/실외기 dip witch 설정 확인 • 실내기/실외기 통신선의 연결 상태 확인
E23	실내기 코일 점검	실내기 코일 중앙 센서가 68℃를 넘어설 때 발생, 압축기 과열 여부 및 센서 확인
E25	실외기 코일 센서 점검	실외기 코일 중앙 센서 확인
E26	실외기 코일 센서 점검	실외기 코일 입구 센서 확인
E27	실외기온 센서 점검	실외기온 센서 확인
E28	실외기 토출 센서 점검	실외기 토출 센서 확인
E33	실외기 노출 센서 점검	실외기 토출 센서 확인
E34	실외기 토출 센서 점검	실외기 토출 온도가 140℃ 이상일 때 발생하며 압축기 과열 여부 확인 및 토출센서 확인

※ 에러 코드: Eab
(a: 주황색 LED 점멸 횟수, b: 녹색 LED 점멸 횟수)
예 E35: 주황색 LED 3번 점멸 후 녹색 LED 5번 점멸

[표2] 본체 에러 코드

에러 코드	점검 내용	확인 방법
E3	압축기 점검	• 냉매누설 확인 • 압축기 불량 확인 • 실내 열교환기 센서 조립 상태 확인 • 압축기 동작 관련 배선 확인
E4	실온 센서 점검	• 콘넥터(CN12) 조립 상태 확인 • 센서 양단 저항 측정(약 5kΩ 유지)
E5	실내 열교환기 센서 점검	• 콘넥터(CN12) 조립 상태 확인 • 센서 양단 저항 측정(약 10kΩ 유지)
E6	조작부 스위치 점검	• 버튼 조립상태 확인 • 표시부 기판 자체 불량
E7	센서 오배선	• 콘넥터(CN12) 배선 상태 확인 −1번과 2번 연결: 갈색선 −3번과 4번 연결: 흑색선 • 센서 양단 저항 측정 −갈색선: 약 10kΩ 유지 −흑색선: 약 5kΩ 유지
E8	방출 공기 센서 점검	• 콘넥터(CN11) 조립 상태 확인 • 센서 양단 저항 측정(약 10kΩ 유지)

보기

㉠ 에러 코드 E18, E19가 발생하면 제품의 압력 확인이 필요할 수도 있다.
㉡ 실외기 코일에는 입구 센서와 중앙 센서가 있다.
㉢ 실외기 토출 온도가 68℃ 이상일 때 에러 코드 E34가 발생한다.
㉣ 에러 코드 E3이 발생하면 콘넥터(CN12) 조립 상태도 확인해 볼 필요가 있다.
㉤ 방출 공기 센서 점검 시, 센서 양단의 저항값이 5kΩ을 유지해야 한다.

① ㉠, ㉡
② ㉡, ㉢
③ ㉢, ㉣
④ ㉢, ㉤
⑤ ㉣, ㉤

28 **벤치마킹이란 특정 분야에서 뛰어난 업체나 상품, 기술, 경영 방식 등을 배워 합법적으로 응용하는 것을 의미한다. 비교 대상에 따라 분류한 벤치마킹 중 다음의 내용에 해당하는 벤치마킹으로 옳은 것을 고르면?**

- 프로세스에 있어 최고로 우수한 성과를 보유한 동일업종의 비경쟁적 기업을 대상으로 한다.
- 접근 및 자료 수집이 용이하고 비교 가능한 업무/기술 습득이 상대적으로 용이한 반면, 문화 및 제도적인 차이로 발생되는 효과에 대한 검토가 없을 경우, 잘못된 분석결과가 발생할 가능성이 높다.

① 내부 벤치마킹
② 경쟁적 벤치마킹
③ 비경쟁적 벤치마킹
④ 글로벌 벤치마킹
⑤ 직접적 벤치마킹

[29~30] 다음은 자기관리능력에 대한 내용이다. 이를 바탕으로 이어지는 질문에 답하시오.

자기관리는 자신을 이해하고, 목표를 성취하기 위해 자신의 행동 및 업무수행을 관리하고 조정하는 것이며, 자기관리능력은 이러한 자기관리를 잘 할 수 있는 능력을 의미한다.

자기관리의 단계별 계획 수립 과정은 다음과 같다.

1단계	▶	2단계	▶	3단계	▶	4단계	▶	5단계
㉠		㉡		㉢		㉣		㉤

29 다음 중 ㉠~㉤에 들어갈 단계를 바르게 짝지은 것을 고르면?

	㉠	㉡	㉢	㉣	㉤
①	비전 및 목적 정립	과제 발견	일정 수립	수행	반성 및 피드백
②	과제 발견	비전 및 목적 정립	일정 수립	수행	반성 및 피드백
③	비전 및 목적 정립	수행	일정 수립	과제 발견	반성 및 피드백
④	과제 발견	수행	반성 및 피드백	일정 수립	비전 및 목적 정립
⑤	비전 및 목적 정립	수행	과제 발견	일정 수립	반성 및 피드백

30 다음 중 자기관리 계획 수립 과정 3단계에 대한 설명으로 옳지 않은 것을 고르면?

① 보다 장기적인 관점에서 계획 및 준비해야 될 일을 작성한 후 우선순위가 높은 일을 먼저 하도록 계획을 세운다.
② 좀 더 세세하게 시간 단위로 작성한 다음 우선순위가 높은 일부터 먼저 하는 방향으로 계획을 세운다.
③ 빨리 해결해야 될 긴급한 문제라 해서 최우선으로 계획을 세우면 중요한 것을 놓칠 수 있다.
④ 우선순위에 따라 중요한 일을 모두 수행할 수 있도록 현명하게 계획을 세워야 한다.
⑤ 일반적으로 사용하는 방법은 중요도와 긴급도가 높을수록 우선순위가 높다고 판단한다.

31 다음 중 업무 성과 향상 전략을 정리한 내용으로 옳지 않은 것을 [보기]에서 모두 고르면?

보기

㉠ 업무 묶어서 처리하지 않기: 비슷한 속성의 업무라도 한꺼번에 처리하면 일의 효율이 떨어지므로 한 번 움직일 때 여러 가지 일을 동시에 처리하지 않도록 한다.
㉡ 일을 미루지 않기: 일을 미루고 급하게 처리하면 다른 일도 밀리게 되고 일처리에 최선을 다하지 못하게 되므로 해야 할 일이 있다면 지금 바로 하는 습관을 들여야 한다.
㉢ 다른 사람과 다른 방식으로 일하기: 다른 사람이 일하는 방식과 다른 방식으로 생각하다 보면 의외로 다른 사람들이 발견하지 못한 더 좋은 해결책을 발견하는 경우가 있다.
㉣ 회사나 팀의 업무 지침을 따르지 않고 창의적으로 일하기: 팀과 회사의 업무 지침을 따르는 것보다는 자신만의 일하는 방식을 가지는 것이 우선되어야 한다.
㉤ 역할 모델 설정: 직장에서 가장 일을 잘한다고 평가받는 사람을 찾아 그 사람의 일하는 방식이나 보고 방식을 주의 깊게 살펴보고 따라하면 그 사람과 함께 업무수행 성과를 높이는 효과를 볼 수 있다.

① ㉠, ㉢
② ㉠, ㉣
③ ㉡, ㉤
④ ㉢, ㉣
⑤ ㉣, ㉤

04 실전모의고사 4회

32 자기개발 계획 수립이 어려운 이유 중 '내부 작업정보 부족'에 해당하는 것을 고르면?

① 자신의 흥미, 장점, 가치, 라이프스타일을 충분히 이해하지 못함
② 회사 내 경력 기회 및 직무 가능성에 대해 충분히 알지 못함
③ 다른 직업 또는 회사 밖의 기회에 대해 충분히 알지 못함
④ 자기개발과 관련된 결정을 내릴 자신감 부족
⑤ 재정적 문제, 연령, 시간 등의 장애요소 있음

33 다음 두 가지 사례에서는 임파워먼트를 통하여 직원에게 내적인 동기를 부여할 때의 변화를 엿볼 수 있다. 이를 바탕으로 할 때, 업무 수행 과정에서 부하 직원의 내적인 동기를 유발시킬 수 있는 방법으로 적절하지 않은 것을 고르면?

> **[사례1]**
> 영업 1팀장인 K는 팀원 A에게 지난 몇 달 동안의 판매 수치를 정리해달라고 요청했다. 또한 데이터베이스를 업데이트하고, 회계부서에서 받은 수치를 반영한 새로운 보고서를 만들라는 지시를 내렸다. 그런데 팀원 A는 전혀 열의를 보이지 않은 채 업무를 처리했다. K는 그가 업무에 관심을 보이지 않는 이유가 무엇인지, 판매 개선에 필요한 아이디어를 왜 생각해 내지 못하는지 의아하게 여겼다.
>
> **[사례2]**
> 영업 2팀장인 Y는 팀원 B에게 지난 몇 달간의 판매 수치를 정리해달라고 요청했다. 그는 정확하게 업무를 처리했지만, 눈에 띌 정도로 열의 없이 업무를 처리했다. Y는 우선 그가 정리한 자료에 대해 칭찬한 후 그와 함께 판매 수치를 자세하게 살폈다. 그 다음, 판매 향상에 도움이 될 만한 마케팅 계획을 개발하도록 그를 격려했고, 큰 문제만 없다면 팀원 B가 개발한 마케팅 계획을 그대로 적용해 보겠다고 약속하였다. 팀원 B는 비로소 막중한 책임감을 느끼고, 새로 맡은 프로젝트에 대해 책임감을 가지고 자신의 판단에 따라 효과적인 해결책을 수립하였다.

① 조직원들이 자신의 실수나 잘못에 대해 스스로 책임지도록 동기를 부여한다.
② 높은 성과를 달성한 조직원에게는 곧바로 따뜻한 말이나 칭찬으로 보상해 준다.
③ 명확한 지침을 제공하고 적절한 교육을 하며 필요한 자원을 아낌없이 지원한다.
④ 조직원들에게 새로운 업무를 맡을 기회를 부여한다.
⑤ 조직원들이 안전지대에서 벗어나 위험에 직면하지 않도록 철저히 관리한다.

34 다음 사례를 참고할 때, K씨가 사용한 협상전략에 대한 설명으로 적절한 것을 고르면?

> 중고차 판매업자인 K씨는 어느 날 매장을 방문한 고객으로부터 부담스러운 가격 인하 요구를 받게 되었다. 상담 후 곧바로 계약을 체결할 뿐 아니라 직접 차량을 인수해 가는 것이니만큼 제시된 금액에서 추가로 기름값 5만 원을 할인해 달라는 것이었다. 고민 끝에 K씨는 5만 원을 추가로 할인해 줄 테니 자동차 보험은 K씨가 운영하는 업체에 가입할 것을 권유하였다. 하지만 고객은 이미 지인이 다니고 있는 보험 회사에 가입하기로 약속을 해 두었기 때문에 보험 회사를 바꿀 수는 없다고 거절하였다. 고객은 K씨에게 기분 좋게 5만 원을 할인해 주면 될 것이지 왜 또 조건을 붙이느냐며 불쾌한 심정을 드러냈고, 자신의 요구가 받아들여지지 않는다면 다른 곳에서 중고차를 구입할 수밖에 없다는 단호한 입장을 보였다. 이에 K씨는 적정 마진이 확보되지 않더라도 찾아 온 고객을 놓칠 수 없다는 생각에 결국 아무 조건 없이 5만 원을 추가 할인해 주는 것으로 고객의 요구를 수용하게 되었다.

① 상대방과 본인의 욕구를 모두 충족시키지 못하는 것으로 가장 지양해야 할 협상 방식이다.
② 서로의 차이를 인정하고 신뢰감을 유지할 수 있는 가장 바람직한 협상 방식이다.
③ 서로 하나씩 주고받는 이른바 'give and take' 방법을 활용한 협상 방식이다.
④ 상대방이 거친 요구를 해 오는 경우에 전형적으로 나타나는 협상 방식이다.
⑤ '나는 이기고 너는 지는' 경쟁적인 방법으로 자신의 목표를 이루기 위해 전력을 다하는 협상 방식이다.

35 다음 집단 간의 갈등 사례 (가), (나)의 갈등 원인이 바르게 짝지어진 것을 고르면?

> (가) 구매팀은 지난달부터 마케팅 업무를 주력으로 하던 새로운 팀장이 부임해 왔다. 구매팀은 구매 업무에 특화된 조직이라 직원들의 출장도 잦고 적극적, 진취적인 방식으로 협력사와 가격 조율에 우위를 점하는 등 업무를 수행해 왔지만, 새 팀장은 신중하며 협력사 방문 등에 필요한 비용 지출에도 매우 엄격한 기준을 내세우고 있어 기존 직원들의 불만과 갈등이 점차 고조되고 있다.
>
> (나) 기술본부의 A팀과 B팀은 접히는 스마트폰과 접히는 TV 시제품 출시를 하반기에 계획 중이다. 하지만 시제품 출시를 위해서는 광고비용과 시제품 생산비 등 기술본부의 할당 예산만으로는 A와 B팀 모두 지원이 불가능한 실정이다. 이러한 상황을 앞두고 양 팀 내부적으로 보이지 않는 긴장감이 돌고 있으며, 하반기 시제품 출시 계획에는 변동이 없다는 입장만을 고수하고 있다.

	(가)	(나)
①	관리자의 관리 스타일	자원의 부족과 할당 문제
②	과업 간 상호 의존정도	자원의 부족과 할당 문제
③	관리자의 관리 스타일	계층과 직급 간 차이
④	집단 간의 목표의 차이	과업 간 상호 의존정도
⑤	집단 간의 목표의 차이	관리자의 관리 스타일

36 팔로워십 유형 진단에 가장 보편적인 도구는 로버트 켈리가 개발한 5가지 모델(모범형, 순응형, 소외형, 수동형, 실무형)이 활용된다. 다음 (가)~(마)에 해당하는 유형을 순서대로 바르게 나열한 것을 고르면?

> (가) 리더에 대한 의존성이 크고 지시가 있어야 행동하며, 적극적이지 않다.
> (나) 리더에 대한 의존성이 크고 적극적이나, 주체적이지는 않다.
> (다) 독립적이고 적극적이며 팀의 목적 달성을 위해 헌신한다.
> (라) 규정과 규칙을 준수하나, 평범한 수준의 열의를 보인다.
> (마) 자립적이고 반대 의식은 있지만 행동으로 옮기지는 않는다.

	(가)	(나)	(다)	(라)	(마)
①	순응형	수동형	모범형	실무형	소외형
②	순응형	모범형	소외형	실무형	수동형
③	수동형	순응형	모범형	실무형	소외형
④	수동형	모범형	실무형	소외형	순응형
⑤	모범형	수동형	실무형	소외형	순응형

37 **다음 글의 밑줄 친 '기업의 사회적 책임'에 해당하는 사례로 가장 적절하지 않은 것을 고르면?**

> 우리나라 기업들은 광범위한 사회문제 영역에서 비판적 여론과 사회적 저항에 직면하고 있다. 이는 많은 기업인들이 그동안 이윤 추구를 명분으로 정상적인 경영활동의 범위를 벗어나 부도덕한 행위를 되풀이했기 때문이다. 이러한 기업의 행위들은 사회에 많은 영향을 끼쳐 사회 전체의 윤리적 문제로 이어질 수 있다.
> 최근 기업도 단순히 이윤 추구를 하는 집단의 형태를 벗어나 자신들이 벌어들인 이익의 일부분을 사회로 환원하는 개념인 '기업의 사회적 책임(Corporate Social Responsibility, CSR)'을 강조하는 형태로 변화하고 있다.

① 고객현장에서 발생될 수 있는 폐유 및 폐용액에 대한 완벽한 수거를 해당 기업이 직접 실시하고 이를 적법한 절차에 의해 처리해줌으로써 고객현장에서의 환경오염사고방지에 노력한 사례
② 개발도상국을 지원하는 A사업을 후원하며, 매년 가정의 달에 독거노인을 초청하여 행사를 진행하고, 대학과 산학 연계를 통하여 직원을 채용한 사례
③ 연 2회 상반기, 하반기 전 직원이 보육원을 방문하여 2시간씩 봉사활동 참여를 하며, 회사 내에서 자체적으로 운영하는 카페 수익금 전부를 보육원에 기부한 사례
④ 가전제품 생산 회사가 인프라 시설 부족으로 인한 잦은 정전, 높은 온도와 습도, 사막지대의 먼지 등 생활가전에 열악한 환경을 갖고 있는 아프리카 시장에 진출하여 지역가치 제고와 매출 증대에 큰 기여를 한 사례
⑤ ㅇㅇ시에 노인들을 위한 복지 시설이 하나도 없다는 사실을 알고 66억여 원의 비용으로 노인복지회관을 건립하여 ㅇㅇ시에 기증한 사례

38 **다음 글을 참고하여 직장 생활 속 예절과 매너에 대한 설명으로 옳지 않은 것을 고르면?**

> ○○센터가 한 설문 기관을 통해 직장인 800여 명을 대상으로 직장생활에 대한 설문을 실시한 결과, 응답자의 61.4%가 신입사원에게 가장 필요한 역량이 '직장생활 속 예절과 매너'라고 응답했다. 다음으로는 '업무에 대한 열정과 적극성(27.4%)', '업무에 대한 전문적인 지식(6.7%)', '기본 문서작성 능력(3.8%)' 순으로 직장인들이 신입사원에게 필요한 역량으로 무엇을 중시하는지 생각이 드러났다. 한편 "직장예절과 매너에 대해 어떻게 배웠는가?"라는 질문에는 91.4%가 '아무도 알려주지 않아 눈치껏 배우거나 상사나 주변사람들이 지적을 해줘서 알았다.'고 응답해 직장예절 및 매너에 대한 정식 교육이 필요한 것으로 조사됐다. 이에 설문조사를 진행한 ○○센터는 취업준비생 및 신입사원을 위한 '직장생활 행동 백서' 교육 과정을 개설해 직장생활에서 빈번하게 일어나는 여러 가지 난감한 상황에서 예의 있게 대처하는 방법을 사례와 함께 자세하게 안내하고 있다.

① 직장예절은 에티켓과 매너의 차이점을 일반화한 비즈니스의 에티켓과 매너를 총칭한다.
② 매너는 형식적 측면이 강하고 에티켓은 그 형식을 구현하는 방법적 측면이 강하다.
③ 네티켓은 통신 기술의 발달로 새롭게 나타난 예절이다.
④ 비즈니스에서 악수는 오른손으로 하며 윗사람이 아랫사람에게 청하는 것이 예의다.
⑤ 이메일이나 SNS를 사용할 때는 읽는 사람에 따라 해석이 달라질 수 있어 주의해야 한다.

39 **다음은 '직장 내 괴롭힘'이 인정되는 사례를 정리한 것이다. 이를 바탕으로 근로기준법에서 규정한 직장 내 괴롭힘의 성립 요건에 해당하는 것을 [보기]에서 모두 고르면?**

- 정당한 이유 없이 업무 능력이나 성과를 인정하지 않거나 조롱함.
- 정당한 이유 없이 훈련, 승진, 보상, 일상적인 대우 등에서 차별함.
- 다른 근로자들과는 달리 특정 근로자에 대해서만 근로계약서 등에 명시되어 있지 않는 모두가 꺼리는 힘든 업무를 반복적으로 부여함.
- 근로계약서 등에 명시되어 있지 않는 허드렛일만 시키거나 일을 거의 주지 않음.
- 정당한 이유 없이 업무와 관련된 중요한 정보제공이나 의사결정 과정에서 배제시킴.
- 정당한 이유 없이 휴가나 병가, 각종 복지혜택 등을 쓰지 못하도록 압력을 행사함.
- 다른 근로자들과는 달리 특정 근로자의 일하거나 휴식하는 모습만을 지나치게 감시함.
- 사적 심부름 등 개인적인 일상생활과 관련된 일을 하도록 지속적, 반복적으로 지시함.
- 정당한 이유 없이 부서이동 또는 퇴사를 강요함.
- 개인사에 대한 뒷담화나 소문을 퍼뜨림.
- 신체적인 위협이나 폭력을 가함.
- 욕설이나 위협적인 말을 함.
- 다른 사람들 앞이나 온라인상에서 나에게 모욕감을 주는 언행을 함.
- 의사와 상관없이 음주, 흡연, 회식 참여를 강요함.
- 개인을 집단으로 따돌림.
- 업무에 필요한 주요 비품(컴퓨터, 전화 등)을 주지 않거나, 인터넷·사내 네트워크 접속을 차단함.

보기

㉠ 집단이 개인에게 가하는 행위여야만 할 것
㉡ 직장에서의 우위 또는 관계에서의 우위를 이용할 것
㉢ 신체적, 정신적 고통을 주어 근무환경을 악화시킬 것
㉣ 정당한 이유가 없는 행위여야만 할 것
㉤ 업무상 적정 범위를 벗어날 것

① ㉠, ㉡, ㉢ ② ㉠, ㉢, ㉤ ③ ㉠, ㉣, ㉤
④ ㉡, ㉢, ㉣ ⑤ ㉡, ㉢, ㉤

40 **다음 중 성희롱 성립 요건에 대한 설명으로 옳지 않은 것을 고르면?**

① 남녀 구분 없이 모두 가해자가 될 수 있다.
② 모든 남녀 근로자는 피해자가 될 수 있으며, 장래 고용관계를 예정하는 모집, 채용 과정 내 구직자도 피해자 범위에 포함된다.
③ 고객과 거래처 직원은 직장 내 성희롱 피해자 범위에서 제외된다.
④ 업무 관련 출장 중에 차 안에서 발생하거나 전체 회식장소 등에서 발생하는 경우 업무 관련성이 있지만, 사적으로 불러낸 만남은 직장 밖이므로 직장 내 성희롱이라고 보기 어렵다.
⑤ 성적인 언어 또는 행동 또는 이를 조건으로 하는 행위로써 고용상의 불이익을 초래하거나 성적 굴욕감을 유발하여 고용환경을 악화시키는 경우 직장 내 성희롱이 성립한다.

공기업 NCS 통합

실전모의고사

| 5회 |

피듈형

영역		문항 수	권장 풀이 시간	비고
NCS 직업기초능력평가	의사소통능력	50문항	50분	※ 피듈형 50문항 모의고사는 한국도로공사, 한국수자원공사 등의 필기시험을 바탕으로 재구성하였습니다. ※ 객관식 오지선다형으로 구성되어 있습니다.
	수리능력			
	문제해결능력			
	자원관리능력			
	정보능력			

모바일 OMR
자동채점 & 성적분석 무료

정답만 입력하면 채점에서 성적분석까지 한번에!

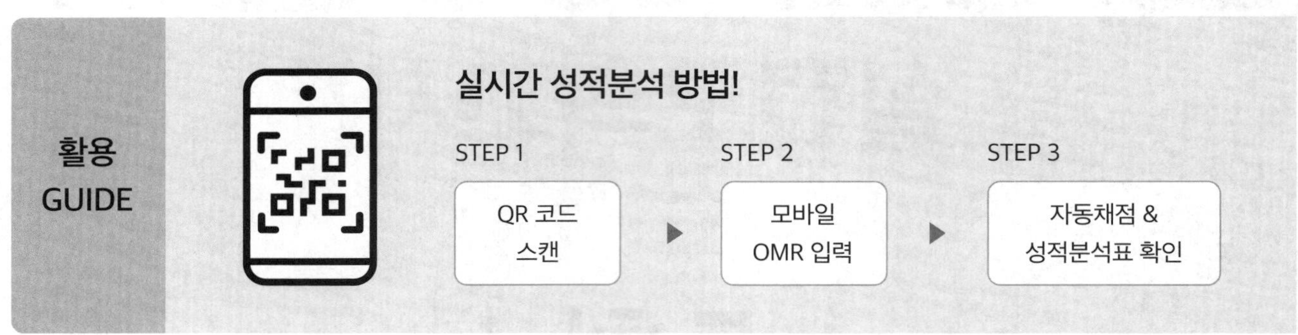

STEP 1

교재 내 QR 코드 스캔

- 위 QR 코드를 모바일로 스캔 후 에듀윌 회원 로그인
- QR 코드 하단의 바로가기 주소로도 접속 가능

STEP 2

모바일 OMR 입력

- 회차 확인 후 '응시하기' 클릭
- 모바일 OMR에 답안 입력
- 문제풀이 시간까지 측정 가능

STEP 3

자동채점 & 성적분석표 확인

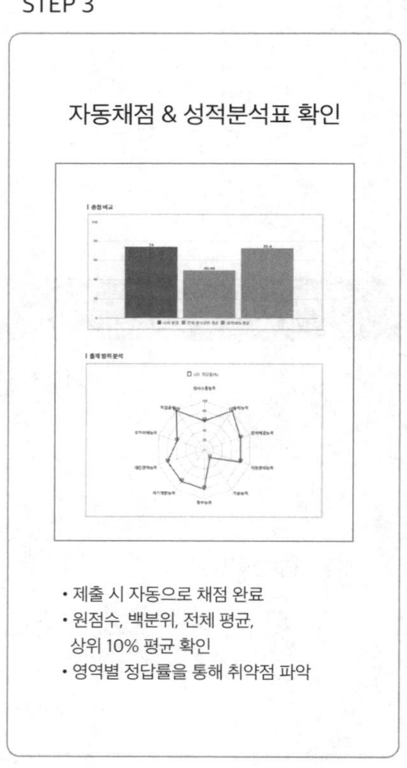

- 제출 시 자동으로 채점 완료
- 원점수, 백분위, 전체 평균, 상위 10% 평균 확인
- 영역별 정답률을 통해 취약점 파악

※ 본 회차의 모바일 OMR 채점 서비스는 2026년 12월 31일까지 유효합니다.

공기업 NCS 통합

실전모의고사 5회 피듈형

정답과 해설 P. 38

01 다음 글을 읽고 대답할 수 없는 질문을 고르면?

> 1895년에 엑스선이 발견되기 전까지는 칼을 대지 않고 인체 내부를 들여다볼 수 있을 것이라는 생각은 누구도 하지 못했다. 그후로도 엑스선 촬영 장치를 개량하여 인체의 단면까지 볼 수 있게 만든 컴퓨터 단층 촬영 장치(CT)가 등장하며 진단 장비의 기능이 한층 발전했으나 값비싼 비용과 여전히 인체에 해로운 엑스선을 사용한다는 점에서 한계가 있었다. 이러한 결점을 보완하여 저렴하고 안전하게 인체의 민감한 부분과 태아까지 안전하게 검진할 수 있는 장치로 널리 사용하게 된 것이 초음파 진단 장치이다.
>
> 초음파 진단 장치는 인체 내부를 들여다보기 위해 소리를 사용한다. 일반적인 소리는 사람의 귀로 감지할 수 있지만 초음파는 진동수가 20,000Hz가 넘어서 사람의 귀로 들을 수 없다. 인체를 진단하는 도구로 초음파를 사용하게 된 것은, 초음파는 짧은 파장을 가지므로 투과성이 강하고 직진성이 탁월할 뿐 아니라 미세한 구조까지 자세하게 볼 수 있게 해 주기 때문이다.
>
> 초음파 진단 장치에는 초음파를 만들어 내고 감지하기 위한 압전(壓電) 변환기라는 특수한 부분이 있다. 압전 변환기의 핵심 부품인 압전소자는 압력을 받으면 전기를 발생시키는데 압전효과를 활용한 것이다. 초음파를 압전소자에 가해 주면 압전소자에 미치는 공기의 압력이 변하면서 압전효과로 인해 고주파 교류가 발생한다. 역으로 높은 진동수의 교류전압을 압전소자에 걸어 주면 압전소자가 주기적으로 신축하면서 초음파를 발생시키는데, 이를 역압전 효과라고 한다. 이렇게 압전소자는 압전 변환기에서 초음파를 발생시키고, 반사되어 돌아오는 초음파를 감지하는 중요한 역할을 담당한다. 즉, 압전 변환기는 마이크와 스피커의 역할을 모두 하는 셈이다.
>
> 검사하고자 하는 인체 부위에 압전 변환기를 접촉시킬 때에는 그 부위에 젤을 발라 준다. 이는 압전 변환기와 피부 사이에 공기층을 없애 반사로 인한 음파의 손실을 최소화하기 위한 것이다. 압전 변환기에서 나온 초음파는 상이한 생체 조직을 각기 다른 속력으로 통과하며, 각 조직 사이의 경계 부위를 지날 때에는 부분적으로 반사된다. 반사되어 압전 변환기로 돌아오는 초음파의 세기는 통과한 조직의 밀도와 두께가 클수록 약해진다. 이렇게 각 조직이나 기관에서 다층적으로 반사된 초음파는 수신 모드로 전환된 압전 변환기에서 시간차를 두고 각기 다른 세기의 교류 전기신호를 발생시킨다. 컴퓨터는 이 전기신호들의 세기와 지체 시간을 분석하여 모니터 화면에 영상을 만들어 낸다.

① 압전효과를 상업적으로 이용한 또다른 예는 무엇이 있을까?
② 인체를 진단하는 도구로 초음파를 사용하는 까닭은 무엇일까?
③ 엑스선이 발견되기 전에는 인체 내부를 어떻게 들여다봤을까?
④ 초음파 진단 장치에서 압전소자가 하는 역할은 무엇일까?
⑤ 초음파 진단 장치를 사용할 때 검사 부위에 젤을 바르는 이유는 무엇일까?

02 다음 글에서 나타난 ㉠ : ㉡의 관계와 가장 유사한 것을 고르면?

우리는 말을 할 때에 말하는 사람, 말을 듣는 사람, 쓰인 말, 무엇에 대하여 말하게 되었는가, 즉 말이 관계를 맺고 있는 관련 사항, 어떤 환경에서 말하게 되었는가, 즉 말이 쓰인 분위기 또는 경로, 어떤 말을 사용하였는가, 즉 어떤 종류의 언어가 사용되었는가 등을 생각하게 된다. 이들 여섯 가지의 요소 가운데 어느 것 하나라도 없으면 언어 행위는 완전하게 이루어지지 않는다.

이 여섯 가지 요소들은 각각 언어의 여섯 가지 표정을 만들어 내는 주인공들이다. 그런데 어떤 말이 쓰였다고 했을 때 여섯 가지의 기능 가운데 어느 하나만 독자적으로 쓰이는 경우는 있을 수 없다. 발언의 다양한 특성은 이 여섯 가지의 기능, 즉 표정들이 각기 무엇을 강조했느냐에 따라 순서를 정하여 자리를 잡는 데서 비롯된다.

맨 먼저 언어의 정보적 기능에 대해서 생각해 보자. 이는 관련 상황에 대하여 말하는 사람이 듣는 사람에게 내용을 알려 주는 기능이다. 대상을 지시한다고 하여 지시적 기능이라고 말하기도 한다.

이 기능은 우리가 세계를 이해하는 정도에 비례하여 수행된다. 그러면 세계를 이해한다는 것은 무엇인가? 그것은 이 세상에 존재하는 사물에 대하여 이름을 부여함으로써 발생하는 것이다.

인류의 ㉠지식이라는 것은 인류가 깨달아 알게 되는 모든 대상에 대하여 ㉡이름을 붙이는 작업에서 형성되는 것이다. 어떤 사물이건 이름을 붙이면 그 사물의 개념이 형성된다. 다시 말하면 그 사물의 의미가 확정되는 것이다. 그리하여 사물과 이름의 의미는 떨어질 수 없는 삼각관계를 맺는다. 그러나 사물이 지닌 의미는 사물에 대한 인간의 인식이요, 사물 자체라고는 볼 수 없다. 이름이 사물과 맺고 있는 관계는, 그 이름이 그 사물의 의미(또는 개념)와 맺고 있는 관계보다 강한 것이 되지 않는다.

	㉠		㉡		㉠		㉡		㉠		㉡
①	버스	:	택시	②	선발	:	시험	③	악어	:	악어새
④	음악	:	클래식	⑤	탐험	:	발견				

03 다음 중 글을 읽고 추론한 내용으로 옳지 않은 것을 고르면?

> 최근 세계 2위의 경제대국으로 올라선 이웃나라 중국의 경제 활동 규모는 어느 정도일까? 우리나라와 비교해 볼 수는 없을까? 이런 물음들에 답하려면 상호 비교할 수 있도록 한 나라의 경제 활동 수준을 파악할 수 있는 지표가 필요하다. 이러한 경제활동지표는 국가 간 경제 규모를 비교할 때뿐만 아니라, 정부가 경제 정책을 수립하거나 기업이 투자계획을 세울 때 중요한 준거로 활용되는데, 그 중 가장 널리 알려지고 많이 활용되는 생산측면의 국민소득 지표가 바로 국내총생산(GDP)이다.
>
> 국내총생산이란 일정 기간 동안 한 나라 안에서 생산된 최종 재화와 서비스의 시장 가치를 화폐 단위로 환산하여 합산한 것이다. '일정 기간'이라 함은 보통 1년을 말하며, GDP의 산출에는 그 해에 새로이 생산된 재화와 서비스의 가치만을 포함한다. 따라서 중고품이나 과거에 생산된 재고품은 GDP에 포함되지 않는다. '한 나라 안에서'라는 것은 누가 생산했는가에 상관없이 그 나라의 국경 안에서 생산된 재화와 서비스의 가치를 포함한다는 의미다. 즉, 우리 국민(기업)이든 외국인(기업)이든 한국에서 생산했다면 그 결과물은 한국의 GDP에 포함된다. 예를 들어, 미국 N사의 한국 공장에서 생산된 제품은 한국의 GDP에 포함되지만, 우리나라 H사 미국 공장에서 생산된 자동차는 미국의 GDP에 포함된다. '최종 재화와 서비스'라 함은 그 나라 안에서 새로이 생산된 것일지라도 다른 재화와 서비스를 생산하는 데 쓰이는 중간투입물은 GDP 계산에서 제외한다는 의미다. 예컨대, 제분업자가 밀을 사서 밀가루를 만들어 팔고, 제빵업자는 그 밀가루를 사다가 빵을 만들어 팔았다면 빵의 가격에는 중간투입물인 밀과 밀가루의 가치가 이미 포함돼 있는 셈이다. 따라서 GDP 계산에는 최종 재화인 빵의 가격만 포함된다. 이로써 생산물의 가치가 중복 계산되는 것을 피할 수 있다.
>
> 여기서 한 가지 주의할 것은, 같은 밀가루라도 제빵업자가 밀가루를 구입한 것은 중간투입물로 GDP의 계산에서 제외해야 하지만, 가정주부가 밀가루를 구입해서 가족들의 식사로 칼국수를 만들었다면 밀가루는 최종 생산물로 GDP에 포함된다는 점이다. 가정주부의 생산은 실질적인 생산 활동이라도 시장에서 가격이 책정돼 거래되지 않기 때문에 GDP 계산에서 제외된다. GDP를 재화와 서비스의 시장 가치라 정의하는 것도 이 때문이다. GDP 산출에는 시장에서 거래된 재화와 서비스의 가격만이 포함되기 때문에, 같은 제품이라 할지라도 시장에서 거래되지 않았다면 GDP에서 제외된다. 따라서 가정주부가 구입한 밀가루는 제빵업자가 빵을 만드는 데 들어간 밀가루와 달리 최종 생산물로 간주되며, 가정주부가 만든 칼국수의 가치는 시장에서 거래되지 않아 GDP에 포함되지 않는다.

① 여러 국가의 GDP를 비교하면 국가별 소득 분배 정도를 파악할 수 있다.

② 카센터에 보내지 않고 직접 자동차를 수리하면 서비스를 창출했지만 GDP에서 제외된다.

③ 해외에서 활동하는 한국인 스포츠 선수가 현지에서 더 많은 수입을 올려도 우리나라의 GDP는 변하지 않는다.

④ 우리나라의 내국인 근로자 노동 수입은 동일하고, 외국인 근로자의 노동 수입만 증가해도 우리나라의 GDP는 증가하게 된다.

⑤ 외국인이 국내에서 벌어들인 소득은 우리나라의 GDP에 계산되나, 우리 국민이 해외에서 벌어들인 소득은 우리나라의 GDP에 포함되지 않는다.

04 1부터 5까지 자연수 중에서 3개의 수를 선택하여 세 자리 수의 비밀번호를 만들 때, 이 비밀번호가 홀수인 경우의 수를 고르면?

① 6가지 ② 12가지 ③ 18가지
④ 24가지 ⑤ 36가지

05 A국의 2021년 신재생에너지 생산량은 전체 에너지 생산량의 35%를 차지하였다. 2022년에 전체 에너지 생산량은 증가하였으며 신재생에너지의 생산량 또한 35% 증가하며 전체 에너지 생산량의 37.8%를 차지하였다. 2021년과 2022년의 전체 에너지 생산량의 차이가 135,000GWh일 때, 2021년 신재생에너지의 생산량으로 옳은 것을 고르면?

① 189,000GWh ② 189,500GWh ③ 190,000GWh
④ 190,500GWh ⑤ 191,000GWh

[06~07] 다음은 2020~2023년 A기업의 재무 정보를 분석한 자료이다. 이를 바탕으로 이어지는 질문에 답하시오.

[표] 2020~2023년 A기업 재무 정보 (단위: 억 원)

구분	최근 연간 실적				2022년 분기별 실적		
	2020년	2021년	2022년	2023년	2022년 1분기	2022년 2분기	2022년 3분기
매출액	68,176	82,201	96,706	105,797	24,453	25,370	25,261
영업이익	13,255	13,047	14,888	18,879	3,802	4,055	4,393
당기순이익	164,776	6,732	9,850	16,319	3,562	2,984	5,558
영업이익률(%)	19.44	15.87	15.39	17.84	15.55	15.98	17.39
순이익률(%)	241.69	8.19	10.19	15.43	14.57	11.76	22.00

※ (매출총이익)(억 원)=(매출액)−(매출원가)

※ (영업이익)(억 원)=(매출총이익)−(판매비)−(관리비)

※ (영업이익률)(%)=$\frac{(영업이익)}{(매출액)}\times 100$

06 주어진 자료에 대한 설명으로 옳지 않은 것을 고르면?

① 2022년 4분기 매출액은 21,622억 원이다.
② 2023년 2분기 영업이익이 연간 영업이익의 32%라면 영업이익은 약 6,041억 원이다.
③ 2022년 전체 매출원가가 43,205억 원이라면 판매비와 관리비는 38,613억 원이다.
④ 판매비와 관리비가 일정할 경우 매출원가가 낮을수록 영업이익률은 증가한다.
⑤ 2021~2023년 동안 전년 대비 영업이익 증가율이 가장 높은 해는 2022년이다.

05 실전모의고사 5회

07 다음 중 A기업의 2022년 4분기 영업이익률로 옳은 것을 고르면?(단, 계산 시 소수점 셋째 자리에서 반올림한다.)

① 10.19% ② 12.20% ③ 18.32%
④ 21.58% ⑤ 23.11%

08 **다음 [표]는 직업별 근로기간 설정 여부 및 고용 계약 기간을 나타낸 자료이다. 이에 대한 설명으로 옳지 않은 것을 고르면?**(단, 계산 시 소수점 첫째 자리에서 반올림한다.)

[표] 직업별 근로기간 설정 여부 및 고용 계약 기간 (단위: %)

구분	사례 수 (명)	근로기간 설정 여부		고용 계약 기간				
		정했음	정하지 않음	1년 이하	1년 초과 3년 이하	3년 초과	명시된 계약 기간 없음	무응답
관리자	231	8.9	91.1	51.6	11.9	17.9	0.0	18.6
전문가 및 관련종사자	1,413	12.3	87.7	71.0	19.6	3.6	2.9	2.9
사무종사자	1,397	8.7	91.3	68.0	23.2	1.5	3.0	4.3
서비스종사자	643	13.5	86.5	90.3	6.6	0.9	1.0	1.2
판매종사자	752	9.0	91.0	77.9	13.3	0.0	8.8	0.0
농림어업 숙련종사자	37	6.4	93.6	100.0	0.0	0.0	0.0	0.0
기능원 및 관련기능종사자	647	7.0	93.0	71.1	11.2	0.8	9.0	7.9
장치,기계조작 및 조립종사자	714	5.5	94.5	75.6	17.0	0.0	2.1	5.3
단순노무종사자	1,280	25.0	75.0	90.8	8.0	0.0	0.7	0.5

※ 고용 계약 기간에서의 비율은 근로기간 설정 여부의 '정했음'에 해당하는 사례수에서의 비율임

① 사무종사자와 서비스종사자 중에서 근로기간을 정한 총 사례 수는 210명 이하이다.
② 단순노무종사자의 근로기간을 정하지 않은 사례 수는 960명이다.
③ 관리자 중 고용 계약 기간이 3년 이하 사례 수는 15명 이상이다.
④ 조사 사례수가 가장 적은 직업은 근로기간을 정한 종사자의 비율과 정하지 않은 종사자의 비율 차이가 87.2%p이다.
⑤ 고용 계약 기간이 3년 초과인 비율이 0%가 아닌 직업 중에서 비율이 가장 작은 직업의 근로기간을 정하지 않은 사례 수는 600명을 초과한다.

09 **6명의 직원 갑~기는 항상 9시 정각에 회사에 도착한다. 주어진 [조건]을 모두 고려할 때, 항상 옳지 않은 설명을 고르면?**(단, 모든 직원은 동일한 속력으로 움직인다.)

조건

- 6명은 항상 정해진 시각에 각자 집에서 출발하며, 집에서 회사까지 걸리는 시간은 모두 70분 이내이다.
- 집에서 회사까지 갑은 35분이 걸리고 무는 60분이 걸린다.
- 무는 병보다 회사에 도착하기까지 20분이 더 걸린다.
- 집에서 가장 늦게 출발하는 사람은 정이고, 가장 빨리 출발하는 사람은 을이다.
- 을이 집에서 회사까지 걸리는 시간은 기가 집에서 회사까지 걸리는 시간의 2배이다.

① 기는 집에서 회사까지 35분이 걸린다.
② 병은 갑보다 5분 빨리 집에서 출발한다.
③ 을은 집에서 7시 55분에 출발한다.
④ 기는 병보다 15분 늦게 집에서 출발한다.
⑤ 무는 집에서 출발하는 시각이 두 번째로 빠르다.

10 **A, B, C 3명은 구슬 13개가 나눠져 들어 있는 주머니 1, 주머니 2, 주머니 3을 열어본 후 다음과 같이 의견을 교환했다. 이를 참고할 때, 주머니 2에 들어 있는 구슬의 개수를 고르면?**

- 구슬은 주머니 1에 가장 적게, 주머니 3에 가장 많이 들어 있다.
- 각 주머니에는 구슬이 1개 이상 들어 있으며, 개수가 서로 다르다.
- A, B, C 3명은 위의 사실을 모두 알고 있는 상태에서 주머니를 열어보았다.
- A는 주머니 1만을 열어본 후, 주머니 2와 주머니 3에 구슬이 각각 몇 개씩 있는지 알 수 없다고 말했다.
- B는 A의 말을 듣고 주머니 3만을 열어본 후, 주머니 1과 주머니 2에 구슬이 각각 몇 개씩 있는지 알 수 없다고 말했다.
- C는 A와 B의 말을 듣고 주머니 2만을 열어본 후, 주머니 1과 주머니 3에 구슬이 각각 몇 개씩 있는지 알 수 없다고 말했다.

① 2개　② 3개　③ 4개
④ 5개　⑤ 6개

05 실전모의고사 5회

11 어느 회사에서는 건물 관리 보안 용역업체와 새로 계약하려고 한다. 다음의 자료와 [표]를 바탕으로 할 때, 용역업체 A~E 중 이 회사와 계약하는 보안 용역 업체를 고르면?

1. **평가 요소 및 점수 부여**

구분	지수 값 최상위 1개 기관	지수 값 중위 2개 기관	지수 값 최하위 2개 기관
재계약 지수에 따른 점수	5점	4점	2점
보안 실적 지수에 따른 점수	5점	3점	1점

※ $(\text{재계약 지수})=\frac{(\text{전년도 재계약 건수})}{(\text{재작년도 계약 건수})}\times 100$

※ $(\text{보안 실적 지수})=\frac{(\text{전년도 보안 실적 건수})}{(\text{전년도 계약 건수})}\times 100$

2. **최종 순위 결정**
   - 재계약 지수와 보안 실적 지수에 따른 점수의 합이 가장 큰 업체를 선정한다.
   - 합산 점수가 동일한 경우 전년도 계약 건수가 가장 높은 업체를 선정한다.

[표] 평가 대상 기관의 실적 (단위: 건)

구분	A	B	C	D	E
재작년도 계약 건수	80	80	90	100	90
전년도 계약 건수	90	90	100	96	90
전년도 재계약 건수	76	80	84	90	87
전년도 보안 실적 건수	82	72	85	88	75

① A ② B ③ C
④ D ⑤ E

[12~13] 다음 글을 바탕으로 이어지는 질문에 답하시오.

우리나라 민법에서는 언론보도로 명예가 훼손되는 경우 피해를 구제받기 위해서 손해 배상과 같은 금전적인 구제와 아울러 비금전적인 구제를 청구할 수 있다고 규정하고 있다. 이러한 비금전적인 구제 방식의 하나가 '반론권'이다. 반론권은 언론의 보도로 피해를 입었다고 주장하는 당사자가 문제가 된 언론 보도 내용 중 순수한 의견이 아닌 사실적 주장(사실에 관한 보도 내용)에 대해 해당 언론사를 상대로 지면이나 방송으로 반박할 수 있는 권리로, 일반적으로 반론 보도를 통해 실현된다. 이는 보도 내용이 사실과 달라 잘못된 사실을 바로잡는 정정 보도나, 형사상의 조치를 받은 것으로 보도된 당사자의 무혐의나 무죄 판결에 대한 내용을 보도해 주는 추후 보도와는 다르다.

반론권 제도는 세계적으로 약 30개 국가에서 시행되고 있는데, 우리나라의 반론권 제도는 의견에도 반론권을 적용하는 프랑스식 모델이 아닌 사실적 주장에 대해서만 반론권을 부여하는 독일식 모델을 따른다. 또한 우리나라는 반론권 제도를 도입하면서 이를 언론중재위원회를 통하여 행사하도록 했는데, 반론권 도입 당시 우리 정부는 언론중재위원회를 통한 반론권 행사가 언론에는 신뢰도 하락과 같은 부담을 주지 않고 개인에게는 신속히 피해를 구제받을 기회를 줄 수 있어 효율적이라고 주장하였다. 그러나 이러한 정부의 입장에 대해 언론사와 일부 학자들은 법정 기구인 언론중재위원회를 통해 반론권을 행사하도록 하는 것이 언론의 편집 및 편성권을 침해하여 궁극적으로 언론 자유의 본질을 훼손할 수 있다는 우려를 나타냈다.

그러나 헌법재판소는 반론권 존립 여부에 대해 판단하면서, 반론권은 잘못된 사실을 진실에 맞게 수정하는 권리가 아니라 피해를 입은 자가 문제가 되는 기사에 대해 자신의 주장을 게재하는 권리로서 합헌적인 구제 장치라고 보았다. 또한 대법원은 반론권 제도를 이른바 무기대등원칙(武器對等原則)에 부합하는 것으로 판단하며, 사회적 강자인 언론을 대상으로 하는 일반인이 동등한 공격과 방어를 할 수 있도록 균형 유지 수단을 제공하는 것이므로 정당하다고 보았다.

반론권 청구는 언론중재위원회 또는 법원에 할 수 있으며, 두 기관 동시에 신청할 수도 있다. 이때 반론권은 해당 언론사의 잘못이나 기사 내용의 진실성 여부에 상관없이 청구할 수 있다. 언론 전문가들은 일부 학자들의 비판적인 시각에도 불구하고 언론과 관련된 분쟁은 법정 밖에서 해결하는 것이 가장 바람직하다는 측면에서 언론중재위원회를 통한 반론권 제도의 중요성을 인정하고 있다. 그러나 그 효율성을 제고하기 위해서는 당사자가 모두 만족할 수 있도록 중재의 합의율과 질적 수준을 높이는 것이 우선되어야 할 것이다.

12 다음 중 글의 전개 방식으로 가장 적절한 것을 고르면?

① 여러 가지 사례를 열거하고 이를 바탕으로 새로운 주장을 한다.
② 개념을 정의한 후 대립되는 주장을 소개하고 필자의 견해를 밝힌다.
③ 개념이 변화된 원인을 분석하고, 새로운 개념이 등장한 배경을 탐색한다.
④ 이론에 대한 두 견해의 장단점을 비교하고 이를 절충하는 이론을 제시한다.
⑤ 개념이 발전되어 가는 과정에 따른 변화의 단계를 설명하고 그 문제점을 파헤친다.

13 다음 중 글을 읽고 추론한 내용으로 가장 적절한 것을 고르면?

① 보도 내용이 사실인 경우에도 반론권을 청구할 수 있다.
② 피해자는 반론 보도와 추후 보도를 동시에 청구할 수 있다.
③ 우리나라의 반론권 제도는 OECD 국가 중 가장 늦게 시행되었다.
④ 반론권은 문제가 된 보도와 같은 분량의 지면이나 방송으로 행사되어야 한다.
⑤ 반론권은 개인이 행사할 수 없고, 법인이나 단체, 조직을 통해서만 행사할 수 있다.

14 다음 글의 표제와 부제로 가장 적절한 것을 고르면?

> 빗으로 머리를 빗으면 빗에 머리카락이 달라붙어 올올이 치켜 올라가는 경험을 해 보았을 것이다. 정전기 때문이다. 어떤 물체가 전기를 띠게 되는 것을 '대전(帶電)되었다'고 하는데, 대전된 물체의 전기가 다른 어딘가로 흘러가지 않고 멈추어 있을 때, 이 전기를 정전기라 한다.
>
> 왜 이런 현상이 나타나는 것일까? 물질을 구성하는 원자는 양전하를 띤 원자핵과 음전하인 전자들로 이루어져 있다. 보통의 물질은 양전하와 음전하의 양이 같아서 전기적으로 중성이다. 서로 다른 두 물체를 마찰하면 일부 전자가 한 물체에서 다른 물체로 이동하여 전자를 받아들인 물체는 음전하로, 전자를 잃은 물체는 양전하로 대전되어 정전기를 띠게 된다. 그런데 같은 전하끼리는 서로 밀어내고 다른 전하끼리는 서로 끌어당기는 힘이 작용하므로, 대전된 물체에서도 같은 전하를 띤 물체는 밀어내고 다른 전하를 띤 물체는 잡아당기는 힘이 작용하게 된다.
>
> 현대 사회의 필수품인 복사기는 정전기의 이러한 특성을 이용한 대표적 장치이다. 복사기 내부는 양전하로 대전된 감광체가 도포되어 있는 원통형 드럼과 음전하로 대전된 토너, 움직이는 광원, 열원, 정교하게 만들어진 여러 개의 롤 등으로 이루어져 있다. 이 중에 정전기가 갖는 특성이 가장 잘 나타나는 것은 드럼과 토너이다.
>
> 복사하려는 문서를 투명한 유리판 위에 올려놓고 복사 버튼을 누르면 유리판 아래로 빛이 지나간다. 문서의 검은 글씨 부분은 빛을 흡수하고 하얀 부분은 빛을 반사하여 원통형 드럼 위에 상을 형성한다. 이 원통형 드럼의 표면은 양전하를 띠고 있다. 그런데 드럼 표면에 빛이 닿으면 빛이 닿은 부분은 드럼 표면의 양전하가 드럼 내부의 음전하와 중화되기 때문에 전하를 띠지 않게 된다. 따라서 빛을 받지 않은 곳만 양전하 상태로 남게 된다. 이 상태의 드럼에 음전하를 띤 토너가 접근하면 양전하로 대전된 부분만 토너 가루를 끌어당겨 붙인다. 이때 드럼 아래로 종이를 통과시키면서 그 종이에 드럼 표면의 전하보다 강한 양전하를 걸어주면 토너 가루들은 드럼에서 떨어져 그대로 종이로 옮겨 가 글씨를 형성한다. 이렇게 종이 위에 형성된 글씨는 정전기가 있는 동안만 유지된다. 그래서 그 글씨를 고착시키기 위해 이 종이를 180℃ 이상 되는 뜨거운 롤로 압착하면 복사가 완료되는 것이다.
>
> 정전기는 복사기 외에도 다양한 분야에 활용되고 있다. 매연 여과 장치의 필터에 정전기를 유도하면 미세 먼지들을 걸러낼 수 있다. 그리고 우주선의 외장재에 우주 먼지와 동일한 전하를 띠도록 정전기를 유도하면 우주 먼지가 들러붙는 문제도 해결할 수 있다.

① 정전기의 원리 – 복사기를 중심으로
② 정전기의 원리 – 대전현상을 중심으로
③ 정전기의 개념 – 복사기를 중심으로
④ 복사기의 작동 원리 – 정전기를 중심으로
⑤ 정전기의 응용 – 복사기를 중심으로

15 **다음 [조건]에 따라 20번, 24번, 30번 버스가 K의 집 근처 정류장에 정차한다. 오전 7시 이후 세 버스가 집 앞 정류장에 동시에 정차하는 때까지, 20번과 24번 버스가 함께 정류장에 정차하는 횟수를 고르면?**(단, 세 버스가 동시에 정차하는 경우는 정차하는 횟수에서 제외한다.)

조건

- 20번, 24번, 30번 버스의 배차 간격은 각각 12분, 15분, 25분이다.
- 오전 7시부터 K의 집 근처 정류장에 세 버스가 동시에 정차하였다가 출발한다.

① 3번　② 4번　③ 5번
④ 6번　⑤ 7번

16 **A고등학교의 신입생은 영어 또는 중국어 중 하나 이상의 강의를 수강해야 한다. 영어 강의실에서 의자를 한 줄에 20자리씩 배치하면 8명이 자리가 부족하고, 한 줄에 25자리씩 배치하면 마지막 줄에 13명이 앉게 된다. 중국어 강의를 듣는 신입생이 425명이고 두 강의를 모두 듣는 신입생이 296명일 때, 전체 신입생 수를 구하면?**(단, 영어 강의를 듣는 신입생 수는 중국어 강의를 듣는 신입생 수보다 적다.)

① 388명　② 425명　③ 488명
④ 517명　⑤ 530명

17 다음 중 밑줄 친 ㉠~㉤을 수정한 것으로 적절하지 않은 것을 고르면?

> 이탈리아의 베로나 시가지 중심부에는 중세 베로나를 황금기로 이끌었던 스칼라 가문의 흔적이 강하게 남아있다. 셰익스피어의 대표적인 희곡 「로미오와 줄리엣」의 배경이 스칼라 가문이 통치할 때인 13세기의 베로나이다. 베로나는 로마역사와도 밀접한 관계가 있는 도시이다. 스칼라 가문의 흔적 사이로 2천 년 전 로마제국 시대의 유적이 곳곳에 눈에 ㉠띤다. 그중 가장 대표적인 유적은 브라 광장에서 볼 수 있다. 이 ㉡넓다란 광장의 분위기를 압도하는 것은 로마의 콜로세움 같은 형태의 원형극장의 유적인 '베로나의 아레나'이다.
>
> 베로나의 아레나는 역사적 기록이 전혀 없기 때문에 정확히 언제 세워진 것인지는 알 수 없지만 고고학자들은 기원 후 14년에서 54년 사이에 세워진 것으로 추정한다. 그러니까 로마의 콜로세움보다 몇 십 년 앞서 세워졌던 것이다. 당시 이 아레나의 수용인원은 약 3만 명 정도였을 것으로 추정한다. 우리나라의 올림픽 체조경기장의 최대 수용 가능 인원이 15,000명인 것을 고려하면 상당한 규모이다. '아레나(Arena)'는 라틴어 단어인 모래(Hārena)에 기원을 두고 있는데, 지금은 원형극장이나 경기장을 의미하는 고유명사로 굳어졌다.
>
> 베로나의 아레나는 로마제국이 멸망하고 오랜 세월이 흐른 다음 지진이 이 지역을 강타하는 바람에 관중석 외곽 부분은 일부만 남고 대부분 무너져 내렸고, 그 후에는 폐허로 남았다. 중세에 이 유적은 본래 지어진 목적과 다르게 사형장, 기사들 간의 결투장 등으로 ㉢타락했으며, 1700년대에는 투견과 투우장, 우시장 등으로 사용되다가 가끔은 연극 공연 무대가 되기도 했다. 그 후에는 오로지 고고학자들과 역사학자들의 관심을 끌 정도의 유적으로만 남게 되었다.
>
> 아레나가 오늘날처럼 야외 오페라의 전당으로 탈바꿈한 것은 20세기 초반에 한 음악인 부부의 제안에서 비롯한다. 베로나 출신의 성악가였던 제나텔로 부부는 아레나를 야외오페라 공연장으로 활용하는 것을 베로나 시정부에 제안했다. 그 제안이 받아들여져 이탈리아의 대표적인 작곡가인 주세페 베르디의 탄생 100주년을 맞아 1913년 8월 10일에 베르디의 오페라 「아이다」가 첫선을 보였다. 이 오페라가 여름 밤하늘 아래 젊은 건축가인 파주올리가 디자인한 환상적인 무대 위에서 공연되자, 수천 명의 관중들은 실내무대에서는 도저히 상상할 수 없었던 규모와 분위기에 압도되어 마법에 걸린 듯 황홀경에 빠졌다. 특히 베로나의 아레나는 음향의 완성도가 뛰어나기로 유명하다. 관중석 맨 꼭대기 뒤쪽에 있어도 저 아래 멀리서 사람들이 말하는 이야기가 신기하게도 ㉣귓전에 생생하게 그대로 전달될 정도이다.
>
> 그런데 아레나의 부활이 이탈리아가 오페라의 나라이고, 이곳 사람들이 오페라를 사랑하기 때문에 가능했던 것일까? 사실 오늘날의 이탈리아 사람들 중에서 일생에 단 한 번이라도 오페라를 봤다는 사람은 의외로 많지 않다고 한다. 즉, 본고장에서도 오페라는 저변이 생각보다 그리 넓지 않다는 뜻이다. 하지만 종합예술인 오페라는 어떻게 공연하는지에 따라 저변을 크게 확대할 수 있으며 또 새로운 형태의 문화산업으로도 ㉤부각할 수 있는 잠재력을 충분히 갖추고 있다는 것을 아레나 재건 사업으로 보여준 것이다.

① ㉠: 빛깔이나 색채 따위를 가진다는 '띤다' 대신에 눈에 보인다는 뜻의 '띈다'로 수정한다.

② ㉡: '넓다란'은 표준어에 어긋나는 표현이므로 '널따란'으로 수정한다.

③ ㉢: '타락'은 올바른 길에서 벗어나 잘못된 길로 빠지는 일이므로 나쁜 상태로 빠진다는 의미인 '전락'으로 수정한다.

④ ㉣: 귓바퀴의 가장자리라는 의미의 '귓전'은 사이시옷이 들어갈 수 없는 환경이므로 '귀전'으로 수정한다.

⑤ ㉤: 어떤 사물을 특징지어 두드러지게 한다는 '부각' 대신 어떤 현상이 관심의 대상이 된다는 '부상'으로 수정한다.

18 다음 중 글에서 비판하려는 내용과 연관된 한자성어로 가장 적절한 것을 고르면?

> 현대 사회에서 전통적인 방법을 고수하려는 태도는 종종 논란이 됩니다. 일부 사람들은 문제를 해결하기 위해 오래된 규칙이나 관행을 유지하려 합니다. 예를 들어, 기업들이 전통적인 경영 방식을 고집할 때가 있습니다. 이는 시대의 흐름에 따른 혁신과 변화의 필요성을 간과할 수 있습니다. 정치에서도 비슷한 현상이 나타납니다. 오랜 전통이나 법률을 존중하고 수정하려는 노력은 사회의 안정성을 유지할 수 있지만, 지나치면 변화의 기회를 놓치게 됩니다. 예를 들어, 과거의 법률이 현대의 상황과 맞지 않을 때 이를 개정하지 않으면 사회적 문제가 발생할 수 있습니다. 교육 분야에서도 마찬가지입니다. 오래된 교육 방식이 일부 학생들에게 효과적일 수 있지만, 시대가 변함에 따라 학생들의 성향과 지식 수준이 달라지기 때문에 하나의 교육 방식만 고수하는 것은 교육 효과를 떨어뜨릴 수 있습니다. 따라서 최신 연구 결과를 토대로 새로운 교육 방법의 도입이 필요할 때가 많습니다.
>
> 이처럼 전통과 혁신 사이에서 적절한 균형을 유지하는 것이 중요합니다. 사회 전반에서 시대에 맞는 변화를 수용하며 오래된 관행을 합리적으로 수정해 나가면, 안정성과 발전을 동시에 이룰 수 있습니다. 이러한 균형 잡힌 접근 방식은 사회가 지속적으로 발전하고 안정성을 유지하는 데 도움이 됩니다.

① 일시동인(一視同仁) ② 각주구검(刻舟求劍) ③ 순망치한(脣亡齒寒)
④ 결초보은(結草報恩) ⑤ 망운지정(望雲之情)

19 다음 글을 이해한 내용으로 옳지 않은 것을 고르면?

사회의 주류적인 의견과 다른 의견을 가진 사람들을 통제함으로써 생기는 피해는 이단적 견해를 가진 당사자에게보다는 그러한 통제를 지켜보는 사회의 지식인들에게 더 크다. 앞날이 촉망되지만 성격이 소심한 지식인은 독창적인 견해를 가진 사람이 처벌되는 것을 목격하면, 처벌이 무서워 자신의 생각을 있는 그대로 표현하기를 꺼리고 주류적인 생각에 맞게 자신의 생각을 위장한다. 이러한 상황에서 지식인은 스스로 결코 침묵시킬 수 없는 학자로서의 양심과 지성을 궤변으로 기만하려고 노력하면서 일생을 보낸다.

자신의 양심과 지성을 정통 학설과 조화시키려는 시도 속에서 그들의 풍부한 상상력은 소진된다. 이것은 얼마나 큰 손실인가? 자신의 양심과 지성이 시키는 대로 하지 않고 그것을 속이는 사람은 어느 누구도 위대한 사상가가 될 수 없다. 스스로 생각하는 고뇌를 거치지 않고 획득하는 진리보다는 오히려 스스로 생각해 낸 오류에 의하여 진리는 발전된다.

사상의 자유가 보장되어야 하는 이유는 위대한 사상가를 탄생시키기 위한 데에 있는 것이 아니다. 그 이유는 보통 사람들로 하여금 아무리 보잘 것 없더라도 (오류 투성이라도) 자신이 스스로 생각해 낸 견해가 얼마나 중요한가를 깨닫도록 하는 데에 있다. 원칙이 논박되어서는 안 된다는 암묵적 관습이 있는 곳에서, 인류 공통의 관심사에 대한 자유로운 토론이 억압된 곳에서는 높은 수준의 정신적 활동을 결코 기대할 수 없다.

사회에서 일반적으로 옳다고 생각되는 견해도 사실은 오류일 수 있다는 가정을 무시하고, 그것의 진위 여부에 대하여 자유롭고 공개적인 토론이 이루어지지 않는 경우를 생각해보자. 사회에서 강력한 영향력을 행사하는 의견의 소유자는 그러한 자신의 의견이 어쩌면 오류일 수 있다는 사실을 자인하는 것까지는 힘들더라도 최소한 다음의 사실은 명심해야 한다. 만일 그 자신의 의견이 개방된 분위기 속에서 충분한 토론의 도마 위에 올려진 적이 없다면, 설령 그것이 진리라고 할지라도 그것을 살아있는 진리라고 할 수 없다. 즉, 죽은 독단으로서 지지되는 진리일 뿐이라는 것이다.

① 죽은 진리보다 살아있는 오류가 인류에 더 공헌한다.
② 원칙이 논박되지 않는 선에서 사상과 표현의 자유는 무제한 보장되어야 한다.
③ 개방되고 자유로운 사회가 위대한 사상가를 낳는다.
④ 오류 투성이라도 스스로 생각해 낸 견해를 더 중시하는 사회가 좋은 사회이다.
⑤ 토론으로 도전 받지 않은 진리는 그것이 옳더라도 죽은 진리이다.

20 다음 [표]는 특정시점의 4개 지역별 평균 기온과 강수량에 관한 자료이다. 이에 대한 설명으로 옳지 <u>않은</u> 것을 고르면?

[표1] 특정시점의 4개 지역별 월별 평균 기온 (단위: ℃)

구분	서울	대구	광주	제주
1월	−3.3	0.3	−0.3	5.7
2월	0.7	3.4	3.2	7.4
3월	6.8	8.8	8.5	10.8
4월	13.0	14.4	13.7	14.5
5월	17.0	19.1	18.3	18.9
6월	23.4	24.0	23.8	22.9
7월	26.1	26.1	26.2	26.1
8월	26.8	26.0	26.7	26.5
9월	20.2	21.4	21.4	23.2
10월	13.4	14.9	15.8	18.5
11월	8.8	10.5	11.5	14.9
12월	1.8	3.6	4.8	9.7

[표2] 특정시점의 4개 지역별 월별 평균 강수량 (단위: mm)

구분	서울	대구	광주	제주
1월	27.2	12.5	28.0	32.2
2월	39.6	12.3	43.6	22.5
3월	25.3	25.0	68.3	84.1
4월	56.1	50.1	82.1	211.2
5월	291.3	97.2	101.6	99.7
6월	110.0	195.4	177.2	107.7
7월	250.3	267.8	280.2	141.6
8월	117.2	222.9	381.9	205.7
9월	76.9	17.0	22.8	39.0
10월	58.2	8.3	29.0	8.2
11월	93.8	136.8	136.4	219.7
12월	38.1	40.4	73.7	101.2

① 8월의 평균 기온은 광주보다 서울이 더 높다.
② 4개 지역의 평균 강수량의 합이 가장 많은 달과 가장 적은 달의 평균 강수량 합의 차이는 800mm 이상이다.
③ 광주지역은 2월부터 8월까지 월별 평균 강수량이 꾸준히 증가하였다.
④ 서울의 5월 평균 기온의 전월 대비 증가율은 6월 평균 기온의 전월 대비 증가율보다 높다.
⑤ 1~5월 제주지역의 평균 강수량은 대구지역의 평균 강수량보다 매월 더 많다.

21 **다음 [그래프]는** 2022년 20~60대의 1년 **동안 한 번 이상 참여한 여가활동 유형을 조사한 자료이다. 이에 대한 설명으로 옳은 것을 [보기]에서 모두 고르면?**(단, 비율은 소수점 이하 둘째 자리에서, 인원수는 소수점 이하 첫째 자리에서 반올림한다.)

[그래프1] 2022년 20~60대의 1년 동안 한 번 이상 참여한 여가활동 유형(복수 선택 가능) (단위: %)

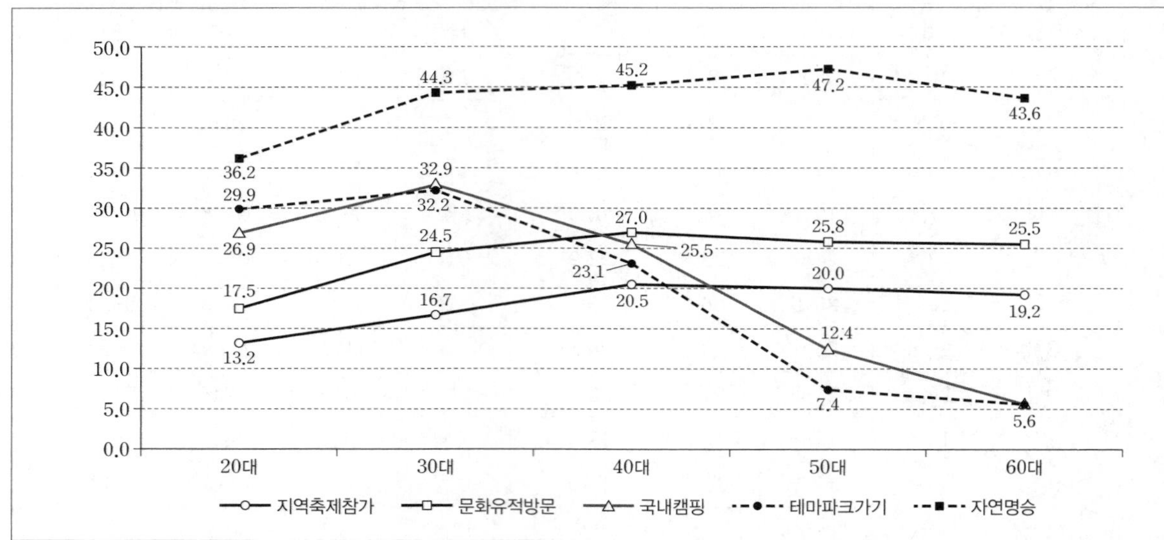

[그래프2] 20~60대 연령대별 응답자 수 (단위: 명)

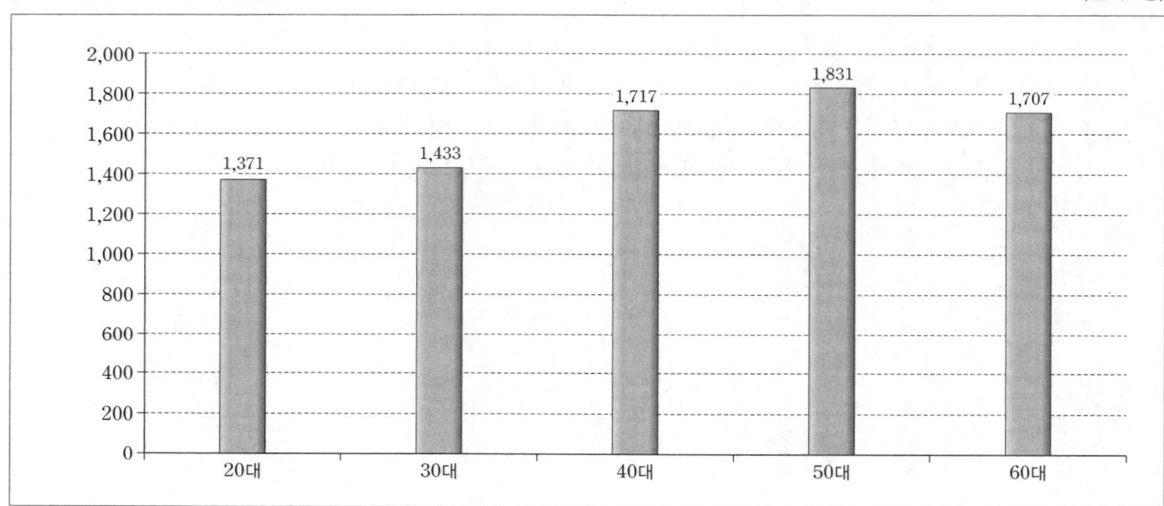

보기

㉠ 30대 이하 응답자 중 문화유적방문에 응답한 비율은 20% 이상이다.
㉡ 자연명승, 국내캠핑, 테마파크가기에 모두 참여했다고 응답한 50대 응답자 수는 최대 135명이다.
㉢ 20~60대 연령대별 가장 많이 참여한 여가활동 유형은 모두 같다.
㉣ 지역축제참가에 응답한 40대 응답자 수와 60대 응답자 수의 차이는 14명이다.

① ㉠, ㉡, ㉢　② ㉠, ㉢, ㉣　③ ㉠, ㉡, ㉣
④ ㉡, ㉢, ㉣　⑤ ㉠, ㉡, ㉢, ㉣

22 김 대리는 치킨, 햄버거, 피자를 메뉴별로 적어도 한 개씩 총 10개를 주문하려고 한다. 다음 [표]를 참고하여 피자 수량이 치킨 수량의 2배가 되도록 주문할 때, 최대 주문 금액과 최소 주문 금액의 차이를 고르면?

[표] 메뉴별 가격

구분	가격
치킨	20,000원
햄버거	6,000원
피자	15,000원

① 24,000원　② 32,000원　③ 48,000원
④ 50,000원　⑤ 64,000원

05 실전모의고사 5회

[23~24] 다음 글을 바탕으로 이어지는 질문에 답하시오.

인구 1만 명의 ○○시에서는 현재 쓰레기를 처리할 장소가 마련되지 않아 집집마다 쓰레기가 쌓이고 있다. 쓰레기 처리장 설치에는 100억 원이 필요하며, 설치된 쓰레기 처리장은 누구나 이용할 수 있다. 쓰레기 처리장이 설치되면 각 주민은 자신의 쓰레기 배출량에 비례하여 편익을 얻으며, 어느 주민의 편익도 100억 원을 넘지 못한다.

모든 주민들은 합리적으로 행동하며, 쓰레기 처리장이 설치되었을 때 다른 사람이 얻는 편익은 서로 알지 못한다.

쓰레기 처리장의 사회적 편익(예컨대 주민들의 편익의 합)이 설치비용 100억 원보다 큰 경우에는 설치되는 것이 바람직하다. 그러나 개별 주민의 입장에서는 사적 편익이 설치비용보다 작기 때문에 아무도 개인적으로 쓰레기 처리장을 설치하려고 하지 않을 것이며, 어떤 식으로든 쓰레기 처리장이 설치되면 이를 무료로 이용하고 싶어 할 것이다. 즉, 이 상황은 무임승차로 인해 사회적으로 필요한 재화(공공재)가 시장을 통해 조달되지 않는 시장실패의 전형적인 예이다.

한편, ○○시 환경과장은 전문 기관에 의뢰한 결과 주민들이 쓰레기 처리장을 설치하여 얻게 될 편익의 합을 120억 원으로 추정하였고, 쓰레기 처리장의 설치 여부와 비용 부담 방법을 정하는 데 있어서 주민의 의사를 반영하기 위해 다음과 같은 방안을 제시하였다.

> 모든 주민을 대상으로 쓰레기 처리장을 설치하여 얻게 될 편익에 대해 설문 조사하고, 편익의 총합이 100억 원보다 작지 않으면 쓰레기 처리장을 설치하기로 한다. 만일 쓰레기 처리장의 설치가 결정되면, 설치비용 100억 원을 각 주민에게 자신이 응답한 편익에 비례하여 할당한다.

23 다음 중 쓰레기 처리장 설치에 대해 판단한 내용으로 가장 적절한 것을 고르면?

① 편익의 총합이 100억 원보다 작아 쓰레기 처리장은 설치되지 않을 것이다.
② 편익의 총합이 100억 원보다 작지만, 쓰레기 처리장은 설치될 것이다.
③ 편익의 총합이 100억 원보다 크지만, 쓰레기 처리장은 설치되지 않을 것이다.
④ 편익의 총합이 100억 원보다 커 쓰레기 처리장이 설치될 것이다.
⑤ 편익의 총합을 정확히 파악할 수 없지만, 쓰레기 처리장은 설치될 것이다.

24 ○○시 환경과장의 제안을 접한 외부기관은 다음과 같이 변경된 방안을 제시하였다. 변경된 방안을 고려할 경우, 쓰레기 처리장 설치에 대해 판단한 내용으로 가장 적절한 것을 고르면?

- 쓰레기 처리장의 설치 여부는 주민들의 투표에 의해 다수결로 정한다.
- 만일 쓰레기 처리장의 설치가 결정되면, 설치비용 100억 원을 각 주민에게 균등하게 100만 원씩 나누어 부과한다.

① 찬성표를 던지는 주민의 수가 많아 쓰레기 처리장은 반드시 설치된다.
② 반대표를 던지는 주민의 수가 많아 쓰레기 처리장은 반드시 설치되지 않는다.
③ 찬성표를 던지는 주민의 수가 많겠지만, 쓰레기 처리장은 설치되지 않는다.
④ 반대표를 던지는 주민의 수가 많겠지만, 쓰레기 처리장은 설치된다.
⑤ 쓰레기 처리장의 설치 여부는 불명확하다.

25 다음 [표]는 축구 A조와 B조의 예선전 경기 결과이다. 이 결과와 [조건]을 바탕으로 4강에서 맞붙게 될 국가를 바르게 짝지은 것을 고르면?

[표] 축구 조별 경기 결과

구분		골 득점:실점		
		1경기	2경기	3경기
A조	가국	1:1	2:1	3:3
	나국	1:1	2:3	2:1
	다국	3:1	1:2	1:2
	라국	1:3	3:2	3:3
B조	마국	3:0	1:1	0:2
	바국	0:3	2:1	2:2
	사국	1:1	1:1	2:2
	아국	1:1	1:2	2:0

조건

- 조별로 한 국가가 다른 모든 국가와 각각 1번씩 예선전 경기를 하였다.
- 골을 더 많이 넣은 국가가 승리하며 골의 수가 동일할 경우 무승부이다.
- 승리할 경우 승점 3점, 무승부일 경우 승점 1점, 패배할 경우 승점 0점을 얻는다.
- 예선전 경기 결과, 1~3경기의 승점 합이 가장 높은 두 국가가 4강에 진출한다.
- 승점 합이 동일할 경우 1~3경기의 총골 득실 차(득점−실점)가 가장 큰 국가의 순위가 더 높다.
- 승점 합과 총골 득실 차가 동일할 경우 1~3경기의 총득점을 더 많이 한 국가의 순위가 더 높다.
- 승점 합과 총골 득실 차, 총득점이 모두 동일할 경우 해당 두 국가의 경기에서 승리한 국가의 순위가 더 높다.
- 4강에서 맞붙게 될 국가는 다음과 같이 정한다.
  - A조의 1위와 B조의 2위가 4강에서 경기를 한다.
  - A조의 2위와 B조의 1위가 4강에서 경기를 한다.

① 가국 vs 마국, 나국 vs 아국　② 가국 vs 마국, 라국 vs 아국　③ 가국 vs 바국, 라국 vs 마국
④ 가국 vs 아국, 나국 vs 마국　⑤ 가국 vs 아국, 나국 vs 바국

[26~27] 다음 글을 바탕으로 이어지는 질문에 답하시오.

한국에서 가상화폐 혹은 암호화폐 시장에 뛰어든 사람이 150만 명에 이른다고 한다. 그러나 암호화폐를 단순한 투자 또는 투기 대상으로만 여길 뿐 어떤 체계로 운영되는지, 어떻게 활용되는지에 대해선 잘 모르는 경우가 많다. 암호화폐에 대한 접근 방식은 크게 세 가지로 나뉜다.

(㉠)접근은 암호화폐의 근간인 블록체인 기술의 발전과 활용 방안을 넓혀 가는 것이다. 블록체인은 어떤 정보를 '블록'이라는 일정 구획에 저장하고, 정보가 추가 또는 변경됐을 때 또 다른 블록을 만들어 기존 블록에 이어 붙이는 기술을 말한다. 블록체인에 든 정보는 네트워크에 있는 모든 참여자에게 공유된다. 블록체인은 '연결과 분산의 기술'이며 한 번 기록된 데이터는 위조나 변조가 어려운 특성이 있다.

그동안 블록체인 기술은 국제 송금, 소액 결제 등 주로 금융 분야에 쓰였다. 이제는 의료 데이터, 정부 행정서비스, 사물인터넷 등으로 활용 범위를 넓히고 있다. 블록체인을 한층 더 보완, 발전시킨 기술도 등장하고 있다. 블록체인의 기본 기능에 스마트계약 기능을 추가한 기술과 익명성을 한층 더 강화한 기술 등이 있다. 블록체인 기술은 4차 산업혁명 시대를 주도할 첨단 기술로 주목받고 있다. 경제협력개발기구(OECD)나 세계경제포럼(WEF)에서도 인정한 만큼 세계 초일류 기업과 선진국도 관심과 투자를 늘리고 있다.

(㉡) 접근은 암호화폐를 하나의 산업으로 인식해 관련 분야의 부가가치를 키워 나가는 방식이다. 건전한 투자 대상으로 활용 방안을 강구하는 것도 여기에 해당한다. 이를 위해 무엇보다 가상화폐공개(ICO)를 발전시킬 방법을 찾아야 한다. 투자자 보호라는 명분에 집착해 ICO를 금지하는 것은 새로운 투자 기법을 외면하는 우를 범할 수 있다. 암호화폐 거래소도 건전하게 육성해야 하며, 일부 종목에 한정된 거래 대상을 더욱 넓혀 다양한 암호화폐가 거래되도록 해야 한다.

암호화폐를 기반으로 '암호경제'란 개념도 나타나고 있다. 이는 콘텐츠, 빅 데이터, 기술, 자원, 상품, 서비스 등 모든 것을 비트코인과 이더리움 등 암호화폐를 기준으로 가치를 매기고 거래하는 새로운 경제 패러다임이다.

(㉢) 접근은 기존 법정화폐와의 관계를 재정립하는 한편 투자자 보호 장치를 보다 정교하게 만드는 과정이다. 암호화폐는 이를 규율하는 법적, 제도적 장치가 미흡하다. 과세 대상이 아니라는 점에 착안해 탈세 수단으로 이용하거나 익명성을 악용해 자금세탁 수단으로 쓰는 사례가 적지 않다. 더욱이 한국은 암호화폐를 금융의 한 분야가 아닌 통신판매업으로 분류해 취급한다. 그러다 보니 투자자 피해와 손실이 여기저기서 터져 나오고 있다.

발권력과 통화신용정책을 수행하는 중앙은행은 암호화폐를 인정하기 어려울 것이다. 암호화폐는 개인 대 개인 네트워크와 블록체인 기술을 통해 탈 중앙화라는 기치를 내걸고, 중앙은행 본연의 기능을 부정하고 있기 때문이다. 하지만 중앙은행이 이를 무시하기엔 암호화폐의 존재가 너무 커진 상황이다. 법정화폐와 암호화폐는 상호 보완 관계를 구축해 서로 도움이 될 방법을 찾아야 한다. 암호화폐가 법정화폐의 보완재 역할을 하며 상호 건전한 발전을 해 나가고, 블록체인 등 암호화폐가 선보인 기술이 인류의 미래를 한층 더 밝고 풍요롭게 만드는 데 기여할 수 있어야 한다.

26 다음 중 글의 빈칸 ㉠~㉢에 들어갈 말이 바르게 짝지어진 것을 고르면?

	㉠	㉡	㉢
①	기술적	경제적	윤리적
②	산업적	도덕적	중심적
③	기술적	경제적	제도적
④	제도적	법률적	경제적
⑤	기술적	산업적	제도적

27 **다음 중 글을 통해 알 수 있는 것을 고르면?**

① 가상화폐는 법정화폐의 보완재 역할을 하고 있으므로 상호 건전한 발전을 할 수 있다.
② 암호화폐가 탈세나 자금세탁 수단이 되지 않도록 통신판매업으로 분류하는 법적 제도적 장치를 마련해야 한다.
③ 암호경제라는 말은 음성화되어 있는 지하경제의 의미와는 다른 새로운 개념이다.
④ ICO를 금지하는 것은 새로운 투자 기법을 외면하는 우를 범할 수 있기 때문에 일부 종목을 한정하여 암호화폐 거래소를 건전하게 육성해야 한다.
⑤ 블록체인에 든 정보는 네트워크에 있는 모든 참여자가 공유하기 때문에 기록된 데이터가 위조나 변조될 우려가 있다.

28 **다음 중 밑줄 친 ㉠~㉤을 바르게 수정한 것을 고르면?**

- 그는 문을 열고 방 안으로 들어서자 ㉠<u>짐짓</u> 평온한 표정을 지었다.
- 그녀는 ㉡<u>금세</u> 문제를 해결해 회사 동료들을 놀라게 했다.
- 어느새 할머니의 머리가 ㉢<u>세었다</u>는 사실을 깨닫고 세월의 흐름을 느꼈다.
- 집으로 돌아가는 길에 눈이 ㉣<u>수북이</u> 쌓여 길이 보이지 않을 정도로 가득했다.
- 누구나 마음속 ㉤<u>깊숙히</u> 숨겨둔 비밀은 한 가지씩 있다.

① ㉠ → 짐즛 ② ㉡ → 금새 ③ ㉢ → 쉬었다
④ ㉣ → 수북히 ⑤ ㉤ → 깊숙이

05 실전모의고사 5회

[29~30] 다음은 재건축 개발이익 환수제에 관한 자료이다. 이를 바탕으로 이어지는 질문에 답하시오.

◈ **재건축 개발이익 환수제:** 재건축사업으로 인하여 정상주택가격 상승분을 초과하여 당해 재건축조합 또는 조합원에 귀속되는 주택가액의 증가분을 재건축이익환수법에 따라 일정 부분 재건축부담금으로 징수하는 제도

◈ **재건축부담금**

: (재건축부담금 가액)×(부과율)

=[(종료시점 주택가액)−{(개시시점 주택가액)+(정상주택가격 상승분 총액)+(개발비용)}]×(부과율)

※ 부과율을 적용하기 전 재건축부담금 가액은 조합 전체의 이익금임

○ 종료시점: 재건축사업 준공인가일

○ 개시시점: 추진위원회 설립승인일

※ 추진위원회 설립승인일부터 재건축사업 준공인가일까지의 기간이 10년을 초과하는 경우에는 종료시점부터 역산하여 10년이 되는 날을 개시시점으로 함

○ 정상주택가격 상승분: 정기예금이자율과 평균주택가격상승률 중 높은 비율을 곱하여 산정함

○ 개발비용: 공사비, 설계감리비, 조합운영비 등

○ 부과율 및 부담금 산식

조합원 1인당 평균 이익	부과율 및 부담금 산식
3천만 원 초과 5천만 원 이하	(3천만 원 초과 금액의 10%)×(조합원 수)
5천만 원 초과 7천만 원 이하	{200만 원+(5천만 원 초과금액의 20%)}×(조합원 수)
7천만 원 초과 9천만 원 이하	{600만 원+(7천만 원 초과 금액의 30%)}×(조합원 수)
9천만 원 초과 1억 1천만 원 이하	{1,200만 원+(9천만 원 초과 금액의 40%)}×(조합원 수)
1억 1천만 원 초과	{2,000만 원+(1억 1천만 원 초과 금액의 50%)}×(조합원 수)

◈ **부과지역:** 전국

◈ **납부의무자:** 조합(조합이 해산된 경우 부과 종료시점 당시의 조합원)

◈ **부과시점:** 준공시점부터 4월 이내

◈ **부담금 부과대상:** 「도시 및 주거환경정비법」에 의한 주택재건축사업

29 **다음 [보기] 중 주어진 자료에 관한 설명으로 옳은 것의 개수를 고르면?**

보기

㉠ 조합이 해산된 경우 납부의무자는 개시시점 당시의 조합원이 된다.

㉡ 정기예금이자율이 4.3%이고 평균주택가격상승률이 6.0%이면 정상주택가격 상승분을 산정할 때 4.3%를 적용한다.

㉢ 재건축 개발비용이 2,400억 원이고, 설계감리비는 500억 원, 조합운영비가 80억 원이면 공사비는 적어도 1,820억 원이다.

㉣ 재건축 추진위원회 설립승인일이 2008년 4월 3일이고 재건축사업 준공인가일이 2018년 6월 30일이면 개시시점을 2018년 4월 3일로 정한다.

① 0개　② 1개　③ 2개　④ 3개　⑤ 4개

30 주어진 자료와 [상황]을 바탕으로 조합원 1인당 재건축부담금을 구했을 때 옳은 것을 고르면?

상황
어느 지역에서 조합원 수가 300명인 재개발 구역에 대하여 개발비용이 1,000억 원으로 산정되었다. 해당 구역의 개시시점에 주택가액은 총 3,500억 원이었고, 종료시점에는 주택가액이 개시시점보다 1,500억 원 상승하였다. 해당 구역에 대하여 정상주택가격 상승분 총액은 200억 원이었다.

① 1,200만 원 ② 1,300만 원 ③ 1,400만 원
④ 1,500만 원 ⑤ 1,600만 원

31 창의적인 사고력을 키우기 위한 방법으로 '브레인스토밍'이 있다. 다음 중 브레인스토밍에 대한 설명으로 적절하지 않은 것을 고르면?

① 아이디어의 질보다 양이 중요하므로 가급적 많은 아이디어를 제시한다.
② 시간을 정해서 각자 정해진 수의 의견들을 제시해 본다.
③ 다른 사람의 아이디어에 수정하거나 조합한 새로운 의견들이 많을수록 더 좋다.
④ 리더가 참석자들의 의견을 즉석에서 판단하여 평가해 본다.
⑤ 우수하지 못한 의견이라도 자유롭게 제시할 수 있는 분위기를 만든다.

32 K는 취미생활로 꽃꽂이를 하고 있다. 다음 [조건]에 따라 꽃다발을 만들어 선물하려고 할 때, 꽃다발에 포함되는 꽃 가격 총합의 최솟값을 고르면?

조건

- K가 구매 가능한 꽃은 다음과 같으며, 다음 중 네 가지 품종을 골라서 구매한다.

품종	색상	한 송이당 가격	남은 수명
장미	빨간색	1,500원	3일
장미	흰색	1,500원	10일
장미	노란색	1,000원	5일
해바라기	노란색	3,000원	8일
백합	흰색	2,000원	10일
백합	빨간색	2,000원	7일
카네이션	빨간색	2,000원	5일
카네이션	보라색	2,500원	12일

- 선택한 네 가지 품종의 꽃은 색상이 각각 달라야 한다.
- 남은 수명이 4일 미만인 꽃은 구매하지 않는다.
- 선택한 네 가지 품종의 꽃을 구매하는 데 사용한 총 비용은 각 품종이 동일하다.

① 60,000원
② 80,000원
③ 100,000원
④ 120,000원
⑤ 140,000원

33 다음 글의 제목으로 가장 적절한 것을 고르면?

통계의 초기 형태들은 인구와 무역의 규모를 국부의 기준으로 삼았던 중상주의적 사유의 산물이었으며, 그 핵심은 인구와 경제 부문에 있었다. 그 내용은 왕의 필요에 따라 수시로 변했으며 당연히 일반인의 관심은 배제되었다. 그런데 근대 국민 국가에 들어와 통치권의 형태가 바뀌면서 통계의 내용 역시 변하게 된다.

이전의 비과학성, 임의성을 고려한다면 근대적 통계는 '앎'과 '통치'가 결합된 근대 국민 국가 특유의 지식 형태이다. 국가가 주권을 가진 동등한 국민으로 구성되어 있고 통치 제도로서 국가와 구별된다. 그 바탕이 되는 시민 사회의 영역이 존재한다면, 통치는 더 이상 군주 등의 자의(恣意)에 맡겨질 수 없다. 시민 사회의 법칙을 따르는 합법칙적 통치가 되어야 했기에 그것은 일종의 학문으로 인정받게 된다. 근대 국민 국가의 통치는, 무질서해 보이지만 실은 거시적 차원의 규칙성에 따르는 시민 사회 영역에 대한 정확한 지식을 필요로 했던 것이다.

반면, 추상적이고 동질적인 인민이라야 모든 국민을 헤아리는 근대적 통계의 조사 대상이 될 수 있었다. 계량화(計量化)는 질적인 차이의 배제를 전제로 하기 때문이다. 이런 점에서 시민 사회는 존재했지만 '시민'은 존재하지 않았다.

이를 바탕으로 늦어도 19세기 후반 대부분의 서유럽 국가들이 경쟁적으로 본국과 식민지에서 인구와 자원에 대한 통계 조사를 실시하였고, 중앙 통계 기구를 정비하였다. 식민지 경영을 전제로 한 통치의 틀 속에서는 정보의 공개와 공유도 새로운 의미를 가졌다. 각국은 이전까지 비밀에 부쳤던 각종 조사 자료들을 널리 공간(公刊)하였을 뿐 아니라, 통계의 국가 간 정보 교환을 위해 국제적 통계 단체까지 창설하였다. 이때에도 본국인과 피식민지인의 차이는 전혀 고려되지 않았다. 단지 효율적인 식민 통치를 위해 통계 자료의 교환이 필수적인 절차로 여겨졌을 뿐이다.

이처럼 근대 국민 국가의 통계는 시민 사회의 합법칙성을 인정하는 방식이면서도 시민 각자의 질적인 차이는 고려하지 않음으로써 '군주'만 사라졌을 뿐 실제로는 국민이 소외된 국가 운영을 이어 가고 있었다.

① 국가 주도 통계 조사의 형태
② 근대 국민 국가와 지식의 필요성
③ 통계의 학문적 속성과 그 기원
④ 근대 국민 국가의 통치와 통계의 의미
⑤ 미래에도 국가에서 통계 자료를 관리해야 하는 이유

[34~35] 다음 글을 바탕으로 이어지는 질문에 답하시오.

과거에 일어난 금융 위기에 관해 많은 연구가 진행되었어도 그 원인에 대해 의견이 모아지지 않는 경우가 대부분이다. 이것은 금융위기가 여러 차원의 현상이 복잡하게 얽혀 발생하는 문제이기 때문이기도 하지만, 사람들의 행동이나 금융 시스템의 작동 방식을 이해하는 시각이 다양하기 때문이기도 하다. 은행 위기를 중심으로 금융위기에 관한 주요 시각이 서로 배타적인 것은 아니지만 주로 어떤 시각에 기초해서 금융위기를 이해하는가에 따라 그 원인과 대책에 대한 의견이 달라진다고 할 수 있다.

우선, 은행의 지불 능력이 취약하다고 많은 예금주가 예상하게 되면 실제로 은행의 지불능력이 취약해지는 현상을 강조하는 시각이 있다. 예금주들이 예금을 인출하려는 요구에 대응하기 위해 은행이 예금의 일부만을 지급준비금으로 보유하는 부분준비제도는 현대 은행 시스템의 본질적 측면이다. 이 제도에서는 은행의 지불 능력이 변화하지 않더라도 예금주들의 예상이 바뀌면 예금 인출이 쇄도하는 사태가 일어날 수 있다. 이처럼 예금 인출이 쇄도하는 상황에서 예금 인출 요구를 충족하려면 은행들은 현금 보유량을 (㉠) 한다. 이를 위해 은행들이 앞다투어 채권이나 주식, 부동산과 같은 자산을 매각하려고 하면 자산 가격이 (㉡) 되므로 은행들의 지불능력이 실제로 (㉢).

다음으로 은행의 과도한 위험 추구를 강조하는 시각이 있다. 주식회사에서 주주들은 회사의 모든 부채를 상환하고 남은 자산의 가치에 대한 청구권을 갖는 존재이고 통상적으로 유한책임을 진다. 따라서 회사의 자산 가치가 부채액보다 더 커질수록 주주에게 돌아올 이익도 커지지만, 회사가 파산할 경우에 주주의 손실은 그 회사의 주식에 투자한 금액으로 제한된다. 이러한 비대칭적인 이익 구조로 인해 수익에 대해서는 민감하지만 위험에 대해서는 둔감하게 된 주주들은 고위험 고수익 사업을 선호하게 된다. 결과적으로 주주들이 더 높은 수익을 얻기 위해 감수해야 하는 위험을 채권자에게 전가하는 것인데, 자기자본비율이 낮을수록 이러한 동기는 더욱 강해진다. 은행과 같은 금융 중개 기관들은 대부분 부채비율이 매우 높은 주식회사 형태를 띤다.

세 번째로 은행가의 은행 약탈을 강조하는 시각이 있다. 전통적인 경제 이론에서는 은행의 부실을 과도한 위험 추구의 결과로 이해해 왔다. 하지만 최근에는 은행가들에 의한 은행 약탈의 결과로 은행이 부실해진다는 인식도 강해지고 있다. 과도한 위험 추구는 은행의 수익률을 높이려는 목적으로 은행의 재무 상태를 악화시킬 위험이 큰 행위를 은행가가 선택하는 것이다. 이에 비해 은행 약탈은 은행가가 자신에게 돌아올 이익을 추구하여 은행에 손실을 초래하는 행위를 선택하는 것이다.

마지막으로 이상 과열을 강조하는 시각이 있다. 위의 세 가지 시각과 달리 이 시각은 경제 주체의 행동이 항상 합리적으로 이루지는 것은 아니라는 관찰에 기초하고 있다. 많은 사람들이 자산 가격이 일정 기간 상승하면 앞으로도 계속 상승할 것이라 예상하고, 일정 기간 하락하면 앞으로도 계속 하락할 것이라 예상하는 경향을 보인다. 이 경우 자산 가격 상승은 부채의 증가를 낳고 이는 다시 자산 가격의 더 큰 상승을 낳는다. 이러한 상승작용으로 인해 거품이 커지는 과정은 경제 주체들의 부채가 과도하게 늘어나 금융 시스템을 취약하게 만들게 되므로, 거품이 터져 금융 시스템이 붕괴되고 금융위기가 일어날 현실적 조건을 강화시킨다.

34 다음 중 글의 서술 방식으로 가장 적절한 것을 고르면?

① 자문자답의 방식으로 금융위기에 대해 설명하고 있다.
② 금융위기에 관한 주요 시각을 네 가지로 분류하여 제시하고 있다.
③ 금융위기에 대한 상반된 주장을 소개하고 필자의 의견을 덧붙이고 있다.
④ 금융위기의 다양한 사례를 제시하고 그것들을 절충하여 결론을 도출하고 있다.
⑤ 널리 알려진 이론이나 권위 있는 사람의 말을 인용하여 내용을 설명하고 있다.

35 다음 중 빈칸의 ㉠~㉢에 들어갈 말을 바르게 짝지은 것을 고르면?

	㉠	㉡	㉢
①	늘려야	상승하게	높아진다
②	늘려야	하락하게	낮아진다
③	줄여야	상승하게	높아진다
④	줄여야	하락하게	낮아진다
⑤	줄여야	하락하게	높아진다

36 **다음은 어느 커피 메이커의 사용설명서에 있는 중요 안전 사항의 일부를 나타낸 것이다. 다음 중 안전 사항을 가장 잘 지킨 것을 고르면?**

- 커피, 우유 또는 뜨거운 물을 사용한 음료수를 제조하도록 설계된 제품입니다. 물통에는 식수를 사용하여 주시기 바랍니다. 그리고 설명서에 명시된 관리용품 및 부속만 사용하여 주세요. 올바르지 않은 사용은 위험할 수 있으며, 올바르지 않은 사용에 대해 제조사는 보증하지 않습니다.
- 가정용으로 설계된 제품입니다. 매장, 사무실, 농장, 숙박시설에서는 사용하지 마세요.
- 어린이가 제품을 가지고 놀지 않도록 주의해 주세요.
- 사용 후에 가열체 표면은 뜨거울 수 있으므로 몇 분간은 주의해 주시기 바랍니다.
- 해당 제품을 수납장 내부에 넣고 사용하지 마세요. 화재의 위험이 있습니다.
- 유리 용기의 경우 표면에 금이 갔을 때는 절대 사용하지 마세요.
- 우유가 닿는 부위는 특별히 세척에 신경써 주세요. 악취의 요인이 될 수 있습니다.
- 신체·감각 또는 정신 장애가 있는 사람의 경우 철저한 관리 감독 하에서 안전한 기기 사용에 관한 지침을 숙지하고 관련 위험 요소를 이해하고 있을 때만 이 기기를 사용할 수 있습니다.
- 세척 시 물에 담그지 마세요. 제품의 손상 방지를 위해 알칼리성 세제를 사용하지 않도록 해주시고, 중성세제를 사용하여 부드러운 천으로 세척해 주세요.
- 자리를 비울 때나 조립·분해 또는 청소 전에는 항상 기기의 전원을 뽑으세요.

① 박 씨는 전원을 뽑고 해당 제품을 분해하였다.
② 물티슈를 사용하여 일주일에 한 번씩 제품을 청소해 주었다.
③ 어느 구내식당에서 방문객의 편의를 위해 해당 제품을 구입하였다.
④ 부드러운 천에 알칼리성 세제를 조금씩 묻혀 해당 제품을 정기적으로 청소하였다.
⑤ 신체적으로 감각이 조금 둔감한 최 씨는 해당 제품의 사용설명서 및 위험 요소를 충분히 인지하고 혼자서 사용하였다.

37 여러 개의 프로그램이 동시에 실행되면서 같은 작업을 수행하는 병렬 프로그래밍에서, 각 프로그램이 사용하는 데이터는 일정한 메모리 영역에 저장되고 공유된다. 프로그램 P1~P4와 이들이 사용하는 메모리 영역 M1~M4에 관한 아래의 [조건]을 참고할 때, 다음 [보기] 중 항상 옳은 것을 모두 고르면?

조건

- P2는 M2를 사용한다.
- P1은 2개의 메모리 영역을 사용한다.
- P4는 P2가 사용하는 메모리 영역을 1개 이상 공유한다.
- 메모리 영역은 M1~M4의 순서대로 일렬로 연결되어 있다.
- 어떤 프로그램도 연속되는 2개의 메모리 영역을 사용할 수 없다.
- 전체 프로그램이 사용하는 메모리 영역 개수의 합은 최대 6개이다.
- P1~P4만이 실행되고, 각 프로그램은 메모리 영역 M1~M4를 사용한다.
- 각 프로그램은 적어도 1개 이상의 메모리 영역을 사용하고, 어떤 프로그램에 의해서도 사용되지 않는 메모리 영역은 없다.

보기

㉠ 만약 P2가 2개의 메모리 영역을 사용한다면 P3는 1개의 메모리 영역만을 사용한다.
㉡ M2가 3개의 프로그램에 의해서 사용될 수도 있다.
㉢ 만약 P4가 M4를 사용한다면 P4는 M2도 사용한다.

① ㉠　② ㉢　③ ㉠, ㉡
④ ㉡, ㉢　⑤ ㉠, ㉡, ㉢

[38~39] 다음은 항만시설 사용료 중 선박료의 종류와 요율을 나타낸 자료이다. 이를 바탕으로 이어지는 질문에 답하시오.

사용료의 종류	징수대상시설	요율	비고
선박입출항료	수역시설 중 항로·선회장, 외곽시설, 항행보조시설	1회 입항 또는 출항 시(1톤당): 135원	선박입출항료에는 항로표지 사용료(선박 1톤당 24원)가 포함됨
접안료	외곽시설 중 선박의 계류가 가능한 시설, 계류시설	(가) 총톤수 150톤 이상의 선박 ① 기본료(10톤·12시간당) : 외항선 358원, 내항선 120원 ② 초과사용료(10톤·1시간당) : 외항선 29.9원, 내항선 10원 (나) 기타 선박 ① 총톤수 150톤 미만 화물선·유조선 또는 기타선(총톤수 50톤 이하, 1척 1월 이하) : 3,691원 ② 항내운항선(항내준설선 및 항내부선을 포함한다. 총톤수 50톤 이하, 1척 1월 이하) : 6,781원 ③ 연안여객선(총톤수 50톤 이하, 1척 1월 이하): 3,913원	(나)의 사용료를 납부하는 선박은 (가)의 사용료를 납부하지 아니함. 기타 선박의 경우 기준톤수 이상의 선박은 50톤 초과마다 기본료의 50% 가산
정박료	수역시설 중 정박지·선류장	(가) 총톤수 150톤 이상의 선박 ① 기본료(10톤·12시간당) : 외항선 187원, 내항선 61원 ② 초과사용료(10톤·1시간당) : 외항선 15.7원, 내항선 5.2원	접안료 징수대상 선박 중 기타 선박의 사용료를 납부하는 선박은 제외
계선료	항만관리청이 지정한 계선장	(가) 총톤수 150톤 이상 선박(10톤당) ① 외항선: 28.5원 ② 내항선: 9.2원	접안료 징수대상 선박 중 기타 선박의 사용료를 납부하는 선박은 제외

38 다음 중 주어진 자료를 통해 알 수 있는 사실로 적절하지 않은 것을 고르면?

① 선박입출항료와 접안료는 징수대상 시설의 지역적 구분이 다르다.
② 기타 선박에 해당하는 선박은 정박료와 계선료가 면제된다.
③ 기타 선박의 접안료에는 별도의 초과사용료가 없다.
④ 총톤수 150톤 이상의 선박은 접안료, 정박료의 기본료 기준 시간이 동일하다.
⑤ 화물선이나 유조선이 150톤 이상인 경우의 접안료는 3,691원이다.

39 다음과 같은 A, B 두 선박의 경우에 지불해야 하는 총선박료가 순서대로 바르게 짝지어진 것을 고르면?(단, 모든 요금은 반올림하여 원 단위로 표시한다)

- A선박(외항선): 총톤수 160톤, 16시간 정박
- B선박(항내준설선): 총톤수 100톤, 3일 정박

	A선박	B선박
①	33,695원	23,672원
②	33,695원	6,781원
③	33,239원	23,672원
④	33,239원	6,781원
⑤	33,239원	23,216원

05 실전모의고사 5회

40 다음 [표]는 2016~2020년 **예술 분야별 공연 및 전시 건수를 조사하여 나타낸 자료이다. 이를 바탕으로 작성한 그래프로 옳지 않은 것을 고르면?**

[표] 2016~2020년 예술 분야별 공연 및 전시 건수 (단위: 건)

구분		2016년	2017년	2018년	2019년	2020년
문학		11,785	12,155	13,151	13,724	14,267
시각예술		13,260	14,619	15,192	15,256	6,379
공연예술	국악	1,507	1,583	1,735	1,929	645
	양악	9,907	10,576	11,333	12,219	4,629
	연극	6,271	6,533	7,608	9,693	2,424
	무용	1,398	1,340	1,270	1,540	517
	혼합	1,973	2,576	2,773	3,546	874
	소계	21,056	22,608	24,719	28,927	9,089
계		46,101	49,382	53,062	57,907	29,735

① 2018년 공연예술 분야 공연 및 전시 비중

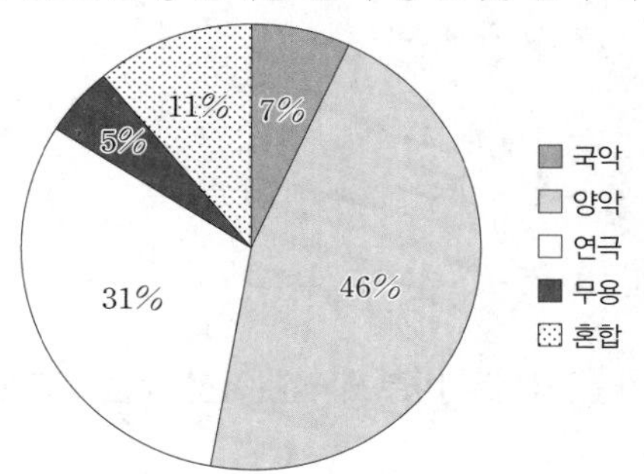

② 문학 분야 공연 및 전시 전년 대비 증가율

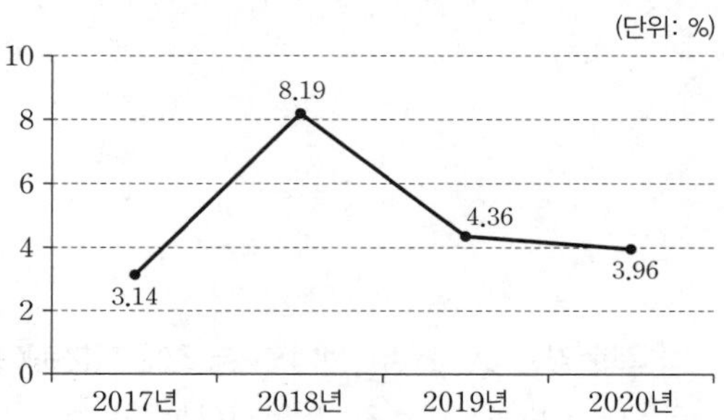

③ 시각예술 분야 공연 및 전시 건수 전년 대비 증감량

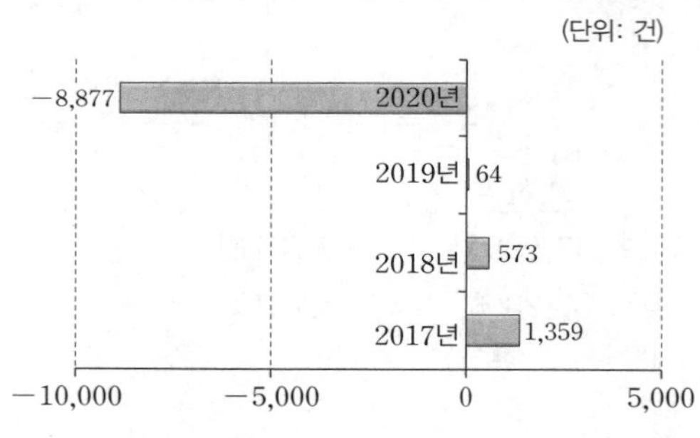

④ 2020년 예술 분야별 공연 및 전시 비중

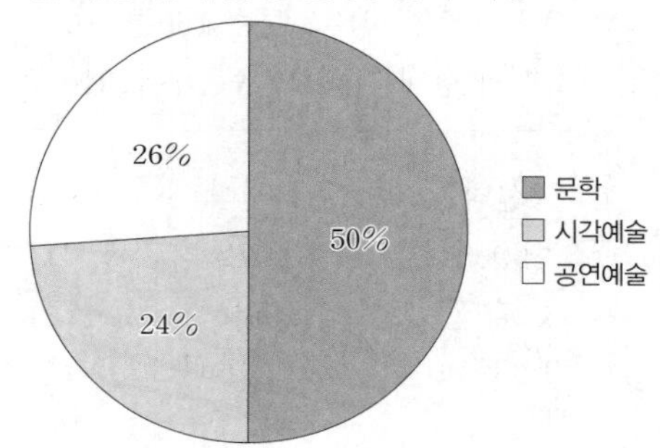

⑤ 연도별 전체 예술분야 공연 및 전시 건수 전년 대비 증감률

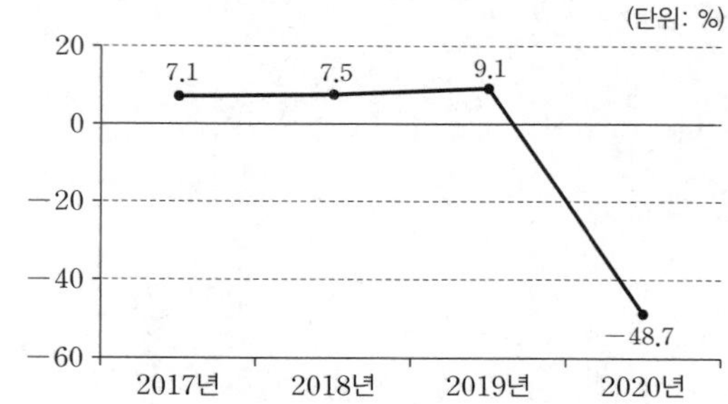

41 다음 자료를 참고할 때, A사 직원들이 행사에 처음부터 참여할 수 있는 요일로 옳지 않은 것을 고르면?

서울에 위치한 A사의 직원들은 부산에서 열리는 행사에 참여하기 위하여 열차표를 예매하고자 한다. 예약이 가능한 열차 시간표와 행사 관련 사항은 다음과 같다.

[열차 시간표]

구분	서울 출발	부산 도착	운행 요일
S-120	10:00	12:35	수, 금, 일
S-121	09:30	12:00	화, 금, 토
S-122	10:35	13:10	목, 일
S-123	10:30	13:05	화, 목, 일
S-124	10:40	13:15	월, 수, 토

[행사 관련 사항]

- 행사는 평일 오후 2시, 주말 오후 1시 반에 시작한다.
- 부산역에서 행사장까지는 40분이 소요되며, A사의 직원들은 아침 8시에 출근하여 1시간 동안 사전 준비사항을 점검한 후 회사를 출발해야 하며, 회사에서 서울역까지는 50분이 소요된다.

① 월요일 ② 화요일 ③ 목요일
④ 토요일 ⑤ 일요일

05 실전모의고사 5회

42 다음 [표]는 다섯 명의 신입사원 A～E의 역량을 평가한 결과이다. [표]와 [조건]을 바탕으로 인사부, 영업부, 기획부, 홍보부, 재무부에 신입사원을 한 명씩 배정하려고 할 때, 신입사원이 가장 적절하게 배치된 경우를 고르면?

[표] 신입사원별 역량 평가 결과

신입사원	리더십	어학능력	의사소통능력	자원관리능력	정보수집능력
A	★★★★★	★★★★	★★★★	★★★★	★★
B	★★★★	★★★	★★	★★★★★	★★★★
C	★★★	★★★★	★★★★★	★★★	★★★★★
D	★★★	★★★	★★★★	★★★★	★★★
E	★★★★	★★★★★	★★★	★★★	★★★★

※ ★: 매우 나쁨, ★★: 나쁨, ★★★: 보통, ★★★★: 좋음, ★★★★★: 매우 좋음

조건

- 부서별 신입사원 배정 조건은 다음과 같다.

부서	배정 조건
인사부	자원관리능력이 '좋음' 이상인 사람 중에서 정보수집능력이 가장 좋은 신입사원을 배정한다.
영업부	어학능력과 의사소통능력이 모두 '좋음' 이상인 사람을 배정한다.
기획부	리더십과 정보수집능력이 모두 '좋음' 이상인 사람을 배정한다.
홍보부	의사소통능력이 '좋음' 이상인 사람 중에서 정보수집능력이 가장 좋은 사람을 배정한다.
재무부	리더십이 '좋음' 이상인 사람 중에서 자원관리능력이 가장 좋은 사람을 배정한다.

- 기획부, 재무부, 영업부, 홍보부, 인사부 순으로 신입사원을 배정해 나간다.
- 한 부서에 조건에 부합하는 신입사원이 2명 이상인 경우, A, B, C, D, E 순으로 배정한다.
- 위 우선순위에 따라 신입사원을 배정했을 때, 남은 신입사원이 남은 부서 배정 조건에 부합하지 않더라도 해당 부서에 배정된다.

① A－영업부　② B－재무부　③ C－홍보부
④ D－기획부　⑤ E－인사부

[43~44] △△회사에 근무 중인 최 대리는 회사에서 차를 타고 출발하여 A~E지사를 모두 한 번씩 방문하고 공장에 가려고 한다. 다음은 각 지점 간 연결망 지도와 거리를 나타낸 자료이다. 이를 바탕으로 이어지는 질문에 답하시오.

[그림] 각 지점 간 연결망 지도

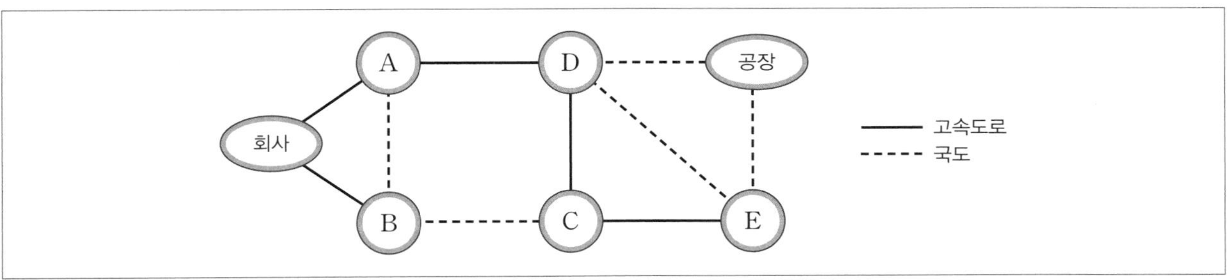

[표] 각 지점 간 거리

(단위: km)

구분	A지사	B지사	C지사	D지사	E지사	공장
회사	30	20				
A지사		35		15		
B지사	35		10			
C지사		10		30	30	
D지사	15		30		10	25
E지사			30	10		30

43 다음 중 최 대리가 공장에 도착할 때까지의 최단 거리를 고르면?

① 130km ② 140km ③ 145km
④ 150km ⑤ 155km

44 최 대리가 운전하는 차의 연비는 고속도로를 달릴 때 20km/L이고, 국도를 달릴 때 10km/L이다. 휘발유의 가격이 1L당 1,700원이고, 최 대리는 공장에 도착할 때까지 필요한 최소한의 양만큼 주유한다고 할 때, 다음 [보기] 중 옳은 것을 모두 고르면?(단, 휘발유는 1리터(L) 단위로 주유할 수 있다.)

보기
㉠ 최소 주유비용은 18,700원이다.
㉡ 이동 거리가 멀수록 필요한 휘발유의 양이 많다.
㉢ 어떻게 가더라도 최소한 12L의 휘발유를 주유해야 한다.
㉣ 회사 다음에 B지사에 들르면 주유비는 20,000원 이상이다.

① ㉠, ㉡ ② ㉠, ㉣ ③ ㉢, ㉣
④ ㉠, ㉡, ㉢ ⑤ ㉡, ㉢, ㉣

05 실전모의고사 5회

45 **다음 중 효과적인 예산관리 방법으로 가장 적절하지 않은 것을 고르면?**

① 이익극대화를 위해 비용은 항상 최소화해야 한다.
② 예산을 얼마나 사용했는지 수시로 점검하는 태도가 필요하다.
③ 예산집행 내역과 계획을 지속적으로 비교·검토해야 한다.
④ 자신만의 예산관리 노하우를 개발하는 것이 효과적이다.
⑤ 프로젝트나 과제와 같은 경우 예산집행 실적을 워크시트로 작성하는 것이 바람직하다.

46 **인터넷을 활용할 때 자주 접하게 되는 (가)~(라)에 대한 용어가 바르게 짝지어진 것을 고르면?**

(가) 어떤 정보를 검색하기 위해 부여하는 단어 혹은 키워드의 집합을 의미하며, 꼬리표라고도 불림
(나) 소장품이나 자료 등을 디지털화하여 한데 모아서 관리할 뿐만 아니라, 그것들을 손쉽게 검색할 수 있도록 모아 둔 파일
(다) 인터넷 웹사이트의 방문 기록을 남겨 사용자와 웹 사이트 사이를 매개해 주는 정보
(라) 일괄 작업 파일로서 컴퓨터 운영체제에서 수행되는 명령어들로 구성된 텍스트 파일

	(가)	(나)	(다)	(라)
①	태그(Tag)	아카이브(Archive)	쿠키(Cookie)	배치 파일(Batch File)
②	아카이브(Archive)	태그(Tag)	배치 파일(Batch File)	쿠키(Cookie)
③	쿠키(Cookie)	아카이브(Archive)	태그(Tag)	배치 파일(Batch File)
④	태그(Tag)	쿠키(Cookie)	아카이브(Archive)	배치 파일(Batch File)
⑤	아카이브(Archive)	배치 파일(Batch File)	태그(Tag)	쿠키(Cookie)

47 MS Excel**을 활용하여 다음과 같이 인적사항을 정리한 후, 함수식을 이용하여 우측 셀에 전화번호만을 따로 떼어 기입하였다.** B2 **셀에 입력해야 할 함수식으로 옳은 것을 고르면?**(단, 이름과 전화번호 사이에는 한 칸 띄어쓰기 했다.)

	A	B
1	인적사항	전화번호
2	홍길동 010 1234 5678 서울	010 1234 5678
3	이영자 010 4321 8765 경기	010 4321 8765
4	박철수 010 1357 2468 인천	010 1357 2468

① =MID(A2,5,13)
② =MID(A2,4,11)
③ =MID(A2,5,11)
④ =MID(A2,4,13)
⑤ =MID(A2,5,14)

48 정보 검색의 단계에서 생각해 보아야 할 사항으로 옳지 않은 것을 고르면?

① 뉴스에서 얻을 수 있는 정보인가?
② 여러 정보를 상호 관련지어 어떤 정보를 생성해 낼 것인가?
③ 인터넷 정보원을 활용해야만 하는가?
④ 논문 자료에서 얻을 수 있는 정보인가?
⑤ 해당 주제와 관련 있는 학회나 관공서 사이트에서 찾을 수 있는 정보인가?

49 다음은 창고에 보관 중인 재고물품에 대한 관리 내역이며, 자료 하단에 기재한 품목코드와 품명 명세를 통하여 C열 '품명'란의 빈칸을 채우고자 한다. C2 셀에 함수식을 입력하여 C6 셀까지 자동채우기 핸들 기능을 사용하고자 할 경우, C2 셀에 입력해야 할 함수식으로 옳은 것을 고르면?

	A	B	C	D
1	재고번호	품목코드	품명	입고수량
2	10015	SJ137		37
3	10017	TR269		26
4	10018	SP004		57
5	10020	SJ137		25
6	10022	WB586		18
7				
8			품목코드	품명
9			SJ137	유아용품
10			TR269	남성복
11			SP004	여성복
12			WB586	수영복

① =VLOOKUP(B2,$C$9:$D$12,2,0)
② =VLOOKUP($C$9:$D$12,2)
③ =HLOOKUP(B2,$C$9:$D$12,2)
④ =HLOOKUP($C$9:$D$12,2)
⑤ =HLOOKUP(B2,$C$9:$D$12)

50 IT기기를 활용한 정보처리 과정은 '기획 → 수집 → 관리 → 활용'의 단계를 거친다. 다음 ㉠~㉣을 정보처리 과정의 각 단계에 부합하는 순서대로 재배열한 것을 고르면?

㉠ 5W2H의 요소들을 파악하여 이를 정보처리의 기준으로 활용한다.
㉡ 다양한 정보가 목적성, 용이성, 유용성의 원칙에 부합하는지를 고려한다.
㉢ 효과적인 예측을 통해 다양한 정보원으로부터 목적에 적합한 정보를 입수한다.
㉣ 문제 해결에 적합한 정보를 찾고 선택할 수 있는 능력, 찾은 정보를 문제해결에 적용할 수 있는 능력 등 다양한 능력이 수반되어야 한다.

① ㉠－㉢－㉡－㉣
② ㉠－㉣－㉡－㉢
③ ㉡－㉠－㉣－㉢
④ ㉢－㉠－㉡－㉣
⑤ ㉢－㉣－㉠－㉡

공기업 NCS 통합 실전모의고사

| 6회 |

피듈형

영역		문항 수	권장 풀이 시간	비고
NCS 직업기초능력평가	의사소통능력	50문항	60분	※ 피듈형 50문항 모의고사는 부산교통공사, 한국가스공사 등의 필기시험을 바탕으로 재구성하였습니다. ※ 객관식 오지선다형으로 구성되어 있습니다.
	수리능력			
	문제해결능력			
	자원관리능력			
	정보능력			

모바일 OMR
자동채점 & 성적분석 무료

정답만 입력하면 채점에서 성적분석까지 한번에!

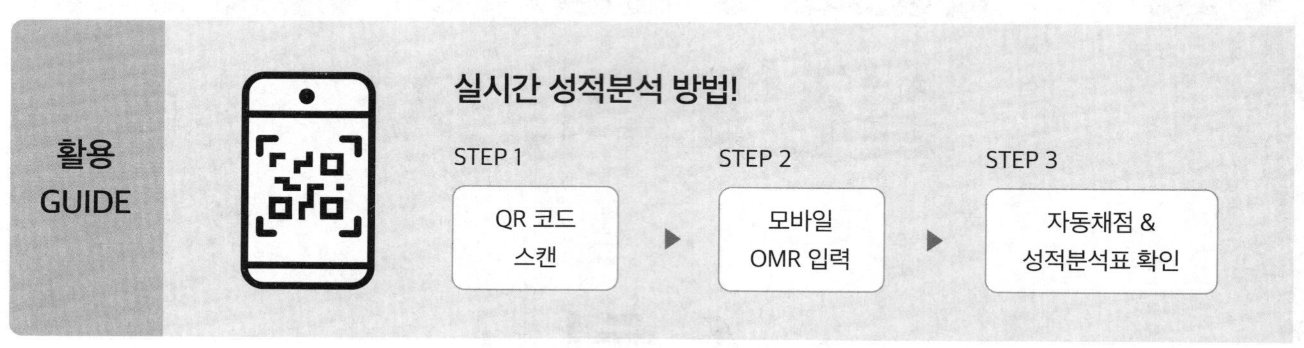

STEP 1

- 위 QR 코드를 모바일로 스캔 후 에듀윌 회원 로그인
- QR 코드 하단의 바로가기 주소로도 접속 가능

STEP 2

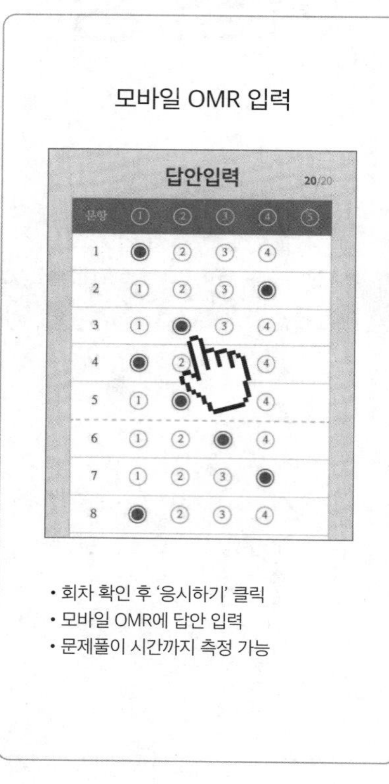

- 회차 확인 후 '응시하기' 클릭
- 모바일 OMR에 답안 입력
- 문제풀이 시간까지 측정 가능

STEP 3

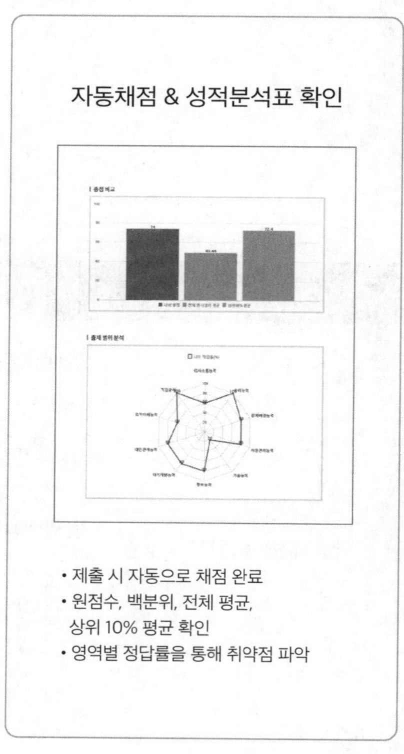

- 제출 시 자동으로 채점 완료
- 원점수, 백분위, 전체 평균, 상위 10% 평균 확인
- 영역별 정답률을 통해 취약점 파악

※ 본 회차의 모바일 OMR 채점 서비스는 2026년 12월 31일까지 유효합니다.

실전모의고사 6회 피듈형

정답과 해설 P. 49

01 다음 글의 내용을 바탕으로 할 때, [조건]에 맞게 조사를 활용하여 작성한 것을 고르면?

격조사는 명사와 명사 사이의 관계를 명확히 하거나 문장 내에서 명사의 역할을 나타내는 중요한 조사입니다. 주격 조사는 문장에서 명사가 주어 역할을 하도록 하며, 일반적으로 '이' 또는 '가'가 사용됩니다. 예를 들어, "그가 학생이다"에서 '그가'는 주격 조사가 붙어 주어 역할을 합니다. 목적격 조사는 명사가 목적어 역할을 하도록 하며, '을' 또는 '를'이 사용됩니다. 예를 들어, "나는 책을 읽었다"에서 '책을'은 목적격 조사가 붙어 목적어 역할을 합니다. 서술격 조사는 명사와 서술어를 연결하여 주어의 상태나 성질을 설명하는 역할을 합니다. 일반적으로 '이다', '아니다'가 서술격 조사의 대표적인 예로 사용됩니다. 보격 조사는 주어의 상태나 성질을 보충하여 설명하며, '이다' 또는 '아니다'와 함께 사용됩니다. 예를 들어, "그는 선생님이다"에서 '선생님이다'는 보격 조사가 사용되어 주어의 상태를 설명합니다. 관형격 조사는 명사를 수식하여 명사와의 관계를 명확히 하며, '의'가 사용됩니다. 예를 들어, "나의 집"에서 '나의'는 집을 수식하여 소유 관계를 나타냅니다. 부사격 조사는 장소, 시간, 방법 등을 나타내는 부사적 의미를 추가하며, '에', '에서', '으로' 등이 사용됩니다. 예를 들어, "학교에 간다"에서 '학교에'는 장소를 나타내는 부사격 조사가 사용됩니다. 각 격조사는 문장에서 명사의 역할과 의미를 명확히 하여 문장을 이해하기 쉽게 만들어줍니다.

조건

주격 조사	목적격 조사	보격조사	관형격 조사	부사격 조사	서술격 조사
○	○	×	×	○	×

① 정부에서 대책안을 발표하였다.
② 컴퓨터의 구성요소는 복잡하다.
③ 사장님께서 최신의 시스템을 도입하셨다.
④ 그녀는 경기장에서 친구를 마주쳤다.
⑤ 그는 미래에 과학자가 된다.

[02~03] 다음은 서울△△공사의 신입사원인 귀하가 상사의 지시로 작성하고 있는 문서의 초안이다. 이를 바탕으로 이어지는 질문에 답하시오.

청렴으로 신뢰받고, 안전으로 보답하는 서울△△공사

서울△△공사

수신자 수신자 참조
(경유)
제 목 여름철 화재 및 안전사고 예방 철저

1. 안전계획처-823(2021. 1. 28) 「2021년 화재예방대책 수립 알림」과 관련
2. 냉방기 과열 등 여름철 화재 및 안전사고 예방을 위하여 소속별로 자체 특별 점검을 시행시고 주요 시설물 안전관리에 만전을 기하여 주시기 바랍니다.
   ○ 주요 점검사항
   - 조직 개편에 따른 화기 단속 책임자 지정 및 변경 상태
   - 사무실 등 전기 콘센트 문어발식 사용 여부
   - 임대상가 미승인 전기용품 사용 여부
   - 기능실 등의 소화기 상태 및 타기 쉬운 물질 방치 여부
   - 에어컨 단독 전원 사용 여부(멀티탭 사용 불가)
   - 에어컨 실외기 주변 화재 발생 요인(먼지, 낙엽, 각종 쓰레기 등) 제거 상태
   - 작업 현장 소화기 적정 비치 등 화재 예방 조치 여부
   - 기타 공사장 안전 수칙 준수 여부 등. 끝.

안전계획처장

※ 출처: 서울정보소통광장(2021 – 06 – 04 결재 문서)

02 담당 문서를 작성하던 귀하는 상사로부터 문서에 추가할 첨부물을 전달받았다. 다음 중 문서에 첨부물을 가장 적절하게 표시한 것을 고르면?

① 붙임∨∨1. 여름철 화재 및 안전사고 예방 체크리스트 1부.∨∨끝.

② 붙임∨∨1. 여름철 화재 및 안전사고 예방 매뉴얼 1부.
　　　2. 여름철 화재 및 안전사고 예방 체크리스트 1부.∨∨끝.

③ 붙임∨∨여름철 화재 및 안전사고 예방 체크리스트.∨∨끝.

④ 붙임∨여름철 화재 및 안전사고 예방 매뉴얼 1부.∨∨끝.

⑤ 붙임∨∨여름철 화재 및 안전사고 예방 매뉴얼, 체크리스트 각 1부.∨∨끝.

03 귀하가 작성한 문서를 확인한 상사가 줄 수 있는 피드백으로 적절한 것을 [보기]에서 모두 고르면?

보기
㉠ 항목별 진술은 원칙적으로 평서형 종결 어미 '-다'로 끝내야 하므로 확인 후 수정해 주세요.
㉡ 문서 작성 후에는 오탈자가 없는지 반드시 다시 한 번 꼼꼼하게 검토해야 합니다.
㉢ 수신란에 '수신자 참조'를 표시할 경우에는 발신명의 다음 줄에 수신자란을 표시하여 수신자명을 기재해야 합니다.
㉣ 날짜 표기 시 연, 월, 일의 글자는 생략하고 그 자리에 마침표를 찍어서 표시하세요.
㉤ 항목의 내용이 한 줄 이상인 경우에는 항목의 첫 글자에 맞추어 정렬해야 하므로 간격을 조정해 주세요.

① ㉠, ㉡　② ㉡, ㉢　③ ㉡, ㉢, ㉣
④ ㉠, ㉡, ㉢, ㉤　⑤ ㉠, ㉡, ㉢, ㉣, ㉤

04 다음 중 밑줄 친 단어의 뜻풀이가 적절하지 <u>않은</u> 것을 고르면?

① 데이터를 <u>읽다</u>. → 컴퓨터의 프로그램이 디스크 따위에 든 정보를 가져와 그 내용을 파악하다
② 신문을 <u>읽다</u>. → 글을 보고 거기에 담긴 뜻을 헤아려 알다
③ 화풍을 <u>읽다</u>. → 글이나 글자를 보고 그 음대로 소리 내어 말로써 나타내다
④ 트렌드를 <u>읽다</u>. → 어떤 상황이나 사태가 갖는 특징을 이해하다
⑤ 감정을 <u>읽다</u>. → 사람의 표정이나 행위 따위를 보고 뜻이나 마음을 알아차리다

[05~06] 다음 글을 바탕으로 이어지는 질문에 답하시오.

현재의 컴퓨터인 디지털 컴퓨터는 실리콘 등의 반도체를 기반으로 하여 만들어진다. 즉 반도체 내에서 전자의 흐름을 통하여 정보를 처리하고 저장한다. 1~2년 정도의 일정 기간마다 반도체의 집적도가 2배로 증가하는 이른바 '무어의 법칙'은 아직도 건재하면서 컴퓨터 성능의 고도화를 이끌어 왔다고 볼 수 있다. 그러나 아무리 고도로 집적한다고 해도 지금의 반도체는 집적도나 처리 속도 등에서 언젠가는 발전의 한계에 다다를 수밖에 없다. 따라서 반도체를 대신할 새로운 방식의 컴퓨터를 개발할 필요성이 날로 높아지고 있는데, 그 대안으로 주목받고 있는 것이 바로 양자 컴퓨터이다.

컴퓨터의 기본은 0과 1로 표시되는 2진법 논리 회로이다. 따라서 현재의 디지털 컴퓨터는 스위치를 켜거나(1) 끄는(0) 상태로서 전기가 흐르거나 흐르지 않는 형태로 2진법의 1비트(bit)를 구현한다. 그러나 물리학의 양자 역학 원리를 이용한 양자 컴퓨터는 기존과 전혀 다른 원리로써 컴퓨터의 기본 논리를 제시한다. 양자 역학의 불확정성 원리는 서로 다른 특징을 갖는 상태의 중첩에 의해 측정값이 확률적으로 주어지게 되는데, 이를 응용한 양자 컴퓨터에서는 이른바 큐비트(qbit)라 불리는 양자 비트 하나로 0과 1의 두 상태를 동시에 표시할 수 있다. 따라서 데이터를 병렬적으로 동시에 처리할 수 있으며 큐비트의 수가 늘어날수록 처리 가능한 정보량도 기하급수적으로 늘어나게 된다.

양자 컴퓨터의 원리에 따르면, 2개의 큐비트라면 모두 4가지 상태(00, 01, 10, 11)를 중첩시키는 것이 가능하고 n개의 큐비트는 2의 n제곱만큼 가능하게 되므로, 입력 정보량의 병렬 처리에 의해 연산 속도는 기존의 디지털 컴퓨터와 비교할 수 없을 만큼 빨라진다. 따라서 연산 속도가 기존의 디지털 컴퓨터보다 엄청나게 빨라질 뿐만 아니라 저장 능력 또한 비교가 안 될 정도로 증가한다. 만약 큐비트의 수를 늘려서 10개의 소자를 구현한다면, 2의 10제곱인 1,024개의 서로 다른 연산을 동시에 할 수 있고 메모리 역시 지수적으로 그만큼 증가한다. 그뿐만 아니라 양자 컴퓨터의 특징은 처리 시간과 메모리 용량에 그치지 않고 양자의 중첩 상태를 활용하는 양자 알고리즘의 우수성에서도 찾을 수 있다.

수학에서 시간이 오래 걸리는 난문제로 유명한 소인수 분해를 예로 들면, 지금의 컴퓨터로는 250디지트(digit, 2진 단위)의 수를 소인수 분해하는 데 80만 시간이 걸릴 것으로 예상된다고 한다. 만약 1,000디지트의 수라면 10의 25제곱 시간이 필요하다고 하는데, 이는 우주의 나이보다 더 많은 시간이다. 그러나 양자 컴퓨터로는 몇십 분 정도면 충분할 것이라고 한다. 또한 해독하는 데 슈퍼컴퓨터로 천년 정도 걸리는 현대의 암호 체계를 양자 알고리즘의 양자 컴퓨터는 단 몇 분 만에 해독할 수 있다고 한다. 따라서 양자 컴퓨터가 상용화되면 기존의 암호체계는 무용지물이 될 것으로 보는 사람들도 많다.

이러한 양자 컴퓨터의 개발은 아직은 초기 단계로서 이론적 가능성의 확립과 시제품의 실험 제작을 모색하는 정도이다. 현재 양자 알고리즘은 몇 가지가 개발되어 응용되고 있긴 하지만, 양자 컴퓨터의 성공을 위해서는 측정 과정에서 기존 컴퓨터에 비해 주위 환경에 민감하게 반응해 측정값이 달라지는 양자 간섭 현상을 제어할 수 있는 기술을 개발하고 양자 컴퓨터용 소자를 실제로 구현해야 한다. 언젠가 양자 컴퓨터가 상용화되면 또 한 번의 엄청난 컴퓨터 혁명을 몰고 올 것이다.

05 다음 중 글의 제목으로 가장 적절한 것을 고르면?

① '무어의 법칙'의 완성, 양자 컴퓨터
② 연산 속도와 저장 능력의 혁명, 양자 컴퓨터
③ 양자 알고리즘을 이용한 암호 체계 변화, 양자 컴퓨터
④ 디지털 컴퓨터의 쇠퇴를 가져온 컴퓨터 혁명, 양자 컴퓨터
⑤ 2진법을 통한 새로운 혁명의 시작, 양자 컴퓨터

06 다음 [보기] 중 글을 읽은 독자의 반응으로 적절하지 않은 것의 개수를 고르면?

보기

㉠ 양자 컴퓨터가 상용화되면 앞으로는 인터넷 뱅킹을 이용할 때 느끼는 불안감이 사라지겠군.
㉡ 양자 컴퓨터가 상용화되면 기존 암호 체계를 바꾸는 데 드는 사회적 비용이 현저히 줄어들겠군.
㉢ 양자 컴퓨터가 상용화되면 현재 사용되고 있는 외부 저장 장치에 대한 의존도가 낮아질 수도 있겠군.
㉣ 양자 컴퓨터가 상용화되면 기존 컴퓨터의 복잡한 연산 처리 과정을 빠른 시간 안에 해결할 수 있겠군.

① 0개 ② 1개 ③ 2개
④ 3개 ⑤ 4개

[07~08] 다음 글을 바탕으로 이어지는 질문에 답하시오.

데카르트의 주된 관심은 새로운 지식을 얻는 것이 아니라, 이미 가지고 있는 지식이 확실한가를 확인하는 것이었다. 데카르트는 '확실한 지식'을 바탕으로 정당하게 추론하여 도출한 지식은 확실하다고 보았다. 그런데 문제가 되는 것은 논증의 바탕이 될 확실한 지식을 구하는 것이었다. 그는 그 자체로서 확실한 지식이란 의심할 수 있는 여지가 없는 것이며, 무엇이든 의심해 보아서 의심할 수 있는 여지를 주지 않는 것이 있다면 그것은 그 자체로서 확실한 지식으로 받아들일 수 있다고 보았다.

그래서 데카르트는 의심의 근거를 쉽게 제시할 수 있는 것부터 처리해 나갔다. 우선 감각을 통해서 얻은 지식들은 잘못 판단하는 경우가 흔하므로 감각적 경험을 통해 얻은 지식은 의심해 볼 수 있는 충분한 근거가 있다고 보았다. 또 수학적 진리에 대해서도 정당한 의심의 근거를 찾을 수 있다면 불확실한 것으로 판단해야 한다고 보았다. 그는 이 의심의 근거를 위하여 신처럼 전능한 천재이면서 장난을 좋아하는 짓궂은 존재를 가정하였다. '2+2=5'이어야 하는 것을, 짓궂은 천재의 장난 때문에 '2+2=4'라고 잘못 계산하는 것이라고 의심할 수 있으며, 그는 이것도 근거 있는 의심이라고 생각하였다.

이렇게 해서 데카르트는 의심의 여지가 없을 정도로 확실한 지식은 하나도 없다는 결론에 이르는 듯하였다. 하지만 그는 "나는 의심하고 있다."라는 자기 자신에 대한 진리를 생각해 내었다. 그것은 의심의 여지를 주지 않는 확실한 진리였다. 내가 의심하고 있다는 사실은, 그것을 의심함으로써 의심스럽게 되기는커녕 오히려 더 확실하게 되기 때문이다. 더 나아가 "나는 생각한다."라는 것이 확실하다면 생각하는 주체인 자기의 존재도 그만큼 확실해야 한다고 생각하였다. 즉, "나는 생각한다. 그러므로 나는 존재한다."라는 것은 의심의 여지가 없이 확실한 진리라고 생각하였으며, 이 진리를 바탕으로 다른 모든 지식의 확실성을 판단할 수 있다고 생각하였다.

데카르트가 발견한 것은 생각하는 사람 자신에게는 자기의 정신세계가 확실하게 인식된다는 사실이었다. 그러나 그 세계에 대한 진리가 아무리 확실하다고 할지라도 그것이 바깥 세계에 대한 우리의 지식을 어떻게 확인해 줄 수 있는지는 분명하지 않다. 그의 의심 방법은 우리에게 주관적 세계의 확실성을 인식하게 해 주었지만, 그와 동시에 객관적 세계와 주관적 세계의 관계에 대한 철학적 문제를 남기기도 하였다.

07 다음 중 글의 내용 전개 방식으로 가장 적절한 것을 고르면?

① 대비되는 두 관점을 비교하여 독자의 이해를 돕고 있다.
② 언급된 내용을 종합하면서 새로운 주장을 제기하고 있다.
③ 현상이 일어나는 원인을 찾아 해결 방안을 제시하고 있다.
④ 이론이 형성되어 가는 과정을 사례를 들어 설명하고 있다.
⑤ 기존의 견해를 살펴보고 이에 대한 장단점을 분석하고 있다.

08 다음 중 데카르트의 생각을 이해한 것으로 가장 적절하지 않은 것을 고르면?

① 이미 알고 있는 지식의 확실성에 대해 고민하였다.
② 의심할 수 있는 여지가 없는 것은 확실한 지식이라고 보았다.
③ 의심하고 있는 자신만큼은 의심할 여지가 없이 확실하다고 생각하였다.
④ 수학적 진리조차도 의심의 근거를 설정하여 의심할 수 있다고 보았다.
⑤ 주관적 세계를 바탕으로 객관적 세계를 확실히 인식할 수 있다고 생각하였다.

09 다음 글의 주제로 가장 적절한 것을 고르면?

회화 작품에는 점, 선, 면, 형태, 색채와 같은 조형 요소와 통일성, 균형, 비례와 같은 조형 원리들이 다양하게 어우러져 있다. 이들은 감상자에게 시각적으로 작용함은 물론 심리적으로도 영향을 미칠 수 있다. 회화의 조형 원리 중 하나인 통일성은 화면의 여러 조형 요소들에 일관성을 부여하여 질서를 갖추게 하는 원리를 말한다.

회화의 통일성은 시각적인 것과 지적인 것으로 나눌 수 있다. 시각적 통일성이란 눈으로 볼 수 있는 각 조형 요소들 사이에 존재하는 유사성이나 규칙성 등을 통해 통일성을 이루는 것을 의미한다. 이는 작품을 보는 순간 느낄 수 있는 직접적인 것으로 형태나 색채 등의 시각적인 조형 요소들로 표현된다. 지적 통일성이란 주제와 관련된 의미나 개념이 통일성을 이루는 것을 말한다. 즉 사고를 통해 알 수 있는 개념적인 것들이 주제와 연관성을 가지는 통일성을 의미한다. 시각적인 일치를 이루고 있지는 않더라도 특정 주제에 대해 그와 관련된 것들로 그림을 완성하였다면 이는 지적 통일성을 이루고 있다고 말할 수 있다. 따라서 시각적인 통일성이 조형 요소의 형식적 질서라면, 지적인 통일성은 내용에 대한 질서라고 할 수 있다.

통일성을 구현하기 위해서 보편적으로 인접, 반복, 연속 등의 방법이 사용된다. 인접은 각각 분리된 요소들을 가까이 배치해 서로 관계를 맺고 있는 것처럼 보이게 만드는 방법이다. 밤하늘에서 별자리를 찾는 일도 몇몇 특정한 별들을 인접시켜 해석함으로써 형상에 따라 의미를 부여한 것이고 문자를 인접시켜 단어를 만드는 것도 통일성의 질서를 이용한 것이라 할 수 있다. 반복은 부분적인 것들을 반복시켜 작품 전체에 통일성을 부여하는 방법이다. 반복되는 것에는 색깔이나 형태, 질감은 물론이고 방향이나 각도 등 여러 가지가 있을 수 있다. 마지막으로 연속은 어떤 대상에서 다른 대상으로 연관을 갖고 이어지게 하여 통일성을 구현하는 방법이다. 연관된 것들을 보게 되면 우리의 눈길은 어떤 것에서 연관된 그 다음의 것으로 자연스럽게 옮겨 가게 된다. 시각적으로는 형태나 색채 등이 화면에서 연관되는 것을 의미하고, 지적으로는 주제와 관련된 의미나 개념이 서로 연결되며 이어지는 것을 말한다. 이는 주제와 관련된 대상들을 연속적이고 유기적으로 배열하여 작품 전체에 통일성을 부여하는 것이다.

통일성은 작품에서 주제를 구현하는 중요한 조형 원리이다. 회화에서 통일성의 원리를 바탕으로 작품을 감상하는 것이 중요한 이유는 작품 속의 다양한 조형 요소와 그 조형 요소들이 이루는 일관된 질서를 바탕으로 작품을 감상했을 때 감상자는 작가가 의도한 작품의 의미에 한발 더 다가서서 작품의 의미를 이해할 수 있기 때문이다.

① 조형의 원리에는 어떤 것이 있는가?
② 조형의 원리 중 통일성이란 무엇인가?
③ 조형의 원리 중 가장 중요한 것은 무엇인가?
④ 조형의 원리 중 통일성은 창의성과 무엇이 다른가?
⑤ 조형의 원리에서 통일성이 가장 중요한 이유는 무엇인가?

10 **다음 글의 밑줄 친 ㉠과 의미가 유사한 문장을 고르면?**

> 현대 사회는 기술과 혁신의 빠른 발전 속에서 다양한 분야에서 큰 성장을 이루었다. 특히 정보통신 기술 분야는 그 대표적인 예로, 최근 몇 년 간의 발전은 정말로 ㉠<u>괄목상대</u>할 만한 성장을 이룩했다고 할 수 있다. 예를 들어, 인공지능과 빅데이터의 결합은 정보를 처리하고 문제를 해결하는 방식을 혁신적으로 변화시켰다. 자율주행차와 스마트 헬스케어는 이제 현실로 다가와 현대인의 생활을 보다 편리하고 안전하게 만들고 있다. 이러한 기술의 발전은 기존의 산업 구조를 뒤흔들며 새로운 기회를 창출하고 있다. 특히, 스타트업과 벤처 기업들은 이러한 기술적 혁신을 통해 글로벌 시장에서 중요한 역할을 하고 있으며, 그 성장은 많은 사람들의 이목을 집중시키고 있다. 현대 사회의 이러한 성장은 기존의 패러다임을 뛰어넘는 놀라운 발전을 이루어냈으며, 앞으로도 그 속도와 범위는 계속 확장될 것이다.

① 매우 드물게 찾아오는 기회이다.
② 뛰어난 재능이 자연스럽게 드러난다.
③ 발전이 두드러져서 놀라움을 금치 못한다.
④ 힘든 일이라도 끈기있게 매달리면 달성할 수 있다.
⑤ 동등한 두 가지 중 더 나은 것을 구분하기 어렵다.

11 **연속하는 세 개의 홀수의 합이 183이라고 할 때, 세 개의 홀수 중 가장 큰 정수를 고르면?**

① 57 ② 59 ③ 61
④ 63 ⑤ 65

12 다음과 같이 일정한 규칙으로 수를 나열할 때, 10번째에 오는 수를 고르면?

$\frac{1}{2}$ $\frac{1}{6}$ $\frac{1}{12}$ $\frac{1}{20}$ $\frac{1}{30}$ …

① $\frac{1}{81}$ ② $\frac{1}{90}$ ③ $\frac{1}{110}$

④ $\frac{1}{132}$ ⑤ $\frac{1}{156}$

13 다음 [표]는 자치단체 A~M의 재정 현황에 관한 자료이다. 이에 대한 설명으로 옳은 것을 [보기]에서 모두 고르면?

[표] 자치단체별 재정 현황 (단위: 백만 원, %)

구분	기준재정 수입액	기준재정 수요액	재정자립도
A	4,461	3,587	93.8
B	1,330	1,324	78.4
C	883	870	68.0
D	502	503	72.3
E	429	416	74.6
F	2,185	1,512	69.3
G	107	347	30.0
H	175	328	30.3
I	214	392	26.7
J	234	421	22.8
K	204	445	15.9
L	339	573	29.2
M	394	566	35.8

※ (재정력 지수)$=\frac{\text{(기준재정 수입액)}}{\text{(기준재정 수요액)}}$

※ (재정자립도)(%)$=\frac{\text{(지방세)+(세외수입)}}{\text{(일반회계 총예산규모)}}\times 100$

보기

㉠ K자치단체의 재정력 지수는 0.5보다 낮다.
㉡ 재정자립도가 69% 이상인 자치단체의 재정력 지수는 모두 1보다 높다.
㉢ C자치단체의 재정력 지수는 E자치단체보다 높다.
㉣ 일반회계 총예산규모에 비해 지방세와 세외수입의 합이 가장 큰 자치단체는 A이며, 가장 작은 자치단체는 K이다.

① ㉠ ② ㉠, ㉢ ③ ㉠, ㉣

④ ㉡, ㉢ ⑤ ㉢, ㉣

14 다음 설명을 바탕으로 주어진 [상황]을 만족하는 건축면적과 층수가 될 수 <u>없는</u> 것을 고르면?

> 건폐율과 용적률을 규제하는 이유는 도시의 건축물 과밀을 방지하고, 쾌적한 환경 조성을 위해서이다. 건폐율은 대지면적에 대한 건축면적(대지에 건축물이 둘 이상 있는 경우에는 이들 건축면적의 합계)의 비율이다. 한편 용적률은 대지면적에 대한 연면적(대지에 건축물이 둘 이상 있는 경우에는 이들 연면적의 합계)의 비율이다.
>
> • $(\text{건폐율})(\%)=\frac{(\text{건축면적})}{(\text{대지면적})}\times 100$
>
> • $(\text{용적률})(\%)=\frac{(\text{지상층 연면적})}{(\text{대지면적})}\times 100$
>
> 지하층은 용적률 계산에서 제외하며, 건축면적은 건축물의 가장 넓은 층의 면적이다. 연면적은 지상층의 면적 합계이다.

상황

> 19.5m×25m 크기의 대지에 지하 2층을 포함하여 건폐율과 용적률의 허용 범위 내에서 건물을 지으려고 한다. 건폐율은 50% 이하, 용적률은 200~300%를 벗어나지 않으면서 모든 층의 면적이 동일하려면 건물의 크기와 층수를 어떻게 지어야 할까?

	건축면적	층수
①	10m×24m	6층
②	8m×20m	7층
③	15m×10m	8층
④	14m×17m	4층
⑤	10m×22m	5층

15 **다음 [표]는 2022년 경기·강원·충북 세 지역에 거주하는 주민의 성별 미세먼지 인식도에 관한 자료이다. 이에 대한 [보기]의 설명 중 옳은 것만을 모두 고르면?**(단, 중복 응답은 없으며 지역 및 성별마다 조사 인원이 다르다.)

[표] 2022년 경기·강원·충북 주민의 성별 미세먼지 인식도 (단위: %)

구분		전혀 불안하지 않음	별로 불안하지 않음	보통	약간 불안함	매우 불안함
경기	남자	2.3	8.2	22.8	42.0	24.7
	여자	1.1	5.8	(　　)	43.4	30.3
강원	남자	3.0	(　　)	28.6	42.5	16.1
	여자	2.1	10.3	24.6	43.3	19.7
충북	남자	3.3	10.1	24.6	(　　)	19.7
	여자	1.7	8.8	22.9	(　　)	22.7

보기

㉠ '약간 불안함'을 선택한 충북의 남자 비율은 여자 비율보다 낮다.
㉡ 강원에서 '전혀 불안하지 않음'을 선택한 여자 인원은 '매우 불안함'을 선택한 남자 인원의 13%를 차지한다.
㉢ 세 지역에서 미세먼지가 불안하다고 응답한 남자의 비율 평균은 60% 이상이다.
㉣ 강원에서 '별로 불안하지 않음'을 선택한 남자의 비율은 '전혀 불안하지 않음'을 선택한 여자의 비율의 5배 미만이다.

① ㉠, ㉡　② ㉠, ㉢　③ ㉠, ㉢, ㉣
④ ㉡, ㉢, ㉣　⑤ ㉠, ㉡, ㉢, ㉣

06 실전모의고사 6회

16 다음 [표]는 2018~2021년 OECD 회원국 중 4개 국가의 의사 수에 대한 자료이다. 이에 대한 설명으로 옳지 않은 것을 고르면?

[표] 2018~2021년 OECD 4개 회원국 의사 수

(단위: 명)

구분	2018년		2019년		2020년		2021년	
	의사 수	천 명당 의사 수	의사 수	천 명당 의사 수	의사 수	천 명당 의사 수	의사 수	천 명당 의사 수
네덜란드	63,278	3.7	65,121	3.8	67,100	3.9	68,363	3.9
노르웨이	25,804	4.9	26,572	5.0	27,361	5.1	27,925	5.2
폴란드	89,532	2.4	125,349	3.3	126,064	3.3	129,893	3.4
영국	188,783	2.8	196,784	3.0	203,529	3.0	213,839	3.2

※ 천 명당 의사 수: 각 국가의 인구 천 명당 의사 수

① 2019~2021년 동안 4개 국가 모두 2018년 이후 의사 수는 매년 증가한다.
② 2018~2021년 동안 4개 국가 중 천 명당 의사 수가 가장 많은 국가는 매년 동일하다.
③ 2020년 대비 2021년 의사 수 증가율이 가장 큰 국가는 '폴란드'이다.
④ 2019년 노르웨이의 인구 수는 500만 명 이상이다.
⑤ 2018년 4개 국가의 의사 수에서 차지하는 폴란드의 의사 수의 비율은 30% 미만이다.

17 △△ 회사는 두 신약 A, B를 개발하였고, 효과 정도를 알아보기 위해 임상실험을 하였다. 투여자 갑과 을에게 각각 한 종류의 신약을 투여하였고, 아래와 같이 두 신약 A, B에 대한 임상실험 결과로 두 사람의 건강수치 변화추이를 [표]로 정리하였다. 주어진 자료를 바탕으로 할 때, 다음 중 옳지 않은 것을 고르면?

[표] 투여량에 따른 건강수치 변화추이

구분	5mL	10mL	15mL	20mL	25mL
갑	15	150	235	270	255
을	78	123	118	( )	( )

- 신약 A를 투여 시 건강수치: $-(x-12)^2+\alpha$
- 신약 B를 투여 시 건강수치: $-(x-21)^2+\beta$

※ x는 신약 투여량이며, α, β는 갑 또는 을에 대한 각자의 고유 건강수치를 의미함

① 갑은 B를 투여받았다.
② 을의 고유 건강수치는 127이다.
③ 임상실험 결과 을의 건강수치가 음수를 기록한 적이 있었다.
④ 만약 갑이 다른 신약을 투여받았다면 건강수치의 최댓값이 265 이상을 기록했을 것이다.
⑤ 만약 을이 다른 신약을 투여받았다면 건강수치의 최댓값은 감소했을 것이다.

18 다음 [표]는 월급이 250만 원인 김 대리의 한 달 지출 내역이다. 이를 바탕으로 김 대리의 문화생활비가 월급에서 차지하는 비중을 고르면?(단, 주어진 지출 내역 이외에 다른 지출 내역은 없다.)

[표] 김 대리의 한 달 지출 내역

지출 내역	금액
원룸 월세	700,000원
관리비	80,000원
주차비	70,000원
대출 이자	100,000원
문화생활비	( )
적금	600,000원
보험료	50,000원
통신비	100,000원
신용카드	600,000원

① 2%
② 4%
③ 7%
④ 8%
⑤ 12%

06 실전모의고사 6회

[19~20] 다음 [표]는 특정 연도의 선박 유형별 해상조난사고 현황을 나타낸 자료이다. 이를 바탕으로 이어지는 질문에 답하시오.

[표1] 20○○년도 해상조난사고 월별 현황 (단위: 척)

구분	계	1월	2월	3월	4월	5월	6월	7월	8월	9월	10월	11월	12월
전체	2,487	160	103	180	188	214	222	240	283	291	261	192	153
어선	1,189	109	62	87	92	94	92	121	123	106	114	96	93
낚시어선	219	10	11	8	16	23	28	19	25	22	30	12	15
레저선박	722	19	8	41	45	68	77	71	105	112	92	59	25
화물선	58	6	3	14	5	2	4	4	7	7	2	3	1
예부선	101	3	6	15	7	5	6	10	12	10	8	9	10
여객선	36	1	1	2	6	3	5	2	2	7	3	2	2
유조선	50	3	6	6	6	4	2	5	2	7	3	4	2
유도선	18	1	0	1	2	4	1	2	0	4	2	1	0
기타	94	8	6	6	9	11	7	6	7	16	7	6	5

※ (계절별 사고율)(%)$=\frac{\text{(해당 계절 사고척수)}}{\text{(연중 사고척수)}}\times 100$

※ 봄, 여름, 가을, 겨울은 각각 3~5월, 6~8월, 9~11월, 12~2월로 구분함

[표2] 20○○년도 해상조난사고 시간대별 현황 (단위: 척)

구분	계	주간				야간			
		6~9시	9~12시	12~15시	15~18시	18~21시	21~24시	0~3시	3~6시
전체	2,487	396	506	515	461	233	137	94	145
어선	1,189	225	237	211	161	121	80	52	102
낚시어선	219	49	39	45	40	12	5	11	18
레저선박	722	73	164	196	198	59	13	13	6
화물선	58	9	11	8	9	11	5	4	1
예부선	101	13	16	14	14	10	15	7	12
여객선	36	5	7	9	8	6	1	0	0
유조선	50	5	11	8	6	7	6	4	3
유도선	18	3	4	4	6	0	0	0	1
기타	94	14	17	20	19	7	12	3	2

※ (시간대별 사고율)(%)$=\frac{\text{(해당 시간대 사고척수)}}{\text{(24시간 사고척수)}}\times 100$

19 다음 중 자료에 대한 설명으로 옳은 것을 [보기]에서 모두 고르면?

조건

㉠ 어선의 하반기 해상조난사고 척수 중 주간에 발생한 해상조난사고 최소 척수는 298척이다.
㉡ 낚시어선의 주간 해상조난사고 척수 중 상반기에 발생한 해상조난사고 최소 척수는 20척이다.
㉢ 봄철 사고율은 화물선이 유도선보다 높다.
㉣ 해상조난사고 척수가 100건 이상 1,000건 미만인 선박의 6~12시 시간대의 사고율은 모두 20% 이상이다.

① ㉠　② ㉠, ㉣　③ ㉡, ㉢
④ ㉡, ㉣　⑤ ㉠, ㉢, ㉣

20 다음 중 어선, 낚시어선, 레저선박의 해상조난사고 주·야간 사고율을 나타낸 그래프로 옳은 것을 고르면?

①

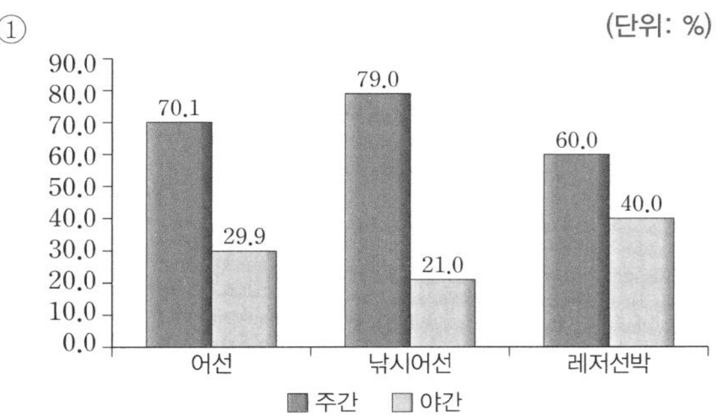

②

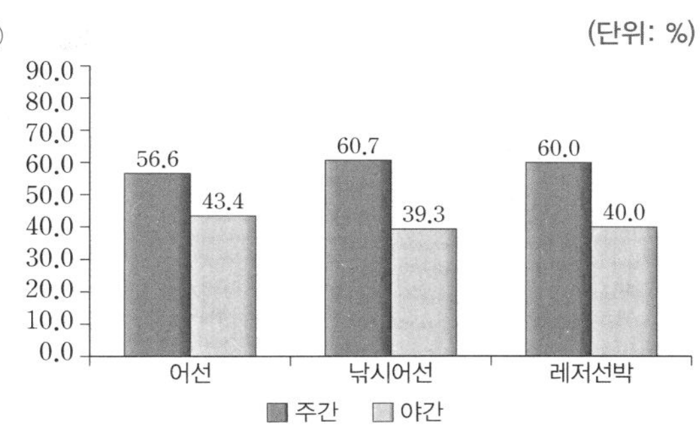

③

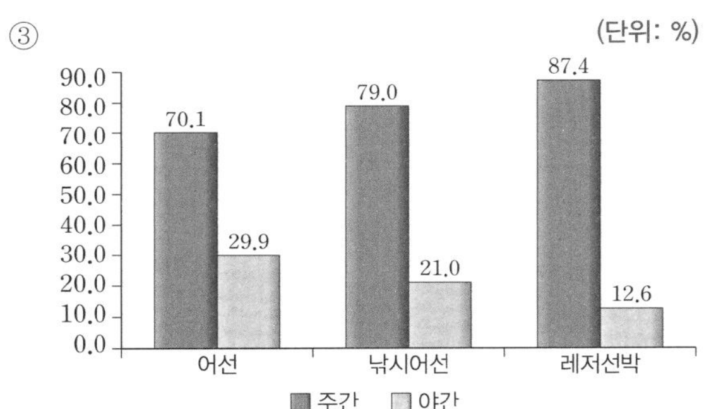

④

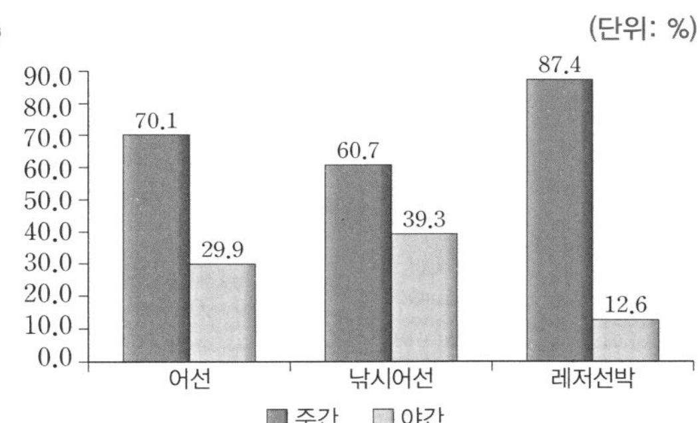

⑤

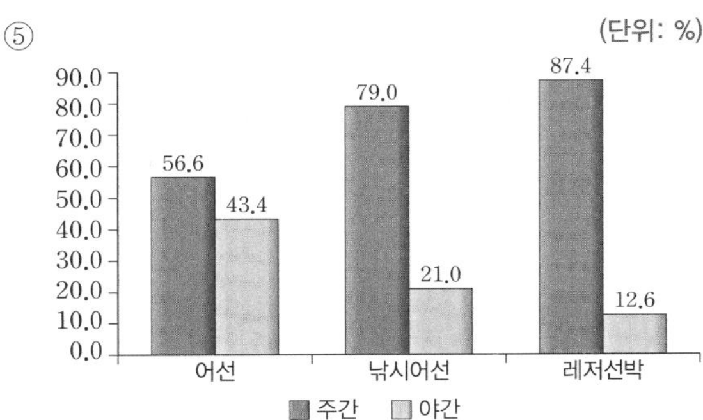

21 **다음 글에서 설명한 창의적 사고력 개발 기법인 '스캠퍼(SCAMPER)'를 바탕으로 할 때, [그림]과 같이 하수구 뚜껑에 적용된 아이디어를 도출할 수 있는 스캠퍼 항목을 고르면?**

> 창의적 사고력 개발 기법의 하나인 '스캠퍼(Scamper)'는 7가지 항목에 해당하는 단어의 첫 글자를 따서 만든 발명 기법으로, 기존의 형태나 아이디어를 다양하게 변형시키는 발명 사고기법이다. 7가지 항목에는 치환(Substitute), 결합(Combine), 적용(Adjust), 수정(Modify), 다른 용도로 사용하기(Put to other use), 제거(Eliminate), 재배치(Rearrange)가 있다.

[그림]

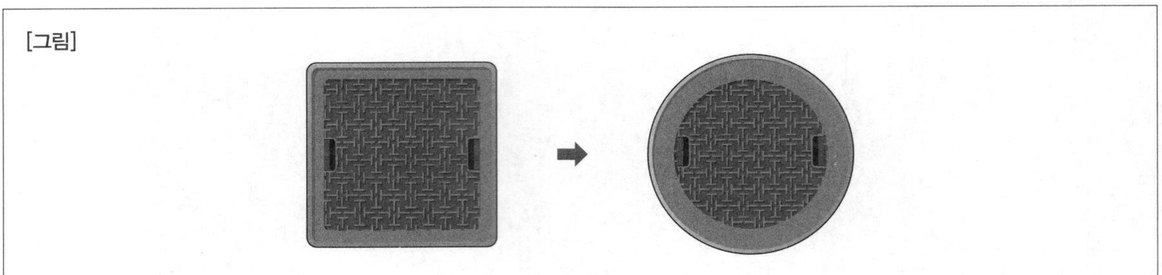

① 치환(Substitute)
② 결합(Combine)
③ 수정(Modify)
④ 다른 용도로 사용하기(Put to other use)
⑤ 제거(Eliminate)

22 근무 시간이 평일 기준 오전 9시부터 오후 6시까지이고, 점심시간은 정오부터 오후 1시까지인 △△ 회사의 기획부 직원들은 매월 월례회의를 한다. 월례회의는 해당 월의 넷째 주 금요일까지 근무 시간 내에 진행되어야 하고, 3시간 동안 연속으로 진행된다. 8월 달력을 바탕으로 아래의 [조건]에 따라 월례회의를 진행한다고 할 때, 다음 중 회의가 가능한 일정을 고르면?(단, 8월 15일 수요일은 공휴일이다.)

[8월 달력]

일	월	화	수	목	금	토
			1	2	3	4
5	6	7	8	9	10	11
12	13	14	15 광복절	16	17	18
19	20	21	22	23	24	25
26	27	28	29	30	31	

조건

- 기획부 직원은 총 7명이고, 회의에는 모두 참석해야 한다.
- 강 과장은 8월 넷째 주 내내 휴가를 간다.
- 최 과장은 매주 금요일에 회의에 참여할 수 없다.
- 김 부장은 매주 월요일에 회의에 참여할 수 없다.
- 김 대리는 매주 수요일에 회의에 참여할 수 없다.
- 박 대리는 매일 아침 9시부터 정오까지 회의에 참여할 수 없다.
- 이 차장은 매주 목요일 오후 3시 이후로 회의에 참여할 수 없다.
- 최 주임은 8월 둘째 주에 오후 2시부터 두 시간 동안 회의에 참여할 수 없다.

① 8월 2일 12:00~15:00
② 8월 6일 13:00~16:00
③ 8월 8일 16:00~19:00
④ 8월 14일 13:00~16:00
⑤ 8월 20일 13:00~16:00

[23~24] 다음은 어느 택배사의 국내택배 운임에 관한 자료이다. 이를 바탕으로 이어지는 질문에 답하시오.

[국내택배 운임 안내]

구분	크기	중량	동일권역	타권역	제주운임
극소형	80cm 이하	2kg 이하	5,000원	6,000원	9,000원
소형	100cm 이하	5kg 이하	7,000원	8,000원	11,000원
중형	120cm 이하	15kg 이하	8,000원	9,000원	12,000원
대형	160cm 이하	25kg 이하	9,000원	10,000원	13,000원

※ 취급 상품 규격
- 크기는 가로, 세로, 높이 세 변의 길이를 합친 것(최대 160cm)으로 상품의 최장변은 100cm 이내입니다.
- 무게는 최대 25kg 이내이며, 곡물 및 서적 등 상품의 특성에 따라 일부 상품은 20kg 이내로 예외 적용합니다.
- 크기와 중량 중 큰 값을 기준으로 적용합니다.

※ 지역구분
- 동일권역: 고객님의 주소와 받으시는 분의 주소가 같은 권역에 해당하는 경우
- 타권역: 고객님의 주소와 받으시는 분의 주소가 다른 권역인 경우

※ 실비부담
- 고객 요청에 의한 포장비용 및 도선료·하역료

[할증운임]

구분	적용기준	할증운임
파손품	깨지기 쉬운 상품	50%
냉동 및 변질성 상품	냉동 및 부패성 상품으로 부패 또는 변질되기 쉬운 상품 (냉동육/냉장육, 냉동어, 김치, 한약, 청과물, 농수축산물 등)	50%
고가 및 귀중품	50만 원 초과 100만 원 이하	2,000원
	100만 원 초과 200만 원 이하	4,000원
	200만 원 초과 300만 원 이하	6,000원

- 할증운임은 기본운임에 별도로 합산하여 적용합니다.
- 동일 상품에 할증률이 중복되는 경우에는 최고 할증률을 적용합니다.
- 상품가액 300만 원 초과하는 상품은 취급하지 않습니다.

[취급금지 품목]
- 현금화 가능물품: 현금, 어음, 수표, 유가증권, 신용카드, 상품권(할인권), 예금통장 등
- 식품, 과일류: 부패되기 쉬운 식품 및 과일
- 변질 및 부패 우려물품: 활어, 화훼류, 살아있는 동·식물 및 사체류
- 예술품 및 귀중품: 금, 은 귀금속 및 다이아몬드 등 고가의 보석류, 골동품
- 유리/사기제품: 그릇, 유리, 대접, 컵, 도자기 등 유리/사기 재질로 구성된 물품
- 전자제품: 컴퓨터 본체, 프린터, 모니터, 노트북 등
- 대형물품: 침대, 장롱, 책상, 소파, 완제품 자전거, 오토바이, 냉장고, TV, 세탁기 등
- 위험물품: 독극물, 농약류, 화약류, 총포(도검)류, 인화성 물질, 페인트류, 액체화된 잉크, 스프레이 제품류 등
- 불법유통물: 밀수품, 밀반출 군수품, 부정 임산물, 기타 범칙상품
- 재생불가능 상품: 인감도장, 긴급한 각종(무역)서류, 원서, 배송 기일 내 도착하지 못하면 가치가 소멸되는 것(수험표, 이력서, 여권, 원고, 테이프, 필름(원판사진) 등)
  ※ 재생가능 서류는 재발행 비용 보상
- 우편업 위배품: 서신류 등 우편법상 제한 상품

23 다음 자료를 읽고 추론한 내용으로 옳은 것을 고르면?

① 가로가 40cm, 세로가 30cm, 높이가 40cm이고, 중량이 25kg인 쌀이 든 택배를 부산에서 광주로 보내는 경우의 운임은 10,000원이다.

② 가로, 세로, 높이가 각각 20cm이고, 중량이 2kg인 김치를 울산에서 울산으로 보내는 경우의 운임은 7,500원이다.

③ 가로가 20cm, 세로가 110cm, 높이가 30cm이고, 중량이 20kg인 택배를 서울에서 서울로 보내는 경우의 운임은 9,000원이다.

④ 가로, 세로, 높이가 각각 50cm이고, 중량이 10kg인 택배를 제주에서 제주로 보내는 경우의 운임은 13,000원이다.

⑤ 가로, 세로, 높이가 각각 40cm이고, 중량이 12kg인 유리컵이 든 택배를 대전에서 제주로 보내는 경우의 운임은 18,000원이다.

24 A씨는 서울에서 대전으로 다음과 같이 택배를 보내려고 한다. 주어진 자료를 바탕으로 할 때, A씨가 지불해야 하는 택배 운임을 고르면?

구분	품목	가로	세로	높이	중량	상품 금액	택배 개수
1	가방	20cm	40cm	60cm	5kg	70만 원	2개
2	서적	10cm	20cm	40cm	10kg	40만 원	1개
3	냉동육	50cm	50cm	60cm	12kg	20만 원	3개
4	의류	40cm	20cm	30cm	5kg	120만 원	3개
5	한약	45cm	55cm	50cm	22kg	80만 원	2개

① 133,000원 ② 138,000원 ③ 142,000원
④ 147,000원 ⑤ 151,000원

06 실전모의고사 6회

25 **다음은 신용 상태가 좋지 않은 일반인들을 상대로 운용되는 'A론'의 지원대상자에 관한 내용이다. 이를 참고할 때, A론의 대상이 되지 않는 사람을 고르면?**(단, 언급되지 않은 사항은 자격요건을 충족하는 것으로 가정한다.)

1. 지원 대상

구분		자격요건	비고
신용등급		6~10등급	연소득 3.5천만 원 이하인 분 또는 특수채무자는 신용등급 제한 없음
연소득	급여소득자 등	4천만 원 이하	부양가족 2인 이상인 경우에는 5천만 원 이하
	자영업자	4.5천만 원 이하	사업자로 등록된 자영업자
지원 대상 고금리 채무 (연 20% 이상 금융채무)	채무총액 1천만 원↑	6개월 이상 정상상환	보증채무, 담보대출, 할부금융, 신용카드 사용액(신용구매, 현금서비스, 리볼빙 등)은 제외 ※ 상환기간은 신용보증신청일 기준으로 산정
	채무총액 1천만 원↓	3개월 이상 정상상환	

2. 제외 대상
- 대출 금리 연 20%(법정 최고금리) 이상 금융채무 총액이 3천만 원을 초과하는 분
- 소득에 비해 채무액이 과다한 분(연소득 대비 채무상환액 비율이 40%를 초과하는 분)
- 현재 연체 중이거나 과거 연체기록 보유자, 금융채무 불이행자 등

① 갑: 신용등급이 4등급으로 연체 이력은 없음
② 을: 2명의 자녀와 아내를 부양가족으로 두고 있으며, 연 근로소득은 4.3천만 원임
③ 병: 법정 최고금리가 적용된 금융채무가 있으며, 그 금융 채무액이 2.5천만 원임
④ 정: 저축은행으로부터 받은 신용대출금 1.5천 만원에 대해 연 20%의 이자를 내며, 신용보증신청일 기준 8개월 째 매달 원리금을 상환함
⑤ 무: 급여소득만 있으며, 연 급여소득은 3.8천만 원이고 채무액이 1천만 원임

26 다음의 [표]는 영업팀 네 직원 A~D의 항목별 인사 평가 점수를 나타낸 자료이다. 이 자료를 바탕으로 할 때, 다음 [보기]의 설명 중 옳은 것의 개수를 고르면?

[표] 영업팀 인사 평가 점수 (단위: 점)

구분	영업 실적	근무 태도	고객 응대	동료 평가	합계
A	85	(　　)	90	84	343
B	90	(　　)	85	91	355
C	(　　)	(　　)	85	90	352
D	88	92	94	(　　)	362
합계	356	349	354	353	1,412

보기

㉠ B의 근무 태도 점수는 A~D 중 두 번째로 높다.
㉡ C의 근무 태도 점수는 D의 동료 평가 점수보다 더 높다.
㉢ C의 평균 점수는 A의 근무 태도 점수보다 3점 이상 높다.
㉣ A의 근무 태도를 제외한 3개 항목의 점수의 합은 D의 고객 응대 점수를 제외한 3개 항목의 점수의 합보다 낮다.
㉤ A의 인사 평가 점수의 평균은 D의 인사 평가 점수의 평균보다 4점 이상 낮다.

① 1개 ② 2개 ③ 3개
④ 4개 ⑤ 5개

27 다음 중 '비판적인 사고력'이 발휘된 경우로 적절한 것을 [보기]에서 모두 고르면?

보기

㉠ 나와 정반대의 정치적 이념을 가진 집단이 주장하는 바가 무엇이며, 공존이 필요한 이유가 무엇인지를 차분히 생각해 보았다.
㉡ 회계 담당자는 과다한 비용이 지출되는 것을 막기 위해 지난 몇 달간 집행된 지출 내역을 면밀히 분석하여 향후 집행을 지양해야 할 항목을 추려 보았다.
㉢ 아무리 생각해도 포기할 수 없는 프로젝트에 대하여 끈질긴 설득의 과정을 통해 경영진의 사업 승인을 얻어낼 수 있었다.
㉣ 최종 면접에 응한 응시자들의 시험결과와 서류를 면밀하게 검토하여 가장 적합한 합격자를 선정하였다.

① ㉠, ㉡ ② ㉠, ㉢ ③ ㉡, ㉢
④ ㉡, ㉣ ⑤ ㉢, ㉣

[28~29] 다음은 H은행의 '다모아포인트' 적립에 관한 설명이다. 이를 바탕으로 이어지는 질문에 답하시오.

[다모아포인트 적립]

적립한도 없이 0.7% ~ 1.5% 다모아포인트 적립

• 기본적립

구분	전가맹점 기본적립	H은행 고객 우대적립		
적립률	0.7%	0.8%	0.9%	1.0%
전월실적	조건없음	30만 원 이상 100만 원 미만	100만 원 이상 200만 원 미만	200만 원 이상

• 추가적립

구분		적립률	전월실적
쇼핑	H클럽, S몰	0.5%	30만 원 이상
편의점, 잡화	GS25, CU, 올리브영		
영화	CGV		
커피, 제과	스타벅스, 파리바게트		
해외 관련	해외일시불, 면세점		

* 전월실적을 충족해야 하는 서비스는 사용 등록하신 달에는 제공되지 않으며, 그 다음 달부터 서비스 조건 충족 시 서비스가 제공됩니다.
* 전월실적은 해당 카드로 전월(1일~말일) 국내·외 일시불/할부(전액) 이용금액을 의미합니다.
* 가족카드의 경우 본인카드 이용실적과 합산되지 않으며, 카드별 이용실적을 각각 체크하여 서비스가 제공됩니다.

[다모아포인트 사용방법]

1점 이상 시 현금처럼 사용 가능 (1점=1원)

• 다모아 숍
  : H클럽·마트, 파머스 클럽, H-OIL, H그룹 운영주유소, S몰 등
• H은행 인터넷뱅킹에서 금융거래
  : 카드대금 및 연회비 선결제, 장기카드대출(카드론) 선결제 및 중도상환, SMS이용요금, CMS이체수수료, 대출 원리금상환 등
• 상품권·기프트카드 구입(권종 단위), 포인트 기부, 양도 등

28 다음 중 다모아포인트 안내 사항의 내용으로 옳지 않은 것을 고르면?

① 이번 달 카드 가입 시 가능한 최대 다모아포인트 적립률은 0.7%이다.
② 부부의 카드 전월실적이 각각 70만 원과 80만 원인 경우, 부부의 카드를 동시에 사용하면 최대 기본적립률이 0.9%가 된다.
③ 전월실적이 50만 원인 경우, 가능한 최대 다모아포인트 적립률은 1.3%이다.
④ 다모아포인트가 15,000점인 경우, H-OIL을 30,000원 어치 주유하고 포인트를 모두 사용하면 15,000원만 결제하면 된다.
⑤ 제공받은 다모아포인트로 카드 대출금의 일부를 상환할 수도 있다.

29 **다음과 같은 상황에서 A씨와 B씨가 사용할 수 있는 현재 다모아포인트 합계 점수가 몇 점인지 고르면?**(단, 이전 달의 포인트는 모두 0점이었다고 가정한다.)

> • A씨: 전월의 카드 결제액이 850,000원이며, 이번 달의 영화, 쇼핑 등 해당 가맹점 카드 사용 금액이 총 275,000원임.
> • B씨: 전월의 카드 결제액이 2,250,000원이며, 이번 달의 H클럽 카드 사용 금액이 195,000원, 아파트 관리비 카드 사용 금액이 215,000원임.

① 6,250점　② 6,500점　③ 7,350점
④ 11,500점　⑤ 12,000점

30 **다음 글의 밑줄 친 ㉠~㉤ 중 A사가 가진 '문제'와 '문제점'으로 옳은 것을 고르면?**

> A사는 최근 ㉠극심한 매출 부진 상황에 직면하게 되었다. 갑작스럽게 발생한 ㉡중동지역 테러로 인해 세계 경제가 예고 없이 추락하여, 안 그래도 ㉢높은 가격 정책 때문에 소비자 이탈이 일어나고 있던 상황에서 헤어나기 어려운 국면을 맞게 된 것이다. 엎친 데 덮친 상황으로 인해 A사는 ㉣기존 인력의 감축이 불가피하게 되어 하반기에는 신입사원 채용도 없을 것이라는 소문이 퍼지면서 ㉤기업 이미지와 제품 브랜드 평판에도 치명적인 타격을 입게 되었다.

① ㉠은 A사가 가진 가장 큰 '문제점'이다.
② A사의 '문제점'은 ㉡과 ㉢이다.
③ ㉢, ㉣, ㉤은 순차적으로 연결되어 있으므로 모두 '문제점'이다.
④ ㉡과 ㉣은 A사의 '문제'이다.
⑤ ㉤은 '문제', ㉠은 '문제점'이다.

31 다음은 '갑'사의 탄력근무제에 대한 규정의 일부이다. 이에 대한 설명으로 옳지 않은 것을 고르면?

> **제17조**(탄력근무 유형 등) ① 탄력근무의 유형은 시차출퇴근제와 시간선택제로 구분한다.
> ② 시차출퇴근제는 근무시간을 기준으로 다음 각 호와 같이 구분한다. 이 경우 시차출퇴근 C형은 12세 이하이거나 초등학교에 재학 중인 자녀를 양육하는 직원만 사용할 수 있다.
> 1. 시차출퇴근 A형: 8:00~17:00
> 2. 시차출퇴근 B형: 10:00~19:00
> 3. 시차출퇴근 C형: 9:30~18:30
>
> ③ 시간선택제는 다음 각 호의 어느 하나에 해당하는 직원이 근무시간을 회당 1시간부터 3시간까지 단축하는 근무형태로서 그 근무유형 및 근무시간은 별도로 정한 바와 같다.
> 1. 임금피크제의 적용을 받는 직원
> 2. 일·가정 양립, 자기계발 등 업무 내·외적으로 조화로운 직장생활을 위하여 월 2회의 범위 안에서 조기퇴근을 하려는 직원
>
> **제18조**(시간선택제 근무시간 정산) ① 시간선택제 근무 직원은 그 단축 근무로 통상근무에 비해 부족해진 근무시간을 시간선택제 근무를 실시한 날이 속하는 달이 끝나기 전까지 정산하여야 한다.
> ② 제1항에 따른 근무시간 정산은 08:00부터 09:00까지 또는 18:00부터 21:00까지 사이에 해야 한다.
> ③ 시간선택제 근무 직원은 휴가·교육 등으로 제1항에 따른 정산을 실시하지 못함에 따른 임금손실을 방지하기 위하여 사전에 정산근무를 실시하는 등 적정한 조치를 하여야 한다.
> **제19조**(신청 및 승인) ① 탄력근무를 하려는 직원은 그 근무시작 예정일의 5일 전까지 탄력근무 신청서를 그 소속 부서의 장에게 제출하여야 한다.
> ② 다음 각 호의 직원은 조기퇴근을 신청할 수 없다.
> 1. 임신부
> 2. 시간선택제를 이용하고 있는 직원
> 3. 육아 및 모성보호 시간 이용 직원
>
> ③ 부서의 장은 제1항에 따라 신청서를 제출받으면 다음 각 호의 어느 하나에 해당하는 경우 외에는 그 신청에 대하여 승인하여야 한다.
> 1. 업무공백 최소화 등 원활한 업무진행을 위하여 승인인원의 조정이 필요한 경우
> 2. 민원인에게 불편을 초래하는 등 정상적인 사업운영이 어렵다고 판단되는 경우
>
> ④ 탄력근무는 매월 1일을 근무 시작일로 하여 1개월 단위로 승인한다.
> ⑤ 조기퇴근의 신청, 취소 및 조기퇴근일의 변경은 별지 서식에 따라 개인이 신청한다. 이 경우 조기퇴근 신청에 관하여 승인권자는 월 2회의 범위에서 승인한다.

① 시차출퇴근제와 시간선택제 모두 월간 총 근무시간에는 변함이 없다.
② 시간선택제 사용에 따라 월간 최대 정산해야 할 근무시간은 6시간이다.
③ 자기계발을 위해 업무 후 야간대학을 다니겠다는 사유로는 조기퇴근을 신청할 수 없다.
④ 적절한 사유가 있을 시 부서의 장은 탄력근무 신청을 승인하지 않을 수 있다.
⑤ 4시간의 잔여 근무시간 정산을 해당 월의 마지막 날에 한꺼번에 할 수 있다.

32 다음은 갑, 을 2곳의 지역과 A~F 6곳의 매장 위치를 나타낸 지도이다. 이를 바탕으로 갑 지역과 을 지역에 물류창고를 세울 경우에 대한 설명으로 옳은 것을 [보기]에서 모두 고르면?

각 매장별로 물류창고까지의 이동경로는 지도상의 가로, 세로줄로만 이동 가능하다. 가로는 1칸당 1의 이동 비용이, 세로는 1칸당 2의 이동 비용이 든다.

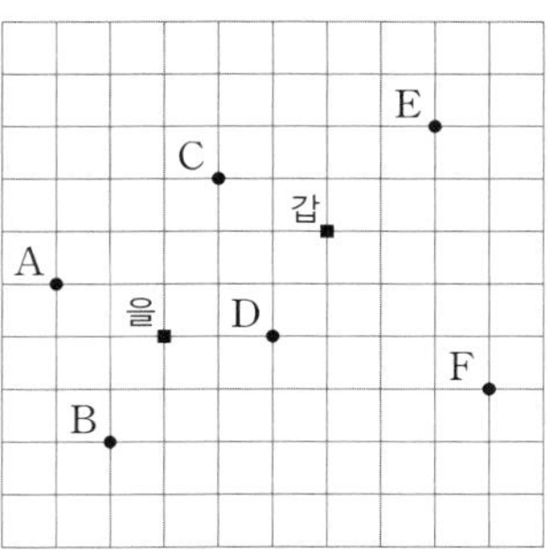

보기

㉠ A~F의 이동 비용 합은 을 지역에 물류창고를 세웠을 때 더 적다.
㉡ 갑 지역에 물류창고를 세울 경우 을 지역에 세우는 것보다 이동 비용이 더 적게 드는 매장은 총 3곳이다.
㉢ 물류창고의 위치에 따른 매장별 최대 이동 비용 차이는 7이다.
㉣ 갑 지역과 을 지역 각각에 물류 창고를 세울 경우 A~C의 이동 비용 합은 각각 20 이상이다.

① ㉠, ㉢　② ㉢, ㉣　③ ㉠, ㉡, ㉢
④ ㉠, ㉢, ㉣　⑤ ㉡, ㉢, ㉣

33 다음은 조직차원에서의 인적자원관리의 세 가지 특성을 설명한 내용이다. 빈칸 ㉠~㉢에 들어갈 내용을 바르게 짝지은 것을 고르면?

능동성	인적자원의 행동동기와 만족감은 경영관리에 의해 (㉠)되며, 인적자원은 능동적이고 반응적인 성격을 지니고 있기 때문에 이를 잘 관리할 때 기업의 성과를 높일 수 있다.
개발가능성	인적자원은 자연적인 성장과 성숙이 가능하고, 오랜 기간 동안에 걸쳐서 개발될 수 있는 많은 잠재능력과 자질을 보유하고 있다. 개발가능성은 환경변화와 이에 따른 조직변화가 (㉡) 현대조직의 인적자원관리에서 차지하는 중요성이 더욱 커진다.
(㉢)	조직의 성과가 인적자원, 물적자원 등을 효과적이고 능률적으로 활용하는 데 달려있으며, 이러한 자원을 활용하는 것이 인적자원이기 때문에 이 특성이 강조된다.

	㉠	㉡	㉢
①	효율화	안정될수록	유기적 자원
②	효율화	심할수록	전략적 자원
③	조건화	안정될수록	유기적 자원
④	조건화	심할수록	전략적 자원
⑤	진부화	안정될수록	유기적 자원

34 시간의 관리는 60%의 계획된 행동과 40%의 계획 이외의 행동으로 나누는 것이 바람직하다. 이러한 시간계획을 관리함에 있어 준수해야 할 사항으로 적절하지 않은 것을 고르면?

① 꼭 해야만 할 일을 끝내지 못했을 경우, 차기 계획에 반영토록 한다.
② 예정 행동만을 계획하는 것이 아니라 기대되는 성과나 행동의 목표도 기록한다.
③ 여러 일 중에서 어느 일이 가장 우선적으로 처리해야 할 것인가를 결정한다.
④ 예상 못한 방문객 접대, 전화 등의 사건으로 예정된 시간이 부족할 경우를 대비하여 여유시간을 확보한다.
⑤ 자기의 업무를 반드시 스스로의 힘으로 완수할 수 있어야 한다.

35 **'갑'사는 A~C공장 총 3곳에서 신발을 생산한다. 다음 [표]를 바탕으로 '갑'사의 신발 생산에 대한 설명으로 옳지 않은 것을 고르면?**(단, A, B, C공장에서 생산하는 신발은 동일하며 '갑'사는 이익을 극대화하는 방향으로 행동한다.)

[표] A~C공장 신발 1켤레당 생산단가와 하루 최대 신발 생산량

구분	신발 1켤레당 생산단가	하루 최대 신발 생산량
A공장	4만 원	5,000켤레
B공장	5만 원	2,000켤레
C공장	6만 원	3,000켤레

① '갑'사의 하루 신발 생산량이 총 8,000켤레일 때의 평균 신발 단가는 1켤레당 4.5만 원이다.
② '갑'사의 평균 신발 단가가 1켤레당 4.8만 원이었다면 하루 신발 총 생산량은 10,000켤레이다.
③ A공장과 B공장의 하루 최대 신발 생산량이 바뀌면 하루 신발 생산량에 관계없이 '갑'사는 손해이다.
④ '갑'사의 하루 신발 생산량이 총 3,000켤레일 때 A공장에 정전이 발생해서 생산을 못한다면, 총 손해액은 4,000만 원이다.
⑤ '갑'사의 하루 신발 생산량이 총 7,000켤레일 때 B공장에 정전이 발생해서 생산을 못한다면, 총 손해액은 2,000만 원이다.

36 **자원을 헛되게 하는 자원 낭비요인들은 자원의 유형이나 개인에 따라 매우 다양하다. 다음 중 종이컵과 같은 잦은 일회용품의 사용, 할 일 미루기, 약속 불이행 등의 사례에서 찾아볼 수 있는 자원 낭비요인을 고르면?**

① 자신의 편리성을 우선 추구하려는 습성
② 계획적이지 못한 판단과 행동
③ 자원의 효과적인 활용법에 대한 무지
④ 자신이 가진 자원이 무엇인지를 인식하지 못함
⑤ 타인에 비해 부족한 대인관계

[37~38] 다음은 일·생활 균형 고용 문화 확산을 위한 정책 토론회 개최 안내문이다. 이를 바탕으로 이어지는 질문에 답하시오.

일·생활 균형 고용 문화 확산을 위한 정책 토론회 개최 안내

가. 행사명: 일·생활 균형 고용 문화 확산을 위한 정책 토론회
나. 일시: 2022년 10월 31일(월) 14:00~17:00
다. 장소: JW 호텔 3F 베니스홀
라. 내용: 세부 사항 참조
마. 문의: 공○○ 전문 위원 (031－×××－××××)

– 세부 사항 –

1. 진행 순서

시간	주요 내용	비고
13:30~14:00	접수	–
14:00~14:30	주제발표 1: 일·생활 균형 지표 및 정책 제언	더 컨설팅 윤△△ 대표
14:30~15:00	주제발표 2: 우수기업 사례 (1)	노동연구원 정△△ 수석 연구위원
15:00~15:40	주제발표 3: 우수기업 사례 (2)	세븐차일드 이△△ 본부장
15:40~16:30	종합토론: 지정토론자	경기대학교 이△△ 교수
16:30~17:00	정리	–
17:00~18:00	석식	–

2. 강의 콘텐츠
   - 강의용 소책자
   - 영상 시청
3. 참고사항
   - 토론회 시작 1시간 전부터 개최 준비를 한다.
   - 토론 후 식사 및 정리 시간은 홀 임대 시간에 포함되지 않는다.
   - 장비 및 철수 준비는 스텝이 식사 시간에 한다.
   - 소책자는 1부당 제작 비용 2,000원이다.
   - 영상 제작은 일괄적으로 주최 측에서 제작하며 제작 비용으로 2,000,000원을 사용한다.
   - 베니스홀 임대 비용: 시간당 500,000원
   - 강연료(발표·토론 진행) 지급
     - 30분 이하: 200,000원
     - 30분 초과 1시간 이하: 300,000원
     - 1시간 초과 2시간 이하: 450,000원
   - 석식: 65,000원
4. 참여 인원 및 식사 참여 여부
   - 참여 인원: 55명
   - 석식 참여: 40명

※ 교육에 참여한 인원당 1부의 소책자를 나눠주고, 예비 물량으로 참여 인원보다 10부 더 제작한다.
※ 식사 시간에 참여하지 않은 사람은 식사 비용에서 제외한다.

37 다음 중 자료에 관한 내용으로 옳은 것을 [보기]에서 모두 고르면?

보기

㉠ 저녁 식사에 반드시 참여해야 하는 것은 아니다.
㉡ 토론회에 사용된 모든 장비는 17시 이후에 철수된다.
㉢ 주최 측은 늦어도 13시부터 개최를 준비해야 한다.
㉣ 석식 참여 인원이 10명 줄어든다면 석식 비용은 190만 원 미만이 된다.

① ㉠, ㉡, ㉢　② ㉠, ㉡, ㉣　③ ㉠, ㉢, ㉣
④ ㉡, ㉢, ㉣　⑤ ㉠, ㉡, ㉢, ㉣

38 주최 측은 정부 지원을 통하여 토론회를 운영하고자 한다. 토론회를 통해 일·생활 균형 고용 문화 확산을 도모하고자 정부가 1,000만 원의 지원금을 지급하고, 주최 측은 참여율을 높이기 위하여 참여자에게 참여 수당으로 1인당 10만 원을 지급한다고 가정할 때, 주최 측에 필요한 예산 총액을 고르면?

① 115만 원　② 171만 원　③ 223만 원
④ 310만 원　⑤ 323만 원

39 금년도 사업실적에 따라 영업부 직원들에게 인센티브를 지급하기로 했다. 다음 [표]를 바탕으로 최소비용의 인센티브 지급방안과 예산을 고르면?

[표1] 영업부 직원의 인사정보

이름	직급	고과평가	계약연봉	근속 연수
김부장	부장	B	6,600만원	21년
박차장	차장	S	5,400만원	17년
유과장	과장	C	4,200만원	12년
정대리	대리	A	3,600만원	6년

[표2] 인센티브 지급기준에 대한 안

1안	2안	3안
• 고과별 차등지급 −S: 기본급의 100% −A: 기본급의 80% −B: 기본급의 60% −C: 기본급의 40%	• 직급별 차등지급 −부장: 기본급의 30% −차장: 기본급의 50% −과장: 기본급의 80% −대리 이하: 기본급의 100%	• 근속 연수 차등지급 −20년 이상: 기본급의 40% −15년 이상 20년 미만: 기본급의 60% −10년 이상 15년 미만: 기본급의 80% −10년 미만: 기본급의 100%

※ 기본급은 '(계약연봉)÷12'으로 계산함

① 1안, 970만 원
② 2안, 970만 원
③ 2안, 1,070만 원
④ 3안, 1,070만 원
⑤ 3안, 1,160만 원

40 다음의 [표]는 SMART 법칙에 따른 목표 설정 방법을 나타낸 것이다. 이를 바탕으로 할 때, 다음 중 목표 설정이 가장 적절하지 않은 것을 고르면?

[표] SMART 법칙에 따른 목표 설정 방법

구분	내용
S(Specific) 구체적으로	목표를 구체적으로 작성한다. 예 나는 토익점수 700점을 넘을 것이다.
M(Measurable) 측정 가능하도록	수치화, 객관화시켜서 측정이 가능한 척도를 세운다. 예 나는 6시간 안에 10페이지 분량의 보고서를 작성한다.
A(Action-oriented) 행동 지향적으로	사고 및 생각에 그치는 것이 아닌 행동을 중심으로 목표를 세운다. 예 부모님을 생각하는 자식(×) 매일 아침 부모님에게 전화 드리기(○)
R(Realistic) 현실성 있게	실현 가능한 목표를 세운다. 예 하루 만에 5개 국어 마스터(×) 1년 안에 공인어학점수 700점 넘기기(○)
T(Time limited) 시간적 제약이 있게	목표를 설정함에 있어 제한 시간을 둔다. 예 오늘 점심시간 전에, 이번 주 목요일까지, 이번 달 월간 회의일 2일 전까지 등

① 기회가 주어지면 다른 회사로 이직을 하겠다.

② 다음 주 금요일까지 3군데에 이력서를 내겠다.

③ 올해 7월까지 턱걸이 10회를 달성하겠다.

④ 자기계발을 위해 출퇴근 시간마다 10분간 영어듣기를 하겠다.

⑤ 돋보이는 경력을 쌓기 위해 올해 1분기 영업 실적을 전년 동분기 대비 30% 향상시키겠다.

41 **다음 중 '자료', '정보', '지식'의 관계에 대한 설명으로 옳지 않은 것을 고르면?**

① 데이터를 모아 체계화하여 장래의 일반적인 사항에 대비해 보편성을 갖도록 한 것을 지식이라고 한다.
② 특정일의 실업자 수를 보여주는 데이터는 객관적 실제의 반영이며, 그것을 전달할 수 있도록 기호화한 것을 자료라고 한다.
③ 특정 상황에 도움을 주기 위하여 신재생에너지 발전량 현황을 분석하여 그 가치가 평가된 데이터를 정보와 지식이라고 말한다.
④ 데이터 수집 활동을 통해 집적된 지진 발생에 관한 징후들을 컴퓨터로 일목요연하게 정리해 내었다면 그것은 지식이라고 한다.
⑤ '정보처리'는 자료를 가공하여 이용 가능한 정보로 만드는 과정으로, 자료처리(Data processing)라고도 하며 일반적으로 컴퓨터로 처리한다.

42 **다음 설명을 참고할 때, [보기]의 ㉠~㉣을 데이터 종류별로 구분지어 바르게 설명한 것을 고르면?**

'자료'는 객관적 실제의 반영이며, 그것을 전달할 수 있도록 기호화한 것이고, '정보'는 자료를 특정한 목적과 문제해결에 도움이 되도록 가공한 것이다. 또한, '지식'은 정보를 집적하고 체계화하여 장래의 일반적인 사항에 대비해 보편성을 갖도록 한 것을 말한다.

보기

㉠ 무임승차가 가능한 고령 이용객의 서울역 일 평균 이용 현황
㉡ 서울역 열차 이용객의 요일별 현황
㉢ 고령 무임승차 이용객 증가에 따른 역 시설 개선 방안
㉣ 고령 이용객 증가가 철도역 운영에 미치는 영향 분석 보고서

① '지식'으로 구분할 수 있는 데이터는 모두 3개이다.
② ㉠은 특정한 목적을 달성하는 데 필요하거나 특정한 의미를 가진 것으로 다시 생산된 데이터이다.
③ ㉠, ㉡, ㉣은 순서대로 각각 '자료', '정보', '지식'으로 구분할 수 있다.
④ ㉢은 아직 특정의 목적에 대하여 평가되지 않은 상태의 숫자나 문자들이 단순히 나열된 데이터이다.
⑤ ㉢과 ㉣은 동일한 형태의 데이터로 구분될 수 없다.

43 **다음은 P제약회사의 의약품 시리얼 넘버 부여방식이다. 이와 관련한 [상황]를 참고했을 때, 회수해야 할 의약품 시리얼 넘버를 고르면?**

• 시리얼 넘버는 [생산일자]−[생산지역]−[제품종류]−[생산순서] 순으로 표기한다.

생산일자	생산지역				제품종류				생산순서
	지역코드		공장코드		제품코드		용량코드		
일−월−연 순으로 표기 ㊞ 2021년 3월 15일자 생산의 경우 150321 표기	수원	AA	1공장	01	당뇨약	DB	100mg	01	0001부터 시작하여 각 생산지역의 제품종류별 생산 순서대로 4자리의 번호가 매겨짐
			2공장	02			500mg	50	
			3공장	03			1,000mg	10	
	원주	BA	1공장	11	혈압약	BP	20mg	02	
			2공장	12			40mg	04	
			3공장	13			80mg	08	
	청주	CD	1공장	21	항생제	AB	250mg	25	
			2공장	22			500mg	50	

상황

해당 제약회사의 의약품 중 한 종류에 회수조치 명령이 내려졌다. 다음은 의약품 회수조치에 관한 약국 약사들의 대화이다.

김: "이 약사님. P제약회사 혈압약 회수 조치 명령 내려진 거 확인하셨나요?"

이: "네. 저도 오늘 아침에 소식 들었어요. 입고된 약을 확인하고, 해당 약을 받아간 환자 분이 있으면 연락해야 겠네요."

김: "20mg면 저용량이라 드시는 분들이 많은데 걱정이네요. 그나저나 왜 회수 조치 명령이 내려진 건지 아시나요?"

이: "그동안 이 약이 수원 1공장에서 제조되었는데 이번에 청주 2공장이 새로 지어지면서 제조 공장이 변경됐나 봐요. 그런데 청주 2공장에서 식약처에 GMP 승인을 받기 전 생산을 했다고 하네요. 2021년 5월 1일부터 생산을 시작했는데 5월 8일에 GMP 승인을 받았다고 해요. 제조사에서는 의약품 효능이나 안전에는 이상이 없다고 주장하고 있어요."

김: "그래도 의약품은 무엇보다도 철저하게 관리·감독되어야 하는 게 맞죠. 시리얼 넘버 확인해보니 다행히 우리 약국에는 입고되지 않았네요. 이 약들이 마지막으로 입고된 날짜가 2021년 4월 25일이에요."

① 080521AA01BP020435

② 040521AA01BP200346

③ 030521CD22BP200356

④ 060521CD22BP024695

⑤ 280421CD22BP025936

[44~45] 다음은 C언어의 함수에 대한 설명과 코드이다. 이를 바탕으로 이어지는 질문에 답하시오.

[표] switch문의 작동 방식

형식	설명

switch(변수){
case
case ① 값1:
② 실행문1;
③ break;
case ④ 값2:
⑤ 실행문2;
break;
default:
⑥ 실행문3;
}
	① 변수와 값1이 일치하는지 확인한다.
	② 두 값이 일치하면 실행문1을 실행한다.
	③ 그러고 나서 break문을 만나 switch case문을 빠져나온다.
	④ 변수와 값1이 일치하지 않았다면, 값2와 일치하는지 확인한다.
	⑤ 두 값이 일치하면 실행문2를 실행하고, break문을 만나서 switch case문을 빠져나온다.
	⑥ 값1과 값2 모두 일치하지 않았다면 실행문3을 실행한다.

printf("출력형식", 출력대상);	사용자가 원하는 값을 화면에 출력하는 라이브러리 함수이며, printf("%d", a)는 변수 a의 값을 10진법 정수의 형태로 출력한다. 즉, a=10이면 10이 출력된다.

```
#include <stdio.h>

int main ()
{
    char input = 'A';
    int number = 0;
    switch(input) {
      case 'A' :
        number = number + 1;
      case 'B' :
        number = number + 2;
        break;
      case 'C' :
        number = number + 3;
        break;
      default :
        number = 3;
}
    printf("%d", number);
    return 0;
}
```

44 다음 중 코드에 대한 설명으로 옳지 않은 것을 고르면?

① 변수 input의 값이 'A'이기 때문에 9행이 실행된다.
② 11행도 실행되기 때문에 number는 3이 된다.
③ 프로그램 출력 결과는 1이다.
④ 16행의 default는 변수 input이 'A'도 'B'도 아니어야만 명령문을 실행한다.
⑤ 프로그램을 실행하면 10진법의 정수가 출력된다.

45 다음 중 코드의 5행을 [보기]의 ㉠~㉤과 같이 입력했을 때, 프로그램 실행 결과가 다른 경우를 고르면?

보기

㉠ char input = 'A'　　㉡ char input = 'B'　　㉢ char input = 'C'
㉣ char input = 'D'　　㉤ char input = 'E'

① ㉠　　② ㉡　　③ ㉢
④ ㉣　　⑤ ㉤

06 실전모의고사 6회

[46~47] 다음은 오류 발생 시 모니터 Input Code 입력 방법에 관한 설명이다. 이를 바탕으로 이어지는 질문에 답하시오.(단, 상태는 D3 → D2 → D1 방향으로 격상되고, 역방향으로 격하된다.)

항목	변경 및 추가사항
File System Type	• COP: error value들 중 가장 큰 값을 FEV로 지정 • ATO: 모든 error value들의 합을 FEV로 지정 • FEV(Final Error Value): Final system type에 따라 error value를 이용하여 산출하는 세 자리 수치
Label Backup	• D: 기존 correcting value의 두 배에 해당하는 값을 correcting value로 사용 • Q: correcting value를 그대로 사용(단, correcting value에 포함된 문자는 없는 것으로 취급) • G: 기존 correcting value에 10을 더한 값을 correcting value로 사용
Index 2 for Factor ###	• 오류 발생 위치: $와 $ 사이에 나타나는 숫자 • 오류 유형: factor 뒤에 나타나는 숫자
Error Value	• 오류 유형 뒤에 'code needed'라는 문구가 등장할 경우, 해당 열에서는 error value를 산출하지 않음 • 오류 발생 위치가 오류 유형에 포함: 해당 숫자 • 오류 발생 위치가 오류 유형에 미포함: 1 • 산출된 error value의 개수가 4개 이상일 경우, 시스템 상태를 한 단계 격상 • 산출된 error value의 개수가 2개 이하일 경우, 시스템 상태를 한 단계 격하 * error value 계수 집계 시, 동일한 값의 error value를 중복으로 취급하지 않음
Correcting Value	FEV와의 대조를 통하여 시스템 상태 판단

판단 기준	시스템 상태	Input Code
FEV를 구성하는 숫자가 correcting value를 구성하는 숫자에 모두 포함되어 있는 경우	D3	CODE87
FEV를 구성하는 숫자가 correcting value를 구성하는 숫자에 일부만 포함되어 있는 경우	D2	• correcting value에 문자 포함: CODE43 • correcting value에 문자 미포함: CODE21
FEV를 구성하는 숫자가 correcting value를 구성하는 숫자에 모두 포함되어 있지 않은 경우	D1	CODE04

46 다음 중 빈칸에 들어갈 Input Code로 옳은 것을 고르면?

```
Checking system on V_
File system type is ATO
Label backup @ G :

Checking...

error founded in index $6$ for factor 369
error founded in index $5$ for factor 405
sorting index...
error founded in index $9$ for factor 318(code needed)

Correcting value 3218

Input Code : (            )
```

① CODE87 ② CODE43 ③ CODE21
④ CODE04 ⑤ error

47 다음 중 빈칸에 들어갈 Input Code로 옳은 것을 고르면?

```
Checking system on G_
File system type is ATO
Label backup @ Q :

Checking...

error founded in index $1$ for factor 111
error founded in index $23$ for factor 2332
sorting index...
error founded in index $4$ for factor 456

Correcting value 318S

Input Code : (            )
```

① CODE87 ② CODE43 ③ CODE21
④ CODE04 ⑤ error

48 개인정보 유출을 방지하기 위해서는 다음과 같은 '최악의 비밀번호' 사용을 삼가야 한다. 키보드 자판 위치를 참고할 때, 바람직한 비밀번호 설정을 위해 참고할 사항이 아닌 것을 고르면?

[최악의 비밀번호 Top 10]

순위	비밀번호	순위	비밀번호
1	123456	6	dragon
2	Password	7	111111
3	qwerty	8	I love you
4	abc123	9	ghdrlfehd
5	1qaz2wsx	10	24680

[키보드 자판 위치]

① 영문 모드에서 한글 단어를 입력하는 것도 금해야 한다.
② 자판의 특정 글자열이나 숫자, 알파벳 등을 연속하여 입력하는 것은 바람직하지 않다.
③ 쉽게 추측할 수 있는 단어나 수 배열을 비밀번호로 설정하면 안 된다.
④ 잊어버릴 우려가 있으므로 가급적 특수문자를 복합하여 사용하지 말아야 한다.
⑤ 특정 인물의 이름을 비밀번호로 설정하지 말아야 한다.

49 다음 중 정보 통신망의 명칭과 그 특징의 연결이 옳지 않은 것을 고르면?

종류	특징
㉠ 근거리 통신망	건물, 기업, 학교 등 가까운 거리에 있는 컴퓨터끼리 연결하는 통신망으로 전송 거리가 짧고 고속 전송이 가능
㉡ 도시권 정보 통신망	대도시 근교에서 도시와 도시를 연결하는 통신망이며 LAN과 WAN의 중간 형태로 도시 전체를 대상으로 구축
㉢ 광대역 통신망	국가와 국가 또는 전 세계의 컴퓨터가 하나로 연결된 통신망으로 복잡한 네트워크의 효과적 관리가 가능
㉣ 부가가치 통신망	통신회사로부터 회선을 빌려 통신망을 구축하고, 인터넷에서 새로운 정보나 서비스를 제공하는 통신망
㉤ 종합정보 통신망	전화 회선을 통해 높은 대역폭의 디지털 정보를 전송하는 기술로 다운로드 속도가 업로드 속도보다 빠름

① ㉠　② ㉡　③ ㉢
④ ㉣　⑤ ㉤

50 다음 설명을 참고할 때, 'ISBN 85 217 1036'코드를 EAN코드로 바르게 나타낸 것을 고르면?

'한국도서번호'란 국제적으로 표준화된 방법에 의해, 전 세계에서 생산되는 각종 도서에 부여하는 국제표준도서번호(International Standard Book Number: ISBN) 제도에 따라 우리나라에서 발행되는 도서에 부여하는 고유번호를 말한다. 또한 EAN(European Artical Number)은 바코드 중 표준화된 바코드를 말한다. 즉, EAN코드는 국내뿐만 아니라 전 세계적으로 코드체계(자리수와 규격 등)가 표준화되어 있어 소매점이 POS시스템 도입이나 제조업 혹은 물류업자의 물류관리 등에 널리 사용이 가능한 체계이다.

ISBN코드를 EAN코드로 변환하는 방법은 다음과 같다.

먼저 9자리로 구성된 ISBN코드의 맨 앞에 3자리 EAN 도서번호인 978을 추가한다. 이렇게 연결된 12자리 숫자의 좌측 첫 자리 수부터 순서대로 번갈아 1과 3을 곱한다. 그렇게 곱해서 산출된 모든 수들을 더하고, 다시 10으로 나누게 된다. 이때 몫을 제외한 '나머지'의 값이 다음과 같은 체크기호와 대응된다.

나머지	0	1	2	3	4	5	6	7	8	9
체크기호	0	9	8	7	6	5	4	3	2	1

나머지에 해당하는 체크기호가 확인되면 처음의 12자리 숫자에 체크기호를 마지막에 더하여 13자리의 EAN코드를 만들 수 있게 된다.

① EAN 9788521710363
② EAN 9788521710364
③ EAN 9788521710365
④ EAN 9788521710366
⑤ EAN 9788521710367

공기업 NCS 통합 실전모의고사

| 7회 |

모듈형

<table>
<tr><th colspan="2">영역</th><th>문항 수</th><th>권장 풀이 시간</th><th>비고</th></tr>
<tr><td rowspan="10">NCS
직업기초능력평가</td><td>의사소통능력</td><td rowspan="10">80문항</td><td rowspan="10">90분</td><td rowspan="10">※ 모듈형 80문항 모의고사는 한국전기안전공사, 한국가스안전공사 등의 필기시험을 바탕으로 재구성하였습니다.
※ 객관식 오지선다형으로 구성되어 있습니다.</td></tr>
<tr><td>수리능력</td></tr>
<tr><td>문제해결능력</td></tr>
<tr><td>자기개발능력</td></tr>
<tr><td>자원관리능력</td></tr>
<tr><td>대인관계능력</td></tr>
<tr><td>정보능력</td></tr>
<tr><td>기술능력</td></tr>
<tr><td>조직이해능력</td></tr>
<tr><td>직업윤리</td></tr>
</table>

모바일 OMR
자동채점 & 성적분석 무료

정답만 입력하면 채점에서 성적분석까지 한번에!

STEP 1

교재 내 QR 코드 스캔

- 위 QR 코드를 모바일로 스캔 후 에듀윌 회원 로그인
- QR 코드 하단의 바로가기 주소로도 접속 가능

STEP 2

모바일 OMR 입력

- 회차 확인 후 '응시하기' 클릭
- 모바일 OMR에 답안 입력
- 문제풀이 시간까지 측정 가능

STEP 3

자동채점 & 성적분석표 확인

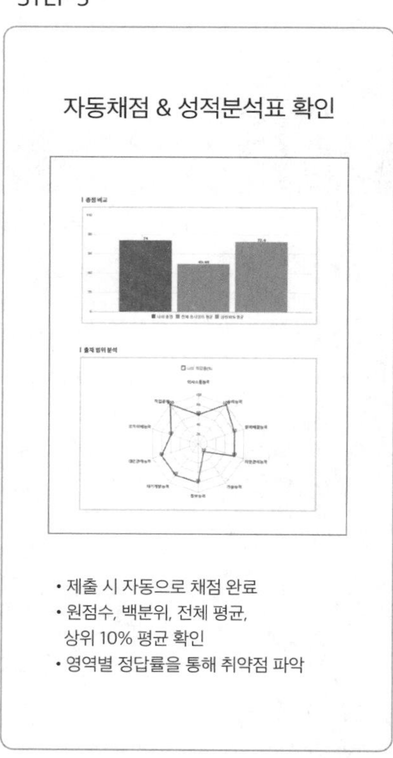

- 제출 시 자동으로 채점 완료
- 원점수, 백분위, 전체 평균, 상위 10% 평균 확인
- 영역별 정답률을 통해 취약점 파악

※ 본 회차의 모바일 OMR 채점 서비스는 2026년 12월 31일까지 유효합니다.

공기업 NCS 통합

실전모의고사 7회 모듈형

정답과 해설 P. 59

01

다음 중 웹하드와 클라우드에 대한 설명으로 옳은 것을 고르면?

① 인터넷상의 스토리지를 마치 하드디스크처럼 사용하는 것이 바로 클라우드이다.
② 인터넷 사용이 불가능한 지역이라도 언제 어디서나 파일시스템을 이용할 수 있다는 것이 웹하드의 장점이다.
③ 클라우드는 사용자가 원하는 대로 빠르게 환경을 구축할 수 있으며, 사용자가 원하는 만큼의 공간과 서비스 사용에 대한 비용을 지불하게 된다.
④ OS에 대한 의존도를 줄이고 컴퓨터 관련 설비 투자, 전기 요금 절감 등 IT 구축에 필요한 최적의 서비스를 제공하는 것이 웹하드의 장점이다.
⑤ 웹하드는 다양한 디바이스에서 서비스 이용이 가능하다.

02

다음 설명을 바탕으로 A에 해당하는 것을 [보기]에서 모두 고르면?

합성어 중에는 의미적 결합 방식에 따라 3가지로 나눌 수 있다. 두 어근의 관계가 대등한 관계로 결합된 대등합성어, 한 어근이 다른 어근을 수식하는 관계로 결합한 종속합성어, 두 어근이 각각의 의미를 잃고 새 의미를 획득하는 융합합성어가 있다.

두 어근의 관계가 대등한 관계로 결합	A
한 어근이 다른 어근을 수식하는 관계로 결합	흙다리, 봄비
두 어근이 새로운 각각의 의미를 잃고 새 의미를 획득	밤낮, 피땀

보기

㉠ 손발　㉡ 가시방석　㉢ 돌다리
㉣ 춘추　㉤ 책가방　㉥ 높푸르다

① ㉠, ㉢　② ㉠, ㉤
③ ㉠, ㉥　④ ㉡, ㉣
⑤ ㉡, ㉤

03

다음 [가]와 [나] 두 갈등 사례에서 전형적으로 선택되는 갈등 해결 방법이 바르게 짝지어진 것을 고르면?

[가] 해외사업 1팀은 미국의 유명 오토바이 제조사와 독점 계약을 맺어 국내 판권을 확보할 프로젝트를 계획 중에 있다. 해외사업 2팀은 유럽의 가구 회사와 역시 독점 계약을 통해 국내 가구 유통 시장을 석권하겠다는 야심찬 프로젝트를 계획 중에 있다. 하지만 해외사업 본부장은 회사의 경영 방침상 둘 중 어느 한 가지만 승인해야 하며, 독점 사업을 계획하고 있는 두 팀장들은 서로 자신들의 사업 계획이 사업성과 수익성 측면에서 더 우수하다는 점을 강조하며 전혀 물러설 뜻을 보이지 않고 있다. 해외사업 1팀과 2팀 사이에는 심각한 갈등 분위기가 고조되고 있다.

[나] 생산 1팀과 생산 2팀은 생산라인 효율화를 꾀하기 위하여 각각 봉재 인원과 재단 인원을 추가로 배치하고자 한다. 하지만 생산 2팀은 이미 작년에 인원을 보충한 바 있어, 이번 추가 인원 요구에서는 상대적으로 생산 1팀의 눈치를 보게 되었다. 그뿐만 아니라 생산 1팀의 이번 인원 보충 요구는 경쟁 관계에 있는 생산 2팀이 판단할 때에도 무리한 요구가 아니며, 효율적인 라인 가동을 위해 필요한 부분이라고 인정하지 않을 수 없다. 두 팀은 모두 인원 보충을 요구하고 있어 생산본부 내에서 적지 않은 갈등 요소가 되고 있지만, 생산 2팀장은 무리한 인원 보충보다 생산 1팀장과의 원활한 업무 협조가 더 중요하다는 점을 염두에 두고 있다.

	[가]	[나]
①	경쟁형	회피형
②	경쟁형	타협형
③	경쟁형	수용형
④	수용형	경쟁형
⑤	수용형	회피형

04

직업 세계에서는 종종 개인윤리와 직업윤리가 충돌하게 된다. 다음 중 개인윤리와 직업윤리의 조화에 대한 설명으로 적절하지 않은 것을 고르면?

① 개인윤리와 직업윤리가 충돌하는 경우에는, 직업윤리는 기본적으로 개인윤리를 바탕으로 하는 규범이라는 사실을 명심하여 개인윤리가 항상 우선시되어야 한다는 점을 인식한다.
② 직장에서의 인간관계는 가족이나 개인적 선호에 의한 친분 관계와는 명확히 구분되어야 한다는 인식이 필요하다.
③ 대부분 회사에서는 전체 조직의 공동 재산이나 정보 등을 개인의 권한하에 관리하는 것이니만큼 개인의 엄격한 윤리 의식이 요구된다.
④ 기업은 경쟁을 통하여 영리를 추구하고 사회적 책임을 수행하는 집단이므로, 강한 경쟁력을 위해서는 개개인의 능력이 경쟁적으로 요구될 수밖에 없다.
⑤ 업무상 특수 상황에서는 개인적인 일반 상식과 기준으로는 합리화할 수 없는 직업윤리가 존재한다는 사실도 인정해야 한다.

05

다음 중 '기술'의 의미와 특징에 대한 설명으로 옳지 않은 것을 고르면?

① 기술은 사회성을 배제한, 물리적인 것으로서의 지적인 도구를 특정한 목적에 사용하는 지식체계이다.
② 기술은 노하우(know－how)와 노와이(know－why)로 나눌 수 있으며, know－how란 흔히 특허권을 수반하지 않는 과학자, 엔지니어 등이 가지고 있는 체화된 기술이다.
③ 기술은 원래 know－how의 개념이 강하였으나, 현대적 기술은 주로 과학을 기반으로 하는 기술(science－based technology)이 되었다.
④ 기술은 하드웨어나 인간에 의해 만들어진 비자연적인 대상, 혹은 그 이상을 의미한다는 특징을 갖는다.
⑤ 기술은 두 개의 개념으로 구분될 수 있으며, 하나는 모든 직업 세계에서 필요로 하는 기술적 요소들로 이루어지는 광의의 개념이며, 다른 하나는 구체적 직무 수행 능력 형태를 의미하는 협의의 개념이다.

06

다음 글의 빈칸에 공통으로 들어갈 직업윤리의 덕목에 대한 설명으로 적절한 것을 고르면?

> 독일어 마이스터(Meister)는 우리말로 '장인'이라고 해석할 수 있다. 독일은 장인이 우대받는 사회로, 독일 교육의 양대 산맥은 대학 교육과 기술 교육으로 구성되어 있다. 기술 교육의 최고 정점에 있는 장인은 대학 교육에서 가장 명예로운 학위를 수여받은 박사만큼 사회적으로 존경을 받는다. 하나의 제품을 만들 때 (   )을 가지고 평생을 더 나은 제품을 만들기 위한 노력을 하다가 생을 마치는 사람들이 장인이라고 여기기 때문이다. 마이스터의 경쟁 상대는 본인이며 자신이 하다가 죽게 되면 그 자손이 뒤를 이어서 그 기술을 계승한다. 만약 (   )이 없다면 더 돈을 많이 버는 일을 찾게 될 것이다. 독일은 우리나라처럼 기술력으로 승부를 거는 나라이다. 제품의 가격이 비싸도 높은 기술력 덕분에 품질이 뛰어나 잘 판매된다. 이러한 독일의 기술력의 근원은 500년을 이어 온 직업에 대한 (   )에서 비롯된 것이라고 볼 수 있다.

① 자신이 하고 있는 일이 사회나 기업을 위해 중요한 역할을 하고 있다고 믿고 자신의 활동을 수행하는 태도이다.
② 자신의 일이 누구나 할 수 있는 것이 아니라 해당 분야의 지식과 교육을 밑바탕으로 성실히 수행해야만 가능한 것이라 믿고 수행하는 태도이다.
③ 직업 활동을 통해 다른 사람과 공동체에 대하여 봉사하는 정신을 갖추고 실천하는 태도이다.
④ 직업에 대한 사회적 역할과 책무를 충실히 수행하고 책임을 다하는 태도이다.
⑤ 자신이 맡은 일은 하늘에 의해 맡겨진 일이라고 생각하는 태도이다.

07

다음은 A회사의 경영상황을 나타낸 자료이다. 이를 바탕으로 판단한 내용으로 옳은 것을 고르면?

(단위: 백만 원)

계정과목			금액
1. 매출액			5,882
2. 매출원가			4,818
		상품매출원가	4,818
3. 매출총이익			1,064
4. 판매/일반관리비			576
	직접비용	직원급여	256
		복리후생비	34
		여비교통비	3.7
		출장비	5.8
		시설비	54
	간접비용	지급임차료	66
		통신비	2.9
		세금과공과	77
		잡비	4.5
		보험료	3.8
		장비구매비	6
		사무용품비	0.3
		소모품비	1
		광고선전비	33
		건물관리비	28
5. 영업이익			488

① 지급보험료는 직접비용이다.
② 출장비는 직접비용 중에서 비중이 가장 낮다.
③ 주어진 자료는 손익계산서이다.
④ 영업이익이 해당 기간의 최종 순이익이다.
⑤ 매출원가는 기초재고액에 당기 제조원가를 합하여 산출한다.

08

다음은 우리나라의 2016~2020년 국립무형유산원 전승공예품 취득 및 활용 현황에 대한 자료이다. 이에 대한 설명으로 옳은 것을 [보기]에서 모두 고르면?(단, 백 원 단위 이하는 절사한다.)

[그래프] 국립무형유산원 전승공예품 취득 현황 (단위: 건, 천 원)

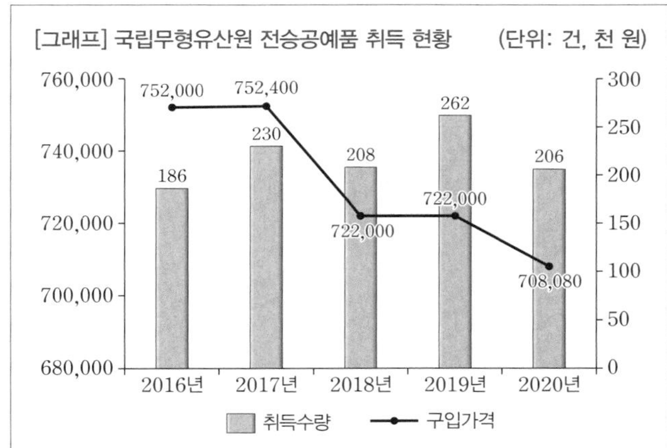

[표] 국립무형유산원 보유 전승공예품 활용 현황 (단위: 점)

구분	2016년	2017년	2018년	2019년	2020년
국내 기관	532	261	498	544	866
국외 기관	160	68	352	417	439
합계	692	329	850	961	1,305

※ 국립무형유산원에서는 '보유자작품전', '대한민국전승공예대전', '이수자전', '주문제작' 등으로 국가무형 문화재 전승자, 시도무형문화재 전승자들의 작품들을 구매하고 있으며, 2020년 말 기준 총 5,331점의 전승공예품을 보유하고 있다.

보기

㉠ 조사기간 동안 전승공예품 취득수량의 증감 추이는 구입가격의 증감 추이와 동일하다.
㉡ 2020년의 전승공예품 취득수량 1건당 평균 구입가격은 2016년에 비해 50만 원 이상 감소하였다.
㉢ 조사기간 동안 전승공예품 활용 수량 중 국외 기관의 비중이 가장 큰 해는 2019년이다.
㉣ 국립무형유산원은 2020년 총 보유 전승공예품의 25% 이상을 국내외 기관에 활용하였다.

① ㉠, ㉢　② ㉠, ㉣
③ ㉡, ㉢　④ ㉠, ㉡, ㉣
⑤ ㉡, ㉢, ㉣

09

영업팀 박 대리는 저조한 판매 실적을 제고하기 위하여 특단의 방안을 모색해야 한다. 당면한 문제를 해결하기 위하여 박 대리가 고려해야 할 적절한 문제해결방안으로 거리가 먼 것을 고르면?

① 주변에서 쉽게 접할 수 있는 정보들에 근거하여 가급적 많은 자료를 얻으려는 노력을 한다.
② 현재 당면하고 있는 문제에만 집착하지 말고, 다른 문제와의 연관성 등을 파악해 본다.
③ 전체 문제를 놓고 세부 문제로 나누어 가며 다음 문제의 우선순위를 확인해 본다.
④ 기존의 고정관념을 버리고 새로운 관점에서 판매 저조 문제를 바라본다.
⑤ 더 필요한 자원이 무엇인지를 파악하고 자원 확보 계획을 수립해 본다.

10

다음 [대화]에서 알 수 있는 인사관리 원칙에 해당하지 않는 것을 고르면?

대화

- 인사팀장: "각자 가장 중요하게 생각하는 인사관리의 원칙은 무엇인지 설명해보도록 하세요."
- A: "무엇보다 저는 자신이 열심히 하기만 하면 직장에서 갑자기 퇴직을 당할 우려는 없을 거라는 확신을 주는 인사 원칙이 있어야 한다고 생각합니다."
- B: "그보다 어떤 업무에 가장 적합한 인재가 누구인지를 찾아 업무를 부여하는 것이 더욱 중요하지 않을까요?"
- C: "인사관리는 무엇보다 상벌이나 승진, 평가 등이 누구나 이해할 수 있도록 공정하게 이루어져야 할 것입니다."
- D: "다들 좋은 말씀들이지만, 근로자가 자발적이고 창의성 있는 의견을 계속 개진할 수 있도록 동기부여를 해 주는 것 역시 매우 중요한 인사관리 원칙이라고 생각합니다."

① 종업원 안정의 원칙 ② 적재적소 배치의 원칙
③ 공정 인사의 원칙 ④ 공정 보상의 원칙
⑤ 창의력 계발의 원칙

11

한 공장은 두 생산라인 A, B를 통해 제품 P를 만들고 있다. 다음 내용을 참고하여 40,000개의 제품 P를 납품하고자 할 때, 다음 중 두 생산라인이 동시에 가동된 시간의 최솟값을 고르면?(단, 불량품을 납품할 수는 없으며 생산라인은 한 시간 단위로 가동된다.)

- 생산라인 A는 1시간 동안 100개의 제품 P를 생산할 수 있다.
- 생산라인 B는 생산라인 A보다 일의 작업 속도가 2배 빠르다.
- 생산라인 A는 불량률이 3%이고, 생산라인 B는 불량률이 10%이다.
- 생산라인 A를 먼저 50시간을 가동하고, 그후부터 두 생산라인이 동시에 가동된다.

① 125시간 ② 126시간
③ 127시간 ④ 128시간
⑤ 129시간

12

다음은 대인관계 양식의 유형에 따른 대표적인 특징에 대한 자료이다. 실리형 대인관계 유형을 가진 사람이 보완해야 할 사항으로 가장 적절한 것을 고르면?

구분	특징
지배형	• 대인관계에 자신이 있으며 자기주장이 강하고 타인에 대해 주도권을 행사 • 지도력과 추진력이 있어서 집단적인 일을 잘 지휘함
실리형	• 대인관계에서 이해관계에 예민하고 치밀하며 성취지향적 • 자기중심적이고 경쟁적이며 자신의 이익을 우선적으로 생각하기 때문에 타인에 대한 관심과 배려가 부족함
순박형	• 단순하고 솔직하며 대인관계에서 너그럽고 겸손한 경향 • 타인에게 잘 설득 당할 수 있어 주관 없이 타인에게 너무 끌려 다닐 수 있으며 잘 속거나 이용당할 가능성 높음
친화형	• 따뜻하고 인정이 많으며 대인관계에서 타인을 잘 배려하여 도와주고 자기희생적이 태도를 취함 • 타인을 즐겁게 해주려고 지나치게 노력하며 타인의 고통과 불행을 보면 도와주려고 과도하게 나서는 경향
사교형	• 외향적이고 쾌활하며 타인과 함께 대화하기를 좋아하고 타인으로부터 인정받고자 하는 욕구가 강함 • 혼자서 시간 보내는 것을 어려워하며 타인의 활동에 관심이 많아 간섭하며 나서는 경향이 있음

① 타인과의 정서적 거리를 유지하는 노력이 필요하다.
② 타인과의 신뢰를 형성하는 일에 깊은 관심을 갖는 것이 바람직하다.
③ 자신의 의견을 표현하고 주장하는 노력을 해야 한다.
④ 타인에 대한 관심보다 혼자만의 내면적 생활에 좀 더 깊은 관심을 지니고 타인으로부터 인정받으려는 자신의 욕구에 대해 깊이 생각해 볼 필요가 있다.
⑤ 타인에 대한 자신의 지배적 욕구를 깊이 살펴보는 시간이 필요하다.

13

다음 중 [상황]과 그에 맞는 의사표현 방법이 바르게 짝지어진 것을 고르면?

상황
㉠ 상대방의 잘못을 질책하는 경우
㉡ 상대방에게 충고하는 경우
㉢ 상대방에게 부탁할 경우
㉣ 상대방에게 명령해야 할 경우
㉤ 상대방의 요구를 거절해야 할 경우

① ㉠ – 상대방의 사정을 듣고, 상대방이 가능한 상황인지 확인한 후, 응하기 쉽게 구체적으로 말한다.
② ㉡ – 예를 들거나 비유법을 사용하면 효과적이다.
③ ㉢ – 샌드위치 화법은 듣는 사람이 반발하지 않고 부드럽게 받아들일 수 있다.
④ ㉣ – 먼저 사과 의사를 밝힌 후, 응할 수 없는 이유를 분명하게 설명하는 것이 좋다.
⑤ ㉤ – 강압적 표현보다 청유형으로 부드럽게 하는 것이 효과적이다.

14

다음은 기술을 선택하기 위한 절차를 도식화하여 나타낸 것이다. 빈칸 (A), (B)에 들어갈 절차가 바르게 짝지어진 것을 고르면?

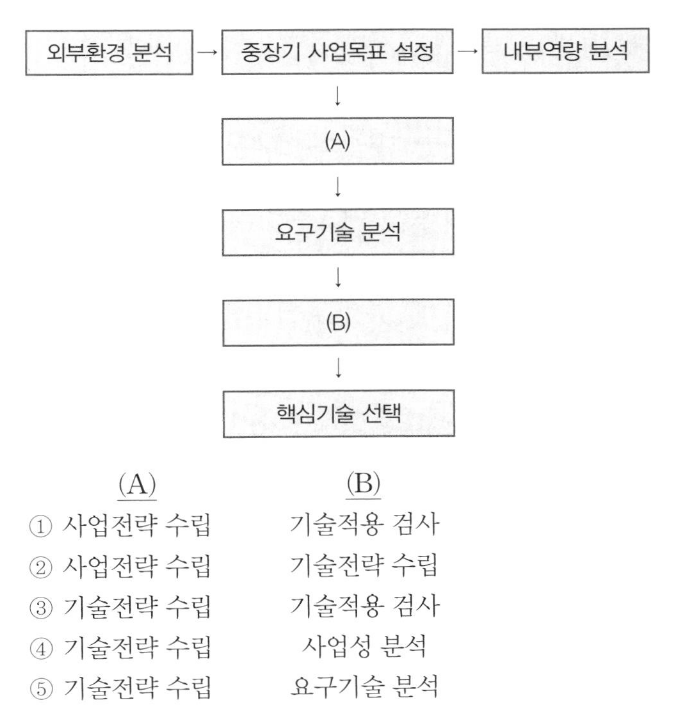

	(A)	(B)
①	사업전략 수립	기술적용 검사
②	사업전략 수립	기술전략 수립
③	기술전략 수립	기술적용 검사
④	기술전략 수립	사업성 분석
⑤	기술전략 수립	요구기술 분석

15

다음 글을 바탕으로 '시간'의 특성에 대한 설명으로 옳지 않은 것을 고르면?

> 하루는 24시간이다. 그리고 이 사실을 우리 모두는 알고 있다. 그런데 그 시간이 어느 순간에는 굉장히 긴 것 같기도 하고, 또 어떨 때는 실제로 주어진 시간보다 훨씬 짧게 느껴진다. 예컨대 사회생활을 하다 보면 마감 시간에 직면했을 때는 평소보다 시간이 굉장히 빠르게 흘러가는 것 같고, 어떤 강의를 듣다 보면 굉장히 시간이 더디게 흘러가는 것처럼 느껴지기도 한다.
>
> 물론 그렇다고 해서 시간이 상대적임을 이해하기 위해 물리학 이론을 따로 공부할 필요는 없다. 다만 하루하루가 빠르게 바뀌는 현대사회에서 1시간이라는 개념은 60분보다 짧게 느껴지기에, 우리는 시간을 효율적으로 사용하기 위해 시간을 관리할 필요가 있다.
>
> 하루의 시간을 어떻게 관리하느냐에 따라 삶의 성취 정도가 크게 달라질 수 있다. 1분 또는 2분이라도 효과적으로 사용하는 것이다. 이런 짧은 시간조차 간단한 운동, 스트레칭, 단어 암기, 일정 확인 등으로 확장하여 사용하게 되면, 혹시 예상치 못한 순간으로 인해 시간을 써야 할 순간에 대처하기 좋다.
>
> 오늘의 시간을 내일로 미루어 사용할 수 없다. 그렇기에 시간을 그냥 흘려보내면 안 된다. 따라서 시간 계획을 세울 때도, 예상외의 사건에 대하여 염두에 두어야 한다. 우리가 사용하는 시간에는 헛되이 낭비되는 순간이 없는지 잘 살펴봐야 한다. 그리고 혹시 그러한 시간이 있다면 생산적이고 효과적이며 창조적인 일에 재투입하기를 바란다.

① 누구에게나 시간은 똑같이 주어진다.
② 모두에게 주어지는 시간의 가치는 똑같다.
③ 시간을 누군가에게 빌려서 사용할 수 없다.
④ 무엇을 하든 누구에게나 시간은 똑같은 속도로 흐른다.
⑤ 시간은 순간에 따라 다른 밀도를 갖는다.

[16~17] 다음 글을 바탕으로 이어지는 질문에 답하시오.

> 지식정보사회가 되면서 유통되는 정보가 점차 늘어나 개인에게 축적되는 정보가 증가하는 환경에서는 개인의 정보관리를 얼마나 잘 하는지 그 여부는 문제해결 및 새로운 지식 생산능력에 큰 영향을 미친다. 같은 정보를 필요할 때마다 찾고, 또 찾는다면 정보를 찾는데 드는 시간과 노력은 낭비이며 정보를 찾는 시간만큼 뒤처지게 된다. 따라서 필요한 정보를 찾는 가장 효과적인 방법은 먼저 그 정보가 자신한테 있는 정보인지 확인하고 시작하는 것이다. 그러자면 자신한테 있는 정보를 체계적으로 관리해두어야 한다. 따라서 어떤 정보를 언제 어떤 이유로 소장하게 되었는지 기록해두거나 분류해두는 것이 매우 중요하다. 정보를 관리하는 방법은 크게 ㉠ 목록을 이용하는 방법, 색인을 이용하는 방법, 분류를 이용하는 방법으로 나눌 수 있다.

16

다음 중 '정보의 특징'으로 적절하지 않은 것을 고르면?

① 정보는 독점적인 가치가 있어야 한다.
② 제때에 필요한 정보를 확보하지 못하면 정보로서의 가치를 상실하게 된다.
③ 수시로 바뀌는 동적정보보다 멈추어 있는 정적정보에 주목해야 한다.
④ 반공개 정보가 비공개 정보보다 더 큰 가치를 지닌다.
⑤ 정보 수집을 위해서는 정보 수집의 목적을 명확히 설정해야 한다.

17

다음 중 밑줄 친 ㉠에 대한 설명으로 옳지 않은 것을 고르면?

① 대부분의 소프트웨어가 검색기능을 제공하므로, 정보 목록을 디지털 파일로 저장해놓는 것이 바람직하다.
② 색인은 여러 개를 추출하여 한 정보원(sources)에 여러 색인어를 부여할 수 있다.
③ 카드를 활용한 색인 관리도 좋은 방법이다.
④ 사건 발생의 연도별로 정보를 관리하는 것은 시간적 기준에 따라 정보를 분류하여 관리하는 방법이다.
⑤ 분류를 이용하는 정보 관리 방법은 주제, 용도, 유형, 시간이나 정보 발생자의 이름을 기준으로 하는 것이 바람직하다.

18

다음은 직업윤리의 한 덕목에 대한 글이다. 글의 빈칸에 들어갈 말로 가장 적절한 것을 고르면?

> 사업을 하는 사람이나 성과에 따라서 보수의 액수가 결정되는 세일즈맨의 경우는 대개 능동적이며 적극적인 자세로 일을 하게 되지만, 일정한 봉급을 받기로 되어 있는 일반 직장의 경우에는 일을 적게 하고 싶은 충동을 느끼는 사람들이 많다. 그러나 한편으로는 일을 열심히 해야 한다는 '양심의 소리'도 들리는 것 같아 마음의 갈등을 느끼는 경우가 흔히 있다. 이는 (　　　　　　　　　)는 것을 의미한다.

① 근면은 항상 정직한 마음이 동반되어야 능동적인 업무가 가능하다
② 성실하지 못한 마음가짐은 수동적, 소극적인 태도를 갖게 만든다
③ 근면의 동기가 자발적인 경우 능동적이고 적극적인 활동을 하게 된다
④ 책임의식이 충만하면 일을 게을리 하려는 욕구를 제어할 수 있다
⑤ 능동적이고 적극적으로 업무를 수행하는 사람은 준법정신이 투철하다

19

다음은 'Logic tree' 방법을 이용해 자신의 문제를 해결하고자 하는 취업준비생 K가 작성한 문제해결방법을 도식화한 것이다. 빈칸 (가)와 (나)에 들어갈 말을 순서대로 바르게 나열한 것을 고르면?

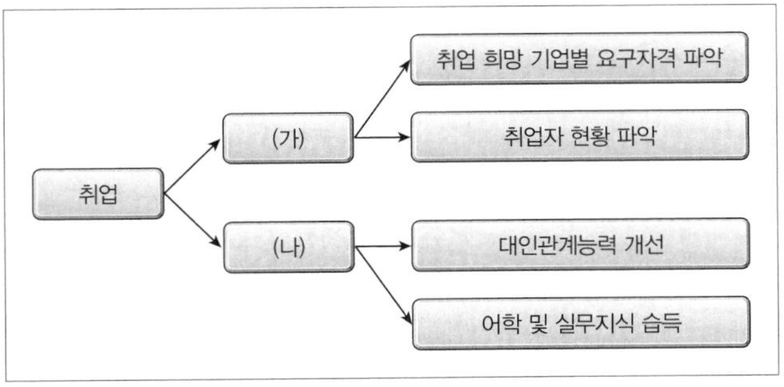

	(가)	(나)
①	업무적성 파악	경영환경 파악
②	업무적성 파악	자기개발
③	취업환경 분석	업무적성 파악
④	취업환경 분석	경영환경 파악
⑤	취업환경 분석	자기개발

20

자기개발계획을 수립하고 실천하는 데 방해가 되는 요인에 대한 설명으로 적절하지 <u>않은</u> 것을 고르면?

① 격무에 시달려 자기개발에 필요한 시간을 내지 못할 때 발생한다.
② 적당한 자기개발의 방법을 제대로 알지 못할 때 발생한다.
③ 가정, 사회, 직장 등 많은 문화적 장애에 부딪혔을 때 발생한다.
④ 자기중심적이고 제한적인 사고를 했을 때 발생한다.
⑤ 욕구와 감정을 통제하지 못하였을 때 발생한다.

21

다음 글의 빈칸에 들어갈 말로 가장 적절한 것을 고르면?

> (　　　　)은(는) 제품의 계획·설계·생산준비에서부터 생산의 제어·관리·운용 등을 자동화하는 시스템으로, 좁은 뜻으로는 생산자동화·유연성·생산력 향상을 목적으로 로봇과 컴퓨터를 이용한 생산설비를 통신·운반장비 등과 연결해 컴퓨터의 제어에 따라 다양한 크기·종류의 제품을 동시에 생산·조립·검사·포장하는 일괄생산 공정체제인 FMS(가변공정시스템)를 가리키기도 한다. 공장 노동자의 단순 반복적인 작업을 자동화하여 공장 노동자의 노동력을 절감시키는 것이 목적이며, 그 결과 물자 유통의 자동화, 조립 공정의 자동화를 이루어 단위 시간당 생산성을 향상시키고 노동자 수의 감소에 따른 인건비의 절약이라는 이중 효과를 얻을 수 있다.

① 데이터베이스　　② 전자상거래
③ 경영정보시스템　　④ 사무자동화
⑤ 공장자동화

22

'의사소통'에 대한 다음 정의를 참고할 때, 의사소통의 네 가지 구성요소가 바르게 짝지어진 것을 고르면?

> 의사소통이란 두 사람 또는 그 이상의 사람들 사이에서 일어나는 의사의 전달과 상호교류가 이루어진다는 뜻이며, 어떤 개인 또는 집단이 개인 또는 집단에 대해서 정보, 감정, 사상, 의견 등을 전달하고 그것들을 받아들이는 과정을 의미한다.

① 언어, 문서, 화자, 피드백
② 언어, 문서, 감정, 피드백
③ 화자, 청자, 도구, 감정
④ 화자, 청자, 언어, 행위
⑤ 화자, 청자, 메시지, 피드백

23

다음 사례들을 통해 알 수 있는 리더십의 개념을 고르면?

> • 영국의 N백화점 직원들에겐 복잡한 매뉴얼이 없으며 자신의 판단으로 무엇이든 교환하거나 환불해줄 수 있고, 한 달에 200달러 한도 내에서 고객에게 친절을 베풀기 위한 것이라면 뭐든지 할 수 있는 권한도 있다.
> • 독일의 R호텔 직원들은 고객의 불편을 감지하는 즉시 문제해결을 위해 아무 과정도 거치지 않고 바로 그 자리에서 스스로 판단해 최고 2,000달러를 지출할 권한을 갖고 있다.
> • 미국의 인터넷 신발 판매업체인 Z사에는 콜센터나 고객센터라는 명칭 대신 '콘택트센터(Contact Center)'라 부르는 부서가 있는데, 이 부서에서 일하는 직원들에게는 매뉴얼이 없다. 고객을 대하는 직원이 인간 대 인간으로 고객과 마주하며, 사람과 상황에 따라 서비스의 내용이 달라지기 때문이라는 이유에서다.

① 코칭
② 임파워먼트
③ 윈-윈 관리법
④ 역량강화법
⑤ 변혁적 리더십

24

다음의 자료는 취업 전문 기업인 E사에서 두 기업 A, B의 5개의 항목에 대하여 기업평가지수 및 항목별 가중치를 나타낸 자료이다. 이 자료를 바탕으로 할 때, 다음 중 옳지 않은 것을 고르면?

[그래프] 두 기업 A, B의 항목별 기업평가지수 (단위: 점)

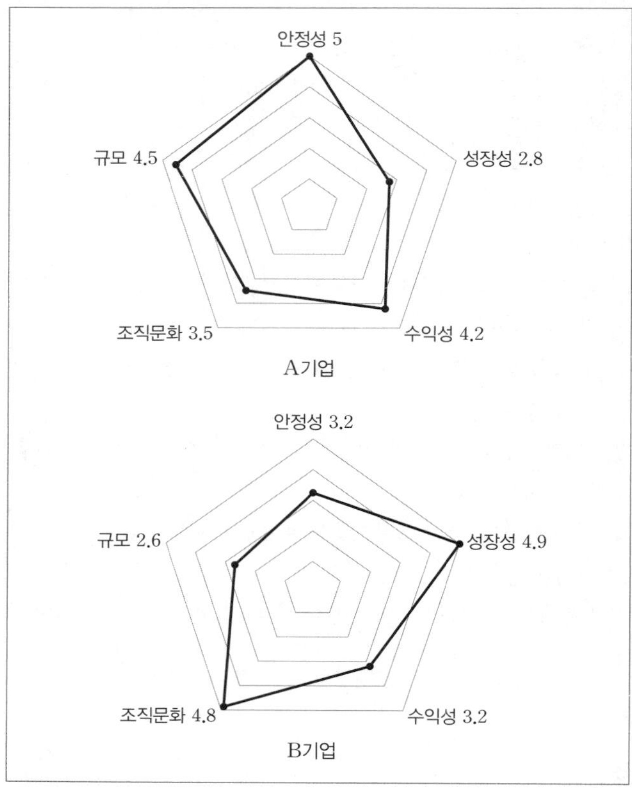

[표] 항목별 가중치

구분	안정성	성장성	수익성	조직문화	규모
가중치	0.25	0.35	0.12	0.16	0.12

※ (기업별 총점)= {(항목별 기업평가지수)×(항목별 가중치)}의 합

① 가중치를 적용하지 않고 항목별 기업평가지수를 더한 값은 A기업이 B기업보다 높다.
② E사는 기업을 평가할 때 회사의 규모나 안정성보다는 성장성에 더 중점을 두고 있다.
③ 그래프에 그려진 오각형의 넓이는 A기업이 B기업보다 넓다.
④ [표]에서 안정성과 성장성 가중치를 서로 바꾸어 적용하면 B기업의 총점이 A기업의 총점보다 높다.
⑤ 가중치를 적용하여 계산하면 B기업의 총점이 A기업의 총점보다 높다.

25

다음 [그래프]는 2013년 60대가 경험하는 어려움에 대한 현황을 나타낸 자료이다. 전체 조사인원이 12천 명이며, 이 중 60세 이상 64세 이하가 60%이고, 나머지는 65세 이상 69세 이하라고 한다. 전체 조사인원 중 60대가 경험하는 어려움 중 건강문제를 선택한 인원의 비율로 옳은 것을 고르면?(단, 소수점 첫째 자리에서 반올림한다.)

[그래프1] 60세 이상 64세 이하가 경험하는 어려움 (단위: %)

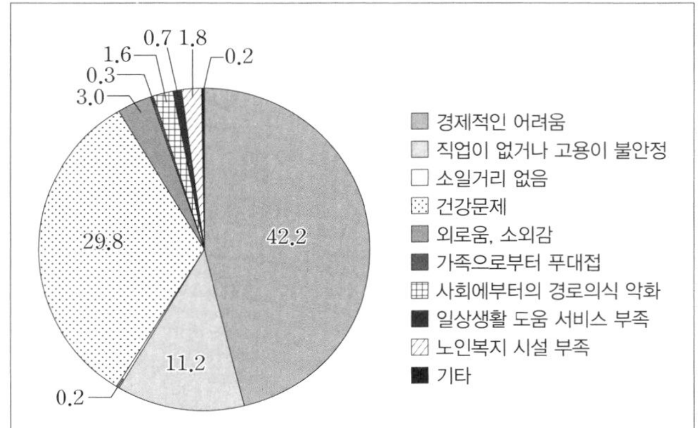

[그래프2] 65세 이상 69세 이하가 경험하는 어려움 (단위: %)

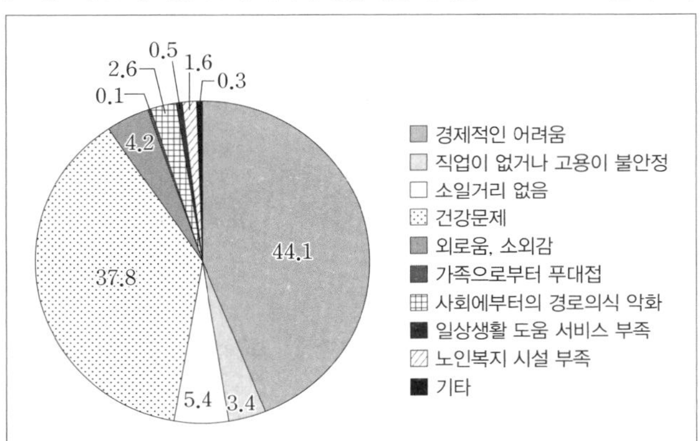

① 30.0% ② 30.5%
③ 31.0% ④ 32.5%
⑤ 33.0%

26

다음 중 '정직'과 '성실'의 의미에 대한 설명으로 옳지 않은 것을 고르면?

① 관계 지향적인 유교의 전통 가치는 친밀 관계에 있는 사람의 위법이나 부정을 용인 또는 묵인하는 행위를 부도덕하다고 인식하지 않아 이에 대한 죄책감을 둔화시킨다.

② 유교의 전통적 가치는 '정직'이라는 규범적 의미를 이해하는 행위와 '정직 행동'을 선택하는 행위를 하나의 행동방식으로 이어주는 역할을 한다.

③ 성실성은 '책임감이 강하고 목표한 바를 이루기 위해 목표 지향적 행동을 촉진하며 행동의 지속성을 갖게 하는 성취 지향적인 성질'로 설명되기도 한다.

④ 창조, 변혁, 개혁, 혁신 등의 가치가 강조되는 현대 사회에서 성실은 다분히 도덕적 영역으로 그 범위가 위축되는 경향을 보이기도 한다.

⑤ 성실은 일상생활에서 개인이 생각한 바를 행동으로 실천하도록 이끌며, 이러한 과정에서 항상성과 정성스러움을 동시에 갖추게 한다.

[27~28] 다음 자료를 바탕으로 이어지는 질문에 답하시오.

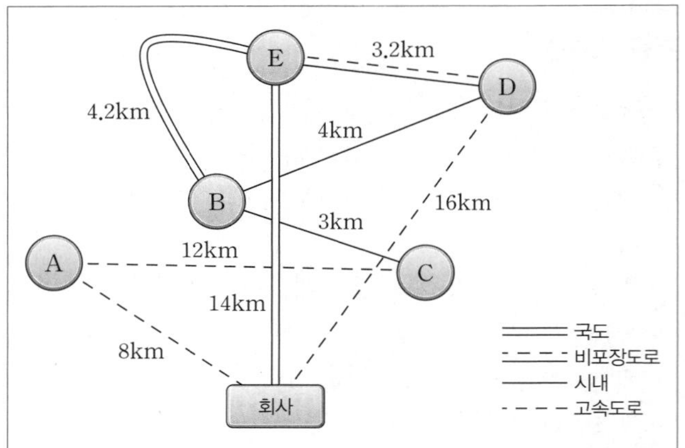

27

김 과장은 회사를 출발하여 출장지 A~E 5군데를 모두 방문하고 현지에서 퇴근을 할 예정이다. 5군데 출장지를 최단 거리로 이동할 경우, 김 과장이 이동한 거리가 총 몇 km인지 고르면?(단, 동일한 경로를 두 번 이상 지나지 않는다.)

① 35.0km ② 34.6km ③ 32.2km
④ 30.8km ⑤ 30.2km

28

다음의 도로별 연비를 참고할 때, 27번에서 구한 최단 거리로 이동하여 5군데 출장지를 모두 방문한 김 과장이 사용한 연료비가 얼마인지 고르면?

국도	시내	비포장도로	고속도로
14km/L	10km/L	8km/L	20km/L

※ 연료비는 1L당 1,500원으로 가정함

① 3,150원 ② 3,200원 ③ 3,250원
④ 3,300원 ⑤ 3,350원

29

A, B, C 세 명이 면접을 보고 그중 한 명이 합격을 하였다. 인사담당자 D까지 총 네 명의 진술이 다음과 같고, 이 중 한 명의 진술만이 참일 경우와 한 명의 진술만이 거짓일 경우에 합격한 사람으로 순서대로 바르게 짝지어진 것을 고르면?

- A: "B가 합격했다."
- B: "나는 불합격이다."
- C: "A가 거짓말을 하고 있다."
- D: "나는 A를 뽑았다."

	참일 경우	거짓일 경우
①	A	B
②	A	C
③	B	A
④	B	D
⑤	C	D

30

다음 중 조직구조에 대한 설명으로 적절하지 않은 것을 고르면?

① 기능별 조직은 환경이 비교적 안정적일 때 조직 관리 효율을 높일 수 있다.
② 기능별 조직은 업무별 전문성을 살릴 수 있지만, 기업의 규모가 커질수록 운영의 한계가 발생한다.
③ 사업부제 조직은 대부분의 의사결정 권한을 사업본부장이 위임받는다.
④ 사업부제 조직은 특정 시장이나 고객 수요에 신속히 대응할 수 있다.
⑤ 매트릭스 조직은 많은 종류의 제품을 생산하는 대규모 조직에서 효율적이다.

31

다음은 A사의 위임전결규정의 일부이다. 이에 대한 설명으로 옳은 것을 고르면?

업무내용	전결권자				결재권자
예산집행에 관한 기본 품의 승인	담당	팀장	본부장	대표이사	회장
1) 기안이 있는 지출					
– 1억 원 이상					○
– 5,000만 원 이상				○	
– 1,000만 원 이상			○		
– 1,000만 원 미만		○			
2) 기안이 없는 지출					
– 5,000만 원 이상					○
– 1,000만 원 이상				○	
– 1,000만 원 미만			○		
3) 지출에 대한 기안					
– 1,000만 원 이상				○	
– 1,000만 원 미만			○		

① 기안이 없는 지출은 팀장급 이상이 전결권자이다.
② 기안이 있는 상태에서 8,000만 원이 승인된 경우, 결재권자 결재란에 본부장의 서명이 표시된다.
③ 기안이 없는 상태에서 1억 원을 지출한다면 결재 양식에 '전결'이 1개 표시된다.
④ 2,000만 원의 지출에 대한 기안의 결재를 받는 경우, 결재 양식에는 본부장 결재를 받아야 한다.
⑤ 800만 원의 지출에 대한 기안의 결재를 받는 경우, 결재 양식에는 상향대각선이 표시되지 않는다.

32

'지속가능한 개발'에 대한 다음 설명을 참고할 때, 철강가공업체인 B기업의 지속가능한 개발의 활동으로 적절하지 <u>않은</u> 것을 고르면?

지속가능한 개발이란 1987년에는 세계위원회의 최종 보고서에 활용되었고, 1992년 Earth summit의 환경 및 개발에 대한 '리오 선언'의 기본 개념이자, 후세에 요구되는 자연에 관한 항목을 충족시킬 수 있는 개발을 의미한다. 지속가능한 개발의 정의를 설명하자면, 첫 번째로 개발은 부유층만이 아닌 모든 인간에게 행복과 편안함을 주는 넓은 의미의 요구를 충족시키기 위해 수행되어야 한다는 것이다. 두 번째로 지금 세대의 사람뿐만 아니라 후세의 사람들에게도 필요하게끔 수행되어야 하며 지구의 자원의 유한성에도 불구하고, 미래에도 개발이 가능하게끔 수행이 가능하다는 전제를 내포한다. 이는 지금뿐만이 아닌 후세의 인류에게도 자연의 혜택을 남겨주기 위하여 지금 세대의 더 큰 발전을 제어해야할 필요성이 있다는 의미로 지속가능한 개발의 중요성은 넓게 인식되고 있다.

① 생산라인의 저탄소 제품 인증 확대
② 환경오염배출 최소화 전략수립 및 이행
③ 환경오염 방지시스템 설치 및 개량 사업투자
④ 개발도상국으로의 생산라인 이전 및 신기술 개발 비용 절감
⑤ 배출허용량보다 수준 높은 온실가스와 에너지 감축목표 수립

33

사례를 통해 알 수 있는 의사소통의 두 가지 종류로 가장 적절한 것을 고르면?

> 여름방학 기간 동안 학비를 보태기 위해 편의점에서 아르바이트를 이제 막 시작한 A군은 밀려드는 일에 정신이 없다. 아직은 일이 익숙하지 않아서 무슨 일을 먼저 해야 할지 정리가 되지 않는다. 오늘 들어온 제품들이 전일 주문한 대로 정확하게 들어왔는지 확인해야 하는데 손님들이 한꺼번에 들이닥치는 바람에 해야 할 일이 꼬여버려 사장님에게 야단을 맞았다. 또 오후에 일하는 동료 아르바이트생 B에게 인수인계할 내용을 메모지에 적어 컴퓨터 옆에 붙여놓았는데 아마도 바빠서 보지 못한 모양이다. 아침에 출근해서 전화로 물어보니 엉뚱한 말을 한다. 오늘은 서둘러 먼저 주문내용과 개수를 확인하고 진열을 해야 한다.

① 문서적인 의사소통, 행위적인 의사소통
② 문서적인 의사소통, 언어적인 의사소통
③ 문서적인 의사소통, 심리적인 의사소통
④ 언어적인 의사소통, 행위적인 의사소통
⑤ 언어적인 의사소통, 심리적인 의사소통

34

다음 중 팀워크 유지에 필요한 기본 요소에 대한 설명으로 적절하지 않은 것을 고르면?

① 무엇보다 팀원 간의 상호 신뢰와 존중이 중요하다.
② 팀워크 유지의 관건은 각자가 설정한 목표의식과 스스로에 대한 자신감이다.
③ 팀워크는 상호 협력과 각자의 역할 및 책임을 다하는 자세가 기본이 되어야 한다.
④ 팀원들끼리 솔직한 대화를 통해 서로를 이해하는 일이 중요하다.
⑤ 목표의식과 도전의식은 팀워크의 기본이다.

35

어느 기업이 박람회에서 부스를 방문한 바이어들에게 수첩 1개, 메모지 3개, 볼펜 2개가 들어가도록 구성된 선물 상자를 1개씩 주려고 한다. 현재 수첩 198개, 메모지 471개, 볼펜 286개가 있고, 되도록 많은 바이어에게 선물 상자를 주려고 할 때, 몇 명의 바이어에게 선물 상자를 나눠줄 수 있는지 고르면?

① 143명 ② 157명
③ 187명 ④ 191명
⑤ 198명

36

다음 중 검색 엔진의 하나인 키워드 검색 방식에 대한 옳은 것을 [보기]에서 모두 고르면?

> 보기
> ㉠ 키워드가 불분명해도 원하는 정보를 정확하게 찾아준다.
> ㉡ 키워드만을 입력하여 정보 검색을 간단히 할 수 있다는 장점이 있다.
> ㉢ 웹 문서들을 주제별, 계층별로 정리하여 데이터베이스를 구축한 후 검색에 이용하는 방식이다.
> ㉣ 입력하는 키워드는 구체적이고 자세한 것보다 핵심적인 문구를 간결하게 작성하는 것이 바람직하다.
> ㉤ 인터넷의 정보를 데이터베이스로 구축하고 인터넷 이용자가 입력한 검색 주제어에 일치하는 내용을 찾아주는 방식이다.

① ㉡, ㉤ ② ㉠, ㉡, ㉣
③ ㉡, ㉣, ㉤ ④ ㉠, ㉢, ㉣, ㉤
⑤ ㉡, ㉢, ㉣, ㉤

37

다음과 같은 자기개발의 방법을 동일한 유형끼리 바르게 짝지은 것을 고르면?

(가) A 대리는 사교 클럽, 동호회 활동 등의 외부 활동을 통해 인맥 쌓는 일을 열심히 한다.
(나) B 대리는 승진을 위한 기사 자격증을 취득하고, 진급 시험에 대비하여 공부를 한다.
(다) C 사원은 업무상 부족한 부분이 없는지 확인하여 일과 후 교육 등을 통해 보완한다.
(라) D 주임은 주말 및 평일 출퇴근 전후 시간을 할애하여 건강관리에 힘쓴다.

① (가), (나) / (다), (라)
② (가), (다) / (나), (라)
③ (가), (나), (다) / (라)
④ (가) / (나), (다), (라)
⑤ (나) / (가), (다), (라)

38

B공사와 거래하는 협력 업체 H사의 생산 제품은 다음과 같은 특징을 가지고 있다. 이 경우 H사가 취할 수 있는 경영전략으로 가장 적절한 것을 고르면?

H사는 B공사와 오랜 협력 관계를 유지하고 있으며, 특별한 기술력이 요구되지 않는 제품을 생산하기 때문에 생산 노하우뿐 아니라 실제로 많은 제품이 대중에 공개되어 있다.
또한 H사의 생산 제품은 소비자들이 지속적으로 사용해야 하는 소모품에 속하는 것으로, 생산 방식과 공정이 심플하여 특정 계층의 구분 없이 동일한 제품이 두루 사용된다. 이에 따라 업계에서는 다수의 소규모 업체들이 경쟁하기도 하며 브랜드의 중요성이 거의 없다.

① 집중화 전략
② 원가우위 전략
③ 모방 전략
④ 차별화 전략
⑤ SNS 전략

39

영업팀 직원들은 부진한 실적 극복을 위한 방안을 논의 중이며, 결론을 도출하기 위하여 팀원 모두가 아이디어를 비판 없이 제시하여 그 중에서 최선책을 찾아내고자 한다. 이러한 논의를 진행하기 위해 준수해야 할 규칙으로 적절하지 <u>않은</u> 것을 고르면?

① 다른 사람이 아이디어를 제시할 때에는 비판하지 않는다.
② 문제에 대한 제안은 자유롭게 이루어지도록 한다.
③ 포스트잇 같은 메모지에 의견을 적은 다음 메모된 내용을 차례대로 공유한다.
④ 핵심적인 소수의 아이디어를 제시해야 효과적인 결론에 도달할 수 있다.
⑤ 모든 아이디어들이 제안되고 나면 이를 결합하여 해결책을 마련한다.

40

다음 중 경력목표를 달성하기 위한 효과적이고 바람직한 방법으로 적절한 것을 [보기]에서 모두 고르면?

보기

㉠ 일과 후 경영대학원을 다니며 '21세기 경영의 의미와 국제정세'에 대한 강의를 듣는다.
㉡ 은퇴 이후의 안정적인 생계유지를 위해 경력초기부터 은퇴계획을 세운다.
㉢ 성실과 근면의 자세를 유지하며 조직의 목적에 부합하도록 노력한다.
㉣ 순환보직제를 적극 활용하여 정기적으로 부서 이동을 경험해 본다.
㉤ 개인적, 조직적 가용 자원을 활용하여 자기개발에 힘쓴다.

① ㉠, ㉡, ㉢
② ㉠, ㉢, ㉤
③ ㉠, ㉣, ㉤
④ ㉡, ㉢, ㉣
⑤ ㉡, ㉣, ㉤

41

다음 중 인터넷에서 정보를 검색할 때의 주의사항으로 적절한 것을 [보기]에서 모두 고르면?

보기

㉠ 웹 검색이 정보 검색의 최선은 아니라는 사실에 주의한다.
㉡ 키워드는 짧고 간결할수록 좋다.
㉢ 적절한 검색 엔진을 선택해야 한다.
㉣ 검색 엔진이 제시하는 결과물의 가중치를 너무 신뢰해서는 안 된다.

① ㉠　② ㉠, ㉢
③ ㉡, ㉣　④ ㉠, ㉢, ㉣
⑤ ㉡, ㉢, ㉣

42

다음 글에서 이야기하는 비윤리적 행위의 유형으로 옳은 것을 고르면?

제품을 설계할 때 안전상의 고려를 충분히 하지 않아 안전사고를 유발하는 경우나 안전수칙을 철저히 지키지 않아 사고를 유발하는 경우가 있다. 예컨대, 뇌물을 받고 "남들도 다하는 것이고, 이것은 관행이다.", "그것으로 인하여 남들에게 피해를 준 바가 없다.", "업무는 원칙에 의거하여 처리하였다. 또한 받은 뇌물을 나 혼자만 먹은 것이 아니라 동료 상사와 함께 분배해서 가졌다.", "우리만 그러는 게 아니니 잘못된 것은 아니지 않느냐?" 하는 식의 왜곡된 생각이 이에 해당한다고 볼 수 있다.

① 도덕적 타성　② 도덕적 태만
③ 거짓말　④ 비협조적 인식
⑤ 불성실한 태도

43

다음 공문을 수정한 내용으로 적절하지 않은 것을 고르면?

한국○○○공사

수신자　수신자참조
(경유)
(참조)

제목　제 7호 태풍 북상 대비·대비 만전 당부 ------㉠

1. 지난 2023년 6월부터 8월 초 현재까지 우리 공사는 수차례의 태풍 북상에 대비하여 철저한 사전 대비와 대응 조치로 총력 대응하여 시민의 생명과 재산을 보호하고 피해를 최소화할 수 있다는 자부심을 배양하여 왔습니다. --------------------------㉡
2. 금번 북상하는 태풍이 내륙 지역을 통과하는 2023년 8월 2일 밤부터 4일 새벽까지 300mm 이상의 비가 내릴 것으로 예상됩니다. ----------------㉢
3. 이에 따라, 각 부서에서는 태풍 대비 조치를 오늘(2023. 8. 2. 수) 중으로 완료해 주시기 바랍니다.
   가. 각 부서의 비상근무자는 농업기반시설(RIMS) 시스템에 인적사항을 입력한 후 현장에서 근무하고 태풍에 대비
      1) 배수펌프장, 저수지 등 부서별 소관 시설물 점검
      2) 집중호우로 인한 침수 위험 징후 발견 시 대피명령 실시
      3) 배수펌프장 상시 가동 태세 유지
   나. 오늘(2023. 8. 2. 수) 17:30, 재난 대비 회의 시 조치 사항 보고 ---------------------㉣

붙임: 1. 사전 조치 사항 체크리스트 1부 ---------㉤
　　　2. 태풍 대비 준비 사항(부서별) 1부. 끝.

△△실장

수신자 가, 나, 다, 라, 사
담당자 홍길동　　ㅁㅁ부장 성춘향　　△△실장 박홍보

① ㉠: '제(第)'는 '7호'에 붙여 쓰고, '만전 당부'는 '협조 요청'으로 고쳐 쓴다.
② ㉡: 너무 긴 문장을 적절하게 나누어 쓴다.
③ ㉢: '금번'과 같은 일본식 한자어는 '이번'처럼 쉬운 말로 다듬어 쓴다.
④ ㉣: 가, 1)의 형태를 ㅁ, ○의 형태로 고쳐 쓴다.
⑤ ㉤: '체크리스트'와 같은 외국어는 '점검표'처럼 우리말로 쓴다.

44

다음 글을 참고할 때, 정 사장과 같은 유형의 리더에게서 엿볼 수 있는 일반적인 특징으로 적절하지 않은 것을 고르면?

> B사 정 사장은 모든 일을 독단적으로 주도하지 않고 가급적 전 직원들의 의견을 청취하곤 한다. 자신이 가진 결정권한을 팀장이나 실무 책임자에게 위임하기도 하며, 그에 따른 책임은 언제든 정 사장이 짊어지겠다는 말로 직원들의 사기를 높여 주기도 한다. 이러한 점은 권한을 위임받은 직원들에게 매우 큰 동기부여로 작용하곤 한다. 정 사장은 늘 자세를 낮추면서도 카리스마를 잃지 않고, 직원들을 존중하면서도 직원들로 하여금 더 큰 존경심을 갖게 하는 능력을 가지고 있다. 그는 직원들이 도저히 해낼 수 없다고 생각하는 일들을 그들로 하여금 할 수 있도록 자극을 주고 도움을 주는 일이 가장 중요한 자신의 업무라고 생각한다.

① 뛰어난 사업수완과 어떤 의사결정이 조직에 긍정적으로 영향을 미치는지 예견할 수 있는 능력이 있다.
② 개개인에게 시간을 할애하여 그들 스스로가 중요한 존재임을 깨닫게 하고, 존경심과 충성심을 불어넣는다.
③ 한 가지 일에 대한 성공이 미래의 여러 도전을 극복할 수 있는 자극제가 될 수 있다는 것을 깨닫게 한다.
④ 집단의 모든 구성원들에게 집단의 행동에 따른 결과 및 성과에 대해 각자의 책임을 명확히 인지시킨다.
⑤ 조직에 명확한 비전을 제시하고, 집단 구성원들에게 그 비전을 쉽게 전달할 수 있다.

45

'갑'사는 다양한 분야의 기술 개발이 필요한 기술집약적인 사업을 진행하고 있다. 다음과 같은 '갑'사의 기술개발 사례에서 나타난 기술선택을 위한 의사결정의 방식을 바르게 설명한 것을 고르면?

> (가) 영업본부에서는 매번 해외영업 시 아쉬웠던 부분을 보완하기 위해 영업직원들의 경험에서 도출된 아이디어를 종합하여 생산 설비와 관련된 기술 개발을 국내 우수 업체들과 논의하게 되었고 그 결과 해외영업 성과의 현저한 개선이 이루어졌다.
>
> (나) 4차 산업혁명 시대를 맞아 경영진의 경영철학이 담긴 업무를 수행하기 위해 기술본부에서는 CEO의 중점 추진사항을 직원들에게 전달하며 새로운 업무 목표를 제시하였다.

① (가)와 (나)는 모두 비대면 의사결정에 의한 기술선택이다.
② (가)는 기술관리자, (나)는 기술경영자의 의사결정에 의한 기술선택이다.
③ (가)는 기업의 이윤, (나)는 기업의 사회공헌을 중점으로 한 기술선택이다.
④ (가)는 직원의 복지 향상을, (나)는 이윤 극대화를 위한 기술선택이다.
⑤ (가)는 상향식, (나)는 하향식 의사결정에 의한 기술선택이다.

46

A~J 10명이 5명씩 2개 조로 나누어 활동하고자 한다. 다음 [조건]을 바탕으로 항상 참인 것을 고르면?

> 조건
>
> - A, B는 각 조의 조장이다.
> - E와 F는 서로 다른 조에 배정한다.
> - G와 H는 같은 조가 되었다.
> - B, D는 가족이다.
> - 가족은 서로 다른 조에 배정한다.

① B와 G는 같은 조이다.
② C, I, J가 같은 조라면, 이들은 A와 다른 조이다.
③ I와 J는 같은 조가 될 수 없다.
④ A와 G가 같은 조라면 C와 E는 B와 같은 조이다.
⑤ H는 J와 같은 조이다.

47

A는 B 대리와 C 과장에게 각각 다른 업무 처리를 지시받았다. B 대리가 지시한 업무는 오늘 당장 처리해야 하지만, B 대리보다 상사인 C 과장이 지시한 업무는 아직 이틀 정도 여유가 있는 상황에서 A의 행동으로 가장 적절한 것을 [보기]에서 모두 고르면?

보기

㉠ B 대리에게 자신이 아닌 다른 사원에게 업무 지시할 것을 요청한다.
㉡ C 과장에게 자신이 아닌 다른 사원에게 업무 지시할 것을 요청한다.
㉢ 둘 중 더 급한 업무를 먼저 처리하겠다고 B 대리와 C 과장에게 말한다.
㉣ 나에게 주어진 업무이니 야근을 해서라도 오늘 모두 완수한다.

① ㉠
② ㉡
③ ㉢
④ ㉠, ㉡
⑤ ㉡, ㉣

48

다음 세 가지 사례에서 공통으로 알 수 있는 '자원'의 특징으로 가장 적절한 것을 고르면?

- 자재팀에서는 신규 프로젝트 수행을 위한 핵심 설비에 쓰이는 주요 부품을 확보하기 위해 연일 협상을 진행 중이다.
- 재무팀 김 부장은 전사적 긴축 재정하에서도 신규 프로젝트에 소요될 예산을 마련하느라 오늘도 투자자와 회의를 진행하고 있다.
- 인사팀 윤 과장은 전사 시스템 구축을 인해 필요 인원을 급히 조달해야 하는 상황에 직면하여 IT 직종 경력직 공개모집 안내문을 작성하고 있다.

① 자원의 희소성
② 자원의 교환성
③ 자원의 편재성
④ 자원의 대체 불가성
⑤ 자원의 유한성

49

이메일 작성은 업무 처리상 매우 기본적인 행위이다. 다음 중 이메일 작성 시 알아야 할 내용으로 적절하지 않은 것을 고르면?

① 내용과 관련된 모든 사람을 '참조'란에 기재한다.
② 제목은 내용이 드러나도록 작성한다.
③ 메일의 본문은 자기소개로 시작한다.
④ 가급적 서명은 지양하며 인사말 뒤에는 불필요한 사항을 생략한다.
⑤ 파일을 첨부하였을 경우 첨부 사실을 본문에서 알려준다.

50

다음 사례가 시사하는 바를 가장 적절하게 요약한 것을 고르면?

131년의 역사를 지닌 '필름의 명가' 코닥사는 조지 이스트먼이 설립하여 1980년대에 세계 필름 시장의 2/3를 지배하기도 했다. 코닥의 몰락을 가져온 디지털 카메라를 처음 개발한 회사는 역설적이게도 코닥 자신이었다. 코닥 카메라는 세계 최초로 1975년 스티븐 새슨(Steve Sasson)이 디지털카메라를 개발하였지만 이 기술로 돈을 벌지 못하였다. 이유는 디지털 시대가 도래했지만 이 신기술에 대한 미온적인 태도로 디지털카메라를 무시했기 때문이다. 코닥은 즉석카메라에 집중을 했고 폴라로이드와 특허로 분쟁을 일으키기까지 하였다. 한편 디지털카메라를 적극적으로 받아들인 일본의 소니, 캐논 등이 디지털카메라로 진출하자 필름카메라는 그 영역이 급속하게 축소되었다. 뒤늦게 코닥이 디지털카메라 시장에 뛰어들었지만 상황을 바꾸기에는 역부족이었다.

① 신기술 도입에 따른 안이한 판단은 기업의 몰락으로 이어질 수 있다.
② 기존의 기술력을 끝까지 보존하는 일이 무엇보다 중요하다.
③ 기술개발에 있어 소요되는 비용을 고려하지 못하면 수익성 하락으로 이어질 수 있다.
④ 기술이 활용될 수 있는 응용분야를 사전에 충분히 파악해야 하다.
⑤ 기술개발 시의 비용은 실제 소요되는 비용과 동일한 수준으로 유지해야 한다.

51

다음 [표]에 대한 설명으로 옳은 것을 [보기]에서 모두 고르면?

[표] 지역별 도로 현황

구분	도로연장(km)	포장률(%)	인구(천 명)	자동차(천 대)
전국 합계	111,314	93.5	51,852	23,677
경기	14,030	98.1	13,240	5,766
강원	9,940	89.9	1,542	783
충북	6,929	92.3	1,600	838
충남	7,168	92.6	2,124	1,118
전북	8,531	87.6	1,819	929
전남	10,636	89.8	1,869	1,056
경북	13,422	88.1	2,666	1,446
경남	12,771	91.0	3,363	1,722
제주	3,211	99.0	671	596

보기

㉠ 인구 천 명당 도로연장이 전국 합계보다 더 낮은 지역은 2곳이다.

㉡ 인구가 더 많은 지역은 자동차도 더 많다.

㉢ 자동차당 도로연장이 10km/천 대 이상인 지역은 2곳이다.

㉣ 도로연장 상위 4개 지역은 포장률 상위 4개 지역과 동일하다.

① ㉠, ㉡　② ㉡, ㉢　③ ㉢, ㉣　④ ㉠, ㉡, ㉢　⑤ ㉡, ㉢, ㉣

52

다음 글의 빈칸 ㉠, ㉡에 들어갈 말이 바르게 짝지어진 것을 고르면?

경쟁가치모형은 '변화 대 안정'과 '조직내부지향 대 외부지향' 두 가지 차원을 기준으로 하고 있다. 변화는 조직의 신축성과 유연성을, 안정은 통제와 질서 및 효율성을 강조하는 개념이다. 조직내부지향은 기존의 조직을 유지하기 위해 조직 내부의 통합과 조정에 초점을 두는 성향이고, 외부지향은 조직 외부 환경과의 상호작용 및 환경 적응과 경쟁을 강조하는 성향이다. 이들의 조합에 따라 조직문화는 관계지향, 위계지향, 과업지향, 혁신지향 문화로 구분된다.

이 중 (㉠) 문화에서는 안정적이고 통제 중심적인 조직구조를 지향하며 외부 환경에 치중하는 모습이 나타난다. 성과목표를 달성하는 것을 강조하기 때문에 생산성을 중요하게 본다. 또한 시장 점유율을 높이고 다른 조직과의 경쟁에서 이기는 것에 가치를 두고, 조직의 생산성을 높이기 위해 구성원들에게 명확한 목표를 제시하고 구성원들의 경쟁을 독려한다. 외부 환경에 대해서는 적대적인 자세를 취한다.

(㉡) 문화는 조직구조의 유연성과 조직 외부에 대해 더 많은 관심을 가진다. 이 문화에서는 조직 구성원의 모험정신이나 창의성 및 기업가 정신에 가치를 두면서 조직의 적응과 성장을 지원할 수 있는 적절한 자원의 획득을 중시한다. 또한 외부적 환경을 주시하여 경쟁에서 이기는 것을 우선으로 여기되, 위험을 감수하더라도 모험을 즐긴다.

	㉠	㉡
①	과업지향	혁신지향
②	과업지향	관계지향
③	위계지향	관계지향
④	위계지향	혁신지향
⑤	관계지향	과업지향

53

다음 항목 (가)~(라)를 문서이해의 구체적인 절차에 따라 바르게 나열한 것을 고르면?

> (가) 문서가 제시하고 있는 현안문제를 파악하기
> (나) 문서가 작성된 배경을 파악하기
> (다) 문서가 수신자에게 기대하는 행동을 분석하기
> (라) 상대방의 의도를 도표나 그림 등으로 메모하여 요약하고 정리하기

① (가)－(나)－(다)－(라)
② (나)－(가)－(다)－(라)
③ (나)－(가)－(라)－(다)
④ (나)－(다)－(가)－(라)
⑤ (라)－(가)－(다)－(나)

54

영업팀 조 부장은 팀 내에 업무 지속이 어려운 '문제 직원'이 있다는 것을 알게 되었다. 팀의 리더로서 '문제 직원'에 대한 조 부장의 행동으로 가장 적절한 것을 고르면?

① 곧바로 인사팀장에게 보고하여 적절한 조치를 요청한다.
② '문제 직원'을 변화시키기 위하여 다른 팀원들의 희생과 노력을 요청한다.
③ 스스로 변하기를 기대하지 말고 따끔한 질책과 함께 조직 이동을 권한다.
④ 팀의 주요 업무에서 배제시키고 신입사원과 함께 기본 업무태도를 배울 것을 지시한다.
⑤ 먼저 대화를 시도한 후, 변화가 없을 경우 '문제 직원'을 팀에서 내보낸다.

55

다음 [그래프]는 코로나19 감염경로구분에 따른 신규확진자 현황에 관한 자료이다. 이를 바탕으로 11월 20~24일 동안 발생한 신규확진자 수의 전일 대비 변화율이 두 번째로 큰 날을 고르면?(단, 계산 시 소수점 둘째 자리에서 반올림한다.)

[그래프] 코로나19 감염경로에 따른 신규확진자 현황 (단위: 명)

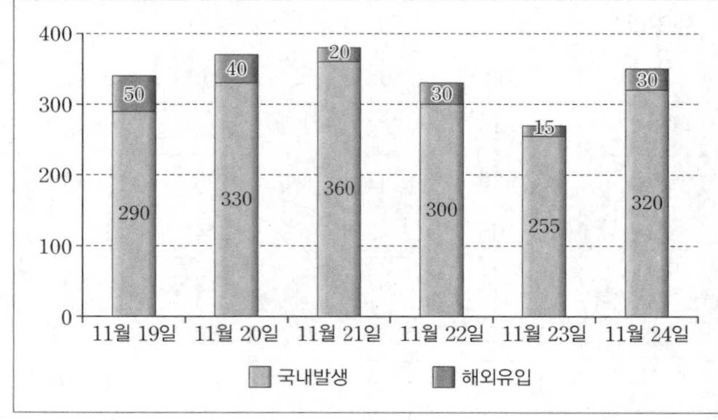

※ (신규확진자)(명)=(국내발생)+(해외유입)

① 11월 20일 ② 11월 21일
③ 11월 22일 ④ 11월 23일
⑤ 11월 24일

56

MS Excel을 활용하여 다음과 같은 인사관리 시트를 작성하였다. 판매량이 많은 순으로 순위가 표기되고, 판매량이 60개 이상인 경우 H열에 H2부터 '우수', 60개 미만인 경우 '미흡'이 기재되도록 할 때, G2 셀과 H2 셀에 들어갈 함수식이 순서대로 올바르게 짝지어진 것을 고르면?

	A	B	C	D	E	F	G	H
1	구분	이름	생년월일	사번	부서 코드	판매량(개)	판매순위	기타
2	1	김사랑	750215	4157	110	78	1	우수
3	2	이정우	770123	3567	130	60	2	우수
4	3	허안나	870412	9845	120	50	4	미흡
5	4	박진현	891225	4571	90	52	3	미흡
6	5	최현우	901015	1254	100	39	5	미흡

① =RANK(F2,$F$2:$F$6)
=IF(F2><=60,"미흡","우수")
② =RANK($F$2:$F$6,F2)
=IF(F2>=60,"미흡","우수")
③ =RANK(F2,$F$2:$F$6)
=IF(F2><=60,"우수","미흡")
④ =RANK($F$2:$F$6,F2)
=IF(F2>=60,"우수","미흡")
⑤ =RANK(F2,$F$2:$F$6)
=IF(F2>=60,"우수","미흡")

57

다음은 자기개발에 대한 설명이다. 이를 참고할 때, 밑줄 친 '몇 가지 특징'에 해당하지 않는 것을 고르면?

> 자기개발에서 개발의 주체는 타인이 아니라 자기 자신이다. 자기를 개발한다고 하는 것은 스스로 계획하고 실행한다는 의미이다. 이와 더불어 자기개발의 객체도 자기 자신이므로 자신의 능력, 적성, 특성 등을 이해하고, 목표성취를 위해 스스로를 관리하며 개발하는 것으로 이해될 수 있다. 따라서 자기개발에서는 자신을 이해하는 것이 첫 걸음이라고 할 수 있다. 이러한 자기개발은 몇 가지 특징이 있다.

① 자기개발은 평생에 걸쳐서 이루어지는 과정이다.
② 자기개발은 일과 관련하여 이루어지는 활동이다.
③ 자기개발은 생활 가운데 이루어져야 한다.
④ 자기개발은 모든 사람이 해야 하는 것이다.
⑤ 자기개발은 조직 차원에서 이루어지며 보편적이다.

58

다음 중 조직목표의 기능과 특징 대한 설명으로 적절하지 않은 것을 [보기]에서 모두 고르면?

보기

㉠ 조직목표는 운영과정과 조직구조를 설계하는 준거로 작용한다.
㉡ 조직구성원은 조직목표를 통해 소속감을 가지게 된다.
㉢ 조직목표는 기업 외부 환경과 구별되며 영속성을 특징으로 한다.
㉣ 조직구성원에 의해 합의된 단일의 조직목표를 추구하는 것이 바람직하다.

① ㉠, ㉡ ② ㉠, ㉢
③ ㉡, ㉢ ④ ㉢, ㉣
⑤ ㉡, ㉢, ㉣

59

K전자 가전제품 대리점에서는 매출 감소와 수익성 악화가 이어져 이를 해결하기 위하여 논의한 자리에서 다음과 같은 업무를 수행하였다. (가)~(마)의 행위들을 문제해결절차에 따라 순서대로 나열한 것을 고르면?

> (가) 고객이 감소함에 따라 발생한 모든 문제를 확인하고 해야 할 일이 무엇인지 과제를 선정하였다.
> (나) 매출과 수익성을 끌어올릴 수 있는 방안을 수립하였다.
> (다) 이전과 비교하여 현재의 매출과 수익성이 얼마나 악화되었으며, 도달해야 할 수익률이 얼마인지를 설정하였다.
> (라) 고객을 유치하기 위해 수립한 방안들을 실천하며, 같은 실수가 재발하지 않도록 전 직원이 주의를 기울이기로 다짐하였다.
> (마) 내방 고객이 감소한 원인과 내외부의 요인이 무엇이었는지를 냉철하게 분석하였다.

① (가)-(다)-(나)-(라)-(마)
② (다)-(가)-(마)-(나)-(라)
③ (다)-(마)-(나)-(라)-(가)
④ (라)-(가)-(마)-(나)-(다)
⑤ (라)-(마)-(가)-(다)-(나)

60

자아를 인식하기 위해서는 내가 아는 나와 타인이 파악하는 나에 관한 확인 작업이 요구된다. '타인이 파악하는 나'를 확인하기 위하여 던질 수 있는 적절한 질문을 [보기]에서 모두 고르면?

보기

㉠ 직장생활에서 저의 장단점은 무엇인가요?
㉡ 당신이 창업을 한다면, 저와 함께 일할 생각이 있으신가요? 그 이유는 무엇인가요?
㉢ 내가 오늘 하고 있는 일(직장, 학교 등)을 그만둔다면, 나는 어떤 일을 새로 시작할까?
㉣ 현재 내가 담당하는 업무를 수행하기에 부족한 능력은 무엇인가?

① ㉠, ㉡ ② ㉡, ㉢
③ ㉢, ㉣ ④ ㉠, ㉡, ㉢
⑤ ㉡, ㉢, ㉣

61

MS Excel을 활용하여 다음과 같은 표를 만들었다. 각 항목의 총재고가치를 일일이 구하여 합산하지 않고 함수식을 이용하여 C9 셀의 결괏값을 도출하였다. 다음 중 C9 셀에 들어가야 할 함수식으로 옳은 것을 고르면?

	A	B	C
1	가격(원)	재고 수량(개)	총 재고가치(원)
2	1,000	10	
3	500	10	
4	3,000	20	
5	5,000	5	
6	10,000	5	
7	5,000	50	50
8	4,000	10	
9	합계	–	440,000

① =VLOOKUP(A2:B8)
② =SUBTOTAL(A2:B8)
③ =SUBTOTAL(A2:A8,B2:B8)
④ =SUMPRODUCT(A2:B8)
⑤ =SUMPRODUCT(A2:A8,B2:B8)

62

다음 중 문서 종류에 따른 특징과 작성법에 대한 설명으로 옳지 않은 것을 고르면?

① 공문서는 한 장으로 작성하는 것이 원칙이다.
② 보고서 작성 시 진행과정을 구체적으로 제시한다.
③ 설명서는 소비자의 이해를 돕기 위해 최대한 자세하게 작성한다.
④ 기획서 상 인용한 자료의 출처를 명확히 표기한다.
⑤ 공문서 작성 시 날짜 다음에 괄호를 사용할 경우 마침표를 찍지 않는다.

63

다음은 '협상'의 과정을 도식화하여 나타낸 그림이다. 각 단계에 들어갈 내용을 [보기]에서 한 개씩 골라 바르게 나열한 것을 고르면?

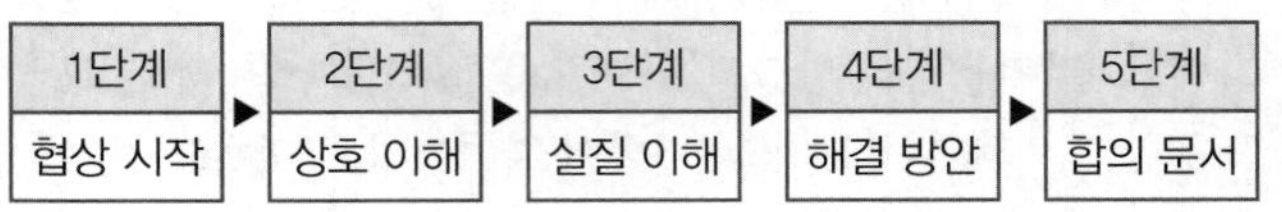

보기

(가) 겉으로 주장하는 것과 실제로 원하는 것을 구분하여 실제로 원하는 것을 찾아 냄
(나) 최선의 대안에 대해서 합의하고 선택함
(다) 상대방의 협상의지를 확인함
(라) 합의문 상의 합의내용, 용어 등을 재점검함
(마) 분할과 통합 기법을 활용하여 이해관계를 분석함
(바) 협상을 위한 협상대상 안건을 결정함
(사) 적극적으로 경청하고 자기주장을 제시함
(아) 간접적인 방법으로 협상의사를 전달함

	1단계	2단계	3단계	4단계	5단계
①	(다)	(마)	(사)	(라)	(나)
②	(다)	(바)	(나)	(마)	(라)
③	(아)	(라)	(사)	(가)	(나)
④	(아)	(바)	(가)	(나)	(라)
⑤	(아)	(사)	(바)	(라)	(나)

64

다음 중 직장 내 성희롱에 대한 인식과 그 판단 기준으로 적절하지 않은 것을 고르면?

① 성희롱은 행위자가 성적 의도를 가지고 한 행동이냐 아니냐를 밝혀내는 것이 가장 중요한 판단 기준으로 인정된다.
② 피해자와 비슷한 조건과 상황에 있는 사람이 피해자의 입장이라면 문제가 되는 성적 언동에 대해 어떻게 반응했을까를 함께 고려해야 한다.
③ 성적 수치심은 성적 언동 등으로 인해 피해자가 느끼는 불쾌한 감정으로 그 느낌은 행위자가 아닌 피해자의 관점을 기초로 판단되어야 한다.
④ 성적 언동 및 요구는 신체의 접촉이나 성적인 의사표현뿐만 아니라 성적 함의가 담긴 모든 언행과 요구를 말한다.
⑤ 성희롱은 '남녀차별금지 및 구제에 관한 법률'과 '남녀고용평등법'에 각각 명문화 되어 있으나, 형사처벌의 대상은 아니다.

65

기술혁신의 과정의 혁신 활동과 그에 필요한 자질과 능력이 바르게 짝지어진 것을 고르면?

	기술혁신 과정	혁신 활동	필요한 자질과 능력
①	아이디어 창안	일을 수행하는 새로운 방법 고안	원만한 대인 관계 능력
②	챔피언	혁신을 위한 자원 확보	새로운 분야의 일을 즐김
③	프로젝트 관리	불필요한 제약에서 프로젝트 보호	의사결정 능력
④	정보 수문장	조직 외부 정보를 내부 구성원들에게 전달	업무 수행 방법에 대한 지식
⑤	후원	혁신에 대한 격려와 안내	조직의 주요 의사결정에 대한 영향력

66

다음 중 '고객접점서비스'를 제공하기 위하여 가져야 할 태도로 적절하지 않은 것을 고르면?

① 서비스는 미소와 함께 신속하게 제공되어야 한다.
② 서비스는 고객을 감동시킬 수 있어야 한다.
③ 서비스는 고객에게 좋은 이미지를 심어 주는 것이다.
④ 서비스는 모든 고객에게 동등한 수준의 친절을 베푸는 것이다.
⑤ 서비스는 예의를 갖추고 정중한 태도로 제공되어야 한다.

67

△△ 업체에서는 VIP 고객들을 대상으로 행사를 진행하며 식사를 대접하기로 하였다. 주어진 메뉴에 따른 주문 현황과 [상황]을 바탕으로 할 때, 다음 중 △△ 업체가 지불해야 하는 최소 금액을 고르면?

[메뉴]

- 한정식 A: 43,000원
- 한정식 B: 35,000원
- 한정식 C: 29,000원
- 양식 A: 23,000원
- 양식 B: 22,000원
- 양식 C: 26,000원

※ 동일 메뉴 8명 이상 주문 시 해당 메뉴의 총금액에서 10% 할인
※ 한정식 C는 특별 이벤트 기간에 해당하여 20% 할인
※ 메뉴 하나당 중복 할인 불가

[표] 주문 현황

한정식			양식		
A	B	C	A	B	C
12명	6명	18명	16명	2명	6명

상황

양식 A를 주문한 사람 중 3명이 한정식 A로 메뉴를 바꿨고, 양식 C를 주문한 사람 중 2명이 불참하게 되어 사전에 주문을 취소하였다.

① 1,581,200원
② 1,618,200원
③ 1,625,200원
④ 1,705,200원
⑤ 1,752,200원

68

다음 중 인맥관리를 위해 상대방으로부터 받은 명함에 기재해야 할 사항으로 적절하지 않은 것을 고르면?

① 가족사항
② 학력이나 경력
③ 차후 약속 기일
④ 대화를 나누고 나서의 느낀 점이나 성향
⑤ 언제, 어디서, 무슨 일로 만났는지에 관한 내용

69

다음 (가)~(마)는 문제해결절차의 각 단계에서 필요한 수행 활동과 관련된 내용이다. 이를 문제해결 5단계 절차에 맞게 순서대로 나열한 것을 고르면?

(가) 문제의 내용 및 미치고 있는 영향 등을 파악하여 문제의 구조를 도출
(나) 무엇을, 어떤 목적으로, 언제, 어디서, 누가, 어떤 방법으로 할 것인지의 물음에 대한 답을 가지고 계획하는 단계
(다) 환경 분석을 통해 현상을 파악 후 분석결과를 검토하여 주요 과제를 도출
(라) 전체적인 관점에서 보아 해결의 방향과 방법이 같은 것을 그룹핑
(마) 핵심 이슈와 가설을 설정해 보고, 이슈와 데이터 분석 결과를 바탕으로 최종 원인 확인

① (가)-(다)-(마)-(라)-(나)
② (다)-(가)-(마)-(나)-(라)
③ (다)-(가)-(마)-(라)-(나)
④ (마)-(가)-(나)-(라)-(다)
⑤ (마)-(가)-(다)-(라)-(나)

70

다음 중 국제 매너를 고려할 때 밑줄 친 ㉠~㉤ 중 적절하지 않은 것을 고르면?

중국 사람과 인사할 때에는 나이 어린 사람이 먼저 나이 많은 사람에게 인사를 하는 것은 좋고, ㉠명함은 받자마자 따로 보관한다. ㉡미국인들은 시간을 돈과 같이 생각해서 시간엄수를 중요하게 생각하므로 약속시간에 늦지 않게 주의해야 한다. ㉢러시아와 라틴아메리카 사람들은 인사할 때에 포옹을 하는 경우가 있는데 친밀함의 표현이므로 자연스럽게 받아주는 것이 좋다. 한편, ㉣인도에서는 힌두교를 종교로 하는 경우가 많으므로 쇠고기를 먹을 때 조심하며, ㉤이슬람 국가에서는 돼지고기를 먹지 않는다. 따라서 식사 때 먹지 않는 음식을 준비해 놓고, 접대를 하는 것은 큰 실례가 되므로 특히 주의한다.

① ㉠ ② ㉡
③ ㉢ ④ ㉣
⑤ ㉤

[71~72] 다음 자료를 바탕으로 이어지는 질문에 답하시오.

[그래프] K사의 투자 건수 및 금액 (단위: 건, 천만 원)

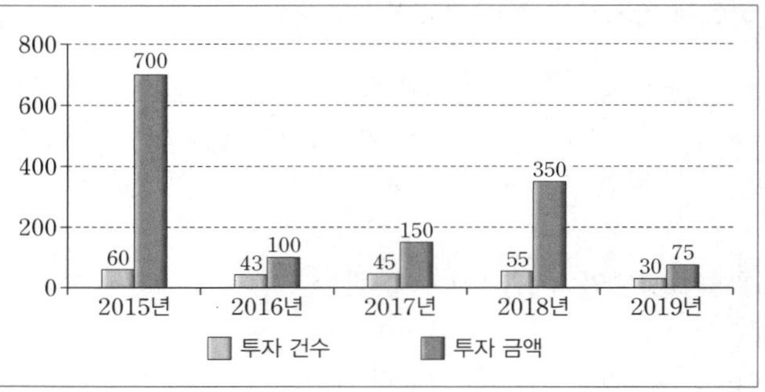

71

주어진 [그래프]와 같은 종류의 그래프를 작성할 때, 유의점으로 적절한 것을 [보기]에서 모두 고르면?

보기

㉠ 가로축은 명칭 구분, 세로축은 수량으로 한다.
㉡ 그래프에 나타나는 직사각형의 가로 폭은 모두 같아야 한다.
㉢ 그래프의 중간에 눈금선을 넣지 않아야 하며, 층별로 색이 서로 달라야 한다.
㉣ 그래프를 보는 사람마다 이해하는 바가 다를 수 있으니, 수치를 생략하지 않도록 한다.
㉤ 세로축의 눈금을 가로축의 눈금보다 크게 그린다.

① ㉠, ㉡, ㉢ ② ㉠, ㉡, ㉣
③ ㉡, ㉢, ㉣ ④ ㉡, ㉢, ㉤
⑤ ㉢, ㉣, ㉤

72

다음 중 자료에 대한 설명으로 옳지 않은 것을 고르면?(단, 계산 시 소수점 아래 둘째 자리에서 반올림한다.)

① 투자 건수와 투자 금액의 전년 대비 증감 추이는 같다.
② 연도별 건당 평균 투자 금액은 투자 건수와 같은 증감 추이를 보인다.
③ 2016년 투자 건수의 전년 대비 감소율은 2019년 투자 건수의 전년 대비 감소율보다 높다.
④ 투자 건수가 가장 많은 해의 투자 금액은 2017년부터 2019년까지 투자 금액보다 많다.
⑤ 전년 대비 투자 금액의 감소율은 2016년보다 2019년이 낮다.

73

다음 중 포괄적인 개념의 '경청'에 해당되지 않는 것을 [보기]에서 모두 고르면?

보기

㉠ 상대방의 이야기에 주의를 집중하고 있음을 행동을 통해 외적으로 표현하며 듣는 행동
㉡ 상대의 발언 내용과 감정에 대해 공감을 표현하는 행동
㉢ 상대방에 이야기를 적극적으로 따라가며 필요하다면 화제를 전환한다.
㉣ 상대방의 이야기에 특별한 반응을 표현하지 않고 수동적으로 듣는 행위
㉤ 상대방의 말 중 이해가 안 되는 부분을 질문하거나, 자신이 이해한 내용을 확인하는 행동

① ㉠
② ㉢
③ ㉠, ㉡
④ ㉡, ㉢
⑤ ㉡, ㉣, ㉤

74

다음 (가)와 (나) 두 갈등 사례에서 전형적으로 선택되는 갈등 해결 방법을 바르게 나타낸 것을 고르면?

(가) 영업1팀과 영업2팀은 서로 다른 신규 사업을 각각 추진하기 위하여 본부장에게 승인을 얻고자 하나 영업본부의 한정된 예산으로 인해 두 팀의 신규 사업을 올해에 모두 추진하기는 어려운 갈등 상황에 놓이게 되었다. 두 팀은 모두 오랜 기간 준비해 온 사업을 승인받기 위해 전혀 양보할 의향이 없다.
(나) 생산1팀과 생산2팀은 생산라인 효율화를 꾀하기 위하여 각각 봉재 인원과 재단 인원을 추가로 배치하고자 한다. 하지만 작년에 이미 생산2팀의 인원만 보충된 바 있어, 이번 추가 인원 요구에서는 생산1팀의 입김이 매우 강하다. 생산2팀은 상대적으로 생산1팀의 요구가 매우 거칠고 강하다는 것을 직감하고 오히려 생산1팀의 부족한 인원 실정을 파악해 보기로 한다.

	(가)	(나)
①	경쟁형	회피형
②	경쟁형	타협형
③	경쟁형	수용형
④	수용형	경쟁형
⑤	수용형	회피형

75

다음 두 글에서 엿볼 수 있는 자기개발의 의미를 [보기]에서 골라 바르게 나타낸 것을 고르면?

(A) 기업가 사회에서는 평생학습이 꼭 필요하다. 기업가 사회에서는 성인이 된 뒤에도 새로운 것을 계속 공부하는 것이 상식이다. 스물한 살 때까지 배운 것은 5~10년 후에 진부해지기 시작한다. 따라서 새로운 이론, 새로운 기술, 새로운 지식으로 대체하거나, 적어도 자신의 지식을 보충해야 한다. 그러기 위해서 각자 평생학습, 자기개발, 커리어 향상에 스스로 책임져야 한다. 내일을 위해 오늘 할 일을 결정하고 장기적 목표를 세워야 한다.
(B) 모든 사람의 인생은 유일무이하다. 인간이란 누구나 동일한 생물학적 구조를 지니고 있지만, 각자의 심리적 성숙도, 자아개발, 자기탐구의 수준은 모두 다르다. 사회는 언제나 적응, 집단의식, 사회화 유동성을 강조한다. 따라서 인간은 끊임없이 자기성찰을 통하여 자기개발을 이루어야 한다.

보기

㉠ 자기개발은 본성을 관리하는 자기관리로 따라오는 것이다.
㉡ 자기개발은 윤리적 소양을 갖춘 다양한 문화에 적응하기 위한 과정이다.
㉢ 자기개발은 부의 축적을 위해 필연적으로 수행해야 하는 연속된 행위이다.
㉣ 자기개발은 직무역량 강화, 퇴직 후 노후준비 등 미래를 준비하는 과정이다.

	(A)	(B)
①	㉠	㉣
②	㉡	㉠
③	㉢	㉣
④	㉣	㉠
⑤	㉣	㉢

76

다음은 안전한 패스워드 사용을 위한 규칙이다. 이에 대한 설명으로 적절하지 않은 것을 고르면?

구분	권장 규칙	회피 규칙
문자구성 및 길이	• 3가지 종류 이상의 문자구성으로 8자리 이상의 길이 • 2가지 종류 이상의 문자구성으로 10자리 이상의 길이 ※ 문자 종류는 알파벳 대문자와 소문자, 특수기호, 숫자 4가지임	• 2가지 종류 이하의 문자구성으로 8자리 이하의 길이 • 문자구성과 관계없이 7자리 이하 길이 ※ 문자 종류는 알파벳 대문자와 소문자, 특수기호, 숫자 4가지임
패턴조건	• 한글, 영어 등의 사전적 단어를 포함하지 않음 • 널리 알려진 단어를 포함하지 않거나 예측이 어렵도록 가공 ※ 널리 알려진 단어인 컴퓨터 용어, 기업 등의 특정명칭을 가공하지 않고 명칭 그대로 사용하는 경우 ※ 속어, 방언, 은어 등을 포함한 경우 • 사용자 ID와 연관성이 있는 단어구성을 포함하지 않음 • 제3자가 쉽게 알 수 있는 개인정보를 포함하지 않음 ※ 개인정보는 가족, 생일, 주소, 휴대전화번호 등을 포함하는 패스워드	• 한글, 영어 등을 포함한 사전적인 단어로 구성된 경우 ※ 스펠링을 거꾸로 구성한 패스워드도 포함 • 널리 알려진 단어로 된 구성 ※ 컴퓨터 용어, 사이트, 기업 등의 특정 명칭으로 구성된 패스워드도 포함 • 사용자 ID를 이용한 패스워드 ※ 사용자 ID 혹은 사용자 ID를 거꾸로 구성한 패스워드도 포함 • 제3자가 쉽게 알 수 있는 개인정보를 바탕으로 된 구성 ※ 가족, 생일, 주소, 휴대전화번호 등을 포함하는 패스워드

① 사용자 또는 사용자 이외의 특정 인물, 유명인, 연예인 등의 이름을 포함하는 패스워드는 회피하여야 한다.

② 일정한 패턴이 나타나지 않는 패스워드는 보안 수준이 높다고 할 수 있다.

③ 키보드상에서 연속한 위치에 존재하는 문자들의 집합은 노출되기 쉬운 패스워드이다.

④ 네트워크를 통해 패스워드를 전송하는 경우 반드시 패스워드를 암호화하거나 암호화된 통신 채널을 이용해야 한다.

⑤ 영어 단어를 한글 모드에서 타이핑하면 쉽게 노출되지 않는 패스워드 조합을 구성할 수 있다.

77

다음 글의 밑줄 친 ㉠~㉤ 중 의미상 적절하지 않은 것을 고르면?

자기 성찰을 하는 이유는 어떤 일을 마친 후에 자신이 잘한 일은 무엇이고, 개선할 점은 무엇인지 깊이 생각해 보게 하여 ㉠앞으로 다른 일을 해결해 나가는 노하우를 축적할 수 있게 해주기 때문이다. 성찰은 현재의 부족한 부분을 파악하여 보완할 기회를 제공하며, ㉡미래의 목표에 따라 실수를 미연에 방지하면서 노력하게 만들어 준다. 이런 점에서 지속적인 성찰은 지속적인 성장의 기회를 만들어 준다고 할 수 있다. 성찰을 하게 되면 ㉢과거의 실수를 과감히 덮어둘 수 있고, 미래에만 몰두할 수 있게 되어 진취적인 대인관계를 유지할 수 있다.

창의적인 사람은 따로 존재하지 않으며, ㉣창의력은 지속적인 반성과 사고를 통해서 신장될 수 있다. 새로운 것을 만들기 위해서는 생각을 해야 하며, 진정으로 창의적인 사람은 생각하기를 그치지 않는다. 성찰을 지속하다 보면 어느 순간 무릎을 '탁' 칠만한 창의적인 생각이 나오게 되는 것이다.

지속적인 자기 성찰을 수행하기 위해서는 매일 자신이 오늘 했던 일 중에 잘했던 일과 잘못했던 일을 생각해보고, ㉤이에 대한 이유와 앞으로의 개선점을 아무 형식 없이 적어보는 것이 좋다. 가끔은 광고지나 신문지에, 어떨 때는 수첩에 생각이 나는 대로 적어둘 수도 있다. 이것이 모이게 되면 자신의 역량을 향상시켜 줄 자신만의 자료가 될 수 있을 것이다. 또한 끊임없이 나에게 다음과 같은 질문을 던질 수도 있다.

- 지금 일이 잘 진행되거나 그렇지 않은 이유는 무엇인가?
- 이 상태를 변화시키거나 혹은 유지하기 위하여 해야 하는 일은 무엇인가?
- 나는 이번 일 중 다르게 수행했다면 더 좋은 성과를 냈을 방법은 무엇인가?

① ㉠ ② ㉡
③ ㉢ ④ ㉣
⑤ ㉤

78

C사는 최근 직원들의 이직이 급격히 증가하여 업무 누수가 발생하였고, 그에 따라 결원 보충이 시급한 상태이다. 이에 대한 경영진의 문제해결을 위한 의사결정 방법으로 적절하지 않은 것을 고르면?

① 직원들의 보수나 복리후생 등 회사의 근로여건에 문제가 있는지를 파악하는 것은 경영진 회의 시 의사결정의 '확인 단계'에 수행될 내용이다.
② 타사보다 나은 근무환경과 지속 근로 유인책을 마련하는 일은 의사결정의 '개발 단계'에서 이루어져야 한다.
③ 경영과학 기법에 따른 최종 해결안을 도출하는 것은 의사결정의 '선택 단계'에서 이루어져야 한다.
④ 결원이 발생되어 업무에 차질이 생길 경우를 대비해 경력직원 채용 계획을 마련하는 것은 의사결정의 '확인 단계'에서 우선 처리되어야 한다.
⑤ '선택 단계'의 최종 의사결정은 반드시 최고 결정권자의 판단에만 의존하는 것은 아니다.

79

다음에서 설명하는 문제해결기법의 특징으로 옳은 것을 고르면?

> 논리적 사고력의 방법 중 하나로, 다음과 같은 분류와 집합의 개념을 원칙으로 한다.
> 1) 나열된 요소는 서로 배타적이다.
> 2) 나열된 요소를 합하면 전체와 같다.
> 3) 중복된 특성을 가진 요소가 없어야 한다.
>
> '상호배제'는 중복이 없음을 의미하며, '전체포괄'은 빠지는 요소가 없다는 것이다.

① 불필요한 자원의 낭비와 혼동을 예방할 수 있다.
② 서로 관련이 없어 보이는 것들을 조합하여 새로운 것을 도출할 수 있다.
③ 각종 힌트에 강제적으로 연결 지어서 생각한다.
④ 대상과 비슷한 것을 바탕으로 새로운 아이디어를 도출한다.
⑤ 문제의 현상에 대해 끊임없이 질문한다.

80

다음과 같은 여건에 처해 있는 직장인이 기술교육을 받기 위해 선택할 수 있는 방법으로 가장 적절한 것을 고르면?

> - 낮에 교육을 위한 짬을 내기 어려우며, 퇴근 후와 주말에 교육을 위한 시간 확보가 가능하다.
> - 근무지가 오지에 속하는 지역으로 네트워크 환경이 그리 좋지 않지만, 거주하는 자택에는 꽤 괜찮은 네트워크와 인터넷 설비가 갖추어져 있다.
> - 전 분야에 대한 총괄적인 학습보다 본인에게 맞는 특성화 된 맞춤형 교육을 필요로 한다.
> - 음성뿐 아니라 사진, 동영상 등 멀티미디어를 수단으로 하는 교육을 원한다.

① 오리엔테이션 ② 외부 강의 참여
③ 사내연수원 ④ OJT
⑤ e-learning

07 실전모의고사 7회

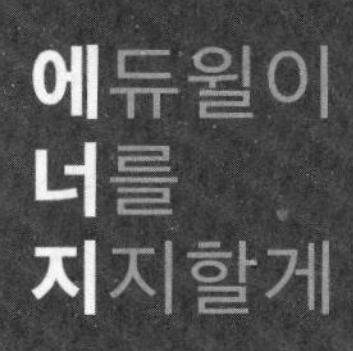

ENERGY

절대 어제를 후회하지 마라.
인생은 오늘의 나 안에 있고
내일은 스스로 만드는 것이다.

– L. 론 허바드(L. Ron Hubbard)

최신판 에듀윌 공기업 NCS 통합 실전모의고사

발 행 일 2025년 1월 16일 초판
편 저 자 에듀윌 취업연구소
펴 낸 이 양형남
개발책임 김기철, 윤은영
개 발 이정은, 윤나라
펴 낸 곳 (주)에듀윌
I S B N 979-11-360-3474-8
등록번호 제25100-2002-000052호
주 소 08378 서울특별시 구로구 디지털로34길 55
코오롱싸이언스밸리 2차 3층

www.eduwill.net
대표전화 1600-6700

여러분의 작은 소리
에듀윌은 크게 듣겠습니다.

본 교재에 대한 여러분의 목소리를 들려주세요.
공부하시면서 어려웠던 점, 궁금한 점,
칭찬하고 싶은 점, 개선할 점, 어떤 것이라도 좋습니다.

에듀윌은 여러분께서 나누어 주신 의견을
통해 끊임없이 발전하고 있습니다.

에듀윌 도서몰 book.eduwill.net

- 부가학습자료 및 정오표: 에듀윌 도서몰 → 도서자료실
- 교재 문의: 에듀윌 도서몰 → 문의하기 → 교재(내용, 출간) / 주문 및 배송

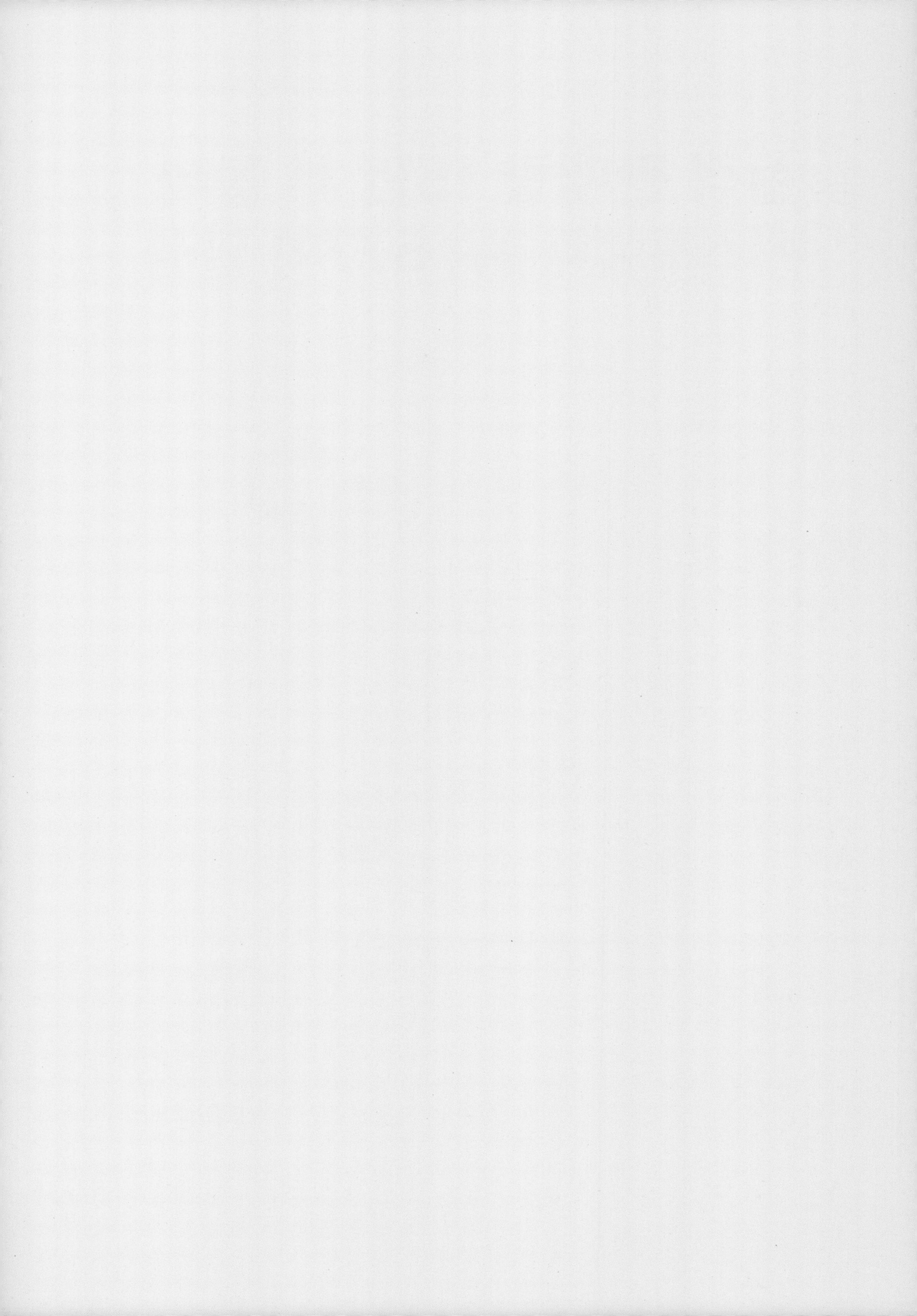

최신판

NCS 통합
실전모의고사

정답 및 해설

eduwill

최신판

에듀윌 공기업 NCS 통합 실전모의고사

최신판

에듀윌 공기업 NCS 통합 실전모의고사

정답과 해설

eduwill

공기업 NCS 통합 실전모의고사 1회

01	②	02	①	03	②	04	④	05	②
06	④	07	⑤	08	③	09	③	10	③
11	①	12	②	13	④	14	②	15	③
16	②	17	②	18	④	19	①	20	①
21	⑤	22	①	23	②	24	①	25	⑤
26	①	27	⑤	28	⑤	29	①	30	②
31	③	32	⑤	33	③	34	①	35	③
36	④	37	⑤	38	①	39	④	40	①

☑ CHECK 영역별 실력 점검표

맞힌 문제와 틀린 문제를 체크해
나의 취약 영역을 한눈에 확인해 보세요!

문항	영역	O/×	문항	영역	O/×	문항	영역	O/×	문항	영역	O/×	문항	영역	O/×
01	의사소통		02	의사소통		03	의사소통		04	의사소통		05	의사소통	
06	의사소통		07	의사소통		08	의사소통		09	의사소통		10	의사소통	
11	의사소통		12	의사소통		13	의사소통		14	의사소통		15	수리	
16	수리		17	수리		18	수리		19	수리		20	수리	
21	수리		22	수리		23	수리		24	수리		25	수리	
26	수리		27	수리		28	문제해결		29	문제해결		30	문제해결	
31	문제해결		32	문제해결		33	문제해결		34	문제해결		35	문제해결	
36	문제해결		37	문제해결		38	문제해결		39	문제해결		40	문제해결	

01 ②

Quick해설 세 번째 문단에서 욕망이 충족되었다는 사실을 깨달아야 만족감을 얻고, 결핍의 상태를 인식해야 불행을 느끼게 되는 경우가 있다고 하였다는 점에서 현실과 인식 사이의 괴리가 클수록 결핍의 상태가 커짐을 추론할 수 있을 뿐, 현실과 인식 사이의 괴리가 클수록 욕망의 크기가 줄어드는지는 알 수 없으므로 적절하지 않다.

[오답풀이] ① 첫 번째 문단에서 욕망은 우리가 살아가는 데 필요한 동기를 부여해 준다고 하였으며, 욕망이 없는 개인은 실존적 존재가 아니고 욕망이 없는 사회는 역동성을 상실하여 정체를 면치 못할 것이라고 하였다는 점에서 욕망은 개인과 사회에 반드시 필요한 존재임을 추론할 수 있으므로 적절하다.

③ 두 번째 문단에서 육체적인 고통이나 쾌락, 배고픔이나 포만감 따위는 인식의 매개가 필요 없는 욕망들이라고 하였으므로 적절하다.

④ 세 번째 문단에서 우리의 인식에 의해서 기쁨이나 고통 같은 감정이 결정된다고 하였으므로 인간이 인식을 조작할 수 있다면 감정도 조절할 수 있게 됨을 추론할 수 있다.

⑤ 세 번째 문단에서 자식을 전쟁터에 보낸 부모는 자식이 죽어갈 때는 모르고 있다가 전사 소식을 전해들은 순간 비탄에 잠기는데, 이는 우리의 인식에 의해서 기쁨이나 고통 같은 감정이 결정된다는 것을 보여 준다고 하였다는 점에서 본인이 인식하지 못했다면 불행도 불행으로 여기지 않을 수 있음을 추론할 수 있으므로 적절하다.

02 ①

Quick해설 세 번째 문단에서 욕망이라는 추상적인 개념을 흥부의 상황이나 전쟁터에 자식을 보낸 부모의 상황의 사례를 들어 설명하고 있다.

03 ②

Quick해설 주어진 글에서 국민주택의 소득 기준이 민영주택보다 엄격하다고 설명하고 있다. 따라서 '민영주택보다 완화된 소득 기준을 적용하여 선별한다'는 내용은 설명과 상반되므로 적절하지 않다.

[오답풀이] ① 무주택자가 유주택자보다 높은 우선순위를 받는다고 설명하고 있다.

③ 청약 기간이 주택의 종류와 분양 지역에 따라 다르며, 주로 1순위, 2순위, 3순위로 나뉜다고 언급되어 있다.

④ 청약 철회자가 재청약 시 불이익을 받을 수 있으며, 청약 철회가 빈번할 경우 재청약이 제한될 수 있다고 설명하고 있다.

⑤ 청약 통장 납입 기간이 길수록 청약 가점이 높아진다고 언급되어 있다.

04 ④

Quick해설 위워크의 파산 위기 원인으로 과도한 확장, 경영진 문제, 비즈니스 모델의 한계, 재무 구조의 취약성을 언급하고 있다. 그러나 초기 투자자들의 과도한 기대와 높은 수익 요구는 언급되지 않았으므로 적절하지 않다.

[오답풀이] ① 두 번째 문단에서 위워크의 과도한 확장을 고정 비용이 증가하고 수익간의 불균형이 심화되는 원인으로 제시하였다.

② 네 번째 문단에서 비즈니스 모델이 경제 상황에 민감하게 반응하는데 경기 침체기에는 수요가 급감할 위험이 크다고 설명하고 있다.

③ 세 번째 문단에서 회사의 자산을 개인적으로 사용하는 등 노이만의 부도덕한 행동이 파산 위기로 이어졌다고 설명하고 있다.

⑤ 다섯 번째 문단에서 수익창출을 하지 못하면 부채상환을 하지 못하는 구조가 파산의 위기로 이어졌다고 설명하고 있다.

05 ②

Quick해설 국토부와 LH는 2022년부터 2025년까지 고령자복지주택을 7,740호 공급할 예정이다

[상세해설] 두 번째 문단에서 지자체 공모를 통해 대상지를 선정하여 고령자복지주택을 2021년에 2,260호 공급 완료하였고, 2025년까지 1만 호를 공급할 계획이라고 하였다. 따라서 2022년부터 2025년까지 고령자복지주택을 10,000−2,260=7,740(호) 공급할 예정이므로 옳다.

[오답풀이] ① 세 번째 문단에 따르면 취미생활을 공유하는 노노케어 사업을 실시한 곳은 시흥 은계 고령자복지주택이다.

③ 마지막 문단에서 스마트돌봄 시범사업은 맞춤형 주거복지서비스를 제공했다는 측면에서 큰 의미가 있다고 하였으므로 옳지 않다.

④ 첫 번째 문단에서 스마트돌봄 플랫폼 설치 예산을 지원한 곳은 LH이므로 옳지 않다.

⑤ 세 번째 문단에 따르면 지역 내 유일한 복지관이라고 언급된 곳은 2016년 개관한 성남 위례 고령자복지주택이다.

06 ④

Quick해설 • 정은: 영구임대주택은 6가지 스마트 돌봄서비스를 제공하고 있다.

• 민주: 사회복지시설 5개에 지원되는 건설비는 27.3×5=136.5(억 원)이므로 140억 원 미만이다.

따라서 보도자료의 내용을 잘못 이해한 사람은 정은과 민주이다.

[상세해설] • 정은: 첫 번째 문단에 따르면 영구임대주택은 고령자, 장애인을 대상으로 24시간 응급관제, 응급벨 대응, 외출 시 위치 확인, 쌍방향 의사소통, 개인맞춤형 건강관리, 일상생활 패

턴 예측·대응과 같은 24시간 스마트 돌봄서비스를 6가지 제공하고 있다.

• 민주: 두 번째 문단에 따르면 공공임대주택과 함께 조성되는 사회복지시설에는 개소당 27.3억 원의 건설비가 지원된다고 하였다. 따라서 사회복지시설 5개에 지원되는 건설비는 $27.3 \times 5 = 136.5$(억 원)이므로, 140억 원 미만이다.

[오답풀이] 두 번째 문단에 따르면 고령자복지주택 내 공공임대주택에는 건설비로 $3.3m^2$당 8,426천 원이 지원된다. 면적이 $49.5m^2$라면 $49.5 \div 3.3 = 15$이므로 $8,426 \times 15 = 126,390$(천 원)이 지원되므로 나라는 보도자료를 바르게 이해했다.

07 ⑤

Quick해설 상소문에서는 관리가 자신의 무능함과 건강 문제를 표면적인 이유로 제시하고 있지만, 그 이면에는 더 이상 관직에 남아 있기를 원치 않음을 임금에게 알리고자 하는 의도가 담겨 있다.

[오답풀이] ① 건강 문제가 언급되어 있으나 상소문의 진정한 의도와는 거리가 있다.

② 상소문은 퇴직을 간청하기 위해 작성된 글이다.

③ 상소문에서는 무능함을 이유로 제시하고 있지만, 이는 자주 사용되는 겸양의 표현으로 실제 의도는 아니다.

④ 상소문에서 언급된 퇴직 후의 계획일 뿐, 상소문을 작성한 이유로 보기는 어렵다.

08 ③

Quick해설 문단을 맥락에 따라 순서에 맞게 배열하기 위해서는 먼저 글의 순서를 알려 주는 표지, 즉 지시어, 부사어 등의 표현에 주목해야 한다. 주어진 글에는 '한편', '이러한 생각을 바탕으로'가 표지에 해당한다. 이 표지를 통해 [가] 문단과 [라] 문단은 글의 맨 처음에 올 수 없다는 것을 알 수 있다. 다음으로 주의 깊게 봐야 할 것은 도입 문단이다. 도입 문단에서는 핵심 화제가 제시되고, 글의 내용을 이해하기 위해 필요한 주요 개념에 대한 정의가 제시된다. 이 글의 핵심 화제는 '코나투스'이므로 '코나투스'가 스피노자 윤리학을 이해하는 데 꼭 필요한 개념이라고 하며 코나투스에 대해 정의하고 있는 [나] 문단이 글의 맨 처음에 와야 한다는 것을 알 수 있다. 다음으로 살펴봐야 할 것은 각 문단의 마지막 문장이다. [라] 문단에서는 '스피노자가 우리에게 하는 당부이다.'로 문단을 끝맺고 있다. 따라서 [라] 문단은 이 글의 마지막에 위치해야 한다는 것을 알 수 있다. 따라서 [나]—[다]—[가]—[라]의 순서로 배열되는 것이 적절하다.

09 ③

Quick해설 주어진 글은 뇌졸중과 뇌졸중에 적용되는 건강보험 현황을 설명하고 있다. 그러나 [다] 문단은 뇌의 특징을 설명하고 있으므로 글의 흐름에 적절하지 않다.

10 ③

Quick해설 ㉠ [가] 문단에서 뇌경색은 뇌의 혈관이 막히는 것이라는 내용은 확인할 수 있지만 뇌의 압력을 상승시킨다는 내용은 주어져 있지 않다. 뇌압을 상승시키는 것은 뇌출혈이다.

㉡ [나] 문단에서 뇌졸중의 핵심적 특징은 '갑자기'라고 하였다.

㉢ [라] 문단에서 뇌졸중으로 손상된 뇌조직은 원래대로 회복이나 재생이 불가능하다고 하였다.

[오답풀이] ㉣ [마] 문단에서 뇌질환이 의심되는 두통, 어지럼증으로 MRI 검사를 실시할 때는 신경학적 검사 이상 여부 등에 따라 환자의 본인부담률이 80%까지 올라간다고 하였다.

11 ①

Quick해설 두 번째 문단을 보면 핵융합 반응은 플라스마 상태에서 수소의 융합으로 일어나며 이 과정에서 핵융합 에너지가 방출된다고 되어 있다. 따라서 진공 상태에서 일어난다는 내용은 확인할 수 없다.

[오답풀이] ② 첫 번째 문단을 보면, 인공 태양에 비유되는 핵융합 발전은 인류가 당면한 에너지 문제를 해결할 수 있는 대안으로 주목받고 있음을 알 수 있다.

③ 네 번째 문단을 보면, 토카막은 높은 온도를 견디기 위해 초고온의 플라스마를 자기장을 이용해 가두는 장치로, 플라스마가 자기장을 따라 움직이는 성질을 이용하였다고 되어 있다.

④ 세 번째 문단과 다섯 번째 문단을 보면, 핵융합 에너지는 지구상에 풍부하게 얻을 수 있는 무한 에너지원을 이용한다는 점과 방사능 문제가 없다는 점에서 세계의 주목을 받고 있으며 머지않은 미래에 상용화될 것으로 전망되고 있다.

⑤ 세 번째 문단을 보면, 핵융합 장치의 구조는 전자레인지와 같고, 이 장치 안에 중수소를 넣고 가열하여 핵융합 에너지를 얻을 수 있다고 되어 있다.

12 ②

Quick해설 주어진 글은 핵융합 에너지의 효율성과 가능성을 설명하고 있고, [보기]는 핵융합 에너지의 반대 의견을 소개한 후, 핵융합 에너지에 대한 연구와 함께 다양한 에너지 연구의 필요성을 강조하고 있다. 따라서 ②와 같은 반응이 가장 적절하다.

[오답풀이] ①, ⑤ [보기]에서 다른 재생에너지는 여러 가지 문제점이 있어 과연 미래 사회의 주 에너지원으로 유용할지가 의문이라고 했다. 따라서 친환경적인 재생에너지에 집중하자고 하는 것은 적절하지 않다.

③, ④ [보기]에서 지속적으로 핵융합 발전을 연구하면서 다른 재생에너지 연구에도 같이 투자하는 방법을 주장하고 있으므로 핵융합 발전에만 투자하자고 하는 반응은 적절하지 않다.

13 ④

Quick해설 주어진 글은 작은 무질서 상태가 더 크고 심각한 범죄 또는 상황을 야기할 수 있다는 '깨진 유리창 이론'을 설명하고 있다. 자동차 보험 가입자들이 일부러 사고를 유발하는 것은 작은 무질서에 기인하여 발생한 것이 아니라, 의도적으로 이익을 얻기 위해 사고를 일으킨 것이므로 깨진 유리창 이론을 뒷받침하는 사례로 가장 적절하지 않다.

[오답풀이] ①, ②, ③, ⑤ 사소한 문제가 큰 손실로 이어진 사례들이므로 깨진 유리창 이론의 사례로 적절하다.

14 ②

Quick해설 ㉠에는 '따라서', ㉡에는 '하지만', ㉢에는 '또한'이 들어가는 것이 적절하다.

[상세해설] ㉠ 앞의 문장에서 청색광 차단 필름이나 스마트폰 야간 모드 설정을 통해서는 청색광 방출을 완전히 막지는 못한다고 설명하고 있고, ㉠ 뒤의 문장에서는 잠자리에 들기 최소한 1시간 이전부터는 스마트폰이나 태블릿 등의 전자기기를 사용하면 안 된다고 하였다. 즉 청색광 방출을 완전히 막지 못하기 때문에 전자기기를 잠자기 1시간 전에는 사용하지 말라는 내용이므로 인과 관계의 접속어인 '따라서', '그래서' 등이 들어가야 한다.

㉡ 앞의 문장에서 잠자기 1~2시간 전 미지근한 물로 목욕이나 샤워를 해 몸을 식히고 피로를 풀라고 하였고, ㉡ 뒤의 문장에서는 잠자기 직전의 목욕은 좋지 않다고 하였다. 즉 서로 상반되는 내용이므로 ㉡에 역접의 접속어인 '그러나', '하지만' 등이 들어가야 한다.

㉢ 앞의 문장은 숙면을 방해하는 약물에 대한 설명이 나오고 ㉢ 뒤의 문장에도 숙면을 방해하는 약물에 대해서 설명하고 있다. 따라서 ㉢에는 대등 관계의 접속어인 '또한', '혹은', '그리고' 등이 들어가야 한다.

15 ③

Quick해설 ㉢ 연령대가 높아질수록 노인부부의 비중은 51.7%에서 21.8%로 줄어들었다.

㉣ 2019년 여성 노인 인구수는 3,912천 명이며 이 중 31.2%가 자녀와 동거하는 노인인구이므로 3,912×0.312≒1,221(천 명), 즉 120만 명 이상이다.

[오답풀이] ㉠ 노인인구 비율은 $\frac{\text{(노인(65세이상)인구수)}}{\text{(전체인구수)}}\times100$이므로, 전체 인구수는 $\frac{\text{(노인 인구수)}}{\text{(노인인구 비율)}}\times100$이다. 따라서 연도별 전체 인구수를 구하면 다음과 같다.

- 2000년: $\frac{3,372}{7.3}\times100 \fallingdotseq 46,192$(천 명)
- 2005년: $\frac{4,365}{9.3}\times100 \fallingdotseq 46,935$(천 명)
- 2010년: $\frac{5,360}{11.0}\times100 \fallingdotseq 48,727$(천 명)
- 2018년: $\frac{6,569}{13.2}\times100 \fallingdotseq 49,765$(천 명)
- 2019년: $\frac{6,775}{13.6}\times100 \fallingdotseq 49,816$(천 명)

따라서 2018년에도 2010년 대비 전체 인구수가 증가하였다.

㉡ 2000년 대비 2019년 남성 노인 인구수는 2배로 증가했으므로 증가율은 100% 이상이지만, 여성 노인 인구수는 2배 미만으로 증가했으므로 증가율은 100% 이하이다.

16 ②

Quick해설 [표1]에서 성별 노인인구수만 주어져 있고 [표2]는 모두 비율만 주어져 있으므로, 2019년 성별 · 가구형태별 노인인구수만 알 수 있을 뿐, 연령대별 · 지역별 노인인구수는 알 수 없다.

[오답풀이] ① 노인인구수가 주어져 있으므로 노인인구 비율 산식에 의해 해당 연도의 전체 인구수를 알 수 있다.

③ 2018~2019년 성별 노인인구수가 모두 주어져 있으므로 증가율 또한 산출할 수 있다.

④ 2019년 성별 노인인구수와 독거노인의 비율이 주어져 있으므로 성별 독거노인 수를 알 수 있다.

⑤ 노인인구수가 성별로 주어져 있고 자녀와 동거하는 노인의 비율 역시 성별로 주어져 있으므로 이를 통해 전체 노인인구 중 자녀와 동거하는 노인의 비중을 알 수 있다.

17 ②

Quick해설 ㉠ 매출액의 신장률은 동일하게 3.0%이지만, 매출액은 2018년 4분기가 더 크므로 옳은 설명이다.

㉣ 분기별 신장률은 순차적으로 4.0%, 2.0%, 2.0%이지만, 기준이 되는 직전 분기 매출액이 다를 것이므로 2018년 3분기 매출액은 신장률의 합인 8.0%보다 더 큰 값이 되어 결국 2017년 4분기 매출액보다 8% 이상 증가하였다.

[오답풀이] ㉡ 8%가 감소한 상태에서 감소한 값의 8%가 다시 증가하면 이전의 값보다 더 작아지게 된다.

㉢ 임의의 수치를 대입하여 계산해 보면 2018년 4분기가 아닌, 매출액의 3.0%가 증가한 2018년 3분기부터 2017년 4분기 매출액을 넘어서는 것을 알 수 있다.

문제 풀이 Tip

증가율(또는 신장률)만을 제시한 후 증가액에 대한 비교를 묻는 문항은 곧바로 임의의 수치를 대입해 보는 것이 가장 쉽고 빠른 문제 풀이 방법이다. 주어진 문항에서는 양사의 2017년 4분기 매출액을 알 수 없으므로, 계산이 편한 수치 100을 대입해 보면 다음과 같은 표를 얻을 수 있다.

구분	2018년 1분기	2분기	3분기	4분기	2019년 1분기
A사	104.0	106.1	108.2	99.5	107.5
B사	94.5	98.3	101.2	104.2	106.3

[보기]의 내용은 임의로 대입한 수치에 대하여 항상 올바른 설명이며, 단 한 경우에라도 해당되지 않는다면 올바른 설명이라고 말할 수 없으므로 이와 같은 풀이 방법이 효과적이라고 할 수 있다.

18 ④

Quick해설 ㉠ 13~20세와 21~30세 가해운전자 사망자 수는 3명으로 동일하나 부상자 수는 21~30세 가해운전자가 더 적다.

㉡ [표1]에서 '불명'을 제외하면 전 연령대에서 부상자 수는 가해운전자보다 피해운전자가 더 많은 것을 알 수 있다.

㉣ 사망자 수는 안전운전 의무 불이행, 신호위반, 중앙선 침범, 기타 순으로 많지만, 부상자 수는 안전운전 의무 불이행, 기타, 중앙선 침범, 신호위반의 순으로 많다.

[오답풀이] ㉢ 가해운전자의 경우 41세 이상 연령대에서는 고령층으로 갈수록 치사율이 높아지지만, 피해운전자의 경우에 51~60세 연령대의 치사율은 0.8%로 41~50세의 치사율인 0.9%보다 낮은 것을 알 수 있다.

19 ①

Quick해설 2020년 안전운전 의무 불이행에 의한 부상자는 4,258명이다. 불명과 65세 이상의 부상자(가해운전자와 피해운전자 합계)는 55+3+1,494+2,169=3,721(명)이다. 따라서 4,258명에 불명과 65세 이상 부상자 3,721명이 모두 포함되어 있다고 가정하더라도 4,258−3,721=537(명)은 65세 미만 부상자 수가 된다. 따라서 안전운전 의무 불이행에 의한 65세 미만 부상자 수의 최솟값은 537명이다.

20 ①

Quick해설 그래프는 피해운전자만의 사망자 수를 나타낸 것이며, '교통사고 사망자 수'라고 하였으므로 가해운전자 사망자 수를 합한 그래프를 바르게 나타내면 다음과 같다.

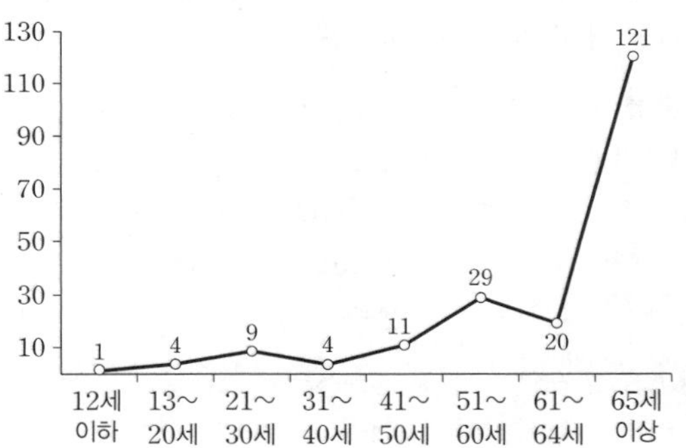

21 ⑤

Quick해설 (A)=1,653.01, (B)=808.70이므로 (A)−(B)=1,653.01−808.70=844.31이다.

[상세해설] 고급 휘발유의 교통 에너지 환경세는 529원/리터이고, 교육세는 529×0.15=79.35(원/리터)이다. 주행세는 보통 휘발유와 동일하므로 137.54원/리터이다. 따라서 세금계는 529.00+79.35+137.54+150.27=896.16(원/리터)이다. 판매 부과금은 36원이므로 세후 가격은 720.38+896.16+36+0.47=1,653.01(원/리터)이다.

등유의 개별 소비세는 63원/리터이고, 교육세는 63×0.15=9.45(원/리터)이다. 따라서 세금계는 63+9.45+73.52=145.97(원/리터)이다. 따라서 세후 가격은 662.26+145.97+0.47=808.70(원/리터)이다.

따라서 (A)−(B)=1,653.01−808.70=844.31이다.

22 ①

Quick해설 ㉠ [그래프1]에서 전체 의료급여기관에서 의료기관은 70.0%를 차지한다. [그래프2]에서 전체 의료기관 수를 구하면 34,958+19,087+15,095+45+328+1,398+1,435+257=72,603(개소)이다. 따라서 전체 의료급여기관 수는 $\frac{72,603}{70}\times 100$≒103,720(개소)이다.

㉡ [그래프1]에서 전체 의료급여기관에서 약국은 25.0%를 차지한다. 따라서 약국은 $\frac{103,720}{4}\times 100=25,930$(개소)이므로 19,087개소인 치과보다 많다.

[오답풀이] ㉢ 2022년 정신병원 수는 257개소이고, 매년 20% 증가한다면 정신병원 수는 2023년에 257×1.2≒310(개소), 2024년에 257×1.2^2≒370(개소), 2025년에 257×1.2^3≒440(개소), 2026년에 257×1.2^4≒530(개소)로 최초로 500개소가 넘는 해는 2026년이다.

㉣ 2022년 상급종합병원과 종합병원 수의 합은 45+328=373(개소)이며, 이 값의 4배는 1,492개소로 요양병원 1,435개소보다 많다.

23 ②

Quick해설 2022년 의료급여기관 수는 [그래프1]과 [그래프2]를 통해 구하면 $\frac{72,603}{0.7}$≒103,720(개소)이다. 전년 대비 2022년 의료급여기관 수 증가율이 2%이라고 했으므로, 2021년 의료급여기관 수는 $\frac{103,720}{(1+0.02)}$≒101,690(개소)이다. [표]를 살펴보면 전년도와 비교해서 기관 수에 변동이 없는 의료급여기관은 상급종합병원(45개소), 보건기관 등(103,720×0.05=5,186(개소))으로 총 5,231개소이다.

따라서 해당 의료급여기관은 전체의 $\frac{5,231}{101,690}\times 100$≒5(%)를 차지한다.

24 ①

Quick해설 ㉠ 2021년 고등학생 수는 1,300천 명이고, 2012년에는 1,920천 명이다. 따라서 $\frac{1,920-1,300}{1,920}\times 100$≒32.3(%) 감소하므로 30% 이상으로 감소하였다.

㉢ 2020~2021년 동안 학생 1인당 월평균 전체 사교육비와 초등 학생 사교육비의 추이는 '감소－증가'로 동일하다.

[오답풀이] ㉡ 가구소득이 많을수록 사교육을 받는 학생 수가 많은지는 주어진 자료만으로 알 수 없다.

㉣ (A)×1.072＝30.0이므로 (A)＝30.0÷1.072≒28.0(만 원)이다. 그리고 (B)×1.072＝35.4이므로 (B)＝35.4÷1.072≒33.0(만 원)이다. 따라서 (B)－(A)＝33.0－28.0＝5이므로 4.5 이상이다.

25 ⑤

Quick해설 (학생 1인당 월평균 사교육비)＝(월평균 사교육비 총액)÷(학생 수)이므로 (월평균 사교육비 총액)＝(학생 1인당 월평균 사교육비)×(학생 수)이다. 이에 따라 연도별로 월평균 사교육비 총액을 구하면 다음과 같다.

- 2012년: (2,952＋1,920＋1,849)×23.6＝158,615.6(천만 원)
- 2017년: (2,674＋1,670＋1,381)×27.2＝155,720(천만 원)
- 2021년: (2,672＋1,351＋1,300)×36.7＝195,354.1(천만 원)

따라서 2017년에는 2012년 대비 $\frac{158,615.6-155,720}{158,615.6}\times100\fallingdotseq$ 1.8(%) 감소하였으므로 ㉠은 1.8%이고, ㉡은 1조 9,535억이다.

26 ①

Quick해설 ㉠ 사업체 수가 가장 많은 업종은 '대리중개업'이며, 대리중개업에서 가장 적게 선택한 필요정책은 28.9%인 '연안 선박 저속운항 프로그램 운영'이다.

㉡ 하역업과 수리업에서 선박연료의 황함유량 규제를 선택한 비율은 각각 37.2%, 25.1%이고, 배출규제지역 지정을 선택한 비율은 각각 68.8%, 43.1%이다. 따라서 두 업종 모두 배출규제지역 지정의 비율이 선박연료의 황함유량 규제 비율보다 높으므로 선박연료의 황함유량 규제를 선택한 업체 모두가 배출규제지역 지정을 선택했을 수도 있다.

[오답풀이] ㉢ 설비 및 장치 설치 비용 보조금을 받으려는 업종은 육상전력공급설비 설치와 배출저감 장치 설치 지원의 비율이 각각 40% 이상이어야 하므로 이에 해당하는 업종은 '창고업, 항만건설업, 대리중개업' 3개이다.

㉣ 사업체 수가 천 개 이상인 업종은 '항만부대산업, 선용품공급업, 수리업, 대리중개업, 육상운송업'이며 이 중 배출규제지역을 가장 먼저 지정할 수 있는 업종은 이 선택 비율이 가장 높은 2개로 '선용품공급업, 대리중개업'이다.

27 ⑤

Quick해설 ㉠ 2018년 도서관 수는 총 좌석 수를 1관당 평균 좌석 수로 나눈 값과 같으므로 $\frac{258,594}{308}\fallingdotseq840$(관)이다. 따라서 2017년 이후 지자체 도서관 수는 증가하는 추세이다.

㉢ 2021년 1관당 평균 좌석 수는 $\frac{(\text{총 좌석 수})}{(\text{도서관 수})}=\frac{266,736}{949}$ ≒281(개)이다.

㉣ 1관당 방문자 수가 가장 적은 연도인 2020년의 전체 도서관의 방문자 수는 2020년 1관당 방문자 수와 2020년 전체 도서관 수를 곱하여 구하므로 69,182×914＝63,232,348(명)으로 6천만 명 이상이다.

[오답풀이] ㉡ 2018년 대비 2019년 도서관 수 증가율은 $\frac{876-840}{840}\times100\fallingdotseq4.3$(%)이다.

28 ⑤

Quick해설 금융소득 5,000만 원 중 2,000만 원을 제외한 초과분 3,000만 원만 종합소득에 더해진다. 근로소득이 5,000만 원이므로 종합소득은 5,000＋3,000＝8,000(만 원)이다. 따라서 세율 24%(26.4%) 과세표준 구간에 해당되므로 옳지 않다.

[오답풀이] ① 2,000만 원 이하의 금융소득세는 14%이고, 지방소득세는 1.4%이므로 10% 수준이다. 또한 과세표준의 세율에서도 모두 10% 수준임을 확인할 수 있다.

② 종합소득세 최고세율은 지방소득세를 포함하여 49.5%이므로, 연간 소득의 50% 이상을 종합소득세로 납부하는 경우는 없다.

③ 연간 금융소득이 2,000만 원을 초과할 경우, 금융소득이 발생한 시점에 자동적으로 납부하는 원천징수 및 내년 5월에 납부하는 종합소득세 2회에 걸쳐 세금을 내게 된다.

④ 금융소득 5억 원 중 2,000만 원을 제외한 초과분 4억 8,000만 원만 종합소득에 더해지는데, 근로소득이 없으므로 종합소득은 4억 8,000만 원이다. 따라서 세율 40%(44.0%)의 과세표준 구간에 해당된다.

29 ①

Quick해설 3,000×(0.385－0.154)＝693(만 원)이다.

[상세해설] 금융소득 5,000만 원 중 초과분 3,000만 원에 대한 원천징수 세금 462만 원을 납부하는 것은 동일하다. 근로소득이 1억 원이므로 종합소득은 1억 3,000만 원이며, 8,800만 원~1억 5,000만 원 과세표준 구간에 속한다. 근로소득 1억 원부터 적용시키면 금융소득 3,000만 원은 모두 세율 38.5%를 적용받는다.

30 ②

Quick해설 B사가 주어진 기간 동안 A사와 같은 차종을 판매한다면, B사의 수익은 각각 7억 원, 2억 원, 8억 원, 7억 원으로 매 시기 수익을 낼 수 있게 된다.

[오답풀이] ① 4월~7월의 B사 최대 수익은 순서대로 각각 중형차

7억 원, 대형차 9억 원, 대형차 8억 원, 중형차 7억 원으로 총 31억 원이 된다.

③ 4월은 B사가 중형차를 판매하는 것이 수익이 가장 큰 합리적인 결정이 되므로, 이때의 양사 합계 수익은 4억 원이다. 같은 방식으로 계산해 보면, 5월은 7억 원, 6월은 9억 원, 7월은 4억 원이다. 따라서 두 회사의 월 합계 수익이 가장 큰 시기는 6월이다.

④ B사가 매 시기 대형차만 판매할 경우 A사의 수익은 월별로 6억 원, −2억 원, 1억 원, 6억 원이 되어 4월과 7월에 수익이 가장 크게 된다.

⑤ 동일 차종 판매 시의 B사의 수익은 6월에 8억 원으로 가장 크다.

31 ③

Quick해설 5월 달력은 다음과 같다.

월	화	수	목	금	토	일
					1	2 휴관
3	4	5 어린이날	6	7	8	9 휴관
10	11	12	13	14	15	16 휴관
17	18	19 석가탄신일	20	21	22	23 휴관
24	25	26	27	28	29	30 휴관
31						

블루퐁과 고래가족 뮤지컬, 트로트 보이즈 콘서트는 월요일과 화요일에 번갈아 가며 진행하는데 블루퐁과 고래가족 뮤지컬이 5회, 트로트 보이즈 콘서트가 4회이므로 블루퐁과 고래가족 뮤지컬은 3일, 11일, 17일, 25일, 31일, 트로트 보이즈 콘서트는 4일, 10일, 18일, 24일에 진행한다. 이현아 마술쇼는 5회 공연하고, 매주 같은 요일에 공연하므로 토요일에 공연해야 한다. 내 친구 뽀뽀로 뮤지컬은 이현아 마술쇼 전날 진행하므로 매주 금요일에 공연한다. 조영필 효 콘서트는 세 번째 주와 다섯 번째 주에만 진행하고, 4회 진행하므로 세 번째 주, 다섯 번째 주에 공연 가능한 날은 12일, 13일, 26일, 27일이다. 따라서 김 대리가 부모님과 함께 조영필 효 콘서트를 보기 위해 예매 가능한 날은 5월 12일, 13일, 26일, 27일이다.

문제 풀이 Tip

일정을 구하는 문제가 출제되면 달력을 그려서 문제 풀이를 한다.

32 ⑤

Quick해설 자녀가 없는 10년 차 혼인가구는 4순위로, 전년도 도시근로자 가구당 월평균소득의 120% 이하(배우자 소득이 있는 경우 140% 이하)이면서 총자산 30,700만 원 이하라면 일반 혼인가구도 입주 대상이 될 수 있다.

[오답풀이] ① 기본 2년에 재계약이 2회 가능하나 자녀가 있는 경우 2회 추가로 재계약 가능하므로 최대 10년 거주할 수 있다.

② 한부모가족은 시중 시세의 70%를 임대보증금으로 한다.

③ 전세형의 경우 임대보증금을 추가 납부하고, 월 임대료를 낮추는 증액보증금 제도는 적용이 불가능하다.

④ 유자녀 혼인가구는 만 6세 이하인 자녀가 있는 혼인가구를 말한다.

33 ③

Quick해설 임대보증금의 최저 한도는 기본 임대보증금의 10% 또는 전환 후 월 임대료의 24개월 분 중에 더 큰 금액을 고르면 된다. 보증금이 2,000만 원일 때, 기본 임대보증금의 10%를 구하면 $2,000\times0.1=200$(만 원)이다.

월 임대료 증가분=임대보증금 감액분×전환이율÷12개월로 구할 수 있다. 임대보증금은 10만 원 단위로 낮출 수 있으므로 만약 지원이가 임대보증금을 10만 원씩 낮추면 월 임대료는 $10\times0.025\div12\fallingdotseq0.0208$(만 원)씩 높아진다. 만약 지원이가 $n\times10$만 원(n은 자연수)의 임대보증금을 낮췄다고 하면 월 임대료는 $0.0208n$만 원이 높아지고, 임대보증금의 최저 한도는 $24(30+0.0208n)$만 원이다.

$24(30+0.0208n)\le2,000-10n \rightarrow 720+0.4992n\le2,000-10n$
$\rightarrow 10.4992n\le1,280 \rightarrow n\le121.91$

따라서 n은 최대 121이고, 임대보증금은 최소 $2,000-121\times10=790$(만 원)이며, 이는 기본 임대보증금의 10%인 200만 원보다 높고, 초기 월 임대료×24개월분인 720만 원 보다 높다.

따라서 지원이의 임대보증금은 기본 임대보증금의 10%인 200만 원보다 큰 790만 원이 되어야 한다.

34 ①

Quick해설 다섯 가구 중 네 가구가 입주하므로 1순위인 B가구, C가구, E가구는 입주한다. 따라서 A가구와 D가구 중 한 가구를 입주대상자로 선정한다. A가구와 D가구의 점수는 다음과 같다.

구분	A	D
①	신혼부부	예비 신혼부부
②	0점	0점
③	0점	0점
④	3점	2점
⑤	1점	3점
⑥	0점	0점
⑦	0점	0점
총점	4점	5점

따라서 총점이 더 높은 D가구가 입주대상자로 선정되어, A가구는 입주대상자가 아니다.

35 ③

Quick해설 [규칙]에 따라 화단을 설치할 수 있는 곳을 △으로 표시하면 다음과 같다.

3	A		△		B	△		△
1	△		C					D
2		E	△		F		△	G
1					△			
1	H	△				I		
2			J			△		△
2	△	K	△					L
1					△	M		
	2	1	3	0	2	2	1	2

따라서 주택단지와 그 주택단지에서 관리해야 하는 화단의 위치가 옳은 것은 D－ⓓ, F－ⓕ, H－ⓗ, L－ⓛ로 총 4개이다.

36 ④

Quick해설 제△조 제2호에 따라 보증사고에 해당하므로 정은 주택도시보증공사가 보증 책임을 부담하는 경우에 해당한다.

[오답풀이] ① 제◇조 제1호에 따라 지진은 천재지변에 해당하므로 주택도시보증공사는 갑의 보증 책임을 부담하지 않는다.

② 제◇조 제7호에 따라 을은 우선변제권을 상실하였으므로 주택도시보증공사는 을의 보증 책임을 부담하지 않는다.

③ 제ㅁ조 제1항 제6호에 따라 전세계약이 해지된 날로부터 1개월 이내에 서면으로 주택도시보증공사에 알려야 하는 의무를 이행하지 않아 제ㅁ조 제2항에 따라 공사는 보증 책임을 부담하지 않는다.

37 ⑤

Quick해설 E의 경우 기초생활수급자, 차상위계층에 해당하므로 월 납입 건강보험료 또는 가구 수에 관계없이 지원받을 수 있는데, 본인부담의료비가 800,000원을 넘지 않으므로 의료비 지원 대상에서 제외된다.

38 ①

Quick해설 P씨는 기준 중위소득 50% 이하이며, 1인 가구이므로 본인부담의료비 총액이 120만 원을 초과하는 경우 재난적의료비 지원 대상이고 70%를 지원받게 된다.

지원금계산법은 (본인부담상한제 적용을 받지 않는 본인부담금＋전액본인부담금＋비급여－지원 제외 항목－국가·지방자치단체 지원금, 민간실손보험 수령금 등)×지원 비율(50~80%)이므로, P씨가 받을 수 있는 재난적의료비의 총액은 (30＋100＋150－20－0)×0.7＝182(만 원)이다.

39 ④

Quick해설 버스번호가 N으로 시작하는 버스는 심야버스로 심야·새벽시간대 시민의 서울시 내 이동 편의 제공을 위해 운행하는 버스이다. 따라서 6권역은 김포시를 포함하나 심야버스는 서울시 내에서 운행하므로 새벽에 서울시에서 김포시로 이동하기 위해 심야버스를 타면 된다는 의견은 적절하지 않다.

[오답풀이] ① 간선버스 번호는 총 세 자리이며, 첫째 자리는 출발 권역 번호, 둘째 자리는 도착 권역 번호, 마지막 자리는 일련번호로 구성된다. 출발 지역인 '노원'이 속한 권역은 1권역이고, 도착 지역인 '종로'는 0권역이므로 버스 번호는 10_으로 구성되며, 마지막 자리에는 0부터 9까지의 숫자가 들어갈 수 있으므로 총 10개의 간선버스 번호를 만들 수 있다.

② 서울시 버스노선 권역 구분도를 보면 권역 구분이 서울시 지역(지자체구)뿐만 아니라 서울시와 인접한 경기도와 인천 지역의 지역도 구분하고 있음을 알 수 있다. 따라서 간선버스, 지선버스, 광역버스의 경우 출발지나 도착지가 서울시에 위치하지 않은 경우가 있겠다는 의견은 적절하다.

③ 지선버스 번호는 총 네 자리이며, 첫째 자리는 출발 권역 번호, 둘째 자리는 도착 권역 번호이다. 권역은 0부터 7까지의 숫자로 분류하고 있으므로 첫째, 둘째자리에 각각 8개의 숫자가 들어갈 수 있다. 따라서 조합가능한 경우의 수는 8×8＝64(가지)이다.

⑤ 노란색 버스는 순환버스이며, 순환버스 번호의 첫째 자리는 순환 권역 번호다. 따라서 하루종일 강남·서초 지역에서 관광을 한다면 첫째 자리가 4인 노란색 버스를 이용하는 게 좋겠다는 의견은 적절하다.

40 ①

Quick해설 ㉠ 제4조 제2항에 따라 국외 출장의 경우 출장계획서를 출장 3일 전에 제출해야 하므로, 출장계획서가 제출되면 출장여비를 받을 수 있다.

㉡ 제8조에 제1항에 따라 선지급이 가능하므로 일정 금액 범위 내에서 미리 비용을 받을 수 있다.

[오답풀이] ㉢ 제9조 제2항에 따라 회사 차량으로 출장을 갈 경우 교통비를 지급받을 수 없다고 규정되어 있다.

㉣ 제11조 제1항에 따라 국내 출장을 자기 차로 갈 경우 유류비 및 소요되는 부대비용을 정산한다고 규정되어 있으므로 고속도로 이용료는 부대비용으로 간주되어 지급받을 수 있다.

㉤ 제24조 제1항에 따라 임원을 수행하는 직원이라도 숙박비는 차등 지급되므로 A의 여비와 숙박비 모두 임원 B와 동일금액인 것은 아니다.

공기업 NCS 통합 실전모의고사 2회

01	③	02	④	03	③	04	③	05	④
06	④	07	②	08	④	09	⑤	10	⑤
11	②	12	③	13	②	14	①	15	②
16	②	17	②	18	④	19	④	20	①
21	④	22	③	23	②	24	③	25	④
26	②	27	④	28	⑤	29	③	30	①
31	③	32	③	33	③	34	⑤	35	②
36	④	37	②	38	⑤	39	①	40	②
41	④	42	③	43	⑤	44	②	45	①
46	④	47	⑤	48	⑤	49	④	50	②

☑ CHECK 영역별 실력 점검표

맞힌 문제와 틀린 문제를 체크해
나의 취약 영역을 한눈에 확인해 보세요!

문항	영역	O/×	문항	영역	O/×	문항	영역	O/×	문항	영역	O/×	문항	영역	O/×
01	의사소통		02	의사소통		03	의사소통		04	의사소통		05	의사소통	
06	의사소통		07	의사소통		08	의사소통		09	의사소통		10	의사소통	
11	수리		12	수리		13	수리		14	수리		15	수리	
16	수리		17	수리		18	수리		19	수리		20	수리	
21	문제해결		22	문제해결		23	문제해결		24	문제해결		25	문제해결	
26	문제해결		27	문제해결		28	문제해결		29	문제해결		30	자원관리	
31	자원관리		32	자원관리		33	자원관리		34	자원관리		35	자원관리	
36	자원관리		37	자원관리		38	자원관리		39	자원관리		40	자원관리	
41	정보		42	정보		43	정보		44	정보		45	정보	
46	정보		47	정보		48	정보		49	정보		50	정보	

01 ③

Quick해설 재처리는 재사용 가능한 물질로 분리하는 방법으로, 자원을 재사용한다는 측면에서 효율적이지만, 기술적 난이도와 높은 비용이 문제이다. 각국 정부에서 선호한다는 내용은 주어진 글을 통해 알 수 없다.

[오답풀이] ① 중간저장은 방사능의 감소를 기다리며 임시로 저장하는 방법으로, 두 번째 문단에서 설명한 중간저장의 개념과 일치한다.

② 영구처분은 지하 깊은 곳에 사용 후 핵연료를 영구적으로 보관하는 방법인만큼 지하수 오염의 위험이 있다.

④ 영구처분은 지하 깊은 곳에서 이뤄지므로 지질학적 선행조사가 필수이다.

⑤ 재처리는 자원을 효율적으로 사용할 수 있지만, 기술적 난도가 높고 비용이 많이 든다.

02 ④

Quick해설 마지막 문장은 '기생충'의 성공과 의미를 마무리 짓는 내용이어야 하므로, 영화 예술의 다양하고 새로운 가능성을 열었다는 내용이 들어가는 것이 적절하다. 이는 글의 전체적인 흐름과 결론 부분에서 적절한 마무리가 된다.

[오답풀이] ① 일부 맞는 내용이지만, 영화 '기생충'에 대한 공감대는 한국 문화에만 국한되지 않고, 글의 흐름과 결론 부분에서 강조하고자 하는 내용과는 어울리지 않는다.

② 사회적 문제를 해결할 수 있는 방안을 제시하지는 않았으므로 적절하지 않다.

③ 주어진 글에서 제시한 내용이지만 전체 내용을 정리하는 마지막 문장으로는 적절하지 않다.

⑤ 봉준호 감독의 미래 활동에 대한 내용으로, 글의 결론 부분에서 강조하고자 하는 영화의 의미와 성공에 대한 내용과는 어울리지 않는다.

03 ③

Quick해설 주어진 글은 테무의 성공 배경, 전략, 기술 혁신, 글로벌 시장 진출, 그리고 도전 과제에 대해 순서에 따라 포괄적으로 설명하고 있다. 따라서 테무의 성공 요인과 도전 과제가 주제로 가장 적절하다.

[오답풀이] ① 테무의 성공 요인 중 하나에 해당하지만, 전체적인 주제로는 적절하지 않다.

② 이 또한 테무의 성공 요인 중 하나로 언급되었으나, 전체 주제로는 적절하지 않다.

④ 테무의 성공 요인으로 언급된 요소들이지만, 주어진 글에서는 여러 도전 과제와 해결 방안에 대해서도 설명하고 있다.

⑤ 주어진 글에서 테무의 경쟁사와의 비교는 제시되지 않았다.

04 ③

Quick해설 네 번째 문단에서 재처리된 플루토늄이 핵무기의 원료로 사용될 가능성이 있다고 하였고, 마지막 문단에서 이를 방지하기 위한 국제적 협력이 필수적이라고 언급하고 있다.

[오답풀이] ① 두 번째 문단에서 지하 채굴이 작업이 어렵고 비용이 많이 든다고 언급하지만, 환경 복원 비용이 주된 이유라고 명시하지는 않았다.

② 세 번째 문단에서 고준위 방사성 폐기물이 장기간 안전하게 보관되어야 한다고 언급하고 있어, 단기간 보관이 필요하다는 추론은 적절하지 않다.

④ 두 번째 문단에서 우라늄 채굴 과정에서 방사성 물질과 중금속이 포함된 폐기물이 발생할 수 있다고 하였다.

⑤ 세 번째 문단에서 무기용뿐만 아니라 핵연료로도 사용할 수 있다고 하였다.

05 ④

Quick해설 주어진 글은 태양광발전에 대해 전반적으로 서술하고 있다. 먼저 베크렐과 아인슈타인 등 빛을 이용하여 전기를 얻는 방법을 처음 발견한 사례에 대해 언급하고 있는 [다] 문단이 오는 것이 적절하다. 다음으로 앞서 언급한 아인슈타인의 광전효과에 대해 보다 자세하게 언급하며 이러한 이론적 배경으로 태양광발전이 탄생했다는 내용의 [가] 문단이 와야 한다. 이어 태양광발전이 등장하였음에도 그 역할을 하기까지 많은 시간이 필요했다는 내용의 [나] 문단이 이어져야 한다. 마지막으로 우주에서 그 가능성이 확인되어 연구가 거듭되면서 현재의 태양전지가 탄생했다는 내용의 [라] 문단으로 글이 마무리되는 것이 자연스럽다. 따라서 문단을 순서대로 나열하면 '[다]－[가]－[나]－[라]'가 적절하다.

06 ④

Quick해설 입체파의 대표적인 작가는 피카소로, 다양한 관점의 대상을 하나의 화폭에 담는 그림을 그렸다. 칸딘스키는 현대 미술에서 처음으로 순수추상미술의 시작으로 평가되는 화가로, 실재하는 대상을 화폭에서 완벽하게 제거하고, 색의 덩어리와 단순한 선과 면으로 시각적 효과를 강조했다.

[오답풀이] ① 첫 번째 문단에서 현대 미술은 규정하기 어려운 다양하고 독창적인 방법으로 발전해 나가는데, 과거의 전통에 대한 거부와 창조적 실험 정신을 근간으로 한다고 설명하고 있다.

② 네 번째 문단에서 잭슨 폴락이 커다란 천을 바닥에 깔고 자신의 주관이 이끄는 대로 공업용 페인트를 흩뿌렸는데, 이러한 작업방식을 '액션페인팅'이라 불렀고, 행위 자체가 하나의 예술의 범위로 평가되었다고 설명하고 있다.

③ 첫 번째 문단에서 현대 미술을 '새로움에 대한 강박'으로 정리하며 그 이유로 서구 철학이든, 미술이든 새로운 분야에 대한

선구적 개척자만이 역사적으로 기억되고 가치를 인정받기 때문이라고 설명하고 있다.

⑤ 네 번째 문단에서 현대 미술이 주체를 흔드는 방법으로 주체를 집단화하는 것을 설명하며 요즘 미술 전시회에서는 작품을 만져보면서 작품을 경험하고 작품의 일부가 되어 보는 과정으로 작품을 완성해 나간다고 설명하고 있다.

07 ②

Quick해설 '자동기술법'은 이성에 의한 통제를 벗어나 무념무상의 상태에서 손이 움직이는 대로 그림을 그리는 것으로 '자동묘법'이라고도 부른다. 이는 주체를 없애서 새로움을 추구하는 현대 미술의 방법 중 하나이다. 따라서 정답은 ②이다.

[오답풀이] ① 첫 번째 문단에서 20세기에는 야수파, 표현주의, 입체파, 미래주의, 다다이즘, 초현실주의처럼 현대 미술은 규정하기 어려운 다양하고 독창적인 방법으로 발전해나간다고 설명하고 있다.

③ 첫 번째 문단, 두 번째 문단에서 입체주의가 세잔의 표현 방법을 계승하였음을 설명하고 있다.

④ 두 번째 문단에서 피카소가 처음 입체주의적인 그림을 그렸을 때는 기존의 예술에 대한 관념으로 이해하기 어려워 사람들이 걱정했지만, 새로운 미술 양식을 연 선구적 개척자로서 세계적인 예술가로 인정받는다고 설명하고 있다.

⑤ 마지막 문단에서 현대 미술을 쉽게 이해하기 위해서 생각해봐야할 것으로 '아! 새로운 무엇인가를 시도하려고 노력하고 있구나.', '예술이 대상, 주체, 의미 중 무엇을 흔들고 있는가?'를 설명하고 있다.

08 ④

Quick해설 여섯 번째 문단에서 금속 결정은 자유 전자의 이동으로 인해 전기와 열을 잘 통한다는 특징을 지니게 됨을 알 수 있으므로 화학적 활성화가 일어나지 않기 때문이라는 설명은 적절하지 않다.

[오답풀이] ① 두 번째 문단에서 옥텟 규칙은 화학적 활성이 전혀 없어 화학 반응을 하지 않는 비활성 기체를 통해 살펴볼 수 있음을 알 수 있으므로 적절하다.

② 두 번째 문단에서 가장 바깥 전자껍질에 8개의 전자를 갖고 있으면 안정적인 상태를 유지할 수 있음을 알 수 있으므로 적절하다.

③ 첫 번째 문단에서 두 원자가 서로 결합해서 더 큰 입자들을 만들어 내기도 하는 것을 화학 결합이라 함을 알 수 있으므로 적절하다.

⑤ 첫 번째 문단에서 각 알갱이들은 내부에서 일어나는 전기적 힘에 따라 원자의 구조를 유지할 수 있음을 알 수 있으므로 적절하다.

09 ⑤

Quick해설 다섯 번째 문단에서 원자가 만들 수 있는 결합의 수인 전자의 쌍을 원자가라고 하고, 원자가가 클수록 결합을 많이 만들어 낼 수 있기 때문에 그만큼 다양한 화합물을 생성할 수 있음을 알 수 있다. [보기]에서 탄소(C)는 가장 바깥 전자껍질에 4개의 전자를 갖고 있고, 최대로 결합할 수 있는 전자의 쌍이 4개임을 알 수 있다. 산소(O)는 가장 바깥 전자껍질에 6개의 전자를 갖고 있고, 최대로 결합할 수 있는 전자의 쌍이 6개임을 알 수 있다. 수소(H)는 가장 바깥 전자껍질이 2개이고, 최대로 결합할 수 있는 전자의 쌍이 2개임을 알 수 있다. 따라서 탄소(C)는 산소(O)보다는 결합의 수가 적고 수소(H)보다는 많다는 것을 알 수 있으므로 적절하지 않다.

[오답풀이] ① 다섯 번째 문단에서 두 원자가 공유하는 전자의 쌍은 원자마다 그 개수가 다르다는 것을 알 수 있고, [보기]에서 이산화탄소는 공유하는 전자의 쌍이 2개이고 메테인은 1개임을 알 수 있으므로 이산화탄소는 메테인과 달리, 공유 결합이 이중으로 형성된 것임을 알 수 있다.

② 다섯 번째 문단에서 공유 결합을 통해 가장 바깥 전자껍질에 8개의 전자를 갖게 되므로 안정된 상태를 유지할 수 있음을 알 수 있고, [보기]에서 탄소(C)는 산소(O) 또는 수소(H)와 공유 결합을 함으로써 가장 바깥 전자껍질에 8개의 전자를 갖게 되었음을 알 수 있다.

③ 세 번째 문단에서 공유 결합은 전기 음성도가 같거나 차이가 크지 않은 경우에 일어남을 알 수 있고, [보기]의 이산화탄소와 메테인은 공유 결합의 상황을 보여 주고 있음을 알 수 있다. 따라서 탄소(C), 수소(H), 산소(O)의 전기 음성도는 어느 한쪽이 크거나 작지 않고 비슷한 수준임을 알 수 있다.

④ 다섯 번째 문단에서 공유 결합을 통해 가장 바깥 전자껍질에 8개의 전자를 갖게 되므로 안정된 상태를 유지할 수 있음을 알 수 있고, [보기]에서 산소(O)는 가장 바깥 전자껍질에 있는 전자가 6개임을 알 수 있다. 산소(O)와 산소(O)만 결합하게 되면 서로 필요한 전자의 수는 각각 2개이므로 전자의 쌍이 2개임을 알 수 있고, 이는 메테인의 결합에서 나타난 전자의 쌍과는 개수가 다르므로 적절하다.

10 ⑤

Quick해설 세 번째 문단에 따르면 지구 표면을 관측하는 위성은 탐사 장비를 지구 쪽을 향하도록 자세를 고쳐야 하고, 인공위성에 전력을 제공하는 태양 전지를 태양 방향으로 끊임없이 조절해야 한다. 즉, 태양 전지는 어느 쪽을 향해 있어도 상관없는 것이 아니라 태양 쪽을 향해 있어야 한다.

[오답풀이] ① 첫 번째 문단에 따르면 지구 궤도를 도는 인공위성은 지구 중력의 변화, 태양으로부터 오는 작은 미립자와의 충돌 등으로 궤도가 변하고 자세도 변하는데, 이를 뉴턴의 작용 반작용 법칙으로 설명한다고 하였다.

② 네 번째 문단에 따르면 10년이 넘게 사용할 위성에 자세 제어

용 추력기가 사용할 연료를 충분히 실을 수 없다.

③ 마지막 문단에 따르면 반작용 휠은 인공위성의 무게를 줄여주고 태양 전지를 사용할 수 있으며 이는 추력기보다 더 경제적인 방식이다.

④ 다섯 번째 문단에 따르면 위성 내부에 부착된 반작용 휠은 전기 모터에 휠을 달고, 돌리는 속도를 높여주거나 낮추어서 위성을 회전시켜 자세를 바꾼다.

11 ②

Quick해설 ㉠ 전체 급식 학교의 영양사 충원율은 $\frac{7,196}{9,989}\times 100 ≒ 72(\%)$로 70% 이상이다.

㉡ 중학교 영양사 충원율은 $\frac{1,427}{2,492}\times 100 ≒ 57(\%)$이고, 조리사 충원율은 $\frac{1,299}{2,492}\times 100 ≒ 52(\%)$이므로, 영양사 충원율이 조리사 충원율보다 높다.

㉤ 고등학교 영양사 충원율은 $\frac{1,700}{1,951}\times 100 ≒ 87(\%)$이고, 초등학교 영양사 충원율은 $\frac{3,956}{5,417}\times 100 ≒ 73(\%)$이므로, 영양사 충원율은 초등학교에 비해 고등학교가 높다. 고등학교 조리사 충원율은 $\frac{1,544}{1,951}\times 100 ≒ 79(\%)$이고, 초등학교 조리사 충원율은 $\frac{4,955}{5,417}\times 100 ≒ 91(\%)$이므로, 조리사 충원율은 초등학교에 비해 고등학교가 낮다.

[오답풀이] ㉢ 전체 영양사 중 정규직의 비율은 $\frac{5,207}{7,196}\times 100 ≒ 72(\%)$이고, 비정규직의 비율은 $\frac{1,989}{7,196}\times 100 ≒ 28(\%)$이다.

㉣ 전체 급식 학교에서 급식 학교당 조리 보조원은 $48,116 \div 9,989 ≒ 4.8$(명)이므로 평균 6명 미만이다.

문제 풀이 Tip

㉠ 전체 급식 학교 수가 9,989개이므로 약 10,000개라고 생각할 수 있고, 영양사의 수는 7,196명이므로 약 7,200명이라고 생각할 수 있다. 따라서 전체 급식 학교의 영양사 충원율을 직접 계산하지 않아도 약 72%로 생각할 수 있다.

㉡ 영양사 충원율과 조리사 충원율을 비교할 때, 분모 값인 중학교 급식 학교 수는 2,492개로 동일하다. 그런데 영양사의 수가 1,427명이고 조리사의 수가 1,299명이므로 직접 계산하지 않더라도 그 충원율에서 영양사의 충원율이 당연히 높다는 것을 알 수 있다.

㉣ 9,989를 약 10,000으로 생각하여 계산하면 결과가 약 4.8 정도가 된다는 것을 쉽게 알 수 있다. 따라서 전체 급식 학교에서 급식 학교당 조리 보조원은 평균 6명이 안 된다는 것을 금방 확인할 수 있다.

㉤ 고등학교 영양사의 충원율을 계산할 때, 분자의 1,700과 분모의 1,951은 서로 차이가 얼마 나지 않아 충원율 또한 높을 것으로 생각할 수 있다. 하지만 초등학교 영양사의 충원율을 계산할 때 분자 3,956과 분모 5,417은 약 1,500 정도의 차이가 나면서 충원율이 상대적으로 낮다는 것을 알 수 있다. 또, 고등학교 조리사 충원율을 계산할 때 분모와 분자의 차이가 약 400 정도이고, 초등학교 조리사 충원율을 계산할 때도 분모와 분자의 차이가 약 400 정도인데, 실제 수치가 초등학교 급식 학교 수와 조리사의 수가 5,000 근처에 있어 그 비율은 초등학교가 높다는 것을 생각할 수 있다. (예를 들면, $\frac{3}{8}=0.375$이고, $\frac{95}{100}=0.95$이다. 이때 분모와 분자의 차는 두 분수 각각 5이다. 그러나 진분수의 경우 분모와 분자의 차가 일정할 때 실제 수치가 큰 쪽의 비율이 크다는 것을 알 수 있다.)

12 ③

Quick해설 다목적체육관 수가 아이스링크의 수의 10배인 곳은 D지역밖에 없으므로 첫 번째 [조건]에 따라 D지역은 (라)이다. 두 번째 [조건]에서 실내체육관의 전국 평균인 2,213개소보다 체육시설의 총계가 적은 곳은 B와 D지역이다. 따라서 B지역은 (다)이다. A와 C지역은 네 번째 [조건]에 따라 체육시설 총계의 상위 2개 지역인 (가) 또는 (나)인데, 세 번째 [조건]에 따라 (나)의 테니스장의 수가 (가)의 테니스장 수보다 많으므로 A지역은 (나)이고, C지역은 (가)이다. 따라서 E지역은 (마)이다.

문제 풀이 Tip

다섯 번째 [조건]을 보면 (라)와 (마)의 사격경기장 수의 합은 $110+269=379$(개소)이다. 그리고 전국 사격경기장 수는 8,814개소이므로 $8,814\times 0.043=379.002$(개소)임을 알 수 있다. 그런데 이미 네 번째 [조건]까지 확인하였을 때 정답을 파악할 수 있으므로 다섯 번째 [조건]까지 모두 확인하기보다는 문제풀이 시간을 단축하여야 한다.

13 ②

Quick해설 2020년 남자의 실업률은 3.9%이고, 여자의 실업률은 4.0%이므로 남자의 실업률은 여자의 실업률보다 낮다.

[상세해설] 2020년 남자의 경제활동참가율이 72.6%이고 생산가능인구가 22,035천 명이므로 $\frac{(\text{남자 경제활동인구})}{22,035}\times 100=72.6(\%)$가 성립한다. 따라서 남자의 경제활동인구는 $22,035\times 72.6\div 100 ≒ 15,997$(천 명)이다. 이때, 남자 실업자 수가 624천 명이므로 남자의 실업률은 $\frac{624}{15,997}\times 100 ≒ 3.9(\%)$이다.

또, 여자의 경제활동참가율이 52.8%이고 생산가능인구가 22,750천 명이므로 $\frac{(\text{여자 경제활동인구})}{22,750}\times 100=52.8(\%)$가 성립한다. 따라서 여자의 경제활동인구는 $22,750\times 52.8\div 100=12,012$(천 명)이다. 이때, 여자 실업자 수가 484천 명이므로 여자의 실업률은 $\frac{484}{12,012}\times 100 ≒ 4.0(\%)$이다.

따라서 남자의 실업률은 여자의 실업률보다 낮다.

[오답풀이] ① 2030년 인구수에 대한 정보가 없으므로 알 수 없다.

③ 15세 이상 인구가 44,785천 명이고, 주어진 [그래프]에서 전체 인구의 $72+14.2=86.2(\%)$를 차지하고 있으므로 2020년 15~64세 인구를 a천 명이라고 하면 비례식 $86.2 : 44,785 = 72 : a$가 성립한다. $86.2a=44,785\times 72=3,224,520$이므로 $a ≒ 37,407$(천 명)이다.
이때, 15~64세 취업자 수가 2,000만 명이라면 15~64세 인구에 대한 고용률은 $\frac{20,000}{37,407}\times 100 ≒ 53.5(\%)$이다.

④ 2020년 경제활동인구는 남자가 여자보다 약 15,997−12,012=3,985(천 명) 많으므로 400만 명 이상 많지 않다.

⑤ 2010년 전체 인구 중 65세 이상 인구가 차지하는 비율이 10.4%이고, 15세 미만 인구가 차지하는 비율이 7.2%이므로 두 인구수 비율의 차는 10.4−7.2=3.2(%p)이므로 3%p 이상이다.

14 ①

고난도

Quick해설 2020년 남자 생산가능인구가 22,035천 명이고, 고용률이 69.8%이므로 (고용률)(%)=$\frac{(\text{취업자 수})}{(\text{생산가능인구})}\times 100$에서 $\frac{(\text{남자 취업자 수})}{22,035}\times 100=69.8(\%)$이다. 따라서 남자 취업자 수는 22,035×69.8÷100≒15,380(천 명)이다.

그리고 2020년 여자 생산가능인구가 22,750천 명이고, 고용률이 50.7%이므로 (고용률)(%)=$\frac{(\text{취업자 수})}{(\text{생산가능인구})}\times 100$에서 $\frac{(\text{여자 취업자 수})}{22,750}\times 100=50.7(\%)$이다. 따라서 여자 취업자 수는 22,750×50.7÷100≒11,534(천 명)이다.

따라서 2020년 취업자 수는 15,380+11,534=26,914(천 명)인데, 십만 명 이하 단위를 절사하면 2,600만 명이다.

15 ②

Quick해설 ⓒ 2015년 대비 2020년에는 개인이 소유한 국토면적은 51,992−50,752=1,240(km^2) 감소했지만, 국유지는 25,430−24,936=494(km^2), 도유지는 2,855−2,756=99(km^2), 군유지는 5,433−5,271=162(km^2) 증가하였다.

ⓔ 2020년에 인천보다 국토면적이 작은 행정구역은 서울, 부산, 대구, 광주, 대전, 울산, 세종으로 총 7곳이다.

[오답풀이] ㉠ 2020년에 국토면적이 가장 큰 행정구역은 경북이고, 두 번째로 큰 행정구역은 강원이다. 국토면적 차는 19,034−16,829.7=2,204.3(km^2)이다.

㉡ 2015년 대비 2020년에 국토면적이 감소한 행정구역은 대구, 광주, 충북으로 총 3곳이다.

ⓜ 2015년 대비 2020년에 국토면적이 가장 많이 증가한 행정구역은 전남으로, 12,348.1−12,312.9=35.2(km^2) 증가하였다.

문제 풀이 Tip

주어진 문제와 같이 옳거나 옳지 않은 것의 개수를 구해야 하는 경우 모든 선택지를 다 확인해야 하므로 푸는 순서가 중요하지 않다. 대신 모든 값을 정확하게 계산하기 보다는 어림값을 활용하는 연습이 필요하다. ㉠의 경우 정확한 수치가 아닌 '이상'이라는 표현을 하고 있으므로 국토면적이 두 번째로 큰 강원도의 면적에 2,300km를 더하면 16,829.7+2,300=19,129.7(km)가 되어 전남의 면적인 19,034km보다 크다. 따라서 옳지 않다. ⓜ의 경우에는 차이가 한 자릿수인 경우는 계산하지 말고, 십의 자리인 것만 암산으로 빠르게 확인한다.

16 ②

Quick해설 • 2015년에 전체 국토면적 중 법인이 소유하고 있는 국토면적의 비중: $\frac{6,748}{100,295}\times 100≒6.7(\%)$

• 2020년에 전체 국토면적 중 법인이 소유하고 있는 국토면적의 비중: $\frac{7,245}{100,412}\times 100≒7.2(\%)$

따라서 2015년 대비 2020년에 7.2−6.7=0.5(%p) 증가하였다.

17 ②

Quick해설 2015년 대비 2020년에 전은 7,555−7,678=−123(km^2), 답은 11,100−11,429=−329(km^2), 임야는 63,558−64,003=−445(km^2), 대지는 3,243−2,983=260(km^2), 도로는 3,386−3,144=242(km^2), 하천은 2,862−2,850=12(km^2), 기타는 8,708−8,208=500(km^2) 증감하였다.

18 ④

Quick해설 주택유형별로 평균 가구소득이 높을수록 지출하는 연료비도 많은데, 평균 가구소득 증가율이 연료비 증가율보다 훨씬 높아 평균 가구소득에서 차지하는 연료비의 비중은 평균 가구소득이 높을수록 낮다는 사실을 알 수 있다.

[오답풀이] ① 평균 가구소득은 아파트, 연립/다세대, 기타, 단독주택의 순으로 높다.

② 단독주택 대비 아파트의 연료비 비율은 11.9%이나, 단독주택 대비 아파트의 평균 가구소득 비율은 64.4%이다.

③ 가장 큰 비율을 차지하는 주택유형과 난방연료는 각각 아파트와 LNG이다.

⑤ 각 난방연료별 평균 가구소득은 알 수 있으나, 평균 가구소득이 높은 가구에서 난방연료에 지출하는 연료비가 더 많은지는 알 수 없다.

19 ④

Quick해설 전체 직업 중 사무직이 차지하는 비중은 2019년에 $\frac{4,749}{27,124}\times 100≒17.5(\%)$, 2029년에 $\frac{4,909}{27,948}\times 100≒17.6(\%)$이다. 따라서 2019년 대비 2029년에 전체 직업 중 사무직이 차지하는 비중은 증가하였다.

[오답풀이] ① 2029년의 대학교 인력수요는 전문대학과 대학원 인력수요를 합한 것의 3,460÷(776+824)≒2.2(배)이다.

② 전체 직업의 인력수요는 2019~2029년 동안 연평균 $\frac{27,948-27,124}{10}=82.4$(천 명) 증가했다고 볼 수 있다.

③ 2029년에 전문대학의 인력 초과공급은 1,497−776=721(천 명)이고, 대학원의 인력 초과공급은 807−824=−17(천 명)이다. 따라서 721−(−17)=738(천 명) 더 많다.

⑤ 2019년 대비 2024년에 인력수요가 감소한 직업은 판매직, 농·림·어업 숙련직, 기능원, 장치·기계조작직이고, 두 번째로 많이 감소한 직업은 3,026－2,967＝59(천 명) 감소한 장치·기계조작이다.

20 ①

Quick해설 2019년 대비 2029년의 단순노무직 수요 증가율이 3.7%이므로 2029년의 단순노무직 수요는 3,534×1.037≒3,665(천 명)이다. 따라서 ㉠은 27,948－409－6,124－4,909－3,443－1,258－2,345－2,929－3,665＝2,866(천 명)이다.

21 ④

Quick해설 내수용 1,000대의 1대당 판매이익은 100－80＝20(만 원), 수출용 1,000대의 1대당 판매이익은 150－80＝70(만 원)이며, 전체 판매이익은 9억 원이다. 따라서 2,000대를 생산하여 1,000대는 국내에 판매하고, 1,000대는 일본에 수출하여야 가장 큰 판매이익을 얻는다.

[오답풀이] ① 1대당 판매이익은 100－70＝30(만 원)이고 1,000대를 생산하므로 전체 판매이익은 3억 원이다.

② 1대당 판매이익은 100－80＝20(만 원)이고 2,000대를 생산하므로 전체 판매이익은 4억 원이다.

③ 1대당 판매이익은 150－70＝80(만 원)이고 1,000대를 생산하므로 전체 판매이익은 8억 원이다.

⑤ 내수용 2,000대의 1대당 판매이익은 100－100＝0(원), 수출용 1,000대의 1대당 판매이익은 150－100＝50(만 원)이므로 전체 판매이익은 5억 원이다.

22 ③

Quick해설 김 이사가 B방안과 C방안을 거부하면, 박 이사는 자신의 2순위인 D방안이 선정되도록 하기 위해 A방안을 거부하고, 최 이사는 남은 두 방안 중 E방안을 거부하여 D방안이 선정된다.

[오답풀이] ① 김 이사가 A방안과 B방안을 거부하면, 박 이사가 D방안을 거부하든 E방안을 거부하든 자신의 1순위인 C방안을 제외한 나머지 방안을 최 이사가 거부하게 된다. 따라서 C방안이 선정된다.

② 김 이사가 A방안과 E방안을 거부하면, 박 이사는 자신의 1순위인 C방안이 선정되도록 하기 위해 B방안을 거부하고, 최 이사는 D방안을 거부하여 C방안이 선정된다.

④ 김 이사가 B방안과 E방안을 거부하면, 박 이사가 D방안을 거부하든 A방안을 거부하든 자신의 1순위인 C방안을 제외한 나머지 방안을 최 이사가 거부하게 된다. 따라서 C방안이 선정된다.

⑤ D방안은 김 이사의 1순위이므로 거부해서는 안 된다.

23 ②

Quick해설 ㉡ 게임 결과 A가 6점이라면 A가 모든 게임에서 승리한 것이다. 비긴 경우가 없으므로 B는 첫 번째 회차에서 홀수, 두 번째 회차에서 짝수, 세 번째 회차에서 4 이상의 수가 나오면 된다. 따라서 첫 번째 회차에서 반드시 5가 나와야 하고, 두 번째 회차에서 4 또는 6, 세 번째 회차에서 4 또는 5 또는 6이 나오므로 5는 적어도 한 번 나온다.

[오답풀이] ㉠ A는 항상 3 이하의 수가 나오므로 다 규칙에서 반드시 승리한다. 따라서 게임 결과 A와 B가 동점이라면 가 규칙, 나 규칙에서 A가 패배해야 하므로 가 규칙에서 A는 홀수, 나 규칙에서 A는 짝수가 나와야 한다. 즉, 가 규칙에서 1 또는 3, 나 규칙에서 2, 다 규칙에서 1 또는 2 또는 3이 나왔으므로 A에게 2는 한 번 또는 두 번 나왔다.

㉢ B는 다 규칙에서 반드시 패배한다. 이때, 가 규칙에서 5, 나 규칙에서 4 또는 6이 나오고, 다 규칙에서 남은 수가 나온다면 B는 점수를 얻지 못한다.

24 ③

Quick해설 신재생에너지 의무발전량은 자체건설 또는 외부 구매하여 의무를 이행할 수 있다.

[오답풀이] ① 공급의무화(RPS)는 신재생에너지를 제외하고 500MW 이상의 발전설비를 보유한 발전사업자에게 총발전량의 일정 비율 이상을 신재생에너지를 이용하여 공급하도록 의무화한 제도이다.

② 발전사업자는 발전설비가 3MW를 초과하는 경우 전기위원회에 발전사업허가를 받은 후 전기안전공사를 하고, 전력거래소와 전력수급계약을 체결한다. 1MW 이하인 경우에 한전과 전력수급계약을 체결할 수 있다.

④ 차년도 7월에 공급인정서의 평균거래가격의 150% 이내의 과징금을 부과하며, 당해 연도 공급의무량의 20% 이내는 3년의 범위 내 이행연기가 허용된다.

⑤ REC 발급신청은 전력공급일이 속한 달의 말일로부터 90일간 발급 가능하다.

25 ④

Quick해설 신재생에너지 공급인증서(REC)는 공급인증서 발급대상에서 공급되는 전력량에 가중치를 곱하여 MWh 단위를 기준으로 발급한다. 공급되는 전력량은 2,700kWh이고, 건축물 등 기존 시설물을 이용하는 경우이므로 공급인증서 가중치가 1.5이다. 따라서 A업체에게 발급되는 REC는 2,700×1.5÷1,000＝4.050(REC)에서 소수점을 절사하여 4REC이다.

26 ②

Quick해설 자녀학비보조수당은 수업료와 학교운영지원비를 포함하며, 입학금은 제외된다고 명시되어 있다.

[오답풀이] ① 위험근무수당 지급 기준 2)를 통해 위험한 직무에 상시 종사한 직원에게 지급되는 것을 알 수 있다.
③ 육아휴직수당 지급 기간을 통해 휴직일로부터 최초 1년 이내에 지급되는 것을 알 수 있다.
④ 자녀학비보조수당 지급 대상을 통해 부부가 함께 근무하는 경우 한 쪽에만 지급되는 것을 알 수 있다.
⑤ 육아휴직수당 지급 대상을 통해 만 8세 이하의 자녀를 양육하기 위하여 필요한 경우 30일 이상 휴직한 직원에게 지급되는 것을 알 수 있다.

27 ④

Quick해설 월 급여액이 200만 원인 N대리가 육아휴직수당으로 받을 수 있는 금액은 200만 원의 40%인 80만 원이며, 이는 50~100만 원 사이의 금액이므로 전액 받을 수 있다. 따라서 복직 후에 7개월 이상 근무한다면 80만 원의 15%에 해당하는 금액인 12만 원이 지급된다.

[오답풀이] ① 3월 1일부로 복직을 하였다면, 6개월을 근무하고 7개월째인 9월에 육아휴직수당 지급액의 15%를 지급받는다.
② 육아휴직수당의 총 지급액은 200×0.4=80(만 원)이다.
③ 복직 후 3개월째에 퇴직을 하면 복직 후 지급액의 15%를 받을 수 없으며, 휴가 중 받은 육아휴직수당을 회사에 반환할 의무에 대한 규정은 없다.
⑤ 육아휴직수당의 지급 대상은 30일 이상 휴직한 남녀 직원이다.

28 ⑤

Quick해설 [조달수수료 면제, 감경 사항 등]의 '1) 조달수수료 면제'에서 [조달사업법 시행령] 제20조 제2항에 따라 전통공예품(문화상품), 전통주, 전통식품은 수수료 면제 대상임을 알 수 있다. 따라서 나라장터에서 전통주 1,000개를 주문한 경우 조달수수료는 발생하지 않는다.

[오답풀이] ① [조달수수료 면제, 감경 사항 등]의 '2) 조달수수료 감경'에서 [조달사업법 시행령] 제20조 제2항에 따라 2023년 1분기와 2분기에 조달요청 시 차등하여 조달수수료를 감경한다고 하였으므로 2023년 상반기에 조달요청을 하면 조달수수료를 줄일 수 있다.
② [조달수수료 면제, 감경 사항 등]의 '2) 조달수수료 감경'에서 [조달사업법] 제16조 제3항 제1호에 따라 미리 대금을 지급받는 경우, 선급선납 동의 시 선납한 금액에 대하여 선납비율에 따라 조달수수료가 감경된다.
③ 내자구매로 진행되는 3천만 원의 총액계약 사업의 경우 조달수수료 요율표 상 내자구매 총액계약 2천만 원 초과~5천만 원 이하 구간에 해당하므로, 조달수수료는 530,000원(정액)이다.
④ 나라장터에 등록된 물품을 구매하는 경우는 단가(일반)계약에 해당하므로 수수료율 0.54%를 적용받는다. 개당 110원인 마스크를 3,000개를 주문할 경우, 3,000×110=330,000(원)이므로 이에 대한 수수료는 330,000×0.0054=1,782(원)이다. 십원 미만은 절사한다고 하였으므로 조달수수료는 1,780(원)이다.

29 ③

Quick해설 심사를 포함한 설계공모에 대한 기술용역 공고이다. 조달수수료를 계산하면 다음과 같다.
예정설계비는 140,000,000원(심사 포함)이므로, 조달수수료 요율표의 기술용역의 설계공모에서 '심사 포함'의 수수료율을 적용해야 한다. 1억 원까지의 금액에 대해서는 수수료가 1.9%이고, 1억 원 초과~10억 원 이하인 경우 수수료가 1.6%이다. 비고에서 초과금액은 체감 적용한다고 제시되어 있다. 따라서 금액을 구간별로 나눠서 수수료를 따로 계산해야 한다.

- 1억 원 초과분: (140,000,000−100,000,000)×0.016=640,000(원)
- 1억 원까지: 100,000,000×0.019=1,900,000(원)

따라서 총 수수료는 640,000+1,900,000=2,540,000(원)이다.

30 ①

Quick해설
- 제1회의실: 빔프로젝터 1대, 마이크 1개, 레이저 포인터 1개, 마카펜 4개, 4인용 테이블 1개, 의자 5개가 더 필요하다. 이 중 빔프로젝터 1대, 마이크 1개, 마카펜 2개, 의자 4개는 비품에 있으므로 레이저 포인터 1개, 마카펜 2개, 4인용 테이블 1개, 의자 1개만 추가로 구입하면 된다. 이 경우 대관료와 물품 구입비를 합해 15+2+0.5+5+2=24.5(만 원)이다.
- 제2회의실: 대관료가 30만 원으로 제1회의실의 대관료와 물품 구입비의 합보다 비싸기 때문에 제2회의실은 대관하지 않는다.
- 제3회의실: 마이크 1개, 화이트보드 1개, 레이저 포인터 1개, 마카펜 4개가 더 필요하다. 이 중 화이트보드 1개, 마이크 1개, 마카펜 2개는 비품에 있으므로 레이저 포인터 1개, 마카펜 2개만 추가로 구입하면 된다. 이 경우 대관료와 물품 구입비를 합해 20+2+0.5=22.5(만 원)이다.
- 제4회의실: 최대 인원이 10명이므로 제4회의실은 대관하지 않는다.

따라서 제3회의실을 대관하고, 주문해야 할 물품은 레이저 포인터 1개, 마카펜 2개이다.

31 ③

Quick해설 최소 필요 인원수를 표로 정리하면 다음과 같다. 2시 근무부터 필요 인원이 최소가 되도록 인원수를 정리하고, 22~2시

근무 인원은 18~22시 근무 인원 중 10명이 근무한다. 따라서 최소 필요 인원은 5+15+15+50=85(명)이다.

구분	2~6시	6~10시	10~14시	14~18시	18~22시	22~2시
필요 인원 (명)	5	5				
		15	15			
			15	15		
				0		
					50	10
합계	5명	20명	30명	15명	50명	10명

32 ③

Quick해설 2~6시의 필요 인원을 20명으로 변경한 후 **31**번에서 정리한 표를 수정하면, 변경 전 85명에 15명을 추가한 100명이 필요한 전문 기술직 최소 인원인 것을 알 수 있다.

[상세해설] **31**번의 표를 수정하면 다음과 같다. 이때 14~18시의 근무 인원은 10~14시 근무 인원 30명 중 15명이 근무하며, 22~2시 근무 인원은 18~22시 근무 인원 중 10명이 근무한다.

구분	2~6시	6~10시	10~14시	14~18시	18~22시	22~2시
필요 인원 (명)	20	20				
		0				
			30	15		
					50	10
합계	20명	20명	30명	15명	50명	10명

따라서 필요한 최소 필요 인원은 20+30+50=100(명)이다.

33 ③

Quick해설 공통과목 입사 시험 점수의 평균이 높은 순서대로 상위 5명은 H, D, A, C, B이고 이 중 사무 직렬 지원자는 A, D, H 3명이다.

[상세해설] 지원자별 공통과목 입사 시험 점수의 평균은 다음과 같다.

(단위: 점)

지원자	의사소통	수리	문제해결	자원관리	평균
A	85	86	78	91	85
B	78	91	81	86	84
C	91	88	77	82	84.5
D	87	79	92	86	86
E	79	69	93	76	79.25
F	86	87	71	88	83
G	81	82	85	81	82.25
H	98	78	80	90	86.5
I	76	91	80	70	79.25
J	87	97	79	69	83

이에 따라 공통과목 입사 시험 점수의 평균이 높은 순서대로 상위 5명은 H, D, A, C, B이며, 이 중 사무 직렬 지원자는 A, D, H로 총 3명이다.

34 ⑤

Quick해설 1차 면접 대상자의 재산출 점수가 가장 높은 지원자는 C이고, C의 재산출 점수는 96.85이다.

[상세해설] 1차 면접 대상자인 A, B, C, D, H의 입사 시험 점수를 점수 재산출 방식으로 재산출한 점수는 다음과 같다.

(단위: 점)

지원자	의사소통	수리	문제해결	자원관리	기술	전공	공통과목 평균	재산출 점수
A	85	86	78	91	83	–	85.0	84.00
B	78	91	81	86	–	87	84.0	94.20
C	91	88	77	82	–	91	84.5	96.85
D	87	79	92	86	84	–	86.0	85.00
H	98	78	80	90	81	–	86.5	83.75

따라서 1차 면접 대상자의 재산출 점수 중 가장 높은 점수는 96.85점이다.

35 ②

Quick해설 최대 수용 인원은 60명 이상이어야 한다. A문화관의 1관, 2관과 B문화관의 1관은 최대 수용 인원이 60명 미만이므로 대관하지 않는다. A문화관의 4관은 3관보다 대관료가 비싸고, B문화관의 3관, 4관은 2관보다 대관료가 비싸므로 대관하지 않는다. A문화관 3관은 하루 7시간 대관하면 대관료가 40+20×4=120(만 원)이고, B문화관 2관은 35+15×5=110(만 원)이다. 따라서 B문화관 2관을 대여하는 것이 가장 저렴하다. B문화관 2관을 평일 이틀 연속 대관할 수 있는 일정은 4~5일, 9~11일, 16~17일이며 4~5일이 가장 빠른 일정이다. 따라서 김 대리는 4~5일에 B문화관을 예약하였다.

36 ④

Quick해설 모든 거래처를 방문할 수 있는 경우와 그에 따른 이동거리를 계산해 보면 다음의 경로 1)~4)와 같다. 이때 1)은 2)와, 3)은 4)와 동일한 경로의 역순이므로 1)과 3)만 계산한다.

1) 회사－A－B－D－E－C－회사
   : 1.3+4.0+16.7+3.4+15.3+9.5=50.2(km)
2) 회사－C－E－D－B－A－회사
3) 회사－E－C－D－B－A－회사
   : 9.3+15.3+15.2+16.7+4.0+1.3=61.8(km)
4) 회사－A－B－D－C－E－회사

따라서 최단거리로 이동할 경우의 이동 거리는 경로 1)과 2)의 50.2km인 것을 알 수 있다.

37 ②

Quick해설 A 거래처를 가장 먼저 방문하고 마지막으로 C 거래처를 방문하는 경우는 **36**번에서 알아본 바와 같이 1)의 경우밖에 없다. 따라서 이 경우(회사 − A − B − D − E − C − 회사)의 이동에 따른 시간을 계산해 보면 된다. '거리÷속도=시간'의 산식을 활용한 후 '분'으로 나타내기 위하여 다시 60을 곱하면 '거리÷60×60=시간'이 되어 거리=시간으로 계산해도 무방하므로 E 거래처까지 방문 완료한 1.3+30+4.0+30+16.7+30+3.4+30=2시간 25.4분이 오후 1시 이전에 방문이 완료되는 시간이 된다. 따라서 E 거래처의 방문 완료 시각은 12시 20분에서 29분 사이가 된다.

[상세해설] • A 거래처 도착시간: $\frac{1.3}{60}\times60=1.3$(분)

- A 거래처 방문 완료시간: 30분
  → 누적 31.3분이므로 10시 31.3분
- B 거래처 도착시간: $\frac{4.0}{60}\times60=4.0$(분)
- B 거래처 방문 완료시간: 30분
  → 누적 65.3분이므로 11시 5.3분
- D 거래처 도착시간: $\frac{16.7}{60}\times60=16.7$(분)
- D 거래처 방문 완료시간: 30분
  → 누적 112분이므로 11시 52분
- E 거래처 도착시간: $\frac{3.4}{60}\times60=3.4$(분)
- E 거래처 방문 완료시간: 30분
  → 누적 145.4분이므로 12시 25.4분

E 거래처 방문 이후 C 거래처를 방문하게 되면 방문 완료 시각이 오후 1시를 넘게 되므로 오후 1시 이전에 마지막으로 방문한 거래처는 E 거래처이며, 방문 완료 시각은 12시 20분에서 29분 사이가 되는 것을 알 수 있다.

38 ⑤

Quick해설 ㉡ 성과급으로 360만 원, 750만 원, 1,050만 원, 900만 원을 받을 수 있는 직급은 대리뿐이다. 따라서 A, C, G, I는 반드시 대리이므로 대리는 적어도 4명이다.

㉣ 900만 원은 대리의 성과급 지급 비율이 300%일 때 가능하다. 따라서 I는 영업1팀 B등급이거나 영업3팀 S등급이어야 한다. 그런데 S등급은 모두 주임이라고 했으므로 I는 영업1팀 B등급이다.

[상세해설] 성과급은 (기본급)×(성과급 지급 비율)이다. 즉, 성과급 지급 비율은 (성과급)÷(기본급)과 같다. 이에 따라 A~J가 받을 수 있는 성과급 지급 비율은 다음과 같다.

직원	직급	비율(%)	부서등급	개인등급
A	대리	$\frac{360}{300}\times100=120$	4	C
			3	D
B	주임	$\frac{500}{200}\times100=250$	4	S
			3	A
			2	B
			1	C
C	대리	$\frac{750}{300}\times100=250$	4	S
			3	A
			2	B
			1	C
D	과장	$\frac{1,600}{400}\times100=400$	2	S
			1	A
E	과장	$\frac{1,000}{400}\times100=250$	4	S
			3	A
			2	B
			1	C
	주임	$\frac{1,000}{200}\times100=500$	1	S
F	과장	$\frac{1,200}{400}\times100=300$	3	S
			1	B
	대리	$\frac{1,200}{300}\times100=400$	2	S
			1	A
G	대리	$\frac{1,050}{300}\times100=350$	2	A
H	주임	$\frac{240}{200}\times100=120$	4	C
			3	D
I	대리	$\frac{900}{300}\times100=300$	3	S
			1	B
J	과장	$\frac{480}{400}\times100=120$	4	C
			3	D

[오답풀이] ㉠ 영업4팀이고, 주임이라면 성과급으로 500만 원, 400만 원, 300만 원, 240만 원, 200만 원 중 하나를 받을 수 있다. B가 500만 원, H가 240만 원을 받았으므로 B와 H가 영업4팀이 될 수 있다. 따라서 영업4팀의 주임은 S등급 또는 C등급을 받았다.

㉢ 성과급으로 1,600만 원, 480만 원을 받을 수 있는 사람은 과장뿐이다. 따라서 D, J는 과장이다. 또한 성과급으로 1,000만 원을 받을 수 있는 사람은 과장과 주임이고, 1,200만 원을 받을 수 있는 사람은 과장과 대리이다. 과장이 2명이라면 반드시 D, J가 과장이어야 하고, E는 주임, F는 대리여야 한다. 대리가 성과급으로 1,200만 원을 받으려고 한다면 성과급 지급 비율이 400%여야 하므로 부서 등급이 1등급이면서 개인 평정 등급이 A등급이거나 부서 등급이 2등급이면서 개인 평정 등급이 S등급이어야 한다. 따라서 F는 영업1팀 또는 영업2팀이 될 수 있다.

39 ①

Quick해설 을과 병은 같은 숙소에서 숙박하였고 병의 직급이 과장으로 더 높으며, C국의 과장 이상 1일 숙박비 상한액이 600달러이므로 을과 병의 숙박비는 600×3×1.8=3,240(달러)이다. 갑~정의 항목별 출장 여비는 다음과 같다.

(단위: 달러)

직원	숙박비	식비	일비	교통비	총출장 여비
갑	500×4 =2,000	250×5 =1,250	50×5 =250	4,800×1.2 =5,760	9,260
을	600×3×1.8 =3,240	200×5 =1,000	40×5 =200	10,500	31,100
병		200×5 =1,000	40×5×1.4 =280	12,400×1.2 =14,880	
정	900×3 =2,700	320×4 =1,280	60×4=240	8,500	12,720

따라서 갑, 을, 병, 정이 지급받을 총 해외 출장 여비의 합은 9,260+31,100+12,720=53,080(달러)이다.

40 ②

Quick해설 디자인팀은 ◇◇프로젝트 완료일인 5월 10일의 다음 근무일인 5월 11일부터 창립 10주년 행사 준비 업무를 진행할 수 있지만 홍보 책자 내에 행사 프로그램 일정이 포함되어 행사 일정 기획 업무 완료 후 홍보 책자 업무를 진행해야 한다. 기획팀의 행사 일정 기획 업무의 완료일인 5월 18일의 다음 근무일인 5월 21일부터 5월 22일까지 2일 동안 홍보 책자 제작 업무를 진행하여 디자인팀의 행사 준비 업무는 5월 22일에 모두 완료되므로 옳지 않다.

[오답풀이] ① 경영지원팀은 필요 물품 구매 업무를 5월 10일에 완료한다. 5월 15일에 기획팀은 행사 일정 기획을 진행하고, 홍보팀은 행사 홍보 문구 SNS 업로드를 진행하며, 디자인팀은 현수막 도안 제작을 진행한다. 따라서 행사 준비 업무를 하는 팀은 기획팀, 홍보팀, 디자인팀 총 3팀이다.

③ 홍보팀은 5월 15일에 행사 홍보 문구 SNS 업로드를 진행하며, 5월 22일에 행사 장소 답사를 진행한다.

④ '1. 팀별 업무 분장'에 따르면 현수막 도안 제작 업무는 도안 1개당 1일이 소요되므로 현수막 도안이 2개 필요하다면 디자인팀이 행사 준비 업무에 소요하는 기간은 현수막 도안 제작에 2일, 홍보 책자 제작에 2일로 총 4일이다.

⑤ '1. 팀별 업무 분장'에 따르면 기획팀은 행사 일정 기획만 담당하고, ◇◇프로젝트업무 완료일인 5월 11일의 다음 근무일인 5월 14일부터 5월 18일까지 5일 동안 행사 일정 기획을 진행한다.

41 ④

Quick해설 세 모델 모두 냉방능력을 표시하는 세 번째와 네 번째 자리에 16 또는 18이 표시되어 있으므로 냉방능력은 60m² 이하이며, 개발순서를 의미하는 다섯 번째 자리에 5 또는 6이 표시되어 있으므로 모두 2020년 이후 개발된 것을 알 수 있다.

[오답풀이] ① 마지막에 알파벳 다음으로 1 또는 2가 표시된 모델이 옵션을 장착한 것이므로 ㉢만 옵션을 장착한 모델이다.

② 모델명의 처음에 모두 F가 표시되어 있으므로 세 모델 모두 스탠드형인 것을 알 수 있다.

③ 냉방전용 모델은 두 번째 자리에 Q 또는 C가 표시된 ㉡과 ㉢ 모델이며, 색상을 의미하는 아홉 번째 자리를 보면 ㉡은 화이트(W), ㉢은 브라운(B) 색상이므로 동일한 색상이 아니다.

⑤ 패턴을 나타내는 여덟 번째 자리에 코드가 모두 W이므로 세 모델 모두 웨이브 패턴이다.

42 ③

Quick해설 시리얼 넘버 '2009' 뒤에 '04HU'가 있으므로 일본 1공장에서 생산되었다는 것을 알 수 있다.

[오답풀이] ① 해당 제품은 STcopy 3D프린터이다.

② 해당 제품은 2020년 9월에 생산되었다.

④, ⑤ 해당 제품이 2020년 9월에 일본 1공장에서 894번째로 생산되었다는 것을 확인할 수 있을 뿐, 1,000대 이상 생산되었거나 생산이 중단되었는지는 시리얼 넘버만으로 알 수 없다.

43 ⑤

Quick해설 ㉡ 제품종류의 상세 분류코드가 다르더라도 같은 상품코드일 수도 있다. 예를 들어 상세 분류코드 0010, 0020은 서로 다르지만, 이 경우 상품코드는 A로 서로 동일하다.

㉢ 시리얼 넘버를 통해 제품의 생산연월과 생산국가는 알 수 있지만, 생산일은 알 수 없다.

㉣ '220501BOE01301294'는 2022년 5월에 한국 2공장에서 1294번째로 생산된 Hybrid 복합기라는 뜻이다. 따라서 1294가 가장 큰 숫자라 하더라도, 이는 한국 2공장에서 생산한 것만 고려한 것이므로 복합기 업체 전체에서 생산된 Hybrid 복합기가 총 1,294대라고 할 수는 없다. 한국 2공장이 아닌 다른 곳에서 더 생산했을 수도 있다.

[오답풀이] ㉠ 주어진 규칙에 따르면 생산지역의 국가코드가 다르면 생산라인코드도 반드시 다르다.

44 ②

Quick해설 프로그램이 끝나면 S를 출력한다. 즉, S의 결괏값인 −2를 출력한다.

[오답풀이] ① 순서도의 두 번째 행 기호 안에 'S←10'으로 초깃값이 주어진 것을 알 수 있다.

③, ④ 'n←n+1'은 2번 반복되어 n이 3일 때 S≤0이 되며 프로그램이 끝난다.

⑤ 순서도의 네 번째 행에서 'S≤0'이 아니면 'n←n+1'을 하라는 기호와 흐름선이 이어져 있으므로 S가 0보다 크면 n의 값은 증가한다.

45 ①

Quick해설 n=1일 때, S=10−2=8이고, n=2일 때, S=8−2×2=4이고, n=3일 때, S=4−3×2=−2이 되어 S≤0이므로 S로 −2를 출력한다.

46 ④

Quick해설 거울세계는 실제 세계를 그대로 반영한 것은 맞으나, 이용자의 자아가 투영된 아바타 간의 상호작용이 이루어지는 것은 가상세계에 대한 설명이다.

[오답풀이] ① 첫 번째 문단에서 메타버스는 여가생활과 경제활동을 하는 가상융합공간으로 부상돼 온라인 경험이 현실세계의 경험과 연결되는 개념임을 알 수 있다.

② [표]에서 증강현실은 차량용 HUD에 활용될 수 있고, 위치기반 기술과 스마트 환경 구축이 특징임을 알 수 있다.

③ [표]에서 라이프로깅은 사물과 사람에 대한 경험이나 정보를 저장하고 거래하는 기술임을 알 수 있다.

⑤ [표]에서 가상세계는 소셜 가상세계에서 활용이 가능하고, 디지털 데이터로 구축한 가상세계를 의미함을 알 수 있다.

47 ⑤

Quick해설 사용자 정의 함수는 매개변수가 0이 될 때까지 호출된다.

48 ⑤

Quick해설 제시된 코드는 5의 계승(5!)을 구하는 프로그램이다. 사용자 정의 함수 P(5)를 호출하면 매개변수가 0이 아니기 때문에 8행을 실행한다. c×P(c−1)는 5×P(4)가 된다. P(4)가 또 호출되어서, 4×P(3)이 되고, 이 작업을 매개변수가 0이 될 때까지 수행한다. 결과적으로 5×4×3×2×1=120이므로, 120이 출력된다.

49 ④

Quick해설 행정안전부가 2023년 10월에 전국적으로 진행되는 교통량조사부터 통합데이터분석센터가 개발한 인공지능(AI) 기반 조사모델을 활용한다고 밝혔고, 행정안전부는 지자체를 비롯한 전국 교통량조사 기관이 손쉽게 활용할 수 있도록 표준화 과정을 마쳤다고 하였으므로 이듬해부터 각 지자체가 분석모델을 활용할 수 있다는 반응은 적절하지 않다.

[오답풀이] ① 새로운 조사 방식인 인공지능(AI) 기반 CCTV 교통량 조사모델은 조사자의 주관이 개입될 여지가 없어 정확성이 더욱 높다고 하였으므로 적절한 반응이다.

② 매년 10월 셋째 주 목요일에 3,900여 지점에서 전국 교통량조사가 진행된다고 하였다. 지점별로 평균 50만 원의 비용이 소요된다면 총비용은 3,900×50만=195,000(만 원)이다. 따라서 19억 원 이상의 예산을 절감할 수 있다는 반응은 적절하다.

③ 새로운 조사 방식은 인력투입 없이 CCTV 영상을 그대로 활용한다는 내용이 있으므로 적절한 반응이다.

⑤ 교통량 조사 외에도 지자체 특성에 맞는 교통정책 개발과 도로관리, 미세먼지 저감 정책 마련에도 활용할 수 있을 것으로 기대된다고 하였으므로 적절한 반응이다.

50 ②

Quick해설 RAID 5가 데이터 입출력 속도와 보호 기능 측면에서 뛰어나 인기가 많다고 하였으므로 RAID 6이 성능과 데이터 안정성 측면에서 우수하지만, 속도가 빠르다는 것은 적절한 추론이라고 보기 어렵다.

[오답풀이] ① 두 번째 문단에서 RAID의 디스크 구성 방식인 레벨은 데이터에 접근하는 속도와 보존 신뢰도에 따라 구분된다고 하였으므로 적절한 추론이다.

③ 네 번째 문단에서 데이터 복구를 위해 RAID 2는 해밍 코드를, RAID 3~4는 패리티 코드를 사용한다고 언급되어 있다.

④ 세 번째 문단에서 RAID 1을 구성하기 위해서는 짝수의 디스크가 필요하며, 절반의 디스크를 백업으로 사용하기 때문에 실제 사용할 수 있는 디스크 용량은 50%뿐이라고 하였으므로 적절한 추론이다.

⑤ 마지막 문단에서 RAID 5~6은 각각의 디스크에 데이터와 패리티 정보를 함께 저장하여 특정 디스크에 장애가 발생하여도 바로 대처할 수 있도록 안정성을 높였다고 하였으므로 적절한 추론이다.

공기업 NCS 통합 실전모의고사 3회

01	①	**02**	②	**03**	②	**04**	④	**05**	⑤
06	②	**07**	③	**08**	①	**09**	④	**10**	④
11	③	**12**	②	**13**	③	**14**	②	**15**	②
16	③	**17**	③	**18**	④	**19**	④	**20**	①
21	②	**22**	④	**23**	⑤	**24**	⑤	**25**	④
26	①	**27**	⑤	**28**	②	**29**	④	**30**	③

CHECK 영역별 실력 점검표

맞힌 문제와 틀린 문제를 체크해
나의 취약 영역을 한눈에 확인해 보세요!

문항	영역	O/×	문항	영역	O/×	문항	영역	O/×	문항	영역	O/×	문항	영역	O/×
01	의사소통		02	의사소통		03	의사소통		04	의사소통		05	의사소통	
06	의사소통		07	의사소통		08	의사소통		09	의사소통		10	의사소통	
11	수리		12	수리		13	수리		14	수리		15	수리	
16	수리		17	수리		18	수리		19	수리		20	수리	
21	문제해결		22	문제해결		23	문제해결		24	문제해결		25	문제해결	
26	문제해결		27	문제해결		28	문제해결		29	문제해결		30	문제해결	

01 ①

Quick해설 권력이란 소유물이 아니라 사람 간의 관계이며, 권력이 사회 통제 체계와 밀접하게 연관되어 있으므로 권력의 실체에 대해 올바른 안목으로 바라보아야 한다고 주장하고 있다. 따라서 이 글의 제목으로 가장 적절한 것은 ①이다.

[상세해설] 주어진 글의 첫 번째 문단에서는 권력이 소유물이라는 일반적 인식을 소개하고 있고, 두 번째 문단에서는 푸코의 견해를 인용하여 권력이 관계임을 주장하고 있다. 그리고 세 번째 문단에서는 권력이 지식과 연관이 있음을, 네 번째 문단에서는 지식의 가치 판단 기준인 진실이 사회 통제 체계와 연결되어 있으므로 이들의 상관관계를 제대로 이해하는 안목을 길러야 함을 주장하고 있다.

02 ②

Quick해설 관념적 묘사란 현실과 떨어진 추상적이고 공상적인 묘사인데, 이 글에서는 거지와 전장 주인, 거지와 '나'와의 대화가 사실적이고 간결하게 묘사되면서 작품의 현실감과 생동감을 높이고 있다.

[오답풀이] ① 작자는 작품 전반에 자신의 견해를 직접 드러내지 않고, 관찰자적 입장에서 늙은 거지의 행동을 바라보고 있다.

③ 거지가 은전 한 닢을 갖게 된 과정을 거지의 직접 화법으로 간결하게 서술해서 거지의 절실함과 돈을 얻기 위해 애쓴 과정이 생동감과 속도감 있게 나타난다.

④ 작가에게는 당시 일상적 공간인 '전장'(돈을 바꾸는 공간)에서 거지를 만난 체험을 통해 일상생활에서 그냥 지나쳐 버릴 수 있는 일들을 소재로 삼아서, 독자에게 작지만 소중한 인생의 행복이라는 깨달음을 준다.

⑤ 거지가 각고의 노력 끝에 은전을 소유하게 된 과정과 거지의 말을 작품의 마지막에 배치하여 독자가 여운과 감동을 느끼게 되며 이를 통해 소유에 대한 맹목적인 집착을 바라보는 글쓴이의 연민을 느낄 수 있다.

03 ②

Quick해설 ㉡은 문맥과 단어의 뜻을 고려해 '어떤 성질을 가지다'의 의미를 가진 '띠다'를 쓰는 것이 옳다. 참고로 '띄다'는 '뜨이다'의 준말이고 '뜨이다'는 '눈에 보이다'라는 의미이다.

[오답풀이] ① ㉠의 '뿐'은 다만 어떠하거나 어찌할 따름이라는 뜻을 나타내는 의존 명사이므로 앞말과 띄어 써야 한다.

③ ㉢의 '되다'는 '누구에게 어떤 일을 당하다'의 의미를 이미 가지고 있고, '-어지다'는 '피동'의 뜻을 더하여 피동의 의미를 나타내는 동사를 만드는 접사이므로 '되다'와 '-어지다'를 함께 쓰면 이중 피동이 된다.

④ ㉣에서 '노란색'이 역동적인 움직임을 느끼는 것이 아니므로 '느끼게 한다'로 수정해야 한다.

⑤ ㉤ 앞의 문장과 뒤의 문장은 인과 관계가 아니라 상반되는 내용이므로 '이와 달리'나 '반면' 등으로 수정해야 한다.

04 ④

Quick해설 준언어적 표현은 말의 억양, 속도, 음량, 말의 중단과 같은 음성적 요소를 포함한다. 차분하게 말하는 것은 준언어적 표현의 예이다.

[오답풀이] ① 시간표는 글자를 통해 전달하는 것이므로 언어적 표현에 해당한다.

② 언어적 표현은 말이나 글과 같은 언어를 통해 정보를 전달하는 방식이다. 포스터는 언어적 표현에 해당한다.

③ 비언어적 표현은 몸짓, 표정, 자세, 시선 등 언어 외의 수단을 통해 의미를 전달하는 방식으로 비언어적 표현에 해당한다.

⑤ 문장을 전자 메일로 적어 보내는 것은 언어적 표현에 해당한다.

05 ⑤

Quick해설 비언어적 표현은 몸짓, 표정, 자세, 시선 등 언어 외의 수단을 통해 의미를 전달하는 방식이다. 손짓을 사용하여 내용을 강조하는 것은 비언어적 표현의 예이며, 청중의 주목을 끌고 이해를 돕는 효과가 있다.

[오답풀이] ① 언어적 표현은 말이나 글과 같은 언어를 통해 정보를 전달하는 방식이다. 전자 메일과 같이 글자를 통해 전달하는 것은 언어적 표현에 해당한다.

② 문서로 작성해서 전달하는 것은 언어적 표현에 해당한다.

③ 준언어적 표현은 말의 억양, 속도, 음량, 말의 어조 등을 의미한다. 명확하게 말의 어조를 나타내는 것은 준언어적 표현을 활용한 것이다.

④ 차분하게 말의 음량이나 속도를 조절하는 것은 준언어적 표현을 활용한 것이다.

06 ②

Quick해설 주어진 글은 인터넷 시대의 디지털 환경에서 문학에 대한 독자의 관심이 줄어들고 소설의 형태가 변하고 있다는 점에서 소설의 위기라는 의견이 제기되고 있음을 언급하고 있다. 이어서 이런 변화에도 삶의 궁극적인 의문들을 다루는 소설가의 존재 이유는 앞으로도 흔들리지 않을 것임을 강조하고 있다.

07 ③

Quick해설 지구가 사과를 0.8N의 힘으로 아래로 끌어당기면 똑같이 0.8N의 힘으로 지구를 위로 당긴다.

[상세해설] 두 번째 문단에 따르면, 지구가 사과를 0.8N의 힘으로

아래로 끌어당길 때 사과도 0.8N의 힘으로 지구를 위로 당겨야 하는데, 그 힘은 지구 중심에 작용하는 것으로 볼 수 있다고 나와 있다. 즉, 1×10^{-25}m/s^{2}은 사과를 기준으로 할 때 지구가 얻는 가속도이지 사과가 지구를 위로 당기는 힘이 아니다.

[오답풀이] ①, ② 첫 번째 문단에 따르면, 중력은 두 입자 사이에 다른 물체가 있다 하더라도 변하지 않으며, 이러한 중력 법칙이 물체의 크기가 물체 간의 거리에 비해 매우 작으면 물체에도 적용할 수 있다고 되어 있다. 즉, 달과 지구는 충분히 멀리 떨어져 있으므로 어림잡아서 달과 지구를 각각 하나의 입자로 다룰 수 있는 것이다.

④ 두 번째 문단에 따르면, 뉴턴은 껍질 정리를 이야기하였는데, 그에 의하면 지구는 껍질이 여러 겹으로 싸여 있는 것으로 볼 수 있고, 각 껍질은 지면 바깥의 입자를 지구 중심 방향으로 끌어당긴다.

⑤ 세 번째 문단에 따르면, 껍질 정리에 따르면 구형의 균일한 껍질 하나가 그 내부에 있는 입자에 미치는 중력은 0이다. 그런데 이는 구형의 껍질을 이루는 입자들이 껍질 내부 입자에 작용하는 중력이 사라진다는 뜻이 아니라, 서로 다른 방향에서 내부 입자에 작용하는 중력들이 상쇄되어 입자에 가해지는 모든 중력의 합인 알짜 중력이 0이 된다는 뜻이라고 설명하고 있다.

08 ①

Quick해설 '도출'의 사전적 의미는 '판단이나 결론 따위를 이끌어 냄'이고, '검출'은 '화학 분석에서 시료 속에서 화학종이나 미생물 따위의 존재 유무를 알아내는 일'이다.

[오답풀이] ② '지각(知覺)'과 '인식'은 사물의 이치나 도리를 분별하고 판단하는 것을 의미하는 유의 관계이다.

③ '한정'과 '국한'은 어떤 개념이나 범위를 명확히 하는 것을 의미하는 유의 관계이다.

④ '가정'과 '전제'는 사실이 아니거나 사실인지 아닌지 분명하지 않은 것을 임시로 인정하여 논리의 근거로 내세우는 것을 의미하는 유의 관계이다.

⑤ '포함'과 '내포'는 어떤 사물이나 현상 가운데 함께 들어 있거나 한 범주에 있음을 의미하는 유의 관계이다.

09 ④

Quick해설 흄이 과학적 추리를 부정한 것은 자연이 한결같지 않아서가 아니라 자연이 한결같다는 가정을 인간이 직접 경험하지 않았기 때문이다. 즉 인간은 인과 관계나 법칙을 지각할 수 없다는 것을 이유로 과학적 지식을 부정한 것이다.

[오답풀이] ① 두 번째 문단에서 로크는 경험을 통해 물질에 대한 감각을 지각함으로써 관념이 생기고, 이 관념이 지식을 형성한다고 하였다. 따라서 로크에 따르면 관념이 형성되기 전에는 지식을 형성할 수 없다.

② 세 번째 문단에 따르면 버클리는 우리가 경험적으로 지각하는 것은 물질 그 자체가 아니라 '감각의 다발'일 뿐이라고 보았다.

③ 네 번째 문단에 따르면 흄은 사고 과정을 주관하는 정신은 실체가 없기 때문에 지각의 대상이 될 수 없으므로 정신 역시 부정하였다.

⑤ 마지막 문단에 따르면 흄은 필연성을 갖고 있는 지식은 수학 공식뿐이라고 하였고, 지식은 수학적 지식과 직접적 경험에 엄격히 한정되어야 한다고 보았다.

10 ④

Quick해설 주어진 글은 빠르게 성장하고 있는 웹툰 시장과 문화를 소개하고 있다. ㉣ 문장의 다음에는 새로운 웹툰 소비 방법으로 모바일 기기의 등장을 소개하고 있는데, 이것은 웹툰을 소비하는 진화된 방법이 될 것이며, 웹툰 소비의 방법이 다양화되고 있음을 알 수 있다. 따라서 웹툰을 보는 방식이 하나에 집중된다고 수정하는 것은 전체적인 글의 흐름과 맞지 않다.

[오답풀이] ① 다음 문단에서 웹툰의 쌍방향 소통이 구체적으로 설명되고 있으며, 이를 통해 쌍방향 소통이라는 것은 이용자가 웹툰을 제작하여 공급하는 것이 아닌 댓글 등으로 소통한다는 것을 알 수 있다. 따라서 이용자들이 웹툰을 함께 즐기고 감상을 공유하는 것이 가능해졌다고 수정하는 것은 적절하다.

② 별점이나 평점, 추천 역시 쌍방향 소통의 수단이므로 '그럼에도 불구하고'라는 접속사로 앞 문장과 연결되는 것은 의미상 모순되므로 '또한'으로 수정하는 것이 적절하다.

③ 웹툰을 원작으로 한 영화가 성공을 거두었다는 사실만으로 웹툰이 원작이 아닌 영화들은 경쟁력을 잃어가고 있다고 하는 것은 근거가 부족한 비약이다. 따라서 웹툰 원작 영화 자체에 집중한 수정 내용이 적절하다.

⑤ '유료 웹툰 전문 사이트의 출현'과 '웹툰이 창작물로서 인정되어야 한다는 인식의 확산'은 상반되는 개념이 아니며, 선택지와 같이 수정된 문장을 통해 뒤에 연결되는 '웹툰의 유료화'라는 논점을 자연스럽게 이어갈 수 있다.

11 ③

Quick해설 주어진 값을 곱셈식으로 분해하면 다음과 같다.

- 12=❸×④
- 8=④×❷
- 2=❷×①
- (　　)=①×❹
- 16=❹×④
- 28=④×❼
- 42=❼×⑥

따라서 빈칸에 들어갈 자연수는 4이다.

12 ②

Quick해설 다음 그림과 같이 원기둥의 전개도를 그렸을 때, 점 A로부터 옆면을 따라 점 B까지 가는 선의 길이가 최소가 되려면 점 A에서 출발하여 점 B′까지 직선으로 가야 한다.

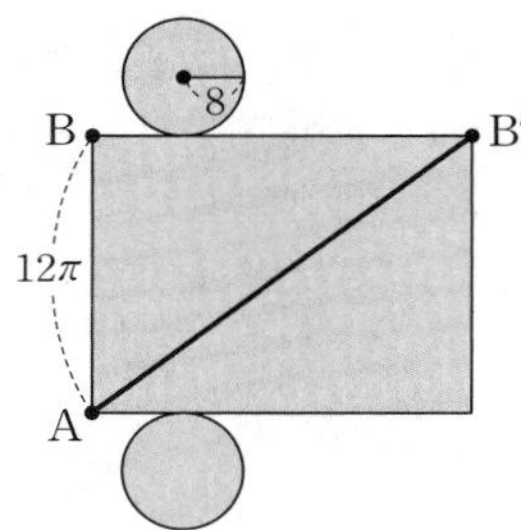

이때 $\overline{BB'}$는 원 둘레의 길이와 같으므로 $2\times\pi\times8=16\pi$이다.
피타고라스 정리에 의해
$\overline{AB'}=\sqrt{(12\pi)^2+(16\pi)^2}=\sqrt{400\pi^2}=20\pi$이다.

13 ③

Quick해설 무빙워크의 거리를 계산하면 다음과 같다.

- 무빙워크의 속력: $5(\text{km/h})=\frac{5,000}{3,600}(\text{m/s})$
- 무빙워크 위에서 가만히 있을 때 걸린 시간: 36(s)
- 무빙워크의 거리: 무빙워크의 속력×시간
  $=\frac{5,000}{3,600}(\text{m/s})\times36(\text{s})=50(\text{m})$

A가 무빙워크 위에서 걸어가는 경우 무빙워크의 속력에 A의 속력이 더해진다.

- 전체 속력: 무빙워크 속력+A의 걸어가는 속력
  $=5(\text{km/h})+4(\text{km/h})=9(\text{km/h})$

단위 변환하면 다음과 같다.

$9(\text{km/h})=\frac{9,000}{3,600}(\text{m/s})=2.5(\text{m/s})$

- A가 걸어가는 시간$=\frac{\text{무빙워크의 거리}}{\text{전체 속력}}=\frac{50(\text{m})}{2.5(\text{m/s})}=20(\text{s})$

따라서 A가 시속 4km의 속력으로 걸으면 무빙워크를 지나는 데 20초가 걸린다.

14 ②

Quick해설 ㉡ 경영부 직원 중 E매체를 사용한다고 응답한 직원의 비율은 100－15.4－20.1－26.5－18.2＝19.8(%), 재무부 직원 중 B매체를 사용한다고 응답한 직원의 비율은 100－19.5－25.0－14.7－18.5＝22.3(%), 인사부 직원 중 A매체를 사용한다고 응답한 직원의 비율은 100－16.5－24.3－22.5－21.4＝15.3(%), 물류부 직원 중 C매체를 사용한다고 응답한 직원의 비율은 100－21.5－16.9－20.3－14.7＝26.6(%), 홍보부 직원 중 D매체를 사용한다고 응답한 직원의 비율은 100－22.1－18.4－23.9－19.3＝16.3(%)이다. 따라서 각 부서에서 가장 많이 사용하는 보안매체는 C매체이다.

㉢ 경영부 직원 중 E매체를 사용한다고 응답한 직원의 비율은 19.8%이고, 홍보부 직원 중 D매체를 사용한다고 응답한 직원의 비율은 16.3%이므로 옳은 설명이다.

[오답풀이] ㉠ 주어진 [표]에서 경영부 직원과 인사부 직원의 수에 관한 정보가 없기 때문에 알 수 없다.

㉣ 주어진 [표]에서 각 부서별 직원의 수에 관한 정보가 없기 때문에 알 수 없다.

㉤ 재무부와 물류부 모두 응답비율이 가장 높은 매체는 C매체로 재무부는 25.0%, 물류부는 26.6%이다. 재무부와 물류부의 응답비율이 가장 낮은 매체는 각각 D매체, E매체로 응답비율이 14.7%로 동일하다. 즉, 응답비율이 가장 낮은 매체의 응답비율은 동일하고, 가장 높은 매체의 응답비율은 물류부가 더 높으므로 응답비율이 가장 높은 매체와 가장 낮은 매체의 응답비율 차이는 물류부가 더 크다.

15 ②

Quick해설 ㉠ [표1]에 따라 2020년 접수된 배송대행 서비스 관련 소비자상담은 상담 이유를 확인하기 어려운 11건을 포함하여 총 526＋241＋125＋331＋209＋194＋114＋63＋23＋10＋92＋11＝1,939(건)이다.

㉣ 피해 유형 중 '검수 미흡'이라고 응답한 소비자의 수는 47명이다. '물품의 하자(스크래치, 파손) 여부'를 응답한 소비자의 수는 47×0.745≒35(명)이고, '중고 및 진/가품 여부'를 응답한 소비자의 47×0.17≒8(명)이다. 따라서 약 35－8＝27(명) 더 많으므로 25명 이상이다.

[오답풀이] ㉡ 소비자 접수 사유로는 '배송 관련'이 526＋241＋125＝892(건), 27.3＋12.5＋6.5＝46.3(%)으로 가장 많고, '결제 관련'이 10건, 0.5%로 가장 적다. '배송 관련'의 비율이 46.3%이므로 옳지 않다.

㉢ 피해 유형으로는 '배송 지연'과 '검수 미흡(사이즈, 수량, 하자 여부 등 확인)'이 각각 47명(63.5%)으로 가장 많았으나, '물품 분실' 응답자가 '배송 지연'에 복수 응답하였는지는 알 수 없다.

16 ③

Quick해설 2018년에 전년 대비 튀르키예의 온실가스 배출량의 감소율은 (528,566－523,108)÷528,566×100≒1.0(%)이므로 감소율은 5% 미만이다.

[오답풀이] ① 2019년에 캐나다의 온실가스 배출량은 이탈리아의 723,679÷422,276≒1.7(배)로 1.5배 이상이다.

② 2018~2021년 동안 전년 대비 독일의 증감 추이는 '감소–감소–감소–증가'이며 이와 같은 추이를 보이는 국가는 일본, 영국, 프랑스, 이탈리아로 4개 국가이다.

④ 2017년에 미국을 제외한 나머지 국가들의 온실가스 배출량의 합은 1,286,736＋881,583＋712,234＋528,566＋559,581＋

476,874+465,262+437,341+409,003=5,757,180(천 톤 CO_2 eq.)으로 미국의 온실가스 배출량인 6,561,824천 톤 CO_2 eq.보다 적다.

⑤ 2020년에 2017년 대비 오스트레일리아의 온실가스 배출량은 (559,581−536,740)=22,841(천 톤 CO_2 eq.) 감소했으므로 감소량은 22,000천 톤 CO_2 eq. 이상이다.

17 ③

Quick해설 ㉡ 2014년부터 2016년까지 전년 대비 TV 이용 빈도 증감추이는 계속 감소하고, 스마트폰 이용 빈도 증감추이는 계속 증가하여 두 매체의 증감추이는 서로 반대이다.

㉢ 2018년 신문을 이용한다는 응답자 모두 라디오도 이용할 때, 라디오를 선택한 응답자 중 신문을 선택하지 않은 응답자수를 구하려면 라디오 이용 빈도에서 신문 이용 빈도를 제외한 비율과 전체 응답자수를 곱하면 된다. 따라서 7,234×(0.101−0.042)≒427(명)이다.

[오답풀이] ㉠ 2016년 라디오를 이용한 인원은 7,385×0.101≒746(명)이므로 2015년 라디오를 이용한 인원인 7,553×0.089≒672(명)보다 많다.

㉣ 2015년까지 매체별 이용 빈도 순위는 비율이 높은 순으로 'TV−스마트폰−라디오−신문'이었지만 2016년부터는 TV와 스마트폰의 순위가 바뀌었다.

18 ④

Quick해설 G사의 경우 2022년 대비 2023년 소형차 판매량 증가율이 $\frac{71,893-62,037}{62,037}\times100≒15.9(\%)$로 15% 이상 증가하였으나, 신규 소형 전기차의 출시 관련한 정보는 제시되어 있지 않기 때문에 해당 내용은 확인할 수 없다.

[오답풀이] ① K사의 2022년 전체 판매량은 253,270+219,839+67,959=541,068(대)이고, 친환경차 대수는 541,068×0.32=173,141(대)이다.

② $\frac{(\text{2023년 경유차 등록 대수})-(\text{2022년 경유차 등록 대수})}{(\text{2022년 경유차 등록 대수})}\times100$ $=\frac{292,030-333,522}{333,522}\times100≒-12.4(\%)$이므로 12% 이상 감소하였다.

③ 2023년 H사 소형차 중 경유차가 23%를 차지할 경우 287,386×0.23≒66,098(대)이다.
2023년 신규 등록한 경유 차량 전체는 292,030대이므로 신규 등록한 경유 차량 중 H사의 소형차가 차지하는 비율은 $\frac{66,098}{292,030}\times100≒22.6(\%)$이다.

⑤ 2023년 친환경차 중에서 하이브리드차가 22.3%로 가장 높은 비율을 차지한다.

19 ④

Quick해설 판매량과 관련된 차종은 [표2]에서 확인할 수 있다.

(단위: 대)

구분	2022년			2023년		
	소형	중대형	특수	소형	중대형	특수
H사	262,023	272,285	154,576	287,386	312,084	162,607
K사	253,270	219,839	67,959	243,722	255,716	66,388
G사	62,037	51,623	−	71,893	44,026	−
합계	577,330	543,747	222,535	603,001	611,826	228,995

차종별 판매량 증가율은 다음과 같이 계산할 수 있다.

- 소형차: $\frac{603,001-577,330}{577,330}\times100≒4.4(\%)$
- 중대형차: $\frac{611,826-543,747}{543,747}\times100≒12.5(\%)$
- 특수차: $\frac{228,995-222,535}{222,535}\times100≒2.9(\%)$

따라서 중대형차의 판매량 증가율이 가장 높다.

20 ①

Quick해설 한 달간 절약한 전력량은 (12.3+5.8)×22×31=12,344.2(Wh)≒12.3(kWh)이다.

[상세해설] 셋톱박스와 스탠드형 에어컨의 하루 22시간에 해당하는 대기전력을 아낄 수 있다. 따라서 하루에 아낄 수 있는 전력량은 22×(12.3+5.8)=398.2(Wh)이고, 8월은 31일까지 있으므로 김 부장이 8월 한 달간 절약한 전력량은 398.2×31=12,344.2(Wh)≒12.3(kWh)이다.

21 ②

Quick해설 D와 E가 서로 다른 사람을 범인으로 말했다. 따라서 둘 중 한 명은 거짓말을 하고 있다는 것을 알 수 있다.

i) D의 진술이 거짓인 경우
나머지 사람의 진술은 모두 참이다. 따라서 E의 진술에 따라 B가 범인이다. 이때, E의 말에 따라 E는 C와 단둘이 있었고, D가 만난 사람은 남자가 아니므로 여자를 만났거나 아무도 만나지 않았다. 또한 A와 B는 어제저녁 누군가를 만났으므로 A와 B가 서로 만난 것이다. A의 진술에서 어제저녁 함께 있었던 사람은 범인이 아니므로 B가 범인이라는 E의 진술에 모순이 생긴다. 따라서 D의 진술은 거짓이 아니다.

ii) E의 진술이 거짓인 경우
나머지 사람의 진술은 모두 참이다. 따라서 D의 진술에 따라 C가 범인이다. 이때, E는 C와 어제저녁 같이 있지 않았고, D도 남자와 만났으므로 C를 만나지 않았다. A와 함께 있었던 사람은 범인이 아니므로 A도 C를 만나지 않았다. 즉, B가 C를, A가 D를 만났다는 것을 알 수 있다. 그리고 E는 아무도 만나지 않았다. 따라서 E의 진술이 거짓일 때 모순이 생기지 않으므로 C가 범인이다.

따라서 ⅰ), ⅱ)에 의해 C가 범인이므로, 그가 어제저녁에 만난 사람은 B이다.

문제 풀이 Tip

이와 같은 참/거짓과 관련한 문제에서, 주어진 지문 중 모순이 되는 문장을 먼저 찾아 해결의 실마리로 활용하는 것이 빠른 방법이다. 해당 문제에서는 D와 E가 서로 다른 사람을 범인으로 지목하고 있으므로, 둘 중 한 명은 거짓을 말하고 있다.

22 ④

Quick해설 '체크리스트'는 강제 연상법의 한 종류이다. 강제 연상법은 각종 힌트에서 강제적으로 연결 지어서 발상하는 방법이다. 예를 들어 "신차 출시"라는 같은 주제에 대해서 판매방법, 판매대상 등의 힌트를 통해 사고 방향을 미리 정해서 발상을 하는 방법이다. 이때 판매방법이라는 힌트에 대해서는 "신규 해외 수출 지역을 물색한다."라는 아이디어를 떠올릴 수 있다.

[오답풀이] ① 브레인스토밍 방법을 설명하는 내용이다.

② 피라미드 구조법은 so what 기법과 함께 논리적 사고를 개발할 수 있는 대표적인 방법으로 보조 메시지들을 통해 주요 메인 메시지를 얻고, 다시 메인 메시지를 종합한 최종적인 정보를 도출해 내는 방법이다.

③ 비교 발상법을 통한 창의력 개발 방법을 설명하는 내용이다.

⑤ 자유 연상법을 통한 창의력 개발 방법을 설명하는 내용이다.

23 ⑤ 고난도

Quick해설 분야별 모집 인원이 각각 20명, 20명, 10명, 10명이므로 이를 근거로 모집분야별 인원구성 기준에 따라 다음과 같은 표를 만들 수 있다.

구분	신호	제어	선로	차량
수도권	12명	12명	6명	6명
비수도권	8명	8명	4명	4명
20대	10명	10명	5명	5명
30대	10명	10명	5명	5명
기술직 A	12명	12명	6명	6명
기술직 B	8명	8명	4명	4명
합계	20명	20명	10명	10명

따라서 비수도권 지역 근무가 가능하지 않은 인원은 모집분야별로 각각 12명, 12명, 6명, 6명이며, 만일 이 중에 분야별 20대 인원인 10명, 10명, 5명, 5명이 모두 포함되어 있다고 가정하면, 최소 2명, 2명, 1명, 1명은 30대라는 것을 의미한다. 그러므로 4개 분야 철도 기술자 모집 인원 중 비수도권 지역 근무가 가능하지 않은 최소 30대 인원은 $2+2+1+1=6$(명)이 되는 것을 알 수 있다.

24 ⑤

Quick해설 기술직 A와 기술직 B는 구분할 필요 없이 분야별로만 선발되지 않는 인원을 확인하면 되므로 응모 인원과 **23**번에서 살펴본 모집 인원, 선발되지 않는 인원을 차례로 확인하면 다음 표와 같다.

구분	신호	제어	선로	차량
모집 인원	20명	20명	10명	10명
응모 인원	30명	32명	18명	17명
선발되지 않는 인원	10명	12명	8명	7명

따라서 분야별 순서대로 응모 인원 중 선발되지 않는 인원의 비율은 $10\div30\times100\fallingdotseq33.3(\%)$, $12\div32\times100=37.5(\%)$, $8\div18\times100\fallingdotseq44.4(\%)$, $7\div17\times100\fallingdotseq41.2(\%)$가 되어, 선발되지 않는 인원이 가장 높은 분야와 가장 낮은 분야는 선로 분야와 신호 분야임을 알 수 있다.

25 ④

Quick해설 **23**번에서 살펴본 조건별 인원구성 기준과 1차 모집 인원의 (비)수도권 근무 가능 인원 현황을 함께 표로 나타내면 다음과 같다.

[인원구성 기준]

구분	신호	제어	선로	차량
수도권	12명	12명	6명	6명
비수도권	8명	8명	4명	4명
합계	20명	20명	10명	10명

[1차 모집 인원 현황]

구분	신호	제어	선로	차량
수도권	10명	8명	4명	2명
비수도권	6명	7명	2명	2명
합계	16명	15명	6명	4명

따라서 2차 모집 인원에서는 각 분야별로 (비)수도권 근무 가능 인원을 다음과 같이 선발해야 한다.

구분	신호	제어	선로	차량
수도권	2명	4명	2명	4명
비수도권	2명	1명	2명	2명
합계	4명	5명	4명	6명

따라서 2차 모집 인원이 가장 많은 분야는 6명인 차량 분야이다. 또한 2차 모집 인원 중 수도권 지역에서만 근무가 가능한 인원 비율은 순서대로 각각 50%, 80%, 75%, 66.7%가 되어 제어 분야가 가장 높은 것을 알 수 있다.

26 ①

Quick해설 비판적 사고력을 배양하는 방법은 결단성, 지적 호기심, 다른 관점에 대한 존중이다.

[상세해설] • 결단성(비판적 사고): 모든 필요한 정보가 획득될 때까지 불필요한 논증, 속단을 피하고 모든 결정을 유보하지만, 증거가 타당할 땐 결론을 맺는다.

- 비교 발상법(창의적 사고): 비교 발상법은 주제와 본질적으로 닮은 것을 힌트로 하여 새로운 아이디어를 얻는 방법이다.
- 지적 호기심(비판적 사고): 여러 가지 다양한 질문이나 문제에 대한 해답을 탐색하고 사건의 원인과 설명을 구하기 위하여 질문을 제기한다.
- 생각하는 습관(논리적 사고): 논리적 사고에 있어서 가장 기본이 되는 것은 왜 그런지에 대해서 늘 생각하는 습관을 들이는 것이다.
- 타인에 대한 이해(논리적 사고): 반론을 하거나 찬성을 하는 등의 논의를 함으로써 이해가 깊어지거나 논점이 명확해질 수 있다.
- 다른 관점에 대한 존중(비판적 사고): 타인의 관점을 경청하고 들은 것에 대하여 정확하게 반응한다.

27 ⑤

Quick해설 ㉠ 심사위원 점수는 총 500점, 방청객 점수는 총 600점이다. 현재 심사위원의 투표는 모두 집계하였고, 방청객 투표를 집계 중이다. 따라서 현재까지 집계한 방청객 투표수를 x표라 하면 후보 A~F의 점수의 합은 $(500+2x)$점이다. 따라서 $500+2x=230+176+94+208+144+128$, $2x=480$, $x=240$이다. 따라서 남은 표수는 $300-240=60$(표)이다.

㉡ 남은 방청객 투표수가 60표이고, 2:3이 되는 경우는 A와 D가 2표, 3표를 받는 경우에서부터 24표, 36표를 받는 경우까지 다양하다. A와 D가 22표, 33표일 때와 24표, 36표일 때는 D가 최종 우승을 하지만, 그보다 득표수가 적은 경우에는 A가 최종 우승을 하므로 옳지 않다.

㉢ 남은 방청객 투표수는 60표이다. C가 60표를 모두 득표한다면 현재보다 120점을 더 얻으므로 $94+120=214$(점)이다. 따라서 A가 최종 우승을 한다.

따라서 ㉠, ㉡, ㉢ 모두 옳지 않다.

28 ② 고난도

Quick해설 주리는 1번, 4번, 5번, 6번 문제를 맞혔고, 60점이다. 네 문제를 맞혀서 60점이 되려면 20점 2개, 10점 2개를 맞혀야한다. 10점짜리 문제는 역사 1개, 예술 2개이므로 주리는 예술 분야의 문제를 적어도 1개 맞혔다.

[상세해설] 혜진이는 1번, 2번, 5번, 8번을 맞혔고, 45점이다. 네 문제를 맞혀 45점이 되려면 20점 1개, 10점 2개, 5점 1개를 맞혀야 한다. 주리는 1번, 4번, 5번, 6번을 맞혔고, 60점이다. 네 문제를 맞혀 60점이 되려면 20점 2개, 10점 2개를 맞혀야 한다. 화정이는 3번, 5번, 8번을 맞혀 45점이다. 세 문제를 맞혀 45점이 되려면 20점 2개, 5점 1개를 맞혀야 한다. 즉, 주리가 맞힌 1번, 4번, 5번, 6번은 5점이 아니다. 화정이가 맞힌 3번이 5점이라면 5번, 8번이 20점이 된다. 5번, 8번은 혜진이도 같이 맞혔으므로 혜진이가 20점이 2개가 되어야 하는데 혜진이는 20점짜리 문제를 1개만 맞혔으므로 모순이다. 5번이 5점인 경우 주리도 5점 짜리는 맞혀야 하는데 주리는 5점짜리는 맞히지 않았으므로 모순이다. 따라서 8번이 5점이고, 3번, 5번은 20점이다. 혜진이가 맞은 5번이 20점, 8번이 5점이므로 1번, 2번이 10점이다. 즉, 1번, 2번이 10점, 3번이 20점, 5번이 20점, 8번이 5점이고, 주리가 맞은 4번, 6번은 5점이 아니므로 7번이 5점이다. 4번과 6번은 10점 또는 20점이다.

[오답풀이] ① 5번은 20점이므로 역사 또는 지리 문제이다. 5번이 역사 문제이고, 8번이 예술 문제라면 혜진이는 역사 또는 예술 문제만 맞히므로 옳지 않다.

③ 5번이 지리 문제이고, 1번, 2번, 8번이 예술 문제라면 혜진이는 역사 분야의 문제를 하나도 맞히지 못하므로 옳지 않다.

④ 4번 문제는 10점 또는 20점이다. 따라서 4번 문제는 역사 분야의 문제가 될 수 있다.

⑤ 7번 문제는 5점이다. 따라서 7번 문제는 지리 또는 예술 문제이다.

29 ④

Quick해설 평가 기준에 따라 점수를 부여하고, 총점을 계산하면 다음과 같다.

숙소	숙소 형태	1박 비용	최대 인원	수영장	조식	공항과의 거리	관광지와의 거리	총점
A	0	5	0	0	0	5	2	12
B	0	3	3	5	0	4	1	16
C	1	1	0	5	2	1	5	15
D	0	4	3	0	2	3	4	16
E	1	2	3	5	0	2	3	16

따라서 B, D, E가 16점으로 가장 높고, 이 중 관광지와의 거리가 가장 가까운 D숙소를 예약한다.

30 ③

Quick해설 월요일에 A와 C에게 배송하고, 분유, 우유, 콩나물을 배송하므로 A와 C에게 생수와 두부를 배송하지 않는다. 화요일에 B와 D에게 배송하고, 생수, 두부, 콩나물을 배송하므로 B와 D에게 분유와 우유를 배송하지 않는다. 금요일에 C와 D에게 배송하는데 분유, 우유, 두부, 콩나물을 배송한다. D에게 분유, 우유를 배송하지 않으므로 두부, 콩나물을 배송하고, 따라서 C에게 분유, 우유를 배송한다. C에게 분유, 우유를 배송하므로 A에게는 반드시 콩나물을 배송해야 하고, 분유와 우유 중 하나를 배송한다. D에게 두부, 콩나물을 배송하므로 B에게는 반드시 생수를 배송해야 하고, 두부와 콩나물 중 하나를 배송해야 하는데 콩나물을 A와 D에게 배송하므로 B에게는 두부를 배송한다. 현재 B와 D에게 두부를 배송하므로 E는 두부를 배송받지 않는다. 목요일에 B와 E에게 배송하는데 E는 두부를 배송받지 않으므로 우유와 생수를 배송받는다. 따라서 수요일에 E에게 우유와 생수를 배송하므로 A에게 분유와 콩나물을 배송한다.

따라서 A는 분유와 콩나물, B는 두부와 생수, C는 분유와 우유, D는 두부와 콩나물, E는 우유와 생수를 배송받으므로 토요일에 A와 D에게 배송을 한다면 분유, 두부, 콩나물을 배송해야 한다.

공기업 NCS 통합 실전모의고사 4회

01	③	02	④	03	①	04	④	05	⑤
06	③	07	⑤	08	③	09	②	10	②
11	③	12	②	13	⑤	14	④	15	②
16	⑤	17	③	18	②	19	③	20	⑤
21	③	22	⑤	23	③	24	④	25	①
26	②	27	④	28	④	29	①	30	②
31	②	32	②	33	⑤	34	④	35	①
36	③	37	④	38	②	39	⑤	40	④

☑ CHECK 영역별 실력 점검표

맞힌 문제와 틀린 문제를 체크해
나의 취약 영역을 한눈에 확인해 보세요!

문항	영역	O/×	문항	영역	O/×	문항	영역	O/×	문항	영역	O/×	문항	영역	O/×
01	의사소통		02	의사소통		03	의사소통		04	의사소통		05	수리	
06	수리		07	수리		08	수리		09	문제해결		10	문제해결	
11	문제해결		12	문제해결		13	조직이해		14	조직이해		15	조직이해	
16	조직이해		17	정보		18	정보		19	정보		20	정보	
21	자원관리		22	자원관리		23	자원관리		24	자원관리		25	기술	
26	기술		27	기술		28	기술		29	자기개발		30	자기개발	
31	자기개발		32	자기개발		33	대인관계		34	대인관계		35	대인관계	
36	대인관계		37	직업윤리		38	직업윤리		39	직업윤리		40	직업윤리	

01 ③

Quick해설 주어진 글은 행정안전부가 지방공기업 경영평가편람을 대대적으로 개편하여 발표한 것에 대한 설명이다. 따라서 '행정안전부, 지방공기업 경영평가편람 개편안 발표'가 제목으로 적절하다.

[오답풀이] ① 부채 관리 및 재무성과는 중요한 부분이지만, 개편안 전체를 대표하지 않는다.

② 개편안의 일부 내용에 해당하지만, 전체적인 발표 내용을 반영하지는 않는다. 재정 건전성 평가는 경영평가편람 개편안의 요소일 뿐이다.

④ 안전관리 지표 도입은 개편안의 한 부분으로, 발표의 전체 내용을 대표하지 않으므로 제목으로 적절하지 않다.

⑤ 경영 효율성 제고를 위한 새로운 지표 도입은 개편안의 일부이다.

02 ④

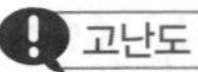

Quick해설 '-로서'는 지위나 신분 또는 자격을 나타내는 격 조사이고, '-로써'는 어떤 일의 수단이나 도구를 나타내는 격 조사이다. 따라서 ㉠에 들어갈 말은 '국가로서'이며, 예시에서는 군인 신분을 나타내는 격 조사 '-로서'가 적절하게 사용되었다.

[상세해설] 교토의정서를 준수해야 하는 국가의 자격이 있으므로 온실가스 배출량 저감을 위해 노력한다는 내용이므로 '국가로서'로 표기해야 한다.

[오답풀이] ① '대한민국 국민으로서 세금을 내야한다.'가 적절하다.

② '이 문제는 현재로서는 해결이 불가능합니다.'가 적절하다.

③ '옛말에도 말로써 천 냥 빚을 갚는다고 했다.'가 적절하다.

⑤ '시험을 치르는 것이 이로써 일곱 번째가 됩니다.'가 적절하다.

03 ①

Quick해설 두 번째 문단에서 전기자동차의 문제점을 설명할 때 '현재와 비슷한 문제인 비싼 가격'이라고 하였고, 세 번째 문단에서 이산화탄소 및 대기오염물질 배출의 문제에서 자유롭다는 장점을 설명하고 있다.

[오답풀이] ② 네 번째 문단에서 주행가능거리는 날씨나 주행환경에 따라 기대치보다 빠른 속도로 방전될 수 있다고 설명하고 있다.

③ 두 번째 문단에서 전기자동차는 내연기관 자동차보다 먼저 개발되었고, 속력도 100km/h를 먼저 돌파하였으나, 지지부진한 성능 향상과 비싼 가격, 무거운 배터리와 긴 충전 시간 등으로 인해 시장에서 사장되었다고 설명하고 있다.

④ 네 번째 문단에서 전기 자동차에 사용되는 고용량 배터리는 높은 가격에 비해 성능이 그에 미치지 못한다고 설명하고 있다.

⑤ 다섯 번째 문단에서 정부는 2030년까지 전국 도시 승용차의 20%에 해당하는 충전망을 구축할 계획에 있다고 설명하고 있다.

04 ④

Quick해설 첫 문단에서는 법률 조항의 해석이 필요한 이유를 언급하고 있다. [가], [나], [라] 문단은 법률 해석의 세 가지 방식을 각각 다루고 있는데, 이 세 문단 중 첫 문단의 마지막 문장인 '따라서 이러한 법률의 조항들이 실제 사안에 적용되려면 해석이라는 과정을 거쳐야 한다.'와 가장 자연스럽게 연결되는 것은 '법조문도 언어로 이루어진 것이기에, 원칙적으로 문구가 지닌 보편적인 의미에 맞춰 해석된다.'로 시작하는 [라] 문단이다. [라] 문단의 마지막 문장은 '문구에서 명시하지 않은 상황에 대해서는 그 효력을 부여하지 않는다고 해석하는 방식을 반대 해석이라 한다.'로 끝나므로, 반대 해석의 방식으로는 적용되기 어려운 경우를 본래의 의미보다 확대해서 해석하는 확장 해석의 방식을 설명하는 [가] 문단이 이어지는 것이 매끄럽다. 또한 [가] 문단의 마지막 문장이 '이런 식으로 어떤 표현을 본래의 의미보다 넓혀 이해하는 것을 확장 해석이라 한다.'인 것으로 볼 때, [가] 문단 뒤에는 '하지만 팻말을 비웃으며 진흙이 잔뜩 묻은 맨발로 들어가는 사람을 말리려면, '구두'라는 낱말을 확장 해석하는 것으로는 어렵다.'로 시작하며 유추 해석의 방식을 설명하는 [나] 문단이 오는 것이 자연스럽다. 이 세 가지 방식을 설명한 후에는 법률 해석에서 고려할 점을 다룬 [다] 문단을 맨 뒤에 배치하는 것이 자연스럽다.

따라서 문단의 순서는 [라]-[가]-[나]-[다]이다.

05 ⑤

Quick해설 A가 가위바위보에서 이길 경우 샌드위치를 고를 확률은 $0.4\times0.6=0.24$이고, B가 이길 경우 샌드위치를 고를 확률은 $0.6\times0.5=0.3$이다. 따라서 A와 B가 샌드위치를 먹었을 때, B가 골랐을 확률은 $\frac{0.3}{0.24+0.3}=\frac{0.3}{0.54}=\frac{10}{18}=\frac{5}{9}$이다.

06 ③

Quick해설 $\times3$, $+3$이 번갈아 적용되는 규칙이 보인다.

$2 \overset{(\times3)}{\frown} 6 \overset{(+3)}{\frown} 9 \overset{(\times3)}{\frown} 27 \overset{(+3)}{\frown} 30 \overset{(\times3)}{\frown} (\quad) \overset{(+3)}{\frown} 93 \overset{(\times3)}{\frown} 279 \overset{(+3)}{\frown} 282$

따라서 빈칸에 들어갈 숫자는 $93-3=90$이다.

07 ⑤

Quick해설 ㉡ 두 지표의 차이는 65세 남자의 경우 2.6년, 1.2년, 0.6년이며, 80세 남자의 경우 1.1년, 0.6년, 0.5년으로 시기가 변할수록 줄어든 것을 알 수 있다.

㉢ 0~70세까지는 모든 연령에서 1년 전보다 남녀 기대여명이 증가하였으나, 80세부터는 1년 전과 같거나 감소한 것을 알 수 있다.

㉣ 80세 남자는 기대여명이 10년 이상인 시기가 없으므로 기대하는 수명이 90세를 넘지 않으나, 80세 여자는 기대여명이 10년 이상인 시기가 2016년과 2017년이므로 두 해에는 90세 이상의 수명을 기대하는 것을 알 수 있다.

[오답풀이] ㉠ [표1]에서 1970년 대비 2017년 기대여명의 증가분은 70세 남자가 14.7−8.2=6.5(년)이고, 70세 여자는 18.3−11.7=6.6(년)이다. 따라서 1970년 대비 2017년 기대여명의 증가분은 모든 연령에서 남자가 여자보다 많은 것은 아니다.

08 ③

Quick해설 '50세 남녀의 기대여명에 의한 수명'은 50세인 현재 시점에서 남은 기대여명을 더하여 얻게 된 수명을 의미한다. 따라서 주어진 자료의 연도별 기대여명에 해당 연령을 더한 값이 된다. 50세 남자의 경우, 1970년에 50+19.0=69.0(세), 1997년에 50+24.8=74.8(세), 2007년에 50+28.2=78.2(세), 2016년에 50+31.1=81.1(세), 2017년에 50+31.4=81.4(세)의 값이 도표로 작성된 것을 알 수 있다.

09 ②

Quick해설 각 사람의 진술 중 하나는 참이고, 다른 하나는 거짓이므로 두 가지 경우로 나누어 생각해보면 된다.

ⅰ) A의 첫 번째 진술이 참인 경우

구분	첫 번째 진술	두 번째 진술	결과	
			제품기획부	마케팅부
A	참	거짓	A, B	
B	거짓	참	A, B	C
C	참	거짓	A, B, D	C
D	거짓	참	A, B, D	C, E
E	거짓	참	A, B, D	C, E, F

이때, A, B, D와 C, E, F가 각각 같은 부서이다.

ⅱ) A의 첫 번째 진술이 거짓인 경우

구분	첫 번째 진술	두 번째 진술	결과	
			제품기획부	마케팅부
A	거짓	참		A, B
B	참	거짓	C	A, B
C	거짓	참	C	A, B, D
D	참	거짓	C, E	A, B, D
E	참	거짓	C, E, F	A, B, D

이때도, A, B, D와 C, E, F가 각각 같은 부서이다.

따라서 ⅰ), ⅱ)의 어느 경우라도 A, B, D와 C, E, F가 각각 같은 부서임을 알 수 있다.

문제 풀이 Tip

두 경우를 모두 확인할 필요 없이 한 가지 경우만 확인하더라도 모순이 없는 결과가 도출되므로 바로 정답을 선택할 수 있다. 이미 모순이 없는 경우를 발견하였다면 문제의 정답은 1개뿐이므로 해당 경우만을 가지고 정답을 찾을 수 있다.

10 ②

Quick해설 A부장이 월요일 13:00~15:00에 외근을 가므로 13:00~15:00에는 회의가 불가능하여 소회의실3에서는 회의가 가능한 시간대가 없다. 다음으로 홍보부와 가까운 소회의실인 소회의실2에서는 C과장과 F대리를 제외한 4명이 10:00~12:00에 회의가 가능하다.

따라서 회의는 소회의실2에서 10:00~12:00에 진행된다.

11 ③

Quick해설 C반과 E반은 목요일에 프로그래밍 수업을 받지 않고, A반은 수요일, D반은 금요일에 프로그래밍 수업을 받으므로 목요일에 프로그래밍 수업을 듣는 반은 B반이다. 이때 프로그래밍 수업 요일이 정해지지 않은 반은 C반과 E반이다. C반은 화요일에 문서작성법 수업을 받으므로 화요일에 프로그래밍 수업을 받는 반은 E반이고, C반은 월요일에 프로그래밍 수업을 받는다. 화요일에 프로그래밍 수업을 받는 반은 월요일에 기초 회계 수업을 받으므로 E반은 월요일에 기초 회계 수업을 받는다. 월요일에 프로그래밍 수업을 받는 C반은 수요일에 사내 예절 수업을 받는다. E반이 사내 예절 수업을 받을 수 있는 날은 수, 목요일인데 수요일에 C반이 사내 예절 수업을 받으므로 목요일에 받아야 하고, 남은 수요일에는 비즈니스 영어 수업을 받는다. 이를 정리하면 다음과 같다.

구분	월	화	수	목	금
A반			프로그래밍		
B반	비즈니스 영어			프로그래밍	
C반	프로그래밍	문서작성법	사내 예절	기초 회계	비즈니스 영어
D반					프로그래밍
E반	기초 회계	프로그래밍	비즈니스 영어	사내 예절	문서작성법

수요일에 B반이 기초 회계 수업을 받는다면, 기초 회계 수업 요일이 정해지지 않은 반은 A반과 D반이다. 남은 요일은 화요일과 금요일인데, D반은 금요일에 프로그래밍 수업이 예정되어 있으므로 화요일에 받아야 한다. 따라서 화요일에 기초 회계 수업을 받는 반은 D반이므로 옳지 않다.

[오답풀이] ① 월요일에 비즈니스 영어 수업을 받는 B반이 금요일에 사내 예절 수업을 받는다면, A반은 금요일에 기초 회계 수업을 받아야 한다.

② 금요일에 프로그래밍 수업을 받는 D반이 월요일에 사내 예절 수업을 받는다면, A반은 월요일에 문서작성법 수업을 받아야 한다.

④ 목요일에 A반이 문서작성법 수업을 받는다면, B반과 D반이 각각 수요일과 월요일에 문서작성법 수업을 받으므로 수요일에 기초 회계 수업을 받는 반은 D반이다.

⑤ 화요일에 B반이 기초 회계 수업을 받는다면, 금요일에 A반이 기초 회계 수업을 받아야 한다. 이 경우 금요일에 사내 예절 수업을 받는 반은 B반이다.

12 ②

Quick해설 퍼실리테이션에 의한 문제해결 방법은 깊이 있는 커뮤니케이션을 통해 서로의 문제점을 이해하고 공감함으로써 창조적인 문제해결을 도모한다는 것이다. 소프트 어프로치나 하드 어프로치 방법은 타협점의 단순 조정에 그치지만, 퍼실리테이션에 의한 방법은 초기에 생각하지 못했던 창조적인 해결 방법을 도출한다. 동시에 구성원의 동기가 강화되고 팀워크도 한층 강화된다는 특징을 보인다. 이 방법을 이용한 문제해결은 구성원이 자율적으로 실행하는 것이며, 제3자가 합의점이나 줄거리를 준비해 놓고 예정대로 결론이 도출되어 가도록 해서는 안 된다.

하드 어프로치에 의한 문제해결방법은 상이한 문화적 토양을 가지고 있는 구성원을 가정하여 서로의 생각을 직설적으로 주장하고 논쟁이나 협상을 통해 의견을 조정해 가는 방법이다. 이때 중심적 역할을 하는 것이 논리, 즉 사실과 원칙에 근거한 토론이다. 제3자는 이것을 기반으로 구성원에게 지도와 설득을 하고 전원이 합의하는 일치점을 찾아내려고 한다. 이러한 방법은 합리적이긴 하지만, 잘못하면 단순한 이해관계의 조정에 그치고 말아서 그것만으로는 창조적인 아이디어나 높은 만족감을 이끌어 내기 어렵다.

언급된 세 가지 문제해결 방법 중 (가)는 상인과 대학생들이 자발적으로 참여하여 아이디어를 공유하고 창의적인 해결방법을 찾아낸 사례이므로 퍼실리테이션을 수행한 것이며, (나)는 각자의 주장에 대해 논쟁이나 협상을 통해 의견을 조정해 가는 하드 어프로치에 의한 문제해결 방법이다.

[오답풀이] ① 하드 어프로치에 대한 설명이다.

③ 퍼실리테이션에 대한 설명이다.

④ 하드 어프로치에 대한 설명이다.

⑤ 퍼실리테이션은 결론이 제3자가 준비한 합의점이나 줄거리로 도달하도록 유도해서는 안 된다.

13 ⑤

Quick해설 집단주의 문화는 내부지향적인 성향을 보이는 조직문화로, 구성원 간의 팀워크와 참여, 합의, 열린 커뮤니케이션 등이 강조된다. 동사무소와 같은 곳을 사례로 들 수 있다.

[상세해설] 발전주의 문화는 창의성을 이념으로 하는 조직문화로, 구성원들은 직장을 역동적이고 창의적인 곳으로 인식하며, 구성원은 새로운 위험을 추구하고 이를 통해 신기술 획득을 목표로 한다. 위계주의 문화는 통제를 주요 이념으로 하는 조직문화로, 구성원들에게 직장이란 정형화되고 구조화된 것으로 절차가 사람과 조직을 통제하며 장기적으로 안정성을 최고의 가치로 내세우는 것을 의미한다. 합리주의 문화는 경쟁이 핵심 개념인 조직문화로, 조직의 수익성과 생산성 향상에 높은 비중을 부여하며, 구성원들은 직장을 평가 받는 곳으로 인식한다.

[오답풀이] ① 조직의 외적인 발전을 지향하는 것은 발전주의, 합리주의 문화이다.

②, ④ 발전주의 문화에 대한 설명이다.

③ 합리주의 문화에 대한 설명이다.

14 ④

Quick해설 주어진 표는 간트 차트이다. 간트 차트는 미국의 경영학자 간트가 1919년에 창안한 작업 진도 도표로, 단계별로 업무를 시작해서 끝나는 데 걸리는 시간을 바 형식으로 표시한 것이다. 전체 일정을 한눈에 볼 수 있고, 단계별로 소요되는 시간과 각 업무활동 사이의 관계를 알 수 있다. 최근에는 MS 오피스 엑셀 등의 프로그램으로 단계별 시작일과 종료일을 기입하면 쉽게 간트 차트를 만들어 사용할 수 있다.

[오답풀이] ①, ⑤ 워크 플로 시트의 특징이다.

②, ③ 체크리스트의 특징이다.

15 ②

Quick해설 ㉠ 핵심가치 '안전우선'과 전략과제 '선제적인 차량 및 시설 현대화, 공사 고유의 안전관리 시스템 고도화'에 부합하는 경영목표로 빈칸에는 '시스템 기반 최고 수준의 안전운행'이 들어가야 한다.

㉡ 핵심가치 '도전혁신'과 전략과제 '사업영역 확장을 통한 신규 수익 창출, 경영합리화를 통한 비용 절감 및 효율성 제고'에 부합하는 경영목표로 빈칸에는 '미래 성장동력 발굴 및 조직 경쟁력 강화'가 들어가야 한다.

㉢ 핵심가치 '고객지향'과 전략과제 '고객 맞춤형 고품질 서비스 제공, 도시철도 이용환경 개선 및 편리성 강화'에 부합하는 경영목표로 빈칸에는 '더 나은 서비스를 통한 고객만족도 제고'가 들어가야 한다.

16 ⑤

Quick해설 ESG는 기업이 '지속가능한' 비즈니스를 달성하기 위한 세 가지 핵심 요소로, Environmental(환경), Social(사회), Governance(지배구조)의 첫 글자를 조합한 단어이다. 기업의 친환경 경영, 사회적 책임, 투명한 지배구조 등을 의미한다.

구분	내용
환경 (Environmental)	• 기후변화 및 탄소배출 • 환경오염·환경규제 • 생태계 및 생물 다양성 • 자원 및 폐기물 관리 • 에너지 효율 • 책임 있는 구매·조달 등
사회 (Social)	• 고객만족 • 데이터 보호·프라이버시 • 인권, 성별 평등 및 다양성 • 지역사회 관계 • 공급망 관리 • 근로자 안전 등
지배구조 (Governance)	• 이사회 및 감사위원회 구성 • 뇌물 및 반부패 • 로비 및 정치 기부 • 기업윤리 • 컴플라이언스 • 공정경쟁 등

17 ③

Quick해설 타임머신 여행으로 몇 년을 이동할지 선택하는 것은 미래 여행에 대한 선택 사항이다.

18 ②

Quick해설 순서도에 따르면 과거 또는 미래에서 할 일을 결정한 후에 타임머신이 출발하고, 출발한 후에 문제가 발생하면 문제가 해결된 다음 시간여행이 종료된다. 따라서 타임머신이 출발한 후 시간여행이 종료될 때까지 선택할 수 있는 사항은 [문제 해결]에 제시된 4가지이므로 정답은 ②이다.

19 ③

Quick해설 (가)에 들어갈 숫자는 2, 5, 8, 11, … 등으로 무한히 많으며, (나)에 들어갈 숫자는 1이다. 따라서 (가)와 (나)의 조합으로 가능한 것은 ③이다.

[상세해설] • (가): $4^{(가)}$을 7로 나누었을 때의 나머지가 2가 되는 (가)는 2, 5, 8, 11, … 등으로 무한히 많다.

• (나): 64를 7로 나누었을 때의 나머지는 (나)=1이다.

따라서 (가)와 (나)의 조합으로 가능한 것은 ③이다.

20 ⑤

Quick해설 (가)=5, (나)=2일 때, $2=5\times0+2$, $2^3=5\times1+3$이 성립하므로 정답은 ⑤이다.

[상세해설] (나)를 (가)로 나눈 나머지가 2이므로 (나)=(가)×m+2가 성립한다. 또한 (나)^{3}을 (가)로 나눈 나머지가 3이므로 (나)^3=(가)×n+3이 성립한다. 여기서 m과 n은 몫을 의미하는데, m과 n에 따라 (가)와 (나)는 무수한 조합이 가능하므로 선택지에 제시된 숫자를 대입하여 정답을 찾아보도록 한다.

(가)=5, (나)=2일 때 $2=5\times0+2$, $2^3=5\times1+3$이 성립하므로 정답은 ⑤이다.

[오답풀이] ①, ④ (나)=1이라면 1보다 큰 자연수로 나누었을 때의 나머지는 항상 1이므로 [보기]의 결괏값이 나올 수 없다.

② (가)=2, (나)=3이라면 '3 (mod 2)'의 값은 1, '3^3 (mod 2)'의 값도 1이므로 [보기]의 결괏값이 나올 수 없다.

③ (가)=3, (나)=2라면 '2 (mod 3)'의 값은 2이지만 '2^3 (mod 3)'의 값은 3이 아닌 2이다.

21 ③

Quick해설 3월 27일(수)에 지원서 접수가 마감되므로 3월 28일(목)부터 4월 1일(월)까지 서류 심사가 진행된다. 필기시험은 4월 2일(화)부터 4월 4일(목)까지 진행되며, 4월 5일(금)부터 4월 9일(화)까지 필기시험 심사가 진행된다. 면접시험은 4월 10일(수)부터 4월 12일(금)까지 진행되며, 4월 15일(월)부터 4월 17일(수)까지 면접시험 심사가 진행된다.

따라서 A씨가 최종합격 통보를 받은 날짜는 4월 18일(목)이므로 입사 날짜는 4월 19일(금)이다.

22 ⑤

Quick해설 조 상무, 오 팀장, 박 대리 3인의 출장비를 정리하면 다음과 같다.

(단위: 원)

구분	조 상무	오 팀장	박 대리
교통비	820×1,500÷12 +20,000=122,500	58,000×2=116,000 (1등급 왕복)	52,000×2=104,000 (2등급 왕복)
일비	30,000×3=90,000	20,000×3=60,000	20,000×3=60,000
숙박비	(70,000+5,000×0.2) ×2=142,000	(70,000+2,000×0.2) ×2=140,800	65,000×2=130,000
식비	45,000×3=135,000	30,000×3=90,000	30,000×3=90,000
합계	489,500	406,800	384,000

따라서 출장비 총지급액은 489,500+406,800+384,000=1,280,300(원)이다.

23 ③

Quick해설 5명의 지원자 A~E 정보를 채용 기준 점수로 환산하면 다음과 같다.

(단위: 점)

구분	경력 기간	어학 성적	회사와 거주지 거리	이전 회사 규모	업무 유사성
A	5	7	7	5	10
B	7	10	10	5	7
C	10	7	5	10	10
D	10	5	7	7	7
E	10	10	7	10	5

채용 기준 점수에 각각의 가중치를 곱한 다음 총점을 구하면 다음과 같다.

(단위: 점)

구분	경력 기간	어학 성적	회사와 거주지 거리	이전 회사 규모	업무 유사성	총점
A	2.5	3.5	4.9	3	8	21.9
B	3.5	5	7	3	5.6	24.1
C	5	3.5	3.5	6	8	26
D	5	2.5	4.9	4.2	5.6	22.2
E	5	5	4.9	6	4	24.9

따라서 총점이 26점으로 가장 높은 C가 주니어 경력자로 채용된다.

24 ④

Quick해설 서울 본사의 업무시간을 기준으로 각 지사의 현지 시간을 계산해 보면 다음과 같다.(괄호 안의 내용은 서울과의 시차이다.)

지역	현재 시간	
서울	8~12시	13~17시
뉴욕(−13시간)	전날 19~23시	0~4시
하노이(−2시간)	6~10시	11~15시
런던(−8시간)	0~4시	5~9시
이스탄불(−6시간)	2~6시	7~11시
상파울루(−12시간)	전날 20~0시	1~5시

본사 업무시간에 따른 현지 시간과 각 지사의 업무시간을 고려하면, 뉴욕과 상파울루 지사는 회의에 참석할 수 없고, 하노이, 런던, 이스탄불 지사만 참석할 수 있다. 본사와 세 지사의 업무시간이 겹치도록 회의 시간을 정해 보면, 서울 시간으로 16~17시에 회의를 할 수 있음을 알 수 있다. 하노이와 서울은 시차가 2시간이므로 회의의 시작 시간은 하노이 시각으로 14시이다.

[오답풀이] ①, ② 회의의 시작 시간이 하노이 현지 시각으로 9~11시 사이이면 서울 본사와 하노이 지사만 참여하게 된다.

③ 회의의 시작 시간이 하노이 현지 시각으로 13시이면, 서울 본사, 하노이 지사, 이스탄불 지사만 참여하게 된다.

⑤ 회의의 시작 시간이 하노이 현지 시각으로 15시이면, 서울 본사는 17시이므로 회의에 참여할 수 없다.

25 ①

Quick해설 두 번째 문단에 따르면 스마트 스테이션 도입으로 역사 순회 시간이 평균 28분에서 10분으로 줄고 돌발 상황 시 대응 시간이 평균 11분에서 3분으로 단축되었다고 하였다는 점에서 돌발 상황에 대한 대응 시간이 평균 10분을 넘지 않게 됨을 알 수 있으므로 옳다.

[오답풀이] ② 세 번째 문단에 따르면 긴급 상황 발생 시 위치와 상황을 좀 더 정확하고 입체적으로 파악하여 신속하게 대응할 수 있게 되는 것이지 직접 대응할 필요가 없는 것은 아니므로 옳지 않다.

③ 여섯 번째 문단에 따르면 전 역사에 스마트 스테이션 시스템이 안정적으로 도입되고 난 이후에 각 부서에서 운용 중인 IoT 단말 수집 정보를 표준화할 예정이라고 하였을 뿐 스마트 스테이션이 도입된 역사의 각 부서에서 운용 중인 IoT 단말 수집 정보가 단순화되었는지는 알 수 없으므로 옳지 않다.

④ 다섯 번째 문단에 따르면 비 인가자가 통제구역에 들어왔을 경우 이를 빠르게 인지할 수 있도록 알려주는 것일 뿐 대피를 유도하는 것은 아니므로 옳지 않다.

⑤ 여섯 번째 문단에 따르면 휠체어 이용자를 감지하여 직원에게 통보해 주는 기능이 추가될 것이라고 하였을 뿐 음성 유도 서비스에 대한 언급은 없으므로 옳지 않다.

26 ②

Quick해설 네 번째 문단에 따르면 스마트 스테이션은 화재 경보가 울렸을 때 신속한 대응을 하기에는 용이하나, 직접적인 화재 진압과 장비 투입이 용이한지는 알 수 없으므로 옳지 않다.

[오답풀이] ① 세 번째 문단에 따르면 스마트 스테이션은 3D 맵과 IoT 센서, 지능형 CCTV 등이 유기적으로 기능하는 미래형 관리시스템이므로 옳다.

③ 네 번째 문단에 따르면 오래 전에 설치되어 화질이 떨어지는 기존 CCTV 기능을 강화하여 역사 전 영역의 안전을 효과적으로 점검할 수 있게 되며, 다섯 번째 문단에 따르면 재난/화재 등이 발생하였을 때 사고현장에 설치된 CCTV로 상황을 즉시 확인하고 대처할 수 있게 되므로 옳다.

④ 다섯 번째 문단에 따르면 지능형 CCTV를 통해 비 인가자가 통제구역에 들어가면 즉시 인지하여 빠르게 대응할 수 있으며, 화재 등으로 역 출입구를 통해 정상적으로 대피가 불가능할 경우 터널을 통해 안전하게 대피하도록 유도할 수 있다고 하였으므로 옳다.

⑤ 여섯 번째 문단에 따르면 휠체어를 자동으로 감지해 역 직원에게 통보해 주는 기능을 추가하는 등 교통약자 서비스 강화를 목표로 한다고 하였으므로 옳다.

27 ④

Quick해설 Ⓒ 실외기 토출 온도가 140℃ 이상일 때 에러 코드 E34가 발생한다.

ⓜ 방출 공기 센서 점검 시, 센서 양단 저항 측정값이 약 10kΩ을 유지해야 한다.

[오답풀이] ㉠ 에러 코드 E18, E19가 발생할 경우, 저압스위치와 고압스위치를 점검해야 하므로 제품의 압력 확인이 필요할 수 있다.

㉡ 실외기 코일 센서 점검에는 입구 센서와 중앙 센서 확인이 필요하므로 옳은 내용이다.

㉣ 에러 코드 E3이 발생 시, 실내 열교환기 센서 조립 상태 확인이 필요하므로 콘넥터(CN12) 조립 상태를 확인해 볼 필요가 있다.

28 ④

Quick해설 해당 특징을 갖는 벤치마킹은 '글로벌 벤치마킹'이다.

[상세해설] 비교대상에 따라 벤치마킹을 분류하면 내부, 경쟁적, 비경쟁적, 글로벌로 구분할 수 있고, 수행 방식에 따라 분류하는 경우 직접적, 간접적 벤치마킹으로 구분할 수 있다.

종류	내용
내부 벤치마킹	같은 기업 내의 다른 지역, 타 부서, 국가 간의 유사한 활용을 비교 대상으로 한다. 자료 수집이 용이하며 다각화된 우량기업의 경우 효과가 큰 반면 관점이 제한적일 수 있고 편중된 내부 시각에 대한 우려가 있다는 단점을 가지고 있다.
경쟁적 벤치마킹	동일 업종에서 고객을 직접적으로 공유하는 경쟁기업을 대상으로 한다. 경영 성과와 관련된 정보 입수가 가능하며, 업무/기술에 대한 비교가 가능한 반면 윤리적인 문제가 발생할 소지가 있으며, 대상의 적대적 태도로 인해 자료 수집이 어렵다는 단점이 있다.
비경쟁적 벤치마킹	제품, 서비스 및 프로세스의 단위 분야에 있어 가장 우수한 실무를 보이는 비경쟁적 기업 내의 유사 분야를 대상으로 함. 혁신적인 아이디어의 창출 가능성은 높은 반면 다른 환경의 사례를 가공하지 않고 적용할 경우 효과를 보지 못할 가능성이 높다.

29 ①

Quick해설 자기관리의 단계별 계획 수립 과정 1단계는 비전 및 목적을 정립하고, 2단계는 과제 발견, 3단계는 일정 수립, 4단계는 일정을 수행, 5단계에서서는 반성 및 피드백이 이루어져야 한다.

[상세해설] 자기관리의 단계별 계획 수립 과정은 다음과 같다.

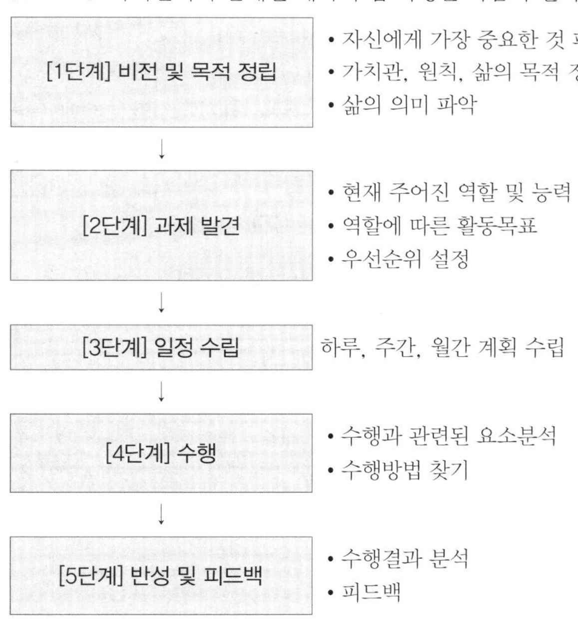

30 ②

Quick해설 일정은 월간계획, 주간계획, 하루계획 순으로 작성한다.

[상세해설] • 월간계획: 보다 장기적인 관점에서 계획하고 준비해야 될 일을 작성한다.
• 주간계획: 우선순위가 높은 일을 먼저 하도록 계획을 세운다.
• 하루계획: 좀 더 자세하게 시간 단위로 작성한다.

31 ②

Quick해설 ㉠ 업무수행 성과를 높이기 위해서는 비슷한 속성의 업무를 묶어서 처리하고, 회사와 팀의 업무 지침을 따르는 것이 적절하다.

㉣ 회사와 팀의 업무 지침을 따르고 그 속에서 자신만의 일하는 방식을 발견하는 게 적절하다.

문제 풀이 Tip 업무수행 성과를 높이기 위한 행동전략

행동전략	내용
일을 미루지 않는다	해야 할 일이 있다면 지금 바로 하는 습관을 들여야 한다.
비슷한 업무를 묶어서 처리한다	비슷한 속성의 업무를 함께 처리하여 같은 일을 반복적으로 하지 않도록 한다.
다른 사람과 다른 방식으로 일한다	다른 사람이 일하는 방식과 다른 방식으로 생각하다 보면, 의외로 다른 사람들이 발견하지 못한 더 좋은 해결책을 발견하는 경우가 있다.
회사와 팀의 업무 지침을 따른다	회사나 팀의 업무 지침은 변화하는 환경 속에서 전문가들에 의해 확립된 것이므로 기본적으로 지켜야 할 것은 지키되 그 속에서 자신만의 일하는 방식을 발견할 수 있어야 한다.

32 ②

Quick해설 회사 내의 경력 기회 및 직무 가능성에 대해 충분히 알지 못하는 것은 '내부 작업정보 부족'에 해당한다.

[오답풀이] ① '자기 정보의 부족'에 해당한다.
③ '외부작업 정보의 부족'에 해당한다.
④ '의사결정 시 자신감의 부족'에 해당한다.
⑤ '주변 상황의 제약'에 해당한다.

33 ⑤

Quick해설 안전지대란 모든 것이 친숙하고 위험 요소가 전혀 없는 편안한 상황을 의미하며, 더욱 높은 목표를 달성하고자 한다는 것은 이러한 안전지대를 떠난다는 것이다. 변화에 대한 두려움은 리더나 팀원을 정신적 고통에 직면하게 할 수 있으나, 그럼에도 불구하고 리더는 팀원이 안전지대에서 벗어나 더욱 높은 목표를 향해 나아가도록 격려해야 한다. 위험을 감수해야 할 이유가 합리적이고 목표가 실현가능한 것이라면 직원들은 기꺼이 변화를 향해 나아갈 것이며, 위험을 선택한 자신에게 자긍심을 가지며 좋은 결과를 이끌어 내고자 지속적으로 노력할 것이다. 따라서 위험에 직면하지 않도록 철저히 관리하는 것은 내적 동기 유발 방법으로 적절하지 않다.

[상세해설] 조직원들이 자신의 잠재력을 발휘하도록 만들기 위해서는 외적인 동기유발 그 이상을 제공해야 한다. 그러한 환경이 마련된다면 주어진 '사례2'에서와 같이 조직원들은 돈이나 편익

등 외적 보상이 아닌, 자기 내면의 순수한 욕망에 의해 동기를 부여받을 수 있다. 이렇게 내적인 동기를 유발할 수 있는 방법은 다음과 같다.

- 긍정적 강화법을 활용한다.
- 새로운 도전의 기회를 부여한다.
- 창의적인 문제해결법을 찾는다.
- 자신의 역할과 행동에 책임감을 갖는다.
- 코칭을 한다.
- 변화를 두려워하지 않는다.
- 지속적으로 교육한다.

[오답풀이] ① 자신의 역할과 행동에 책임감을 갖도록 하면 동기를 유발할 수 있다.
② 긍정적 강화법을 활용하여 동기를 유발할 수 있다.
③ 지속적으로 교육하여 지원하면 동기를 유발할 수 있다.
④ 새로운 도전의 기회를 부여하여 동기를 유발할 수 있다.

34 ④

Quick해설 주어진 사례는 5가지 협상전략 중 수용형에 대한 설명이다. 수용형은 자신에 대한 관심은 낮고 상대방에 대한 관심은 높은 경우로서 '나는 지고 너는 이기는 방법(I lose－You win)'을 말한다. 이 방법은 상대방의 관심을 충족하기 위하여 자신의 관심이나 요구는 희생함으로써 상대방의 의지에 따르는 경향을 보인다. 상대방이 거친 요구를 해오는 경우에 전형적으로 나타나는 반응이다.

[오답풀이] ① 상대방과 본인의 욕구를 모두 충족시키지 못하는 것은 회피형 협상전략의 특징이다.
② 통합형 협상전략에 대한 설명으로, 통합형 협상전략은 문제해결을 위하여 서로 간에 정보를 교환하면서 모두의 목표를 달성할 수 있는 윈-윈 해법을 찾는 방식이다. 아울러 서로의 차이를 인정하고 배려하는 신뢰감과 공개적인 대화를 필요로 한다. 가장 바람직한 갈등해결 유형이라 할 수 있다.
③ 서로가 받아들일 수 있는 결정을 하기 위하여 타협적으로 주고받는 방식으로, 이는 타협형 협상전략에 대한 특징이다.
⑤ 자신에 대한 관심은 높고 상대방에 대한 관심은 낮은 경우에 나타나는 경쟁형 협상전략에 대한 특징이다.

35 ①

Quick해설 조직에서의 갈등은 개인이나 집단의 기대가 타인이나 타 집단에 의해 좌절되는 상황을 말한다. 이러한 갈등의 원인은 본능, 욕구 좌절, 방어 메커니즘, 성격의 차이, 가치관의 차이, 학습 등의 개인적 원인과 조직에서의 역할, 조직의 여러 집단 간의 목표의 차이, 자원의 부족과 할당 문제, 계층과 직급 간 차이, 보상제도, 조직 내 관리자의 관리 스타일, 과업 간 상호 의존정도 등의 조직적 원인으로 구분할 수 있다.
(가)에서는 신임 팀장이 기존 조직의 업무 스타일에 맞지 않아 팀장과 직원들 간에 갈등이 발생한 상황이므로 이는 관리자의 관리 스타일이 원인이 된 사례로 볼 수 있다.
(나)에서는 두 팀이 예산이라는 한정된 자원과 할당의 문제에 있어 갈등 상황이 연출된 사례라고 볼 수 있다.

36 ③

Quick해설 (가) 수동형: 자기 스스로 판단을 하지 못하고 리더에 의존하며, 지시가 있어야만 일을 수행한다.
(나) 순응형: 리더를 도와 적극적으로 조직에 헌신하지만 자신만의 아이디어가 없고 인기 없는 일은 수행하려 하지 않는다.
(다) 모범형: 독립적이고 헌신적이며 자신의 역할을 적극적 · 주도적으로 수행하는 이상적인 유형이다.
(라) 실무형: 균형 잡힌 시각을 가진 사람으로 규정과 규칙을 엄수하며 실무에 능하지만 적당한 열의와 평범한 수완으로 업무를 수행한다.
(마) 소외형: 자립적인 사람으로 때로는 일부러 조직에 반대 의견을 제시하기도 하며 냉소적이고 고집이 세다.

37 ④

Quick해설 선택지 ④의 사례는 기업이 자사의 시장을 넓히고 매출을 증대시킨다는 목적 역시 포함되어 있어 기업의 사회적 책임이 아닌 공유 가치 창출(Created Shared Value, CSV) 사례로 볼 수 있다. 공유 가치 창출이란 기업의 비즈니스 모델을 통해 사회적 수요를 충족시킴으로써 경제적 가치와 사회적 가치를 동시에 추구하는 것을 말한다. 기업은 장기적 경쟁우위를 확보하기 위해서 지역사회뿐만 아니라 기업 역시 공유할 수 있는 가치를 창출해야 할 것이며, 기부나 봉사 활동 등을 하는 CSR과 차이가 있다.

[오답풀이] 기업의 사회적 책임(Corporate Social Responsibility, CSR)이란 기업 활동에 의해 영향을 받거나 영향을 주는 직·간접적 이해관계자들에 대하여 발생 가능한 제반 이슈들에 대한 법적, 경제적, 윤리적 책임을 감당할 뿐 아니라, 기업의 리스크를 줄이고 기회를 포착하여 중장기적 기업 가치를 제고할 수 있도록 추진하는 일련의 '이해관계자 기반 경영활동'이라고 할 수 있다. 즉, 기업의 이익을 창출하는데 책임감을 갖고 있던 범위를 넘어 이해관계자를 포함한 사회와 환경 등에 대한 책임감을 갖고 그것을 실천하는 행위를 말한다.

38 ②

Quick해설 에티켓은 사람과 사람 사이에 마땅히 지켜야 할 규범으로서 형식적인 측면이 강하고, 매너는 그 형식을 나타내는 방식으로 방법적 성격이 강하다.

39 ⑤

Quick해설 직장 내 괴롭힘은 근로기준법에서 '사용자 또는 근로자가 직장에서의 지위 또는 관계 등의 우위를 이용하여 업무상 적정 범위를 넘어 다른 근로자에게 신체적 · 정신적 고통을 주거나 근무환경을 악화시키는 행위'로 정의하고 있다.

[오답풀이] ㉠ 직장 내 괴롭힘은 반드시 집단이 개인에게 가하는 행위여야만 하는 것은 아니다.

㉣ 정당한 이유의 유무는 직장 내 괴롭힘의 성립요건이 될 수 없다. 정당한 이유가 있다 하여도 업무 범위를 벗어나 고통을 주거나 폭력, 폭언을 일삼는 행위는 직장에서의 괴롭힘에 해당한다.

40 ④

Quick해설 사적인 만남이라고 할지라도 업무를 빙자한 상대방 불러내기 등 업무 관련성이 있다고 판단할 만한 요소가 있는 경우 '직장 내 성희롱' 또는 '성희롱'이라고 볼 수 있다.

[오답풀이] ① 남녀고용평등법상 '직장 내 성희롱'의 가해자 범위에 포함될 수 없는 거래처 관계자나 고객 또한 성희롱의 가해자가 될 수 있고, 남성 및 여성 구분 없이 모두 가해자가 될 수도 있다.

②, ③ 남녀근로자 모두 직장 내 성희롱의 피해자가 될 수 있으며, 현재 고용관계가 이루어지지 않았더라도 장래 고용관계를 예정하는 모집, 채용 과정의 채용 희망자(구직자)도 성희롱 피해자의 범위에 포함된다고 보고 있다. 그러나 고객과 거래처 직원은 '직장 내 성희롱' 피해자 범위에서 제외된다.

⑤ 성적인 언어 또는 행동과 이를 조건으로 고용상의 불이익을 초래하거나 고용환경을 악화시키는 것은 직장 내 성희롱에 해당한다.

공기업 NCS 통합 실전모의고사 5회

01	①	02	②	03	①	04	⑤	05	①
06	⑤	07	②	08	③	09	④	10	③
11	④	12	②	13	①	14	①	15	②
16	④	17	④	18	②	19	②	20	④
21	①	22	⑤	23	①	24	⑤	25	①
26	⑤	27	③	28	⑤	29	①	30	⑤
31	④	32	④	33	④	34	②	35	②
36	①	37	③	38	⑤	39	①	40	④
41	④	42	⑤	43	②	44	②	45	①
46	①	47	②	48	①	49	①	50	①

☑ CHECK 영역별 실력 점검표

맞힌 문제와 틀린 문제를 체크해
나의 취약 영역을 한눈에 확인해 보세요!

문항	영역	O/×	문항	영역	O/×	문항	영역	O/×	문항	영역	O/×	문항	영역	O/×
01	의사소통		02	의사소통		03	의사소통		04	수리		05	수리	
06	수리		07	수리		08	수리		09	문제해결		10	문제해결	
11	문제해결		12	의사소통		13	의사소통		14	의사소통		15	수리	
16	수리		17	의사소통		18	의사소통		19	의사소통		20	수리	
21	수리		22	수리		23	문제해결		24	문제해결		25	문제해결	
26	의사소통		27	의사소통		28	의사소통		29	문제해결		30	문제해결	
31	문제해결		32	문제해결		33	의사소통		34	의사소통		35	의사소통	
36	문제해결		37	문제해결		38	수리		39	수리		40	수리	
41	자원관리		42	자원관리		43	자원관리		44	자원관리		45	자원관리	
46	정보		47	정보		48	정보		49	정보		50	정보	

01 ①

Quick해설 주어진 글은 초음파 진단 장치의 원리를 압전효과를 중심으로 설명하고 있다. 압전효과와 이를 이용한 초음파 진단 장치에 대한 설명은 있으나 이를 응용하여 상업적으로 이용한 또다른 예는 글에서 확인할 수 없다.

[오답풀이] ② 두 번째 문단에서 인체를 진단하는 도구로 초음파를 사용하게 된 것은, 초음파가 짧은 파장을 가지므로 투과성이 강하고 직진성이 탁월할 뿐 아니라 미세한 구조까지 자세하게 볼 수 있게 해 주기 때문이라고 설명하고 있다.

③ 첫 번째 문단에서 엑스선이 발견되기 전에는 칼을 대지 않고 인체 내부를 들여다볼 수 있을 것이라는 생각은 누구도 하지 못했다고 설명하고 있으므로 엑스선에 발견되기 전에 인체 내부를 들여다 보는 방법으로는 해부밖에 없었을 것이다.

④ 세 번째 문단에서 압전소자는 압전 변환기에서 초음파를 발생시키고, 반사되어 돌아오는 초음파를 감지하는 중요한 역할을 담당한다고 설명하고 있다.

⑤ 네 번째 문단에서 초음파 진단 장치를 사용할 때 검사 부위에 젤을 바르는 이유는 압전 변환기와 피부 사이에 공기층을 없애 반사로 인한 음파의 손실을 최소화하기 위해서라고 설명하고 있다.

02 ②

Quick해설 ㉠과 ㉡의 관계는 '결과 : 방법'의 관계이다. 이 관계와 가장 유사한 것은 '시험'을 통한 '선발'이다.

[오답풀이] ① '탈 것'이라는 의미에서 '대등 관계'이다.

③ 서로 돕고 사는 '공생 관계'이다.

④ 클래식이 음악의 한 종류이므로 '상하 관계'이다.

⑤ 탐험을 통해 발견을 하게 되므로 '방법 : 결과'의 관계이다.

03 ①

Quick해설 주어진 글을 통하여 GDP를 비교하여 국가의 경제 활동 규모는 파악할 수 있으나 소득 분배 수준을 비교할 수 있는지는 알 수 없다.

[오답풀이] ② 서비스를 창출한 것으로 인정되는 행위이나, 시장에서 거래된 서비스가 아니므로 GDP에서 제외되어야 한다.

③ 우리나라에서 창출한 수입이 아니므로 한국의 GDP에 계산되지 않는다.

④ 역시 우리나라 안에서 일한 결과에 따른 수입이므로 근로자의 국적에 관계없이 노동 수입이 증가하면 우리나라의 GDP는 증가한다.

⑤ GDP는 '한 나라 안에서' 누가 생산했는가에 상관없이 그 나라의 국경 안에서 생산된 재화와 서비스의 가치를 기준으로 하므로 옳은 설명이다.

04 ⑤

Quick해설 1부터 5까지 자연수 중에서 3개의 수를 선택하여 홀수인 세 자리 수가 되려면 일의 자리의 숫자가 1, 3, 5 중 하나여야 한다. 이때 백의 자리의 수와 십의 자리의 수를 선택하는 경우는 $4\times3=12$(가지)이다.

따라서 구하는 경우의 수는 $3\times12=36$(가지)이다.

05 ①

Quick해설 2021년의 전체 에너지 생산량을 x라 할 때, 2021년 신재생에너지 생산량은 전체 에너지 생산량의 35%를 차지하므로 $0.35x$이다. 다음 해 신재생에너지가 35% 증가했으므로 2022년 신재생에너지의 생산량은 $(0.35x)(1+0.35)$GWh이다. 2021년과 2022년의 전체 에너지 생산량의 차이가 135,000GWh이므로 2022년의 전체 에너지 생산량은 $(x+135{,}000)$GWh이다. 한편 2022년의 신재생에너지의 생산량은 전체 에너지 생산량의 37.8%를 차지했으므로 2022년 전체 에너지 생산량은 $\frac{(0.35x)(1.35)}{0.378}$GWh인데 이 값은 $(x+135{,}000)$GWh와 같다. $\frac{(0.35x)(1.35)}{0.378}=x+135{,}000$이고, $x=540{,}000$(GWh)이다. 따라서 2021년 신재생에너지의 생산량은 $540{,}000\times0.35=189{,}000$(GWh)이다.

06 ⑤

Quick해설 2022년의 전년 대비 영업이익 증가율은 다음과 같다.

$\frac{14{,}888-13{,}047}{13{,}047}\times100\fallingdotseq14.1(\%)$

2023년의 전년 대비 영업이익 증가율은 다음과 같다.

$\frac{18{,}879-14{,}888}{14{,}888}\times100\fallingdotseq26.8(\%)$

따라서 2022년보다 2023년의 전년 대비 영업이익 증가율이 높다.

[오답풀이] ① 2022년 연간 매출액은 96,706억 원이다. 이 값은 모든 분기별 매출액의 합과 같으므로 2022년 1~3분기의 합을 빼면 4분기 매출액을 구할 수 있다. 따라서 4분기 매출액은 $96{,}706-(24{,}453+25{,}370+25{,}261)=96{,}706-75{,}084=21{,}622$(억 원)이다.

② 2023년 연간 영업이익은 18,879억 원이므로 2023년 2분기 영업이익이 연간 영업이익의 32%에 해당한다면 $18{,}879\times0.32\fallingdotseq6{,}041$(억 원)이다.

③ 2022년 매출총이익은 (매출액)－(매출원가)이므로 $96{,}706-43{,}205=53{,}501$(억 원)이다. 2022년의 (판매비)＋(관리비)는 2022년 (매출총이익)－(영업이익)이므로 $53{,}501-14{,}888=38{,}613$(억 원)이다.

④ 영업이익률은 영업이익과 비례한다. 영업이익은 매출총이익에서 판매비와 관리비를 뺀 값으로 판매비와 관리비가 일정할 때 매출총이익이 클수록 영업이익이 증가하게 된다.
또한, 매출총이익은 매출액에서 매출원가를 뺀 값으로 이 때 매출원가가 낮을수록 매출총이익이 증가한다는 것을 알 수 있다.

따라서 판매비와 관리비가 일정할 경우 매출원가가 낮아질수록 영업이익률은 증가하게 된다.

07 ②

Quick해설 (영업이익률)(%)$=\frac{\text{(영업이익)}}{\text{(매출액)}}\times 100$이므로 A기업의 2022년 4분기 영업이익률은 $\frac{\text{2022년 4분기 영업이익}}{\text{2022년 4분기 매출액}}\times 100$이다.

2022년 4분기 영업이익은 14,888−(3,802+4,055+4,393)=2,638(억 원)이고, 2022년 4분기 매출액은 96,706−24,453−25,370−25,261=21,622(억 원)이다.

따라서 2022년 4분기 영업이익률을 계산하면 $\frac{2,638}{21,622}\times 100 ≒$ 12.20(%)이다.

08 ③

Quick해설 관리자 중 근로기간을 정한 사례수는 231×0.089≒21(명)이며, 이 중 고용 계약 기간이 3년 이하인 사례 수는 21×(0.516+0.119)≒13(명)이다.

[오답풀이] ① 사무종사자와 서비스종사자 중에서 근로기간을 정한 총 사례수는 1,397×0.087+643×0.135≒209(명)이다.

② 단순노무종사자 중 근로기간을 정하지 않은 사례 수는 1,280×0.75=960(명)이다.

④ 조사 사례수가 가장 작은 직업 종사자는 37명인 농림어업숙련 종사자이며, 이 직업 종사자의 근로기간을 정함의 비율과 정하지 않음의 비율의 차는 93.6−6.4=87.2(%p)이다.

⑤ 고용 계약 기간이 3년 초과 비율이 0%를 제외한 직업 중에서 비율이 가장 작은 직업은 0.8%인 기능원 및 관련기능종사자이며, 이 직업 종사자 중 근로기간을 정하지 않은 사례 수는 647×0.93≒602(명)이다.

09 ④

Quick해설 주어진 조건에 따르면 집에서 회사까지 갑은 35분 걸리고, 무는 60분이 걸리며, 무는 병보다 회사에 도착하기까지 20분이 더 걸리므로 병은 집에서 회사까지 40분이 걸리는 것을 알 수 있다. 또한 집에서 가장 늦게 출발하는 사람은 정, 가장 빨리 출발하는 사람은 을이므로 집에서 출발하는 시각이 빠른 사람은 을, 무, 병, 갑, 정 순서가 된다. 한편 6명은 집에서 회사까지 걸리는 시간이 모두 70분 이내이므로 을이 도착하는 데 걸리는 시간은 60분이 넘지만, 70분은 넘지 않는다. 또한 을이 집에서 회사까지 걸리는 시간은 기의 2배이므로 기가 회사에 도착하는 데 걸리는 시간은 30분이 넘지만, 35분은 넘지 않는다. 이에 따라 기는 갑과 같은 시각에 출발하거나 갑보다 늦게 출발한다는 것을 알 수 있다.

따라서 기가 집에서 회사까지 걸리는 시간은 30분이 넘지만, 기가 병보다 15분 늦게 집에서 출발하면 25분 만에 회사에 도착해야 하므로 항상 옳지 않은 설명이다.

[오답풀이] ① 을이 집에서 회사까지 걸리는 시간이 70분이라면 기는 35분이 걸리므로 항상 옳지 않은 설명은 아니다.

② 집에서 회사까지 병은 40분이 걸리고, 갑은 35분이 걸려 병은 갑보다 5분 빨리 집에서 출발하므로 항상 옳은 설명이다.

③ 을이 집에서 회사까지 걸리는 시간이 65분이라면 집에서 7시 55분에 출발하므로 항상 옳지 않은 설명은 아니다.

⑤ 무는 집에서 출발하는 시각이 을 다음으로 빠르므로 항상 옳은 설명이다.

10 ③

Quick해설 구슬이 모두 13개 들어 있고, 각 주머니에 들어 있는 구슬이 개수가 모두 다르며, 구슬의 개수는 주머니 3, 주머니 2, 주머니 1의 순으로 많다고 하였으므로 이를 토대로 경우의 수를 표로 정리하면 다음과 같다.

(단위: 개)

경우	주머니 1	주머니 2	주머니 3
1)	1	2	10
2)		3	9
3)		4	8
4)		5	7
5)	2	3	8
6)		4	7
7)		5	6
8)	3	4	6

A가 주머니 1을 열어본 후 주머니 2와 주머니 3에 각각 몇 개가 들어 있는지 알 수 없다고 하였으므로 주머니 1만 열어보고도 모든 주머니의 구슬 개수를 알 수 있는 경우 8)은 제외된다.

B가 주머니 3을 열어본 후 주머니 1과 주머니 2에 각각 몇 개가 들어 있는지 알 수 없다고 하였으므로, 경우 1), 2), 7)이 역시 제외된다. 주머니 3에 10개, 9개 또는 6개의 구슬이 들어 있다면 조건에 따라 주머니 1과 주머니 2의 구슬 개수가 정해질 수 있기 때문이다.

두 사람의 말을 듣고 C가 주머니 2를 열어본 후 주머니 1과 주머니 3에 각각 몇 개가 들어 있는지 알 수 없다고 하였으므로 경우 4)와 5)가 제외된다.

따라서 가능한 경우는 3)과 6)이 남게 되며, 이 두 경우에 주머니 2에 들어 있는 구슬의 개수는 모두 4로 동일하므로 정답은 4개이다.

11 ④

Quick해설 업체별 재계약 지수와 보안 실적 지수를 확인해 보면 다음과 같다.

구분	재계약 지수	보안 실적 지수
A	$\frac{76}{80}\times100=95$	$\frac{82}{90}\times100≒91.1$
B	$\frac{80}{80}\times100=100$	$\frac{72}{90}\times100=80$
C	$\frac{84}{90}\times100≒93.3$	$\frac{85}{100}\times100=85$
D	$\frac{90}{100}\times100=90$	$\frac{88}{96}\times100≒91.7$
E	$\frac{87}{90}\times100≒96.7$	$\frac{75}{90}\times100≒83.3$

따라서 재계약 지수 최상위 1개 기관은 B, 중위 2개 기관은 A, E, 최하위 2개 기관은 C, D이다. 그리고 보안 실적 지수 최상위 1개 기관은 D, 중위 2개 기관은 A, C, 최하위 2개 기관은 B, E이다. 그러므로 재계약 지수와 보안 실적 지수에 따른 점수의 합은 A가 $4+3=7$(점), B가 $5+1=6$(점), C가 $2+3=5$(점), D가 $2+5=7$(점), E가 $4+1=5$(점)이다. 이때, A와 D의 점수가 동일하므로 전년도 계약 건수가 96건으로 더 많은 D가 선정된다.

12 ②

Quick해설 주어진 글은 '반론권'이라는 개념을 설명한 후, 이 제도가 도입되던 당시에 있었던 찬반론을 소개하고 있다. 그러고 나서 마지막으로 반론권 제도의 효율성 제고를 위한 필자의 견해를 밝히고 있다.

[상세해설] 주어진 글의 첫 번째 문단에서는 반론권의 개념과 그 실현 방법을 설명하고 있다. 그리고 두 번째 문단에서는 이 제도가 도입되던 당시에 제기되었던 찬반론을 제시하고 세 번째 문단에서 이와 관련된 헌법재판소의 판단 내용을 소개하고 있다. 마지막으로 네 번째 문단에서는 반론권의 효율성을 제고하기 위해서는 당사자가 모두 만족할 수 있도록 중재의 합의율과 질적 수준을 높여야 할 것이라는 필자의 견해를 밝히고 있다. 따라서 주어진 글의 전개 방식으로 가장 적절한 것은 ②이다.

[오답풀이] ① 반론권에 대한 프랑스와 독일식 모델에 대해 언급하고 있지만 이를 여러 가지 사례를 열거하였다고 보기 어렵고, 이 사례를 바탕으로 새로운 주장을 하고 있지 않다.

③ 반론권이라는 개념이 변화되지 않았고, 새로운 개념이 등장하지도 않았다.

④ 반론권은 이론이라기보다는 개념에 가깝고, 반론권에 대한 두 견해의 장단점을 비교하거나 이를 절충하는 이론을 제시하지 않았다.

⑤ 반론권이 발전되어 가는 과정이나 그와 관련된 문제점이 언급되지 않았다.

13 ①

Quick해설 네 번째 문단에서 반론권은 해당 언론사의 잘못이나 기사 내용의 진실성 여부에 상관없이 청구할 수 있다고 언급되어 있으므로 보도 내용이 사실인 경우에도 반론권을 청구할 수 있음을 알 수 있다.

[오답풀이] ② 첫 번째 문단에서 추후 보도는 형사상의 조치를 받은 것으로 보도된 당사자의 무혐의나 무죄 판결에 대한 내용을 보도해 주는 것이라고 언급되어 있을 뿐 피해자가 반론 보도와 추후 보도를 동시에 청구할 수 있는지는 알 수 없다.

③ 두 번째 문단에서 반론권 제도가 세계적으로 약 30개 국가에서 시행되고 있음을 알 수 있는데, 우리나라가 그중에 몇 번째로 시행되었는지는 알 수 없으며 반론권이 시행되는 국가가 모두 OECD 국가인지도 알 수 없다.

④ 첫 번째 문단에서 반론권은 언론의 보도로 피해를 입었다고 주장하는 당사자가 문제가 된 언론 보도 내용 중 순수한 의견이 아닌 사실적 주장(사실에 관한 보도 내용)에 대해 해당 언론사를 상대로 지면이나 방송으로 반박할 수 있는 권리라고 나와 있지만, 그 분량에 대해서는 알 수 없다.

⑤ 두 번째 문단에서 반론권이 개인에게는 신속히 피해를 구제받을 기회를 주는 것이라고 언급되어 있으므로 반론권은 개인이 행사할 수 없다는 추론은 적절하지 않다. 또한 법인이나 단체, 조직이 반론권을 행사할 수 있는지는 주어진 글을 통해 알 수 없다.

14 ①

Quick해설 주어진 글은 정전기의 원리를 복사기를 예로 들어 설명하고 있다.

[상세해설] 주어진 글의 첫 번째 문단에서는 정전기의 개념을, 두 번째 문단에서는 정전기의 원리를, 세 번째와 네 번째 문단에서는 정전기의 원리를 복사기를 예로 들어 설명하고 있다.

15 ②

Quick해설 세 버스의 배차 간격의 최소공배수를 구하기 위해 각 배차 간격을 소인수분해 해보면 $12=3\times2^2$, $15=3\times5$, $25=5^2$이다. 최소공배수는 $3\times2^2\times5^2=300$(분)이므로 5시간마다 K의 집 근처 정류장에 세 버스가 동시에 정차한다. 따라서 오전 7시 이후 세 버스가 다음으로 동시에 정차하는 시간은 오후 12시이다. 한편 20번과 24번 버스의 배차 간격의 최소공배수는 $3\times4\times5=60$(분)이므로 매 정시마다 두 버스가 함께 정차한다. 따라서 오전 7시에서 오후 12시 사이에 오전 8시, 오전 9시, 오전 10시, 오전 11시에 정류장에 함께 정차하므로 4번이다.

16 ④

고난도

Quick해설 20자리씩 x줄로 배치하면 8명의 자리가 부족하므로 영어 강의를 듣는 신입생의 수는 $(20x+8)$명이고, 25자리씩 y줄을 배치하면 마지막 줄에 13명이 앉게 되므로 영어 강의를 듣는 신입생의 수는 $25(y-1)+13$명이다.
이때, $(20x+8)=20(x+1)-12$이고 $25(y-1)+13=25y-12$이고, 영어 강의를 듣는 신입생의 수를 나타내는 두 식의 값은 서로 같으므로 $20(x+1)-12=25y-12$
$\rightarrow 20(x+1)=25y$
좌변은 20의 배수이고 우변은 25의 배수이므로 영어 강의를 듣는 신입생의 수는 20과 25의 공배수에서 12를 뺀 값과 같다. 즉, 가능한 수는 $100-12=88$, $200-12=188$, $300-12=288$, $400-12=388$ 등이다.
이때, 두 강의를 모두 듣는 신입생이 296명이고 영어 강의를 듣는 신입생 수가 중국어 강의를 듣는 신입생 수보다 적으므로 영어 강의를 듣는 신입생은 296명 이상 425명 미만이어야 한다. 따라서 영어 강의를 듣는 신입생의 수가 388명이므로 전체 신입생 수는 $388+425-296=517$(명)이다.

17 ④

Quick해설 귓바퀴의 가장자리라는 의미인 '귓전'은 올바른 표현이다. 사이시옷은 순우리말로 된 합성어거나 순우리말과 한자말로 된 합성어로 앞말이 모음으로 끝난 경우에 뒷말의 첫소리가 된소리로 날 때 받치어 적는다. '귓전'은 이 환경에 해당하는 단어이므로 사이시옷을 받쳐 적는 것이 옳다.

18 ②

Quick해설 각주구검(刻舟求劍)은 배에 칼을 새기고 물속에서 칼을 찾으려 한다는 뜻으로 상황의 변화에 적절히 대응하지 않고 오래된 방식이나 관습을 고수하려는 태도를 비판하는 데 사용된다. 글의 내용은 전통적인 방법을 고수하는 것이 혁신과 변화의 필요성을 간과하게 만들 수 있음을 지적하고 있으므로 가장 적절한 한자성어는 '각주구검'이다.

[오답풀이] ① 일시동인(一視同仁): 성인이 누구나 평등하게 똑같이 사랑함을 이르는 말이다.
③ 순망치한(脣亡齒寒): 입술이 없으면 이가 시리다는 뜻으로 서로 이해관계가 밀접한 사이에 어느 한쪽이 망하면 다른 한쪽도 영향을 받아 온전하기 어렵다는 말이다.
④ 결초보은(結草報恩): 죽은 뒤에라도 은혜를 잊지 않고 갚음을 이르는 말이다.
⑤ 망운지정(望雲之情): 자식이 객지에서 고향에 계신 어버이를 생각하는 마음을 뜻한다.

19 ②

고난도

Quick해설 '원칙이 논박되어서는 안 된다는 암묵적 관습이 있는 곳에서, 인류 공통의 관심사에 대한 자유로운 토론이 억압된 곳에서는 높은 수준의 정신적 활동을 결코 기대할 수 없다.'라고 하였으므로 원칙이 논박되지 않는 선에서 사상과 표현의 자유가 무제한 보장되어야 한다는 것은 옳지 않다.

[오답풀이] ① '스스로 생각하는 고뇌를 거치지 않고 획득하는 진리보다는 오히려 스스로 생각해낸 오류에 의하여 진리는 발전된다.'를 통해 알 수 있다.
③ '자신의 양심과 지성이 시키는 대로 하지 않고 그것을 속이는 사람은 어느 누구도 위대한 사상가가 될 수 없다.'를 통해 개방되고 자유로운 사회가 위대한 사상가를 낳을 수 있음을 알 수 있다.
④ '보통 사람들로 하여금 아무리 보잘 것 없더라도 (오류 투성이라도) 자신이 스스로 생각해 낸 견해가 얼마나 중요한가를 깨닫도록 하는 데에 있다.'를 통해 알 수 있다.
⑤ 마지막 문단의 내용을 통해 알 수 있다. 특히 '만일 그 자신의 의견이 개방된 분위기 속에서 충분한 토론의 도마 위에 올려진 적이 없다면, 설령 그것이 진리라고 할지라도 그것을 살아있는 진리라고 할 수 없다. 즉, 죽은 독단으로서 지지되는 진리일 뿐이라는 것이다.'를 통해 알 수 있다.

20 ④

Quick해설 서울의 5월 평균 기온의 전월 대비 증가율은 $\frac{17-13}{13}\times100≒30.8(\%)$이고, 6월 평균 기온의 전월 대비 증가율은 $\frac{23.4-17}{17}\times100≒37.6(\%)$이다.

[오답풀이] ① 8월의 평균 기온은 광주(26.7℃)보다 서울(26.8℃)이 더 높다.
② 강수량이 가장 많은 달은 7월이고, 7월의 4개 지역 평균강수량 합은 $250.3+267.8+280.2+141.6=939.9$(mm)이다. 가장 적은 달은 1월이고, 1월의 4개 지역 평균 강수량 합은 $27.2+12.5+28+32.2=99.9$(mm)이다. 따라서, 이 둘의 차이는 $939.9-99.9=840$(mm)이다.
③ 광주지역은 1월부터 8월까지 월별 평균 강수량이 꾸준하게 증가했다.
⑤ 1~5월 제주지역의 평균 강수량이 대구지역의 평균 강수량보다 매월 더 많다.

21 ①

Quick해설 ㉠ 30대 이하인 응답자 중 20대와 30대에서 문화유적방문을 한 인원은 각각 $1,371\times0.175≒240$(명), $1,433\times0.245≒351$(명)이다. 따라서 30대 이하 응답자 중 문화유적방문에 응답한 인원의 비율은
$\frac{240+351}{1,371+1,433}\times100=\frac{591}{2,804}\times100≒21.1(\%)$이므로 20% 이

상이다.

㉡ 50대에서 자연명승, 국내캠핑, 테마파크가기에 모두 참여한 최대 인원수는 세 유형 중 7.4%로 가장 낮은 비율인 '테마파크가기'에 응답한 인원이 다른 두 유형에도 복수응답한 경우를 구하면 되므로 $1,831 \times 0.074 \fallingdotseq 135$(명)이다.

㉢ 연령별 참여한 여가활동에서 가장 많이 참여한 유형은 '자연명승'으로 모두 같다.

[오답풀이] ㉣ 지역축제참가에 응답한 40대와 60대 응답자 수는 각각 $1,717 \times 0.205 \fallingdotseq 352$(명), $1,707 \times 0.192 \fallingdotseq 328$(명)이므로 두 연령대의 응답자 수 차이는 $352-328=24$(명)이다.

22 ⑤

Quick해설 치킨, 햄버거, 피자의 주문 수량을 각각 x, y, z개라고 하면 피자 주문 수량이 치킨 주문 수량의 2배이므로 $z=2x$이고, 총 10개를 주문하므로 $x+y+z=x+y+2x=3x+y=10$이다.
이때 세 메뉴는 각각 적어도 하나 이상 포함되어야 하므로 다음과 같은 식을 세울 수 있다.

- $y=1$일 때 $x=3$이고, 이때 주문 금액은 $20\times3+6\times1+15\times6=156$(천 원)이다.
- $y=4$일 때 $x=2$이고, 이때 주문 금액은 $20\times2+6\times4+15\times4=124$(천 원)이다.
- $y=7$일 때 $x=1$이고, 이때 주문 금액은 $20\times1+6\times7+15\times2=92$(천 원)이다.

따라서 최대 금액과 최소 금액의 차이는 $156-92=64$(천 원)$=64,000$(원)이다.

23 ①

Quick해설 각 주민은 쓰레기 처리장을 설치하지 않는 결정이 내려질 경우 자신에게 어떤 변화도 생기지 않을 것이므로, 쓰레기 처리장이 설치될 경우에 어떻게 응답하는 것이 가장 유리한지를 고려할 것이다. 그런데 각 주민은 자기가 응답한 편익에 비례하여 비용을 부담하도록 되어 있으므로, 자신의 순편익(편익－부담비용)을 높이기 위해 자기 편익을 가능한 한 축소하여 답할 것이다(각 주민이 합리적으로 행동한다면 자기에게 가장 유리한 방향으로 편익이 모두 0이라고 응답하게 된다). 그 결과 편익의 총합이 100억 원보다 작아 쓰레기 처리장은 설치되지 않을 것으로 판단하는 것이 합리적이다.

24 ⑤

Quick해설 개별 경제 주체는 사회적 편익을 고려하지 않고 사적 편익만을 고려하여 행동한다. 따라서 사적 편익이 100만 원보다 작은 주민은 쓰레기 처리장 설치로부터 얻은 편익보다 설치비용 분담액이 크기 때문에 반대표를 던질 것이고, 사적 편익이 100만 원보다 작지 않은 주민은 찬성표를 던질 것이다. 따라서 쓰레기 처리장 설치로부터 얻는 사적 편익이 100만 원보다 작지 않은 주민의 수가 절반을 넘을 것인지에 의해 쓰레기 처리장의 설치 여부가 결정될 것이라고 판단하는 것이 합리적이다.

25 ①

Quick해설 각 국가의 경기별 승점과 승점 합, 골 득실 차는 다음과 같다.

구분		승점			승점 합	골 득실 차
		1경기	2경기	3경기		
A조	가국	1점	3점	1점	5점	1골
	나국	1점	0점	3점	4점	0골
	다국	3점	0점	0점	3점	0골
	라국	0점	3점	1점	4점	−1골
B조	마국	3점	1점	0점	4점	1골
	바국	0점	3점	1점	4점	−2골
	사국	1점	1점	1점	3점	0골
	아국	1점	0점	3점	4점	1골

따라서 A조에서는 승점 합이 가장 높은 가국이 1위이고, 골 득실 차에 따라 나국이 2위이다. B조에서는 마국, 바국, 아국의 승점 합이 동일하고, 마국과 아국의 골 득실 차가 동일하다. 또한 총득점도 4점으로 동일하다. B조 3경기에서 바국, 사국이 2:2로 동일하고, 마국이 0:2, 아국이 2:0이므로 3경기에서 마국과 아국이 경기했음을 알 수 있다. 3경기에서 아국이 승리하였으므로 아국이 1위, 마국이 2위이다. 따라서 4강에서는 가국과 마국이 맞붙고, 나국과 아국이 맞붙는다.

26 ⑤

Quick해설 ㉠과 연결된 문장에서는 '기술'이라는 말이 가장 많이 등장하며, 이어지는 의미를 '기술발전과 활용방안 → 기술의 특성 → 기술의 활용범위 → 4차 산업혁명을 주도할 기술'로 정리할 수 있다. 따라서 ㉠에는 '기술적'이라는 말이 들어가야 한다.
㉡에는 이어지는 '암호화폐를 하나의 산업으로 인식해 관련 분야의 부가가치를 키워 나가는 방식'이라는 말로 보아 '산업적'이 타당한 문구라고 볼 수 있다.
㉢에는 암호화폐 규율의 헛점과 악용에 따른 우려를 설명하며 이에 대한 대응을 촉구하므로 '제도적'이 들어가야 한다.

27 ③

Quick해설 암호경제란 콘텐츠, 빅 데이터, 기술, 자원, 상품, 서비스 등 모든 것을 암호화폐를 기준으로 가치를 매기고 거래하는 새로운 경제 패러다임이므로 지하경제의 의미와는 다른 개념이다.

[오답풀이] ① 법정화폐와 가상화폐가 보완제 역할을 해야 하고 상호 보완 관계를 구축해 서로 도움이 될 방법을 찾아야 한다고 설명되어 있다.

② 암호화폐를 금융의 한 분야가 아닌 통신판매업으로 분류해 취급하다보니 투자자 피해와 손실이 여기저기서 터져 나오고 있다고 설명되어 있다.

④ 일부 종목에 한정된 거래 대상을 넓혀 다양한 암호화폐가 거래되도록 해야 한다고 설명되어 있다.

⑤ 블록체인은 '연결과 분산의 기술'이며 한 번 기록된 데이터는 위조나 변조가 어려운 특성이 있다고 설명되어 있다.

28 ⑤

Quick해설 '깊숙히'는 '깊숙이'의 비표준어로 한글 맞춤법 규정에 따르면 'ㄱ'받침으로 끝나는 고유어 다음에는 '이'를 쓰는 것을 원칙으로 하고 있으므로 '깊숙이'가 맞는 표현이다.

[오답풀이] ㉠ 짐즛: '마음으로는 그렇지 않으나 일부러 그렇게'의 뜻을 지닌 짐짓의 옛말을 짐즛이라고 한다.

㉡ 금새: '지금 바로'의 뜻으로 쓰이는 부사 '금세'는 '금시에'가 줄어든 말이므로 '금세'가 맞는 표현이다.

㉢ 쉬었다: '머리카락 또는 수염 따위의 털이 희어지다'의 뜻인 '세다'가 맞는 표현이다.

㉣ 수북히: '쌓이거나 많이'의 뜻을 지닌 '수북히'는 '수북이'의 비표준어로 '수북이'가 맞는 표현이다.

29 ①

Quick해설 ㉠ 조합이 해산된 경우 납무의무자는 부과 종료시점 당시의 조합원이다.

㉡ 정상주택가격 상승분은 정기예금이자율과 평균주택가격상승률 중 높은 비율을 곱하여 산정하므로 6.0%를 적용한다.

㉢ 개발비용은 공사비, 설계감리비, 조합운영비 등이다. 재건축 개발비용이 2,400억 원 중 설계감리비 500억 원과 조합운영비 80억 원을 제외하면 1,820억 원이다. 공사비는 최대 1,820억 원이다.

㉣ 추진위원회 설립승인일부터 재건축사업 준공인가일까지 기간이 10년을 초과하는 경우에는 종료시점인 재건축사업 준공인가일부터 역산하여 10년이 되는 날을 개시시점으로 하므로, 재건축 추진위원회 설립승인일이 2008년 4월 3일이고, 재건축사업 준공인가일이 2018년 6월 30일인 경우, 10년을 역산한 2008년 6월 29일이 개시시점이 된다.

따라서 옳은 것의 개수는 0개이다.

30 ⑤

Quick해설 개시시점 주택가액은 3,500억 원이고, 종료시점에는 주택가액이 개시시점보다 1,500억 원 상승하였으므로 종료시점 주택가액은 3,500+1,500=5,000(억 원)이다. 개발비용이 1,000억 원이고, 정상주택가격 상승분 총액이 200억 원일 때, 재건축부담금 가액을 구하면 5,000−(3,500+200+1,000)=300(억 원)이다. 부과율을 적용하기 전 재건축부담금 가액은 조합 전체의 이익금이므로 조합원 수가 300명일 때, 조합원 1인당 평균 이익은 1억 원이다. 자료의 부과율 및 부담금 산식에 따라 조합원 1인당 평균 이익이 1억 원이면 '9천만 원 초과 1억1천만 원 이하' 구간에 해당하므로, 조합원 1인당 재건축부담금은 1,200만 원+(9천만 원 초과 금액의 40%)이다. 따라서 1,200+{(10,000−9,000)×0.4=1,600(만 원)이다.

31 ④

Quick해설 브레인스토밍은 자유롭고 개방적인 특징이 있으며 최종 평가의 단계 이전에 비판과 판단은 절대 해서는 안 되는 요소이다.

[상세해설] 브레인스토밍을 효과적으로 진행하기 위한 4가지 원칙은 다음과 같다.

- 남의 의견에 대한 비판금지
- 자유분방한 분위기 조성
- 질보다 양 우선
- 결합과 개선을 통한 의견 창출

32 ④

Quick해설 꽃을 구매할 때 품종과 색상이 각각 달라야 한다. 우선 해바라기는 노란색 품종만 있으므로 필수적으로 포함해야 한다. 다음으로 장미를 보면, 우선 수명이 4일 미만인 빨간색 장미는 포함할 수 없다. 남은 장미는 흰색과 노란색인데 노란색은 이미 해바라기가 포함되었으므로 장미는 흰색을 구매한다. 흰색 장미를 구매하므로 흰색 백합과 빨간색 백합 중에는 빨간색 백합을 구매해야 한다. 빨간색 백합을 구매하므로 카네이션은 보라색을 구매해야 한다. 즉, 구매할 네 가지 꽃은 다음과 같다.

품종	색상	한 송이당 가격	남은 수명
장미	흰색	1,500원	10일
해바라기	노란색	3,000원	8일
백합	빨간색	2,000원	7일
카네이션	보라색	2,500원	12일

네 가지 품종의 꽃을 구매하는 데 사용한 총비용은 각 품종이 동일하므로 각각의 가격에 대한 최소공배수를 구하기 위해 인수분해하면 다음과 같다.

- 흰색 장미: $3\times5\times100$
- 노란색 해바라기: $2\times3\times5\times100$
- 빨간색 백합: $2\times2\times5\times100$
- 보라색 카네이션: $5\times5\times100$

따라서 최소공배수는 $2\times2\times3\times5\times5\times100=30,000$이다. 네 가지 품종의 꽃 가격 총합의 최솟값은 $30,000\times4=120,000$(원)이다.

33 ④

Quick해설 주어진 글은 중상주의 시기부터 근대까지 통계가 국가의 통치와 어떠한 방식으로 관련을 맺고 있는지를 밝히고 있다. 글에서 알 수 있듯이 인구와 경제 부문에 집중되었던 통계 조사는 근대 국민 국가에 이르러 앎과 통치가 결합된 지식 형태를 띠게 되었다는 것이 이 글의 핵심 내용이라고 할 수 있다. 여기에서 중심이 되는 내용은 근대 국민 국가에서는 통치 형태가 바뀌면서 합법칙적 통치를 요구하게 되었고 이를 통계 조사가 뒷받침하게 되었다는 것이다. 따라서 이를 제목 형태로 바꾼다면 ④가 가장 적절하다.

[오답풀이] ① 통계 조사의 형태에 대한 언급이 있기는 하지만 주된 내용이라고는 볼 수 없다.
② '지식'이라는 지나치게 포괄적인 개념을 제시하고 있어 제목으로 적절하지 않다.
③ 통계의 학문적 속성과 통계의 기원은 글에서 제시되어 있으나 전체를 포괄하는 제목으로 적절하지 않다.
⑤ 글의 내용과 관계가 없다.

34 ②

Quick해설 은행위기를 중심으로 금융위기에 관한 주요 시각을 네 가지로 분류하여 제시하면서 각 시각이 어떤 방식으로 금융위기를 바라보고 있는지를 구체적으로 설명하고 있다.

35 ②

Quick해설 은행의 지불 능력이 취약하다고 많은 예금주가 예상하게 되면 실제로 지불능력이 취약해진다. 은행의 예금 지급 불능이 예상되면 예금주들은 불안감 때문에 예금 인출을 요구하게 되는데, 은행은 예금의 일부만 지급준비금으로 보유하고 있으므로 예금 인출 요구가 쇄도하게 되면 은행은 현금 보유량을 '늘리기' 위해 자산을 매각하게 된다. 이때 은행이 자산을 서둘러 매각하려고 하면 은행의 자산 가격은 '하락하고' 그 결과 은행의 지불 능력이 실제로 '낮아지게' 된다.

36 ①

Quick해설 해당 제품을 조립 · 분해하기 전에 기기의 전원을 뽑으라고 하였으므로 박 씨는 올바르게 제품의 안전 사항을 잘 지킨 것이다. 따라서 정답은 ①이다.

[오답풀이] ②, ④ 해당 제품을 청소할 때는 중성세제를 사용하여 부드러운 천으로 세척하라고 제시되어 있다.
③ 해당 제품은 가정용으로 설계된 것으로, 매장 · 사무실 · 농장 · 숙박시설 등에서는 사용하지 말아야 한다.
⑤ 해당 제품의 사용설명서 및 위험 요소를 충분히 인지하였더라도 철저한 관리 감독하에서 사용할 것을 제시하고 있다. 즉, 최 씨는 제품의 안전 사항을 잘 지키지 않았다.

37 ③

Quick해설 ㉠ 각 프로그램은 적어도 1개 이상의 메모리 영역을 사용하고 전체 프로그램이 사용하는 메모리 영역 개수의 합은 최대 6개이며, P1이 이미 2개의 메모리 영역을 사용하므로 P2도 2개의 메모리 영역을 사용한다면 P3와 P4는 각각 1개의 메모리 영역을 사용해야 한다. 즉, 옳은 설명이다.

㉡ 다음과 같은 경우가 가능하므로 옳은 설명이다.

M1	M2	M3	M4
P1	P2, P3, P4	P1	P2

[오답풀이]

㉢ 다음과 같은 경우가 가능하므로 옳지 않다.

M1	M2	M3	M4
P1	P2, P3	P1	P2, P4

38 ⑤

Quick해설 화물선이나 유조선이라도 150톤 미만인 경우 기타 선박에 포함되며, 주어진 선박의 경우 총톤수 150톤 이상이므로 접안료는 (가)의 규정이 적용된다.

[오답풀이] ① 선박입출항료는 수역시설, 접안료는 외곽시설로 구분되므로 지역적 구분이 다르다.
② 접안료 징수대상 선박 중 기타 선박의 사용료를 납부하는 선박은 정박료와 계선료 징수대상에서 제외된다.
③ 초과사용료는 총톤수 150톤 이상의 선박에만 적용되는 요금이다.
④ 모두 12시간이다.

39 ①

Quick해설 1) A선박의 경우

- 선박입출항료: 135×160=21,600(원)
- 접안료: 358×16=5,728(원)(기본료), 29.9×16×4≒1,914(원) → 5,728+1,914=7,642(원)
- 정박료: 187×16=2,992(원)(기본료), 15.7×16×4≒1,005(원) → 2,992+1,005=3,997(원)
- 계선료: 28.5×16=456(원)

따라서 총 33,695원을 지불해야 한다.

2) B선박의 경우

- 선박입출항료: 135×100=13,500(원)
- 접안료: 6,781×1.5≒10,172(원)(기본료+50% 가산)

(기타 선박이므로 정박료와 계선료는 징수대상에서 제외된다.)
따라서 총 23,672원을 지불해야 한다.

40 ④

Quick해설 2020년 예술 분야별 공연 및 전시에서 문학, 시각예술, 공연예술 분야의 비중을 확인해 보면 다음과 같다.

- 문학: $\frac{14,267}{29,735}\times 100 \fallingdotseq 48(\%)$
- 시각예술: $\frac{6,379}{29,735}\times 100 \fallingdotseq 21(\%)$
- 공연예술: $\frac{9,089}{29,735}\times 100 \fallingdotseq 31(\%)$

따라서 원그래프로 나타내면 다음과 같다.

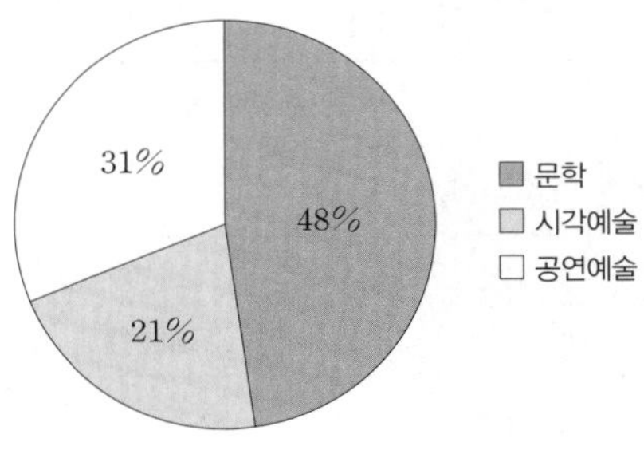

41 ④

Quick해설 A사의 직원들은 아침 8시에 출근하여 1시간 동안 사전 준비사항을 점검한 후 회사를 출발하며, 회사에서 서울역까지는 50분이 소요된다고 하였으므로 서울역에 도착하기까지 1시간 50분이 소요된다. 따라서 A사 직원들은 서울역에 9시 50분에 도착하므로 서울 출발 시간이 9시 30분인 S－121 열차는 탈 수 없다. 평일에는 행사가 오후 2시에 시작하므로, 부산역에 오후 1시 20분까지 도착해야 한다. 주말에는 행사가 오후 1시 반에 시작하므로, 부산역에 오후 12시 50분까지 도착해야 한다. 토요일에 운행하는 열차는 S－121과 S－124인데, S－121는 서울 출발 시간에 맞추어 탈 수 없고, S－124는 행사 시작 시간에 맞추어 부산역에 도착할 수 없으므로, A사 직원들은 토요일에 탈 수 있는 열차가 없다.

[오답풀이] ① 월요일에 S－124를 타면 행사에 참여할 수 있다.
② 화요일에 S－123을 타면 행사에 참여할 수 있다.
③ 목요일에 S－122나 S－123을 타면 행사에 참여할 수 있다.
⑤ 일요일에 S－120을 타면 행사에 참여할 수 있다.

42 ⑤

Quick해설 기획부, 재무부, 영업부, 홍보부, 인사부 순으로 신입사원을 배정한다. 기획부는 리더십과 정보수집능력이 모두 '좋음' 이상인 사람을 배정한다. 해당하는 사람은 B와 E이고, B가 우선순위가 있으므로 B를 배정한다.
재무부는 리더십이 '좋음' 이상인 사람 중에서 자원관리능력이 가장 좋은 사람을 배정한다. B를 제외하고 리더십이 '좋음' 이상인 사람은 A와 E이고, 이 중 A의 자원관리능력이 더 좋으므로 A를 배정한다.
영업부는 어학능력과 의사소통능력이 모두 '좋음' 이상인 사람을 배정한다. A를 제외하고 해당하는 사람은 C이므로 C를 배정한다.
홍보부는 의사소통능력이 '좋음' 이상인 사람 중에서 정보수집능력이 가장 좋은 사람을 배정한다. A, C를 제외하고 의사소통능력이 '좋음' 이상인 사람은 D이므로 D를 배정한다.
인사부는 자원관리능력이 '좋음' 이상인 사람을 배정해야 하나 남은 신입사원이 E뿐이므로 E를 배정한다.
따라서 적절하게 배치된 경우는 E－인사부이다.

43 ②

Quick해설 가능한 경로는 다음 세 가지이다.
ⅰ) 회사－A지사－B지사－C지사－D지사－E지사－공장
ⅱ) 회사－A지사－B지사－C지사－E지사－D지사－공장
ⅲ) 회사－B지사－A지사－D지사－C지사－E지사－공장
각 경로의 이동 거리는 다음과 같다.
ⅰ) 30＋35＋10＋30＋10＋30＝145(km)
ⅱ) 30＋35＋10＋30＋10＋25＝140(km)
ⅲ) 20＋35＋15＋30＋30＋30＝160(km)
따라서 최 대리가 공장에 도착할 때까지의 최단 거리는 140km이다.

44 ② 

Quick해설 **43**번에서 확인한 세 경로를 이동하는 데 필요한 휘발유의 양을 계산해보면 다음과 같다.

ⅰ) 회사－A지사－B지사－C지사－D지사－E지사－공장
- 고속도로: 회사－A지사(30km), C지사－D지사(30km) 즉, 30＋30＝60(km)이므로 고속도로로 갈 때 필요한 휘발유의 양은 60÷20＝3(L)이다.
- 국도: A지사－B지사(35km), B지사－C지사(10km), D지사－E지사(10km), E지사－공장(30km)
  즉, 35＋10＋10＋30＝85(km)이므로 국도로 갈 때 필요한 휘발유의 양은 85÷10＝8.5(L)이다.

따라서 경로 ⅰ)로 갈 때 필요한 휘발유의 양은 3＋8.5＝11.5(L)이다.

ⅱ) 회사－A지사－B지사－C지사－E지사－D지사－공장
- 고속도로: 회사－A지사(30km), C지사－E지사(30km)
  즉, 30＋30＝60(km)이므로 고속도로로 갈 때 필요한 휘발유의 양은 60÷20＝3(L)이다.
- 국도: A지사－B지사(35km), B지사－C지사(10km), E지사－D지사(10km), D지사－공장(25km)
  즉, 35＋10＋10＋25＝80(km)이므로 국도로 갈 때 필요한 휘발유의 양은 80÷10＝8(L)이다.

따라서 경로 ⅱ)로 갈 때 필요한 휘발유의 양은 3＋8＝11(L)이다.

ⅲ) 회사－B지사－A지사－D지사－C지사－E지사－공장
- 고속도로: 회사－B지사(20km), A지사－D지사(15km), D지사－C지사(30km), C지사－E지사(30km)

즉, 20+15+30+30=95(km)이므로 고속도로로 갈 때 필요한 휘발유의 양은 95÷20=4.75(L)이다.

• 국도: B지사－A지사(35km), E지사－공장(30km)

즉, 35+30=65(km)이므로 국도로 갈 때 필요한 휘발유의 양은 65÷10=6.5(L)이다.

따라서 경로 ⅲ)으로 갈 때 필요한 휘발유의 양은 4.75+6.5=11.25(L)이다.

㉠ 휘발유가 가장 적게 드는 경로는 ⅱ)이고, 필요한 휘발유의 양은 11L이다. 휘발유의 가격은 1L당 1,700원이므로 최소 주유비용은 11×1,700=18,700(원)이다.

㉣ 회사 다음에 B지사에 들르는 경로는 ⅲ)뿐이다. 이때 필요한 휘발유의 양은 11.25L인데 휘발유는 1L 단위로 주유할 수 있으므로 주유량은 12L이다. 따라서 주유비는 12×1,700=20,400(원)이므로 20,000원 이상이다.

[오답풀이] ㉡ 이동 거리는 경로 ⅲ)이 160km로 가장 멀지만 필요한 휘발유의 양은 경로 ⅰ)이 11.5L로 가장 많다.

㉢ 경로 ⅱ)로 가면 11L의 휘발유를 주유해도 공장에 도착한다.

문제 풀이 Tip

이와 같은 문항을 해결할 때, 적어둔 경로별 이동 거리에 고속도로만 따로 표시해서 계산하면 편리하다. 예를 들면 ⅰ)의 경로의 이동거리 ㉚+35+10+㉚+10+30=145(km)에서 고속도로만 따로 ○ 표시를 하는 것이다. 즉, 고속도로는 30+30=60(km)이고, 국도는 35+10+10+30=85(km)임을 쉽게 알 수 있다.

45 ①

Quick해설 예산관리능력은 최소의 비용으로 최대의 효과를 얻기 위해 요구되는 능력이나, 무조건 비용을 적게 들어는 것이 좋은 것은 아니다. 개발책정비용과 실제 비용이 일치하는 것이 이상적이다.

46 ①

Quick해설 (가) 태그(Tag): 데이터의 집합에 붙여진 하나 이상의 문자로서 이 집합에 관한 정보를 포함하여 집합을 식별할 수 있는 것으로 항목이나 레코드에 붙여진다.

(나) 아카이브(Archive): 웹사이트상에서 백업, 보관 등을 위해 한 곳에 모아둔 파일을 의미한다. '아카이브'란 영어로 정부나 관공서, 기타 조직체의 공문서와 사문서를 소장 · 보관하는 문서국 또는 기록보관소를 의미하는 말이다.

(다) 쿠키(Cookie): 어떤 사람이 특정 웹사이트를 접속할 때 웹사이트의 서버가 방문자의 컴퓨터에 저장하는 ID와 비밀번호, 사이트 정보 등을 말한다.

(라) 배치 파일(Batch File): 키보드로 한 번에 하나씩 입력해야 하는 일련의 명령어들을 하나의 파일로 작성하기 때문에 붙여진 이름이다.

47 ②

Quick해설 ②와 같은 사항은 정보검색이 완료된 후, 수많은 정보들을 분석하는 과정에서 이루어지는 활동이다. '정보분석'은 여러 정보를 상호 관련지어 새로운 정보를 생성해 내는 활동을 의미한다.

[상세해설] 정보 검색을 위해서는 검색 주제 선정, 정보원 선택, 검색식 작성, 결과 출력 등의 과정을 거치게 된다. 검색하고자 하는 주제가 선정되면 ①, ③, ④, ⑤와 같은 질문을 통해 찾고자 하는 정보가 존재할 수 있는 위치(Know－where)에 대하여 많은 관심을 갖는 습관이 필요하다.

48 ①

Quick해설 VLOOKUP은 범위에서 첫 열에서 찾을 값에 해당하는 데이터를 찾은 후 찾을 값이 있는 행에서 열 번호 위치에 해당하는 데이터를 구하는 함수이다. '=VLOOKUP(찾을 값,범위,열 번호,유사도)'의 수식을 입력하며, 찾을 값은 원본 데이터에서 해당 '품목코드'가 있는 B2 셀을 선택한다. 범위는 C9:D12 영역을 선택하되, 고정 값이므로 절대참조인 '$'를 삽입한다. 또한, 열 번호는 지정된 범위에서 두 번째 열에 '품명'이 있으므로 열의 위치 값인 2가 된다. 유사도는 유사일치일 경우에는 1, 완전일치일 경우에는 0을 입력하면 된다.

49 ①

Quick해설 MID 함수는 텍스트 문자열에서 지정된 문자를 추출하여 입력하는 함수이다. 띄어쓰기 역시 하나의 문자로 인식하므로 문자수에 포함시켜야 한다. 전화번호의 첫 자리 0은 왼쪽부터 다섯 번째에 있으며, 띄어쓰기 포함 총 13글자를 추출해야 하므로 입력식은 =MID(A2,5,13)이 되어야 한다.

50 ①

Quick해설 정보처리 과정의 단계는 기획 → 수집 → 관리 → 활용 순이므로 순서대로 배열하면 ㉠－㉢－㉡－㉣이다.

[상세해설] 정보처리 과정에 따라 구분하면 다음과 같다.

1. 기획: 5W2H에 맞게 기획을 하는 것을 정보의 전략적 기획이라 하며, 이는 정보활동의 첫 단계로서 정보관리의 가장 중요한 단계이다.
2. 관리: 정보의 관리란 수집된 다양한 형태의 정보를 어떤 문제 해결이나 결론 도출에 사용하기 쉬운 형태로 바꾸는 일이다. 정보를 관리할 때에는 목적성(사용 목적을 명확히 설명해야 한다), 용이성(쉽게 작업할 수 있어야 한다), 유용성(즉시 사용할 수 있어야 한다)의 세 가지 원칙을 고려해야 한다.
3. 수집: 정보의 수집은 다양한 정보원으로부터 목적에 적합한 정보를 입수하는 것이라 할 수 있다. 정보수집의 목적에는 여러 가지가 있지만, 최종 목적은 '예측'을 잘하는 것이다.

4. 활용: 정보 활용능력은 정보기기에 대한 이해나 최신 정보기술이 제공하는 주요 기능, 특성에 대한 지식을 아는 능력만 포함되는 것이 아니라 정보가 필요하다는 문제 상황을 인지할 수 있는 능력, 문제 해결에 적합한 정보를 찾고 선택할 수 있는 능력, 찾은 정보를 문제해결에 적용할 수 있는 능력, 윤리의식을 가지고 합법적으로 정보를 활용할 수 있는 능력 등 다양한 능력이 수반되어야 한다.

공기업 NCS 통합 실전모의고사 6회

01	④	02	②	03	⑤	04	③	05	②
06	③	07	④	08	⑤	09	②	10	③
11	④	12	③	13	③	14	④	15	③
16	③	17	⑤	18	④	19	②	20	③
21	③	22	④	23	②	24	③	25	①
26	④	27	④	28	②	29	②	30	②
31	③	32	①	33	④	34	⑤	35	③
36	①	37	①	38	⑤	39	②	40	①
41	④	42	②	43	④	44	③	45	②
46	③	47	④	48	④	49	⑤	50	①

☑ CHECK 영역별 실력 점검표

맞힌 문제와 틀린 문제를 체크해
나의 취약 영역을 한눈에 확인해 보세요!

문항	영역	O/×	문항	영역	O/×	문항	영역	O/×	문항	영역	O/×	문항	영역	O/×
01	의사소통		02	의사소통		03	의사소통		04	의사소통		05	의사소통	
06	의사소통		07	의사소통		08	의사소통		09	의사소통		10	의사소통	
11	수리		12	수리		13	수리		14	수리		15	수리	
16	수리		17	수리		18	수리		19	수리		20	수리	
21	문제해결		22	문제해결		23	문제해결		24	문제해결		25	문제해결	
26	문제해결		27	문제해결		28	문제해결		29	문제해결		30	문제해결	
31	자원관리		32	자원관리		33	자원관리		34	자원관리		35	자원관리	
36	자원관리		37	자원관리		38	자원관리		39	자원관리		40	자원관리	
41	정보		42	정보		43	정보		44	정보		45	정보	
46	정보		47	정보		48	정보		49	정보		50	정보	

01 ④

Quick해설 그녀는(주격 조사) / 경기장에서(장소를 나타내는 부사격 조사) / 친구를(목적격 조사) / 마주쳤다.

→ [조건]에 따라 주격 조사, 목적격 조사, 부사격 조사가 쓰인 적절한 문장이다.

[오답풀이] ① 정부에서(단체 주격 조사) / 대책안을(목적격 조사) / 발표하였다.

→ 주격 조사와 목적격 조사만 쓰인 문장이다. 참고로 주격조사 '－에서'는 '이/가'로 대체되었을 때 자연스러우면 주격조사이다.

② 컴퓨터의(관형격 조사) / 구성요소는(주격 조사) / 복잡하다.

→ 관형격 조사와 주격 조사만 쓰인 문장이다.

③ 사장님께서(높임의 주격조사) / 최신의(관형격 조사) / 시스템을(목격적 조사) / 도입하셨다.

→ 주격 조사, 관형격 조사, 목격적 조사가 쓰인 문장이다.

⑤ 그는(주격 조사) / 미래에(시간 나타내는 부사격 조사) / 과학자가(보격 조사) / 된다.

→ 주격 조사와 부사격 조사, 보격 조사가 쓰인 문장이다.

02 ②

Quick해설 첨부물은 본문 내용이 끝난 다음 줄에 '붙임'의 표시를 하고 첨부물의 명칭과 수량을 표시한다. 이때 '붙임' 다음에는 한 글자(2타) 여백을 두며, 첨부물은 한꺼번에 묶어서 제시하지 않는다. '붙임'이 있는 공문서는 붙임 표시문 끝에 한 글자(2타) 여백을 두고 '끝' 표시를 한다.

[오답풀이] ① 첨부물이 하나일 경우에는 붙임 뒤에 별도의 숫자를 기재하지 않으므로 적절하지 않다.

③ 첨부물의 수량을 기재하지 않았으므로 적절하지 않다.

④ '붙임' 다음에 1타 여백을 두었으므로 적절하지 않다.

⑤ 첨부물을 한꺼번에 묶어서 제시하였으므로 적절하지 않다.

03 ⑤

Quick해설 ㉠ 각 항목 진술은 평서형 종결 어미 '－다'로 끝내는 것이 원칙이다. 다만, 내부 결재용 문서에서는 '－함', '－것'과 같이 개조식 문장으로 끝내는 것을 허용한다. 따라서 첫 번째 항목 진술의 '관련'을 '관련입니다.'로 수정해야 하므로 적절하다.

㉡ 두 번째 항목의 진술에서 '시행시고'를 '시행하시고'로 수정해야 하므로 적절하다.

㉢ 수신자가 많은 경우에는 두문의 수신란에 '수신자 참조'라고 표시하고 결문의 발신명 다음 줄에 수신자란을 표시하여 수신자명을 기재해야 하므로 적절하다.

㉣ 날짜를 표기할 때는 숫자로 하되 연, 월, 일의 글자는 생략하고 그 자리에 마침표를 찍어야 한다. 따라서 일의 뒤에 마침표가 누락된 '2021. 1. 28'을 '2021. 1. 28.'로 수정해야 하므로 적절하다.

㉤ 항목의 내용이 한 줄 이상인 경우에는 두 번째 줄부터 항목의 첫 글자에 맞추어 정렬해야 하므로 적절하다.

따라서 ㉠, ㉡, ㉢, ㉣, ㉤ 모두 적절하다.

04 ③

Quick해설 화풍을 소리 내어 읽을 수 없으므로 뜻풀이가 적절하지 않다. "화풍을 읽다."에서 '읽다'는 비유적인 의미로 그림이나 소리 따위가 전하는 내용이나 뜻을 헤아려 안다는 뜻이다.

[오답풀이] ①, ②, ④, ⑤ 모두 주어진 뜻풀이에 부합한다.

05 ②

Quick해설 주어진 글은 양자 역학을 기반으로 한 양자 컴퓨터의 원리를 소개한 후, 이러한 양자 컴퓨터가 연산 속도와 저장 능력의 면에서 기존의 디지털 컴퓨터보다 우수하다는 점을 중점적으로 설명하고 있으므로 제목으로 가장 적절한 것은 ②이다.

[오답풀이] ① '무어의 법칙'은 1~2년 정도의 일정 기간마다 반도체의 집적도가 2배로 증가한다는 법칙으로, 실리콘 등의 반도체를 기반으로 한 디지털 컴퓨터에 관한 법칙이다. 주어진 글에서는 반도체를 대신할 새로운 방식의 컴퓨터인 양자 역학을 기반으로 한 양자 컴퓨터에 관한 내용이 주를 이루고 있으므로 글의 제목으로 적절하지 않다.

③ 양자 알고리즘으로 인한 암호 체계의 변화와 관련된 내용은 네 번째 문단에 일부 등장할 뿐이므로 글의 제목으로 적절하지 않다.

④ 마지막 문단에서 양자 컴퓨터의 개발이 아직 초기 단계일 뿐이라고 설명하였으므로 양자 컴퓨터가 디지털 컴퓨터의 쇠퇴를 가져왔다고 보기는 어렵다.

⑤ 2진법에 관한 내용은 연산 속도와 저장 능력을 처리하는 방법으로 제시된 것일 뿐, 양자 컴퓨터는 2진법과는 전혀 다른 큐비트를 통해 작동하게 된다. 또한 주어진 글의 주제는 양자 역학을 기반으로 한 양자 컴퓨터가 디지털 컴퓨터보다 우수하다는 것이므로 전체 글의 제목으로 적절하지 않다.

06 ③

Quick해설 ㉠ 우리가 인터넷 뱅킹을 이용할 때 느끼는 불안감의 원인 중 하나는 해킹의 위험성 때문이라고 볼 수 있는데, 4문단에서 양자 컴퓨터가 상용화되면 오히려 기존의 암호체계는 무용지물이 될 것이라 보고 있으므로 주어진 글을 통해서 추론하기 어려운 반응이다.

㉡ 네 번째 문단에서 양자 컴퓨터가 상용화되면 기존의 암호 체계가 무용지물이 될 수도 있다고 하였으므로 양자 컴퓨터를 능가하는 암호 체계를 새로 구축해야 한다. 따라서 이를 위한 사회

적 비용이 늘어나게 될 것이므로 적절하지 않은 반응이다.

따라서 독자의 반응으로 적절하지 않은 것은 ㉠과 ㉡으로 2개이다.

[오답풀이] ㉢ 첫 번째 문단에서 네 번째 문단에서 알 수 있듯이 양자 컴퓨터는 메모리 용량과 저장 능력에 한계가 있는 기존 디지털 컴퓨터의 대안으로 제시된 것이기 때문에 큐비트의 수만 늘어난다면 거의 무한의 정보를 저장할 수 있을 것이므로 적절한 반응이다.

㉣ 두 번째 문단에서 양자 컴퓨터는 기존의 디지털 컴퓨터와는 달리, 큐비트를 이용해 데이터를 병렬적으로 동시에 처리할 수 있기 때문에 연산 속도가 기존의 디지털 컴퓨터와 비교할 수 없이 빨라진다고 하였으므로 적절한 반응이다.

07 ④

Quick해설 데카르트가 수학적 진리를 의심한 사례를 통해 데카르트가 확실한 지식이 무엇인지 찾아가는 과정을 설명하고 있다.

[상세해설] 주어진 글은 데카르트의 방법적 회의라는 철학적 이론이 형성되는 과정에 대해 설명하고 있다. "2+2=4"라는 수학적 진리를 사례로 들어 데카르트가 의심할 여지 없이 확실한 지식을 추구해 가는 과정을 소개하고, 모든 것을 의심하던 데카르트가 결국 의심하는 자신만큼은 의심할 여지 없이 확실한 진리임을 깨닫게 되었음을 알려 주고 있다.

[오답풀이] ① 대비되는 두 관점은 나오지 않는다.

② 네 번째 문단에서 데카르트의 철학을 종합하고 있다고 볼 수 있지만 새로운 주장을 제기하고 있지는 않다.

③ 현상이 일어나는 원인과 해결 방안은 나오지 않는다.

⑤ 기존의 견해가 나온 것도 아니며, 장단점을 분석하고 있지 않다.

08 ⑤

Quick해설 데카르트의 생각은 객관적 세계와 주관적 세계의 관계에 대한 철학적 문제를 남겼다.

[상세해설] 네 번째 문단을 보면 "그의 의심 방법은 우리에게 주관적 세계의 확실성을 인식하게 해 주었지만, 그와 동시에 객관적 세계와 주관적 세계의 관계에 대한 철학적 문제를 남기기도 하였다."라고 서술되어 있다. 따라서 데카르트가 주관적 세계를 바탕으로 객관적 세계를 확실히 인식할 수 있다고 생각한 것은 아니다.

[오답풀이] ① 첫 번째 문단을 보면 "데카르트의 주된 관심은 새로운 지식을 얻는 것이 아니라, 이미 가지고 있는 지식이 확실한가를 확인하는 것이었다."라고 서술되어 있다.

② 첫 번째 문단을 보면 "그는 그 자체로서 확실한 지식이란 의심할 수 있는 여지가 없는 것이라고 생각하였고, 무엇이든 의심해 보아서 의심할 수 있는 여지를 주지 않는 것이 있다면 그것은 그 자체로서 확실한 지식으로 받아들일 수 있다고 보았다."라고 서술되어 있다.

③ 세 번째 문단을 보면 "그는 "나는 의심하고 있다."라는 자기 자신에 대한 진리를 생각해 내었다. 그것은 의심의 여지를 주지 않는 확실한 진리였다. 내가 의심하고 있다는 사실은, 그것을 의심함으로써 의심스럽게 되기는커녕 오히려 더 확실하게 되기 때문이다."라고 서술되어 있다.

④ 두 번째 문단을 보면 "수학적 진리에 대해서도 정당한 의심의 근거를 찾을 수 있다면 불확실한 것으로 판단해야 한다고 보았다."라고 서술되어 있다.

09 ②

Quick해설 주어진 글에서는 조형의 원리 중 통일성이 무엇인지 설명하고 있다. 통일성과 창의성을 비교하거나 조형의 원리에서 통일성이 가장 중요하다고 설명하고 있지 않다.

10 ③

Quick해설 괄목상대(刮目相對)는 '눈을 비비고 다시 본다'는 뜻으로 기대 이상의 성과나 발전을 확인하여 놀라거나 감탄하는 상황을 말한다.

[오답풀이] ① 천재일우(千載一遇): '천 년에 한번 오는 기회'란 뜻으로 매우 드물게 찾아오는 기회를 말한다.

② 낭중지추(囊中之錐): '주머니 속의 송곳'이란 뜻으로 뛰어난 재능이 자연스럽게 드러나는 것을 의미한다.

④ 마부작침(磨斧作針): '도끼를 갈아 바늘로 만든다'는 뜻으로 힘든 일이라도 끈기있게 매달리면 달성할 수 있다는 것을 의미한다.

⑤ 난형난제(難兄難弟): '두 사물이 비슷하여 낫고 못함을 정하기 어렵다'는 뜻으로 동등한 두 가지 중 더 나은 것을 구분하기 어려울 때를 의미한다.

11 ④

Quick해설 연속하는 세 개의 홀수를 a, $a+2$, $a+4$라고 하면 이 세 홀수의 합이 183이므로 다음과 같은 식을 세울 수 있다.

$a+(a+2)+(a+4)=183$

$\rightarrow a=59$

따라서 연속하는 세 개의 홀수는 59, 61, 63이며 그 중 가장 큰 정수는 63이다.

12 ③

Quick해설 나열된 수의 규칙을 살펴보면 $\frac{1}{2}=\frac{1}{1\times2}$, $\frac{1}{6}=\frac{1}{2\times3}$, $\frac{1}{12}=\frac{1}{3\times4}$, $\frac{1}{20}=\frac{1}{4\times5}$, $\frac{1}{30}=\frac{1}{5\times6}$이므로 10번째에 오는 수는 $\frac{1}{10\times11}=\frac{1}{110}$이다.

13 ③

Quick해설 ㉠ K자치단체의 재정력 지수는 $\frac{204}{445}$≒0.46이므로 0.5보다 낮다.

㉣ 일반회계 총예산규모에 비해 지방세와 세외수입의 합이 크다는 것은 재정자립도가 높다는 것이므로 재정자립도가 가장 높은 자치단체는 93.8%인 A이고, 가장 낮은 자치단체는 15.9%인 K이다.

[오답풀이] ㉡ D자치단체는 재정자립도가 69%보다 높지만, 재정력 지수는 기준재정 수입액이 기준재정 수요액보다 적으므로 1보다 낮다.

㉢ C자치단체의 재정력 지수는 $\frac{883}{870}$≒1.015이고, E자치단체의 재정력 지수는 $\frac{429}{416}$≒1.031이므로 C자치단체의 재정력 지수가 더 낮다.

14 ④

Quick해설 지하층은 용적률 계산에서 제외한다고 하였으므로 지상층의 용적률과 건폐율의 범위를 확인한다. 건물의 건축면적은 건폐율을 준수하기 위하여 (19.5×25)÷2=243.75(m^2)를 넘을 수 없으며, 용적률을 적용한 연면적의 넓이는 487.5×2=975(m^2)에서 487.5×3=1,462.5(m^2) 사이에 포함되어야 한다. 건축면적이 14×17=238(m^2)이면 건폐율 허용 범위를 넘지는 않으나, 지상층 연면적이 238×4=952(m^2)로 용적률 범위에 미치지 못한다.

15 ③

Quick해설 ㉠ '약간 불안함'을 선택한 충북의 남자 비율은 100−(3.3+10.1+24.6+19.7)=42.3(%)이고, 여자 비율은 100−(1.7+8.8+22.9+22.7)=43.9(%)이므로 남자 비율이 여자 비율보다 낮다.

㉢ 세 지역에서 미세먼지가 불안하다고 응답한 남자의 비율 평균은 '약간 불안함, 매우 불안함'에 해당하는 비율을 더하여 평균을 구하면 $\frac{(42.0+42.5+42.3)+(24.7+16.1+19.7)}{3}=\frac{187.3}{3}$≒62.4(%)이다.

㉣ 강원에서 '별로 불안하지 않음'을 선택한 남자의 비율은 100−(3.0+28.6+42.5+16.1)=9.8(%)이므로 '전혀 불안하지 않음'을 선택한 여자의 비율의 5배인 2.1×5=10.5(%)보다 낮다.

[오답풀이] ㉡ 지역 및 성별마다 조사 인원이 다르므로 남자와 여자의 인식도에 따른 인원을 비교하여 비율을 구할 수 없다.

16 ③

Quick해설 네 국가의 2020년 대비 2021년의 의사 수 증가율을 구하면 다음과 같다.

- 네덜란드: $\frac{68,363-67,100}{67,100}\times100$≒1.9(%)
- 노르웨이: $\frac{27,925-27,361}{27,361}\times100$≒2.1(%)
- 폴란드: $\frac{129,893-126,064}{126,064}\times100$≒3.0(%)
- 영국: $\frac{213,839-203,529}{203,529}\times100$≒5.1(%)

따라서 '영국'의 의사 수 증가율이 가장 높다.

[오답풀이] ① 4개 국가 모두 2018년 이후 의사 수는 매년 증가한다.

② 4개 국가 중 천 명당 의사 수가 가장 많은 국가는 매년 '노르웨이'이다.

④ 천 명당 의사 수는 인구 천 명당 의사 수로, '$\frac{\text{의사 수}}{\text{인구 수}}\times1,000$'로 구한다. 따라서 2019년 노르웨이의 인구 수는 $\frac{\text{의사 수}}{\text{천 명당 의사 수}}\times1,000=\frac{26,572}{5.0}\times1,000=5,314,400$(명)으로 500만 명 이상이다.

⑤ 2018년 조사대상 국가의 의사 수에서 폴란드의 의사 수의 비율은 $\frac{89,532}{63,278+25,804+89,532+188,783}\times100$≒24.4(%)로 30% 미만이다.

17 ⑤

Quick해설 을은 기존에 신약 A를 투여받고 있었으므로 다른 신약을 투여받았다면 B를 투여받게 될 것이다. 약을 바꿔도 개인의 고유 건강수치는 변하지 않으므로 건강수치의 최댓값은 그대로이며, 건강수치가 최댓값이 되는 투여량만 12mL에서 21mL로 변한다.

[오답풀이] ① 신약 A는 투여량 12mL에서 건강수치가 최댓값을 보이고, 신약 B는 투여량 21mL에서 건강수치가 최댓값을 보인다. 따라서 투여량 20mL에서 건강수치가 270으로 가장 높았던 갑은 신약 B를 투여받았다.

② 을은 투여량 10mL에서 건강수치가 가장 높았으므로 신약 A를 투여받았다. 을의 고유 건강수치를 알기 위해선 세 가지 수 중 아무거나 대입해도 되지만, 가장 계산이 간단하도록 x=10을 대입하면 123=−4+β이므로 을의 고유 건강수치는 127이다.

③ 신약 A를 투여받은 을은 투여량 12mL 이상 구간에선 건강수치가 계속해서 하락하므로, 투여량 20mL일 때의 건강수치를 계산하는 것은 의미가 없으며 25mL일 때만 계산하면 된다. 투여량 25mL일 때 을의 건강수치는 −169+127=−42이므로 건강수치가 음수를 기록했다.

④ 앞에서 설명했던 대로 다른 신약을 투여받는다면 건강수치의 최댓값은 변하지 않고 그래프만 좌우로 평행이동한다. 갑은 투여량 20mL일 때 건강수치가 270을 기록했으므로 다른 신약을 투여받아도 건강수치의 최댓값이 265 이상을 기록했을 것이다.

18 ④

Quick해설 김 대리의 문화생활비를 제외한 나머지 지출 내역의 총합은 $70+8+7+10+60+5+10+60=230$(만 원)이다. 따라서 문화생활비는 $250-230=20$(만 원)이며 문화생활비가 월급에서 차지하는 비중은 $\frac{20}{250}\times100=8(\%)$이다.

19 ②

Quick해설 ㉠ 어선의 하반기 해상조난사고 척수는 $121+123+106+114+96+93=653$(척)이다. 이 중 어선의 야간 해상조난사고 척수인 $121+80+52+102=355$(척)이 모두 포함되었다고 가정해도 최소한 $653-355=298$(척)은 주간에 발생한 해상조난사고 척수가 될 것이므로 옳은 설명이다.

㉣ 해상조난사고 척수가 100건 이상 1,000건 미만인 선박은 낚시어선, 레저선박, 예부선이며, 이들 세 가지 선박의 6~12시 시간대의 사고 척수는 각각 $49+39=88$(척), $73+164=237$(척), $13+16=29$(척)이다. 따라서 6~12시 시간대별 사고율은 각각 $\frac{88}{219}\times100≒40.2(\%)$, $\frac{237}{722}\times100≒32.8(\%)$, $\frac{29}{101}\times100≒28.7(\%)$로 모두 20% 이상인 것을 알 수 있다.

[오답풀이] ㉡ 낚시어선의 주간 해상조난사고 척수는 $49+39+45+40=173$(척)이다. 이 중 낚시어선의 하반기 해상조난사고 척수인 $19+25+22+30+12+15=123$(척)이 모두 포함되었다고 가정해도 최소한 $173-123=50$(척)은 상반기에 발생한 해상조난사고 척수가 될 것이므로 옳지 않다.

㉢ 화물선의 봄철 사고율은 $\frac{(14+5+2)}{58}\times100≒36.2(\%)$이며, 유도선은 $\frac{(1+2+4)}{18}\times100≒38.9(\%)$이므로 봄철 사고율은 유도선이 화물선보다 더 높다.

20 ③

Quick해설 시간대별로 사고율 산식에 주간 4개 시간대와 야간 4개 시간대를 합한 수치를 각각 적용하여 계산하면 다음과 같다.

구분	주간 사고율	야간 사고율
어선	$\frac{834}{1,189}\times100≒70.1(\%)$	$\frac{355}{1,189}\times100≒29.9(\%)$
낚시어선	$\frac{173}{219}\times100≒79.0(\%)$	$\frac{46}{219}\times100≒21.0(\%)$
레저선박	$\frac{631}{722}\times100≒87.4(\%)$	$\frac{91}{722}\times100≒12.6(\%)$

따라서 주 · 야간 사고율을 바르게 나타낸 그래프는 ③이다.

21 ③

Quick해설 형태나 의미, 색깔, 소리, 향기 등을 바꾸어 생각함으로써 새로운 아이디어를 도출한 것은 '수정(Modify)'을 활용한 것으로 볼 수 있다. 이에 해당하는 사례로는 직선인 물파스를 기역자 모양으로 변형한 것과 둥근 연필을 육각형으로 바꾸어 제작한 것 등을 들 수 있다.

22 ④

Quick해설 회의할 수 없는 날부터 제외한다. 주말과 공휴일은 근무시간이 아니므로 제외하고, 넷째 주 금요일까지 회의를 마쳐야 하므로 마지막 주도 제외한다. 회의에는 모두 참석하여야 하는데 최 과장은 매주 금요일에, 김 부장은 매주 월요일에, 김 대리는 매주 수요일에 회의에 참여할 수 없으므로 매주 월요일, 수요일, 금요일도 제외한다. 강 과장은 8월 넷째 주 내내 휴가를 가므로 넷째 주도 제외한다. 따라서 회의할 수 없는 날을 달력에 나타내면 다음과 같다.

일	월	화	수	목	금	토
			1	2	3	4
5	6	7	8	9	10	11
12	13	14	15	16	17	18
19	20	21	22	23	24	25
26	27	28	29	30	31	

한편, 박 대리는 매일 아침 9시부터 정오까지 회의에 참여할 수 없으므로 회의는 오후 1시 이후에 진행되어야 한다. 그런데 이 차장은 목요일 오후 3시 이후로 회의에 참여할 수 없고, 회의는 3시간 동안 연속으로 진행되므로 목요일에도 회의할 수 없음을 알 수 있다. 또한 최 주임은 둘째 주에 오후 2시부터 오후 4시까지 회의에 참여할 수 없으므로 둘째 주에도 월례회의를 할 수 없다. 따라서 셋째 주 화요일인 14일에만 월례회의를 할 수 있다.

문제 풀이 Tip

선택지의 날짜들을 주어진 달력에 표시해 놓고, 회의할 수 없는 날을 제외하는 것이 더 빠른 풀이 방법이다. 우선 월요일에는 회의할 수 없으므로 선택지 ②와 ⑤를 제외할 수 있다. 또한 수요일에도 회의할 수 없으므로 선택지 ③도 제외할 수 있다. 이때, 선택지 ①과 ④만 남는데, 선택지 ①은 점심시간이 포함되어 있으므로 회의 시간으로 알맞지 않다. 따라서 ④가 정답이다.

23 ②

Quick해설 가로, 세로, 높이가 각각 20cm인 경우에 세 변의 길이 합은 60cm이고, 중량이 2kg이므로 극소형 택배이다. 울산에서 울산으로 보내는 동일권역 택배이므로 운임은 5,000원이고, 김치는 변질성 상품에 해당하므로 50% 할증운임이 적용되어 총 운임은 $5,000\times1.5=7,500$(원)이다.

[오답풀이] ① 곡물의 경우 취급 가능한 최대 무게가 20kg이다.

③ 한 변의 길이가 100cm가 넘는 경우에는 택배를 보낼 수 없다.

④ 세 변의 길이의 합이 150cm이고, 중량이 10kg이므로 대형 가격을 받아야 한다. 이때 제주에서 제주로 보내는 경우에는

동일권역이므로 운임은 9,000원이다.

⑤ 유리제품은 취급금지 품목이다.

24 ③

Quick해설 보내는 택배의 운임을 계산하면 다음과 같다.

구분	1	2	3	4	5
크기	120cm	70cm	160cm	90cm	150cm
중량	5kg	10kg	12kg	5kg	22kg
구분	중형	중형	대형	소형	대형
운임	9,000원	9,000원	10,000원	8,000원	10,000원
상품 금액	70만 원	40만 원	20만 원	120만 원	80만 원
할증	2,000원	–	50% (5,000원)	4,000원	50% (5,000원)
개수	2	1	3	3	2
총운임	22,000원	9,000원	45,000원	36,000원	30,000원

이때 5번 택배의 경우 한약이므로 50%(5,000원)가 할증되거나 80만 원이므로 고가 및 귀중품에 따른 2,000원이 할증되므로 둘 중 할증률이 더 높은 5,000원이 할증된다. 따라서 총 택배 운임은 22,000+9,000+45,000+36,000+30,000=142,000(원)이다.

25 ①

Quick해설 A론은 신용 상태가 좋지 않은 채무자를 대상으로 하기 때문에 신용 등급이 6~10등급이어야 지원대상이 된다.

[오답풀이] ② 부양가족이 3명이며 급여소득이 4.5천만 원 이하이므로 지원 대상이 된다.

③ 법정 최고금리가 적용된 금융채무가 있으나, 그 금융채무 총액이 3천만 원을 초과하지 않으므로 지원 대상이 된다.

④ 6개월 이상 상환 중이므로 지원 대상이 된다.

⑤ 연 급여소득 3.8천만 원이며 채무 총액이 40%를 넘지 않으므로 지원 대상이 된다.

26 ④

Quick해설 ㉠ 합계를 이용하여 빈칸을 모두 채우면 다음과 같다.

[표] 영업팀 인사 평가 점수 (단위: 점)

구분	영업 실적	근무 태도	고객 응대	동료 평가	합계
A	85	84	90	84	343
B	90	89	85	91	355
C	93	84	85	90	352
D	88	92	94	88	362
합계	356	349	354	353	1,412

B의 근무 태도 점수는 89점으로 A~D 중 두 번째로 높다.

㉢ C의 평균 점수는 352÷4=88(점)으로 A의 근무 태도 점수인 84점보다 4점 더 높다.

㉣ A의 근무 태도를 제외한 3개 항목의 점수의 합은 85+90+84=259(점)이고, D의 고객 응대를 제외한 3개 항목의 점수의 합은 88+92+88=268(점)이므로 A의 근무 태도를 제외한 3개 항목의 점수의 합이 더 낮다.

㉤ A의 인사 평가 점수의 평균은 343÷4=85.75(점)이고, D의 인사 평가 점수의 평균은 362÷4=90.5(점)이다. 따라서 두 사람의 인사 평가 점수 평균의 차는 90.5−85.75=4.75(점)이므로 A의 인사 평가 점수의 평균은 D의 인사 평가 점수의 평균보다 4점 이상 낮다.

[오답풀이] ㉡ C의 근무 태도 점수는 84점, D의 동료 평가 점수는 88점으로 D의 동료 평가 점수가 C의 근무 태도 점수보다 더 높다.

27 ④

Quick해설 ㉡, ㉣ 비판적 사고를 발휘한 사례로, 비판적 사고는 어떤 주제나 주장 등에 대해서 적극적으로 분석하고 종합하며 평가하는 능동적인 사고이다. 이러한 비판적 사고는 어떤 논증, 추론, 증거, 가치를 표현한 사례를 타당한 것으로 수용할 것인가 아니면 불합리한 것으로 거절할 것인가에 대한 결정을 내릴 때 요구되는 사고력이다.

[오답풀이] ㉠, ㉢ 논리적 사고를 발휘한 사례로, 논리적 사고는 사고의 전개에서 전후 관계가 일치하고 있는지 평가하는 것이다. 그러한 사고의 연속을 통해 상대방의 입장을 이해할 수 있으며, 나의 주장을 효과적으로 제시하고 설득할 수 있게 된다.

28 ②

Quick해설 가족카드의 경우 본인카드 이용실적과 합산되지 않으며, 카드별 이용실적을 각각 체크하여 서비스가 제공된다고 규정되어 있으므로 각각 0.8%의 기본적립률이 적용된다.

[오답풀이] ① 가입한 달이면 전월실적이 없으므로 기본 적립률인 0.7%가 최대 적립률이 된다.

③ 기본 0.8%에, 전월실적이 30만 원 이상이므로 해당하는 가맹점에서 사용 시 추가 0.5%가 적용되어 최대 1.3%가 적립될 수 있다.

④ 다모아포인트 1점=1원이므로 나머지 15,000원은 15,000점으로 사용할 수 있다.

⑤ 카드대금, 카드 대출금 등의 상환으로 사용할 수 있다고 설명되어 있다.

29 ②

Quick해설 A씨의 경우는 카드 사용 전월실적에 따라 기본적립 0.8%와 해당 가맹점 추가적립 0.5%가 적용되어 총 1.3%의 적립률이 된다. 따라서 275,000×0.013=3,575(점)이다.

B씨의 경우는 카드 사용 전월실적에 따라 기본적립 1.0%와 해당 가맹점 추가적립 0.5%가 적용되어 총 1.5%의 적립률이 된다. 그러나 아파트 관리비는 추가적립이 적용되는 가맹점이 아니므로 H클럽 사용액에 대해서만 1.5%의 적립률이 적용되어 195,000×0.015=2,925(점)이다.

따라서 두 사람의 다모아포인트 합계 점수는 3,575+2,925=6,500(점)이다.

30 ②

Quick해설 문제해결을 위해서는 '문제'와 '문제점'을 서로 다른 것으로 구분해야 한다. 문제해결절차의 1단계와 2단계에서 말하는 '문제인식'과 '문제도출'은 '문제'를 의미하며, 3단계에서 말하는 '원인분석'은 '문제점'을 파악하는 것이다. '문제'는 '현실과 이상적인 것의 차이'이며, '문제점'은 '문제를 일으키는 근본 원인'을 의미하는 것이다. '문제'는 결과로 일어난 것이며, 해답을 요구하는 물음이자 논쟁의 대상이 되는 것이다. 반면 '문제점'은 결과를 초래한 원인들 중 대책을 세워 개선을 해야 하는 사항을 말한다.

따라서 주어진 사례에서는 중동지역의 테러와 이와 직접적인 연관은 없지만 결과를 초래하게 한 높은 가격 정책을 '문제점'으로 볼 수 있으며, 그에 따른 필연적 결과로 나타난 매출 부진, 인력 감축, 기업 이미지 타격 등은 '문제'로 볼 수 있다.

31 ③

Quick해설 야간대학을 다니는 것은 자기계발에 해당되는 것이며, 언급된 '업무 내 · 외적으로 조화로운 직장생활'은 매우 광범위하고 추상적인 것으로 판단 가능하므로 조기퇴근을 신청할 수 있다.

[오답풀이] ① 시차출퇴근 A, B, C형은 출퇴근 시간에 차이가 있을 뿐, 근무시간은 모두 동일하다. 또한 시간선택제도 조기퇴근에 따른 근무시간을 해당 월에 정산해야 하므로 두 가지 모두 월간 근무시간에는 변함이 없다.

② 시간선택제는 월 2회 사용 가능하며, 회당 1시간부터 3시간까지 단축할 수 있으므로 월간 최대 정산 근무시간은 6시간이 된다.

④ 제19조 제3항에 해당되는 경우 부서의 장은 탄력근무 신청을 승인하지 않을 수 있다.

⑤ 근무시간 정산은 08:00부터 09:00까지 또는 18:00부터 21:00까지 사이의 4시간 동안 해야 한다고 규정되어 있다. 따라서 하루 동안 정산이 가능한 시간은 4시간이므로, 남은 4시간을 근무 월 마지막 날 하루에 모두 정산할 수 있다.

32 ①

Quick해설 ㉠ 두 지역에 물류창고를 세울 경우의 이동 비용을 계산해 보면 다음과 같다.

- 갑 지역에 세울 경우
  : A는 5+2=7, B는 4+8=12, C는 2+2=4, D는 1+4=5, E는 2+4=6, F는 3+6=9이다. 따라서 이동 비용 합계는 7+12+4+5+6+9=43이다.
- 을 지역에 세울 경우
  : A는 2+2=4, B는 1+4=5, C는 1+6=7, D는 2, E는 5+8=13, F는 6+2=8이다. 따라서 이동 비용 합계는 4+5+7+2+13+8=39이다.

따라서 을 지역에 물류창고를 세웠을 때 갑 지역보다 A~F의 이동 비용 합이 더 적다.

㉢ B매장의 경우 12와 5의 이동 비용 차이 7이 발생하며, E매장 역시 6과 13의 이동 비용 차이 7이 발생하므로 최대 이동 비용 차이는 7이다.

[오답풀이] ㉡ 갑 지역에 물류창고를 세울 경우 을 지역에 세우는 것보다 이동 비용이 더 적게 드는 매장은 4와 7의 차이인 C매장, 6과 13의 차이인 E매장으로 총 2곳이다.

㉣ A~C의 이동 비용 합은 갑 지역이 7+12+4=23, 을 지역이 4+5+7=16으로 을 지역일 때 20 미만이다.

33 ④

Quick해설 조직차원에서의 인적자원관리는 능동성, 개발가능성, 전략적 차원이라는 세 가지 특성이 있다. 능동성은 인적자원의 행동동기와 만족감은 경영관리에 의해 조건화되며, 인적자원은 능동적이고 반응적인 성격을 지니고 있기 때문에 이를 잘 관리할 때 기업의 성과를 높일 수 있다는 것이다. 개발가능성은 환경변화와 이에 따른 조직변화가 심할수록 현대조직의 인적자원관리에서 차지하는 중요성이 더욱 커진다. 마지막으로 조직의 성과가 인적자원, 물적자원 등을 효과적이고 능률적으로 활용하는 데 달려있으며, 이러한 자원을 활용하는 것이 바로 사람, 즉 인적자원이기 때문에 다른 어느 자원보다도 인적자원은 전략적 자원으로서의 특성을 가진다. 따라서 ㉠은 '조건화', ㉡은 '심할수록', ㉢은 '전략적 자원'이 들어가는 것이 적절하다.

34 ⑤

Quick해설 시간계획을 관리함에 있어 '권한이양'이라는 요소를 간과한 것으로, 기업의 규모가 커질수록 그 업무활동은 점점 복잡해져서 관리자가 모든 것을 혼자 관리하기가 어렵게 되며, 바람직한 방법이라 할 수 없다. 따라서 자기의 업무를 분할하여 일부를 부하나 동료 직원에게 적절하게 위임하고 그 수행에 대한 책임을 지우는 권한이양의 방법을 활용할 수 있어야 한다.

35 ③

Quick해설 A공장과 B공장의 하루 최대 신발 생산량이 바뀐다면 2,000켤레를 초과하여 생산할 때는 B공장에서 생산해야 하므로 '갑'사에게는 손해이지만 2,000켤레 이하를 생산할 때는 기존과 동일하게 A공장에서만 생산하여 손해가 아니므로 옳지 않다.

[오답풀이] ① '갑'사의 하루 신발 생산량이 총 8,000켤레일 때의 신발 단가는 1켤레당 {(4×5,000)+(5×2,000)+(6×1,000)}÷8,000=(20,000+10,000+6,000)÷8,000=4.5(만 원)이므로 옳다.

② '갑'사의 하루 신발 생산량이 총 10,000켤레일 때의 신발 단가는 1켤레당 {(4×5,000)+(5×2,000)+(6×3,000)}÷10,000=(20,000+10,000+18,000)÷10,000=4.8(만 원)이므로 옳다.

④ '갑'사의 하루 신발 생산량이 총 3,000켤레라면 원래는 A공장에서만 생산하므로 총 생산단가는 4×3,000= 12,000(만 원)이다. 하지만 A공장에 정전이 발생해서 생산을 못한다면 B공장에서 2,000켤레, C공장에서 1,000켤레를 생산해야 한다. 이때는 총 생산단가가 (5×2,000)+(6×1,000)=16,000(만 원)이다. 따라서 총 손해액은 16,000−12,000=4,000(만 원)이므로 옳다.

⑤ '갑'사의 하루 신발 생산량이 총 7,000켤레라면 원래는 A, B공장에서 생산하므로 총 생산단가가 (4×5,000)+(5×2,000)=30,000(만 원)이다. 하지만 B공장에 정전이 발생해서 생산을 못한다면 A공장에서 5,000켤레, C공장에서 2,000켤레를 생산해야 한다. 이때는 총 생산단가가 (4×5,000)+(6×2,000)=32,000(만 원) 이다. 따라서 총 손해액은 32,000−30,000=2,000(만 원) 이므로 옳다.

36 ①

Quick해설 자원을 낭비하는 요인들은 자원의 유형이나 개인에 따라 매우 다양하다. 하지만 그 요인들마다 공통적인 점을 가지고 있는데 크게 나누어보면 4가지로 분류할 수 있으며, 비계획적 행동, 편리성 추구, 자원에 대한 인식 부재, 노하우 부족 등이 그것이다. 종이컵과 같은 잦은 일회용품의 사용, 할 일 미루기, 약속 불이행 등과 같은 사례는 물적자원뿐만 아니라 시간, 돈의 낭비를 초래할 수 있으며, 주위의 인맥까지도 줄어들게 되는 것을 보여준다고 할 수 있다.

37 ①

Quick해설 ㉠ 토론회 참여 인원은 55명이고, 식사 참여 인원은 40명이므로 저녁 식사를 반드시 해야 하는 것은 아님을 알 수 있다.

㉡ '3. 참고사항'에서 장비 및 철수 준비는 스텝이 식사 시간에 한다고 하였으므로 석식 시간인 17시부터 철수가 진행된다.

㉢ '3. 참고사항'에서 토론회 시작 1시간 전부터 개최 준비를 한다고 하였다. '나. 일시'를 보면, 토론회 시작 시각이 14시이므로, 늦어도 이보다 1시간 이전인 13시부터 개최를 준비해야 한다.

[오답풀이] ㉣ 식사 참여 인원이 10명 줄어들면 식사 참여 인원은 30명이 된다. 이때, 식사 비용은 65,000×30=1,950,000(원)이므로 190만 원을 초과한다.

38 ⑤

Quick해설 정부 지원금 및 참여 수당을 고려하지 않을 때, 세부 사항별로 나누어 예산 총액을 확인해 보면 다음과 같다.

- 장소 비용: 토론회 준비 1시간+토론회 3시간
  → 50×4=200(만 원)
- 강사료: 30분 이하 2명, 30분 초과 1시간 이하 2명
  → 20×2+30×2=100(만 원)
- 강의 준비 비용: 소책자 (55+10)부+영상 제작
  → 0.2×65+200=213(만 원)
- 식사 비용 → 65,000×40=260(만 원)

따라서 총 200+100+213+260=773(만 원)이다.

이때, 참여 수당으로 인해 10×55=550(만 원)이 추가 비용으로 발생하였다. 전체 비용 773+550=1,323(만 원) 중 정부 지원금 1,000만 원을 충당할 수 있으므로 주최 측에 필요한 예산 총액은 1,323−1,000=323(만 원)이다.

문제 풀이 Tip

금전에 관련한 문항을 해결할 때에도 선택지에 제시된 내용을 먼저 확인할 필요가 있다. 해당 문항에서는 선택지의 단위가 만 원이므로 만 원 단위로 환산하여 계산하면 편하다.

39 ②

Quick해설 방안별 인센티브 지급액을 계산하면 다음과 같다.

- 1안

구분	직급	지급률	기본급	인센티브지급액
김부장	부장	60%	550만 원	330만 원
박차장	차장	100%	450만 원	450만 원
유과장	과장	40%	350만 원	140만 원
정대리	대리	80%	300만 원	240만 원
합계				1,160만 원

- 2안

구분	직급	지급률	기본급	인센티브지급액
김부장	부장	30%	550만 원	165만 원
박차장	차장	50%	450만 원	225만 원
유과장	과장	80%	350만 원	280만 원
정대리	대리	100%	300만 원	300만 원
합계				970만 원

• 3안

구분	직급	지급률	기본급	인센티브지급액
김부장	부장	40%	550만 원	220만 원
박차장	차장	60%	450만 원	270만 원
유과장	과장	80%	350만 원	280만 원
정대리	대리	100%	300만 원	300만 원
합계				1,070만 원

따라서 정답은 2안, 970만 원인 ②이다.

40 ①

Quick해설 직종이나 직무를 고려하지 않고 '다른' 회사로 '언젠가' 이직을 하겠다는 목표는 구체적이지 않으므로 적절하게 목표를 설정한 것이 아니다.

41 ④

Quick해설 데이터 수집으로 모은 지진에 관한 징후를 컴퓨터로 일목요연하게 정리한 것은 정보에 해당한다.

[상세해설] '자료'란 정보 작성을 위하여 필요한 데이터를 말하는 것으로, 이는 '아직 특정의 목적에 대하여 평가되지 않은 상태의 숫자나 문자들의 단순한 나열'을 뜻한다. 그리고 '정보'란 자료를 일정한 프로그램에 따라 컴퓨터가 처리·가공함으로써 '특정한 목적을 달성하는 데 필요하거나, 특정한 의미를 가진 것으로 다시 생산된 것'을 뜻한다. '지식'이란 '어떤 특정의 목적을 달성하기 위해 과학적 또는 이론적으로 추상화되거나 정립되어 있는 일반화된 정보'를 뜻하는 것으로, 어떤 대상에 대하여 원리적·통일적으로 조직되어 객관적 타당성을 요구할 수 있는 판단의 체계를 제시한다.

42 ②

Quick해설 ㉠ 자료를 토대로 가공된 '정보'로, 특정한 목적을 달성하는 데 필요하다.

[상세해설] '자료'는 정보 작성을 위하여 필요한 데이터를 말하는 것으로, 이는 '아직 특정의 목적에 대하여 평가되지 않은 상태의 숫자나 문자들의 단순한 나열'을 뜻한다.

㉠은 ㉡의 자료를 토대로 가공된 것으로, 무임승차 이용객의 현황을 알 수 있어 이용요금에 관한 문제를 해결하는 데 도움이 되는 '정보'가 될 수 있다.

㉡과 같은 데이터는 가공되기 전의 단순한 수치로 볼 수 있어, '자료'가 된다.

㉢과 ㉣은 ㉠, ㉡과 같은 데이터뿐 아니라 더 많은 정보들을 종합, 분석하여 과학적 또는 이론적으로 추상화되거나 정립되어 있는 일반화된 정보 즉, '지식'이라고 볼 수 있다.

따라서 ㉠, ㉡, ㉢, ㉣은 순서대로 각각 정보, 자료, 지식, 지식이다.

43 ④

Quick해설 회수해야 할 혈압약은 2021년 5월 1일부터 2021년 5월 7일까지 생산된 것이므로 시리얼 넘버 생산일자에 010521~070521이 적힌 의약품이어야 한다. 또한 청주 2공장에서 생산된 제품이므로 생산지역 코드는 CD22이고, 20mg 용량의 혈압약이므로 BP02가 되어야 한다. 따라서 선택지에 제시된 시리얼 넘버 중 회수해야 할 의약품의 시리얼 넘버는 060521CD22BP024695이다.

[오답풀이] ①, ② AA01은 생산지역이 수원 1공장이다.

③ 20mg 혈압약 코드는 BP02이다.

⑤ 280421은 2021년 4월 28일에 생산된 제품이라는 뜻인데 2021년 5월 1일에서 2021년 5월 7일 사이에 생산된 제품이어야 하므로 옳지 않다.

44 ③

Quick해설 변수 input의 값이 B가 아니지만 9행을 실행하고 나서 break문을 만나지 못했기 때문에, 11행도 실행된다. 따라서 number는 0+1+2의 결과이고, 프로그램은 3을 출력한다.

45 ②

Quick해설 ㉡ 11행을 실행하고 break문을 만나서 switch case문을 빠져나온다. 0+2를 하여 결과적으로 2가 나온다.

[오답풀이] ㉠ break문이 없어서 9행과 11행을 모두 실행하고, 결과적으로 number는 0+1+2를 계산해서 3이 된다.

㉢ 14행을 실행하고 break문을 만나서 switch case문을 빠져나온다. 0+3을 계산한 number는 3이다.

㉣, ㉤ 17행을 실행해서 number는 3이 된다.

46 ③

Quick해설 1) 각 오류 유형에서 오류 발생 위치를 찾는다.

- error founded in index 6 for factor 369: 오류 발생 위치 6이 오류 유형 369에 포함되어 있으므로 error value가 6이 된다.
- error founded in index 5 for factor 405: 오류 발생 위치 5가 오류 유형 405에 포함되어 있으므로 error value가 5가 된다.
- error founded in index 9 for factor 318(code needed): code needed에 의해서 error value를 산출하

지 않는다. 즉, error value는 2개이다.

2) FEV값을 찾는다.

System type이 ATO이므로 FEV값은 error value의 값을 모두 더한 11을 세 자리 수로 나타낸 011이다.

3) Correcting value값을 찾는다.

Label backup이 G이므로 correcting value에 10을 더한 값인 3228이다.

4) FEV값과 Correcting value의 포함관계를 비교한다.

FEV 011의 0, 1이 correcting value 3228에 포함되어 있지 않기 때문에 시스템 상태는 D1이다. 그러나 주어진 문제에서 error value가 2개 이하일 경우 시스템 상태를 한 단계 격하한다고 설명되어 있다. 따라서 시스템 상태는 D2로 한 단계 격하되며 correcting value에 문자가 포함되어 있지 않기 때문에 Input Code는 CODE21이 된다.

47 ④

Quick해설 1) 각 오류 유형에서 오류 발생 위치를 찾는다.

- error founded in index 1 for factor 111: 오류 발생 위치 1이 오류 유형 111에 포함되어 있으므로 error value가 1이 된다.
- error founded in index 23 for factor 2332: 오류 발생 위치 2, 3이 오류 유형 2332에 포함되어 있으므로 error value가 2, 3이 된다.
- error founded in index 4 for factor 456: 오류 발생 위치 4가 오류 유형 456에 포함되어 있으므로 error value가 4가 된다.

2) FEV값을 찾는다.

System type이 ATO이므로 FEV값은 error value의 값을 모두 더한 10을 세 자리 수로 나타낸 010이다.

3) Correcting value값을 찾는다.

Label backup이 Q이므로 correcting value를 그대로 사용하여 318S이다. 이때, 문자는 없는 것으로 취급한다.

4) FEV값과 Correcting value의 포함관계를 비교한다.

FEV 010의 1이 correcting value 318S에 포함되어 있기 때문에 시스템 상태는 D2이다. 그러나 주어진 문제에서 error value가 4개 이상일 경우 시스템 상태를 한 단계 격상한다고 설명되어 있다. 따라서 시스템 상태는 D1으로 한 단계 격상되어 Input Code는 CODE04가 된다.

48 ④

Quick해설 비밀번호로 입력할 수 있는 한도에서 가급적 다양한 수문자를 활용하는 것이 바람직하다. 복잡한 비밀번호는 별도의 공간에 기재해 두더라도 개인정보 유출을 방지하기 위해서 권장되는 방법이다.

[오답풀이] ①, ⑤ 9위의 비밀번호는 홍길동이라는 한글 이름을 영문 모드에서 입력한 것이다.

② 1위, 3위, 4위, 5위의 비밀번호에 해당하는 설명이다.

③ 2위, 6위, 7위, 8위, 10위의 비밀번호에 해당하는 설명이다.

49 ⑤

Quick해설 종합정보 통신망(ISDN)은 전화 교환망에 디지털 기능을 추가하여 새로운 통신 서비스를 제공하는 것이며 회선 모드와 패킷 모드의 전송 방식을 통합적인 디지털망으로 확장하는 특징이 있다.

[상세해설] 디지털 가입자 회선(ADSL)은 전화 회선을 통해 높은 대역폭의 디지털 정보를 전송하는 기술로 전화는 낮은 주파수를, 데이터 통신은 높은 주파수를 이용하며, 다운로드 속도가 업로드 속도보다 빠른 특징이 있다.

50 ①

Quick해설 ISBN코드의 9자리 숫자는 852171036이다. 따라서 다음과 같은 단계를 거쳐 EAN코드의 체크기호를 산출할 수 있다.

1) 978+852171036 → 978852171036

2) $9\times1+7\times3+8\times1+8\times3+5\times1+2\times3+1\times1+7\times3+1\times1+0\times3+3\times1+6\times3$

$=9+21+8+24+5+6+1+21+1+0+3+18=117$

3) $117\div10=11\cdots\cdots7$

4) 나머지 7의 체크기호는 3

따라서 13자리의 EAN코드는 EAN 9788521710363이다.

공기업 NCS 통합 실전모의고사 7회

01	③	02	③	03	③	04	①	05	①
06	⑤	07	③	08	③	09	①	10	④
11	③	12	②	13	②	14	②	15	②
16	④	17	⑤	18	③	19	⑤	20	①
21	⑤	22	⑤	23	②	24	④	25	⑤
26	②	27	⑤	28	①	29	③	30	⑤
31	④	32	④	33	②	34	②	35	①
36	①	37	⑤	38	②	39	④	40	②
41	④	42	②	43	④	44	④	45	⑤
46	②	47	③	48	⑤	49	④	50	④
51	②	52	①	53	②	54	⑤	55	④
56	⑤	57	⑤	58	④	59	②	60	①
61	⑤	62	③	63	④	64	①	65	⑤
66	④	67	③	68	③	69	③	70	①
71	②	72	③	73	②	74	③	75	④
76	⑤	77	③	78	④	79	①	80	⑤

☑ CHECK 영역별 실력 점검표

맞힌 문제와 틀린 문제를 체크해
나의 취약 영역을 한눈에 확인해 보세요!

문항	영역	O/×	문항	영역	O/×	문항	영역	O/×	문항	영역	O/×	문항	영역	O/×
01	정보		02	의사소통		03	대인관계		04	직업윤리		05	기술	
06	직업윤리		07	자원관리		08	수리		09	문제해결		10	자원관리	
11	자원관리		12	대인관계		13	의사소통		14	기술		15	자원관리	
16	정보		17	정보		18	직업윤리		19	문제해결		20	자기개발	
21	정보		22	의사소통		23	대인관계		24	수리		25	수리	
26	직업윤리		27	자원관리		28	자원관리		29	문제해결		30	조직이해	
31	조직이해		32	직업윤리		33	의사소통		34	대인관계		35	수리	
36	정보		37	자기개발		38	조직이해		39	문제해결		40	자기개발	
41	정보		42	직업윤리		43	의사소통		44	대인관계		45	기술	
46	문제해결		47	대인관계		48	자원관리		49	의사소통		50	기술	
51	수리		52	조직이해		53	의사소통		54	조직이해		55	수리	
56	정보		57	자기개발		58	조직이해		59	문제해결		60	자기개발	
61	정보		62	의사소통		63	대인관계		64	직업윤리		65	기술	
66	직업윤리		67	자원관리		68	직업윤리		69	문제해결		70	조직이해	
71	수리		72	수리		73	의사소통		74	대인관계		75	자기개발	
76	정보		77	자기개발		78	조직이해		79	문제해결		80	기술	

01 ③

Quick해설 클라우드는 사용자가 원하는 대로 빠르게 환경을 구축할 수 있으며 이에 대한 비용을 지불한다.

[상세해설] 웹하드 또는 인터넷 디스크란 웹 서버에 대용량의 저장 기능을 갖추고 사용자가 개인용 컴퓨터의 하드디스크와 같은 기능을 인터넷을 통하여 이용할 수 있게 하는 서비스를 뜻한다. 클라우드 서비스는 사용자들이 복잡한 정보를 보관하기 위해 별도의 데이터 센터를 구축하지 않고도, 인터넷을 통해 제공되는 서버를 활용해 정보를 보관하고 있다가 필요할 때 꺼내 쓰는 기술이다. 클라우드는 사용자가 원하는 환경을 자유롭게 구축할 수 있으며, 서버 관리, 방화벽 설정, 설치 등의 기본 설정은 모두 클라우드 서비스가 알아서 처리하게 되므로 OS 의존도를 낮추는 효과가 있다. 웹하드는 단순히 데이터를 저장하고 다운받는 스토리지로만 운영이 되는 서비스이나, 클라우드는 단순한 저장 공간 서비스 외에도 여러 부가적인 서비스까지 사용할 수 있다는 점과 다양한 디바이스에서 서비스 이용이 가능하다는 것이 가장 큰 차이점이라 할 수 있다.

02 ③

Quick해설 ㉠, ㉥ 손발(손+발)과 높푸르다(높다+푸르다)는 각각 두 어근의 본래의 의미를 갖고 대등한 자격으로 결합된 대등 합성어이다.

[오답풀이] ㉡ 가시방석은 '가시'와 '방석'의 의미와 무관하게 '불편한 자리'를 뜻하는 단어로 제3의 의미를 드러내는 융합 합성어에 해당한다.

㉢ 돌다리는 '다리는 다리인데 돌로 된 다리'로 중심적 의미는 뒤에 있고, 앞의 단어는 뒤의 중심적 의미를 구체화 시키는 역할을 하는 종속 합성어에 해당한다.

㉣ 춘추는 봄을 뜻하는 '춘(春)'과 가을을 뜻하는 '추(秋)'가 만나 이루진 말로 두 어근이 만나서 나이의 높임말을 의미하므로 융합 합성어에 해당한다.

㉤ 책가방은 '가방은 가방인데 책을 넣는 가방'으로 중심적 의미는 뒤에 있고, 앞의 단어는 뒤의 중심적 의미를 구체화하는 역할을 하는 종속 합성어에 해당한다.

03 ③

Quick해설 갈등 해결 방법은 회피형, 경쟁형, 수용형, 타협형, 통합형(협력형) 등 다섯 가지 유형으로 구분해 볼 수 있다. 이 중, 경쟁형은 지배형(dominating)이라고도 하는데, 자신에 대한 관심은 높고 상대방에 대한 관심은 낮은 경우로서 '나는 이기고 너는 지는 방법(win－lose)'을 말한다. 경쟁형은 상대방의 목표 달성을 희생시키면서 자신의 목표를 이루기 위해 전력을 다하는 전략이다. 해외사업 1팀과 2팀은 서로 상대방에게 양보할 의향이 전혀 없는 상태이며, 자신의 승리를 위한 경쟁형 방법이 선택된다.

반면, 수용형은 자신에 대한 관심은 낮고 상대방에 대한 관심은 높은 경우로서 '나는 지고 너는 이기는 방법(I lose－You win)'을 말한다. 이 방법은 상대방의 관심을 충족하기 위하여 자신의 관심이나 요구는 희생함으로써 상대방의 의지에 따르는 경향을 보인다. 생산 2팀은 이미 인원이 보충되어 생산 1팀에 비해 상대적으로 요구가 약한 상태이며, 상대방의 요구에 관심을 보이기도 하므로 전형적인 수용형 갈등 해결 방법이 해결될 가능성이 높다고 볼 수 있다.

04 ①

Quick해설 직업윤리가 기본적으로는 개인윤리를 바탕으로 성립되는 규범이기는 하지만, 상황에 따라 양자는 서로 충돌하거나 배치되는 경우도 발생한다. 이러한 상황에서 직업인이라면 직업윤리를 우선하는 것이 공적인 업무 처리를 위해 바람직하다고 할 수 있다. 회사의 이익을 추구하는 일이 개인적 양심과 충돌하는 경우에도 자신의 행동이 정해진 규정과 절차를 준수하며 맡은 바 업무를 수행하는 과정이라면 직업윤리를 우선할 필요가 있다.

[오답풀이] ② 업무를 수행하며 개인윤리, 즉 개인의 사적인 감정이나 관계 등을 우선시하는 태도는 명확히 구분하여 배제해야 한다.

③ 회사에서는 개인윤리의 개입없이 철저한 직업윤리로 업무에 임하여야 한다.

④ 조직의 경쟁력 강화를 위해서는 직업윤리에 입각한 냉철하고 객관적인 결정이 필요하므로 영리 추구 목적에 맞는 경쟁적인 윤리의식이 요구되는 경우가 있다. 개인의 입장에서는 마음에 들지 않는 회사의 제품을 하나라도 더 판매해야 하는 판매원의 경우가 대표적인 사례라고 할 수 있다.

⑤ 직업윤리가 개인윤리에 반드시 부합되어야 할 필요도 없으며, 두 가지가 일치해야 할 필요도 없다. 따라서 직업인이라면 두 가지 윤리의 공존을 인정하고 적절한 조화를 유지할 수 있어야 한다.

05 ①

Quick해설 기술은 '물리적인 것뿐만 아니라 사회적인 것으로서 지적인 도구를 특정한 목적에 사용하는 지식체계', '인간이 주위환경에 대한 통제를 확대시키는 데 필요한 지식의 적용' 등으로 정의된다. 또한 일부 학자들은 보다 구체적인 기술의 개념으로 '제품이나 용역을 생산하는 원료, 생산 공정, 생산 방법, 자본재 등에 관한 지식의 집합체'라고 정의하기도 하였다.

[상세해설] 기술은 원래 know－how의 개념이 강하였으나 시대가 지남에 따라 know－how와 know－why가 결합하게 되었으며, 현대적 기술은 주로 과학을 기반으로 하는 기술(science－based technology)이 되었다.

06 ⑤

Quick해설 빈칸에 들어갈 직업윤리의 덕목은 '소명의식'이다. 소명의식이란 사전적으로는 '부여된 명령을 꼭 수행해야 한다는, 책임 있는 의식'을 의미하며 윤리적으로는 자신이 맡은 일은 하늘에 의해 맡겨진 일이라고 생각하는 것을 말한다. 독일에서 장인이 대우받는 이유는 바로 많은 돈을 버는 직업을 선택하는 것이 아니라, 하늘에 의해 주어진 사명을 다할 수 있는 일을 수행한다는 점 때문이다.

[오답풀이] ① 직분의식에 대한 설명이다.
② 전문가의식에 대한 설명이다.
③ 봉사의식에 대한 설명이다.
④ 책임의식에 대한 설명이다.

07 ③

Quick해설 주어진 자료는 재무제표의 하나인 '손익계산서'이다. 손익계산서는 '일정 기간'의 기업의 경영 성과를 한눈에 나타내는 재무 자료이다.

[오답풀이] ② 여비교통비가 직접비용 중에서 금액이 가장 적으므로 그 비중 또한 가장 낮다.
④ 해당 기간의 최종 순이익은 '당기순이익'이다. '영업이익'은 매출액에서 여러 가지 비용을 차감한 금액이다. 제시된 표에서는 (매출액)−(매출원가)−(판매/일반관리비)를 계산한 것이다. '당기순이익'은 '영업이익'에서 금융 비용 및 세금 등을 제외한 금액을 말한다.
⑤ 상품 판매업체와 제조업체의 매출 원가는 다음과 같이 산출한다.
- (매출원가(판매업))=(기초상품 재고액)+(당기상품 매입액)−(기말상품 재고액)
- (매출원가(제조업))=(기초제품 재고액)+(당기제품 제조원가)−(기말제품 재고액)

08 ③

Quick해설 ㉡ 2020년의 취득 전승공예품 1건당 평균 구입가격은 708,080÷206≒3,437(천 원)이며, 2016년의 경우는 752,000÷186≒4,043(천 원)이므로 평균 구입가격의 차이는 4,043−3,437=606(천 원)으로 50만 원 이상 감소한 것을 알 수 있다.
㉢ 2019년은 417÷961×100≒43.4(%)로 국외 기관으로의 활용 비중이 가장 큰 해이다. 2018년의 경우 41.4%로 두 번째로 해당 비중이 크다.

[오답풀이] ㉠ 2019년에는 취득수량이 208건에서 262건으로 증가하였으나, 구입가격은 722,000천 원으로 전년과 동일하므로 증가한 것이 아니다.
㉣ 2020년 총 보유 전승공예품은 5,331점이며, 국내외 기관에 활용한 수량은 1,305점이므로 1,305÷5,331×100≒24.5(%)로 25%에 못 미치고 있다.

09 ①

Quick해설 선택지 ①은 '쉽게 떠오르는 단순한 정보에 의지하는 경우'에 해당하며 이것은 문제를 효과적으로 해결하는 데에 장애요인으로 작용하는 대표적인 오류라고 할 수 있다.

[오답풀이] ②, ③, ④, ⑤ 순서대로 각각 전략적인 사고, 분석적인 사고, 발상의 전환, 내·외부 자원의 효과적 활용이라는 문제해결의 기본 사고를 활용한 경우로서 적절한 방안으로 추천할 수 있다.

10 ④

Quick해설 공정 보상의 원칙은 근로자의 인권을 존중하고 공헌도에 따라 노동의 대가를 공정하게 지급해야 한다는 것을 말한다. 직급이 더 높다는 이유만으로 더 많은 인센티브를 받는 것은 공정 인사의 원칙을 지키지 않는 것이다. 종업원 안정의 원칙은 직장에서 신분이 보장되고 계속해서 근무할 수 있다는 믿음을 갖게 하여 근로자가 안정된 회사 생활을 할 수 있도록 해야 한다는 것을 말한다.

[오답풀이] ① 종업원 안정의 원칙: 직장에서 신분이 보장되고 계속해서 근무할 수 있다는 믿음을 갖게 하여 근로자가 안정된 회사 생활을 할 수 있도록 해야 한다
② 적재적소 배치의 원칙: 해당 직무 수행에 가장 적합한 인재를 배치해야 한다.
③ 공정 인사의 원칙: 직무 배당, 승진, 상벌, 근무 성적의 평가, 임금 등을 공정하게 처리해야 한다.
⑤ 창의력 계발의 원칙: 근로자가 창의력을 발휘할 수 있도록 새로운 제안, 건의 등의 기회를 마련하고, 적절한 보상을 하여 인센티브를 제공해야 한다.

11 ③

Quick해설 A, B 생산라인이 동시에 1시간 동안 277개를 만들므로, 35,150개를 만들려면 적어도 127시간 동안 가동되어야 한다.

[상세해설] 먼저 생산라인 A를 50시간 가동하면 100×50=5,000(개)의 제품 P를 만들 수 있는데, 불량률이 3%이므로 그중 97%인 5,000×0.97=4,850(개)를 납품할 수 있다.
즉, 두 생산라인 A, B를 통해 40,000−4,850=35,150(개)의 제품 P를 만들면 된다.
생산라인 A는 1시간 동안 100×0.97=97(개)의 제품 P를 만들어 납품할 수 있고, 생산라인 B는 1시간 동안 200×0.9=180(개)의 제품 P를 만들어 납품할 수 있으므로, 두 생산라인이 동시에 1시간 동안 277개의 제품 P를 만들어 낸다.
따라서 35,150÷277≒126.9(시간)이므로 두 생산라인를 적어도 127시간 동안 가동해야 하므로 가동시간의 최솟값은 127이다.

12 ②

Quick해설 대인관계 실리형에게는 선택지 ②와 같은 보완 사항과 함께 타인의 이익을 배려하는 노력이 필요하다고 볼 수 있다.

[오답풀이] ① 대인관계 친화형에게 요구되는 보완 사항이다.
③ 대인관계 순박형에게 요구되는 보완 사항이다.
④ 대인관계 사교형에게 요구되는 보완 사항이다.
⑤ 대인관계 지배형에게 요구되는 보완 사항이다.

13 ②

Quick해설 상대방에게 충고하는 경우에는 직설적인 화법으로 상대방을 자극하기보다 예를 들거나 비유적인 화법으로 말하는 것이 효과적이다.

[오답풀이] ① 상대방의 사정을 듣고, 상대방이 가능한 상황인지 확인한 후, 응하기 쉽게 구체적으로 말하는 것은 ㉢과 관련된 설명이다.
③ 샌드위치 화법은 듣는 사람이 반발하지 않고 부드럽게 받아들일 수 있으므로 ㉠과 관련된 내용이다.
④ 먼저 사과 의사를 밝힌 후, 응할 수 없는 이유를 분명하게 설명하는 것은 ㉤과 관련된 내용이다.
⑤ 강압적 표현보다 청유형으로 부드럽게 하는 것이 효과적이라는 것은 ㉣과 관련된 설명이다.

14 ②

Quick해설 중장기 사업목표를 설정한 후에는 사업전략을 수립하고, 요구기술을 분석한 후에는 기술전략을 수립하여 핵심 기술을 선택하게 된다.

[상세해설] 각 절차에서 수행될 구체적인 업무는 다음과 같다.
- 외부환경 분석: 수요변화 및 경쟁자 변화, 기술 변화 등 분석
- 중장기 사업목표 설정: 기업의 장기비전, 중장기 매출목표 및 이익목표 설정
- 내부역량 분석: 기술능력, 생산능력, 마케팅/영업능력, 재무능력 등 분석
- 사업전략 수립: 사업 영역결정, 경쟁 우위 확보 방안 수립
- 요구기술 분석: 제품 설계/디자인 기술, 제품 생산 공정, 원재료/부품 제조기술 분석
- 기술전략 수립: 핵심기술의 선택, 기술 획득 방법 결정

15 ②

Quick해설 두 번째 문단에서 시간을 어떻게 사용하느냐에 따라 사람마다 그 가치를 다르게 느낀다고 하였다. 시간은 누구에게나 똑같이 주어지지만, 어떻게 관리하여 사용하느냐에 따라 그 가치는 달라진다고 할 수 있다.

문제 풀이 Tip

시간의 특성은 다음과 같다.
첫째, 시간을 미리 사용하거나 뒤로 미뤄서 사용할 수 없으며, 누구에게나 매일 똑같이 주어진다.
둘째, 시간은 누구에게나 매일 똑같은 속도로 흐른다. 사람마다 시간의 흐름을 느끼는 바는 다를 수 있지만, 일정한 속도로 흘러간다.
셋째, 시간의 흐름을 멈추게 할 수 없다.
넷째, 시간을 빌리거나 저축할 수 없다. 누구에게나 똑같이 24시간이 주어지며, 그 시간이 지나면 다시 모두에게 24시간이 주어진다.
다섯째, 시간은 어떻게 사용하느냐에 따라 그 가치가 달라진다.
여섯째, 시간은 순간에 따라 밀도도 다르고, 가치도 다르다. 24시간 중에서도 황금 시간대가 존재한다.

16 ④

Quick해설 정보는 적시성과 독점성이 있어야 할 것이며, 매번 바뀌어 유효기간이 짧은 동적정보보다 일정 기간 멈추어 있는 정적정보가 더욱 정보로서의 가치가 크다고 할 수 있다.
정보는 독점성이 있어 공개된 정보보다 반공개 정보가, 반공개 정보보다 비공개 정보가 훨씬 그 가치가 크다.

17 ⑤

Quick해설 정보 발생자의 이름은 누구든 알 수 있는 사항이 아니며, 당시의 정보 취득자만 알 수 있다. 따라서 정보 발생자의 이름을 기준으로 정보를 관리한다면 다른 사람이 해당 정보를 활용할 수 없게 된다.

[오답풀이] ① 목록을 디지털 파일로 저장해놓는 것은 또 하나의 장점이 될 수 있는데, 그것은 대부분의 소프트웨어가 검색기능을 제공하기 때문이다. 즉, 워드프로세서, 엑셀 등과 같은 소프트웨어들의 찾기 기능을 이용하면 목록에서 특정 용어를 이용하여 검색이 가능해진다.
② 목록은 한 정보원(sources)에 하나만 만드는 것이지만 색인은 여러 개를 추출하여 한 정보원(sources)에 여러 색인어를 부여할 수 있다.
③ 카드를 이용해서 색인을 만들 경우 장점은 컴퓨터를 켜지 않고도 책이나 학술지를 읽다가 간단하게 내용을 기록하기에 편리하고, 가지고 다니기도 쉽다. 색인카드는 크기별로 구입도 쉽다.
④ 정보는 시간적 기준, 주제적 기준, 기능적/용도별 기준, 유형적 기준에 따라 관리할 수 있다.

18 ③

Quick해설 주어진 글은 '근면'의 두 가지 측면 즉, 외부로부터 강요받은 근면과 스스로 자진해서 하는 근면을 설명하고 있다. 이것은 근면의 동기가 자발적인지 여부에 따라 활동이 능동적, 적극적이거나 수동적, 소극적이어진다는 것을 의미한다. 직장 생활에서 우

리가 경험하기 쉬운 심리적 갈림길은 '능동적이며 적극적인 태도로 일을 많이 할 것인가 아니면 수동적이며 소극적인 태도로 일을 적게 할 것인가'라는 문제 앞에서 느끼는 망설임이다.

19 ⑤

Quick해설 취업준비생 K는 자신의 문제인 '취업'을 해결하기 위하여 두 가지 하위 개념을 선정하였고, 그에 따른 추가의 하위 개념을 각각 두 가지씩 선정하였다. 이러한 사고방식은 상 · 하위 개념간의 비약이나 오류가 없어야 한다. 취업 희망 기업별 요구자격이나 취업자 현황을 파악하는 일은 취업을 위해 처한 환경을 분석하는 작업일 것이며, 대인관계능력을 개선하거나 어학 및 실무지식을 습득해야 한다는 사실은 자신이 취업하기 위하여 갖추어야 할 능력 즉, 자기개발을 해야 한다는 점을 도출해 낸 것으로 볼 수 있다.

20 ①

Quick해설 바쁜 업무 때문에 자기개발에 필요한 시간을 갖지 못하였다는 것은 적절한 이유라고 보기 어렵다. 맡은 업무 분야에서의 자기개발은 업무를 통하여, 업무 외적인 분야에서의 자기개발은 출근 전이나 퇴근 후, 주말 시간 등을 이용하여 얼마든지 성취할 수 있으며 이는 스스로의 의지와 실천의 문제로 보아야 한다.

[오답풀이] ②, ③, ④, ⑤ 자기개발을 방해하는 대표적인 요인들이며, 이를 미리 알고 극복할 준비가 되어 있어야 성공적인 자기개발을 이룰 수 있다.

21 ⑤

Quick해설 주어진 글은 공장자동화(FA, Factory Automation)에 대한 설명이다. 공장자동화는 수주－설계－제조－검사－출하의 전 공정을 일관된 개념에 따라 컴퓨터와 산업용 로봇에 의해 자동화하기 위한 시스템이며, 대표적인 예로는 컴퓨터 이용 설계(CAD, Computer Aided Design)와 컴퓨터 이용 생산(CAM, Computer Aided Manufacturing)이 있다.

22 ⑤

Quick해설 의사소통은 혼자 하는 것이 아니므로 말하는(의사를 전달하는) 화자와 듣는(의사를 받는) 청자가 있어야 한다. 또한 둘 사이에 언어나 몸짓, 표정 등으로 무언가 메시지가 전달되어야 할 것이며, 전달된 메시지에 대한 응답, 침묵, 몸짓 등의 반응이 있어야 한다. 따라서 의사소통은 화자, 청자, 메시지, 피드백의 네 가지로 구성된다.

23 ②

Quick해설 주어진 내용은 임파워먼트를 확인할 수 있는 사례이다. 임파워먼트는 직원들에게 일정 권한을 위임함으로써 훨씬 수월하게 성공의 목표를 이룰 수 있을뿐더러 존경받는 리더로 거듭날 수 있는 리더십의 개념이다. 자신의 능력을 인정받아 권한을 위임받았다고 인식하는 순간부터 직원들의 업무효율성은 높아질 수 있다는 점을 활용한 방법이다.

24 ④ 고난도

Quick해설 안정성과 성장성 가중치를 서로 바꾸어 적용하면 A기업은 4.054점, B기업은 3.809점이므로 A기업의 총점이 더 높다.

[상세해설] 가중치를 적용하지 않았을 때, 두 기업의 평가지수 총점은 다음과 같다.

- A기업: $5+2.8+4.2+3.5+4.5=20$(점)
- B기업: $3.2+4.9+3.2+4.8+2.6=18.7$(점)

가중치를 적용할 때, 두 기업의 평가지수 총점은 다음과 같다.

- A기업: $5\times0.25+2.8\times0.35+4.2\times0.12+3.5\times0.16+4.5\times0.12=3.834$(점)
- B기업: $3.2\times0.25+4.9\times0.35+3.2\times0.12+4.8\times0.16+2.6\times0.12=3.979$(점)

이때, [표]에서 안정성과 성장성 가중치를 서로 바꾸어 적용하면 기업별 평가지수 총점은 다음과 같다.

- A기업: $5\times0.35+2.8\times0.25+4.2\times0.12+3.5\times0.16+4.5\times0.12=4.054$(점)
- B기업: $3.2\times0.35+4.9\times0.25+3.2\times0.12+4.8\times0.16+2.6\times0.12=3.809$(점)

따라서 안정성과 성장성 가중치를 서로 바꾸어 적용하면 A기업의 총점이 더 높다.

[오답풀이] ① 가중치를 적용하지 않고 항목별 기업평가지수를 더한 값은 A기업 20점, B기업 18.7점이므로 A기업이 더 높다.

② 규모나 안정성의 가중치보다 성장성의 가중치가 더 높으므로 E사는 회사의 규모나 안정성보다는 성장성에 더 중점을 두고 있음을 알 수 있다.

③ 가중치를 적용하지 않은 기업평가지수의 총점에서 A기업이 B기업보다 크므로 오각형의 넓이도 크다.

⑤ 가중치를 적용하여 계산하면 A기업의 총점은 3.834점, B기업의 총점은 3.979점이므로 B기업의 총점이 더 높다.

25 ⑤

Quick해설 전체 조사인원에서 60세 이상 64세 이하는 60%이고, 64세 이상 69세 이하는 40%일 때, 전체 조사인원 중 건강문제를 선택한 인원의 비율은 해당 문제를 선택한 60세 이상 64세 이하의 비율과 65세 이상 69세 이하의 비율을 가중평균한 값이다. 따라서 전체 조사인원 중 건강문제를 선택한 인원의 비율은

$\frac{29.8\times0.6+37.8\times0.4}{0.6+0.4}=\frac{17.88+15.12}{1.0}=33.0(\%)$이다.

26 ②

Quick해설 관계에 기초한 가치를 강조하는 유교는 가족주의, 집단주의 등에 따라 가까운 사람의 부정을 묵인하는 경우도 있어 '정직'이라는 규범적 의미를 이해하는 행위와 '정직 행동'을 선택하는 행위 사이에서 괴리를 발생하게 하는 요소로 작용할 수 있다. 따라서 한국 사회는 현대 사회에 필요한 도덕성을 제대로 육성하지 못한 채 근대적 가치 속에서 도덕적 위기에 직면하고 도덕적 발전 방향을 상실하였다는 평가를 받고 있기도 하다.

[상세해설] 관계 지향적인 유교의 전통 가치는 근본적으로 사적 윤리이기에 친밀 관계에 있는 사람의 위법이나 부정을 용인 또는 묵인하는 행위를 부도덕하다고 인식하지 않으며, 이에 대한 죄책감을 둔화시킨다.

27 ⑤

Quick해설 회사를 출발하여 동일한 경로를 두 번 이상 지나지 않고 5군데 방문지를 모두 방문하는 4가지의 경우의 수와 이에 따른 이동 거리를 계산해 보면 다음과 같다.

1) 회사－A－C－B－E－D: 8＋12＋3＋4.2＋3.2＝30.4(km)
2) 회사－A－C－B－D－E: 8＋12＋3＋4＋3.2＝30.2(km)
3) 회사－D－E－B－C－A: 16＋3.2＋4.2＋3＋12＝38.4(km)
4) 회사－E－D－B－C－A: 14＋3.2＋4＋3＋12＝36.2(km)

따라서 경로 2)로 이동한 30.2km가 최단 이동 거리가 된다.

28 ①

Quick해설 27번에서 김 과장의 최단 이동 경로는 회사－A－C－B－D－E임을 확인하였다. 따라서 도로별 구간을 나누어 보면 다음과 같다.

- 회사－A－C: 고속도로
- C－B－D: 시내
- D－E: 비포장도로

연료비는 '거리÷연비×1L당 연료비'의 산식으로 계산할 수 있으므로 구간별 연료비는 다음과 같다.

- 회사－A－C: (8＋12)÷20×1,500＝1,500(원)
- C－B－D: (3＋4)÷10×1,500＝1,050(원)
- D－E: 3.2÷8×1,500＝600(원)

따라서 김 과장이 사용한 총 연료비는 1,500＋1,050＋600＝3,150(원)이 된다.

29 ③

Quick해설 A가 혼자 참일 경우 합격자는 B, A가 혼자 거짓일 경우 합격자는 A이다.

[상세해설] 1) 한 명의 진술만이 참일 경우

- A가 참이라면 B, C, D의 진술은 모두 거짓이므로 B가 합격자가 되며, 모두의 진술에 모순이 없게 된다.
- B가 참이라면 A는 거짓을 진술한 것인데, C가 한 말이 참이 되므로 두 명의 진술이 참이 되는 모순이 발생한다.
- C가 참이라면 A의 진술이 거짓이 되어 B가 불합격한 것이다. 그런데 B가 자신은 불합격이라고 말하고 있으므로 이는 참이 되어 두 명의 진술이 참이 되는 모순이 발생한다.
- D가 참이라면 A가 합격을 한 것인데, B의 진술이 거짓이어야 하므로 B가 합격을 한 것이 되어 두 명의 진술이 참이 되는 모순이 발생한다.

따라서 한 명의 진술만이 참일 경우 A의 진술이 참이며, 합격자는 B가 된다.

2) 한 명의 진술만이 거짓일 경우

- A만 거짓이라면 B, C, D의 진술은 모두 참이고 모순이 없게 되어 A가 합격자가 된다.
- B만 거짓일 때 B가 합격한 것이 되나, D가 A를 뽑았다고 했으므로 모순이 발생한다.
- C만 거짓일 때 A가 참을 말한 것이 되어 B가 합격한 것이 되나, D가 A를 뽑았다고 했으므로 모순이 발생한다.
- D만 거짓일 때 A와 B의 상반되는 진술이 모두 참이어야 하므로 모순이 발생한다.

따라서 한 명의 진술만이 거짓일 경우 A의 진술만 거짓이며, 합격자는 A가 된다.

30 ⑤

Quick해설 하나 이상의 보고체계를 가진 조직구조를 의미하는 것으로서, 기존 기능부서의 상태를 유지하면서 특정한 프로젝트를 위해 서로 다른 부서의 인력이 함께 일하는 조직설계방식이다. 매트릭스 조직에 속한 개인은 두 명의 상급자(기능부서 관리자, 프로젝트 관리자)로부터 지시를 받으며 보고를 하게 된다. 이것은 기존의 전통적 조직구조에 적용되는 명령통일의 원칙을 깨뜨린 것이 매트릭스 조직의 가장 큰 특징이다.

대규모 조직보다 오히려 소규모 조직에서 구성원들을 효율적으로 활용하기 위하여 매트릭스 조직 형태를 취하게 되며, 많은 종류의 제품을 생산하는 대규모 조직에서는 제품의 종류별로 사업부를 운영하는 사업부제 조직 형태가 효율적이다. 사업부제 조직에서는 대부분의 의사결정 권한이 해당 사업본부장에게 주어지는 특징이 있다.

31 ④

Quick해설 2,000만 원의 지출에 대한 기안의 결재를 받는 경우는 대표이사가 전결권자이므로 본부장의 서명을 받아야 한다.

[오답풀이] ① 기안이 없는 지출은 본부장 이상이 전결권자이다.
② 기안이 있는 상태에서 8,000만 원 지출이 승인된 경우 대표이사가 전결권자이므로 대표이사 결재란에 '전결'이 표시되고,

결재권자 결재란에 대표이사의 서명이 표시된다.

③ 기안이 없는 상태에서 1억 원을 지출할 경우 회장이 결재권자이므로 '전결' 표시 없이 모두 각각의 결재란에 서명하게 된다.

⑤ 800만 원의 지출에 대한 기안을 작성하는 경우 본부장이 전결권자이므로 대표이사 결재란에 1개의 상향대각선이 표시된다.

32 ④

Quick해설 주어진 글에서도 강조하고 있는 바와 같이, 지속가능한 개발은 미래 세대를 위해 한계 용량의 범위를 넘지 않는 범위에서 현재 세대의 필요를 충족하는 경제, 사회, 환경의 조화로운 발전을 이르는 말이라고 할 수 있다. 따라서 개발도상국으로 생산라인을 이전하여 신기술 개발의 비용을 절감하는 것은 지속가능한 개발과 관련이 있지 않다.

33 ②

Quick해설 주어진 사례를 통해 확인할 수 있는 의사소통의 종류는 다음과 같은 문서적인 의사소통과 언어적인 의사소통이다.

- 전일 주문한 제품에 대한 송장이나 수취확인서: 문서적인 의사소통
- 인수인계 메모지: 문서적인 의사소통
- 전화통화: 언어적인 의사소통

이밖에도 직장 생활에 하며 흔히 마주하게 되는 업무지시 메모, 보고서 등은 문서적인 의사소통 방법이며, 대화, 발표 등은 언어적인 의사소통 방법이라고 할 수 있다.

34 ②

Quick해설 개개인의 능력을 과신하거나 스스로 할 수 있다는 자신감이 넘치면 오히려 자기중심적인 행동이나 과도한 자아의식으로 인하여 팀워크를 저해할 수 있다.

[상세해설] 훌륭한 팀워크를 유지하기 위한 기본요소는 다음과 같은 것들이 있다.

- 팀원 간에 공동의 목표의식과 강한 도전의식을 갖는다.
- 팀원 간에 상호 신뢰하고 존중한다.
- 서로 협력하면서 각자의 역할과 책임을 다한다.
- 솔직한 대화로 서로를 이해한다.
- 강한 자신감으로 상대방의 사기를 드높인다.

한편, 팀워크를 저해하는 요소로는 다음과 같은 요소가 있다.

- 조직에 대한 이해 부족
- 자기중심적인 이기주의
- '내가'라는 자아의식의 과잉
- 질투나 시기로 인한 파벌주의
- 그릇된 우정과 인정
- 사고방식의 차이에 대한 무시

35 ①

Quick해설 각각의 물건에 대해서 선물 상자를 만들 수 있는 최대 개수를 구해야 한다. 수첩은 198개가 있고, 선물 상자에 1개가 들어가므로 총 198개의 선물 상자를 만들 수 있다. 메모지는 471개가 있고, 선물 상자에 3개씩 들어가므로 $471 \div 3 = 157$(개)의 선물 상자를 만들 수 있다. 볼펜은 286개가 있고, 선물 상자에 2개씩 들어가므로 $286 \div 2 = 143$(개)의 선물 상자를 만들 수 있다.
따라서 선물 상자는 198개, 157개, 143개 중에서 가장 작은 수인 143개를 만들 수 있으므로 최대 143명의 바이어에게 선물 상자를 나눠줄 수 있다.

36 ①

Quick해설 ㉡, ㉤ 키워드 검색 방식은 찾고자 하는 정보와 관련된 핵심적인 언어인 키워드를 직접 입력하여 이를 검색 엔진에 보내어 검색 엔진이 키워드와 관련된 정보를 찾는 방식이다. 따라서 ㉡과 ㉤의 설명이 옳다.

[오답풀이] ㉠ 키워드가 불명확하게 입력된 경우 검색 결과가 너무 많을 수 있다.

㉢ 주제별 검색 방식에 대한 설명이다.

㉣ 효과적인 정보 검색을 위해서 키워드는 구체적이고 자세하게 작성하는 것이 바람직하다.

37 ⑤

Quick해설 (나)는 경력개발, (가), (다), (라)는 자기관리를 통한 자기개발 방법으로 구분할 수 있다.

[상세해설] 자기개발은 자아인식, 자기관리, 경력개발 등으로 이루어지며, 분야별 자기개발 방법은 다음과 같다.

- 자아인식
  직업인의 자아인식이란 직업생활과 관련하여 자신의 가치, 신념, 흥미, 적성, 성격 등 자신이 누구인지 파악하는 것이다. 자신을 알아가는 방법으로는 내가 아는 나를 확인하는 방법, 다른 사람과의 대화를 통해 알아가는 방법, 표준화된 검사 척도를 이용하는 방법 등이 있다.
- 자기관리
  자기관리란 자신을 이해하고, 목표를 성취하기 위하여 자신의 행동 및 업무수행을 관리하고 조정하는 것이다. 자기관리는 자신에 대한 이해를 바탕으로 비전과 목표를 수립하며, 이에 대한 과제를 발견하고, 자신의 일정을 수립하고 조정하여 자기관리를 수행하고, 이를 반성하여 피드백하는 과정으로 이루어진다.
- 경력개발
  경력개발은 개인의 경력목표와 전략을 수립하고 실행하며 피드백하는 과정이다. 경력개발은 자신과 상황을 인식하고 경력관련 목표를 설정하여 그 목표를 달성하기 위한 과정으로 경력계획과 경력계획을 준비하고 실행하며 피드백하는 경력관리로 이루어진다.

38 ②

Quick해설 제품의 생산 기술력이 공개되어 있고 특별한 노하우가 필요하지 않다는 점, 브랜드 이미지나 생산업체의 우수성 등이 중요한 마케팅 요소로 작용되지 않는다는 점 등으로 인해 기술적 차별화를 이루기 어려우며, 모든 대중들에게 계층 구분 없이 같은 제품이 보급되어 쓰이고 있는 소모품이라는 점 등으로 인해 일부 특정 시장을 겨냥한 집중화 전략도 적절하다고 볼 수 없다. 이 경우, 원자재 구매력 향상이나 유통 단계 효율화 등을 통한 원가우위 전략이 효과적이라고 볼 수 있다.

39 ④

Quick해설 주어진 설명을 통해 영업팀에서는 브레인스토밍을 활용하여 부진한 실적 극복 방안을 찾고자하는 것임을 알 수 있다. 브레인스토밍을 실시할 때에는 아이디어가 많을수록 좋으므로 가급적 많고 다양한 구성원의 의견을 수렴해야 한다.

[상세해설] 브레인스토밍을 응용한 방법으로 브레인라이팅(brain writing)이 있다. 브레인스토밍이 구두로 의견을 교환한 것이라면, 브레인라이팅은 포스트잇 같은 메모지에 의견을 적은 다음 메모된 내용을 차례대로 공유하는 방법이다.

40 ②

Quick해설 ㉠ 직업인으로서 경력목표 성취에 필요한 역량을 신장시키기 위해 필요한 강의를 듣는 것은 경력목표 달성을 위한 방법이다.

㉢ 조직의 구성원으로서 자신의 조직과 함께 상호작용하고 조직의 목적에 부합하도록 노력하는 것은 경력목표 달성을 위한 방법이다.

㉤ 개인적, 조직적 자원을 활용하여 자기개발을 하는 것은 경력목표 달성을 위한 방법이다.

[오답풀이] ㉡ 경력개발의 단계별 이해에 따르면 퇴직준비의 자세한 계획은 경력중기부터 준비하는 것이 바람직하다.

㉣ 탄탄한 경력을 쌓을 수 없고, 잦은 부서 이동은 자칫 맡은 바 업무에 대한 깊이의 부족으로 이어질 수도 있으므로 전문성을 키우는 데 적절하지 않다.

41 ④

Quick해설 키워드가 너무 짧으면 원하는 결과를 쉽게 찾을 수 없는 경우가 많으므로 키워드는 구체적이고 자세하게 만드는 것이 좋은 방법이다. 즉 특정한 키워드에 대하여 검색 결과가 너무 많이 나오는 경우에는 필요한 결과를 빠르게 찾기 어려우므로 키워드가 짧고 간결할수록 좋다는 ㉡은 적절하지 않다. 이때에는 검색 엔진에서 결과 내 재검색 기능을 지원하도록 하면 이를 활용하여 검색 결과의 범위를 좁힐 수 있으므로 검색 시간을 단축할 수 있다.

42 ②

Quick해설 비윤리적인 결과를 피하기 위하여 일반적으로 필요한 주의나 관심을 기울이지 않는 것을 도덕적 태만이라고 한다. 즉, 어떤 결과가 나쁜 것인지 알지만 자신의 행위가 그러한 결과를 가져올 수 있다는 것을 모르는 경우이다.

[상세해설] 타성은 나태함이나 게으름의 뜻을 내포하고 있는데, 바람직한 행동이 무엇인지 알고 있으면서도 취해야 할 행동을 취하지 않는 무기력한 모습이라고 할 수 있다. 한편 비윤리적 행위로서의 거짓말이란 '상대를 속이려는 의도로 표현되는 메시지'라고 할 수 있다. 침묵이나 표정 등도 하나의 표현방법이 될 수 있으나 주로 말이나 글로 표현되는 것에 한정하며, 상대를 속이려는 의도가 있는 것을 말한다.

43 ④

Quick해설 필요한 경우에 ㅁ, ㅇ, –, · 과 같은 특수한 기호로 표시할 수 있으나 공문서는 상위 항목부터 하위 항목까지 1.→ 가. → 1) → 가) → (1) → (가)의 형태로 표시하므로 반드시 고칠 필요는 없다.

[오답풀이] ① '제(第)'는 접두사이므로 뒷말에 붙여 쓰고, '만전 당부'는 상투적 한자 표현이므로 수정하는 것이 적절하다.

② 독자를 고려하여 간결한 표현을 쓰는 것이 적절하다. '태풍 북상에 철저히 대비하고 대응하여, 시민의 생명과 재산을 보호하고 피해를 최소화할 수 있었습니다.'라고 수정하는 것이 적절하다.

③, ⑤ 일본식 한자어나 외국어 대신에 가급적이면 우리말 표현을 쓰는 것이 바람직하다.

44 ④

Quick해설 정 사장은 전형적인 변혁적 리더의 모습을 보여주고 있다.

[상세해설] 변혁적 리더는 개개인에게 시간을 할애하여 그들 스스로가 중요한 존재임을 깨닫게 하고, 존경심과 충성심을 불어넣는다. 또한, 구성원이나 팀이 직무를 완벽히 수행했을 때 칭찬을 아끼지 않는다. 사람들로 하여금 한 가지 일에 대한 성공이 미래의 여러 도전을 극복할 수 있는 자극제가 될 수 있다는 것을 깨닫게 한다. 이뿐만 아니라 변혁적 리더는 구성원들이 도저히 해낼 수 없다고 생각하는 일들을 구성원들로 하여금 할 수 있도록 자극을 주고 도움을 주는 일을 수행한다.

45 ⑤

Quick해설 (가)는 상향식, (나)는 하향식 의사결정에 의한 기술선택이다.

[상세해설] 기술선택이란 기업이 어떤 기술을 외부로부터 도입하

거나 자체 개발하여 활용할 것인가를 결정하는 것으로, 의사결정은 크게 다음과 같은 두 가지 방법이 있다.

- 상향식 기술선택(bottom up approach)
  기업 전체 차원에서 필요한 기술에 대한 체계적인 분석이나 검토 없이 연구자나 엔지니어들이 자율적으로 기술을 선택하는 것이다.
- 하향식 기술선택(top down approach)
  기술경영진과 기술기획담당자들에 의한 체계적인 분석을 통해 기업이 획득해야 하는 대상기술과 목표기술수준을 결정하는 것이다.

46 ②

Quick해설 A가 조장인 조에 B의 가족인 D가 배정되고 E 또는 F 한 사람이 포함된다. 따라서 A가 조장인 조에는 (A, D, E) 또는 (A, D, F)로 구성이 되므로 C, I, J는 A가 조장인 조에 배정될 수 없다.

[상세해설] A가 조장인 조에는 B의 가족이라서 B와 같은 조가 될 수 없는 D가 배정되고, 서로 다른 조에 배정되어야 하는 E와 F 중 한 사람이 배정된다. C, I, J가 같은 조면서 A가 조장인 조에 배정될 경우 총 6명이 되므로 조 배정이 이루어지지 않는다. 따라서 C, I, J가 같은 조이기 위해서는 (A, D, E, G, H)－(B, F, C, I, J) 또는 (A, D, F, G, H)－(B, E, C, I, J)로 조 배정이 이루어지게 된다.

[오답풀이] ① B와 G는 같은 조가 아닐 수도 있다.
③ G와 H가 A, D와 같은 조가 아닌 경우 I, J는 같은 조가 될 수 있다.
④ A와 G가 같은 조라면 A의 조에 속한 사람은 A, D, G, H가 되므로 한 자리가 남는다. 이 자리에는 E 또는 F가 올 수 있다.
⑤ H와 G는 같은 조가 아닐 수도 있다.

47 ③

Quick해설 상사의 업무 처리 지시가 있을 때에는 적절한 균형을 유지하며 우선순위를 정해 의사결정을 하는 태도가 필요하다. 또한 업무 지시자의 직급이 업무 자체보다 더 중요하다고 판단해서는 안 된다. 따라서 급한 B 대리의 업무를 먼저 처리하고 여유가 있는 C 과장의 업무를 나중에 처리한다는 것을 통보하는 것이 적절한 행동이다.

48 ⑤

Quick해설 주어진 글은 모두 자원의 유한성을 보여주는 사례이다. 한 사람이나 조직에게 주어진 시간은 제한되기 마련이며, 정해진 시간을 어떻게 활용하느냐가 매우 중요하다. 돈과 물적자원(석탄, 석유, 시설 등) 역시 제한적일 수밖에 없으며, 개인 또는 조직적으로 제한된 사람들을 활용할 수밖에 없는 인적자원도 이와 비슷하다. 이러한 자원의 유한성으로 인해 자원을 효과적으로 확보, 유지, 활용하는 자원관리는 매우 중요하다고 할 수 있다.

49 ④

Quick해설 본문의 마지막 역시 처음과 마찬가지로 자신이 누구인지를 정확하게 밝히는 것이 중요하다. 긴급한 문제로 발신자에게 연락을 취해야 하는 경우를 대비하여 소속, 직책, 사내 전화번호, 휴대폰 번호 등을 서명에 넣어 삽입하는 것이 좋다.

[오답풀이] ① 참조는 메일 내용과 관련된 사람 혹은 내용을 참고해야 할 사람을 뜻하므로, 하나의 사안에 다수의 인원이 연관되어 있을 경우 가장 중심이 되는 사람을 받는 사람에, 나머지 인원을 참조에 넣게 된다.
② 업무시간 중 많은 이메일을 주고받기 때문에 전반적인 내용을 암시하는 제목이나 보내는 이의 목적이 드러난 제목이 바람직하다.
③ 자신이 누구인지를 간단하게 소개하는 것으로 본문을 시작하는 것이 기본이다.
⑤ 첨부 파일이 있다는 언급을 통해 업무 혼선을 방지할 수 있다.

50 ④

Quick해설 주어진 사례는 디지털 시대가 도래했지만 신기술 도입에 미온적으로 대처해 실패한 사례를 보여 준다. 최고의 기술을 보유한 가장 선진적인 기업이더라도 시대의 흐름과 기술의 발전에 따라가지 못할 경우 몰락으로 이어질 수 있다. 따라서 최적의 기술을 선택하는 것이 매우 중요한 일임을 깨달을 수 있는 사례이다.

51 ②

Quick해설 ㉡ 모든 지역에서 인구가 더 많으면 자동차도 더 많은 것을 확인할 수 있다.
㉢ 자동차 당 도로연장이 10km/천 대 이상인 지역은 9,940÷783≒12.7(km/천 대)인 강원과 10,636÷1,056≒10.1(km/천 대)인 전남 2곳이다.

[오답풀이] ㉠ 인구 천 명당 도로연장이 전국 합계인 2.15km/천 명보다 더 낮은 지역은 14,030÷13,240≒1.06(km/천 명)인 경기가 유일하다.
㉣ 도로연장 상위 4개 지역은 경기, 경북, 경남, 전남 순이며, 포장률 상위 4개 지역은 제주, 경기, 충남, 충북 순이다.

52 ①

Quick해설 ㉠ 과업지향 문화에 대한 설명과 이어지므로 '과업지향'이 들어가야 한다.

㉢ 혁신지향 문화에 대한 설명과 이어지므로 '혁신지향'이 들어가야 한다.

[상세해설] 각 문화의 특징을 요약하면 다음과 같다.

- 관계지향 문화: 조직 내 가족적인 분위기의 창출과 유지에 가장 큰 역점을 두는 문화이다.
- 혁신지향 문화: 조직의 적응과 조직 성장을 뒷받침할 수 있는 적절한 자원획득이 중요하고, 구성원들의 창의성 및 기업가 정신이 핵심 가치로 강조되는 문화이다.
- 위계지향 문화: 분명한 위계질서와 명령계통, 그리고 공식적인 절차와 규칙을 중시하는 문화이다.
- 과업지향 문화: 명확한 조직목표의 설정을 강조하며, 합리적 목표 달성을 위한 수단으로서 구성원들의 전문능력을 중시하며, 구성원들 간의 경쟁을 주요 자극제로 활용하는 문화이다.

53 ②

Quick해설 문서를 이해하는 구체적인 절차는 다음과 같다.

1) 문서의 목적을 이해하기
2) 이러한 문서가 작성된 배경과 주제를 파악하기
3) 문서에 쓰인 정보를 밝혀내고 문서가 제시하고 있는 현안문제를 파악하기
4) 문서를 통해 상대방의 욕구와 의도 및 내게 요구되는 행동에 관한 내용 분석하기
5) 문서에서 이해한 목적 달성을 위해 취해야 할 행동을 생각하고 결정하기
6) 상대방의 의도를 도표나 그림 등으로 메모하여 요약, 정리해 보기

따라서 순서대로 나열하면 (나)－(가)－(다)－(라)이다.

54 ⑤

Quick해설 '문제 직원'은 이른바 '썩은 사과의 법칙'에 따라 조치하는 것이 바람직하다. 리더는 먼저 문제 직원과 대화를 시도하여 무엇이 문제이며, 어떻게 개선될 수 있는지를 살펴야 한다. 그런 후에 그 팀원에게 문제가 있는 것으로 판명되면 그에게 기대하는 것을 분명히 전하고 스스로 변화될 수 있는 기회를 주어야 한다. 그러나 그가 끝내 변하지 않는다면 그를 팀에서 내보내는 것이 바람직하다. 한 사람의 썩은 사과가 팀 전체를 망칠 수 있기 때문이다.

[오답풀이] ① 먼저 대화를 나누지 않고 곧바로 인사팀장에게 보고하는 것은 적절하지 않다.

② 다른 팀원들의 희생과 노력을 요청하는 것은 자칫 더 큰 악영향을 가져올 수 있다.

③ 스스로 변할 수 있는 기회를 부여해야 한다.

④ 팀의 주요 업무에서 배제시키는 것보다, 대화 시도 후 변화가 없을 경우 팀에서 내보내는 것이 팀 전체를 위해 더 바람직하다.

55 ④

Quick해설 일자별로 신규확진자 수의 전일 대비 변화율을 구하면 다음과 같다.

구분	신규확진자 수	전일 대비 변화율
11월 19일	290+50=340(명)	－
11월 20일	330+40=370(명)	$\frac{370-340}{340}\times100≒8.8(\%)$
11월 21일	360+20=380(명)	$\frac{380-370}{370}\times100≒2.7(\%)$
11월 22일	300+30=330(명)	$\frac{380-330}{380}\times100≒13.2(\%)$
11월 23일	255+15=270(명)	$\frac{330-270}{330}\times100≒18.2(\%)$
11월 24일	320+30=350(명)	$\frac{350-270}{270}\times100≒29.6(\%)$

이때, 11월 23일의 신규확진자 수 전일 대비 변화율은 $\frac{330-270}{330}\times100≒18.2(\%)$로 11월 20~24일의 전일 대비 변화율 중 두 번째로 크다.

56 ⑤

Quick해설 판매순위는 RANK 함수로 표현할 수 있다. '=RANK(값,범위)'를 입력해야 하므로 G2 셀에는 김사랑 사원의 판매량인 F2 셀이 '값'에 해당하며, 5명의 판매량인 F2:F6가 범위가 된다. 아래로 드래그를 해야 할 것이므로 절대참조 표시 '$'를 붙여야 한다. '기타' 열은 IF 함수를 활용하여 '우수'와 '미흡'으로 구분할 수 있다. 조건은 '60점 이상이거나 미만'이므로 'F2>=60'이 들어가야 하며, 조건에 해당될 때의 결과값을 먼저 쓰고, 조건에 해당되지 않을 때의 결괏값을 나중에 쓴다. 따라서 F2>=60,"우수","미흡"의 순으로 입력해야 한다.

57 ⑤

Quick해설 자기개발은 개별적인 과정으로서 사람마다 자기개발을 통해 지향하는 바와 선호하는 방법 등이 다르다. 따라서 개인은 자신의 이해를 바탕으로, 자신에게 앞으로 닥칠 환경 변화를 예측하고 자신에게 적합한 목표를 설정하며 자신에게 알맞은 자기개발 전략이나 방법을 선정하여야 한다.

[오답풀이] ① 우리의 직업생활을 둘러싸고 있는 환경은 끊임없이 변화하고 있으며 우리에게 지속적으로 학습할 것을 요구한다. 우리는 날마다 조금씩 다른 상황에 처하게 되며, 학교 교육에서는 원리, 원칙에 대한 교육이 이루어질 뿐이므로 실생활에서 적응하기 위해서는 지속적인 자기개발이 필요하다.

② 우리는 대부분 일과 관련하여 인간관계를 맺으며, 일과 관련하여 우리의 능력을 발휘하고 개발하고자 한다.

③ 자기개발은 자신이 현재 하고 있는 직무 혹은 지향하는 직업

세계와 관련하여, 자신의 역할 및 능력을 점검하고 개발계획을 수립하며 시간을 관리하고 대인관계를 맺고 감정을 관리하고 의사소통을 하는 것도 자기개발이라 할 수 있다.

④ 자기개발은 자신을 개발하여 효과적으로 업무를 수행하고, 현대사회와 같이 급속하게 변화하는 환경에 적응하고자 하며, 자신이 설정한 목표를 달성하고, 보람되고 나은 삶을 영위하고자 노력하는 사람이라면 누구나 해야 하는 것이다.

58 ④

Quick해설 ⓒ 조직목표는 환경이나 조직 내의 다양한 원인들에 의하여 변동되거나 없어지고 새로운 목표로 대치되기도 한다는 특징이 있다.

ⓔ 조직은 다수의 조직목표를 추구할 수 있으며 조직목표들은 위계적 상호관계가 있어서 영향을 주고 받는다.

[오답풀이] ㉠ 조직목표는 조직구조나 운영과정과 같이 조직체제를 구체화하는 기준이 된다.

㉡ 조직목표는 조직구성원들이 소속감과 일체감을 느끼고 행동수행의 동기를 가지도록 작용한다.

59 ②

Quick해설 문제해결절차는 문제 인식, 문제 도출, 원인 분석, 해결안 개발, 실행 및 평가의 순으로 진행되어야 하며, 주어진 (가)~(마)의 행위들은 각각 다음과 같은 문제해결절차에 해당된다고 볼 수 있다.

(가) 문제 도출: 고객 감소에 따라 야기된 문제점 파악

(나) 해결안 개발: 매출 및 수익률 제고를 위한 방안 마련

(다) 문제 인식: 매출과 수익 감소에 따른 실태를 파악하여 정상화를 위한 목표 설정

(라) 실행 및 평가: 매출 부진 탈출을 위한 방안 실천 및 관리

(마) 원인 분석: 매출 감소와 수익성 저하의 근본 원인 분석

따라서 (다)–(가)–(마)–(나)–(라)가 문제해결을 위한 올바른 순서이다.

60 ①

Quick해설 ㉠, ㉡은 타인이 파악하는 나를 알기 위해 할 수 있는 질문이며, ⓒ, ⓔ은 내가 아는 나를 확인할 수 있는 질문이다. 주어진 네 가지 질문은 모두 스스로를 올바로 파악하여 자아를 인식할 수 있는 능력을 기를 수 있는 방법이다.

61 ⑤

Quick해설 SUMPRODUCT 함수는 곱한 수들의 합계를 구할 때 사용한다. 복수의 값을 곱하는 것뿐만 아니라, 복수의 조건을 곱셈으로 표현할 수도 있다.

함수식은 '=SUMPRODUCT(배열1,배열2,배열3,...)'과 같이 나타낸다.

따라서 주어진 [표]에서는 ⑤와 같이 가격을 나타내는 A2:A8과 재고 수량을 나타내는 B2:B8을 각각 입력해야 한다.

62 ③

Quick해설 설명서는 소비자에게 정확한 정보를 전달하는 게 중요하므로 간결하게 작성해야 한다.

[상세해설] 설명서 작성 시 명령문보다 평서형으로 작성해야 하며, 상품이나 제품에 대해 설명하는 글의 성격에 맞춰 정확하게 기술해야 한다. 또한 소비자가 이해하기 어려운 전문용어는 가급적 사용을 삼가고 복잡한 내용은 시각화하여 이해도를 높이는 등의 유의사항이 있다.

63 ④

Quick해설 협상의 1단계인 협상 시작 단계에서는 상대방의 협상의지를 확인하고, 간접적인 방법으로 협상의사를 전달해야 한다. 따라서 이에 해당하는 것은 (다) 또는 (아)이다. 협상의 2단계인 상호이해 단계에서는 협상을 위한 협상대상 안건을 결정하고, 서로의 의견을 적극적으로 경청하고 자기 주장을 제시해야 한다. 따라서 이에 해당하는 것은 (바) 또는 (사)이다. 협상의 3단계인 실질 이해 단계에서는 겉으로 주장하는 것과 실제로 원하는 것을 구분하여 실제로 원하는 것을 찾아내고, 분할과 통합 기법을 활용하여 이해관계를 분석한다. 따라서 이에 해당하는 것은 (가) 또는 (마)이다. 협상의 4단계인 해결 방안 단계에서는 최선의 대안에 대해 합의하고 선택한다. 따라서 이에 해당하는 것은 (나)이다. 협상의 5단계인 합의 문서를 도출하는 단계에서는 합의문 상의 합의내용, 용어 등을 재점검한다. 따라서 이에 해당하는 것은 (라)이다.

따라서 각 단계에 해당하는 것을 바르게 나열한 것은 ④번이다.

64 ①

Quick해설 성희롱 여부를 판단할 때는 피해자의 주관적인 사정을 고려하되 피해자와 비슷한 조건과 상황에 있는 사람이 피해자의 입장이라면 문제가 되는 성적 언동에 대해 어떻게 반응했을까를 함께 고려해야 하며, 결과적으로 위협적이고 적대적인 환경을 형성해 업무 능률을 저하시키는지를 검토한다. '성적 언동 및 요구'는 신체의 접촉이나 성적인 의사표현뿐만 아니라 성적 함의가 담긴 모든 언행과 요구를 말하며, 상대방이 이를 어떻게 받아들였는지가 매우 중요하다. 따라서 행위자의 의도와는 무관하며, 설사 행위자가 성적 의도를 가지고 한 행동이 아니었다고 하더라도 성희롱으로 인정될 수 있다.

[상세해설] 성희롱은 '남녀차별금지 및 구제에 관한 법률'과 '남녀

고용평등법'에 각각 명문화되어 있으나, 형사처벌의 대상은 아니며 피해자는 가해자에게 민사상의 손해배상 청구를 할 수 있다.

65 ⑤

Quick해설 혁신에 대한 격려와 안내는 후원 과정에서의 혁신 활동이며 이를 위해 필요한 자질로서 조직의 주요 의사결정에 대한 영향력이 요구된다.

[상세해설] 기술혁신 과정별 역할과 자질은 다음과 같이 정리할 수 있다.

기술혁신 과정	혁신 활동	필요 자질과 능력
아이디어 창안	• 아이디어를 창출하고 가능성을 검증 • 일을 수행하는 새로운 방법 고안 • 혁신적인 진보를 위한 탐색	• 각 분야의 전문 지식 • 추상화와 개념화 능력 • 새로운 분야의 일을 즐김
챔피언	• 아이디어의 전파 • 혁신을 위한 자원 확보 • 아이디어 실현을 위한 헌신	• 정력적이고 위험을 감수함 • 아이디어의 응용에 관심
프로젝트 관리	• 리더십 발휘 • 프로젝트의 기획 및 조직 • 프로젝트의 효과적인 진행 감독	• 의사결정 능력 • 업무 수행 방법에 대한 지식
정보 수문장	• 조직외부의 정보를 내부 구성원들에게 전달 • 조직 내 정보원 기능	• 높은 수준의 기술적 역량 • 원만한 대인 관계 능력
후원	• 혁신에 대한 격려와 안내 • 불필요한 제약에서 프로젝트 보호 • 혁신에 대한 자원 획득을 지원	조직의 주요 의사결정에 대한 영향력

66 ④

Quick해설 모든 고객에게 최선의 친절을 베풀어야 한다는 것은 서비스의 기본 개념이지만, 고객에게 '당신이 최고이며, 남과는 다른 탁월한 서비스를 제공받는다'는 이미지를 심어주는 것이야말로 고객접점서비스의 중요한 요소라고 할 수 있다. 서비스(SERVICE)란 단어에는 다음과 같은 7가지의 의미가 숨겨져 있다.

- S(Smile & Speed): 서비스는 미소와 함께 신속하게 하는 것
- E(Emotion): 서비스는 감동을 주는 것
- R(Respect): 서비스는 고객을 존중하는 것
- V(Value): 서비스는 고객에게 가치를 제공하는 것
- I(Image): 서비스는 고객에게 좋은 이미지를 심어주는 것
- C(Courtesy): 서비스는 예의를 갖추고 정중하게 하는 것
- E(Excellence): 서비스는 고객에게 탁월하게 제공되어야 하는 것

67 ③

Quick해설 변동된 사항이 반영된 주문사항을 확인하면 한정식 A는 15명, 한정식 B는 6명, 한정식 C는 18명, 양식 A는 13명, 양식 B는 2명, 양식 C는 4명이다. 이때, 한정식 C는 20% 할인되고, 한정식 A, 한정식 C, 양식 A는 8명 이상이므로 10% 할인된다. 그러나 메뉴 하나당 중복할인이 불가하고 최소 금액을 구해야 하므로 한정식 C는 20% 할인을 적용한다.

따라서 △△ 업체가 지불해야 하는 최소 금액은

$43,000\times15\times0.9+35,000\times6+29,000\times18\times0.8+23,000\times13\times0.9+22,000\times2+26,000\times4=580,500+210,000+417,600+269,100+44,000+104,000=1,625,200$(원)이다.

68 ③

Quick해설 상대방과의 차후 약속 기일은 다이어리나 업무 수첩 등 별도의 일정 관리 목록에 기재해야 할 것이며, 명함을 일정 확인 방법으로 활용하는 것은 적절하지 않다.

[상세해설] 명함은 단지 받아서 보관하는 것이 목적이 아니라, 이를 활용하고 적극적인 의사소통을 통해 자신의 인맥을 만들기 위한 도구로 활용되어야 한다. 따라서 중요한 사항을 명함에 메모하는 것이 매우 중요하다. 상대에게 받은 명함은 남에게 보여주기 위한 것이 아니라 자신만 보는 것이니만큼 명함에 상대에 대한 구체적인 메모를 하는 것은 효과적인 명함관리의 첫걸음이라고 할 수 있다. 명함에 메모해 두면 좋은 정보들은 다음과 같다.

- 언제, 어디서, 무슨 일로 만났는지에 관한 내용
- 소개자의 이름
- 학력이나 경력
- 상대의 업무내용이나 취미, 기타 독특한 점
- 전근, 전직 등의 변동 사항
- 가족사항
- 거주지와 기타 연락처
- 대화를 나누고 나서의 느낀 점이나 성향

69 ③

Quick해설 문제해결절차 5단계는 문제인식, 문제도출, 원인 분석, 해결안 개발, 실행 및 평가로 구성된다. 주어진 활동은 다음과 같이 구분할 수 있다.

(가) 문제의 내용 및 미치고 있는 영향 등을 파악하여 문제의 구조를 도출 → 문제 도출

(나) 무엇을, 어떤 목적으로, 언제, 어디서, 누가, 어떤 방법으로 할 것인지의 물음에 대한 답을 가지고 계획하는 단계 → 실행 및 평가

(다) 환경 분석을 통해 현상을 파악 후 분석결과를 검토하여 주요 과제를 도출 → 문제 인식

(라) 전체적인 관점에서 보아 해결의 방향과 방법이 같은 것을 그룹핑 → 해결안 개발

(마) 핵심 이슈와 가설을 설정해 보고, 이슈와 데이터 분석 결과를 바탕으로 최종 원인 확인 → 원인 분석

따라서 순서대로 나열하면 (다)－(가)－(마)－(라)－(나)이다.

70 ①

Quick해설 중국인과 인사할 때는 나이 어린 사람이 연장자에게 살짝 고개를 끄덕여 인사한다. 그러나 비즈니스 미팅 시 명함을 주고받았을 때 명함을 살펴보지 않고 바로 보관하는 것은 큰 실례이므로 지갑 등에 보관한다.

71 ②

Quick해설 ㉠, ㉡, ㉣ 주어진 [그래프]는 막대 그래프이다. 막대 그래프는 비교하고자 하는 수량을 막대의 길이로 표시하고, 그 길이를 비교하여 각 수량 간의 대소관계를 나타내는 것이다. 가장 간단한 형태이며, 선 그래프와 같이 각종 그래프의 기본을 이룬다. 막대 그래프는 내역 · 비교 · 경과 · 도수 등을 표시하는 용도로 쓰인다. 막대 그래프를 작성할 때 막대의 수가 많은 경우는 눈금선을 기입하는 것이 알아보기 쉽다.

따라서 ㉠, ㉡, ㉣ 모두 막대 그래프를 작성할 때의 유의점에 대한 설명이다.

[오답풀이] ㉢ 층별 그래프에 대한 설명이다.

㉤ 선(절선) 그래프에 대한 설명이다.

72 ③

Quick해설 2016년 투자 건수의 전년 대비 감소율은 $\frac{60-43}{60}\times100\fallingdotseq28.3(\%)$이고, 2019년 투자 건수의 전년 대비 감소율은 $\frac{55-30}{55}\times100\fallingdotseq45.5(\%)$이다. 따라서 2016년 투자 건수의 전년 대비 감소율은 2019년 투자 건수의 전년 대비 감소율보다 낮다.

[오답풀이] ① 2016년부터 2019년까지 전년 대비 투자 건수와 투자 금액의 증감 추이는 '감소 – 증가 – 증가 – 감소'이므로 서로 같다.

② 연도별 건당 평균 투자 금액은 다음과 같다.

- 2015년: $700\div60\fallingdotseq11.7$(억 원)
- 2016년: $100\div43\fallingdotseq2.3$(억 원)
- 2017년: $150\div45\fallingdotseq3.3$(억 원)
- 2018년: $350\div55\fallingdotseq6.4$(억 원)
- 2019년: $75\div30=2.5$(억 원)

따라서 증감 추이는 '감소 – 증가 – 증가 – 감소'이므로 투자 건수와 같은 증감 추이를 보인다.

④ 투자 건수가 가장 많은 해는 2015년이고, 이때의 투자 금액은 700억 원이다. 2017년부터 2019년까지 투자 금액의 합은 $150+350+75=575$(억 원)이므로 2015년의 700억 원보다 적다.

⑤ 전년 대비 투자 금액의 감소율은 2016년에 $\frac{700-100}{700}\times100\fallingdotseq85.7(\%)$이고 2019년에는 $\frac{350-75}{350}\times100\fallingdotseq78.6(\%)$이므로 2016년보다 2019년의 감소율이 낮다.

73 ②

Quick해설 적극적 경청과 소극적 경청으로 다음과 같이 구분할 수 있다.

- 적극적 경청
  - 적극적 경청은 자신이 상대방의 이야기에 주의를 집중하고 있음을 행동을 통해 외적으로 표현하며 듣는 것을 의미한다.
  - 상대방의 말 중 이해가 안 되는 부분을 질문하거나, 자신이 이해한 내용을 확인하기도 하고, 때로는 상대의 발언 내용과 감정에 대해 공감할 수도 있다.
- 소극적 경청
  - 소극적 경청은 상대방의 이야기에 특별한 반응을 표현하지 않고 수동적으로 듣는 것을 의미한다. 즉, 상대방이 하는 말을 중간에 자르거나 다른 화제로 돌리지 않고 상대의 이야기를 수동적으로 따라가는 것을 의미한다.

[오답풀이] ㉠, ㉡, ㉣, ㉤ 모두 포괄적인 의미의 '경청'에 해당하는 내용임을 알 수 있다.

74 ③

Quick해설 갈등 해결 방법은 회피형, 경쟁형, 수용형, 타협형, 통합형(협력형) 등 다섯 가지 유형으로 구분해 볼 수 있다. 이 중, 경쟁형은 지배형(dominating)이라고도 하는데, 자신에 대한 관심은 높고 상대방에 대한 관심은 낮은 경우로서 '나는 이기고 너는 지는 방법(win－lose)'을 말한다. 경쟁형은 상대방의 목표 달성을 희생시키면서 자신의 목표를 이루기 위해 전력을 다하는 전략이다. 영업1팀과 영업2팀은 서로 양보할 의향이 전혀 없는 상태이며, 이 상황에서 각자의 승리를 위한 경쟁형 방법이 선택된다.

반면, 수용형은 자신에 대한 관심은 낮고 상대방에 대한 관심은 높은 경우로서 '나는 지고 너는 이기는 방법(I lose－You win)'을 말한다. 이 방법은 상대방의 관심을 충족하기 위하여 자신의 관심이나 요구는 희생함으로써 상대방의 의지에 따르는 경향을 보인다. 이 방법은 상대방이 거친 요구를 해오는 경우에 전형적으로 나타나는 반응이다. 생산2팀은 이미 인원이 보충되어 생산1팀에 비해 상대적으로 요구가 약한 상태이며, 상대방의 요구에 관심을 보

이기도 하므로 전형적인 수용형 갈등 해결 방법으로 해결될 가능성이 높다고 볼 수 있다.

75 ④

Quick해설 (A)에서는 자기개발을 위한 노력으로 평생학습을 강조하고 있다. 이것은 직장생활을 하며 직무역량을 강화하고 노후준비를 하는 과정으로서의 평생학습을 의미한다고 볼 수 있다. (B)는 '자기성찰을 통한 자기개발'을 강조하였다. 이는 (A)와는 대조적으로 외적인 능력을 추가하는 것이 아닌, 내적인 자아와 본성을 단속하고 관리하는 것이 곧 자기개발이라는 의미를 나타낸다고 볼 수 있다.

따라서 (A)에서 엿볼 수 있는 자기개발의 의미는 ㉣이고, (B)에서 엿볼 수 있는 자기개발의 의미는 ㉠이다.

76 ⑤

Quick해설 영어 단어를 한글 모드에서 타이핑하여 입력하는 것도 널리 알려진 단어로 구성된 패스워드를 사용한 경우로 볼 수 있다.

[오답풀이] ① 널리 알려진 단어는 포함하지 않거나 예측하기 어렵게 가공해야 한다.

② aaa 또는 123 등이 연속되는 경우는 회피하여야 한다.

③ 의미 없는 단어라도 sdfgh 또는 $%^&* 등 키보드상의 연속되는 문자형식은 회피하여야 한다.

④ 네트워크를 통해 패스워드를 전송하는 경우 악성 프로그램이나 해킹 등에 의해 패스워드 노출 가능성이 있으므로 반드시 패스워드를 암호화하거나 암호화된 통신 채널을 이용해야 한다.

77 ③

Quick해설 자기 성찰을 하면 현재 저지른 실수에 대하여 원인을 파악하고 이를 수정하게 된다. 따라서 다시는 같은 실수를 하지 않게 되며, 다른 사람에게 신뢰감을 줄 수 있게 된다. 과거의 실수를 과감히 덮어둔다는 것은 자기 성찰의 이유가 되지 않으며, 이를 통해 진취적인 대인관계가 형성된다는 것은 적절하지 않다.

78 ④

Quick해설 경력직원 채용 계획을 마련하는 것은 의사결정 과정을 통해 주어진 문제에 대한 대응 방안을 마련하는 것이므로 '개발 단계'에서 수행되어야 할 내용이다.

[상세해설] 조직의 의사결정 과정은 '확인→개발→선택'의 단계로 이루어진다.

확인 단계에서는 의사결정이 필요한 문제를 인식, 진단을 한다. 개발 단계에서는 확인된 문제에 대해 해결방안을 모색하며, 기존 방법 탐색 또는 새로운 해결안을 설계한다. 선택 단계에서 이루어지는 의사결정 방법은 한 사람의 의사결정권자의 판단에 의한 선택, 경영과학 기법과 같은 분석에 의한 선택, 이해관계집단의 토의와 교섭에 의한 선택 등이 있으며, 이를 통해 실행 가능한 해결안을 선택하고, 공식적 승인절차를 밟아 승인을 하게 된다.

79 ①

Quick해설 주어진 자료는 MECE를 설명하는 내용이다. MECE는 Mutually Exclusive Collectively Exhaustive의 약자로, '상호배제와 전체포괄'을 의미한다. 관리해야 할 항목들이 상호 배타적이면서도 함께 모였을 때는 완전히 전체를 이루는 것을 의미하며, 이를테면 '겹치지 않으면서 빠짐없이 나눈 것'이라고 할 수 있다. 요소들 간 중복이 없으면서 동시에 빠짐이 없으므로 불필요한 자원 낭비 및 혼동을 예방할 수 있고, 기회나 가능성의 상실을 예방할 수 있다는 장점이 있다.

[오답풀이] ② 시네틱스(Synectics)에 대한 설명이다.

③ 강제연상법(체크리스트)에 대한 설명이다.

④ NM법에 대한 설명이다.

⑤ 5Why 기법에 대한 설명이다.

80 ⑤

Quick해설 퇴근 후와 주말 시간이 가능하며, 인터넷을 통한 교육에 유리하며, 멀티미디어를 통한 교육을 원한다면, e－learning을 통한 교육 방법이 가장 적절하다고 할 수 있다. e－learning은 반복 교육 및 교육 내용의 저장 등도 가능하며 음성, 사진, 동영상 등의 다양한 매체를 통한 인터넷 교육방법으로 널리 활용되고 있다.

공기업 NCS 통합 실전모의고사 1회

※ 본 답안지는 마킹 연습용입니다. 회차별 풀이 문항 수에 맞춰 활용하시기 바랍니다.

성 명

ㄱ ㄴ ㄷ ㄹ ㅁ ㅂ ㅅ ㅇ ㅈ ㅊ ㅋ ㅌ ㅍ ㅎ	ㄱ ㄴ ㄷ ㄹ ㅁ ㅂ ㅅ ㅇ ㅈ ㅊ ㅋ ㅌ ㅍ ㅎ ㄲ ㄸ ㅃ ㅆ ㅉ	ㄱ ㄴ ㄷ ㄹ ㅁ ㅂ ㅅ ㅇ ㅈ ㅊ ㅋ ㅌ ㅍ ㅎ ㄲ ㄸ ㅃ ㅆ ㅉ	ㄱ ㄴ ㄷ ㄹ ㅁ ㅂ ㅅ ㅇ ㅈ ㅊ ㅋ ㅌ ㅍ ㅎ ㄲ ㄸ ㅃ ㅆ ㅉ
ㅏ ㅑ ㅓ ㅕ ㅗ ㅛ ㅜ ㅠ ㅡ ㅣ ㅐ ㅒ ㅔ ㅖ ㅘ ㅙ ㅚ ㅝ ㅞ ㅟ ㅢ	ㅏ ㅑ ㅓ ㅕ ㅗ ㅛ ㅜ ㅠ ㅡ ㅣ ㅐ ㅒ ㅔ ㅖ ㅘ ㅙ ㅚ ㅝ ㅞ ㅟ ㅢ	ㅏ ㅑ ㅓ ㅕ ㅗ ㅛ ㅜ ㅠ ㅡ ㅣ ㅐ ㅒ ㅔ ㅖ ㅘ ㅙ ㅚ ㅝ ㅞ ㅟ ㅢ	ㅏ ㅑ ㅓ ㅕ ㅗ ㅛ ㅜ ㅠ ㅡ ㅣ ㅐ ㅒ ㅔ ㅖ ㅘ ㅙ ㅚ ㅝ ㅞ ㅟ ㅢ
ㄱ ㄴ ㄷ ㄹ ㅁ ㅂ ㅅ ㅇ ㅈ ㅊ ㅋ ㅌ ㅍ ㅎ	ㄱ ㄴ ㄷ ㄹ ㅁ ㅂ ㅅ ㅇ ㅈ ㅊ ㅋ ㅌ ㅍ ㅎ ㄲ ㄸ ㅃ ㅆ ㅉ ㄺ ㄻ	ㄱ ㄴ ㄷ ㄹ ㅁ ㅂ ㅅ ㅇ ㅈ ㅊ ㅋ ㅌ ㅍ ㅎ ㄲ ㄸ ㅃ ㅆ ㅉ ㄺ ㄻ	ㄱ ㄴ ㄷ ㄹ ㅁ ㅂ ㅅ ㅇ ㅈ ㅊ ㅋ ㅌ ㅍ ㅎ ㄲ ㄸ ㅃ ㅆ ㅉ ㄺ ㄻ

수 험 번 호

⓪	⓪	⓪	⓪	⓪	⓪
①	①	①	①	①	①
②	②	②	②	②	②
③	③	③	③	③	③
④	④	④	④	④	④
⑤	⑤	⑤	⑤	⑤	⑤
⑥	⑥	⑥	⑥	⑥	⑥
⑦	⑦	⑦	⑦	⑦	⑦
⑧	⑧	⑧	⑧	⑧	⑧
⑨	⑨	⑨	⑨	⑨	⑨

출생(생년을 제외한) 월일

⓪	⓪	⓪	⓪
①	①	①	①
②	②	②	②
③	③	③	③
④	④	④	④
⑤	⑤	⑤	⑤
⑥	⑥	⑥	⑥
⑦	⑦	⑦	⑦
⑧	⑧	⑧	⑧
⑨	⑨	⑨	⑨

수험생 유의 사항

(1) 아래와 같은 방식으로 답안지를 바르게 작성한다.
[보기] ① ② ● ④ ⑤
(2) 성명란은 왼쪽부터 빠짐없이 순서대로 작성한다.
(3) 수험번호는 각자 자신에게 부여받은 번호를 표기하여 작성한다.
(4) 출생 월일은 출생연도를 제외하고 작성한다.
(예) 2002년 4월 1일 → 0401

번호	답	번호	답	번호	답	번호	답
01	① ② ③ ④ ⑤	21	① ② ③ ④ ⑤	41	① ② ③ ④ ⑤	61	① ② ③ ④ ⑤
02	① ② ③ ④ ⑤	22	① ② ③ ④ ⑤	42	① ② ③ ④ ⑤	62	① ② ③ ④ ⑤
03	① ② ③ ④ ⑤	23	① ② ③ ④ ⑤	43	① ② ③ ④ ⑤	63	① ② ③ ④ ⑤
04	① ② ③ ④ ⑤	24	① ② ③ ④ ⑤	44	① ② ③ ④ ⑤	64	① ② ③ ④ ⑤
05	① ② ③ ④ ⑤	25	① ② ③ ④ ⑤	45	① ② ③ ④ ⑤	65	① ② ③ ④ ⑤
06	① ② ③ ④ ⑤	26	① ② ③ ④ ⑤	46	① ② ③ ④ ⑤	66	① ② ③ ④ ⑤
07	① ② ③ ④ ⑤	27	① ② ③ ④ ⑤	47	① ② ③ ④ ⑤	67	① ② ③ ④ ⑤
08	① ② ③ ④ ⑤	28	① ② ③ ④ ⑤	48	① ② ③ ④ ⑤	68	① ② ③ ④ ⑤
09	① ② ③ ④ ⑤	29	① ② ③ ④ ⑤	49	① ② ③ ④ ⑤	69	① ② ③ ④ ⑤
10	① ② ③ ④ ⑤	30	① ② ③ ④ ⑤	50	① ② ③ ④ ⑤	70	① ② ③ ④ ⑤
11	① ② ③ ④ ⑤	31	① ② ③ ④ ⑤	51	① ② ③ ④ ⑤	71	① ② ③ ④ ⑤
12	① ② ③ ④ ⑤	32	① ② ③ ④ ⑤	52	① ② ③ ④ ⑤	72	① ② ③ ④ ⑤
13	① ② ③ ④ ⑤	33	① ② ③ ④ ⑤	53	① ② ③ ④ ⑤	73	① ② ③ ④ ⑤
14	① ② ③ ④ ⑤	34	① ② ③ ④ ⑤	54	① ② ③ ④ ⑤	74	① ② ③ ④ ⑤
15	① ② ③ ④ ⑤	35	① ② ③ ④ ⑤	55	① ② ③ ④ ⑤	75	① ② ③ ④ ⑤
16	① ② ③ ④ ⑤	36	① ② ③ ④ ⑤	56	① ② ③ ④ ⑤	76	① ② ③ ④ ⑤
17	① ② ③ ④ ⑤	37	① ② ③ ④ ⑤	57	① ② ③ ④ ⑤	77	① ② ③ ④ ⑤
18	① ② ③ ④ ⑤	38	① ② ③ ④ ⑤	58	① ② ③ ④ ⑤	78	① ② ③ ④ ⑤
19	① ② ③ ④ ⑤	39	① ② ③ ④ ⑤	59	① ② ③ ④ ⑤	79	① ② ③ ④ ⑤
20	① ② ③ ④ ⑤	40	① ② ③ ④ ⑤	60	① ② ③ ④ ⑤	80	① ② ③ ④ ⑤

※ 본 답안지는 마킹 연습용입니다. 회차별 풀이 문항 수에 맞춰 활용하시기 바랍니다.

공기업 NCS 통합 실전모의고사 2회

성 명

수 험 번 호

⓪	⓪	⓪	⓪	⓪	⓪
①	①	①	①	①	①
②	②	②	②	②	②
③	③	③	③	③	③
④	④	④	④	④	④
⑤	⑤	⑤	⑤	⑤	⑤
⑥	⑥	⑥	⑥	⑥	⑥
⑦	⑦	⑦	⑦	⑦	⑦
⑧	⑧	⑧	⑧	⑧	⑧
⑨	⑨	⑨	⑨	⑨	⑨

출생(생년을 제외한) 월일

⓪	⓪	⓪	⓪
①	①	①	①
②	②	②	②
③	③	③	③
④	④	④	④
⑤	⑤	⑤	⑤
⑥	⑥	⑥	⑥
⑦	⑦	⑦	⑦
⑧	⑧	⑧	⑧
⑨	⑨	⑨	⑨

수험생 유의 사항

(1) 아래와 같은 방식으로 답안지를 바르게 작성한다.

[보기] ① ② ● ④ ⑤

(2) 성명란은 왼쪽부터 빠짐없이 순서대로 작성한다.

(3) 수험번호는 각자 자신에게 부여받은 번호를 표기하여 작성한다.

(4) 출생 월일은 출생연도를 제외하고 작성한다.

(예) 2002년 4월 1일 → 0401

번호	답	번호	답	번호	답	번호	답
01	① ② ③ ④ ⑤	21	① ② ③ ④ ⑤	41	① ② ③ ④ ⑤	61	① ② ③ ④ ⑤
02	① ② ③ ④ ⑤	22	① ② ③ ④ ⑤	42	① ② ③ ④ ⑤	62	① ② ③ ④ ⑤
03	① ② ③ ④ ⑤	23	① ② ③ ④ ⑤	43	① ② ③ ④ ⑤	63	① ② ③ ④ ⑤
04	① ② ③ ④ ⑤	24	① ② ③ ④ ⑤	44	① ② ③ ④ ⑤	64	① ② ③ ④ ⑤
05	① ② ③ ④ ⑤	25	① ② ③ ④ ⑤	45	① ② ③ ④ ⑤	65	① ② ③ ④ ⑤
06	① ② ③ ④ ⑤	26	① ② ③ ④ ⑤	46	① ② ③ ④ ⑤	66	① ② ③ ④ ⑤
07	① ② ③ ④ ⑤	27	① ② ③ ④ ⑤	47	① ② ③ ④ ⑤	67	① ② ③ ④ ⑤
08	① ② ③ ④ ⑤	28	① ② ③ ④ ⑤	48	① ② ③ ④ ⑤	68	① ② ③ ④ ⑤
09	① ② ③ ④ ⑤	29	① ② ③ ④ ⑤	49	① ② ③ ④ ⑤	69	① ② ③ ④ ⑤
10	① ② ③ ④ ⑤	30	① ② ③ ④ ⑤	50	① ② ③ ④ ⑤	70	① ② ③ ④ ⑤
11	① ② ③ ④ ⑤	31	① ② ③ ④ ⑤	51	① ② ③ ④ ⑤	71	① ② ③ ④ ⑤
12	① ② ③ ④ ⑤	32	① ② ③ ④ ⑤	52	① ② ③ ④ ⑤	72	① ② ③ ④ ⑤
13	① ② ③ ④ ⑤	33	① ② ③ ④ ⑤	53	① ② ③ ④ ⑤	73	① ② ③ ④ ⑤
14	① ② ③ ④ ⑤	34	① ② ③ ④ ⑤	54	① ② ③ ④ ⑤	74	① ② ③ ④ ⑤
15	① ② ③ ④ ⑤	35	① ② ③ ④ ⑤	55	① ② ③ ④ ⑤	75	① ② ③ ④ ⑤
16	① ② ③ ④ ⑤	36	① ② ③ ④ ⑤	56	① ② ③ ④ ⑤	76	① ② ③ ④ ⑤
17	① ② ③ ④ ⑤	37	① ② ③ ④ ⑤	57	① ② ③ ④ ⑤	77	① ② ③ ④ ⑤
18	① ② ③ ④ ⑤	38	① ② ③ ④ ⑤	58	① ② ③ ④ ⑤	78	① ② ③ ④ ⑤
19	① ② ③ ④ ⑤	39	① ② ③ ④ ⑤	59	① ② ③ ④ ⑤	79	① ② ③ ④ ⑤
20	① ② ③ ④ ⑤	40	① ② ③ ④ ⑤	60	① ② ③ ④ ⑤	80	① ② ③ ④ ⑤

※ 본 답안지는 마킹 연습용입니다. 회차별 풀이 문항 수에 맞춰 활용하시기 바랍니다.

공기업 NCS 통합 실전모의고사 3회

성 명

㉠	㉮ ㅏ	㉠	㉠	ㅏ	㉠	㉠	ㅏ	㉠	㉠	ㅏ	㉠
ㄴ	ㅑ	ㄴ	ㄴ	ㅑ	ㄴ	ㄴ	ㅑ	ㄴ	ㄴ	ㅑ	ㄴ
ㄷ	ㅓ	ㄷ	ㄷ	ㅓ	ㄷ	ㄷ	ㅓ	ㄷ	ㄷ	ㅓ	ㄷ
ㄹ	ㅕ	ㄹ	ㄹ	ㅕ	ㄹ	ㄹ	ㅕ	ㄹ	ㄹ	ㅕ	ㄹ
ㅁ	ㅗ	ㅁ	ㅁ	ㅗ	ㅁ	ㅁ	ㅗ	ㅁ	ㅁ	ㅗ	ㅁ
ㅂ	ㅛ	ㅂ	ㅂ	ㅛ	ㅂ	ㅂ	ㅛ	ㅂ	ㅂ	ㅛ	ㅂ
ㅅ	ㅜ	ㅅ	ㅅ	ㅜ	ㅅ	ㅅ	ㅜ	ㅅ	ㅅ	ㅜ	ㅅ
ㅇ	ㅠ	ㅇ	ㅇ	ㅠ	ㅇ	ㅇ	ㅠ	ㅇ	ㅇ	ㅠ	ㅇ
ㅈ	ㅡ	ㅈ	ㅈ	ㅡ	ㅈ	ㅈ	ㅡ	ㅈ	ㅈ	ㅡ	ㅈ
ㅊ	ㅣ	ㅊ	ㅊ	ㅣ	ㅊ	ㅊ	ㅣ	ㅊ	ㅊ	ㅣ	ㅊ
ㅋ	ㅐ	ㅋ	ㅋ	ㅐ	ㅋ	ㅋ	ㅐ	ㅋ	ㅋ	ㅐ	ㅋ
ㅌ	ㅒ	ㅌ	ㅌ	ㅒ	ㅌ	ㅌ	ㅒ	ㅌ	ㅌ	ㅒ	ㅌ
ㅍ	ㅔ	ㅍ	ㅍ	ㅔ	ㅍ	ㅍ	ㅔ	ㅍ	ㅍ	ㅔ	ㅍ
ㅎ	ㅖ	ㅎ	ㅎ	ㅖ	ㅎ	ㅎ	ㅖ	ㅎ	ㅎ	ㅖ	ㅎ
	ㅘ		ㄲ	ㅘ	ㄲ	ㄲ	ㅘ	ㄲ	ㄲ	ㅘ	ㄲ
	ㅙ		ㄸ	ㅙ	ㄸ	ㄸ	ㅙ	ㄸ	ㄸ	ㅙ	ㄸ
	ㅚ		ㅃ	ㅚ	ㅃ	ㅃ	ㅚ	ㅃ	ㅃ	ㅚ	ㅃ
	ㅝ		ㅆ	ㅝ	ㅆ	ㅆ	ㅝ	ㅆ	ㅆ	ㅝ	ㅆ
	ㅞ		ㅉ	ㅞ	ㅉ	ㅉ	ㅞ	ㅉ	ㅉ	ㅞ	ㅉ
	ㅟ			ㅟ	ㄺ		ㅟ	ㄺ		ㅟ	ㄺ
	ㅢ			ㅢ	ㄻ		ㅢ	ㄻ		ㅢ	ㄻ

수 험 번 호

⓪	⓪	⓪	⓪	⓪	⓪
①	①	①	①	①	①
②	②	②	②	②	②
③	③	③	③	③	③
④	④	④	④	④	④
⑤	⑤	⑤	⑤	⑤	⑤
⑥	⑥	⑥	⑥	⑥	⑥
⑦	⑦	⑦	⑦	⑦	⑦
⑧	⑧	⑧	⑧	⑧	⑧
⑨	⑨	⑨	⑨	⑨	⑨

출생(생년을 제외한) 월일

⓪	⓪	⓪	⓪
①	①	①	①
②	②	②	②
③	③	③	③
④	④	④	④
⑤	⑤	⑤	⑤
⑥	⑥	⑥	⑥
⑦	⑦	⑦	⑦
⑧	⑧	⑧	⑧
⑨	⑨	⑨	⑨

수험생 유의 사항

(1) 아래와 같은 방식으로 답안지를 바르게 작성한다.
[보기] ① ② ● ④ ⑤
(2) 성명란은 왼쪽부터 빠짐없이 순서대로 작성한다.
(3) 수험번호는 각자 자신에게 부여받은 번호를 표기하여 작성한다.
(4) 출생 월일은 출생연도를 제외하고 작성한다.
(예) 2002년 4월 1일 → 0401

01	① ② ③ ④ ⑤	21	① ② ③ ④ ⑤	41	① ② ③ ④ ⑤	61	① ② ③ ④ ⑤
02	① ② ③ ④ ⑤	22	① ② ③ ④ ⑤	42	① ② ③ ④ ⑤	62	① ② ③ ④ ⑤
03	① ② ③ ④ ⑤	23	① ② ③ ④ ⑤	43	① ② ③ ④ ⑤	63	① ② ③ ④ ⑤
04	① ② ③ ④ ⑤	24	① ② ③ ④ ⑤	44	① ② ③ ④ ⑤	64	① ② ③ ④ ⑤
05	① ② ③ ④ ⑤	25	① ② ③ ④ ⑤	45	① ② ③ ④ ⑤	65	① ② ③ ④ ⑤
06	① ② ③ ④ ⑤	26	① ② ③ ④ ⑤	46	① ② ③ ④ ⑤	66	① ② ③ ④ ⑤
07	① ② ③ ④ ⑤	27	① ② ③ ④ ⑤	47	① ② ③ ④ ⑤	67	① ② ③ ④ ⑤
08	① ② ③ ④ ⑤	28	① ② ③ ④ ⑤	48	① ② ③ ④ ⑤	68	① ② ③ ④ ⑤
09	① ② ③ ④ ⑤	29	① ② ③ ④ ⑤	49	① ② ③ ④ ⑤	69	① ② ③ ④ ⑤
10	① ② ③ ④ ⑤	30	① ② ③ ④ ⑤	50	① ② ③ ④ ⑤	70	① ② ③ ④ ⑤
11	① ② ③ ④ ⑤	31	① ② ③ ④ ⑤	51	① ② ③ ④ ⑤	71	① ② ③ ④ ⑤
12	① ② ③ ④ ⑤	32	① ② ③ ④ ⑤	52	① ② ③ ④ ⑤	72	① ② ③ ④ ⑤
13	① ② ③ ④ ⑤	33	① ② ③ ④ ⑤	53	① ② ③ ④ ⑤	73	① ② ③ ④ ⑤
14	① ② ③ ④ ⑤	34	① ② ③ ④ ⑤	54	① ② ③ ④ ⑤	74	① ② ③ ④ ⑤
15	① ② ③ ④ ⑤	35	① ② ③ ④ ⑤	55	① ② ③ ④ ⑤	75	① ② ③ ④ ⑤
16	① ② ③ ④ ⑤	36	① ② ③ ④ ⑤	56	① ② ③ ④ ⑤	76	① ② ③ ④ ⑤
17	① ② ③ ④ ⑤	37	① ② ③ ④ ⑤	57	① ② ③ ④ ⑤	77	① ② ③ ④ ⑤
18	① ② ③ ④ ⑤	38	① ② ③ ④ ⑤	58	① ② ③ ④ ⑤	78	① ② ③ ④ ⑤
19	① ② ③ ④ ⑤	39	① ② ③ ④ ⑤	59	① ② ③ ④ ⑤	79	① ② ③ ④ ⑤
20	① ② ③ ④ ⑤	40	① ② ③ ④ ⑤	60	① ② ③ ④ ⑤	80	① ② ③ ④ ⑤

※ 본 답안지는 마킹 연습용입니다. 회차별 풀이 문항 수에 맞춰 활용하시기 바랍니다.

공기업 NCS 통합 실전모의고사 4회

성 명			

수	험	번	호		
⓪	⓪	⓪	⓪	⓪	⓪
①	①	①	①	①	①
②	②	②	②	②	②
③	③	③	③	③	③
④	④	④	④	④	④
⑤	⑤	⑤	⑤	⑤	⑤
⑥	⑥	⑥	⑥	⑥	⑥
⑦	⑦	⑦	⑦	⑦	⑦
⑧	⑧	⑧	⑧	⑧	⑧
⑨	⑨	⑨	⑨	⑨	⑨

출생(생년을 제외한) 월일			
⓪	⓪	⓪	⓪
①	①	①	①
②	②	②	②
③	③	③	③
④	④	④	④
⑤	⑤	⑤	⑤
⑥	⑥	⑥	⑥
⑦	⑦	⑦	⑦
⑧	⑧	⑧	⑧
⑨	⑨	⑨	⑨

수험생 유의 사항

(1) 아래와 같은 방식으로 답안지를 바르게 작성한다.
[보기] ① ② ● ④ ⑤
(2) 성명란은 왼쪽부터 빠짐없이 순서대로 작성한다.
(3) 수험번호는 각자 자신에게 부여받은 번호를 표기하여 작성한다.
(4) 출생 월일은 출생연도를 제외하고 작성한다.
(예) 2002년 4월 1일 → 0401

번호	답	번호	답	번호	답	번호	답
01	① ② ③ ④ ⑤	21	① ② ③ ④ ⑤	41	① ② ③ ④ ⑤	61	① ② ③ ④ ⑤
02	① ② ③ ④ ⑤	22	① ② ③ ④ ⑤	42	① ② ③ ④ ⑤	62	① ② ③ ④ ⑤
03	① ② ③ ④ ⑤	23	① ② ③ ④ ⑤	43	① ② ③ ④ ⑤	63	① ② ③ ④ ⑤
04	① ② ③ ④ ⑤	24	① ② ③ ④ ⑤	44	① ② ③ ④ ⑤	64	① ② ③ ④ ⑤
05	① ② ③ ④ ⑤	25	① ② ③ ④ ⑤	45	① ② ③ ④ ⑤	65	① ② ③ ④ ⑤
06	① ② ③ ④ ⑤	26	① ② ③ ④ ⑤	46	① ② ③ ④ ⑤	66	① ② ③ ④ ⑤
07	① ② ③ ④ ⑤	27	① ② ③ ④ ⑤	47	① ② ③ ④ ⑤	67	① ② ③ ④ ⑤
08	① ② ③ ④ ⑤	28	① ② ③ ④ ⑤	48	① ② ③ ④ ⑤	68	① ② ③ ④ ⑤
09	① ② ③ ④ ⑤	29	① ② ③ ④ ⑤	49	① ② ③ ④ ⑤	69	① ② ③ ④ ⑤
10	① ② ③ ④ ⑤	30	① ② ③ ④ ⑤	50	① ② ③ ④ ⑤	70	① ② ③ ④ ⑤
11	① ② ③ ④ ⑤	31	① ② ③ ④ ⑤	51	① ② ③ ④ ⑤	71	① ② ③ ④ ⑤
12	① ② ③ ④ ⑤	32	① ② ③ ④ ⑤	52	① ② ③ ④ ⑤	72	① ② ③ ④ ⑤
13	① ② ③ ④ ⑤	33	① ② ③ ④ ⑤	53	① ② ③ ④ ⑤	73	① ② ③ ④ ⑤
14	① ② ③ ④ ⑤	34	① ② ③ ④ ⑤	54	① ② ③ ④ ⑤	74	① ② ③ ④ ⑤
15	① ② ③ ④ ⑤	35	① ② ③ ④ ⑤	55	① ② ③ ④ ⑤	75	① ② ③ ④ ⑤
16	① ② ③ ④ ⑤	36	① ② ③ ④ ⑤	56	① ② ③ ④ ⑤	76	① ② ③ ④ ⑤
17	① ② ③ ④ ⑤	37	① ② ③ ④ ⑤	57	① ② ③ ④ ⑤	77	① ② ③ ④ ⑤
18	① ② ③ ④ ⑤	38	① ② ③ ④ ⑤	58	① ② ③ ④ ⑤	78	① ② ③ ④ ⑤
19	① ② ③ ④ ⑤	39	① ② ③ ④ ⑤	59	① ② ③ ④ ⑤	79	① ② ③ ④ ⑤
20	① ② ③ ④ ⑤	40	① ② ③ ④ ⑤	60	① ② ③ ④ ⑤	80	① ② ③ ④ ⑤

※ 본 답안지는 마킹 연습용입니다. 회차별 풀이 문항 수에 맞춰 활용하시기 바랍니다.

공기업 NCS 통합 실전모의고사 5회

성 명

(1st character column) ㉠ ㉡ ㉢ ㉣ ㉤ ㉥ ㉦ ㉧ ㉨ ㉩ ㉪ ㉫ ㉬ ㉭ / ㅏ ㅑ ㅓ ㅕ ㅗ ㅛ ㅜ ㅠ ㅡ ㅣ ㅐ ㅒ ㅔ ㅖ ㅘ ㅙ ㅚ ㅝ ㅞ ㅟ ㅢ / ㉠ ㉡ ㉢ ㉣ ㉤ ㉥ ㉦ ㉧ ㉨ ㉩ ㉪ ㉫ ㉬ ㉭

(2nd–4th character columns, each) ㉠ ㉡ ㉢ ㉣ ㉤ ㉥ ㉦ ㉧ ㉨ ㉩ ㉪ ㉫ ㉬ ㉭ ㄲ ㄸ ㅃ ㅆ ㅉ / ㅏ ㅑ ㅓ ㅕ ㅗ ㅛ ㅜ ㅠ ㅡ ㅣ ㅐ ㅒ ㅔ ㅖ ㅘ ㅙ ㅚ ㅝ ㅞ ㅟ ㅢ / ㉠ ㉡ ㉢ ㉣ ㉤ ㉥ ㉦ ㉧ ㉨ ㉩ ㉪ ㉫ ㉬ ㉭ ㄲ ㄸ ㅃ ㅆ ㅉ ㄺ ㄻ

수 험 번 호

⓪	⓪	⓪	⓪	⓪	⓪
①	①	①	①	①	①
②	②	②	②	②	②
③	③	③	③	③	③
④	④	④	④	④	④
⑤	⑤	⑤	⑤	⑤	⑤
⑥	⑥	⑥	⑥	⑥	⑥
⑦	⑦	⑦	⑦	⑦	⑦
⑧	⑧	⑧	⑧	⑧	⑧
⑨	⑨	⑨	⑨	⑨	⑨

출생(생년을 제외한) 월일

⓪	⓪	⓪	⓪
①	①	①	①
②	②	②	②
③	③	③	③
④	④	④	④
⑤	⑤	⑤	⑤
⑥	⑥	⑥	⑥
⑦	⑦	⑦	⑦
⑧	⑧	⑧	⑧
⑨	⑨	⑨	⑨

수험생 유의 사항

(1) 아래와 같은 방식으로 답안지를 바르게 작성한다.

[보기] ① ② ● ④ ⑤

(2) 성명란은 왼쪽부터 빠짐없이 순서대로 작성한다.

(3) 수험번호는 각자 자신에게 부여받은 번호를 표기하여 작성한다.

(4) 출생 월일은 출생연도를 제외하고 작성한다.

(예) 2002년 4월 1일 → 0401

번호	답	번호	답	번호	답	번호	답
01	① ② ③ ④ ⑤	21	① ② ③ ④ ⑤	41	① ② ③ ④ ⑤	61	① ② ③ ④ ⑤
02	① ② ③ ④ ⑤	22	① ② ③ ④ ⑤	42	① ② ③ ④ ⑤	62	① ② ③ ④ ⑤
03	① ② ③ ④ ⑤	23	① ② ③ ④ ⑤	43	① ② ③ ④ ⑤	63	① ② ③ ④ ⑤
04	① ② ③ ④ ⑤	24	① ② ③ ④ ⑤	44	① ② ③ ④ ⑤	64	① ② ③ ④ ⑤
05	① ② ③ ④ ⑤	25	① ② ③ ④ ⑤	45	① ② ③ ④ ⑤	65	① ② ③ ④ ⑤
06	① ② ③ ④ ⑤	26	① ② ③ ④ ⑤	46	① ② ③ ④ ⑤	66	① ② ③ ④ ⑤
07	① ② ③ ④ ⑤	27	① ② ③ ④ ⑤	47	① ② ③ ④ ⑤	67	① ② ③ ④ ⑤
08	① ② ③ ④ ⑤	28	① ② ③ ④ ⑤	48	① ② ③ ④ ⑤	68	① ② ③ ④ ⑤
09	① ② ③ ④ ⑤	29	① ② ③ ④ ⑤	49	① ② ③ ④ ⑤	69	① ② ③ ④ ⑤
10	① ② ③ ④ ⑤	30	① ② ③ ④ ⑤	50	① ② ③ ④ ⑤	70	① ② ③ ④ ⑤
11	① ② ③ ④ ⑤	31	① ② ③ ④ ⑤	51	① ② ③ ④ ⑤	71	① ② ③ ④ ⑤
12	① ② ③ ④ ⑤	32	① ② ③ ④ ⑤	52	① ② ③ ④ ⑤	72	① ② ③ ④ ⑤
13	① ② ③ ④ ⑤	33	① ② ③ ④ ⑤	53	① ② ③ ④ ⑤	73	① ② ③ ④ ⑤
14	① ② ③ ④ ⑤	34	① ② ③ ④ ⑤	54	① ② ③ ④ ⑤	74	① ② ③ ④ ⑤
15	① ② ③ ④ ⑤	35	① ② ③ ④ ⑤	55	① ② ③ ④ ⑤	75	① ② ③ ④ ⑤
16	① ② ③ ④ ⑤	36	① ② ③ ④ ⑤	56	① ② ③ ④ ⑤	76	① ② ③ ④ ⑤
17	① ② ③ ④ ⑤	37	① ② ③ ④ ⑤	57	① ② ③ ④ ⑤	77	① ② ③ ④ ⑤
18	① ② ③ ④ ⑤	38	① ② ③ ④ ⑤	58	① ② ③ ④ ⑤	78	① ② ③ ④ ⑤
19	① ② ③ ④ ⑤	39	① ② ③ ④ ⑤	59	① ② ③ ④ ⑤	79	① ② ③ ④ ⑤
20	① ② ③ ④ ⑤	40	① ② ③ ④ ⑤	60	① ② ③ ④ ⑤	80	① ② ③ ④ ⑤

※ 본 답안지는 마킹 연습용입니다. 회차별 풀이 문항 수에 맞춰 활용하시기 바랍니다.

공기업 NCS 통합 실전모의고사 6회

성 명

㉠	㉮	㉠	㉠	㉮	㉠	㉠	㉮	㉠	㉠	㉮	㉠
㉡	ㅑ	㉡	㉡	ㅑ	㉡	㉡	ㅑ	㉡	㉡	ㅑ	㉡
㉢	ㅓ	㉢	㉢	ㅓ	㉢	㉢	ㅓ	㉢	㉢	ㅓ	㉢
㉣	ㅕ	㉣	㉣	ㅕ	㉣	㉣	ㅕ	㉣	㉣	ㅕ	㉣
㉤	ㅗ	㉤	㉤	ㅗ	㉤	㉤	ㅗ	㉤	㉤	ㅗ	㉤
㉥	ㅛ	㉥	㉥	ㅛ	㉥	㉥	ㅛ	㉥	㉥	ㅛ	㉥
㉦	ㅜ	㉦	㉦	ㅜ	㉦	㉦	ㅜ	㉦	㉦	ㅜ	㉦
㉧	ㅠ	㉧	㉧	ㅠ	㉧	㉧	ㅠ	㉧	㉧	ㅠ	㉧
㉨	ㅡ	㉨	㉨	ㅡ	㉨	㉨	ㅡ	㉨	㉨	ㅡ	㉨
㉩	ㅣ	㉩	㉩	ㅣ	㉩	㉩	ㅣ	㉩	㉩	ㅣ	㉩
㉪	ㅐ	㉪	㉪	ㅐ	㉪	㉪	ㅐ	㉪	㉪	ㅐ	㉪
㉫	ㅒ	㉫	㉫	ㅒ	㉫	㉫	ㅒ	㉫	㉫	ㅒ	㉫
㉬	ㅔ	㉬	㉬	ㅔ	㉬	㉬	ㅔ	㉬	㉬	ㅔ	㉬
㉭	ㅖ	㉭	㉭	ㅖ	㉭	㉭	ㅖ	㉭	㉭	ㅖ	㉭
	ㅘ		ㄲ	ㅘ	ㄲ	ㄲ	ㅘ	ㄲ	ㄲ	ㅘ	ㄲ
	ㅙ		ㄸ	ㅙ	ㄸ	ㄸ	ㅙ	ㄸ	ㄸ	ㅙ	ㄸ
	ㅚ		ㅃ	ㅚ	ㅃ	ㅃ	ㅚ	ㅃ	ㅃ	ㅚ	ㅃ
	ㅝ		ㅆ	ㅝ	ㅆ	ㅆ	ㅝ	ㅆ	ㅆ	ㅝ	ㅆ
	ㅞ		ㅉ	ㅞ	ㅉ	ㅉ	ㅞ	ㅉ	ㅉ	ㅞ	ㅉ
	ㅟ			ㅟ	ㄺ		ㅟ	ㄺ		ㅟ	ㄺ
	ㅢ			ㅢ	ㄻ		ㅢ	ㄻ		ㅢ	ㄻ

수 험 번 호

⓪	⓪	⓪	⓪	⓪	⓪
①	①	①	①	①	①
②	②	②	②	②	②
③	③	③	③	③	③
④	④	④	④	④	④
⑤	⑤	⑤	⑤	⑤	⑤
⑥	⑥	⑥	⑥	⑥	⑥
⑦	⑦	⑦	⑦	⑦	⑦
⑧	⑧	⑧	⑧	⑧	⑧
⑨	⑨	⑨	⑨	⑨	⑨

출생(생년을 제외한) 월일

⓪	⓪	⓪	⓪
①	①	①	①
②	②	②	②
③	③	③	③
④	④	④	④
⑤	⑤	⑤	⑤
⑥	⑥	⑥	⑥
⑦	⑦	⑦	⑦
⑧	⑧	⑧	⑧
⑨	⑨	⑨	⑨

수험생 유의 사항

(1) 아래와 같은 방식으로 답안지를 바르게 작성한다.

[보기] ① ② ● ④ ⑤

(2) 성명란은 왼쪽부터 빠짐없이 순서대로 작성한다.

(3) 수험번호는 각자 자신에게 부여받은 번호를 표기하여 작성한다.

(4) 출생 월일은 출생연도를 제외하고 작성한다.

(예) 2002년 4월 1일 → 0401

번호	답	번호	답	번호	답	번호	답
01	① ② ③ ④ ⑤	21	① ② ③ ④ ⑤	41	① ② ③ ④ ⑤	61	① ② ③ ④ ⑤
02	① ② ③ ④ ⑤	22	① ② ③ ④ ⑤	42	① ② ③ ④ ⑤	62	① ② ③ ④ ⑤
03	① ② ③ ④ ⑤	23	① ② ③ ④ ⑤	43	① ② ③ ④ ⑤	63	① ② ③ ④ ⑤
04	① ② ③ ④ ⑤	24	① ② ③ ④ ⑤	44	① ② ③ ④ ⑤	64	① ② ③ ④ ⑤
05	① ② ③ ④ ⑤	25	① ② ③ ④ ⑤	45	① ② ③ ④ ⑤	65	① ② ③ ④ ⑤
06	① ② ③ ④ ⑤	26	① ② ③ ④ ⑤	46	① ② ③ ④ ⑤	66	① ② ③ ④ ⑤
07	① ② ③ ④ ⑤	27	① ② ③ ④ ⑤	47	① ② ③ ④ ⑤	67	① ② ③ ④ ⑤
08	① ② ③ ④ ⑤	28	① ② ③ ④ ⑤	48	① ② ③ ④ ⑤	68	① ② ③ ④ ⑤
09	① ② ③ ④ ⑤	29	① ② ③ ④ ⑤	49	① ② ③ ④ ⑤	69	① ② ③ ④ ⑤
10	① ② ③ ④ ⑤	30	① ② ③ ④ ⑤	50	① ② ③ ④ ⑤	70	① ② ③ ④ ⑤
11	① ② ③ ④ ⑤	31	① ② ③ ④ ⑤	51	① ② ③ ④ ⑤	71	① ② ③ ④ ⑤
12	① ② ③ ④ ⑤	32	① ② ③ ④ ⑤	52	① ② ③ ④ ⑤	72	① ② ③ ④ ⑤
13	① ② ③ ④ ⑤	33	① ② ③ ④ ⑤	53	① ② ③ ④ ⑤	73	① ② ③ ④ ⑤
14	① ② ③ ④ ⑤	34	① ② ③ ④ ⑤	54	① ② ③ ④ ⑤	74	① ② ③ ④ ⑤
15	① ② ③ ④ ⑤	35	① ② ③ ④ ⑤	55	① ② ③ ④ ⑤	75	① ② ③ ④ ⑤
16	① ② ③ ④ ⑤	36	① ② ③ ④ ⑤	56	① ② ③ ④ ⑤	76	① ② ③ ④ ⑤
17	① ② ③ ④ ⑤	37	① ② ③ ④ ⑤	57	① ② ③ ④ ⑤	77	① ② ③ ④ ⑤
18	① ② ③ ④ ⑤	38	① ② ③ ④ ⑤	58	① ② ③ ④ ⑤	78	① ② ③ ④ ⑤
19	① ② ③ ④ ⑤	39	① ② ③ ④ ⑤	59	① ② ③ ④ ⑤	79	① ② ③ ④ ⑤
20	① ② ③ ④ ⑤	40	① ② ③ ④ ⑤	60	① ② ③ ④ ⑤	80	① ② ③ ④ ⑤

※ 본 답안지는 마킹 연습용입니다. 회차별 풀이 문항 수에 맞춰 활용하시기 바랍니다.

공기업 NCS 통합 실전모의고사 7회

성 명

수 험 번 호

⓪	⓪	⓪	⓪	⓪	⓪
①	①	①	①	①	①
②	②	②	②	②	②
③	③	③	③	③	③
④	④	④	④	④	④
⑤	⑤	⑤	⑤	⑤	⑤
⑥	⑥	⑥	⑥	⑥	⑥
⑦	⑦	⑦	⑦	⑦	⑦
⑧	⑧	⑧	⑧	⑧	⑧
⑨	⑨	⑨	⑨	⑨	⑨

출생(생년을 제외한) 월일

⓪	⓪	⓪	⓪
①	①	①	①
②	②	②	②
③	③	③	③
④	④	④	④
⑤	⑤	⑤	⑤
⑥	⑥	⑥	⑥
⑦	⑦	⑦	⑦
⑧	⑧	⑧	⑧
⑨	⑨	⑨	⑨

수험생 유의 사항

(1) 아래와 같은 방식으로 답안지를 바르게 작성한다.
[보기] ① ② ● ④ ⑤
(2) 성명란은 왼쪽부터 빠짐없이 순서대로 작성한다.
(3) 수험번호는 각자 자신에게 부여받은 번호를 표기하여 작성한다.
(4) 출생 월일은 출생연도를 제외하고 작성한다.
(예) 2002년 4월 1일 → 0401

번호	답	번호	답	번호	답	번호	답
01	① ② ③ ④ ⑤	21	① ② ③ ④ ⑤	41	① ② ③ ④ ⑤	61	① ② ③ ④ ⑤
02	① ② ③ ④ ⑤	22	① ② ③ ④ ⑤	42	① ② ③ ④ ⑤	62	① ② ③ ④ ⑤
03	① ② ③ ④ ⑤	23	① ② ③ ④ ⑤	43	① ② ③ ④ ⑤	63	① ② ③ ④ ⑤
04	① ② ③ ④ ⑤	24	① ② ③ ④ ⑤	44	① ② ③ ④ ⑤	64	① ② ③ ④ ⑤
05	① ② ③ ④ ⑤	25	① ② ③ ④ ⑤	45	① ② ③ ④ ⑤	65	① ② ③ ④ ⑤
06	① ② ③ ④ ⑤	26	① ② ③ ④ ⑤	46	① ② ③ ④ ⑤	66	① ② ③ ④ ⑤
07	① ② ③ ④ ⑤	27	① ② ③ ④ ⑤	47	① ② ③ ④ ⑤	67	① ② ③ ④ ⑤
08	① ② ③ ④ ⑤	28	① ② ③ ④ ⑤	48	① ② ③ ④ ⑤	68	① ② ③ ④ ⑤
09	① ② ③ ④ ⑤	29	① ② ③ ④ ⑤	49	① ② ③ ④ ⑤	69	① ② ③ ④ ⑤
10	① ② ③ ④ ⑤	30	① ② ③ ④ ⑤	50	① ② ③ ④ ⑤	70	① ② ③ ④ ⑤
11	① ② ③ ④ ⑤	31	① ② ③ ④ ⑤	51	① ② ③ ④ ⑤	71	① ② ③ ④ ⑤
12	① ② ③ ④ ⑤	32	① ② ③ ④ ⑤	52	① ② ③ ④ ⑤	72	① ② ③ ④ ⑤
13	① ② ③ ④ ⑤	33	① ② ③ ④ ⑤	53	① ② ③ ④ ⑤	73	① ② ③ ④ ⑤
14	① ② ③ ④ ⑤	34	① ② ③ ④ ⑤	54	① ② ③ ④ ⑤	74	① ② ③ ④ ⑤
15	① ② ③ ④ ⑤	35	① ② ③ ④ ⑤	55	① ② ③ ④ ⑤	75	① ② ③ ④ ⑤
16	① ② ③ ④ ⑤	36	① ② ③ ④ ⑤	56	① ② ③ ④ ⑤	76	① ② ③ ④ ⑤
17	① ② ③ ④ ⑤	37	① ② ③ ④ ⑤	57	① ② ③ ④ ⑤	77	① ② ③ ④ ⑤
18	① ② ③ ④ ⑤	38	① ② ③ ④ ⑤	58	① ② ③ ④ ⑤	78	① ② ③ ④ ⑤
19	① ② ③ ④ ⑤	39	① ② ③ ④ ⑤	59	① ② ③ ④ ⑤	79	① ② ③ ④ ⑤
20	① ② ③ ④ ⑤	40	① ② ③ ④ ⑤	60	① ② ③ ④ ⑤	80	① ② ③ ④ ⑤

MEMO

MEMO

정답과 해설

최신판

고객의 꿈, 직원의 꿈, 지역사회의 꿈을 실현한다

에듀윌 도서몰
book.eduwill.net

• 부가학습자료 및 정오표: 에듀윌 도서몰 > 도서자료실
• 교재 문의: 에듀윌 도서몰 > 문의하기 > 교재(내용, 출간) / 주문 및 배송